反垄断法的
相关市场界定及其技术方法

Market Definition in the Anti-Monopoly Law and
its Technical Methods

王晓晔 主编

法律出版社
LAW PRESS·CHINA
——北京——

作者简介

王晓晔　德国汉堡大学法学博士，深圳大学特聘教授，中国社会科学院法学研究所研究员，博士生导师。曾任湖南大学特聘教授，国务院反垄断委员会专家组成员，国务院和全国人大反垄断立法顾问，商务部（多哈议程）贸易与竞争政策议题专家咨询组组长，中国经济法研究会副会长。研究领域为竞争法和经济法，出版学术专著 22 部，其中独著 9 部；发表中、英、德学术论文近 300 篇，2002 年和 2005 年为第九届和第十届全国人大常委会做反垄断法制讲座。获国务院政府特殊津贴，富布莱特高级访问学者，入选“当代中国法学名家”和“影响中国法治建设进程的百位法学家”，被美国 *Antitrust & Competition Policy Blog* 评为反托拉斯法律与经济全球最具影响力的 16 位女教授之一（Best of the best）。

郑鹏程　西南政法大学法学博士，湖南大学法学院教授，博士生导师。兼任中国法学会经济法研究会常务理事和湖南省反垄断与反不正当竞争执法研究会副会长。研究领域为竞争法、经济法和财税法，主持国家社科基金项目 4 项，出版专著《行政垄断的法律控制研究》《反垄断法专题研究》《对政府规制的规制》《促进高等教育法律问题研究》《反垄断相关市场界定基本法律问题研究》5 部，在《中国法学》等学术刊物发表论文 70 余篇。

林　平　美国明尼苏达大学经济学博士，香港岭南大学经济学教授，竞争政策与规制研究中心主任。兼任香港竞争事务委员会经济分析咨询委员会委员，国际竞争网络香港非政府顾问。曾任香港行政上诉委员会委员、电讯业竞争上诉委员会委员、经济学会会长、政府研究资助委员会评审专家。在 *Journal of Economic Theory*, *International Economic Review* 等英文期刊发表论文 40 余篇，《管理世界》《中国工业经济》等中文期刊发表论文 10 余篇，主译《反托拉斯革命——经济学、竞争与政策》，曾任 *Review of Industrial Organization* 中国反垄断专刊主编。

李　青　中国人民大学经济学学士和经济学硕士，中国经济体制改革研究会研究员和常务理事。曾任国家发展和改革委员会价格监督检查与反垄断局副局长、国家市场监管总局价格监督检查与反不正当竞争局副局长，长期从事价格行政执法、反垄断执法、反不正当竞争执法、价格监管政策研究、竞争政策研究与实施、竞争法领域的国际合作等实务工作，是《国务院关于在市场体系建设中建立公平竞争审查制度的意见》的主要起草人，全程推动了公平竞争审查制度的出台和组织实施。

王先林　中国人民大学法学博士，武汉大学法学博士后，美国乔治·华盛顿大学法学院和德国马克斯·普朗克创新与竞争研究所访问学者。现为上海交通大学特聘教授、博士生导师、经济法学科带头人，竞争法律与政策研究中心主任，上海市“曙光学者”；兼任国务院反垄断委员会专家咨询组成员，中国经济法学研究会副会长，上海市法学会竞争法研究会会长。出版独著、合著 10 多部，发表学术论文 200 余篇；获“全国模范教师”称号，享受国务院政府特殊津贴，入选教育部“新世纪优秀人才支持计划”和“新世纪百千万人才工程”国家级人选，获上海市育才奖和宝钢优秀教师奖。

乔　岳　英国萨里大学经济学博士，山东大学经济学院教授、山东大学国际创新转化学院副院长和威廉姆森法律、经济与组织研究中心主任，博士生导师。中国工业经济学会竞争政策委员会委员。兼任浙江大学法律与经济研究中心学术委员、亚洲法经济学会理事、*Asian Journal of Law and Economics* 副主编。研究领域为中国经济问题、博弈论、法经济学和产业经济学。在《世界经济》、*Review of Industrial Organization* 和 *Economic Modelling* 等国内外期刊发表论文 20 余篇，出版学术专著 1 部。

唐明哲　美国宾夕法尼亚州立大学经济学博士，山东大学经济学院副教授。研究领域为实证产业组织经济学、应用微观经济学、反垄断经济学、城市房地产经济学、电信经济学等，在《中国工业经济》、*Regional Science and Urban*

*Economics*等国内外期刊发表学术论文多篇。

刘丰波 东北财经大学经济学博士，福建农林大学管理学院讲师，硕士生导师。研究领域为产业组织理论、反垄断经济与政策、文化产业经济政策、林业经济政策等；主持省部级课题7项，在《中国工业经济》等期刊发表论文10余篇，出版学术专著1部。

韩 伟 中国社会科学院法学博士，中国科学院科技哲学博士后，现任中国社会科学院大学政法学院副教授。竞争法国际协会（ASCOLA）会员。主持国家社科基金项目、国家博士后基金资助项目、国家博士后基金特别资助项目各1项，主持省部级项目多项。研究领域为竞争法、知识产权法和互联网法。出版专著《经营者集中附条件法律问题研究》，主编《美欧反垄断新规选编》等5部，发表学术论文50余篇。

苏 华 伦敦大学玛丽女王学院法学博士，中国社会科学院法学博士后。现任宝马（中国）高级法律顾问。曾任职于经济合作与发展组织、富而德律师事务所、中国社会科学院美国研究所，担任过国家发展和改革委员会汽车业反垄断指南和知识产权反垄断指南起草组成员、中国汽车流通协会专家委员、E15 Initiative竞争政策专家组成员。主持过商务部项目“重点行业相关产品市场和地域市场界定研究”和国家博士后基金资助项目。出版专著《汽车市场反垄断研究——中国、欧盟、美国的比较》和《分销行为的反垄断规制》，发表学术论文多篇。

胡 铁 美国圣·路易斯华盛顿大学法学院法律博士（J. D.），中国社会科学院法学博士后。现为北京德恒律师事务所合伙人，兼任中国世贸组织研究会竞争政策与法律专业委员会副秘书长。主要的研究和法律实务领域为竞争法、国际贸易和国际投资，参与多起重要的反垄断诉讼案件，包括奇虎360诉腾讯案和中国维生素生产企业在美国被诉的卡特尔案件。

张素伦 中国社会科学院法学博士，中国政法大学知识产权法学博士后。现为郑州大学法学院副教授，硕士生导师。兼任中国司法案例研究中心研究员、中国互联网协会青年专家。主持国家社科基金项目 1 项和省部级项目 3 项,出版专著《互联网行业限制竞争的法律问题研究》,在《法学杂志》《法制日报》等报刊发表论文 20 多篇。

黄晓锦 中国社会科学院法学博士。现任腾讯公司竞争政策办公室总监,主要从事竞争法研究和实务工作。在《中国社会科学院研究生院学报》、《财经问题研究》、《中国版权》、*CPI Antitrust Chronicle* 等中外学术刊物发表论文多篇。

薛　颖 美国伊利诺伊大学法学博士(JSD),中国社会科学院法学博士后。现为北京瑞栢律师事务所高级律师,从事反垄断、反不正当竞争、数据及隐私保护、企业合规及其交叉领域的法学研究和实务。博士后研究报告题为《反垄断法中的相关市场界定》,发表相关学术论文多篇。

金美蓉 法国巴黎第一大学法学硕士,中国人民大学法学博士,中国社会科学院法学博士后。现任中国人民大学法学院副教授。主要研究领域为反垄断法和国际经济法。出版专著《核心卡特尔规制制度研究》,在《新华文摘》、《中外法学》、《政法论坛》、*Frontiers of Law in China*、*Journal of WTO and China* 等学术期刊发表中英文学术论文多篇。

李　剑 西南政法大学法学博士、中国社会科学院博士后。现任上海交通大学凯原法学院教授、创新与规制法律研究中心主任、竞争法律与政策研究中心执行主任、博士生导师,兼任上海市竞争法研究会副会长。研究领域为竞争法和法经济学。在《法学研究》、《中国法学》、*Computer Law & Security Review* 等中外法学期刊发表论文 30 余篇,其中被《人大报刊复印资料》《中国社会科学文摘》等转载 20 余篇次。获上海市"年度社科新人奖"和上海市第六届"优秀中青年法学家"荣誉称号。

侯利阳 比利时鲁汶大学法学博士,上海交通大学凯原法学院教授、博士生导师、上海市曙光学者。研究领域为竞争法、电信法、互联网规制、欧盟法、法经济学。在《中国法学》、*Common Market Law Review* 等国内外期刊发表论文

50 余篇;出版专著两部、参著 10 部。主持国家社科基金项目、教育部哲学社会科学项目、欧盟委员会招标项目等国内外课题 20 余项。

徐　炎　南开大学法学学士和法学硕士,上海交通大学法学博士。现任腾讯公司知识产权部总经理,兼任上海交通大学竞争法律与政策研究中心研究员,中国政法大学竞争法中心客座教授,深圳市专利协会会长。在《法商研究》《知识产权》等期刊发表论文多篇,代表腾讯公司处理过多起反垄断诉讼案件。

仲　春　上海交通大学法学博士,暨南大学知识产权研究院副教授,广东省法学会竞争法研究会秘书长。研究领域为竞争法和知识产权法。出版专著《创新与反垄断——互联网企业滥用行为之法律规制研究》,在《知识产权》《电子知识产权》等期刊发表论文多篇。

熊文聪　中国人民大学法学博士,上海交通大学博士后。现为中央民族大学法学院副教授,硕士生导师,兼任最高人民法院知识产权案例指导研究(北京)基地专家咨询委员会委员。研究领域为知识产权法、反垄断法、民法和法学理论。出版专著《事实与价值二分:知识产权法的逻辑与修辞》,在《中国社会科学文摘》《现代法学》《法学家》等期刊发表学术论文 40 多篇。

序　言

2012年年底，我作为湖南大学的特聘教授，通过竞争获得了国家社会科学基金重大招标课题“垄断认定过程中的相关市场边界划分原则与技术研究”。湖南大学法学院的郑鹏程教授、香港岭南大学的林平教授、国家发展和改革委员会价格监督检查与反垄断局副局长李青女士和上海交通大学法学院王先林教授加盟了我的团队，成为本课题四个子课题的负责人。经课题组近20位成员的同心协力，本课题于2018年6月顺利结项。呈现在读者面前的，是本课题的最终成果，它的内容主要分为三个部分。

一、界定相关市场在反垄断执法中的地位和作用

反垄断案件审理中需要界定相关市场，这发轫于美国联邦最高法院1948年判决的哥伦比亚钢铁公司案。美国法院1953年的时代花絮案、1956年的杜邦公司玻璃纸案、1962年的布朗鞋案等一系列著名案例，进一步丰富和发展了反垄断案件中界定相关市场的经济学理论和技术方法。美国司法部在1968年、1982年和1984年发布的《并购指南》以及后来与美国联邦贸易委员会一起在1992年、1997年和2010年共同发布的《横向并购指南》中，都把相关市场界定作为美国反垄断执法过程中一个重要的步骤。受美国法的影响，欧盟、日本、韩国等世界上一百多个国家和地区的反垄断执法都需要考虑相关市场界定。我国在2008年8月开始实施的《反垄断法》也有相关市场的规定。国务院反垄断委员会在2009年还发布了《界定相关市场的指南》。国务院反垄断执法机构包括国家市场监督管理总局以及这个机构成立之前的商务部、国家发展和改革委员会、国家工商行政管理总局与人民法院在很多反垄断案件的审理中，特别是在一些大案要案如高通案、利乐公司案、奇虎360诉腾讯案的审理中，均界定了相关市场。

然而，美国司法部和联邦贸易委员会在其2010年修订的《横向并购指南》中提出，"执法部门的分析不需要从市场界定开始。尽管评估客户可获得的竞争性替代品在分析中的某个时刻总是必要的，但执法部门使用一些评估竞争效果的分析工具并不总是依赖市场界定"。这个说法似乎很大程度降低了市场界定在反垄断执法中的地位和作用。本课题研究和探讨的主要问题是，相关市场界定对反垄断法的实施是否很重要？如果很重要，它的经济学原理是什么？界定相关市场有哪些技术方法？这些技术方法的实用性如何？它们在具体行业和具体反垄断案件中是如何应用的？

课题组的结论是，反垄断案件需要界定相关市场，这是基于反垄断法的特性。反垄断法是一部反对垄断和保护竞争的法律制度，鉴于在企业规模过大和不受竞争制约的情况下，企业往往会抬高产品价格，损害消费者的利益，反垄断案件的审理往往需要识别市场势力，即测度企业长期在其边际成本之上定价的能力。然而，由于企业的边际成本往往难以获知，即直接识别市场势力只是适用于一些特殊的环境，实践中识别市场势力就不得不采取间接的方法，即界定相关市场，测度企业的市场份额，进而解释市场份额是否可以说明企业具有市场势力。由此可知，界定相关市场作为反垄断案件竞争分析的第一步，它是分析涉案的市场竞争是否受到扭曲或者威胁的前提条件，也是反垄断案件竞争分析的关键性步骤。因为，界定市场的主要目的是识别市场势力，市场界定只是应用于私人限制竞争的案件，而不会应用到行政垄断案件。而且，一个限制竞争行为如果本身违法，如核心卡特尔案件，因为这种行为的竞争损害可以通过行为的本质得以证明，反垄断执法机构可以对这种行为直接进行干预，而不需要界定相关市场。这说明，在反垄断法的经营者集中控制、禁止滥用市场支配地位以及禁止垄断协议等各个领域，凡是有必要测度当事人的市场份额或者测度市场的集中度，目的是测度限制竞争是否可能产生或者加强市场势力，这些案件一般都需要界定相关市场。也就是说，界定市场使反垄断案件的竞争分析更清晰、更精准、更有说服力，从而有助于提高反垄断执法的透明度和效率。课题组的研究成果还表明，尽管市场界定不可避免地存在主观性和不确定性，尽管某些并购案件中使用UPP、合并模拟等计量经济学方法测度市场势力具有可行性，但是如果认为这些方法可以全面地替代相关市场界定，那么这个结论是错误的。考虑到任何一种经济学理论或者模型都会存在一定的缺陷，这些经济学理论和方法在竞争分析中充其量只能作为界定相关市场的补充，而不能替代相关市场的界定。

二、界定市场的经济学原理和技术方法

相关市场界定是一个在反垄断执法中产生的问题，它的法律属性十分凸显。但是，相关市场界定也是一个经济学问题，因为市场界定的目的是识别市场势力。鉴于直接测度市场势力的难度太大，人们便通过计算各种弹性包括需求弹性、供给弹性、需求交叉弹性、剩余需求弹性等来测度市场势力。在实践中，人们主要是使用剩余需求弹性来测度市场势力，即市场上一个企业的提价是否可能导致其他企业的价格或者产出发生变化，即较低的剩余需求弹性可以说明企业拥有市场势力，较高的剩余需求弹性则说明企业不具有市场势力。通过供给弹性、需求弹性等各种弹性来测度市场势力的时候，有必要考虑相关市场的维度，特别是需要考虑相关产品市场和相关地域市场。界定产品市场一般得考虑经营者在市场上可以感受到的三种竞争压力，即需求替代、供给替代和潜在的竞争。因为需求替代对经营者的竞争影响最大，实践中比较容易取证，界定产品市场一般主要考虑需求替代。审理与知识产权相关的反垄断案件时，界定产品市场时往往需要考虑相关的技术市场，甚至考虑相关的研发市场。涉及多元化产品的案件，有时需要考虑子市场、集群市场或者次级市场。相关地域市场是指相互竞争的产品所处的地域范围，这里一般需要考虑买方与卖方所在地的关联因素，如产品的价格、消费者的喜好以及产品运输的限制性条件等。

美国司法部在其1982年的《并购指南》中提出的SSNIP假定垄断者测试，是一种以剩余需求弹性理论为基础的界定市场的方法，这个方法是界定市场技术方法的一次重大变革。SSNIP测试法提出之前，欧美反垄断司法辖区使用过需求替代、供给替代和交叉价格弹性等方法界定相关市场。这些方法的最大不足之处是，在缺乏考虑临界替代的情况下，界定的市场可能存在比较大的主观随意性。SSNIP测试的思路是，假定垄断者的涨价行为如果有利可图，这说明没有或仅有少量需求者会转向购买其他的替代品,假定垄断者的产品(地域)从而可构成相关市场;如果涨价无利可图,则说明这个产品(地域)未能覆盖具紧密替代关系的其他产品(地域),从而应相应地扩大相关市场的范围。因为SSNIP测试充分考虑到了其他产品(地域)进入市场的可能性,减少了界定市场可能存在的主观随意性,比较科学和合理,从而成为界定相关市场最重要的技术方法。但是,本书的研究表明,SSNIP测试法也存在很多问题,如基础价格的选择问题,即选择的价格如果不是竞争性价格,界定的市场范围可能比较宽,从而出现“玻璃纸谬误”。此外,确定并购后企业的涨价幅度和潜在竞争性产品进入市场的时间也可能存在问题。以提价幅度为例,如果幅度过大,界定的市场范围就会过宽;如果幅度过小,界定的市场随之也会过窄。

鉴于SSNIP测试法存在一定的问题,课题组讨论了以SSNIP为基础的临界损失分析、临界弹性分析和剩余需求弹性分析三种方法。临界损失,是指假定垄断者进行了SSNIP之后其市场销售所能忍受的最大损失幅度。临界损失分析是将企业提价后的实际损失与其临界损失作比较:如果实际损失大于临界损失,这说明提价无利可图,即假定垄断者面临着强竞争约束,从而不应将其产品(地域)界定为相关市场;如果实际损失小于临界损失,则说明提价有利可图,从而可将其产品(地域)界定为一个相关市场。然而,临界损失分析也存在不足之处。例如,如果忽视假定垄断者提价时其差异化产品的内部转移,其结论可能高估提价的损失;在产品边际成本很小的情况下,因为较小的边际成本会导致较大的边际利润率,由此计算的临界损失比较小,界定的市场范围比较宽;然而实际的情况是,较大的边际利润率可以说明很强的市场势力。临界弹性是指假定垄断者进行SSNIP之后仍可获利的最大弹性值。临界弹性分析需要比较需求弹性和临界弹性:如果需求弹性大于临界弹性,假定垄断者的产品(地域)不应界定为一个相关市场;如果需求弹性小于临界弹性,假定垄断者的产品(地域)则应被界定为相关市场。临界弹性分析的操作比较简单,但这种方法需要了解产品的边际成本,否则计算的临界弹性会不准确。剩余需求弹性是分析企业的剩余需求与其产品涨价之间的关系,即通过假定垄断者SSNIP之后其产品缺乏弹性时的剩余需求曲线来界定相关产品市场。实践中,剩余需求弹性分析可应用于同质化和差异化产品市场的情况。剩余需求弹性的分析比较简便，实践中应用比较广泛，对 SSNIP 测试法的推进起到了重要作用。但是，这种分析也有不足之处，即测试的结果往往与人们使用的模型有密切关系，从而需要通过其他方法来验证市场界定的正确性。

鉴于 SSNIP 测试法和以 SSNIP 测试为基础的几种方法在应用中往往受到数据或者假设条件的限制，课题组还研究了不需要 SSNIP 测试也可以大致界定市场的方法，这主要是价格检验法和产品流检验法，它们的理论基础都是马歇尔局部均衡论，即套利行为可以导致产品价格最终实现均衡。价格检验法的原理是，如果某些产品价格具有高度相关性，它们可能属同一相关市场。价格检验有多种方法，这里主要探讨了价格相关性检验、格兰杰因果关系检验、协整检验和平稳性检验等四种方法，前两种方法关注价格之间的短期关系，后两种方法关注价格之间的长期关系。与 SSNIP 测试法相比，价格检验法操作简单，需要的数据主要是产品价格和销售数量。但是，价格检验法的最大缺陷是，这些方法是界定因套利行为而导致产品价格发生联系的产品集或者区域，而不是反垄断意义上的市场。此外，不同产品的价格相关性有时候不是因为产品的可替代性，而且因为使用了相同的投入或者通货膨胀，因此，它们只能为界定市场提供辅助性的证据，而不能提供决定性的证据。产品流检验法（E－H 测试）主要是通过计算候选市场的外部流入比（LIFO）和内部流出比（LOFI）来界定相关地域市场。如果这两个指标均达到一定标准，即可将两个地域界定为同一市场。产品流检验法考虑需求和供给两个因素，在美国的医院并购案中得到广泛应用。但是，因为产品流检验法依赖 LIFO 和 LOFI 两个数据，而不是从竞争的角度分析地域间的相关性，从而可能高估或者低估所界定的地域市场的范围。

课题组还研究了几种特殊市场条件下的相关市场界定，包括自然实验法以及在价格歧视条件下、在假冒/盗版条件下和在双边市场条件下的相关市场界定。自然实验法是利用市场外生因素如自然事件、政府政策等造成的需求冲击或供给冲击，检验不同产品或者不同销售地域是否属同一市场。这种方法一般将市场主体区分为受外生因素影响的实验组和未受影响的参照组，应用这个方法的主要问题是要防止出现不同产品价格的伪相关性。在实践中，有些企业可能针对不同的需求群体制定不同的销售价格，即存在价格歧视。课题组在这方面的结论是，这种情况下的 SSNIP 测试应当进行调整，即受歧视者购买的产品（地域）应界定为独立的相关市场。假冒产品与正版产品可否属同一相关市场也是经济生活中经常出现的问题。课题组的结论是，假冒/盗版产品如果对正版产品构成足够大的竞争约束，它们应属同一相关市场；如果两者之间的需求弹性很小，则不属同一市场。双边市场的特征是交叉网络效应，即一边的需求变化会同时引起另一边需求的变化，因此存在复杂的竞争约束。此外，双边市场的商业模式往往存在免费的产品，因此 SSNIP 测试应当进行变通。国际上关于双边市场的主流观点是，应根据双边市场的类型采用界定市场的不同策略，即交易型双边市场一般只需考虑一边的市场，非交易型的双边市场则可能需要考虑相互关联的两个市场。课题组还认为，现在有些关于双边市场的讨论太过宽泛，因为有些案件完全可能通过单边市场的理论来界定双边市场的免费端或者广告端。例如，在涉及竞价排名的百度案中，界定的产品市场应当是广告市场；在涉及"二选一"的奇虎诉腾讯案，界定产品市场仅需考虑互联网消费者的需求替代。

三、相关市场的界定在具体行业的应用

为了提高本课题研究成果的实用价值，提高我国反垄断执法机构在具体案件中合理界定相关市场的能力，课题组还认真研究和探讨了部分传统行业和创新行业的相关市场界定。传统行业选择了航空运输业、汽车业、零售业、饮料业、乳制品业、造纸业、饲料业、畜禽加工业、我国新电改方案下的供电业和化学医药业。根据消费者的需求，这些行业可以分为多个子市场或者亚市场。例如，汽车业可分为乘用车、商用车、汽车零部件、汽车售后服务等子市场，饮料业可分为啤酒、烈酒、葡萄酒、碳酸饮料、非碳酸饮料、果子饮料、瓶装水，等等。课题组关于这些行业的研究主要参考了欧美反垄断司法辖区的著名案例，例如，在饮料业的瓶装水市场研究了欧盟的 Nestlé/Perrier 案，零售业市场研究了美国的 Staples 案和 Whole Foods Market 案，这些案例有助于我们掌握具体行业界定相关市场的技术方法。课题组在创新行业选择了电信业、电子支付、互联网和软件业。尽管任何行业都得与时俱进，都应当具有创新性，因此这里的创新行业与传统行业的区分是相对的,然而,随着高科技和信息技术的发展,我们的经济社会中出现了不曾有过的产品和服务,甚至出现了新的商业模式,其结果就是界定市场的传统方法在新兴市场出现了新的特征。鉴于互联网在我国经济和社会中的重要作用,本课题尤其注重互联网行业的市场界定,即这里不仅关注双边市场或者多边市场的特征,而且还关注实体市场和数字市场之间的竞争关系。本课题关于具体行业的研究立足于我国的国情,因此,除了研究这些行业界定市场的典型案例,还认真研究了这些行业在我国的发展现状和市场竞争状况,并且建议执法机构注意收集国内外在具体行业界定市场的技术方法,建立行业竞争信息的数据库,以便为日后类似案件的市场界定和竞争分析提供指引。

综上所述,作为一个比较全面、系统和深入研究反垄断执法中相关市场界定的学术成果,本课题组在很多方面填补了我国迄今在这个研究领域的空白。在法学方面,深入研究了相关市场界定在美国、欧盟以及东亚国家包括在我国的产生和发展;清晰地论述了需要进行市场界定的反垄断案件类型,特别是深入探讨了在经营者集中控制、滥用市场支配地位和垄断协议等各个领域的重要作用;还深入探讨了界定市场的证据规则,包括举证责任、合格证据的标准、证据的来源以及各种证据的证明力等。在经济学方面,全面和系统地分析研究了界定市场迄今使用过的 13 种技术方法,探究了应用这些方法的市场环境和各自的局限性,比较了这些方法在不同市场条件下使用的频率和效果。本课题的一个创新是分析了某些特殊市场条件下的市场界定,特别是假冒和盗版情况下的市场界定,这在国际上具有首创性。本课题除在相关市场界定方面对反垄断法学和反垄断经济学所作出的贡献外,还有一个重要贡献是从 14 个行业的角度梳理了市场界定的典型案例,提高了这个研究成果的应用价值。

党的十九大报告指出,我国要加快完善社会主义市场经济体制,要建立竞争公平有序、企业优胜劣汰的市场机制。这充分肯定了反垄断法在我国社会主义市场经济体制建设和法制建设中的基础性作用。鉴于合理界定市场是反垄断执法的第一步和关键性步骤,本课题成果的应用价值至少可以表现在以下方面:(1)有助于提高我国反垄断执法的稳定性和透明度;(2)有助于律师界和企业界了解执法机构竞争分析的步骤和方法，从而有助于提高对案件后果的可预见性。鉴于我国反垄断执法时间不长，执法队伍比较年轻，执法队伍中的经济学家数量不多，本课题的研究不仅有助于推进我国反垄断立法的科学化和现代化，而且也有助于提高我国反垄断执法的水平和能力。

反垄断法中的相关市场界定是一个涉及诸多学科、内容非常庞杂的理论和实践问题，加之课题组成员特别是我本人的知识水平所限，尽管课题组的研究取得了一定成果，但不可避免地还存在很多欠缺和问题。例如，在分析界定市场的技术方法方面，因为课题组成员未能有效参与我国反垄断执法中关于市场界定的讨论和评估，这个课题成果引用我国的反垄断案例不够。更重要的问题是，相关市场界定在反垄断法领域似乎永远是一个热议的问题，这是因为界定市场的技术方法充满了不确定性。随着反垄断经济学的不断发展，还可能出现界定市场的其他技术方法。因此，即便课题组在这个领域做出了很大努力，我们只能说是初出茅庐，在这个领域只是尝试着探讨了一些问题，作出了一些初步的结论。特别是课题组多数成员从事教学和科研工作，缺乏相关的执法实践，因此这个研究成果中的理论分析多于实践经验的总结。

学术研究未有穷期。反垄断法中的相关市场界定也将随着经济与科技的发展而不断发展与变化，成为一个需要不断深入研究的常新理论与实践课题。我们竭诚欢迎在反垄断领域从事法学和经济学研究、教学和实务的同人们以及相关的政府部门和社会团体对这个成果提出批评与指正意见，以推动和促进这个课题的进一步深入研究。

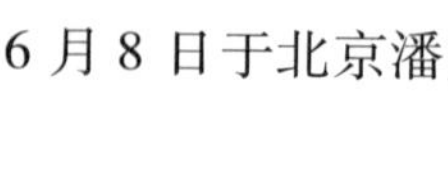

2018 年 6 月 8 日于北京潘家园

目　录

第一编　相关市场界定的基本法律问题

第二编　市场界定的经济学原理和技术方法

第一编

相关市场界定的基本法律问题

第一章 相关市场界定规则的产生与发展

反垄断制度肇始于美国。因此,现代反垄断法制度很多规则的源头都得从美国反垄断制度中去寻找,相关市场界定的规则同样如此。美国反垄断制度建立于19世纪末,然而与相关市场界定有关的规则产生于20世纪中叶。换言之,美国反垄断制度实施后近50年时间,无论司法部反垄断局和联邦贸易委员会作为反垄断行政执法机关还是联邦法院作为反垄断司法机关,它们对垄断案件的审查和决定都是在没有界定相关市场的情况下完成的。美国最早界定相关市场的案件是1948年联邦最高法院审理的哥伦比亚钢铁公司案①。这个案件之后不到50年的时间内,相关市场界定的规则在美国有了迅速的发展,并对其他国家和地区的反垄断制度产生了深远影响。目前,世界上100多个国家或地区制定了反垄断法,而且绝大多数反垄断制度都有相关市场界定的规则。

第一节 相关市场界定在美国的产生与发展

相关市场界定在美国的产生和发展可以1968年界分为两个阶段。1968年之前,相关市场界定是通过判例法实现的,1968年之后则主要由美国司法部和联邦贸易委员会作出了贡献。

一、1968年前的"相关市场界定"

(一)"相关市场"概念的产生

尽管反垄断领域相关市场的界定现在似乎成为经济学家的专利,但"相关市场"(relevant market)这一概念并不是经济学家首先提出的。美国最早使用"相关市场"概念的是1948年美国联邦最高法院审理的哥伦比亚钢铁公司案。1946年12月,美国钢铁公司的子公司哥伦比亚钢铁公司拟收购联合钢铁公司,

① United States v. Columbia Steel Co.,334 U.S.495(1948).

但遭司法部的阻止。司法部的观点是,这个并购将会排除美国钢铁公司与联合钢铁公司之间原本存在的竞争。然而,一个地区法院驳回了司法部的起诉,后者上诉至最高法院,最高法院维持了地区法院的判决。

雷德(Reed)法官代表法庭出具的判决书出现了"相关市场"的概念。判决书中写道:"本案双方就联合钢铁公司产品的销售范围和产品的功能存在着激烈的争论。被上诉人认为,钢材的销售范围具有全国性,对大型钢铁企业而言,美国应被视为一个市场。由此看来,联合钢铁公司生产的钢材在美国市场上占极少部分,不足0.5%。司法部则反驳说,市场须经严格界定,这个相关市场是联合钢铁公司销售产品的11个州,且在这11个州它只是销售钢构件和钢加工品。"[①]这个判决书中"相关市场"的概念究竟是司法部提出的,还是最高法院撰写法庭意见书时创造的,现在无从考证。但是,美国学者基本认为,反垄断案件中"相关市场"的概念最早就产生于这个案件。[②]

(二)相关市场界定的基本方法

虽然联邦最高法院在1948年的哥伦比亚钢铁公司一案的判决书中提出了"相关市场"的概念,但是没有就相关市场的界定作出任何解释或者说明。这也即是说,相关市场界定的基本方法或规则是由最高法院以后的几个判例中提出的,如1953年提出了"需求交叉弹性",1956年提出了"合理的替代性",1962年提出了"子市场"与"实用性标识",1966年提出了"产品组合",等等。

1. 时代花絮案与"需求交叉弹性"

"需求交叉弹性"(cross - elasticities of demand)这一概念最早是在联邦最高法院1953年判决的时代花絮案[③]中提出的。时代花絮出版社(以下简称时代花絮)经营两份报纸,一份是日报,另一份是晨报,并就其广告营销制定了一体化的方案,即要求广告主同时在日报和晨报上作广告,而且不单独受理在日报或者在晨报上的广告业务。司法部认为,这种营销模式违反《谢尔曼法》,遂向法院提出了损害赔偿诉讼。地区法院认为,时代花絮的一体化广告经营行为构成搭售,遂对时代花絮的下列行为发布禁令:(1)以广告主购买日报的广告位为条件销售晨报的广告位;(2)拒绝分开销售日报和晨报的广告位;(3)运用其晨

---

① United States v. Columbia Steel Co. ,334 U. S. 495 ,508(1948).

② See Gregory J. Werden,"The History of Antitrust Market Delineation",*76 Marq. L. Rev. 123*,129 (1992).

③ Times – Picayune v. United States,345 U. S. 594(1953).

报中的支配地位以低于广告制作成本的价格销售其日报的广告位。时代花絮不服判决，遂上诉至最高法院，最高法院推翻了地区法院的判决。

由于该案主要法律问题是时代花絮的广告营销方案是否构成搭售行为，时代花絮的市场地位成为本案的关键。时代花絮案是一个典型的双边市场垄断案，因为每种报纸是由两个虽相互依赖却又相互独立的交易组成，一方面它将新闻与广告内容销售给读者，另一方面又将其拥有的读者提供给广告位的买主。然而，最高法院认为，本案只涉及其中一个市场，因为时代花絮遭到起诉是因为它向广告位的买主进行搭售，所以评估它的一体化营销方案是否合法，只应考虑它是否在广告市场拥有支配地位，而不是考虑它在读者的市场是否具有支配地位。最高法院经过审理认定，时代花絮不具市场支配地位。

然而，法院的这个结论不是基于相关市场的界定。相反，法院认为，“如同法学和经济学的很多概念一样，市场是不能精确地界定其边界的。一个行为是否违反《谢尔曼法》，一般也不能依据不确定的市场界定来判定”。法院还指出，“搭售安排的违法性是垄断杠杆的行使，即卖方将其在一个市场的市场势力扩展至另一市场。因此，只是为了测试是否存在垄断性的杠杆力，才有必要重视整个而不是局部的相关市场”。[①] 法院在这里阐述界定“相关市场”在反垄断案件中的作用时虽然观点含混不清，甚至自相矛盾，但是它在解释时代花絮不具有市场势力的理由时指出，“庭审记录中没有证据说明，依据买方习惯或者需求交叉弹性界定的‘市场’是宽还是窄”。它还解释说，“每种产品都有替代品。然而，相关市场不必刻意涵盖不确定的范围。相关市场的范围应当严格限定，即排除那些在合理的价格范围内只有极个别人才去购买的任何其他产品，即用技术术语说，应当排除需求交叉弹性不大的产品”。[②]

最高法院的这个解释也许构不成界定相关市场的判例法，第一是因为它出现在注释而不是出现在正文，即最高法院主观上没有打算在该案中讨论相关市场界定的规则；第二是这个解释没有说明是依据哪个判例或者哪个学者的观点，即缺乏理论与判例的支持，因而也缺乏规则应有的权威。尽管如此，因为这个解释后来被很多判例和学术著作所引用，对反垄断的理论和实践产生了很大影响，从而成为当今世界各国界定相关市场的一个重要原则或方法。这也就是说，时代花絮一案对反垄断法相关市场的界定作出了重要贡献，是因为它使用

① Times – Picayune v. United States, 345 U. S. 594, 611 (1953).

② Id.

了一个技术术语“需求交叉弹性”，而这个术语此前没有被法学著作使用过，而经济学著作中使用该术语也只早此一年（乔·贝恩，1952）。这个概念经过杜邦玻璃纸案的诠释，成为反垄断实践中界定相关市场最重要和最常使用的方法。

2. 杜邦玻璃纸案与“合理替代性”

美国联邦最高法院1956年的杜邦玻璃纸案[①]是相关市场界定方面影响最大和最重要的案件。[②] 在这个案件中，司法部提出，玻璃纸与其他包装材料在外观、销售价格等方面都不相同，相互间没有足够大的可替代性（substantially fungible），所以其他包装材料与玻璃纸不是处于同一相关产品市场。然而，最高法院没有认可司法部的观点。最高法院认为，“每个生产企业都是其所制造的特定产品的唯一生产者，然而，它对相关市场的控制力则取决于买方能否获得替代品，即玻璃纸与其他包装材料之间是否存在需求交叉弹性”。[③] 最高法院还认为，衡量产品之间是否具有合理的可替代性，一般要考虑这些产品的价格、用途和性能等三个因素，而且认为再没有比合理的可替代性更为确切的界定相关市场的标准。由于审理这个案件的下级法院认定，柔性包装材料市场上的客户对价格和性能的变化具有高度的敏感性，并且有证据支持这一认定，最高法院认为，玻璃纸与其他柔性包装材料具有足够大的需求交叉弹性，从而该案的相关市场是柔性包装材料市场，而不是玻璃纸市场。

由于最高法院在杜邦玻璃纸一案的判决中没有考虑杜邦公司作为一个垄断者，它收取的价格可能已经是一个垄断性价格，因此，这个判决遭到学界包括特纳（Turner）等著名反垄断学者的批评。[④] 此外，由于合理的可替代性在实践中涉及大量复杂的事实问题，这个案件提出的相关市场界定方法对后继案件的指导作用是有限的。尽管如此，杜邦玻璃纸案在界定相关产品市场方面所作的贡献是无法否定的。第一，它肯定了相关市场界定对于确定一个垄断者是否违反《谢尔曼法》的必要性；第二，它提出了“合理可替代性”的概念，并就如何判断合理可替代性提出了具有可操作性的分析方法；第三，它结合具体案件就如何运用需求交叉弹性分析合理可替代性作出了说明。所以，杜邦玻璃纸案是美国反垄断史上最重要的界定相关市场的判例，而且就是在这个判例的基础上，

---

① United States v. E. I. du Pont de Nemours & Co. ,351 U. S. 377(1956).

② 参见[美]E. 吉尔霍恩、W. E. 科瓦西克：《反垄断法律与经济》（第4版），王晓晔注，中国人民大学出版社2001年版，第99页。

③ United States v. E. I. du Pont de Nemours & Co. ,351 U. S. 377,395(1956).

④ See Donald F. Turner, “Antitrust Policy and the Cellophane” ,*70 Harv. L. Rev. 281* ,301(1956).

最高法院相继在布朗鞋案、费城国民银行案、格林耐尔案等判例中确立了“子市场”“产品组合市场”等关于相关市场界定的其他方法。

3. 布朗鞋案与“子市场”

最高法院在 1962 年布朗鞋一案提出了“子市场”的概念，并提出了实践中界定相关市场应当考虑的 7 个因素。① 布朗鞋案涉及美国第 4 大制鞋公司与第 12 大制鞋公司之间的并购，如何界定相关市场是该案原告、被告双方争论的焦点问题之一。原告认为，受这个合并影响的行业为“鞋子行业”，或者为“男鞋、女鞋、童鞋”，影响的市场为美国，或者是合并双方零售鞋店所在的各个城市。被告则认为，界定相关产品市场不仅要考虑消费者的年龄和性别，而且还要考虑原料档次、制作工艺、价格以及顾客购鞋的用途。关于地域市场，则应当考虑零售鞋店所在地区的经济状况，即要区分是大城市中心商业区，还是中等城市或小社区等。地区法院则认为，男鞋、女鞋和童鞋是鞋业和公众一般理解并认同的分类方法，把鞋子笼统界定为一个相关产品市场不公平，但是对相关产品市场作更细的划分也没有依据，不切实际。关于地域市场，地区法院将其界定为人口超过 1 万的城市及邻近地区。布朗鞋公司不同意地区法院关于相关市场的界定，遂上诉至最高法院。最高法院引用了杜邦玻璃纸一案对该案的相关市场进行了界定，认为“产品市场的外部边界是由该产品与替代品之间的合理可替代性或需求交叉弹性来确定”。然而，最高法院还注意到，“广义的产品市场可能还存在着本身可以构成反垄断意义上产品市场的子市场”，并且提出了界定子市场应当考虑的因素包括：行业或社会公众是否认同子市场在经济上的独立性、产品的独特性能与用途、独特的生产设施、特定的消费群体、特定价格、对价格变化的敏感程度以及特定卖主。② 最后，法院认为，如果考虑上述这些因素，地区法院将该案的相关产品市场界定为男鞋、女鞋和童鞋是合理的，因为这种分类得到了公众的认可，每类产品是由不同的工厂制造，每类产品具有其他两类产品不具有的特征，也即是三者之间没有竞争关系，各自拥有自己特定的客户群。

布朗鞋案是《克莱顿法》1950 年修订后政府提起诉讼的第一个合并控制案，这个案件对相关市场界定的贡献主要有两点：第一，它提出了产品“子市场”的概念，指出“依据《克莱顿法》第 7 条，为了判断合并是否可能实质性地限制竞

---

① Brown Shoe Co. v. United States, 370 U. S. 294, 326(1962).

② Id.

争,有必要审查一项合并对各个具重要经济意义的子市场的影响。”“如果存在这种可能性,则该项合并应当被禁止。”[①]“子市场”这一概念对以后很多反垄断案件产生了重要影响。第二,布朗鞋案提出了界定相关产品市场应考虑的七个因素,这为界定相关市场提供了具有可操作性的指南。

4. 费城国民银行案和“集群市场”

为了评估合并是否可能对市场竞争产生实质性的损害,布朗鞋案将相关产品市场划分为若干子市场,这代表了美国法院界定相关产品市场时从大市场到小市场的一种思路。与之相反,美国最高法院 1961 年判决的费城国民银行案却是将多种不同的产品或服务作为一个产品组合来界定相关产品市场。[②] 费城国民银行案涉及费城第一大商业银行与第二大商业银行之间的合并。这个合并虽然得到了银行业监管部门的批准,但是司法部认为,这个合并违反《克莱顿法》第 7 条,从而要求法院禁止它们的合并,其理由是这个计划中的合并将会导致商业银行集中度的大幅提高,从而不利于银行业的自由竞争。然而,受理案件的地区法院认为,银行业的合并不属于《克莱顿法》第 7 条的管辖范围,从而不支持司法部的诉讼请求。这个案件因此就经过了上诉,最后到达联邦最高法院。

费城国民银行案是美国联邦最高法院受理的第一起涉及商业银行的反垄断案件。在这个案件中,最高法院就反垄断法对商业银行的可适用性、商业银行合并中的相关市场界定及合并对竞争的影响等很多问题进行了较为全面、细致的分析。在相关市场界定方面,司法部将相关产品市场界定为商业银行,相关地域市场界定为两被告办公地点所在的费城及其三个周边县城。最高法院的观点是,银行业与其他大多数服务业一样,地域的便利性对有效竞争至关重要,因为无论是公司还是个人,一般都是去本地社区银行办理业务,此外,因为被告没有提供它们与外地银行存在竞争关系的证据,本案的相关地域市场就是被告所在地的四个县域。

关于该案的相关产品市场,美国联邦最高法院首次提出了一个产品与服务的集群市场(cluster of products and services)的概念。也即是出于以下几个原因,商业银行本身就是一个独立的相关产品市场:第一,商业银行可以提供其独特而且范围较广的服务,如存款业务、经常账户、信托管理等,这就导致其他类

① Brown Shoe Co. v. United States, 370 U. S. 294, 326 (1962).

② United States v. Philadelphia National Bank, 374 U. S. 321 (1963).

型的金融机构不能和它开展竞争;第二,与其他金融机构提供的服务相比,商业银行具有明显的成本优势;第三,即便商业银行的某些服务不具有成本优势,譬如储蓄服务,但是由于“消费者的偏好”,导致其他类型的金融机构也没有竞争力。因此,法院认为,商业银行可以提供所有形式的金融服务,这种优势是其他任何金融机构所不具备的,所以,商业银行的竞争压力主要来自其他的商业银行,而储蓄机构、互惠储蓄等其他金融机构与其则没有竞争关系。出于这样的考虑,最高法院推翻了地区法院的判决,拒绝批准费城第一大商业银行与第二大商业银行之间的合并。

二、1968 年以来市场界定规则的发展

1966 年,美国最高法院审理了格林耐尔案①,该案争议的焦点是相关产品市场与相关地域市场的界定。尽管这个案子最后就相关市场进行了界定,但是法官们就如何在该案界定相关产品市场和相关地域市场并未达成一致意见。因为法官们的意见分歧相当大,自这个案子之后,美国最高法院没有再像以前的几个案件那样,以详尽的方式讨论过相关市场的界定。② 这说明,发展与相关市场界定有关的规则或方法,以后主要是依靠美国的司法部和联邦贸易委员会。

虽然美国反垄断法设置了私人损害赔偿制度,但是实施反垄断的主要力量还是政府机关。《谢尔曼法》第 1 条、第 2 条设置了垄断刑事责任,这属于司法部的专属管辖权。根据《谢尔曼法》第 7 条的规定,司法部可以代表国家对垄断行为提起损害赔偿诉讼。所以,在《谢尔曼法》的实施过程中,作为美国行政体系重要组成部分的司法部起着至关重要的作用。为了进一步完善反垄断法律制度,加强联邦反垄断执法的力量,美国国会于 1914 年制定了《克莱顿法》和《联邦贸易委员会法》,在司法部之外设立了一个独立的反垄断执法机关——联邦贸易委员会,由此形成了联邦贸易委员会和司法部共掌反垄断行政执法大权的格局。

根据 1950 年国会颁布的《塞勒—凯尔佛尔法》③及《联邦贸易委员会法》第 5 条的规定,司法部与联邦贸易委员会享有对企业并购进行调查的权力。此外,

---

① United States v. Grinnell Corp. ,384 U. S. 563(1966).

② See Robert Pitofsky, “New Definitions of Relevant Market and the Assault on Antitrust”, *90 Colum. L. Rev. 1805*, 1817(1990).

③ Celler – Kefauver Antimerger Act.

1976 年颁布的《哈特—斯科特—罗迪诺法》[①]规定，经营者之间的合并计划必须获得联邦贸易委员会和司法部的批准，这说明企业合并控制主要是由行政机关而不是司法机关承担着更多的任务。对于存在竞争疑虑的企业合并，联邦贸易委员会和司法部虽然有权向法院提出诉讼，而且多数合并案件的竞争问题可以法庭之外通过和解方式得到解决，但是考虑到法院在并购审查方面没有多少规则可循，为了增加反垄断执法的透明度，司法部、联邦贸易委员会开始采取行政执法指南的方式，披露执法机关审查合并交易时关注的主要问题包括相关市场的界定。迄今为止，涉及相关市场界定的行政指南有司法部 1968 年、1982 年和 1984 年发布的《合并指南》、司法部和联邦贸易委员会 1992 年、1997 年共同发布的《横向合并指南》。现在生效的是司法部和联邦贸易委员会 2010 年共同发布的《横向合并指南》[②]。根据这些指南对相关市场界定的态度及其界定方法，美国司法部和联邦贸易委员会关于相关市场界定的发展大致可分为过度阶段、假想的垄断者测试主导阶段与多元检测阶段。

（一）过渡阶段

从司法部 1968 年发布《合并指南》到司法部 1982 年发布修订后的《合并指南》，这期间 14 年可被视为一个过渡阶段。因为在这个阶段，美国法院判例就相关市场的界定没有创新性的规则或者方法，司法部发布的《合并指南》也只是对法院界定相关市场的方法进行了归纳与总结，自己在这方面没有提出新的界定方法。

1968 年《企业合并指南》是司法部反垄断局在特纳局长的领导下经过数年努力制定出来的。其背景是有些法官提出，美国司法部依据《谢尔曼法》第 7 条提出的反垄断诉讼中，“政府总是赢家”，言外之意在此类诉讼中，政府总是居优势地位。由于相关市场界定在合并分析中起着重要的作用，这些法官实际上在质疑合并案中政府为什么总是在相关市场界定方面获胜。[③] 为了增加执法透明度，美国司法部在其 1968 年的指南中针对相关市场、相关产品市场和相关地域市场的含义进行了说明。指南指出，相关市场是指“商品销售或其他商业交易构成的集合（grouping），该集合中参与活动的卖方与未在该集合中参与活动的

---

① Hart – Scott – Rodino Antitrust Improvement Act, HSR Act.

② Horizontal Merger Guidelines, U. S. Department of Justice and the Federal Trade Commission Issued, August 19, 2010.

③ See Gregory J. Werden, “The History of Antitrust Market Delineation”, *76 Marq. L. Rev. 123*, 169 (1992).

卖方相比在竞争中享有某些优势。这种优势只要明显，就可以界定纳入该集合的卖方有效竞争的地域，这个地域中不考虑排除在该集合之外的企业的竞争”。“任何一种可与其他产品或服务在商业上相区别的产品或服务都可构成一个相关产品市场，即大多数购买者认为，其他产品或者服务在价格、性能与用途上不能合理地替代这种产品或者服务。另外，销售给特定群体的两种不同产品，如果在价格、性能与用途方面对他们具有合理的可替代性，这两种产品可以组成一个相关市场。在后一种情况下，站在特定群体的立场来看，也可能有必要将一种或更多种同样在价格、性能与用途方面与这两种产品具有可替代性的产品纳入该市场。”“一种产品或服务在一个区域（即使小到社区）或几个区域的销售通常可以构成一个地域市场。这个市场没有必要扩大到满足上述检验标准之外的区域，除非明显没有阻止区域外的商品销售给区内客户的经济壁垒，如运输成本高、销售设施缺乏、客户不便或者消费者对既有产品已有偏好。这个市场也不能被缩小，即将符合上述检验标准的部分产品排除在地域之外，除非有明显的经济壁垒将被排除的产品销售与地域内的其他产品销售相分离。”①显然，司法部 1968 年合并指南只是对最高法院相关判例中相关市场界定的原则进行了梳理，②即在相关产品市场界定方面，重述了杜邦玻璃纸案中的价格、性能和用途等测试法以及布朗鞋一案考虑的 7 个因素；③而在相关地域市场界定方面采取了自由放任的原则，即政府可以自由界定相关地域市场，实际上就是不界定地域市场。④

（二）假想垄断者测试的主导阶段

司法部 1968 年发布的并购指南遭到很多学者的批评。波斯纳（Richard A. Posner）认为，这是一次“不成功的努力”，这不仅因为指南没有考虑供给替代，而且它确立的完美替代品标准“也是一个拙劣和毫无必要的标准”，此外指南关

---

① Department of Justice Merger Guideline，1 CCH Trade Reg. 4510（1968），参见［美］理查德·A. 波斯纳：《反托拉斯法》（第 2 版），孙秋宁译，中国政法大学出版社 2003 年版，第 180 页。

② See Gregory J. Werden，“The History of Antitrust Market Delineation”，*76 Marq. L. Rev. 123*，171（1992）.

③ See Robert Pitofsky，“New Definitions of Relevant Market and the Assault on Antitrust”，*90 Colum. L. Rev. 1805*，1815（1990）.

④ See Joseph E. Fortenberry，“Definition Of Markets In Merger Cases：Developments Since The 1968 Department of Justice Merger Guidelines”，*25 How. L. J. 595*，599（1982）.

于地域市场的界定“也有问题”。[①] 1982 年,在司法部反垄断局新任局长巴克斯特(Baxter)的主持下,司法部对 1968 年指南进行了修订,随之发布了 1982 年《合并指南》[②],这次修订的一个重要内容就是合并控制的核心问题——相关市场的界定。

1982 年指南将相关市场定义为“由一种或一组产品和一个地理区域进行界定的,以致一个假想的、不受管制的在当下和未来唯一在该地理区域销售这些产品的公司能够实施一个小而显著且非短暂的涨价(Significant and Non - Transitory Increase in Price, SSNIP),可以使价格高于当下或未来可能的水平”。[③] 由此,1982 年指南就创造性地提出了“假想垄断者测试法”这一相关市场界定的方法,即将假想的垄断者实施一定的涨价幅度作为衡量市场力的标准,这种方法也被称为 HMT 测试法,或者 SSNIP 测试法。为了防止市场界定出现不公正,指南指出了最小市场的原则(smallest market principle),即分析任何一个合并案的初始,候选市场都要考虑参与合并企业生产各种产品与销售这些产品的地理区域,然后以此为基础增加一个“次优替代品”(next - best substitute)或密切替代品,构成第二候选市场。在探寻第二候选市场时,就要考虑一个假想的垄断者是否能够有利可图地施加 SSNIP。如果假想的垄断者能够在候选市场有利可图地实施 SSNIP,则第二个候选市场就是合并分析的最小相关市场。如果假想的垄断者不能在该候选市场实施 SSNIP,则需要在该候选市场继续增加次优替代品或密切替代品,构成第三个候选市场……直至满足最小市场原则的要求。[④]

很明显,1982 年指南采用的相关市场界定法与法院的判例法和 1968 年指南所采用的方法有很大的不同。主要的区别是,判例法采用的是分步分项法,1982 年指南则是采用综合分析法或者一体化方法。分步分项法是将相关市场界定分为两步,即首先对相关产品市场进行界定,然后界定相关地域市场;界定相关产品市场时通常考虑价格、性能、用途等各个因素对两种产品之间是否具

---

① 参见[美]理查德·A. 波斯纳:《反托拉斯法》(第 2 版),孙秋宁译,中国政法大学出版社 2003 年版,第 181 ~ 182 页。

② Department of Justice, 1982 Merger Guideline, https://www.justice.gov/archives/atr/1982 - merger - guidelines.

③ 1982 Merger Guidelines of the U. S. Department of Justice.

④ Carl Shapiro, “The 2010 Horizontal Merger Guidelines: From Hedgehog to Fox in Forty Years”, *77 Antitrust L. J. 49*, 87 - 88 (2010).

有可替代性逐项进行分析，而且这种分析没有统一的标准。综合分析法则是采用统一标准对产品市场和地域市场同时进行界定，即以临时相关市场为起点，考察该市场上如果假想的垄断者涨价5%，购买者一年内是否会转向其他产品，如果购买者转向其他产品，则这个其他产品应当纳入相关市场。虽然依据综合分析法进行SSNIP测试也要分析临时的相关市场、第二个候选市场、第三个候选市场等依次进行，但这些分析每次都要考虑候选市场内的产品和地域与候选市场之外的替代产品和替代地域的各种替代可能性，而不是像判例法那样只是分析两种产品之间在某个因素上的替代可能性。总而言之，1982年指南提出的相关市场界定方法是开创性的，对科学地审理反垄断案件具有基础性的意义。

1984年，司法部对1982年指南进行了以下5个方面的修订：第一，完善了市场界定标准，这尤其表现在评估假想垄断者不再仅使用5%这个固定的标准；第二，强调非结构性因素的重要性，以便于与联邦贸易委员会在合并控制方面进行合作；第三，国外市场竞争纳入分析范围；第四，案件分析适当考虑经济效率；第五，以类似评估破产公司的标准评估破产分公司。① 总体来说，1984年指南对1982年指南没有重大的改变，主要是减少了脚注数量，也即是脚注中一些重要观点被移到正文以突出它们的重要性，此外还删除了一些不重要的脚注。

由于1982年指南提出的假想垄断者测试法具有较强的可操作性，其结果导致美国联邦贸易委员也接受了司法部的观点。于是，1992年司法部与联邦贸易委员会联合发布了《横向合并指南》。1992年指南在坚持1982年指南基本原则的基础上，澄清了1982年指南和1984年指南中一些含混不清之处。1992年指南较为突出的创新有两点：第一是引入了"单边影响"(unilateral effects)的理论。指南指出，"一个合并即便没能成功地提高相互协调的可能性，也会可能减少竞争，因为参与合并的企业可能认为，单方面涨价和减少产量是有利可图的。单方面影响竞争的后果产生于各种不同的背景，其中相关市场的特定因素也会影响相关企业单方面的竞争后果"。② 第二是引入更细致、更复杂的进入分析。1992年之前，司法部和联邦贸易委员会的经济学家与律师们就进入市场的标准有过很多讨论。律师们认为，进入市场应当根据事实上存在潜在进入的证据来

---

① See David Scheffman, et al., "Celebrating Twenty Years of the Merger Guidelines: Twenty Years of Merger Guidelines Enforcement at the FTC: an Economic Perspective", *71 Antitrust L. J. 277*, 283 – 284 (2003).

② 参见王晓晔：《企业合并中的反垄断问题》，法律出版社1996年版，第337～338页。

判断;经济学家们则认为,进入市场的标准可以通过表明进入的及时性、可能性与充分性等经济证据来判断,结果是经济学家在这场争论中获胜。[1]

1992 年指南强调了检验进入市场障碍的经济标准,强调"沉没成本"(sunk costs)及进入后可以获利的重要性。该指南指出:"如果市场进入在其重要性、特点和范围上是及时地、可能地和充分地阻止或者抵销合并的反竞争效果,该市场进入就是容易的。在易于进入的市场上,即市场进入符合及时性、可能性和充分性的标准,合并不会产生反垄断问题,所以一般也无需进行进一步的分析。"由此,该指南将判断进入市场的标准确定为"及时性"、"可能性"与"充分性"等三个因素。鉴于界定相关市场对分析合并案件非常重要,市场进入与相关市场界定又有直接的关系,1992 年指南还详细地阐述了进入的及时性、可能性与充分性的分析框架,目的是更好地说明,目前不在相关市场开展竞争的企业在什么情况下应被纳入相关市场之中。[2]

2006 年 3 月,司法部和联邦贸易委员会基于《横向合并指南》1992 年以来实施情况的调研,联合发布了《横向合并指南评价》[3]。该评价指出,14 年的实践证明,[4]1992 年《横向合并指南》的分析框架是合理的和灵活的,有助于反垄断执法机关分析各个案件的特定事实,因此没有必要对其进行修改;然而,为了进一步提高反垄断执法在程序方面的透明度,加深反垄断律师与商业组织对反垄断政策的理解,这两个机关还是有必要联合发布这个解释性的评价。这个评价以"市场界定与集中"为题的第一部分对市场界定的方法、相关市场的范围和市场界定的证据来源等问题作了比较清晰的说明。

(三)多元检测阶段

2009 年 9 月,司法部和联邦贸易委员会共同宣布要对 1992 年指南进行修订,并且广泛征求社会意见,就 1992 年指南是否真实地反映了司法部与联邦贸易委员会合并审查的实践进行了探讨,特别是讨论如何通过修订,更好地体现相关法律和经济的最新发展。2010 年 4 月 20 日,指南修订的征求意见稿对外

---

① See David T. Scheffman, "Ten Years of Merger Guidelines: A Retrospective", *Critique and Prediction*, *8 Rev. Indus. Org. 173*, 178(1993).

② See Brian Golden, "The Evolution of Horizontal Mergers and the 1992 Merger Guidelines", *28 New Eng. L. Rev. 159*, 186(1993).

③ Commentary on the Horizontal Merger Guidelines, http://www.usdoj.gov/atr/public/guidelines/215247.htm.

④ 美国司法部和联邦贸易委员会 1997 年对 1992 年《横向合并指南》进行过修订,但因这个修订仅涉及 1992 年指南中的"效率"部分,修订幅度小,1997 年《横向合并指南》一般不被视为一个独立版本。

发布;2010 年 8 月 19 日,正式修订稿予以公告。有学者指出,这次修订的原因可能有两个:第一,执法部门认为旧指南的分析方法有些僵硬。例如,在实践中,执法机关实际上已经采用了一些新的合并分析方法如合并模拟法、自然实验法等,因此执法机关的实际做法与旧指南的脱节已经成为社会各界公认的事实。第二,1992 年指南的某些内容已成为反垄断行政执法机关在法院诉讼中的严重束缚。这就是说,因为美国法院过去已经接受了 1992 年指南的分析方法,特别是相关市场的界定方法,其结果就是,执法机关如果没有遵循 1992 年指南行事,如没能证明 1992 年指南要求的某个因素,或者法院运用 1992 年指南的分析法得出了与执法部门不同的结论时,执法部门在法院往往败诉。[①]

2010 年指南仍然采取了 1992 年指南的合并分析法。这个分析法有五步:(1)界定相关市场和测度市场集中度;(2)分析合并对竞争的影响;(3)分析市场进入;(4)分析效率;(5)破产公司抗辩。但是,2010 年指南明显减少了 1992 年指南中比较机械的做法,特别是提出在分析合并对竞争的影响时,并不一定要从市场界定开始,也并不一定要以市场集中度为基础分析一个并购对竞争的影响。新指南一个突出的变化是降低了市场界定的重要性。在旧指南,合并分析的第一步是界定相关产品市场与地域市场,然后在此基础上通过测算市场集中度等途径来判定合并的潜在竞争影响。新指南则指出,执法机关的分析不需要一定从市场界定开始,市场界定只是执法机关评估竞争效果时可能运用的一种工具,如果执法机关能够获取反映竞争效果的直接证据,它将更倚重那些直接证据而非市场界定。2010 年指南还引入一些新的评估竞争影响的方法,如涨价压力(Upward Pricing Pressure,UPP)和合并模拟(merger simulation,也称并购模拟)等。尽管这些方法不是用来界定相关市场,而是直接用来评估合并对竞争的影响,但是因为它们与相关市场界定有着密切的联系,我们可以把美国司法部和联邦贸易委员会自 2010 年指南之后界定相关市场的方法称为多元检测阶段,其特点就是淡化了相关市场界定在合并分析中的作用。

三、小结

美国反托拉斯法实施中相关市场界定的规则源于判例法。从美国法律的渊源看,最高法院关于相关市场的判例对下级法院甚至对反垄断行政执法机关具有约束力。美国司法部和联邦贸易委员会发布合并指南的作用是向企业界

---

① 参见韩伟:《美国〈横向合并指南〉的最新修订及启示》,载《现代法学》2011 年第 3 期。

和律师说明、解释反垄断执法机关处理合并案件的分析框架，以增加反垄断行政执法的透明度。这些指南虽然可以归属为具有“软法”性质的法律文件，但它们对法院没有约束力。法院在界定相关市场的时候虽然有时也采纳合并指南提出的假想垄断者测试以及其他的技术方法，但法院主要是遵循先例。在实践中，反垄断执法机关与法院对相关市场界定可能遵循不同的规则，有时候司法部与联邦贸易委员会在界定相关市场的时候步骤或者程序也不同。因此，在相关市场界定方面，美国的司法机关与执法机关之间，甚至不同的执法机关之间是可能有差异的。譬如，尽管2010年指南明确指出，界定相关市场不是进行合并竞争分析的必要步骤。但是，联邦法院仍然要求对合并提出诉讼的当事人首先应在诉状中对相关产品市场和相关地域市场进行界定，如果没有正确地界定相关市场，法院将会驳回原告的诉讼。毫无疑问，这种差异产生了不确定性，给商业企业带来了混乱和困扰。学术界已经认识到了这一问题，并且提出了一些相关的建议，[①]但是美国当局目前并没有将其作为一个很重要的问题来处理。

第二节　相关市场界定在欧盟的产生和发展

欧盟竞争法始于1957年《欧共体条约》，该条约第85条和第86条分别对限制竞争协议与滥用市场支配地位作了禁止性规定。[②] 1989年，欧共体理事会发布了4064/89号条例，专门处理经营者集中引发的限制竞争问题，由此欧盟就建立起了现代反垄断三大实体法制度。尽管欧盟竞争法产生的时间较美国晚了几十年，然而由于欧盟竞争法在推动建立欧洲大市场的过程中起着至关重要的作用，是欧洲经济一体化的基石，[③]再加上欧盟竞争法适用于欧洲联盟20

---

① See Marleina Paz, “Developments in the Antitrust Law: Almost but not quite Perfect: the Past, Present, and Potential Future of Horizontal Merger Enforcement”, *45 Loy. L. A. L. Rev. 1045*, 1078(2012).

② 欧盟竞争法始于1957年《欧共体条约》，人们常把欧盟竞争法称为“欧共体竞争法”。随着《里斯本条约》于2009年12月1日生效，随着欧盟成为一个在共同体、共同外交和安全政策、内政和司法三大支柱之上的经济、政治联盟，“欧洲联盟”(European Union)也即是“欧盟”这一名称就取代了“欧洲共同体”(European Community)，《建立欧洲共同体条约》也被更名为《欧盟职能条约》(The Treaty on the Functioning of the European Union, TFEU)，“欧共体竞争法”从而也被“欧盟竞争法”这一名称所取代。《欧盟职能条约》在内容上是《建立欧洲共同体条约》和《欧洲联盟条约》的合并，因此《欧共体条约》第81～89条关于竞争法的条款现在被《欧盟职能条约》第101～109条所取代。

③ 参见[美]格伯尔：《二十世纪欧洲的法律与竞争》，冯克利译，中国社会科学出版社2004年版，第1～2页。

多个成员国，因此这部法律在全球的影响不逊于美国反托拉斯法。特别近 20 多年来，欧盟理事会和欧盟委员会等欧盟组织机构发布了很多涉及竞争法的条例、通告以及指南，欧盟法院作出过很多涉及竞争法的著名案例，欧盟竞争法已经成为一套极具欧洲特色且体系完备的反垄断法律制度。

在界定相关市场方面，欧盟竞争立法之时就产生了具体案件需要界定相关市场的思想。例如，《欧盟运行条约》第 101 条提及"相关产品的重要部分"是否消除竞争的问题，这就需要界定相关产品市场；第 102 条提及"共同体市场或其重大部分的地域"，这就提出界定相关地域市场的问题。与美国反垄断法司法主导的模式不同，欧盟竞争法是行政执法主导的模式。因此，尽管欧盟曾于 2005 年和 2008 年先后发布了反垄断民事诉讼绿皮书和白皮书，鼓励成员国推动和实施基于欧盟竞争法的民事诉讼，但与美国相比，欧盟竞争法的民事诉讼仍然不是很发达，有影响的案件不多。这即是说，在欧盟，涉及相关市场界定有影响的案件均来自欧盟法院受理的基于欧盟竞争法提起的行政诉讼，这些判例主要有大陆罐案、联合商标案、霍夫曼罗氏公司案、米其林案等。1997 年，欧盟委员会发布了《关于相关市场界定的通知》，这是世界上第一个关于相关市场界定的专门性的指南。① 总体来说，欧盟竞争法中相关市场的界定深受美国反托拉斯法的影响，如欧盟法院有些判决甚至引用了美国法院的判例。但是，欧盟竞争执法机关借鉴美国法的时候也很谨慎，因此，欧盟竞争法中界定相关市场的方法与美国法既有密切联系又有显著的差异。

一、判例法中的市场界定

（一）界定相关市场的基本原则

1. 大陆罐案

欧盟竞争法中第一个涉及界定相关市场的案件是 1973 年的大陆罐案。② 这个案件之所以作为欧盟竞争法史上的重要案件，是因为它不仅肯定了欧盟竞争法的域外管辖权，而且强调界定相关市场的重要性。大陆罐是一家设在纽约的美国包装公司，因其德国子公司 SLW 收购了荷兰的 TDV 而招致欧共体委员会（欧委会）的处罚。大陆罐公司遂以欧盟委员会无管辖权、侵害其听证权、未

---

① Commission Notice on the Definition of the Relevant Market for the Purposes of Community Competition Law, OJ C 372 , 9. 12. 1997.

② Europemballage Corporation and Continental Can Company Inc. v. E. C. Commission (Case 6/72) [1973] C. M. L. R. 199.

考虑塑料容器和玻璃容器的可替代性等为由向欧洲法院提起诉讼，请求法院判决欧盟委员会的决定无效。欧洲法院驳回了大陆罐公司的前两项指控，但在相关市场界定方面认为欧盟委员会认定的事实不清而宣布其决定无效。

欧洲法院的判决指出，评估市场支配地位以及分析合并对竞争的影响时，“界定相关市场具有特别重要的意义，因为竞争的可能性只能依据与讼争产品相关的需求弹性以及其他产品的可替代性来判断”。[①] 然而，法院认为，虽然欧盟委员会将轻质金属容器划分为三个市场，包括肉类罐装的轻质金属容器、海鲜罐装的轻质金属容器和用于食品包装的金属瓶盖，并且认为 SLW 在这三个市场上都有支配地位，大陆罐的收购行为从而可能进一步排除这三个市场的竞争；但是，欧盟委员会既没有解释这三个市场之间究竟有什么差别，也没有说明这三个市场与用于包装水果、蔬菜、浓缩牛奶、鱼肝油、水果汁等通用的轻质金属容器有什么差别。法院指出，“为了确认一个独立的市场，争议中的产品应当个性化（individualized），这种个性化不仅反映它们是用于包装某种产品的这一事实，而且因为它们具有特定产品的特征，这种特征使其具有适合包装某种产品的特性”。[②] 由于欧盟委员会在这个案件的决定中没有说明包装肉的金属容器、包装鱼的金属容器以及包装食品的金属盖（不是软木塞）有什么特别之处，却指出占较高市场份额的制造商占市场支配地位，并由此推导出 SLW 在这些讼争产品的市场上没有现实以及潜在的竞争对手。所以，法院认定，欧盟委员会依据不充分的事实所作的决定法律上无效。[③] 大陆罐案不仅是欧委会的决定遭到欧洲法院否决的极少数案例之一，而且欧洲法院在这个案件的相关市场界定方面提出了“无弹性需求”（an inelastic need）和“有限的可替代性”（a limited extent interchangeable）等术语，对欧盟竞争法中的相关市场界定有着较大的影响。

2. 联合商标案

欧洲法院 1978 年关于联合商标一案的判决也是一个涉及相关市场界定的重要判例。在这个案件的判决中，法院提出了“高度可替代性”的术语。联合商标公司（以下简称联合商标）是全球最大的香蕉供应商，其子公司大陆 BV 因在

---

① Europemballage Corporation and Continental Can Company Inc. v. E. C. Commission（Case 6/72）［1973］C. M. L. R. 199.

② Id.

③ Id.

欧洲市场实施过高的价格和价格歧视遭到了欧盟委员会的处罚。联合商标不服委员会的处罚决定，遂向欧洲法院提出了申诉，指控的重点是欧盟委员会界定的相关市场不合理。联合商标指出，香蕉是一种水果，即从消费者的角度看，香蕉与其他水果如苹果、橘子、葡萄、梨、草莓等具有合理可替代性，即同一货摊上的其他水果在消费、零售和批发等各个环节都可以代替香蕉。欧洲法院的观点是，它不否定其他新鲜水果和香蕉之间具有可替代性，但是产品之间的替代性有个"度"的问题；本案核心问题不是香蕉能否被其他水果所替代，而是分析联合商标是否在相关市场具有支配地位，因此应当分析香蕉与其他水果具有多大程度的可替代性。法院引用了美国时代花絮案提出的"相关市场的范围必须严格限定"的原则，指出竞争法中同一相关产品市场的产品必须具有"高度的可替代性"（a high degree of substitutability），并提出替代性的程度应当考虑产品的特性与影响消费者选择的各种因素进行评估。[①] 法院还指出，香蕉具有其他新鲜水果不具有的性能和作用，如它无籽、柔软、易于剥开，可以满足某些特定的消费者如孩子、老人和病人的经常性需求，而且它的生产和销售不受季节的影响，即一年四季都会有。相反，其他水果则受季节的影响较大，即它们虽然一定程度上可代替香蕉，但这种可替代性是有限的。所以，法院认定，该案的相关产品市场是香蕉市场。

从上述大陆罐案和联合商标案可以看出，欧盟法院界定相关市场的基本原则是产品的可替代性。由于这两个案件均涉及美国企业，欧盟相关市场界定的原则很大程度上受到美国法的影响，法院甚至直接援引了美国法院的判例。但是，与美国判例法相比，欧盟法院没有提出评估产品可替代性的标准。

（二）欧盟判例法相关市场界定的特点

由于欧盟委员会的竞争执法比较注重透明度，在相关市场界定方面，欧盟委员会作出决定前往往会广泛征求各方的意见，因此涉案当事人就相关市场界定对欧盟委员会提出质疑的案件并不多见。目前讨论较多的除了前面提及的大陆罐案和联合商标案，比较重要的还有霍夫曼罗氏案、米其林案、利乐包装公司案、喜利得案等几个案例。下面简单介绍这几个案例，目的是由此了解欧盟竞争法界定相关市场的基本特点。

---

① United Brands Co. and United Brands Continental BV v. Commission, Case 27/76 [1978] ECR 207, 225.

1. 霍夫曼罗氏案①

霍夫曼罗氏公司(以下简称罗氏)是全球最大的维生素生产企业,即生产A、B、C、D等多种维生素。这个案子的案情是,因罗氏先后与22个维生素购买企业订立过“忠诚协议”,被欧委会认定为滥用市场支配地位,并被处以罚款。罗氏不服,遂请求欧洲法院撤销委员会的决定。欧洲法院于1979年就该案作出了判决。

欧洲法院认为,罗氏是否占市场支配地位,这需要通过相关产品市场与相关地域市场两个维度的相关市场界定。争议双方对相关地域市场的界定没有异议,该案争议的焦点是相关产品市场的界定。在相关产品市场的界定方面,双方也有部分共识,即一致认为A、B、C、D等7种维生素有不同的新陈代谢功能,即相互之间不具可替代性。双方还一致认为,维C与维E除了用于抗衰老,还可用于抗氧化、着色或防止变味与退色等多种技术目的。然而,双方关于维C和维E可用于技术目的的比例存在着分歧。罗氏认为,这一比例是维C36%、维E60%,此外它还认为在用于技术目的使用方面,维C和维E还面对其他抗氧化剂、着色产品以及添加剂的竞争。因此,罗氏认为合理界定的维C与维E的相关市场应当比欧委会界定的范围要宽。但是欧盟委员会认为,真正用于技术目的使用的维生素产品的数量要比罗氏提出的少,而且在受到欧盟委员会处罚影响的市场上实际上没有可替代维C和维E的产品。法院对这个争议提出的观点是,“一种产品如果有多种用途,不同的用途因为有着不同的经济需求,那就应当将这个产品分属几个不同的市场,即这些市场无论从产品结构还是从竞争条件看,它们呈现出不同的特征”。法院还提出,“相关市场的概念可以说明,同一相关市场的产品之间存在有效竞争,也即是这些产品相互有足够大的可替代性”。因为维C、维E与在技术方面使用的其他产品相互之间没有可替代性,它们不能被视为属同一相关市场。②

2. 米其林案③

米其林案涉及米其林NV(米其林在荷兰的子公司)在荷兰采取“忠诚折扣”的销售策略是否违反欧盟竞争法。欧盟委员会认定米其林NV的行为构成滥用市场支配地位,遂作出罚款决定。米其林则认为,欧盟委员会关于相关产

① Hoffmann – La Roche & Co. AG v. Commission, Case 85/76 [1979] ECR 461, 516.

② Hoffmann – La Roche & Co. AG v. Commission, Case 85/76 [1979] ECR 461, para. 28.

③ NV Nederlandsche Banden – Industrie Michelin v. Commission, Case 322/81 [1983] ECR 3461.

品市场和相关地域市场的界定均有错误，特别是相关产品市场的界定“专断”而且“不合逻辑”，因为它否认各种轮胎之间特别是否认再生轮胎与替换用新轮胎之间存在可替代性，遂向法院提出申诉。欧洲法院的观点是，欧盟委员会对载重车轮胎与小车轮胎作出区分有道理，因为它们在技术特征、用途以及价格三个方面均有差别，而且申诉人对这些差别没有否定或者不能否定。法院在该案将汽车轮胎分为三个独立的产品市场，即原装轮胎、轿车与轻型卡车替换用新轮胎、翻制再生轮胎。原装轮胎作为直接装配到新车上的轮胎是销售给汽车制造商的，即这种轮胎的购买者不是一般消费者。另外两种可用于更换的轮胎可分为两个独立的市场。一般说来，消费者个人拥有轿车与轻型卡车，行车里程不多，轮胎更换次数不多，但是强调安全，这种心理因素决定消费者不太可能图便宜而购买翻制的再生轮胎（尽管后者也安全），而是购买替换用的新轮胎（这种轮胎与前述原装轮胎惟一区别是购买者不同）。运输公司因使用重型卡车，行车里程多，轮胎消耗大，也常常翻新，而且因其职业性强，运输公司对轮胎的安全性不像一般消费者的心理负担大。另外，载重车轮胎与小车轮胎的生产设备不同，两种产品的生产厂家不容易相互转产。因此，三种轮胎虽然物理上具有可替代性，实际上相互却没有竞争，各自构成不同的产品市场。[①]法院在这个判决中指出，“调查一个企业是否具市场支配地位，那就得考虑相关产品市场上所有产品之间的竞争，要考虑它们的功能，特别是它们能否长期满足某些需求，而且只在有限程度上与其他产品有可替代性”。[②]

3. 利乐包装公司案[③]

利乐是一家瑞典公司，在液态食品（特别是牛奶）包装盒及相关包装设备（包括技术）的生产方面处世界领先地位。1986 年，利乐收购了同样从事包装机生产和销售的 Liquipak 公司，利乐由此成为相关消毒技术的独家被许可人。这个技术的许可人是英国技术集团公司（the British Technology Group），该技术在牛奶无菌包装方面是商业上唯一可替代利乐技术的技术。作为 Liquipak 包装机的经销商，Elopak 公司向欧盟委员会指控利乐公司滥用其市场支配地位。收到欧委会发出的反对意见后，利乐公司遂撤销了它与英国技术集团公司订立

---

① NV Nederlandsche Banden - Industrie Michelin v. Commission, Case 322/81 [1983] ECR3461, 3505 - 3506.

② Hoffmann - La Roche & Co. AG v. Commission, Case 85/76 [1979] ECR 461, para. 28.

③ Tetra Pak International SA v. Commission (Tetra Pak Ⅱ), Case T - 83/91 [1996] ECR Ⅰ - 5951.

的所有的排他性许可条款。但是,欧委会认为,利乐公司订立排他性许可协议的行为是一种新的限制竞争行为,有必要澄清委员会对这种行为的态度和观点,为此仍然对利乐公司作出了处罚决定,目的是警告其他可能采取类似行为的企业。

欧委会将该案产品市场界定为无菌包装机和使用这种机器的无菌包装盒,随后考虑的问题是,利乐公司的无菌包装机和使用这种机器的无菌包装盒与其他公司的相关产品是否具有可替代性,如其他的牛奶包装如玻璃瓶、塑料瓶及相关包装机是否可替代无菌包装盒和包装机。在这个方面,欧盟委员会首先考虑了需求交叉弹性,包括考察了包装价格对牛奶零售价的影响。欧委会认为,无菌牛奶包装盒价格的显著上涨对其他品种牛奶需求的影响很小,由此推断各种牛奶包装及其相关包装机的需求之间没有价格弹性,也即是消费者并不认可不同的牛奶包装与不同的牛奶之间具有可替代性。此外,欧盟委员会还从两个角度考虑了供给替代。它最后的结论是,表面上看,这些不同类型的牛奶包装相互具有可替代性;但在事实上,这些包装产品和设备分属于不同的产品市场。这个案件最后诉至欧洲初审法院,初审法院同意欧盟委员会的观点,从而维持了欧盟委员会的决定。①

4. 喜利得案②

喜利得是列支敦士登一家制造、销售各种建筑加固系统的大型企业,特别是在射钉枪的射钉、弹壳与弹带等产品生产方面处于世界领先地位。喜利得实施了一种捆绑性质的营销策略,即以客户购买射钉为条件销售其作为专利产品的弹带,并对只买弹壳的客户加价销售,或在其他方面给予歧视待遇。欧盟委员会认为,喜利得的行为构成滥用市场支配地位,遂要求喜利得停止违法行为,并且处以罚款。本案的争议争点是相关市场的界定。

由于讼争产品的运输成本不大且无人为障碍,双方关于相关地域市场的认定没有异议。然而,关于相关产品市场的界定,双方分歧颇大。欧盟委员会是将喜利得生产的产品包括射钉枪、弹带和射钉各自界定为独立的相关产品市场。喜利得则是将射钉枪、弹壳、射钉三个关联产品视为一个不可分割的整体,因为它们是火药驱动加固法不可或缺的三个因素。此外它还提出,建筑用的加固法有多种,相互各有短长,可以相互替代,而火药驱动加固法只是通用的建筑

---

① Tetra Pak International SA v. Commission(Tetra Pak Ⅱ)Case T－83/91［1996］ECR I－5951.

② Hilti AG v. Commission, Case C－53/92P［1994］ECR I－666.

加固法的一种。然而，欧盟委员会则重点考虑了火药驱动加固法有着与其他加固法不同的12个因素，包括它的用途多、易携带、速度快、操作不易疲劳、钉子与弹壳比其他加固法的材料贵、不能在某些材料上加固、承重能力较低等，从而认为各种加固法之间缺乏功能上的可替代性。欧盟委员会还考察了各种建筑用的加固法之间的价格交叉弹性，认为射钉枪、弹壳和射钉的价格小幅变化不会引起客户大幅向其他加固法的转移，所以认定射钉枪、弹壳和射钉构成三个独立的产品市场。喜利得不服，先后向欧洲初审法院和欧洲法院提出了申诉，但均以败诉告终。①

二、市场界定的行政指南

鉴于相关市场界定在很多竞争法案件中是审理的第一步，欧盟委员会于1997年颁布了《关于相关市场界定的通知》②。欧盟委员会还于2002年和2015年发布过关于电信业相关市场界定的建议以及经济全球化条件下市场界定的简报，与时俱进地表达了欧盟委员会关于界定相关市场的最新动态和观点。

1. 1997年《关于相关市场界定的通知》

为了增加竞争执法的透明度和当事人对案件结果的可预期性，欧盟委员会1997年发布了《关于相关市场界定的通知》(以下简称《通知》)，即对其历史上就相关市场界定采用过的方法进行了梳理。通知指出，市场界定是分析并确定企业之间竞争程度的一种工具，其主要目的是通过系统的方法确定相关企业面临的限制竞争。《通知》在内容上分为引言、相关市场界定、界定相关市场的证据、市场份额的计算、其他考虑因素等五个部分。下面仅对以“相关市场界定”为标题的第二部分作一简要介绍，其他内容将在本书其他章节有所涉及。

在相关市场的界定一节，《通知》首先对相关产品市场和相关地域市场进行了定义，相关产品市场是指根据产品特性、价格及其用途，被消费者视为可互换或可相互替代的全部产品和(或)服务；相关地域市场是指相关企业进行产品或服务供求活动的地域，而且相关企业在这个地域内的竞争条件基本一致，而且由于这个地域市场的竞争条件与相邻地域市场的竞争条件明显不同，从而可以将这个地域与相邻地域区别开来。

《通知》指出，界定相关市场与欧盟竞争政策的目标相一致。比如，欧盟合

---

① Hilti AG v. Commission, Case C－53/92P [1994] ECR I－666.

② Commission Notice on the Definition of the Relevant Market for the Purposes of Community Competition Law, OJ C 372, 09.12.1997.

并控制的目的是防止产生和加强市场支配地位，为此就需要控制某些产品或者服务供应的结构；《欧盟运行条约》第 102 条禁止滥用市场支配地位，认定市场支配地位就需要界定相关市场；此外，适用《欧盟运行条约》第 101 条有时候也需要界定相关市场，例如，分析一个协议是否存在明显的限制竞争，或者是否能够依据该条第 3 款得到豁免，但是这些分析的前提都需要界定相关市场。界定相关市场的目的一般是分析市场上某些行为或者产品供应结构的变化，它可能因为限制竞争的性质不同而产生不同的结果。例如，分析并购案件时，因为分析的限制竞争是预期性的，所以与分析过去发生的行为相比，相关地域市场的范围界定可能比较宽。①

《通知》阐述了市场界定的基本原则，即考虑企业在市场上面临的各种各样的竞争限制。市场上的企业一般受到来自三方面的竞争约束：需求替代、供给替代与潜在竞争。对于相关市场界定来说，需求替代对特定产品的供应商可以构成最直接和最有效的制约，能够对他们的定价决策产生很大的影响。评估需求替代需要确定被消费者视为替代产品的范围。《通知》在这里提及了 SSNIP 测试法，即确定相关产品市场或者相关地域市场的一种方法是，市场上的假定垄断者有一个小幅（5% ~10%）但持久的价格上涨，它的客户是否会转向购买其他的替代品，或者转向购买其他地域的产品。由于涨价会减少销售数量，在替代程度足以大到使涨价无利可图的情况下，这些替代品或者扩大了地域应当包括在相关市场之中。②

《通知》还分析了供给替代和潜在竞争。《通知》指出，“如果供给替代的影响从效果和及时性方面与需求替代产生同样的效果，界定市场时就应当予以考虑。这要求在相关产品的价格发生数目不大但持久的上涨时，其他供应商能够在短期内转向相关产品的生产和销售，而无须发生大量的额外成本和风险。当这些条件满足时，推向市场的更多的产品将会对相关企业的竞争行为产生约束。这种影响在效果和时效方面与需求替代的影响是相同的”。③《通知》指出，当供货商生产不同质量等级的产品且这些产品对终端消费者来说不具有可替代性的情况下，如果大多数供应商可以直接销售各种不同质量的产品且从一

① Commission Notice on the Definition of the Relevant Market for the Purposes of Community Competition Law, OJ C 372, 09. 12. 1997, para. 12.

② Id., paras. 13 – 19.

③ Id., para. 20.

种产品转向另一产品无须花费大量成本，这些不同质量等级的产品应划归同一产品市场。这种情况下，相关产品市场应包括所有在供应和需求方面可替代的产品。[①]《通知》还指出，界定市场时不会轻易考虑竞争限制的第三个因素，即潜在的竞争。这是因为潜在竞争能否成为一种对有效竞争的制约，取决于对与市场进入条件相关的一些特定因素和情况的分析。[②]

以上可以看出，欧盟委员会《关于相关市场界定的通知》提出的相关市场界定的方法是欧盟委员会的决定、欧洲法院的判例、美国法院的判例以及美国《横向合并指南》关于相关市场界定之经验的集大成。尽管这个《通知》指出，委员会关于相关市场概念的解释不妨碍欧洲法院作出自己的解释，[③]但它作为世界上第一部由反垄断执法机关发布的相关市场界定的指南，无论是其形式上的规范作用还是其内容上的指导意义，对其他国家反垄断执法机关的影响都是开拓性的。

2. 2015 年竞争政策简报：《全球化下的市场界定》[④]

随着经济全球化和欧盟一体化的发展，欧盟委员会界定相关市场的一个新趋势是，界定的相关地域市场的范围越来越宽。据统计，十多年前欧盟委员会将相关地域市场界定为欧洲经济区或者地域市场范围更宽的案件占全部合并案件的 48%。2012 年和 2013 年，这个比率则上升至 61%。为此，欧盟委员会曾于 2015 年 5 月发布了一个关于竞争政策的简报，题目是《全球化下的市场界定》，目的是说明欧盟委员会在经济全球化条件下界定相关地域市场的原则以及在这方面的新发展。简报指出，“市场界定不是一个政策的说明，也不是委员会自己界定市场，而是市场自己界定市场。即市场界定应当以企业现实的经营活动为基础，它需要对具体案件进行具体的分析，需要考虑事实和经验”。简报还指出，“欧盟委员会对每个案件都要调查其最新的和关键性的事实如销售数据、行业统计资料，并且征求客户与供货商的意见”。由此可以说明，为什么在经济全球化和欧洲一体化的条件下，仍然有很多市场是国家性的，典型的例子是与消费者相关的产品和服务如饮料和电信服务就是这种情况。

简报还指出，在过去 20 多年，随着单一市场的建立与发展，欧盟内部贸易

---

① Commission Notice on the Definition of the Relevant Market for the Purposes of Community Competition Law, OJ C 372, 09.12.1997, para. 21.

② Id., para. 24.

③ Id., para. 6.

④ European Commission, Market Definition in a Globalized World, Issue 2015 – 12, March 2015, http://ec.europa.eu/competition/publications/cpb/2015/002_en.pdf.

壁垒降低了，因此欧盟委员会在很多案件将相关地域市场界定为地区性市场或欧洲经济区，而不是成员国市场。如果客户是在全球范围采购产品或服务，如涉及信息技术产业、自然资源、采矿或航空业的案件，委员会往往将相关地域市场界定为全球市场。然而，“有些市场的固有特征不允许进行过宽的界定，因为相关市场界定是由客观的市场现实决定的，委员会和世界上其他竞争执法机关必须考虑这个问题”。这即是说，在全球化和单一市场进程不断加快的过程中，有些商品如流动速度比较快的商品或者饮料仍然处于成员国的市场甚至比成员国范围还要窄的市场。即出于产品的特性、品牌、营销战略、口味、消费者偏好以及销售体系等各种不同因素的考虑，很多市场竞争仍然是在成员国境内甚至更窄的地域范围。有些服务譬如电信业，随着政府管制与各成员国的电信许可制度，各个成员国的市场成为一个个独立的地域市场。总而言之，认定地域市场的决定性因素不是企业是否在全球范围开展经营活动，而是一个合并如果消灭了竞争，这些企业的客户会转向哪个地域寻求可能的供给替代。简报还指出，“委员会不反对将相关市场界定得宽一些，只要有证据支持，委员会支持将相关市场界定为欧洲市场或者世界市场”。

这个简报的结论是，“要精确地界定市场，就需要委员会评估合并对竞争的影响，目的是阻止合并对消费者以及相关产业的用户产生有害的影响。人为地扩大所界定市场的范围，这会导致于市场竞争有害的合并得以批准，这对欧盟的经济发展得不偿失。这不仅导致欧盟的产业与中小企业必须得接受过高的产品价格，损害它们的竞争力，而且窒息竞争也意味着企业不再有投资和创新的压力。因此，欧盟委员会为保护欧盟经济不受限制竞争的不利影响，它必须继续利用好它的工具，譬如市场界定”。①

三、小结

从上述几个案例可以看出，欧盟委员会和欧洲法院关于相关市场的界定有以下几个特征：

第一，虽然与美国一样，欧盟法院也将需求弹性、可替代性作为界定相关市场的基本标准，但欧盟的标准比较粗放，不如美国的标准那样具体，因而其可操作性不强。表现在每个判例所考虑的具体因素差异较大，主观性较强，彼此之间也没有什么联系，有时甚至前后矛盾。譬如在联合商标案，欧盟法院强调香

① European Commission, Market Definition in a Globalized World, Issue 2015 - 12, March 2015.

蕉具有不同于其他新鲜水果的性能，因而构成一个独立的产品市场；在米其林案，法院认为原装轮胎、再生轮胎、轿车与轻型卡车备用新胎的性能完全相同，但是认为它们构成三个不同的相关产品市场。

第二，欧盟委员会关于界定相关市场的决定基本上得到了欧盟法院的支持。前文已经述及，经营者就相关市场界定对欧盟委员会的决定提出质疑的案件很少。即使有经营者对欧盟委员会界定的相关市场向法院提出了质疑，欧盟法院一般也会维持欧盟委员会的决定。前述欧盟委员会关于市场界定的 6 个决定中，只有一个决定被欧盟法院所否决。

第三，欧盟委员会和欧盟法院界定的相关市场，无论产品市场还是地域市场，其覆盖的范围都比较窄。例如，联合商标案中的香蕉、罗氏案中的各种维生素、米其林案中的载重车新轮胎、喜利得案中的弹壳与射钉、利乐案中的无菌包装盒与包装机都构成了独立的产品市场。

有学者将欧盟委员会和欧盟法院的相关市场界定称为结果导向型的相关市场界定，即给人的影响是易于根据被指控的滥用行为来决定相关市场的范围。[①] 欧盟采取了结果导向型的相关市场界定方式，主要是因为欧盟竞争法追求的价值目标具有多元性："在整个共同体推进经济活动和谐、均衡、可持续的发展，促进高水平的就业和社会保障，坚持男女平等，促进可持续的、非膨胀性的增长，促进高度的竞争和经济行为的凝聚性，实现环境性能的高水平保护与改进，促进生活水平和生活性能的提高，以及促进成员国之间经济与社会的凝聚和团结一致。"[②]由共同体的宗旨所决定，欧盟竞争法具有政治、经济、社会、文化等多元价值目标。实施竞争法时，欧盟当局考虑的不仅是经济效率，而且包括单一市场的建立、保护竞争者、保护消费者等多种政策因素。另外，在相关市场界定中起重要作用的欧盟委员会也是一个由 20 多名委员组成的政治信仰、价值目标有很大差异的群体。有学者指出，当事实审判者与决定掌握在一个充满大陆行政传统的超国家机构手中时，这种结果导向性的相关市场界定就不可避免。[③]

---

① Diane R. Price, Abuse of a Dominant Position – the Tale of Nails, Milk Cartons and TV Guides, E. C. L. R. 1990, 11(2), 90.

② 《欧盟条约》第 2 条，参见［英］尼格尔 · G. 福斯特：《欧盟立法（2005 – 2006）》（第 16 版上卷），何志鹏、孙璐译，北京大学出版社 2007 年版，第 3 页。

③ Per Jebsen & Robert Stevens, Assumptions, Goals and Dominant Undertakings: the Regulation of Competition under Article 86 of the European Union, 64 Antitrust L. J. 443, 452(1995 – 1996).

第三节　东亚国家反垄断法的相关市场界定

从《谢尔曼法》问世到"二战"结束的这段时间，除了美国不断强化其反托拉斯法外，其他国家反垄断的立法和司法几乎是空白。然而，1945年第二次世界大战结束，形势发生了很大的变化。特别自20世纪80年代以来，随着世界各国经济政策总的导向是私有化、减少政府行政干预和反垄断，不仅发达的市场经济国家不断强化反垄断法，许多发展中国家和原来实行计划经济体制的国家在其经济体制改革过程中也普遍注重反垄断立法。现在，世界上颁布反垄断法的国家120多个。随着这些国家和地区建立了反垄断执法机构，随着这些机构在其反垄断执法中不可避免地需要界定相关市场，如何科学地界定相关市场就成为这些反垄断执行机构必须要面对和思考的问题。

这一节除了概述我国反垄断法颁布以来相关市场界定的立法和司法实践，还选择研究了日本和韩国反垄断执法中的相关市场界定，这一方面因为日本和韩国都是我国的近邻，经济和文化上均与我国有着十分密切的联系；另一方面这两个国家的反垄断立法早于我国，它们在相关市场界定方面的立法和司法实践值得我国借鉴和参考。鉴于本书第三编已就关于我国反垄断执法中的相关市场界定作出了比较详细的评述，并就改进和完善我国在这方面的工作提出了相应的建议，故这部分关于我国反垄断执法中的相关市场界定仅作简要概述。

一、日本反垄断法

（一）日本反垄断法概况

日本《禁止私人垄断及确保公正交易法》（以下简称《禁止垄断法》）于1947年颁布。一方面由于当时的日本法学界对反垄断法普遍缺乏了解，另一方面由于以美国为首的同盟军对日本这部法律的制定发挥了决定性的影响，日本的《禁止垄断法》几乎完全仿效了美国反托拉斯法。例如，《禁止垄断法》第3条禁止私人垄断和不合理的限制性交易。根据第2(5)条的定义，私人垄断是指独自或联合排斥或控制其他企业的商业行为，如果这些行为严重限制一定领域的竞争，这些行为就会违反公共利益。根据第2(6)条的定义，不合理的限制性交易是指限制其他企业的商业行为或与其他企业进行协调的行动，从而违反公共利益。该法第19条禁止不公平的交易方法。根据第2(9)条的规定，不公平交易既包括该条列举的各项行为，也包括日本公平交易委员会认定的不公平交易方法。第四章是禁止可能引起特定（相关）市场限制竞争效果的市场集中。第10条规定了取得或持有其他企业股票的行为，第15条规定了企业合并行为，第16条规定了取得其他公司资产的行为。此外，第6条禁止日本公司参与任何国际卡特尔的行为，第8条禁止能够引起特定（相关）市场限制竞争效果的商会行为。总之，由于受美国反托拉斯法的影响，《禁止垄断法》的禁止私人垄断相当于美国《谢尔曼法》的第2条，不合理的限制交易相当于《谢尔曼法》的第1条，该法第四章在内容上相当于美国《克莱顿法》的第7条。由于受美国《联邦贸易委员会法》第5条的影响，《禁止垄断法》还有一个禁止不公平交易方法的第19条。但是有日本学者认为，该法第19条不是《禁止垄断法》必不可少的内容，而且从逻辑的角度看，这个第19条给《禁止垄断法》的适用带来了很多混乱。[①]

《禁止垄断法》的行政执法机关是日本公平交易委员会（FTC）。20世纪80年代之前，这部法律在日本的经济生活中没有发挥重要影响。但是自20世纪80年代以来，随着日本实施了放松政府管制和推进市场竞争的经济政策，《禁止垄断法》成为日本经济法的核心。日本《禁止垄断法》在实施中也非常重视判例法。例如，日本最高法院1975年关于婴儿奶粉两个案件的判决对维护转售价格的协议适用了本身违法的原则，这些判决至今都具有法律效力。[②]

（二）日本反垄断执法中的市场界定

日本《禁止垄断法》没有"相关市场"的概念，但有一个"特定交易领域"（Particular Field of Trade）的概念。"特定交易领域"是指"展开竞争的场所，即在一定供给群和需求群之间形成的经济学意义上的市场"。[③] 这个"特定交易领域"的外延显然要比反垄断法意义上"相关市场"界定的范围要宽。《禁止垄断法》虽然没有相关市场的概念，但是日本公平交易委员会2004年颁布的《关

---

① 参见[日]村上政博：《日本反垄断法的历史与发展——对日本早期反垄断法的反思》，载王晓晔、依从宽主编：《竞争法与经济发展》，社会科学文献出版社2003年版，第21页。

② Wakodo, Supreme Court judgment of 10 July 1975, Minshū, Vol. 29, No. 6, P. 888; Meiji Shoji, Supreme Court judgment of 11 July 1975, Minshū, Vol. 29, No. 6, P. 951. See also Yoshiteru UEMURA, RPM Regulation in Japan: Reform and Modernisation, available at www. hannan - u. ac. jp/gakujutsu/mr-rf4300000036w1 - att/mrrf43000001sq19. pdf.

③ [日]根岸哲、舟田正之：《日本禁止垄断法概论》，王为农、陈杰译，中国法制出版社2006年版，第43页。

于企业并购审查的反垄断法适用指南》[①]与美国司法部和联邦贸易委员会颁布的《企业并购指南》相似,使用了很大的篇幅对相关市场(特定交易领域)的界定作出了解释。

根据日本公平交易委员会 2011 年 6 月最新修订的并购指南,界定相关市场的目的是评估一个并购能否产生限制竞争的影响。原则上,市场界定应当考虑一定地域范围内相关产品和服务对需求者的可替代性,即考虑需求替代;但在必要的情况下,也应当考虑供给替代。考虑需求替代的时候,公平交易委员会将考虑假定垄断者在特定地域提供的特定产品,然后考虑其为增大利润而实施 SSNIP 的情况下,用户是否可以得到替代品和是否存在替代性地域的情况。如果替代性很低,即如果假定垄断者可以通过涨价提高利润,由此界定的相关市场可以说明这个并购对市场竞争具有限制性的影响。日本公平交易委员会也有考虑供给替代的情况,即通过 SSNIP 测试,考虑其他产品或者其他地域的生产商能否在一个不长时间(一般为 1 年)内且不用承担很大的沉没成本和风险就可以转向这个产品的生产或者进入这个地域从事生产活动。如果供给替代的程度很小,那就可以说明垄断者可以通过涨价提高其利润,进而可以说明这个并购对市场竞争有着不利的影响。这个指南还指出,界定的相关市场有时候只是一个产品和一个地理范围,有时候则是比较宽或者比较窄,这说明相关市场的界定要考虑具体案件的具体情况。[②]

由于日本《禁止垄断法》长期以来的执法措施主要是劝告、磋商、媒体曝光等非正式的方式,相关市场界定的案例很少。日本学术界迄今提及的判例主要是东宝速波联营案和八幡富士制铁合并案。[③] 东宝速波联营案发生在 1951 年,这比首次使用"相关市场"概念的美国哥伦比亚钢铁公司案仅晚 3 年。涉案的东宝公司与速波兴业公司都是从事电影放映业务,两者达成一个并购协议,相关市场界定成为该案的争点。日本公平交易委员会把该案的相关市场界定为有乐町地区的剧场和银座地区的剧场。乐町地区有 10 个剧场,东宝公司占 8 个(含速波公司 2 个)。按影院定员人数算,东宝公司在有乐町的市场份额超过 90%,在银座超过 50%。日本公平交易委员会据此认定这个交易会实质性地限

---

① GUIDELINES TO APPLICATION OF THE ANTIMONOPOLY ACT CONCERNING REVIEW OF BUSINESS COMBINATION, Revised as of June 14, 2011, Japan Fair Trade Commission, http://www.jftc.go.jp/en/legislation_gls/imonopoly_guidelines.files/110713.2.pdf.

② Id., Part Ⅱ.

③ 参见[日]村上政博:《独占禁止法》(第 2 版),弘文堂 2000 年版,第 340 ~ 354 页。

制竞争,违反《禁止垄断法》关于企业集中的规定。然而,东宝公司认为,本案相关产品市场应分为外国电影放映市场与日本电影放映市场,因为两者具有不同的特点。东京高等法院的观点是,“当多数电影院相互毗邻的时候,该地域实际形成了通晓日本电影和外国电影的观众群,这自然就形成了特定的交易领域”。法院由此也驳回了东宝公司的诉讼请求。①

1970 年的八幡富士制铁合并案涉及日本第一大制铁公司(八幡)和第二大制铁公司(富士)的合并。日本公平交易委员会将这个案件的相关产品市场分为铁道用钢轨、食品罐头用镀锡铁皮、铸造物用铁和钢板等四个子市场,并在相关市场界定的基础上认定这个交易违反《禁止垄断法》的相关规定,从而要求两公司停止合并。但是,涉案的两个公司认为,公平交易委员会界定的相关市场过于狭窄,从而这个禁止合并的决定不合理。该案进入日本公平交易委员会的审判程序。在案件审理过程中,两公司同意采取消除限制竞争后果的措施,包括转让设备和企业的股份等。日本公平交易委员会最后作出了附条件批准的决定。八幡富士制铁合并案是日本反垄断史上影响很大的案件,这个并购之后成立的新日本制铁公司是世界上最大的钢铁公司。这个合并案之后的 30 多年,日本公平交易委员会几乎没有依照法律程序审理过任何其他的企业合并案。②

日本公平交易委员会在反垄断执法中界定相关市场的特点如下:第一,与美、欧反垄断司法辖区一样,日本公平交易委员会界定相关市场也主要基于需求替代,这特别表现在公平交易委员会 2004 年发布和 2011 年修订的《企业并购指南》。第二,也许由于日本的疆域比较小,日本公平交易委员会一般都是把日本视为一个单独的地域市场,在具体案件中往往根据需求替代的情况以及相关产品自身的特征,如新鲜度、易腐性和交通成本等对相关市场进行界定。③ 总体来说,由于日本公平交易委员会界定相关市场的灵活性,与此相关的诉讼案件不多。

二、韩国反垄断法

(一)韩国反垄断法概况

韩国 1980 年颁布了《垄断规制与公平交易法》(以下简称《垄断规制法》)。

---

① 转引自李虹:《相关市场理论与实践》,商务印书馆 2011 年版,第 64 页;ABA Section of Antitrust Law, Market Definition in Antitrust: Theory and Case Studies, ABA Publishing, p. 538。

② 参见戴龙:《日本反垄断法研究》,中国政法大学出版社 2014 年版,第 144 页。

③ See ABA Section of Antitrust Law, Market Definition in Antitrust: Theory and Case Studies(2012), Chapter XIII, ABA Publishing, pp. 536 – 539.

鉴于这部法律的目的是促进公平和自由竞争，鉴于公平和自由竞争是发展市场经济所应有的秩序，韩国学者也把这部法律称为经济秩序基本法。《垄断规制法》1986年第1次修订后增设了“控制经济力集中”的内容，由此控制企业并购也成为韩国反垄断法的重要内容之一。该法迄今已历经10多次修订。

韩国《垄断规制法》的实体法主要有两项内容：一是以维护和促进自由竞争为目的反对限制竞争，这方面有三个具体内容：（1）将独寡占事业者视为市场支配事业者，并且禁止其滥用支配地位（第二章）；（2）禁止一定交易领域对市场竞争有实质性影响的企业合并（第三章）；（3）禁止不当的共同行为，但以产业合理化、研究和开发新技术、克服经济不景气、调整产业结构、交易条件合理化以及提高中小企业竞争力等为目的的共同行为，可以得到豁免（第四章）。二是以维护公正交易秩序为目的的规制，即禁止对公正交易秩序有妨碍之虞的行为，如不正当的拒绝交易或不正当的歧视等行为（第五章）。该法第五章规定的不公平交易行为与第二章规定的滥用市场支配地位行为的区别是，不公平交易行为人可以不必占市场支配地位，即一般仅是出于交易关系的依赖性，一方对另一方施加不合理的限制。此外，该法第七章还禁止维护转售价格的协议，即除非有正当理由，这种行为一般是违法的。从上述实体法的规定可以看出，韩国的《垄断规制法》与日本的《禁止垄断法》非常相似。

韩国《垄断规制法》的执法机关是国务总理下设的公平交易委员会，这是一个准司法机构，由委员长和一名副委员长在内的9名委员组成，委员长可以出席国务会议。应受害人的损害赔偿请求或检察院提起的公诉，法院可以审理反垄断案件。检察院可以提起反垄断公诉，这说明韩国的《垄断规制法》规定了刑事制裁。

（二）韩国反垄断执法中的市场界定

由于受日本法的影响很大，韩国《垄断规制法》中的相关市场也是指“特定交易领域”，即“按交易客体、交易阶段或交易地区进行分类后，存在竞争关系或者能够形成竞争关系的领域”。[①] 与日本法一样，韩国《垄断规制法》中的相关市场界定也主要见于韩国公平交易委员会发布的《并购审查指南》。

根据2007年修订后的《并购审查指南》第6条，界定相关市场主要从交易

---

① 中华人民共和国商务部反垄断局编：《世界主要国家和地区反垄断法律汇编》（下册），中国商务出版社2013年版，第796页。

标的(产品市场)、交易区域(地域市场)、交易阶段和交易方等几个方面进行评估。[①] 鉴于交易阶段和交易方与交易标的有着密切的联系,界定相关市场主要也是界定相关产品市场和相关地域市场。界定相关产品市场主要考虑消费者的需求,即当特定产品的价格发生一个时间不短和幅度不大的涨价时,作为对这个涨价的反应,他们可能转向购买的其他产品。具体来说,界定相关产品市场考虑的因素包括:(1)产品的功能和用途的相似性;(2)产品价格的相似性;(3)买家对产品可替代性的看法及相关采购模式;(4)卖家对产品可替代性的看法及相关业务决策模式;(5)依据国家统计法确定的韩国标准行业分类;(6)相关交易所属的制造、批发和零售等交易阶段;(7)交易相对方。界定相关地域市场的时候,主要考虑当产品或服务的价格在特定地域发生显著且非短暂性的上涨而在其他地域维持不变的时候,该产品的大部分消费者可转移购买该产品的整个地域范围。具体地说,界定相关地域市场需考虑的因素包括:(1)产品属性如易腐性、变质性、易破损性等以及经营者的生产能力、销售网络范围等;(2)购买者转移购买区域的可能性;(3)经营者对潜在购买者及相关管理决策模式的认识;(4)转移购买在时间、成本及法律等方面的难易程度。[②]

由于韩国公平交易委员会长期以来所关注的重心是不公平交易方法,所以对滥用市场支配地位和企业并购的关注比较少,加之对相关市场界定的理解不深刻,韩国公平交易委员会在1997年之前的竞争执法中很少有界定相关市场的案例。1997年之后,韩国公平交易委员会开始受理企业并购的案件,并且开始以相关市场界定为起点分析企业并购对市场竞争的影响。首尔高等法院审理的第一个涉及相关市场界定的案件是2004年烧酒制造商Moohak和Daesun之间的合并。韩国各省都有烧酒酿制企业,且大多数企业均在本地销售产品。Moohak和Daesun各自在釜山和庆尚南道有经营活动,前者在釜山烧酒市场占84.4%的份额,后者在庆尚南道烧酒市场占84.3%的份额。韩国公平交易委员会认为,如果这个合并获得批准,Moohak和Daesun在釜山和庆尚南道的市场份额之和将超过90%,即合并后企业会加强市场支配地位。然而,这个案件的市场需求交叉弹性的分析表明,全国性的烧酒酿造企业可以在很大程度上提供

---

① 参见中华人民共和国商务部反垄断局编:《世界主要国家和地区反垄断法律汇编》(下册),中国商务出版社2013年版,第842页。

② 参见[韩]权五乘:《韩国竞争法中的相关市场界定》,载王晓晔主编:《反垄断法中的相关市场界定》,社会科学文献出版社2014年版,第197~180页。

替代产品,所以原告提出,本案的相关市场是全国性市场,而不是釜山和庆尚南道。然而,作为本案被告的韩国公平交易委员会通过临界损失的分析认定,该案的相关市场就是釜山和庆尚南道。法院的判决是,原告作为证据提交的经济分析不符合《垄断规制法》关于市场界定的标准以及假定垄断者测试,从而驳回了原告。首尔高等法院在其2008年关于沃尔玛和E－Mart并购一案的判决指出,假定垄断者测试是界定相关市场的基本方法,但是如果这个方法在实践中难以应用,或者这种经济分析的结果未能如实反映实际情况,界定相关市场就需要考虑更多的因素。这说明,即便假想垄断者测试是相关市场界定的基本分析方法,但是如果这种方法不足以界定合理和可靠的相关市场,法院会采用其他的方法。①

上述案例说明,韩国公平交易委员会以及法院在界定相关市场时明显学习了欧盟和美国等反垄断理念更为发达国家和地区的经验。随着反竞争行为在具有高度差异化产品的进口汽车市场、双边市场、技术创新市场等领域的产生和增加,韩国公平交易委员会正在积极探索相关市场界定的替代性技术方法,如合并模拟法等。②

三、中国反垄断法

(一)中国反垄断法概况

我国《反垄断法》于2008年8月1日生效,这部法律的实施已超过10年。《反垄断法》的颁布和实施是我国政治经济生活中的一件大事,是我国经济体制改革的里程碑。反垄断法体现了市场经济的规律,是市场经济本能和内在的要求,这部法律在我国的颁布和实施有力地向世界表明,我国已经基本建立起了社会主义市场经济体制。

反垄断法的任务是反对垄断和保护竞争,因此我国《反垄断法》在内容上与其他国家的一样,规定了实体法、程序法以及违反反垄断法的法律责任。但在实体法方面,我国反垄断法除了禁止垄断协议、禁止滥用市场支配地位和控制经营者集中等世界各国反垄断法的三大支柱外,还根据我国的国情,对政府及其所属部门滥用行政权力排除限制竞争的行为作出了禁止性规定。我国反垄断法借鉴了美国、欧盟等发达市场经济国家和地区的经验,规定这部法律具有

① 参见[韩]权五乘:《韩国竞争法中的相关市场界定》,载王晓晔主编:《反垄断法中的相关市场界定》,社会科学文献出版社2014年版,第178~188页。

② 同上注。

域外适用的效力,即反垄断法对在国外发生但对我国境内的市场竞争具有不利影响的限制竞争具有管辖权。

《反垄断法》第10条规定,国务院反垄断执法机构依照本法的规定,负责反垄断执法工作。这说明,我国反垄断法以行政执法为主。根据国务院"三定方案"[①],作为三家分头执行反垄断法的机构,商务部负责经营者集中控制;国家发展和改革委员会负责与价格相关的垄断协议、滥用市场支配地位和滥用行政权力排除限制竞争的行为;国家工商行政管理局则负责商务部和国家发展和改革委员会管辖权之外的反垄断案件。《反垄断法》第50条规定,"经营者实施垄断行为,给他人造成损失的,依法承担民事责任"。这说明私人反垄断诉讼也是我国执行反垄断法的重要途径。

截至2017年年底,商务部审结的案件共计约2000件,其中附条件批准的35件,禁止2件,这包括2009年禁止的可口可乐并购汇源和2014年禁止的马士基、地中海航运和达飞设立网络中心。[②] 鉴于我国反垄断法原则上要求申报的经营者集中涉及的市场销售额达到一定标准,这些申报和审结了的经营者集中大多是跨国并购的案件。国家发展和改革委员会迄今审结的价格垄断案件有150多件,其中有很多具世界影响的大案,如2015年对美国高通公司作出罚款60.88亿元人民币的决定。近年来,国家发展和改革委员会致力于推动公平竞争审查制度的全面实施,而且加大了行政垄断案件调查的力度,2016年公布的滥用行政权力排除限制竞争的案件18件。国家工商行政管理局实施反垄断法的成就也很显著,立案80多起,结案50多起,它们主要涉及医药、烟草、广播电视、保险、石油、燃气、供电、计算机软件、家居建材等民生领域,[③]2016年11月对利乐公司滥用市场支配地位行为作出罚款6.7亿元人民币的决定在国内外影响很大。人民法院实施反垄断法的成就也是有目共睹的。从反垄断法生效到2016年年底,人民法院审结的反垄断民事诉讼案件近400件,而且这些案件的数量呈明显增长趋势。值得关注的是,我国的反垄断民事诉讼不是基于国务院反垄断执法机关关于垄断行为的认定而向法院提出损害赔偿之诉,而是直接要求法院依反垄断法认定被告的违法行为,这说明人民法院在反垄断执法领域

---

① 参见《新三定方案获批 反垄断"三驾马车"正式成形》,载经济网:http://www.ce.cn/xwzx/gnsz/gdxw/200808/24/t20080824_16592755.shtml。

② 参见商务部反垄断局网:http://fldj.mofcom.gov.cn/article/ztxx/。

③ 参见《反垄断法颁布十周年 反垄断"三驾马车"各晒成绩单》,载《法制日报》2017年8月31日版。

明显存在与国务院反垄断执法机关之间的竞争。人民法院迄今审理了很多社会上有影响的反垄断案件，如上海市高级人民法院2013年8月判决的锐邦诉强生案[①]、广东省高级人民法院2013年10月判决的华为诉IDC案[②]以及最高人民法院2014年10月判决的奇虎360诉腾讯案[③]等。这些案件的审理不仅维护了我国的市场竞争秩序，而且有助于提高全社会的反垄断意识和竞争意识，提高我国的竞争文化。

（二）中国反垄断法中的市场界定

我国《反垄断法》第12条对相关市场做出了规定，即“本法所称相关市场，是指经营者在一定时期内就特定商品或者服务（以下统称商品）进行竞争的商品范围和地域范围”。这说明，界定“相关市场”应当考虑三个因素：（1）竞争所发生的一定时间；（2）存在竞争关系的商品或者服务的范围；（3）存在竞争关系的商品或者服务所处的地域范围。这三个因素可被称为界定市场的三个维度。这些因素说明，一个反垄断案件所涉及的竞争或者限制竞争虽然不一定能够精确地界定其存在的范围，但是至少可以大致界定这个范围，否则人们就不可能讨论具体案件中的竞争者、市场势力、市场份额、市场集中度、市场支配地位等各种问题。

为了提高反垄断执法的透明度，在我国《反垄断法》开始实施后不久，国务院反垄断委员会于2009年5月24日发布了《关于相关市场界定的指南》（以下简称《指南》）。[④]《指南》第1条指出，“为了给相关市场界定提供指导，提高国务院反垄断执法机构执法工作的透明度，根据《中华人民共和国反垄断法》，制定本指南”。《指南》还指出，“科学合理地界定相关市场，对识别竞争者和潜在竞争者、判定经营者市场份额和市场集中度、认定经营者的市场地位、分析经营者的行为对市场竞争的影响、判断经营者行为是否违法以及在违法情况下需承担的法律责任等关键问题，具有重要的作用。因此，相关市场的界定通常是对竞争行为进行分析的起点，是反垄断执法工作的重要步骤。”[⑤]

---

① 参见《北京锐邦涌和公司诉强生（中国）等纵向垄断案》，载中国法院网：http://www.chinacourt.org/article/detail/2013/10/id/1110845.shtml。

② 参见《广东省高院判美国IDC公司垄断 赔偿华为两千万元》，载新浪财经：http://finance.sina.com.cn/chanjing/gsnews/20131028/214517140841.shtml。

③ 参见最高人民法院民事判决书，（2013）民三终字第4号。

④ 参见国务院反垄断委员会：《关于相关市场界定的指南》，载http://www.gov.cn/zwhd/2009-07/07/content_1355288.htm。

⑤ 国务院反垄断委员会《指南》第2条第2款。

相关市场界定很大程度上是一个经济学问题。为此,《指南》明确指出,相关市场界定的基本原则是替代性分析,即在反垄断执法实践中,相关市场范围的大小取决于相关商品和相关地域的可替代程度,并且由此提出要考虑需求替代和供给替代。[①] 需求替代是根据需求者对商品功能用途的需求、质量的认可、价格的接受以及获取的难易程度等因素,即从需求者的角度确定不同商品之间的替代程度。因为需求替代是制约企业市场竞争行为最重要和最直接的力量,特别是企业定价时一般都会从需求者的角度考虑产品或者服务的可替代性,《指南》明确指出,"界定相关市场主要从需求者角度进行替代分析"。[②] 供给替代是从经营者的角度考虑问题,即原来不销售某种商品的企业,如果不需要较大的投入成本和风险,短期内通过改造或调整其生产设施就可以具备生产和销售某种产品的能力,这个企业可被视为某种产品的供给替代。《指南》指出,"当供给替代对经营者行为产生的竞争约束类似于需求替代时,也应考虑供给替代。"[③]

《指南》还提出了我国反垄断执法机关界定相关市场的一般方法,并且就界定相关商品市场和相关地域市场提出了各种需要考虑的因素。例如,从需求替代的角度,界定相关商品市场需要考虑的因素包括商品的价格、特征、用途、销售渠道、需求者的偏好或者依赖性等;界定相关地域市场需要考虑的因素包括商品的价格、运输成本、贸易壁垒等。在相关市场的范围不够清晰或者不易确定的情况下,《指南》提出可使用"假定垄断者测试"(SSNIP)来界定相关市场,并就这种方法的分析思路用了专门一章的篇幅予以说明。这说明我国反垄断执法机关界定相关市场时不仅要使用一些客观和真实的数据作为证据,而且要借助经济学的一些分析方法,特别是要借助当前世界各国反垄断执法机构界定相关市场所使用的假定垄断者测试法。《指南》特别强调,无论采用何种方法界定相关市场,都应当把握商品应当满足消费者需求的基本属性,并以此作为相关市场界定出现明显偏差时进行校正的依据,即进一步强调了需求替代是我国反垄断执法机关界定相关市场的基本原则。

(三)中国反垄断执法中的市场界定

中国反垄断执法机关在很多案件的审理中界定了相关市场,以几个案件为例。

① 国务院反垄断委员会《指南》第 4 条。
② 同上注。
③ 同上注。

1. P3 网络案

商务部 2014 年 6 月 17 日发布了禁止马士基、地中海航运和达飞等三家欧洲集装箱班轮运输公司建立紧密性联营一案的公告①，这个案件也被称为 P3 网络案。这个公告有六项内容：(1)立案和审查程序；(2)案件基本情况；(3)相关市场；(4)竞争分析；(5)附加限制性条件的商谈；(6)审查决定。毫无疑问，这个公告的核心内容是该案中相关市场的界定和竞争分析，而且后面的竞争分析应以前面的相关市场界定为条件。这个案件说明，界定相关市场不仅是商务部审理经营者集中的必要步骤，而且也是整个案件分析的基础。

商务部界定这个案件的相关市场时考虑了相关商品市场和相关地域市场两个方面。在相关商品市场方面，考虑了国际海运市场的各种服务，最后认定该案的相关商品市场是国际集装箱班轮运输服务。在界定相关地域市场方面，考虑了本次交易涉及的三大航线，包括亚洲—欧洲航线、跨太平洋航线和跨大西洋航线。鉴于跨大西洋航线的服务不涉及中国的港口，鉴于跨太平洋航线上存在比较激烈的竞争，商务部在本案主要考虑了亚洲—欧洲航线。在界定相关市场的基础上，商务部对这个交易三方以及它们拟建立的网络中心的市场份额、市场控制力、相关市场的集中度以及这个紧密性联营对其用户和其他经营者的影响进行了评估，认定这个拟组建的紧密性联营在欧亚航线的运力可达到 46.7%，且这条航线的 HHI(市场集中度)将从集中前的 890 增至 2240，HHI 的变量约为 1350。在这个竞争分析的基础上，商务部认定这个集中将导致亚欧航线的集装箱班轮运输服务市场从分散变为高度集中，即市场结构将会发生明显变化，其结果就是这个交易可能具有排除和限制竞争的后果。欧洲竞争法专家 Säcker 教授撰文指出，中国商务部对 P3 网络发布禁令的决定是完全正确的，这个做法和美国、欧盟等竞争执法机构的做法一样，即当本国市场竞争受到来自境外限制竞争的不利影响时，它有权对这个限制竞争采取措施。②

2. 高通公司案

国家发展和改革委员会于 2015 年 2 月 9 日对美国高通公司发布了行政处罚决定书，认定高通在其无线标准必要专利许可市场和基带芯片市场存在滥用市场支配地位的行为，由此责令高通停止滥用市场支配地位的违法行为，并对

① 商务部公告〔2014〕第 46 号，载 http://fldj.mofcom.gov.cn/article/ztxx/201406/20140600628586.shtml。

② Franz Jürgen Säcker: Chinesisches Aus für eine Reederei – Allianz, WuW Heft 11/2014, S. 1031.

其处2013年度销售额8%的罚款，共计60.88亿元人民币。[①] 国家发展和改革委员会在证明高通公司存在滥用市场支配地位行为之前的一个步骤是，证明高通公司占市场支配地位；而在证明高通公司占市场支配地位之前的一个步骤是，界定该案的相关市场。

例如，决定书在界定该案无线标准必要专利许可市场的分析中指出，“无线通信技术标准作为高度复杂的技术方案，包括大量的标准必要专利。一项无线通信专利因被纳入CDMA、WCDMA和LTE技术标准而成为无线标准必要专利，该专利具有了唯一性和不可替代性，排除了其他竞争性的专利。由于无线标准必要专利是实现特定无线通信技术标准必须要实施的专利，无线通信终端制造商生产销售符合相关技术标准的产品必须获得无线标准必要专利许可。从需求替代分析，无线通信终端制造商生产特定的无线通信终端，纳入相关技术标准的每一项无线标准必要专利都不可或缺，都是必须要实施的技术专利，任何一项无线标准必要专利的缺失，都会导致无线通信终端不能完全符合相关技术标准，不能满足市场需求。从供给替代分析，每一项无线标准必要专利都具有唯一性，在被相关无线通信技术标准采纳并发布和实施后，不存在实际的或者潜在的替代性供给。因此，每一项无线标准必要专利许可均单独构成一个独立的相关产品市场。在本案中，由于当事人将持有的无线标准必要专利进行组合许可，相关产品市场为当事人持有的各项无线标准必要专利许可单独构成的相关产品市场的集合”。这个决定书还在相关地域市场界定的分析中指出，“由于专利授权、使用和保护均具有地域性，单独构成一个独立相关产品市场的每一项无线标准必要专利的地域市场均为一个特定的国家或者地区。在本案中，当事人将持有的不同国家和地区的无线标准必要专利进行组合许可，无线标准必要专利许可的相关地域市场为当事人持有的各项无线标准必要专利的国家或者地区市场的集合”。

3. 利乐公司案

国家工商行政管理总局于2016年11月9日对在瑞士注册的利乐国际股份有限公司（以下简称利乐公司）发布了行政处罚决定书，认定利乐公司在2009年至2013年利用其在中国大陆液体食品纸基无菌包装设备市场、纸基无菌包装设备技术服务市场和纸基无菌包装材料市场的支配地位，实施了没有正当理

① 国家发展和改革委员会行政处罚决定书〔2015〕发改办价监处罚1号。

由的搭售、没有正当理由的限定交易以及排除、限制竞争的忠诚折扣行为，构成了《反垄断法》第17条第1款意义上的滥用市场支配地位，由此责令其停止违法行为，并处2011年度在中国大陆相关商品市场销售额7%罚款，合计约6.7亿元人民币。[①]

为了证明利乐公司是一个占市场支配地位的企业，进而证明其滥用其市场支配地位，该案的执法机关在其决定书中以相当大的篇幅界定了该案的相关市场，并且明确指出，“在本案中，界定相关市场是对滥用市场支配地位行为进行分析的前提”。决定书指出，“本案涉及的商品主要是满足生产性需要，因此我局重点考察行业生产者的需求，从商品的特征、用途、价格等方面进行需求替代分析和供给替代分析，界定相关市场。本案相关商品市场为：液体食品纸基复合材料无菌包装设备（以下简称纸基无菌包装设备或设备）市场、液体食品纸基复合材料无菌包装设备的技术服务（以下简称纸基无菌包装设备技术服务或技术服务）市场、液体食品无菌包装用纸基复合材料（以下简称纸基无菌包装材料或包材）市场；相关地域市场为：中国大陆市场”。为了证明这个相关市场的界定科学、合理，执法机关就上述三个相关商品市场和相关地域市场各自从需求替代和供给替代的角度详尽地进行了分析，且每一步和每一个相关市场的分析和论述都是以事实为依据，从而使该案的结论具有公正性和透明度。

4. 奇虎诉腾讯案

最高人民法院2014年10月16日终审判决的奇虎公司与腾讯公司垄断纠纷案是最高人民法院迄今审理的唯一的反垄断民事诉讼案。[②] 因为诉讼标的大，争议双方在中国互联网行业都是巨型企业，且双方在案件审理中都聘请了外国专家，这个案件在国内外影响很大。最高人民法院判决驳回了奇虎公司的全部上诉请求，并在其长达7.4万字的判决书中详细地讨论了：(1)如何界定本案相关市场；(2)被上诉人是否具市场支配地位；(3)被上诉人是否构成滥用市场支配地位。其中特别详细地讨论了该案的相关市场界定，在这个方面发表了很多重要的观点。例如，判决书指出：

“在滥用市场支配地位案件的审理中，界定相关市场是评估经营者的市场力量及被诉垄断行为对竞争的影响的工具，其本身并非目的。即使不明确界定相关市场，也可以通过排除或者妨碍竞争的直接证据对被诉经营者的市场地位

① 国家工商行政管理总局行政处罚决定书〔2016〕工商竞争案字1号。

② 最高人民法院民事判决书〔2013〕民三终字第4号。

及被诉垄断行为可能的市场影响进行评估。因此,并非在每一个滥用市场支配地位的案件中均必须明确而清楚地界定相关市场。

“在免费的互联网基础即时通信服务已经长期存在并成为通行商业模式的情况下,用户具有极高的价格敏感度,改变免费策略转而收取哪怕是较小数额的费用都可能导致用户的大量流失。同时,将价格由免费转变为收费也意味着商品特性和经营模式的重大变化,即由免费商品转变为收费商品,由间接盈利模式转变为直接盈利模式。在这种情况下,如果采取基于相对价格上涨的假定垄断者测试,很可能将不具有替代关系的商品纳入相关市场中,导致相关市场界定过宽。因此,基于相对价格上涨的假定垄断者测试并不完全适宜在本案中适用。

“尽管基于相对价格上涨的假定垄断者测试难以在本案中完全适用,但仍可以采取该方法的变通形式,例如基于质量下降的假定垄断者测试。由于质量下降程度较难评估以及相关数据难以获得,因此可以采用质量下降的假定垄断者测试进行定性分析而不是定量分析。

“相关市场界定的目的是为了明确被诉垄断行为发生之时经营者所面对的竞争约束,合理评估被诉经营者的市场力量。由于竞争尤其是互联网领域的竞争呈现出动态竞争的特征,在界定相关市场时,需要考虑在可预见的未来具有现实可能性的市场反应和变化,例如需要考虑假定垄断者的行为持续适当的一段时间后(如一年)的市场反应和变化,以正确判断其是否受到来自其他方面经营者的竞争制约。如果经营者缺乏一定时期内较为持久的市场支配力,难以对竞争产生影响。仅仅在某个时间点上考虑相关市场界定,而不在一个相对长的时间内考察市场反应和变化,则可能会过窄地界定相关市场,并夸大经营者在相关市场上的市场力量。如果这种市场反应和变化被事后发展所证实,则可以进一步证明这种考虑的正当性。”

简言之,最高人民法院关于这个案件相关市场的界定对今后反垄断案件的审理至少有以下几点启示:(1)涉案企业都在双边市场上开展经营活动,但是这个案件相关市场的界定采用了界定单边市场的传统方法;(2)假定垄断者测试法对相关市场界定具有普适性,但在免费的商业模式下,SSNIP 可以从定量分析调整为定性分析;(3)鉴于互联网领域的竞争存在高度动态的特征,相关市场的边界远不如传统行业那样清晰,因此市场界定应考虑可预见未来的市场反应和变化,且不应当过高地估计市场份额对企业市场地位的指示作用。

第二章　界定市场在反垄断执法中的地位和作用

第一节　市场界定是审理反垄断案件的特征

在反垄断执法中，为了判断一个经营者集中是否可能损害市场竞争，或者判断一个市场行为是否构成垄断协议或者滥用市场支配地位，执法机关一般都会界定相关市场。例如，美国联邦最高法院在其1962年布朗鞋一案的判决中指出，“界定相关市场是认定企业并购是否违反《克莱顿法》的必要前提”。[①] 欧盟法院在其1992年涉及平板玻璃的一个判决中指出，正确界定相关市场“是裁决任何一个涉及市场竞争案件的必要条件和先决条件”。[②] 我国最高人民法院在2014年奇虎诉腾讯案的判决中也指出，“竞争行为都是在一定市场范围发生和展开的，界定相关市场可以明确经营者之间竞争的市场范围及其面对的竞争约束”。[③] 这说明，对绝大多数反垄断案件来说，正确地界定相关市场是合理和科学地进行竞争分析的第一步，而且是关键一步。然而，近年来，随着美国司法部和联邦贸易委员会在其2010年修订的《横向并购指南》中指出，“执法部门的分析不需要从市场界定开始。尽管评估客户可获得的竞争性替代品在分析中的某个时刻总是必要的，但执法部门使用一些评估竞争效果的分析工具并不依赖市场界定”。[④] 这个说法似乎很大程度降低了相关市场界定在反垄断执法中的地位和作用。本章着重从理论上阐述，即因反垄断法的目的是反对垄断和保护竞争，而垄断和竞争都需要在一定范围进行评估，界定相关市场在反垄断案

---

① Brown Shoe Co. v. United States, 370 U. S. 294, 324(1962).

② Societa Italiano Vetro v. Commission(Italian Flat Glass), T－68/89［1992］ECR Ⅱ－1403.

③ 最高人民法院民事判决书〔2013〕民三终字第4号。

④ Horizontal Merger Guidelines by Department of Justice and federal trade commission on August 19, 2010, Section 4.

件的竞争分析中是一个基础的和不可取代的工具。

一、市场势力影响市场行为

为了论述界定相关市场的重要性，前面提及了几个反垄断案例。其实，界定相关市场的重要性绝不仅体现在法院或者法官们对具体案件的判决，而是出于反垄断立法的目的。反垄断法的目的是反对垄断和保护竞争，因为几百年来的市场经济证明，在企业规模过大不受竞争制约的情况下，企业非常可能抬高产品价格，而且为了维护产品高价，它们会减少对市场的供给。这说明，企业的市场行为与市场势力有着十分密切的联系。经济学界就市场行为与市场势力之间的关系做过很多研究，特别是根据哈佛学派的观点，市场结构、市场行为和市场运行三者之间存在密切的关系，即市场结构可以影响企业的市场行为，企业的市场行为可以影响市场运行结果，并由此提出了评价市场有效竞争的市场结构、市场行为和市场绩效三个标准，即 S－C－P 标准。[①]

市场结构标准是从相关市场的长期性组织结构出发的，它要求市场上必须保持足够的竞争者，目的是维护竞争性的市场结构。根据这个理论，仅当市场上出现了垄断者或者垄断趋势的时候，政府方可采取措施干预市场，干预的目的是降低市场集中度，调整市场结构。这也即是说，市场结构标准的逻辑是，如果市场结构是竞争性的，企业的市场行为一般是合理的，政府从而不需要监督和干预企业的市场行为。[②]

市场行为标准是为企业提供关于市场行为的规范。即如果企业的市场行为损害了其他企业在市场上的自由权利，或者损害了消费者利益，政府应当出面制止这些行为。按照哈佛学派的观点，市场行为理论虽然不是直接与企业的市场份额或者市场集中度相联系，但是由于大企业拥有市场势力，容易操纵市场，滥用市场优势，而且就损害竞争的市场行为来说，大企业的行为较小企业的行为对其竞争者和消费者都有更大程度的损害，所以这个标准对大企业的市场行为提出了更高的要求，即大企业应当成为国家对市场行为进行监督和管制的主要对象。[③]

---

① See E. S. Mason, *Price and Production Policies of Large－Scale Enterprise*, 29 American Economic Review 61(1939); J. Bain, *Relation of Profit Rate to Industry Concentration: American Manufacture*, 1936－40, 65 Quarterly Journal of Economics 293(1951); J. Bain, *Barriers to New Competition*, Harvard University Press(1956).

② M. C. Howard, Antitrust and Trade Regulation, New Jersey 1983, p. 12.

③ M. C. Howard, op. cit. p. 13.

市场绩效标准提出的问题是,市场是否获得了人们期望的结果,如生产率是否足够地高,价格是否足够灵活地反映了市场供求关系。根据这个理论,如果这些答案是否定的,政府应当出面干预市场。①

在上述三个标准中,产业组织学派的研究重点是市场结构。因为人们以市场行为或者市场绩效作为标准评价市场竞争状况的时候,应当对市场作很多方面的调查,然后才能判断一个市场行为是否正当,或者一个市场运行结果是否实现了优化。鉴于这两个标准在实际操作中有很大的不便之处,如一个搭售行为作为不正当竞争行为受到批判时,有同样行为的其他企业可能辩解说这个行为有助于提高效率,从而证明这种行为是正当的。市场绩效标准也会使人争论不休,因为人们其实不知道什么样的市场才是最理想的。由于判断企业的市场行为或者市场绩效不可避免地会带有判断者的主观随意性,其结果必然是:第一,以这些标准进行的立法必然非常复杂;第二,这些标准的法律适用导致当事人法律后果的不确定性,即人们对其行为的法律后果没有可预见性。因此,有很多学者指出,任何试图将竞争性的市场绩效和市场行为确定下来的做法都是毫无希望的。②

然而,正是基于市场结构、市场行为和市场绩效之间存在一种关系,以贝恩(J. B. Bain)和梅森(E. S. Mason)等经济学家为代表的哈佛学派在竞争法和竞争政策领域提出了有效竞争的理论。③ 有效竞争是一种对市场竞争和规模经济进行协调的理论。由于市场竞争是一个非常复杂的过程,各个市场是否存在最优的市场结构,这是人们迄今没有弄明白的问题。从逻辑上讲,市场竞争至少需要两个竞争者。然而,经验表明,在竞争者数目很少的市场上,竞争强度过大,竞争效果不好,理由是在集中度过高的市场条件下,相互竞争的企业倾向于协调它们的市场行为。一方面因为竞争者之间的协调可以减少他们所受到的竞争压力,如减少它们从市场上被淘汰的危险;另一方面通过协调可以提高和稳定他们的经济收益。这说明,企业的高额垄断收益是以消费者被迫支付的高价和被迫接受的恶劣交易条件为代价。因此,人们从企业并购的角度就提出了这样的问题,即从什么样的集中度开始,经营者集中对市场竞争是有害的。

---

① M. C. Howard, Antitrust and Trade Regulation, New Jersey 1983, p. 14.

② See J. F. Brodly, "Potential Competition Mergers: A Structural Synthesis", *The Yale Law Journal 87*, 1977, p. 6.

③ E. Kantzenbach, Die Funktionsfaehigkeit des Wettbewerbs, 2 Aufl. Goettingen 1967, S. 138.

然而,哈佛学派的上述观点受到了芝加哥学派的评判。芝加哥学派是美国20世纪70年代发展起来的一个由经济学家和法学家组成的学派,代表人物是博克(R. H. Bork)、德姆塞兹(H. Demsetz)、波斯纳和斯蒂格勒(G. J. Stigler)等。芝加哥学派对有效竞争理论提出批评最多的方面是,他们不承认在市场结构、市场行为和市场绩效之间存在某种关系,从而也反对政府对企业并购进行规模上的干预。芝加哥学派在竞争政策方面的基本观点是,市场结构是市场内部各个力量对比的反映,因为在没有国家干预的条件下,市场上最后生存下来的企业是最健康和效率最高的企业,因此国家应尽可能地减少对经济的干预,或者将其干预仅限于非常有限的范围,例如维护社会秩序。[①]

现在,尽管有人对哈佛学派关于市场结构、市场行为以及市场绩效三者之间存在因果关系的说法持有一定程度的怀疑,但是毫无疑问,市场结构迄今仍然是世界各国反垄断执法机关就反垄断案件进行竞争分析的核心要素。这不仅因为反垄断法反对滥用市场势力的立法目的没有变,而且在反垄断领域,人们仍然相信市场运行取决于企业的市场行为,企业的市场行为在很大程度上取决于市场结构。例如,在高度垄断的市场上,如果没有政府管制,垄断企业势必会抬高产品价格和减少对市场的供给。正是基于市场结构、市场行为和市场运行之间存在因果关系,美国司法部率先在1968年发布了《企业并购指南》[②]。而且,也正是基于市场结构、市场行为和市场运行之间存在因果关系,世界上几乎所有国家的反垄断法都把将控制企业并购和监督市场势力作为反垄断法的核心内容。这即是说,世界各国反垄断法所坚持的经济学理论仍然是市场结构——市场行为和市场绩效的模式,并且由此得出的结论是,国家应当控制市场竞争结构。

二、市场界定是识别市场势力的基本方式

既然反垄断立法的目的是反对垄断和保护竞争,那就需要一个识别或者认定市场势力的方法。这也即是说,尽管人们担心滥用市场势力的行为会抬高产品价格,但是人们不能把市场上所有的限制竞争都视为违法,而只能把那些能量足够大且影响竞争的时间足够长的市场势力识别出来。欧盟委员会在其

---

① See R. A. Posner, "The Chicago School of Antitrust Analysis", *University of Pennsylvania Law Review 127(1979)*; R. H. Bork, The Antitrust Paradox: A Policy at War with Itself, New York 1978.

② 1968 Merger Guidelines of Department of Justice, available at https://www.justice.gov/archives/atr/1968-merger-guidelines.

1972年大陆罐案的决定中指出，"一个企业如果有能力独立地进行经济决策，即决策时不必考虑竞争者、买方或者供货方的情况，它就是一个处于市场支配地位的企业。如果一个企业通过与市场份额相关的因素如技术秘密、取得原材料和资金的渠道以及其他重大优势如商标权，能够决定相关市场重大部分的价格，或者能够控制其生产和销售，它就有着市场支配地位。市场支配地位不是说它必然会剥夺市场上全体参与者的经营自由，而是强大到总体上可保证该企业市场行为的独立性，即便这个势力对市场不同部分有着强度不同的影响"。[①]这说明，为了分析一个企业的市场行为是否可能对市场竞争产生重大影响，反垄断执法机关需要衡量这个企业是否具有控制其产品的价格、产量或者拥有排除限制市场竞争的其他能力，即需要一个确定市场势力的方法。

根据现有的经济学理论，测度一个企业是否在特定市场拥有市场势力，可以有两种测度方法：一是直接的方法；二是间接的方法，即通过界定相关市场进而计算相关企业的市场份额。这两种方法都需要考虑需求替代、供给替代和潜在的竞争。[②]

（一）直接识别市场势力

根据现代经济学理论，市场势力是可以测度的。有学者认为，"一个企业如果可以有利可图地在其边际成本之上定价，这个企业便具有市场势力"。[③] 也有学者认为，"市场势力可被界定为在生产成本之上定价的能力，特别当定价高于增量成本或者边际成本，即新增单位产量所需要的成本"。[④]还有学者认为，"因为企业确保盈利的最低价格等于边际成本，市场势力一般表现在企业的产品价格与其边际成本之间的差异"。[⑤]

勒纳指数（Lerner index）是世界上最早且迄今最为简单的确定市场势力的方法，它是通过计算产品价格对其边际成本的偏离程度来确定企业的市场力，计算公式为 $L = (P - MC)/P$。式中的 L 表示勒纳指数，P 表示价格，MC 表示边际成本。假如 MC = 5 美元，垄断价格 = 10 美元，勒纳指数则等于（10 美元 -

---

① Europemballage Corporation and Continental Can Company Inc. v. E. C. Commission (Case 6/72) [1973] C. M. L. R. 199.

② 参见[德]丹尼尔·茨曼：《消费者需求与假定垄断者测试：相关市场界定的两种分析框架》，载王晓晔主编：《反垄断法中的相关市场界定》，社会科学文献出版社2014年版，第15页。

③ Church and Ware, Industrial Organization: A Strategic Approach, Boston 2000, p. 29.

④ Luis M. B. Cabral, "Collusion Theory: Where to Go Next? Journal of Industry", *Competition and Trade*, *2005*, Vol. 5, pp. 199 - 206.

⑤ Massimo Motta, Competition Policy, Cambridge 2004, p. 6.

5 美元)/10 美元 =0.5 或者 50%。这个公式说明,如果企业的边际成本已知或者是可知的,那就可以直接测定勒纳指数,进而确定一个企业是否拥有市场势力。很明显,如果企业无法在其边际成本之上定价,这个企业不具有市场势力;企业的产品价格与其边际成本之间的差距越大,勒纳指数越大(应当小于 1),这个企业的市场势力也就越大。然而,计算勒纳指数的问题是,确定企业的产品价格虽然很容易,①但是确定这个产品的边际成本则困难很大。边际成本是一个理论上的概念,即在实践中,即便企业的生产技术条件可以获知,但是企业的边际成本很难甚至完全不可能计算出来,②这是因为即便理想条件下的可变成本可以获知,但是这些数据仅仅具有参考价值,精确的经济分析所需要的机会成本是无法得知的。③

由于边际成本数据不可得,有学者对勒纳指数与需求弹性之间的关系进行了探讨。他们发现,勒纳指数与企业的需求弹性成反比,其公式表述为 L = -1/E,其中 E 表示需求价格弹性。这个公式表明,在企业谋求其利润最大化的方面,产品价格的高低很大程度取决于产品的需求弹性。例如,市场上如果有很多企业生产同一种产品,这些企业中的任何企业都不可能对其产品随意提高价格,因为这个提价导致其竞争对手夺去其销售额;市场上如果只有一家企业生产某个产品,这个企业理论上就可以通过提价增加利润。这说明,产品的需求弹性越高,其价格越接近于竞争性;需求弹性越低,其价格则越接近于垄断性,并且进而可以直接说明其具有市场势力。这说明,在不能获得边际成本数据的情况下,人们可以通过测量价格的需求弹性来测度企业的市场力。不过,这表面看似简便的方法,对反垄断执法机关是一个很大的难题,因为反垄断执法机构在实践中很难对企业专利的需求弹性进行评估。第一,合并后企业的价格需求弹性是不能评估的,因为评估一个并购案件时,合并后企业的价格还不存在。第二,价格的需求弹性不仅受制于需求方,而且还会受到现有或者潜在竞争者的供给弹性的影响,然而供给替代有着太大的不可预测性,其结果就是评估价格需求弹性有着极大的困难。第三,价格需求弹性不是静止的态势,而

---

① 消费品的平均价格可通过扫描数据发现。但是其他产品难以使用这个方法,因为很多情况下,其他产品的价格是由卖家与买家通过协商确定的,即不存在一般性的市场价格。如果一个价格是占支配地位的企业试图通过掠夺性定价排斥竞争对手而制定的,依据这个价格会错误判断市场势力。

② Massimo Motta, Competition Policy, Cambridge 2004, p. 116.

③ 参见[德]丹尼尔·茨曼:《消费者需求与假定垄断者测试:相关市场界定的两种分析框架》,载王晓晔主编:《反垄断法中的相关市场界定》,社会科学文献出版社 2014 年版,第 16 页。

是与测度它的时间长短有关系,如果测度时间过短,企业扩张产能的可能性、新进入的可能性以及其他替代的可能性就会很小,价格需求弹性就会很低甚至没有弹性;如果测度时间过长,前述的每一种可能性都会增加,进而价格需求弹性也会相应增加。[①] 总而言之,由于这个公式只是依赖价格需求弹性,它在评估企业市场力方面只能作为一种理想的方式而存在。

除了勒纳指数,直接测量市场力的还有盈利性方法,即根据企业的盈利能力判断其市场力。如果一个企业可以长期维持其超过边际成本的价格,这个企业基本上就具有市场势力。假设长期的边际成本等于长期平均成本,那么超过竞争水平的定价将会产生超额利润。然而,这个方法也有很多缺陷:在概念方面,人们通常不能区分产出超额利润与投入超额利润,即不能区分一个垄断利润究竟来自销售环节还是投入环节,后者可能源于控制了某种稀缺资源;另外根据经验,现实经济中测算企业利润的会计规则很少与经济学理论上的概念发生联系,即使人们通过利润方面的数据可以说明企业当前的盈利水平,这种方法也不可能对企业未来的收益能否超出竞争性的利润进行评估。这个方法的缺陷在评估合并案件时尤其明显,因为合并后企业未来的利润评估不仅需要评估这个合并后企业本身,而且还需要评估这个行业其他企业可能获取的超额利润。[②]

简言之,直接测度市场势力的方法表面上非常诱人,但因获取这方面经济数据的难度很大,例如,计算一个产品的剩余需求弹性非常复杂,或者这种方法仅能适用于一些特殊的环境,在这种情况下,反垄断执法机关或者法院就普遍放弃了这种努力。由此看来,相关市场界定作为识别市场势力的主要方法,是在理想与现实发生严重冲突下所作的一种无奈选择,因为“不界定相关市场,就没有办法测度(被告)减少或损害竞争的能力”。[③]

（二）间接测度市场势力

间接测度市场势力的方法主要基于对企业市场份额的考察,例如,将一个合并预期导致市场份额的变化作为企业市场势力变化的参考指标。为了能够

---

① See William M. Landes, Richard A. Posner, “Should Indirect Purchasers Have Standing to Sue Under the Antitrust Laws? An Economic Analysis of the Rule of Illinois Brick”, *46 U. Chi. L. Rev. 602*, 619 – 20 (1979).

② See Robert G. Harris, Thomas M. Jorde, “1982 Merger Guidelines: Market Definition in the Merger Guidelines: Implications for Antitrust Enforcement.”, *71 Calif. L. Rev. 464*, 471 (1983).

③ Walker Process Equip., Inc. v. Food Mach. & Chem. Corp., 382 U. S. 172, 177 (1965).

使市场份额成为市场势力的参考指标，相关市场的范围应当有一个精确的界定，即企业的市场份额应当能够真实地反应其市场势力或者市场地位。[①]

间接测度市场势力的方法源于美国反托拉斯法的一个重要判例。1963 年，当《克莱顿法》修订后的第一个合并案即布朗鞋案被提交给联邦最高法院时，法院发现《克莱顿法》第 7 条没有就评估企业并购对市场竞争的影响提供任何可以使用的标准。这种情况下，美国联邦最高法院不得不就《克莱顿法》第 7 条的立法背景包括国会表达其意思所使用的文字进行了考察。法院在这个判决表达的观点是，"阻却危及竞争的企业并购时，国会意识到某些并购可以激励竞争，促进竞争……譬如两家小企业合并为一家企业便可以提高它们的竞争力，因为这有助于它们与据市场有利地位的大企业开展竞争。效益好的企业与效益较差企业进行合并的后果也是这样"。"总体上说，国会保护的是有效竞争的格局，而不是保护哪一个竞争者，因此法律只是干预那些严重限制竞争的企业并购。"因此，法院对《克莱顿法》第 7 条的解释是，不是所有的企业并购都是违法的，只有那些对特定市场产生严重限制竞争后果的并购才是非法的。鉴于修订后的《克莱顿法》第 7 条删除了草案中"社区"一词，即这里的特定市场应当达到一定规模，而不是很小规模的市场，这个判决明确指出，"界定相关市场是认定违反《克莱顿法》的必要前提，因为违法的垄断应是实质性减少'有效竞争区域'的竞争，而'实质性'减少竞争则只能依据受影响的市场才能确定。""'有效竞争区域'应当通过产品市场和地域市场来确定。"[②]这说明，界定相关市场对于评估具体案件中限制竞争的影响至关重要。

间接测度确定市场势力的方法有三个步骤：第一是界定相关市场；第二是确定相关企业的市场份额；第三是解释市场份额，即一个企业的市场份额是否可以说明这个企业具有市场势力。为了判定一个企业的市场份额是否可以说明产生或者加强了市场势力，上述第三步需要考虑当前的市场竞争条件。[③] 这是因为任何概念包括相关市场界定都有一定的局限性，企业的市场份额能否与其市场势力相对应，还应当考虑具体市场的具体情况。有时候，一个企业的市场份额即便很高，但其市场力可能很小，比如，在其价格剩余需求弹性很高的情

---

① 参见[德]丹尼尔·茨曼：《消费者需求与假定垄断者测试：相关市场界定的两种分析框架》，载王晓晔主编：《反垄断法中的相关市场界定》，社会科学文献出版社 2014 年版，第 17 页。

② Brown Shoe Co. v. United States, 370 U. S. 294, 324 (1962).

③ See Franklin M. Fisher, "Horizontal Mergers: Triage and Treatment", *Journal of Economic Perspectives*, No. 2/1987, p. 28.

形下。这说明从经济学的角度来看,界定相关市场只是确定与评估市场势力这一目标的一个中间步骤。[①] 然而,即便市场份额不能完全说明市场势力,但是因为市场结构与市场行为毕竟存在一定联系,那么分析一个企业是否拥有市场势力或者一个并购是否产生或者加强市场势力,执法机关就有必要分析与这个企业或者与这个并购相关的市场范围。这一方面因为识别市场势力很重要,即如果企业拥有市场势力,它就可能抬高产品价格或以其他限制竞争的方式获取垄断利润,如限制产量、遏制创新、减少产品或服务的品种、降低产品质量或者剥夺消费者的选择权,这些都会明显损害消费者的利益;另一方面,界定相关市场对于认定市场势力至关重要,因为市场势力是一个相对的概念,即如果一个企业处于竞争充分的市场上,它不具有市场势力;如果处于自己占100%份额的市场上,这个企业对市场就有支配权。上述两种极端情况之间还存在各种不同程度的市场力量,反垄断法主要关注实质性或者重大的市场势力,它们常常也被称为"占市场支配地位"。

现在世界各国反垄断执法机关基本上都是使用间接方式来测度市场势力,即通过界定相关市场识别市场势力。美国司法部与联邦贸易委员会2010年发布的《横向合并指南》指出,"执法部门非常重视合并当事人在相关市场的市场份额、市场集中度以及合并导致市场集中度的变化。市场集中度明显提高和导致市场高度集中的合并,可被推定为可能加强市场势力;有足够证据证明合并不可能加强市场势力的,这个推定可以被推翻"。[②] "执法部门考察横向合并的潜在竞争关注时,市场界定发挥两种作用:第一,市场界定有助于确定产生竞争关注的商品和地域范围,即在合并反垄断审查中,执法部门一般都会确定一个或者多个可能会实质性减少竞争的相关市场;第二,市场界定使执法部门有可能确定市场上的参与者,并测度它们的市场份额以及市场集中度。市场份额和市场集中度的测度本身不是目的,但它们一定程度可说明合并对市场竞争的影响。"[③]

欧盟委员会1997年发布的《关于欧盟竞争法界定相关市场的通告》也指出,"市场界定是确认和界定企业间竞争界限的一个工具。它可以建立一个框

---

① See Bishop, B. & M. Walker, "The Economics of EC Competition Law: Concepts", *Application and Measurement*, *2nd ed.*, London 2002, p. 83.

② U. S. Department of Justice and the Federal Trade Commission, Horizontal Merger Guidelines 2010, para. 2. 1. 3.

③ Id., para. 4.

架，以供委员会在框架范围内适用竞争政策。市场界定的主要目的是系统地确定相关企业面临的竞争约束。界定相关产品市场和相关地域市场的目的是确定相关企业的实际竞争对手，这些竞争对手可以制约相关企业的行为，阻止其独自实施有效的竞争限制。从这一角度出发，市场界定可以通过计算市场份额使之为评估支配地位或适用欧盟运行条约第 101 条提供有关市场势力的有用信息”。[①]

我国国务院反垄断委员会 2009 年发布的《关于相关市场界定的指南》也指出，“任何竞争行为（包括具有或可能具有排除、限制竞争效果的行为）均发生在一定的市场范围内。界定相关市场就是明确经营者竞争的市场范围。在禁止经营者达成垄断协议、禁止经营者滥用市场支配地位、控制具有或者可能具有排除、限制竞争效果的经营者集中等反垄断执法工作中，均可能涉及相关市场的界定问题。科学合理地界定相关市场，对识别竞争者和潜在竞争者、判定经营者市场份额和市场集中度、认定经营者的市场地位、分析经营者的行为对市场竞争的影响、判断经营者行为是否违法以及在违法情况下需承担的法律责任等关键问题，具有重要的作用。因此，相关市场的界定通常是对竞争行为进行分析的起点，是反垄断执法工作的重要步骤”。[②]

三、市场界定是竞争分析的基础

市场界定在反垄断执法中显然是作为一种证据而存在。综观世界各国的反垄断执法，无论是以美国为代表的司法模式还是以欧盟为代表的行政执法模式，如果相关诉讼主体没有或者不能正确地界定相关市场，这势必得承担不利的诉讼后果。如果反垄断执法机关在具体案件中没有正确地界定相关市场，这势必不能合理和科学地处理案件。一位美国反托拉斯执法官员曾经说过，“对企业并购需要做出干预或者不干预的决定时，今天的地球上也许不超过 500 人能够理解‘相关市场’对这些案件的重要意义。对大多数的并购当事人、企业律师、执法官员以及实施并购控制的大多数外国执法机构来说，他们还没有认识到‘市场界定和测度’是分析案件的第一步。如果他们走错这一步，接下来的每一步都可能是错误的。这也就是说，他们的错误是一大片”。[③] 这说明，界定相关市场不是案件的结束，而是案件分析的第一步，而且这一步对整个案件会产

① Commission Notice on the Definition of the Relevant Market for the Purposes of Community Competition Law, para. 2.

② 国务院反垄断委员会《关于相关市场界定的指南》第 2 条。

③ W. Blumenthal, why Bother? On Market Definition under the Merger Guidelines, Statement before the FTC/DOJ Merger Enforcement Workshop, Washington DC(February 17, 2004).

生决定性的影响。因为在具体案件中只有界定了相关市场,执法机构才能分析这个案件中是否存在着市场势力,进而才能分析市场有效竞争是否可能受到扭曲或者威胁。这也即是说,仅当界定了相关市场,执法机构才可能就一个具体案件确定一个分析框架。然而,除了作为一个识别市场势力和评估市场力的主要工具外,相关市场界定至少还有以下几个方面的功能。

第一,市场界定具有案件筛选的功能,即因为市场界定有助于识别市场势力和测度相关企业的市场力,这有助于反垄断执法机关将竞争情势紧迫即可能引发严重限制竞争的案件与那些不会严重限制竞争从而不需要认真审查的案件区别开来。理论上说,任何协议、联合、合谋、合并都会产生限制竞争的后果,但这不是说任何一个具有限制竞争后果的行为都应当受到反垄断法的干预或者惩罚。一方面,因为程度不很严重的限制竞争往往同时具有推动竞争的效果,而且这种情况下其推动竞争的积极效果往往大于其限制竞争的负面影响;另一方面,因为任何反垄断执法机关的执法资源都是有限的,它既没有必要而且也不可能对任何一个具限制竞争后果的行为进行审查和干预。例如,我国商务部 2014 年发布的《关于经营者集中简易案件适用标准的暂行规定》提出了 5 种经营者集中案件可视为简易案件进行申报,其中 3 种案件涉及相关市场的界定:(1)在同一相关市场,所有参与集中的经营者所占的市场份额之和小于 15%;(2)存在上下游关系的参与集中的经营者,在上下游市场所占的份额均小于 25%;(3)不在同一相关市场也不存在上下游关系的参与集中的经营者,在与交易有关的每个市场所占的份额均小于 25%。上述规定对参与集中的经营者是利好消息,因为简易申报的经营者集中不仅申报的内容有大幅度简化,而且执法机关一般在立案后的 30 日内作出决定,这就大大加快了案件审查速度。但是,一个经营者集中如果依照上述标准申请适用简易程序,其前提条件需要界定相关市场。这正如 J. 沃登(Gregory J. Werden)教授指出的,“市场界定的筛选功能允许竞争执法机关将其资源集中于那些明显具有实质性反竞争后果的合并案件或其他案件,而无须关注那些反竞争影响不是很大的案件。如果此类初始调查表明合并不会产生或增强市场力,或在一个滥用支配力的案件中发现相关企业没有市场支配力,这些案件的进一步分析就是不必要的。这种筛选可以减轻竞争执法机关的调查责任,并且由此也可以减少错误判断的风险”。[①]

① See Gregory J. Werden, “Why(ever) Define Markets? An Answer to Professor Kaplow”, *78 Antitrust L. J. 729(2013)*.

第二,市场界定有助于确定市场上的参与者和市场竞争关系,因此有助于反垄断案件的分析更清晰、更精准和更有说服力。反垄断案件涉及的事实和问题一般都比较复杂。以市场竞争行为来说,它既存在现实的竞争关系,也存在潜在的竞争关系,既有直接的竞争关系,也有间接的竞争关系,这些不同的竞争关系对市场竞争的影响是不同的。在这种情况下,如果没有通过相关市场界定进行精准的经济分析,人们不可能预测一个企业未来的竞争行为,也不可能评估执法机关就竞争案件所做出的决定,更不可能评估执法机构为满足市场有效竞争要求相关当事人采取的救济措施,如企业并购案件中的救济措施。这也即是说,“相关市场界定”作为一个竞争分析工具,可以将复杂的反垄断案件浓缩为一句话。例如,在经营者集中的案件,原告只要提出一个并购将会实质性排除或者限制相关市场的竞争,他就应当说明参与合并的企业、案件涉及的相关市场以及他所指控的限制竞争问题。在滥用市场支配地位的案件中,原告只要提出被告滥用了市场支配地位,他就应当说明与案件相关的市场、被告在相关市场拥有支配地位以及被告在相关市场上的滥用行为。这也即是说,通过“相关市场界定”一句话,人们可以了解案件的很多信息,包括市场上的其他经营者、相关企业的市场地位以及案件中可能的受害者。这正如有些竞争法专家指出的,“相关市场是一个有效竞争的区域,即一个假想的反垄断诉讼中竞争发生的场所。虽然反垄断市场不能孤立于其他的市场,但是应当能够从外部划定一个适当的范围,以便大致说明一个竞争行为发生的场所,或者至少可以通过不同的价格说明一个市场与其他市场的不同之处”。①

简言之,如果不通过界定相关市场来说明现实或者潜在的竞争关系,竞争案件的分析一般都会遇到相当大的困难。因为界定相关市场有助于反垄断执法机关和司法机关对相关企业的市场力进行评估,这会大大减少“有罪判无罪”或者“无罪判有罪”等重大错误情况的出现,从而很大程度有助于提高反垄断执法的效率。

第三,除了作为竞争分析的工具,市场界定还在其他方面有很多功能。例如,反垄断诉讼的原告提出损害赔偿之诉一般得证明被诉行为对市场竞争造成了损害,但他证明的竞争损害一般还需要通过相关市场的界定来证明。例如,在欧盟以及其他很多反垄断司法辖区,执法机关或者法院计算罚金或者损害赔

① See Gregory J. Werden, “Why(ever) Define Markets? An Answer to Professor Kaplow”, *78 Antitrust L. J. 729(2013)*.

偿都会考虑相关市场的界定。根据欧盟关于罚款金额的指南,委员会将考虑以“经营者在欧洲经济区(EEA)相关地域内直接或者间接侵权销售其产品或者服务的价值”作为“计算所征罚金”的起点。[①] 根据瑞士2004年发布的《关于非法限制竞争的罚则》第4条的规定,“罚款金额依据违法企业在相关市场前三年的销售额予以计算”。[②] 在英国,计算罚金的起点是违法企业在相关产品市场和相关地域市场的“相关销售额”[③]。在日本,执法机关针对价格卡特尔或者串通招投标行为计算课征金的时候也会考虑相关市场的范围。我国反垄断执法机关计算罚金的时候也很重视相关市场的界定,如国家工商行政管理总局2015年对利乐公司行政处罚决定中明确指出,“对当事人处以2011年度在中国大陆相关商品市场销售额百分之七的罚款”。

四、关于市场界定的几个争议

尽管反垄断执法中界定相关市场的重要性得到了绝大多数学者、执法官员、律师以及企业的认同,但是由于相关市场界定存在较大的不确定性,所以自20世纪80年代以来,国际上有很多学者对反垄断执法机关依赖相关市场界定识别市场势力的方法提出了批评。例如,兰德斯(William M. Landes)与波斯纳在20世纪80年代发表的《反垄断案件中的市场势力》一文中指出,通过相关市场界定认定市场势力的方法有其内在缺陷,这种方法界定的市场不够精准,从而它不具有普适性。[④] 哈佛大学的卡普洛在其2010年发表的《为什么要界定市场?》一文对相关市场界定作了百分之百的否定。他说,“在为市场力和竞争政策研究作出重要贡献的产业经济学领域不存在真正的界定市场的概念。关注这些问题的经济学家从来不认为在非同质产品市场通过市场份额这个因素推导市场力的方法是有用的”。[⑤] 并因此提出了竞争案件“应取消市场界定”的结论。[⑥] 卡普洛(Kaplow)的观点明显言过其实,因为我们在前面指出过,相关市场界定对竞争案件的审理非常重要,无可替代。此外,很多竞争法专家包括美国司法部反垄断局高级经济学顾问沃尔登对卡普洛的观点作出过回应,指出这

---

① Guidelines on the method of setting fines imposed pursuant to Article 23(2)(a) of Regulation No. 1/2003, O. J. [2006] C 210/2.

② Ordinance on Sanctions imposed for Unlawful Restraints of Competition [2004].

③ OFT's guidance as to the appropriate amount of a penalty [2004].

④ See William M. Landes, Richard A. Posner, "Market Power in Antitrust Cases", *94 Harv. L. Rev. 937*, 947(1981).

⑤ Louis Kaplow, "Why(Ever) Define Markets?" *124 Harv. L. Rev. 437*, 458 - 459(2010).

⑥ Id., 440, 474(2010).

些观点“没有一个经受得住仔细推敲”。[①] 但是，为了更好地阐述相关市场界定在反垄断法中的地位和作用，这里有必要讨论上述关于相关市场界定的批判性观点。

（一）关于相关市场/市场份额的范式缺陷

兰德斯与波斯纳指出，市场力因为会受到市场份额、产品需求弹性和产品供给弹性等三个因素的影响，仅仅机械地运用市场份额测度市场力的方法就有缺陷，因为市场份额只是决定市场力的三个因素之一，即不考虑市场需求弹性和供给弹性推导市场力的结果是错误的。兰德斯和波斯纳还使用了两个假设证明他们的观点。他们说，如果一个公司的产品有很多替代品，这个公司势必面临很高的需求弹性。这种情况下，即使该公司的市场份额高达80%，它的市场力也是比较小的；相反，如果该公司产品的需求弹性很低甚至无弹性，而且也不存在来自其他竞争者的供给弹性，即使该公司的市场份额低于60%～70%这个认定市场势力的份额标准，如其市场份额仅有40%，那也有理由推断该公司拥有垄断力。兰德斯和波斯纳还进一步指出，对一个将其价格提高到竞争性水平之上的企业来说，市场份额既不是认定其市场势力的必要条件，也不是充分条件。企业的市场需求弹性越低，边缘竞争者的供给弹性越低，该企业将其价格提至竞争性水平之上所需的市场份额就越小。因此，那种认定市场份额占80%的企业具有巨大市场力的观点是“荒唐”的。[②]

卡普洛也提出过相同的观点。他说，人们讨论相关市场和市场份额时，往往以一定市场份额对应一定市场力这一关键性的假设为前提，即高市场份额意味着强市场力，低市场份额意味着弱市场力，否则探讨市场份额与市场力的关系就没有意义。在这种情况下，用以比较市场力强弱的标准市场或者参考性市场就成为探讨市场份额与市场力关系的必要和核心内容。但是，卡普洛认为，确定标准参照市场（standard reference market）是不可能的，因为市场力与市场份额的关系应当在具体语境中去解释，抽象和脱离现实语境的市场份额可能存在极大的误导性；[③]这即是说，无论市场份额80%还是30%，它们均不能用以说明相关企业的市场力或类似市场力的东西。他的结论是，通过一定市场份额来

① Gregory J. Werden, “Why(ever) Define Markets? An Answer to Professor Kaplow”, *78 Antitrust L. J. 729(2013)*.

② See William M. Landes, Richard A. Posner, “Market Power in Antitrust Cases”, *94 Harv. L. Rev. 937*, 947(1981).

③ See Louis Kaplow, “Why(Ever) Define Markets?” *124 Harv. L. Rev. 437*, 460(2010).

说明企业的市场力,这不仅导致问题过于简单化,甚至还是一种幻想。卡普洛还指出,即便理论上可以通过建立标准参照市场解决前面的问题,但无论判例法、教科书或者各种法学评价,都没有类似标准参考市场或参考性市场的说法。① 因此,卡普洛在这篇文章的核心观点是,如果人们事先对市场力没有一个良好的评估,那就不可能合理地界定相关市场,因为市场界定的过程就是说明市场力。这也即是说,卡普洛认为评估市场力是市场界定的前提,同时也是市场界定的结果,因此市场界定本身没有意义,应当被抛弃。②

上述几个学者认为,仅仅通过市场份额的数据来测度市场力的方法存在缺陷,这个观点是正确的。因为市场份额只是多种因素认定市场势力中的一个因素。例如,美国第九巡回法院在其 1993 年涉及保龄球的一个判决中指出,尽管被告在一个与保龄球游戏相关的地方市场占百分之百的份额,但由于原告不能提供该市场存在很高的进入障碍以及被告能够长期保持垄断地位的证据,从而驳回了原告的诉讼。这个判决还指出,"高市场份额虽然一般可以证明存在垄断势力,但在进入障碍很低的市场上以及不能证明被告有控制价格或者排除竞争能力的情况下,它不具有这样的证明力"。③但是,法院这个观点也明显存在不完善之处。因为根据现代经济学理论,界定相关市场不能不考虑市场需求弹性和供给弹性,而且仅当充分考虑需求弹性和供给弹性之后,人们才能界定市场,而且只有合理界定市场之后,才能测度市场上企业的市场份额,识别是否存在市场势力或者市场支配地位。如果没有考虑需求弹性和供给弹性就计算市场份额,如在上述涉及保龄球的美国案例中,这个市场份额不能作为企业长期拥有市场势力的证据。

至于卡普洛教授认为"相关市场界定"在反垄断审理中完全不重要的观点是不值一驳的。这个观点的主要问题是,他是把识别市场势力视为反垄断案件分析的第一步,而把界定相关市场视为识别市场势力之后的步骤,这种情况下,界定相关市场当然就不重要,甚至应当被抛弃。但是,前面已经指出过,因为边际成本的数据不可得,人们不能直接识别企业是否具有市场势力,这种情况下,人们才需要通过界定市场识别一个企业是否具有市场势力。这即是说,卡普洛的观点没有反映反垄断执法的实践,因此也没有多少现实意义。

---

① See Louis Kaplow,"Why(Ever)Define Markets?" *124 Harv. L. Rev. 437*,464(2010).

② Id. ,476(2010).

③ Los Angeles Land Co. v. Brunswick Corp. ,6 F. 3d 1422(9th Cir. 1993).

(二)关于市场界定的普适性

兰德斯和波斯纳还说过,企业的市场力与企业的规模大小有关系,因为一个垄断行为对社会的损害不仅仅表现为产品价格偏离边际成本的程度,而且还表现在其经济活动总量的方面,如垄断者会减少对市场的供给。然而,如果一个垄断企业的经济活动总量很小,其垄断行为造成的社会损失也会比较少,那么从社会成本的角度看,对这些企业进行反垄断审查就不具有正当性,特别是对这些企业进行法律救济花费较大的社会成本时,情况更是如此。这即是说,如果不考虑市场的规模,而仅仅依据市场份额就进行法律判决,这种判决具有专断任意性。这也说明,如果小规模的市场要求很高的市场份额来证明垄断力的存在,那么大规模的市场上一个较低的市场份额就可以证明垄断力的存在。相反,如果大规模的市场上要求很高的市场份额来证明垄断力,小规模的市场上也要求很高的市场份额来证明垄断力,这明显就存在问题。简言之,兰德斯和波斯纳的观点是,反垄断执法应就市场规模确定一个标准,即反垄断执法不应进入低于规模标准的市场,这种情况下也无必要计算相关企业的市场份额。

兰德斯和波斯纳还认为,反垄断分析是否需要计算相关企业的市场份额,还应考虑企业违法行为的性质。违法行为的认定不仅需要实质性的证据,而且作为法律问题,违法行为所承担的法律责任应基于相关企业的市场力不同而有所差别。例如,在适用本身违法原则的价格卡特尔案件,涉案企业的市场力不是一个必须考虑的因素;但在谋求垄断的案件中,违法企业拥有市场势力不仅是构成违法行为的必要条件,而且这个市场势力应当达到显著的程度。[①] 但是,波斯纳也认为,如果要求执法者对其处理的案件一目了然,他就需要花费很大精力收集界定相关市场的证据,例如他指出,“如果我们知道一伙销售商提价的后果,例如我们知道这个提价会因其他销售商的反应而抵消其负面的影响,那么考虑这伙销售商是否构成一个有经济意义的相关市场就是多此一举。换言之,如果我们知道这些销售商面临的需求弹性,我们几乎就可以知道我们需要知道的全部”。[②]

---

① See William M. Landes, Richard A. Posner, “Market Power in Antitrust Cases”, *94 Harv. L. Rev. 937*, 953 – 955 (1981).

② [美]理查德·A. 波斯纳:《反托拉斯法》(第2版),孙秋宁译,中国政法大学出版社2003年版,第172~173页。

兰德斯和波斯纳的上述观点也是正确的。因为界定相关市场在反垄断案件的审理中即便非常重要，但也不是说任何一个反垄断案件都需要界定相关市场。例如，对本身违法的案件来说，如果可以确定当事人存在违法的行为，那就没有必要对行为人的市场力或者市场份额进行计算。另外，反垄断分析中考虑企业的经济规模是必要的，因为在反垄断执法资源有限的情况下，执法机关当然应当选择违法者的经济规模比较大和违法行为的社会影响比较明显的案件。总体来说，如果违法者的经济规模比较小，社会影响比较小，即便它们对某些消费者来说是不可缺少的选择，那也不必一定作为执法重点。在这种情况下，对这些不作执法重点的案件也许就不需要测度当事人的市场份额，从而也不需要界定相关市场。这正如欧盟委员会在其《适用欧盟运行条约第102条查处市场支配地位企业滥用性排他行为执法重点指南》中指出的，"对具市场支配地位企业的排他性行为适用第102条时，委员会重点关注那些对消费者损害最大的行为类型……委员会执法的目的是维护市场功能的正常发挥，即保护消费者能够从市场有效竞争所产生的高效率和高生产力获益"。[①]

总而言之，即便反垄断学界或者实务界对相关市场的作用和功能存在一些不同的看法，这些认识或者批评也是正常的，因为世界上没有绝对完美无缺的理论。而且，存在不同的观点或者批评也是好事，因为这些批评可以推动人们为有效执行反垄断法寻求更好的经济学理论或者为测度市场势力寻求更好的方法。因此，即便一贯反对相关市场界定的波斯纳教授也指出，反垄断法对界定市场赋予了重要意义，因为反垄断法中关于垄断问题的分析迄今还没有发展出另外一条既真正地符合经济学同时又有可操作性的进路。[②] 无论如何，从美国联邦最高法院1962年关于布朗鞋案的判决起算，即便世界各国反垄断法的历史还不是很长，但是经验已经表明，市场界定确实是一个分析和解决复杂竞争案件的重要工具。这不仅表现在世界上几乎所有的反垄断司法辖区都引入了相关市场的概念，如我国《反垄断法》第12条、俄罗斯2006年修订的《保护竞争法》第4条和第5条第1款、韩国《垄断规制与公平交易法》第2条第8款等，而且还表现在很多反垄断司法辖区就反垄断执法中的相关市场界定发布了专

---

① Communication from the Commission — Guidance on the Commission's enforcement priorities in applying Article 82 of the EC Treaty to abusive exclusionary conduct by dominant undertakings (2009/C 45/02).

② 参见[美]理查德·A. 波斯纳：《反托拉斯法》(第2版)，孙秋宁译，中国政法大学出版社2003年版，第172～173页。

门的指南，如欧盟委员会发布的《关于相关市场界定的通知》和我国国务院反垄断委员会《关于界定相关市场的指南》。这说明，界定相关市场对反垄断案件的原告、被告、执法机关甚至包括第三方当事人以及消费者都非常重要，因此它往往成为决定案件最终结果的最重要的证据。

以上分析说明，相关市场界定在反垄断案件的竞争分析中几乎起到了全方位的功能和作用，包括计量经济学分析在内的其他任何一种评估工具都不可能取代它的这个地位和作用。① 就是因为相关市场界定在反垄断案件中的地位和作用无可替代，人们对它的评价是"渗透了反垄断法""植根于竞争法律""改变了企业界和律师界思考竞争问题的方式"。② 有人甚至指出，如果放弃相关市场界定，"许多反垄断案件的审理将会在'茫茫大海中航行'"。③ 这即是说，界定相关市场虽然不是一件轻而易举的事情，但是没有界定相关市场这样一个分析工具，审理反垄断案件的难度将会更大。下面几节分别从经营者集中案件的角度、滥用市场支配地位案件的角度和垄断协议案件的角度论述相关市场界定在反垄断审查中的重要性。

第二节　市场界定在并购审查中的地位和作用

一、企业并购与市场竞争

在市场上，企业并购或者经营者集中的事件经常发生。④ 这不仅是因为企业通过这种方式可以除掉其竞争对手，更重要的是可以提高它们的市场竞争力。这即是说，企业并购的主要原因是大小企业不同程度的内部增长可以使大企业在成本方面较小企业占更大的优势。从经济政策的角度看，规模经济和范

---

① 商务部2017年第77号《关于附加限制性条件批准马士基航运公司收购汉堡南美船务集团股权案经营者集中反垄断审查决定的公告》指出，该案审理中运用了综合涨价压力指数（GUPPI）对集中后的马士基航运涨价的可能性进行过量化评估；此外还运用并购模拟计算出集中后马士基航运冷藏集装箱班轮运输服务的涨价幅度可能达到10%以上，从而认定这个集中可能产生排除限制竞争的效果。但是，商务部审理该案即便运用了综合涨价压力指数和并购模拟测试，但是这些计量经济学方法也没有在这个案件的审理中取代相关市场的界定。参见 http://fldj.mofcom.gov.cn/article/ztxx/201711/20171102667566.shtml。

② OECD，Market Definition 2012，http://www.oecd.org/daf/competition/Marketdefinition2012.pdf.

③ Gregory J. Werden，"Why(ever) Define Markets? An Answer to Professor Kaplow"，*78 Antitrust L. J. 729(2013)*.

④ 本书所称的企业并购控制和经营者集中控制在反垄断法中是一致的，英文普遍称为 Merger Control 或者 Merger Regulation。

围经济对社会都是有利的，因为这不仅节约了个别企业的成本，提高了它们的经济效益，而且也节约了社会成本，提高了社会的经济效益。

然而，由于企业并购可以推动经济集中，甚至导致个别企业垄断市场的局面，或者形成少寡头垄断的市场结构，规模优势除了可为整体经济带来的成本优势外，可能还存在与整体经济不协调的优势。因此，世界各国反垄断法一般都有控制经营者集中或者控制企业并购的规定。

依照参与并购企业在经济上的相互关系，企业并购可分为横向并购和非横向并购。横向并购，是指生产相同或者相似产品的经营者并购成为一个统一的竞争实体。横向并购的最大好处是有利于实现规模经济，降低单位产品的成本。但是，横向并购对竞争的影响比较大，因为这种并购可以直接减少甚至消灭市场上的竞争者。当市场上竞争者数目过少，以致市场集中度过高的时候，市场有效竞争会受到威胁。因此，各国反垄断法一般对企业的横向并购实施比较严格的控制。美国司法部和联邦贸易委员会 2010 年的《横向并购指南》指出，“本指南统一的思想是，并购不得产生、加强或者维护市场势力，或者推动行使市场势力”。“如果一项并购可能导致一个或者多个企业提高价格、降低产量、减少创新，或者因为减少了竞争约束或使消费者受到损害，这个并购就会加强市场势力。”这个指南尤其关注企业并购可能导致企业利益最大化的行为：如果并购因消除并购当事人之间的竞争而产生或加强市场势力，这种并购的反竞争效应被称为“单边效应”；如果并购因可能提高竞争者之间的协调、共谋以及相互依赖而产生或者加强市场势力，这种并购的反竞争效应可被称为“协同效应”。①

非横向并购包括纵向并购和混并购。反垄断法主要关注纵向并购，即同一产品处不同生产阶段企业间的并购，典型表现的是工商联手。纵向并购的好处也很明显，即一方面可使供应方获得稳定的销售渠道，另一方面可使购买方获得稳定的原材料、半成品或者产品的来源，这些均有利于节约交易成本，提高企业的生产效率。然而，如果一个纵向并购覆盖的市场范围过大，从维护竞争性的市场结构看，这可能对竞争产生以下方面的不利影响：第一，未参与并购的企

---

① Horizontal Merger Guidelines issued by the Department of Justice and the Federal Trade Commission on August 19,2010,p. 2.

业因为不能进入因纵向并购而被关闭了的市场，从而会减少参与交易的机会；[①]第二，潜在的市场进入者不仅得考虑其竞争者的经济实力，还得考虑与其竞争者联手的处上下游企业的经济实力，这就会提高进入市场的障碍；第三，因为并购企业之间的原材料采购或者产品销售的价格与未参与并购企业间的交易价格绝不相同，这事实上会产生歧视性的价格条件。但是，即便纵向并购对市场竞争有一定影响，由于这种并购不像横向并购那样会立即消灭竞争者，各国反垄断法对纵向并购的控制一般不像横向并购那么严格。

以上关于企业并购的竞争分析说明，鉴于企业并购可能产生市场势力或者提高企业行使市场势力的可能性，反垄断法作为反对垄断和保护竞争的法律制度，就有必要将控制企业并购作为它的核心内容之一，目的是识别、预防以及救济那些具反竞争后果的并购。企业并购审查之所以需要“识别”具反竞争后果的并购，这是因为大多数企业并购并不损害竞争。这即是说，企业并购审查的赋予执法机关一个权限和能力，即将那些不具反竞争后果的并购与问题较大从而需要认真分析和审查的并购区别开来。根据国际竞争网络的推荐意见，执法机关不应当干预限制竞争后果微不足道或者产生的限制竞争影响转瞬即逝的并购，而是应当干预那些可能产生严重限制竞争的并购，而且这里的干预、禁止或者救济严重限制竞争的并购不是要进一步提高并购前的市场竞争水平，而仅是维护可能受到并购反竞争影响的市场竞争。[②] 为了使执法资源能够高效率地用于可能严重损害市场竞争的企业并购，反垄断执法机关应当就企业并购控制提出一个有效率的分析框架。根据国际竞争网络的推荐意见，反垄断的并购控制应适用于可能会产生竞争损害的所有并购交易，即便特殊部门或者特殊行业有着例外或者豁免的规定，它们的适用范围应当很小，而且应当有着明确的限制。特别重要的是，并购控制的实体法应当建立在合理经济分析的基础上。为了分析并购是否可能严重损害竞争，执法机关不仅应当有一个法律程序，而且应当有一个适当的和透明的证据标准。执法机关应根据具体案件的具体情况进行合理和灵活的竞争分析，但是并购竞争分析的核心内容应当是比较相关市场并购前后的竞争状况，评估并购前后的市场竞争条件，目的是防止并购后产

① 如美国最高法院 1962 年的布朗鞋一案判决指出，该并购不仅导致参与并购的企业因改善原材料和半成品的采购或者改善产品的销售渠道，使它们与其竞争者相比获得不公平的竞争优势，而且由此还可推动其他企业间新的纵向并购，所以禁止了这个并购。See Brown Shoe Co. v. United States，370 U. S. 294，326（1962）.

② ICN Recommended Practices for Merger Analysis，p. 2 .

生反竞争的问题。国际竞争网络的推荐意见还指出，执法机关应将并购审查考虑的各种因素系统化和条理化，因为这有助于涉案当事人更好地理解执法机关的审查结论，提高执法透明度，提高法律稳定性以及当事人对其并购交易法律后果的可预期性。①

二、并购竞争分析的市场界定

前面指出，执法机关就并购交易进行竞争分析的核心问题是比较相关市场竞争条件在并购前后的变化，即评估并购是否产生或加强市场势力，或者相关市场上是否可能出现价格上涨或其他形式的反竞争问题。现在尽管有人提出可通过直接证据分析并购是否出现反竞争的问题，但是根据世界各国反垄断司法辖区当前的执法情况，界定相关市场仍然是并购竞争分析的起点和关键步骤。

（一）美国反托拉斯执法

尽管美国2010年的《横向并购指南》指出了“执法机关的分析不必要从界定相关市场开始”，②即提高了对直接证据以及其他分析工具的关注度，但是这个指南仍然强调了界定市场在并购审查中的重要作用。这表现在以下两个方面，第一，《横向并购指南》指出，执法机关考察横向并购的潜在竞争关注时，相关市场界定起着两个作用：一是有助于识别产生竞争关注的商业领域和地域范围，因此执法机关在并购审查中一般都会界定一个或几个可能实质性减少竞争的相关市场；二是有助于执法机关识别市场参与者，并由此测度它们的市场份额和市场集中度。这即是说，通过界定市场测度企业的市场份额和市场集中度，尽管不是企业并购审查的最终目的，但这个分析有助于理解和认识并购的竞争影响。③第二，《横向并购指南》指出，“正如市场界定能够给判断竞争效果提供信息一样，有关竞争效果的证据也能够给市场界定提供信息。例如，如果能够证明提供同类产品的重要竞争者数量的减少，由此导致产品价格明显上升，这个证据本身就可以证明这些产品构成一个相关市场。这样的证据可以直接地预测一项并购的竞争效果，由此就可以减轻凭借市场界定及市场份额进行推断的作用”。④ 该指南还以举例方式指出，“如果市场界定的分析推导出不同的相关市场，且这些市场界定均具有合理的可信度，由此不同的市场份额可能

① ICN Recommended Practices for Merger Analysis, p. 3.
② Horizontal Merger Guidelines 2010, para. 4.
③ Id.
④ Id.

推导出不同的竞争影响时,这就更有必要考虑那些比较直接的可说明竞争影响的证据”。[①] 这说明,即便《横向并购指南》指出“执法部门使用的一些评估竞争效果的工具并不依赖市场界定”,但这不能说明界定相关市场不重要,更不能说明这个《横向并购指南》要取消“界定相关市场”这一竞争分析的重要工具,而是出于市场界定本身存在的不确定性问题,提出要整合竞争分析的多种方法。这即是说,美国司法部和联邦贸易委员会在并购的竞争分析中既注意界定市场,也注意使用直接证据以及其他的竞争分析工具,目的是更高效率地识别可能严重损害市场竞争的企业并购。

美国的反垄断执法是司法模式。[②] 即企业并购审查是否需要界定相关市场,很多情况下是由司法机关而不是反垄断行政执法机关说了算。因此,这里有必要讨论 2010 年《横向并购指南》发布之后,美国法院受理的反垄断并购案件。

1. 马连尼诉美国联合航空公司案

美国联合航空公司与大陆航空公司于 2010 年 3 月宣布,它们将于 2010 年 10 月完成并购。马连尼(Malaney)代表 49 名消费者向加州北区联邦地区法院提起诉讼,请求法院禁止这两大航空公司之间实施并购。作为举证责任,原告在诉状中提出了该案涉及三个相关市场。然而法院认为,原告没有就其提出的相关市场提供任何证据,遂驳回原告请求。尽管法院做出该案判决的时候,美国司法部和联邦贸易委员会 2010 年的《横向并购指南》已经发布,而且法院注意到了这个指南提出的“执法机关不必要从界定相关市场开始”的观点,但是法院的判决明确指出,“原告如果要证明被告违反《克莱顿法》第 7 条,并由此证明其禁令请求是合理的,他必须首先得证明相关市场的存在,然后证明并购在相关市场可能不合理地产生反竞争的影响”。[③]

2. 联邦贸易委员会诉美国实验公司案

这个案件涉及美国第二大实验公司和第三大实验公司之间的并购,联邦贸易委员会作为原告界定了该案的相关市场。审理该案的加州中区联邦地区法院注意到了 2010 年《横向并购指南》中关于并购案件不一定界定相关市场的观点。但是,法院的判决明确指出,正确界定相关市场不仅是并购分析的第一步,

---

① Horizontal Merger Guidelines 2010, para. 4.

② 参见王晓晔:《王晓晔论反垄断法》,社会科学文献出版社 2010 年版,第 400 ~ 421 页。

③ Malaney v. UAL Corp., No. 3:10 - CV - 02858 - RS, 2010 WL 3790296 (N. D. Cal. Sept. 27, 2010).

而且因为市场界定的范围必然与并购交易的反竞争后果相联系，这也是案件最终裁决的关键因素。由于联邦贸易委员会在该案没有合理地界定相关市场，法院驳回了原告对这个并购案发布禁令的诉讼请求。①

3. 司法部诉布洛克税务咨询公司案

本案被告布洛克税务咨询公司（H&R Block）是美国最大的报税服务商，它提供 DDIY 数字自助报税软件（digital do – it – yourself）。2010 年 10 月 13 日，布洛克税务咨询公司与 2SS 控股公司签订了资产购买协议，2SS 旗下的 TaxACT 是美国第三大 DDIY 软件供应商。2011 年 5 月 23 日，美国司法部请求哥伦比亚地区联邦法院对这个交易发布禁令，理由是这个交易会严重损害正在发展中的 DDIY 市场竞争。司法部还指出，DDIY 市场上主要有三家企业：TurboTax 占 60% 的份额，布洛克税务咨询公司与 TaxACT 作为两个在线经营者合计占 30% 的份额，其他 8 个竞争者共计占 10% 的份额。尽管审案法院注意到了 2010 年《横向并购指南》提出的“市场界定是不必要的”观点，但它直言不讳地指出，“并购分析必须从界定相关市场开始”。“作为一个法律问题，市场界定是必要的。”②在该案中，司法部作为原告不仅没有质疑相关市场的界定，而且请求法院遵循布朗鞋等判例界定该案的相关市场。法院依据三家被告公司的内部文件以及其他证据，考虑到 TaxACT 将布洛克税务咨询公司和 TurboTax 视为它在 DDIY 领域的主要竞争对手；TurboTax 对 TaxACT 和布洛克税务咨询公司产品的营销、供应以及定价进行跟踪并且由此确定了自己的产品价格与销售策略；布洛克税务咨询公司的内部文件也显示它与 TaxACT、TurboTax 是营销 DDIY 的三大公司，法院便认定 DDIY 与服务于纳税人报税的其他产品在技术、价格、便利性、时间投入、脑力劳动等方面有很大的不同，因此拒绝了布洛克税务咨询公司认为该案相关产品市场应界定为服务于美国纳税人报税的全部产品的观点，而且也没有接受它提出的多功能报税产品与 DDIY 具有合理替代性和需求交叉弹性的证据。这说明，法院依据布朗鞋一案的经验，对该案没有进行定量分析，而是依据司法部提供的证据与证言做出了 DDIY 构成该案相关产品市场的结论。③

---

① FTC v. Laboratory Corp. of America, No. SACV 10 – 1873 AG(MLGX), 2011 WL 3100372(C. D. Cal. Mar. 11, 2011).

② United States v. H&R Block, Inc., et al., 833 F. Supp. 2d 36, 50(2011).

③ United States v. H&R Block, Inc., et al., 833 F. Supp. 2d 36(2011).

上述案例说明,即便美国反垄断行政执法机关在其2010年《横向并购指南》提出了反垄断执法分析不必要从界定相关市场开始,但是法院仍然强调相关市场界定是处理反垄断并购案件的起点和关键步骤。因此,曾在联邦贸易委员会任职的莫非(Kevin Murphy)教授指出,即便2010年《横向并购指南》提出了不必要界定相关市场,但事实上美国的反垄断行政执法机关仍需要界定相关市场;如果它们不通过市场界定说明案件可能产生的反竞争影响,法院就不会接受它们提出的反竞争事实,因此"相关市场界定是反托拉斯法不能废除的核心原则"。①

(二)欧盟竞争执法

欧盟委员会一贯强调界定相关市场的重要性。1997年欧盟委员会发布的《关于欧盟竞争法界定相关市场的通告》指出,"市场界定是确认和界定企业间竞争界限的一个工具,它为委员会提供一个实施竞争政策的框架。市场界定的主要目的是通过一个系统的方法确定相关企业所面临的竞争约束。界定相关产品市场和相关地域市场的目的是确定相关企业实际上的竞争对手,这些竞争对手可以约束相关企业的行为,防止它实施限制竞争的行为。从这个角度出发,市场界定可使市场份额的计算具有可行性,成为评估支配地位或者为适用欧盟运行条约第101条提供有关市场势力的有用信息"。② 欧盟委员会2004年发布的《横向并购评估指南》专门论述了市场界定对并购案件竞争分析的重要意义。指南指出,"欧盟委员会评估企业并购通常采取的步骤是:(1)界定相关产品市场和相关地域市场;(2)进行并购竞争分析"。"市场份额和市场集中度是说明市场结构的一个有效和最重要的标识,可以说明并购当事人及其竞争对手的竞争地位。"③

需要指出的是,界定相关市场虽然在欧盟的企业并购分析中是一个必要的步骤,但不是说每个并购案件都必须准确地界定市场。一般情况下,委员会需要通过假定垄断者测试分析可替代品。如果由此得的结论是,并购不会产生或加强市场势力,这样的案件就不需要从深度和广度上对市场界定进行进一步的

① Ashley Fry, Matthew R. McGuire, Catherine Schmierer, "Horizontal Market Power: The Evolving Law and Economics of Mergers and Cartels", *18 Geo. Mason L. Rev. 819*, 825(2011).

② Commission Notice on the definition of relevant market for the purposes of Community competition law, para. 2.

③ Guidelines on the assessment of horizontal mergers under the Council Regulation on the control of concentrations between undertakings(2004/C 31/03), paras. 5, 10, 14.

分析。如在康柏(Compaq)并购天腾(Tandem)一案中,康柏提供个人电脑服务,天腾提供银行间网络高能服务。委员会认为,即便这两种服务属同一市场,因为提供这些服务的企业很多,这两个企业并购后的市场份额也很小;另外,康柏服务器与天腾服务器之间实际上还不存在竞争,因此这还不是一个横向并购。鉴于无论从横向还是纵向的角度看,这个并购都没有明显的反竞争后果,委员会认定这个并购与共同体大市场相协调。[①] 委员会在 Nestlé/ San Pelligrino[②]、Georg Fischer/ Disa[③]、BP/ Huls[④]、DowJones/ NBC - CNBC Europe[⑤]、BASF/ Shell[⑥]、Exxon/Mobil[⑦]、Tetra Laval/Sidel[⑧] 等很多并购案件都是和康柏并购天腾案一样,即虽然考虑到相关市场的界定,但是因为这些案件明显没有严重限制竞争的问题,这就没有必要对相关市场的界定进行深度讨论,也没有必要对相关市场界定做出一个明确的结论。[⑨]

相反,如果界定市场对认定一项并购是否产生或加强市场支配地位的分析至关重要,委员会就会认真考虑界定市场的各种因素。特别当委员会准备禁止一项并购时,它就应当就相关市场做出一个精确的界定。根据《关于欧盟竞争法界定相关市场的通告》,委员会界定相关市场需要考虑需求替代、供给替代和潜在的竞争,其中分析的重点是需求替代。欧盟委员会主要使用假定垄断者测试法(SSNIP),假设相关产品在被考察的地域范围出现了一个幅度不大但持久性的涨价,消费者由此可能会转向购买其他产品或者转向其他地域购买替代品,这些相关产品和相关地域就构成一个相关市场。在必要的情况下,欧盟委员会也使用其他技术方法来界定相关市场。[⑩] 如在 Arsenal/DSP[⑪]、OMV/

---

① Case No. IV/M. 963 - COMPAQ / TANDEM(1997).

② Case IV/M 1078(1998).

③ Case IV/M1009(1998).

④ Case IV/M1078(1998).

⑤ Case IV/M1081(1998).

⑥ Case IV/M1041(1997).

⑦ Case IV/M1383(1999).

⑧ Case COMP/M2416(2001).

⑨ 参见[西]瓦罗纳等:《欧盟企业并购控制制度——法律、经济与实践》,叶军、解琳译,法律出版社 2009 年版,第 81 页。

⑩ OECD Policy Roundtables, Market Definition, 2012, available at www. oecd. org/daf/ competition/ Marketdefinition2012. pdf. , p. 336.

⑪ Case COMP/M. 5153.

MOL[①]两个并购案中，委员会使用了价格相关性分析；在 INEOS/Kerling[②]一案使用了临界损失分析；在 Lufthansa/SN Airholding 一案使用了自然实验法[③]等。此外，与美国 2010 年的《横向并购指南》一样，欧盟 2004 年《横向并购评估指南》也提出了并购分析可以考虑直接证据，如在并购当事人的产品存在高度可替代性的情况下，这些产品并购前的高利润率就可能导致并购后的涨价。在这种情况下，欧盟委员会可能使用"分流比"(diversion ratio)来评估产品的可替代性。[④]

在经合组织(OECD)2012 年召开的关于相关市场界定的圆桌会议上，欧盟委员会的书面报告援引了曾在欧盟委员会负责竞争事务的 Monti 先生的如下表述，"市场界定是竞争政策的基石，但它不是竞争政策的整个大厦；市场界定是竞争评估的一个工具，但它不能取代竞争评估"。[⑤]欧盟委员会的报告还指出，"市场界定和计算市场份额的重要性取决于具体案情。它们是关于市场结构和市场竞争态势一个必要和最重要的说明。欧盟的实践表明，欧盟对类似 UPP 或者并购模拟等新的经济学方法持开放的态度，但其前提条件是它们可以改善竞争评估。这些经济学工具是传统分析方法的补充，但不能取代相关市场的界定"。[⑥]

(三)中国反垄断执法

国务院反垄断委员会 2009 年发布的《关于相关市场界定的指南》指出，"任何竞争行为均发生在一定市场范围"。"科学合理地界定相关市场，对识别竞争者和潜在竞争者、判定经营者市场份额和市场集中度、认定经营者的市场地位、分析经营者的行为对市场竞争的影响、判断经营者行为是否违法以及在违法情况下需承担的法律责任等关键问题，具有重要的作用。因此，相关市场的界定通常是对竞争行为进行分析的起点，是反垄断执法工作的重要步骤。"这说明，相关市场界定对我国反垄断法的经营者集中控制有着特别重要的意义。

---

① Case COMP/M. 4799.

② Case COMP/M. 4734.

③ Case COMP/M. 5335.

④ Guidelines on the assessment of horizontal mergers under the Council Regulation on the control of concentrations between undertakings, paras. 28, 29.

⑤ Mario Monti, Market definition as a cornerstone of EU Competition Policy, Workshop on Market Definition, Helsinki Fair Centre, 5 October 2001; OECD Policy Roundtables, Market Definition 2012, p. 340.

⑥ OECD Policy Roundtables, Market Definition, 2012, p. 340.

1. 集中控制的实体法

相关市场界定在企业并购领域的重要地位尤其表现在并购控制的实体法。我国《反垄断法》第 27 条规定，审查经营者集中应考虑下列因素：(1)参与集中的经营者在相关市场的市场份额及其对市场的控制力；(2)相关市场的市场集中度；(3)经营者集中对市场进入、技术进步的影响；(4)经营者集中对消费者和其他有关经营者的影响；(5)经营者集中对国民经济发展的影响；(6)国务院反垄断执法机构认为应当考虑的影响市场竞争的其他因素。毫无疑问，考虑前面的 4 个因素时都需要界定相关市场。例如，考虑参与集中的经营者在相关市场的份额和相关市场的集中度时，如果没有市场界定，市场份额和市场集中度是不可能计算的；考虑集中对市场进入以及对消费者和其他经营者的影响时，如果没有市场界定，这些影响的范围可能无边无际。这说明，没有相关市场界定，我国《反垄断法》第 27 条就没有可操作性。

为了增强《反垄断法》第 27 条的可操作性，商务部于 2011 年还发布了《关于评估经营者集中竞争影响的暂行规定》[①]。该规定第 4 条指出，“评估经营者集中对竞争产生不利影响的可能性时，首先考察集中是否产生或加强了某一经营者单独排除、限制竞争的能力、动机及其可能性。当集中所涉及的相关市场中有少数几家经营者时，还应考察集中是否产生或加强了相关经营者共同排除、限制竞争的能力、动机及其可能性。当参与集中的经营者不属于同一相关市场的实际或潜在竞争者时，重点考察集中在上下游市场或关联市场是否具有或可能具有排除、限制竞争效果”。第 5 条强调了市场份额对并购分析的重要意义，市场份额直接反映了相关市场结构、经营者及其竞争者在相关市场中的地位。判断参与集中的经营者是否取得或增加市场控制力时，综合考虑下列因素：(1)参与集中的经营者在相关市场的市场份额，以及相关市场的竞争状况；(2)参与集中的经营者产品或服务的替代程度；(3)集中所涉相关市场内未参与集中的经营者的生产能力，以及其产品或服务与参与集中经营者产品或服务的替代程度；(4)参与集中的经营者控制销售市场或者原材料采购市场的能力；(5)参与集中的经营者商品购买方转换供应商的能力；(6)参与集中的经营者的财力和技术条件；(7)参与集中的经营者的下游客户的购买能力；(8)应当考虑的其他因素。第 6 条阐述了市场集中度和行业集中度对并购分析的重要意

---

① 商务部公告 2011 年第 55 号。

义，市场集中度是评估经营者集中竞争影响时应考虑的重要因素之一。通常情况下，相关市场的市场集中度越高，集中后市场集中度的增量越大，集中产生排除、限制竞争效果的可能性越大。第7条论述了市场进入对集中的竞争影响，即"经营者集中可能提高相关市场的进入壁垒，集中后经营者可行使其通过集中而取得或增强的市场控制力，通过控制生产要素、销售渠道、技术优势、关键设施等方式，使其他经营者进入相关市场更加困难。评估经营者集中竞争影响时，可考察潜在竞争者进入的抵消效果。如果集中所涉及的相关市场进入非常容易，未参与集中的经营者能够对集中交易方的排除、限制竞争行为作出反应，并发挥遏制作用。判断市场进入的难易程度，需全面考虑进入的可能性、及时性和充分性"。毫无疑问，上述几个方面的分析都必须得以界定市场为起点。这说明，界定相关市场即便不是商务部并购审查的全部工作，但绝对是其第一步和最重要的工作。

2. 集中控制的程序规定

根据商务部2009年发布的《经营者集中申报办法》①第10条，参与集中的企业进行经营者集中申报时，提交的申报文件和材料应包括"集中对相关市场竞争状况影响的说明"。这些材料在内容上包括集中交易概况、相关市场界定、参与集中的经营者在相关市场的份额及其对市场的控制力、主要竞争者及其市场份额、市场集中度、市场进入、行业发展现状，此外还包括集中对市场竞争结构、行业发展、技术进步、国民经济发展、消费者以及其他经营者的影响，以及集中对相关市场竞争影响的效果评估及依据。这说明，集中申报的经营者如果不界定相关市场，不对相关市场进行评估，事实上他不能进行申报；或者即便进行了申报，如果没有相关市场的界定，这个申报不能立案。

相关市场界定在程序方面的重要性还表现在商务部2014年发布的《关于经营者集中简易案件适用标准的暂行规定》。该规定第2条指出了5种经营者集中可视为简易案件申报，其中有3种涉及相关市场界定：(1)在同一相关市场，所有参与集中的经营者所占的市场份额之和小于15%；(2)存在上下游关系的参与集中的经营者，在上下游市场所占的份额均小于25%；(3)不在同一相关市场、也不存在上下游关系的参与集中的经营者，在与交易有关的每个市场所占的份额均小于25%。简易案件申报规定对经营者是利好消息，因为这种

① 商务部令2009年第11号。

申报不仅内容上有大幅度的简化，而且执法机关一般立案后30日内就作出决定，从而大大加快案件审查速度。然而，简易程序的适用也需要界定相关市场。

此外，商务部2014年年底发布的《关于经营者集中附加限制性条件的规定（试行）》[①]也是一个涉及相关市场界定的法律文件。如果执法机关要对经营者集中附加限制性条件，其目的肯定是减少集中对相关市场竞争产生的不利影响。这即是说，无论剥离有形资产、知识产权等无形资产或相关权益等结构性条件，还是开放网络或平台等基础设施、许可关键技术、终止排他性协议等行为性条件，或者结构性和行为性条件相结合的综合性条件，这些限制性条件都是为了维护相关市场的有效竞争。这即是说，附加的限制性条件是否有效、合理、适度，必须以维护相关市场有效竞争为条件。例如，上述规定的第4条指出，剥离业务，是指经营者在相关市场开展有效竞争所需要的所有要素，包括剥离义务人的有形资产、无形资产、股权、关键人员以及客户协议或供应协议等权益。这说明，剥离业务能否做到维护相关市场有效竞争，或者救济措施是否有效、可行或者及时，其前提都需要界定相关市场。

3. 经营者竞争控制的执法实践

从反垄断法生效到2017年年底，商务部审结的并购案件超过了2000件，其中禁止2件，附条件批准34件。[②] 这些被禁止和附条件批准的集中决定都在商务部网站进行了公告，反映了商务部在经营者集中控制领域的新发展，也反映了商务部审理并购案件的步骤和竞争分析的思路。以附条件批准的集中决定为例，商务部的决定中一般有6项内容：(1)立案和审查程序；(2)案件基本情况；(3)相关市场；(4)竞争分析；(5)附加限制性条件的商谈；(6)审查决定。这些内容中的核心部分显然是第(3)项和第(4)项，即相关市场界定和竞争分析。然而，因为只有界定了相关市场，执法机关才能进入案件的竞争分析，由此就说明相关市场界定是商务部审理经营者集中案件的决定性步骤。如在2016年附条件批准的百威英博收购南非米勒一案中，商务部界定了相关市场之后，认定这个并购可能产生以下限制竞争的影响：(1)进一步提高百威英博在相关市场的控制力；(2)降低中国啤酒市场两个领先企业之间的竞争强度；(3)提高相关市场进入壁垒；(4)损害下游经销商的利益。执法机关由此就进入了案件审理

---

① 商务部令2014年第6号。

② 参见《反垄断法颁布十周年　反垄断“三驾马车”各晒成绩单》，载《法制日报》2017年8月31日版。

的下一步,即附加限制性条件的商谈;然后根据当事人提交的救济方案能否解决商务部对该案的竞争关注,案件审理就进入最后一步,即作出审查决定。[①] 商务部 2014 年禁止马士基、地中海航运和达飞 3 家欧洲集装箱班轮运输公司建立紧密性联营一案(以下简称 P3 网络案)也是这样一个分析思路。与百威英博收购南非米勒一案的不同之处是,公告中关于附加限制性条件的第 5 项指出,交易方提交的最终救济方案缺少相应的法律依据和可信服的证据支持,不能解决商务部的竞争关注。这种情况下,商务部在该案的审查决定中指出,"禁止此项经营者集中"。[②] 商务部的这些公告说明,界定相关市场在我国的经营者集中审查中有着极为重要的地位,即通过市场界定可以测度并购当事人的市场份额和市场集中度,由此就提供了一个并购竞争分析的总体框架。上述这些案件还说明,我国反垄断执法在经营者集中领域已经积累了比较丰富的经验。在 P3 网络案中,商务部分析了多个商品市场和多个地域市场,并根据该案对我国的竞争影响将亚洲——欧洲航线集装箱班轮运输服务市场认定为该案的相关市场。由于商务部确定的地域市场是亚欧航线,这个市场与其他反垄断司法辖区界定的市场有差别,商务部遂对这个并购(紧密性联营)做出了与美国和欧盟执法机关大相庭径的决定。[③] 欧洲竞争法专家 Säcker 教授对商务部的决定作出了积极评价,指出这个禁令是正确的,因为这和美国、欧盟等竞争执法机构的做法一样,即当本国市场竞争受到境外限制竞争的不利影响时,它有权对这些限制竞争采取措施。[④] Säcker 教授之所以评价商务部的决定是正确的,其前提条件是商务部界定的相关市场是正确的,因为只有正确地界定市场,执法机关才能进行合理的竞争分析和做出正确的决定。

三、并购竞争分析的计量经济学方法

前面指出过,美国 2010 年的《横向并购指南》提出了"执法部门的分析不需要从市场界定开始……执法部门评估竞争影响所使用的分析工具并不总是依赖市场界定"。[⑤] 这些观点反映了反垄断经济学家 20 多年来在相关市场界定方

---

① 参见商务部公告 2016 年第 38 号。

② 参见商务部公告 2014 年第 46 号。

③ 参见《中国商务部发禁令,马士基等全球三大航运巨头宣布终止结盟达飞班轮》,载凤凰财经:http://finance.ifeng.com/a/20140618/12564142_0.shtml。

④ Franz Jürgen Säcker, Chinesisches Aus für eine Reederei - Allianz, WuW vom 07.11.2014, Heft 11, S.1031.

⑤ Horizontal Merger Guidelines 2010, section 4.

面的理论发展,即考虑到相关市场界定不可避免存在主观性、复杂性、不确定性等缺陷,20 世纪 90 年代以来,经济学界开始寻找相关市场界定的替代方法,希望通过经济学方法特别是计量经济学方法简化并购审查中的竞争评估。理论上较为成熟且为反垄断执法机关采用的主要有 UPP 测试法(Upward Pricing Pressure)和并购模拟法。这些方法主要应用于市场上存在相似产品的情况下,即参与并购的企业生产同类产品的情况下,并购可能出现的单边效应。它们一般涉及分流比,即产品 A 与产品 B 的生产企业发生并购的情况下,产品 A 涨价后失去的销量会流向产品 B 的情况。①

(一)UPP 测试法(Upward Pricing Pressure)

UPP 测试法是测试涨价压力的简称,它由法瑞尔(Farrell)与夏皮罗(Shapiro)两位经济学家提出,他们都在美国联邦贸易委员会或司法部反垄断局担任过首席经济学家,且两人都对 UPP 测试法予以高度评价,认为这是一种测度或评估并购可能导致单边效应的“极简单且极具实用价值”的方法。② UPP 主要考察并购后企业涨价的可能性或者动机,其原理比较简单:即在 A 和 B 并购前,如果 A 涨价,其部分客户会转向 B 以及其他生产同类产品的企业,由此 A 就没办法涨价;然而,A 和 B 的并购则会改变这种局面,即因为 A 的涨价导致其部分市场销量由 B 获得,B 获得的这部分利润则可以使 A 受益。这说明,A 与 B 并购后可否提价的可能性取决于两个因素:第一,A 的价格上涨后转向产品 B 的需求有多大;第二,产品 B 在产品 A 的价格上涨后所能够增加的利润率。涨价压力可以通过下述公式表示:$UPP_b = D_{AB}(p_B - c_B)$,$D_{AB}$表示产品 A 涨价时其客户向产品 B 的转移率,$p_B - c_B$表示 B 的利润,即 B 的价格与其边际成本之间的差额。③ 这个公式说明,如果执法机关可以获取 A 产品的转移率(分流比)与 B 产品的利润率,那就不需要通过界定市场测算并购后企业的市场份额来评估并购的竞争影响,而是可以通过测试并购后是否存在涨价压力来直接预测并购的竞争效果。就是考虑到 UPP 测试法可以直接认定并购的竞争效果,美国 2010 年《横向并购指南》由此指出某些情况下可以不依赖市场界定的理由。

---

① See Carl Shapiro, “The 2010 Horizontal Merger Guidelines: From Hedgehog to Fox in Forty Years”, *77 Antitrust Law Journal 717(2010)*.

② See Carl Shapiro, “The 2010 Horizontal Merger Guidelines: From Hedgehog to Fox in Forty Years”, *77 Antitrust L. J. 49,77(2010)*.

③ 参见[德]丹尼尔·茨曼:《从“结构—行为—绩效范式”到“涨价压力测试”:竞争法与经济学简史》,载王晓晔主编:《反垄断法中的相关市场界定》,社会科学文献出版社 2014 年版,第 12 页。

然而,UPP 测试法的局限性也很明显:第一,涨价压力测试仅适用于差异性产品之间存在价格竞争的市场;第二,这种方法只能说明并购后是否存在市场竞争问题,而无法进一步获取精确的信息,例如,即便存在涨价压力,但是不能精确地预测涨价幅度;第三,有学者认为,UPP 测试法可能就并购竞争分析得出错误的结论,因为在分流比大于零和产品存在利润率的情况下,UPP 测试总会得出涨价压力的预测。举例来说,一个行业有 10 个不同产品的生产商,每个生产商的市场份额 10%,这些生产商之间的分流比就是一个相同的正数。假如 10 个生产商之中有两个生产商并购后其市场份额会达到 20%,假如它们存在利润率,这个 UPP 测试将会反映一个正数的分流比,由此说明这个并购存在反竞争效果。然而,根据传统的分析法即考虑并购后的 HHI 指数,这个并购应当处于安全港之内。这个假设的案子说明,通过 UPP 测试法预测并购的反竞争影响,可能会导致过低的干预门槛,即可能会干预有利于提高效率的企业并购。[①] 总而言之,各国反垄断执法机关应用 UPP 测试法进行并购审查的案件目前还不多,其可靠性还未经实践证实。有学者认为,UPP 测试法可作为"快轨审查机制"推进没有反竞争影响的案件尽快获得批准。如果发现一个并购交易存在涨价压力,案件就需作进一步的分析,即执法部门不能仅仅依据涨价压力去禁止一个并购。[②] 这说明,UPP 测试法充其量可以作为并购竞争分析的一个工具,但是不能作为相关市场界定的替代方法。[③]

(二)并购模拟

并购模拟也是应用计量经济学分析并购竞争影响的一种方法,它是使用不同产品之间的分流比预测并购后企业价格增长的情况。[④] 并购模拟的主要方法是应用寡头市场竞争模型如伯川德模型从需求方和供给方的角度评估决定市场结构特征的一些参数,由此通过量化模拟出并购对价格、产量及企业间实施共谋行为的影响,为判断企业并购是否严重限制竞争提供证据。[⑤] 并购模拟需

① OECD Policy Roundtables, Market Definition, 2012, p. 400, Footnote 32.

② 参见[德]丹尼尔·茨曼:《从"结构—行为—绩效范式"到"涨价压力测试":竞争法与经济学简史》,载王晓晔主编:《反垄断法中的相关市场界定》,社会科学文献出版社 2014 年版,第 12 ~ 13 页。

③ See Dennis W. Carlton, Revising the Horizontal Merger Guidelines, 6 J. Comp. L. & Econ. 619, 624 (2010).

④ See Oliver Budzinski & Isabel Ruhmer, Merger Simulation in Competition Policy: A Survey, 6 J. Competition L. & Econ. 277 (2010).

⑤ 参见陈璐:《横向并购反竞争效应的实证研究评述》,载《西北大学学报》(哲学社会科学版) 2015 年第 3 期。

要建立多个需求弹性模型，以说明市场上价格与销量之间的关系。合理的需求弹性模型应满足一定条件，基本条件是自身价格弹性为负数，因为产品的销量随其价格上涨而减少；交叉价格弹性为正数，因为一种品牌产品的涨价会导致市场上其他品牌需求量的增加。并购模拟与涨价压力分析包括 UPP 测试法有一定的关系，如都会考虑分流比，但是它们之间有很多不同之处：第一，涨价压力分析是预测并购能否导致价格上涨，并购模拟则可以预测价格上涨的幅度；第二，涨价压力的分析基础是未参与并购的企业不会随着企业并购而调整它们的价格，并购模拟分析则需要把未参与并购企业对并购的反应考虑进来；第三，并购模拟分析的方法比涨价压力的分析更为灵活，如除了考虑并购后企业的价格和产量外，它还可以考虑并购对市场竞争的其他影响，除了考虑差异化产品之间的价格竞争，它还可以通过诺模型来分析同质产品之间的数量竞争等。[①]

因为并购模拟可以为并购案件的竞争分析提供证据，帮助执法机关确认并购对产品价格可能产生的影响，它作为评估竞争影响的一个工具，其价值不容否认。有些经济学家对并购模拟分析法做出了高度的评价，理由是它可以评估应用其他并购分析法不能评估的竞争影响，从而将美国横向并购指南提出的单边效应分析发展了一大步。[②] 不过，也有经济学家和律师指出，并购模拟分析同样存在诸多缺陷：第一，一个完整的并购模拟需要有全方位的数据，但事实上反垄断案件中很难得到模拟分析所需要的全方位数据。[③]第二，这个方法太依赖数据，由此不可能把握市场的动态和发展，不能全面反映现实的情况，其结果就和 UPP 测试法一样，非常可能夸大并购对市场竞争的不利影响，导致一些可能促进竞争的并购遭致反垄断调查。[④] 第三，使用不同的模型会出现不同的后果。并购模拟不仅数据的要求很严格，需要进行复杂的计算，而且得依赖经济学的各种需求模型预测价格或者数量的变化，其结果就是对使用的模型或者函数很敏感。有学者指出了并购模拟在实际操作中的问题，即使用不同的模型可以得出不同的需求估计（demand estimates），不同的需求估计则导致并购后的市场出

---

① OECD Policy Roundtables, Market Definition 2012, pp. 72 – 74.

② See Roy J. Epstein, Daniel L. Rubinfeld, "Merger Simulation: A Simplified Approach with New Applications", *69 Antitrust L. J. 883*, 884(2002).

③ Carl Shapiro, Mergers With Differentiated Products, 10 Antitrust 23, 25(1996).

④ See James F. Rill, "Product Differentiation: Practicing What They Preach: One Lawyer's View of Econometric Models in Differentiated Products Mergers", *5 Geo. Mason L. Rev. 393*, 399(1997).

现重大的不同后果。[①] 因此,实践中非常容易出现的问题是,一个反垄断案件的控辩双方各自根据自己的需求,在并购模拟分析中选择对自己最有利的需求估计办法,由此就得出一个并购对市场竞争可能有完全不同的影响。考虑到参与同一案件的经济学家们都可能对并购的竞争影响有着完全不同的看法,这样的分析后果对并购模拟的非专业人士更是说不清和道不明,其结果就是执法的透明度不够。[②] 因此,有学者指出,如果不界定相关市场,而仅仅依靠这些经济学方法评估企业并购后的单边效应或者协调效应,其结果就是"理论上看上去很巧妙,实践中却是有害的"。[③]

(三)经济学方法总体评价

上述讨论的 UPP 测试法和并购模拟分析法可以说明,通过定量分析预测企业并购的竞争影响不是像有些经济学家们想得那样简单。概括地说,这些经济学方法在并购竞争分析中至少存在以下方面的问题。

1. 经济数据难以获取

经验表明,通过上述方法分析并购的竞争影响虽有可取之处,但是因为精确的计量经济分析需要的数据通常难以获得,这种情况下,应用这些分析方法的机会比较有限。以 UPP 测试为例,尽管有些经济学家认为这种方法非常简单,然而真实的情况是,这种测试法所需要的差异性产品之间的转移率(分流比)和相关企业的利润率以及边际成本等数据的获取不仅非常困难,而且这些数据非常可能在相关企业之间产生分歧。因此,有人认为,在 UPP 测试或者并购模拟分析中获取数据和计算数据的难度可能比起相关市场界定和计算市场份额的难度更大,问题更复杂。[④]

2. 不能全面分析并购的竞争影响

即便可以获得必要的数据,但是这些方法绝不是对每个案件都有效率。以 UPP 测试为例,这个方法仅可在并购审查的第一阶段协助考虑潜在的反竞争影响。如果认为这个方法可以解决并购竞争分析的所有问题,这种想法如同使用

---

① See Christopher R. Knittel and Konstantinos Metaxoglou, "Challenges in Merger Simulation Analysis", *American Economic Review 101(3):56–59*, May 2011.

② See Joseph Farrell and Carl Shapiro, "Antitrust Evaluation of Horizontal Mergers: An Economic Alternative to Market Definition", *10(1) The B. E. Journal of Theoretical Econ(2010)*.

③ See James F. Rill, "Product Differentiation: Practicing What They Preach: One Lawyer's View of Econometric Models in Differentiated Products Mergers", *5 Geo. Mason L. Rev. 393*, 402(1997).

④ See Dennis W. Carlton, Revising the Horizontal Merger Guidelines, 6 J. Comp. L. & Econ. 619, 625 (2010).

市场份额评估市场势力一样，是不充分和不全面的。特别需要考虑的问题是，这些方法只是考虑具差异性产品的并购竞争影响，而没有考虑产品供应商方面的潜在竞争。其实，人们不仅需要从消费者的角度考虑需求替代，还需要考虑新的市场进入以及市场上现有产品扩张的可能性。如果考虑市场进入和市场扩张，那就得界定市场。这说明，经济学方面的数据不能用来评估并购竞争影响的所有方面。其实，无论理论上还是在实践中，没有任何经济学理论或者模型没有缺陷。经济学理论的最大缺陷是，理论模型可能发展得很先进，但实践中作为证据时却存在问题。[①] 例如，计算利润率的经济模型在确定或者测度利润率时可能会受到几代经济学家都已经遇到的挑战。由于经济学方法不可避免地存在缺陷，这些方法充其量只能作为评估并购竞争影响的各种因素中的一个因素，或者只能适用于特殊的案件或者特殊的竞争模式，而不具有评估并购竞争影响的普遍价值。

3. 不透明带来法律不稳定性

在传统上通过界定市场评估市场势力的情况下，企业如果要避免遭遇反垄断审查或者诉讼，理论上应使其市场份额不要超过一定的标准，或其产品应当能够感受到市场竞争的压力。然而，如果执法机关评估并购所使用的工具是UPP测试或者并购模拟分析法，相关企业就可能被要求提供产品的价格、边际成本以及分流比，但是这些数据作为企业自我评估的信息可能具有保密性。另外，即便执法机关获得了计量经济分析所要求的数据，由于运用数据进行竞争分析的疑难问题很多，反垄断诉讼往往会成为经济学家之间的争论和对抗，律师和法官可能成为审案的边缘人物，案件的不确定性大增。[②] 这即是说，比较界定市场和测度市场份额的传统方法，这些计量经济学方法带来的法律不确定性很大，案件审理的透明度不高。然而，执法的透明度对企业非常重要，如果执法机关的并购竞争分析没有透明度，这会大大加重企业并购的成本和风险。

四、结论

从美国1948年的哥伦比亚钢铁公司案起算，界定相关市场的理论和实践已经有了70年的历史。世界各国反垄断司法辖区已经普遍认识到，界定相关市场是并购案件竞争分析的一个必要和关键性的步骤。国际竞争网络发布的

---

① OECD Policy Roundtables, Market Definition 2012, p. 399.

② John E. Lopatka, Market Definition? 39 Rev Ind. Organ 69, 88(2011).

《并购指南手册》强调,"识别竞争范围的起点是从消费者的角度识别可以相互替代的产品","市场界定可以说明竞争的范围,由此提供一个智慧和系统的工具,以便收集和评估竞争约束的各种证据"。[①] 国际竞争网络发布的《并购分析推荐意见》也强调,"执法机关一般应在一个具经济影响的市场内评估并购竞争影响","市场份额和测度市场集中度可提供一个有用的指南,这有助于识别并购是否产生反竞争的问题,以及是否需要进行深度分析"。[②] 这说明,市场界定是对案件竞争分析的起点,不是终点,但这个分析过程就是对一个并购竞争影响的认识过程。

市场界定作为并购竞争分析的基本方法,它并不否认各种经济学方法的作用和功能。这一方面因为市场界定和市场份额的认定有其局限性,如果市场界定不科学、不正确,由此计算的市场份额就会不准确。市场份额和市场集中度的局限性是执法机关、律师和企业界普遍认识到的问题,因此人们的共识是并购竞争评估不能止于市场份额。另一方面,经济学方法如 UPP 测试和并购模拟都有其一定的适用价值,特别当参与并购企业生产相似产品且有充分证据说明市场发展的情况下,这些方法有助于执法机关分析并购是否损害竞争。然而,无论这些经济学理论和方法多么重要,它们都不可能替代竞争分析中相关市场界定,即执法机关必须恰当地评估各种需求替代和供给替代,全面评估与市场界定相关的各种证据。这也即是说,其他各种经济学方法的应用应被视为全面评估市场竞争影响的一个证据,而且如果它们在并购的竞争评估中具有实用价值,前提条件应当是在执法机关合理界定市场的框架内进行分析。

最后指出的一个问题是,市场界定作为并购竞争分析的第一步对跨国并购尤其重要。现在全球有一百多个竞争执法机构可以处理跨国并购案件,即参与跨国并购的企业必须考虑其交易可能受到哪些反垄断司法辖区的审查,这些执法机关干预的门槛是什么,它们的实质性审查标准如何,等等。如果一个并购交易在不同的反垄断司法辖区有着不同的竞争分析,这自然会加大并购的成本

---

① ICN Merger Guidelines Workbook, Prepared for the Fifth Annual ICN Conference 15 (April 2006), http://www.internationalcompetitionnetwork.org/uploads/library/doc321.pdf [hereinafter ICN Workbook], at 16 – 17.

② ICN Recommended Practices, at 4.

和风险。[①] 如果各国反垄断执法机关一致采取界定市场的方法,它们的并购竞争分析不会产生太大的冲突。这对执法机关来说,有助于提高执法的透明度;对企业来说,有助于提高它们对跨国并购法律后果的可预期性,降低并购成本。德国联邦卡特尔局在向经合组织市场界定圆桌会议提交的报告中表示,“现在评估竞争影响的方法很灵活,既可采用新的框架进行评估,也可对特殊案件采用多种工具和方法进行评估。但是,如果为了采用其他的分析工具而全面放弃相关市场的界定,那就走得太远,背离了建设性改善的方向”。[②] 这说明,世界各国反垄断执法机关对并购的竞争分析虽然可以灵活采用多种方法,但市场界定应当是一个基本的工具。很多学者明确地指出,认为反垄断的并购竞争分析应当放弃市场界定的建议是不明智的,如果不进行市场界定,执法机关和法院可能会做出更多的错误决定。[③]

第三节　市场界定在滥用行为案件中的地位和作用

一、市场界定是识别市场势力的起点

反垄断法作为反对垄断和保护竞争的法律制度,很大程度反映了产业组织学派关于市场结构—市场行为—市场绩效三者之间相互联系的一种观点,即市场结构可影响企业的市场行为,市场行为可影响市场绩效。因此,反垄断法本质上注重市场结构,特别是关注市场势力。基于这样的经济理论,世界各国反垄断法的实体法大多有禁止滥用市场支配地位或者禁止滥用市场势力的规定。如美国《谢尔曼法》第 2 条规定,“任何人的垄断或谋求垄断,或与他人联合或者共谋以图实现对州际或与外国间商业或贸易任何部分的垄断,均得被视为犯有重罪”。[④]《欧盟运行条约》第 102 条规定,“一个或者几个在内部市场或该市场

---

① 根据企业界及一些反垄断执法机关的反映,并购竞争分析引入经济学方法的忧虑是,他们担忧执法机关由此从界定市场的传统走得太远,担忧这些经济学方法可能不合理地将没有反竞争问题的并购置于被审查的地位,担忧执法机关为获取经济数据给并购当事人强加很多举证责任,甚至担忧由此会降低界定市场在并购案件中的重要地位。See the report by BLAC(Business Advisory Committee)to the OECD,OECD Market Definition 2012,pp. 395 – 405.

② OECD Policy Roundtables,Market Definition 2012,p. 245.

③ See James A. Keyte,Kenneth B. Schwartz,“‘Tally – Ho!’:UPP and the 2010 Horizontal Merger Guidelines”,*77 Antitrust L. J. 587*,613(2011).

④ 参见中华人民共和国商务部反垄断局编:《世界主要国家和地区反垄断法律汇编》(上册),中国商务出版社 2013 年版,第 180 页。

重大部分占支配地位的企业如果滥用这个地位，由此可能影响成员国之间的贸易，得被视为与内部市场不相容而予以禁止”。为使这个禁止性规定具有可操作性，第102条列举了4种滥用行为：(1)直接或间接强迫接受不公平的购买或者销售价格，或者其他交易条件；(2)限制生产、销售或者开发新技术，损害消费者的利益；(3)就相同交易采用不相同的交易条件，从而使某些交易对手处于不利的竞争地位；(4)订立合同时强迫对方购买从性质或者交易习惯上与合同标的无关的商品或者服务。[①] 我国《反垄断法》第17条也规定，禁止具有市场支配地位的经营者从事下列滥用市场支配地位的行为：(1)以不公平的高价销售商品或者以不公平的低价购买商品；(2)没有正当理由，以低于成本的价格销售商品；(3)没有正当理由，拒绝与交易相对人进行交易；(4)没有正当理由，限定交易相对人只能与其进行交易或者只能与其指定的经营者进行交易；(5)没有正当理由搭售商品，或者在交易时附加其他不合理的交易条件；(6)没有正当理由，对条件相同的交易相对人在交易价格等交易条件上实行差别待遇；(7)国务院反垄断执法机构认定的其他滥用市场支配地位的行为。

上述法规的一个关键性概念是“市场支配地位”。市场支配地位是一种经济现象。欧盟委员会在其1972年大陆罐一案的判决中指出，“一个企业如果有能力独立地进行经济决策，即决策时不必考虑竞争者、买方和供货方的情况，它就是一个处市场支配地位的企业。如果一个企业通过与市场份额相关的因素如技术秘密、取得原材料和资金的渠道以及其他重大优势如商标权，能够决定相关市场一个重大部分的价格，或者能够控制生产和销售，它就拥有市场支配地位。市场支配地位不是说这个企业必然剥夺市场上全体参与者的经营自由，而是强大到总体上可保证这个企业市场行为的独立性，即便它对市场不同部分有着强度不同的影响”。[②] 我国《反垄断法》第17条第2款也有相似规定，即“市场支配地位是指经营者在相关市场具有能够控制商品的价格、数量或者其他交易条件，或者能够阻碍、影响其他经营者进入相关市场能力的市场地位”。美国反托拉斯法通常不使用“市场支配地位”，而是使用垄断势力(monopoly power)或者市场势力(market power)。鉴于垄断势力被理解为在相关市场能够

---

① 参见中华人民共和国商务部反垄断局编：《世界主要国家和地区反垄断法律汇编》(上册)，中国商务出版社2013年版，第343页。

② Europemballage Corporation and Continental Can v. Commission, Case 6/72 [1973] ECR 215, 249.

“控制价格或者排除竞争”的经济势力，[①]它与德国法或欧盟法中的“市场支配地位”是一致的。国际竞争网络(ICN)根据世界反垄断司法辖区关于“单边行为”即禁止滥用市场支配地位的立法概况，将“市场支配地位”和“重大市场势力”视为两个可相互替代的概念，而且它们的主要表现，一是出于盈利之目的进行涨价的能力；二是将涨价维持在相当长时间的能力。[②]

但是，市场势力或者市场支配地位都是一个相对的概念。很明显，一定经济规模的企业如果被置于一个竞争比较充分的市场上，它不具有市场势力；如果被置于一个其份额占百分之百的狭小市场上，它对这个市场可能有绝对的支配权。在这两种极端情况之间，还存在各种各样不同程度的市场力量。这说明，在禁止滥用市场支配地位的案件中，相关市场界定是认定和评估市场支配地位的关键，因为只有界定了相关市场，人们才能识别市场上的竞争者，才能测度相关企业的市场份额，进而才能分析它们的市场行为对市场竞争的影响。因为市场界定对于识别市场势力非常重要，原告能否正确地界定相关市场，往往就成为他们能否胜诉的关键性一步。这里以美国第三巡回法院 1997 年判决的 Queen City 诉 Domino 一案为例说明。该案源于两个比萨店之间的争议，Queen City 诉 Domino 与经其特许的比萨店订立了独家供货协议，即要求被特许的经营者必须从 Domino 购买比萨饼配料，其结果就是 Queen City 不能向 Domino 特许的比萨店销售比萨饼配料，Queen City 因此指控 Domino 从事垄断行为，违反了《谢尔曼法》第 2 条。但是，法院并不认可 Queen City 界定的相关产品市场，理由是这个市场的范围太窄，仅为“Domino 特许经营的比萨店所使用比萨饼配料”。法院的观点是，Domino 虽然垄断了经其特许经营的比萨店所使用的比萨饼配料，但是没有能力垄断那些性能和用途上具合理替代性的其他比萨饼配料。换言之，不带 Domino 字号的比萨店仍可向其他供货商购买比萨配料。[③]法院的判决指出，“Queen City 没能根据合理的可替代规则和需求交叉弹性规则说明本案的相关市场。或者说，Queen City 界定的相关市场明显没有包括所

① Concord Boat Corp. v. Brunswick Corp. ,207 F. 3d 1039,1060(8th Cir. 2000); Intergraph Corp. v. Intel Corp. ,195 F. 3d 1346,1353(Fed. Cir. 1999).

② ICN Unilateral Conduct Working Group, Dominance/Substantialmarket Power Analysis Pursuant to Unilateral Conduct Laws, Recommended Practices, available at www. internationalcompetitionnetwork. org/uploads/library/doc317. pdf. Europemballage Corporation and Continental Can v. Commission, Case 6/72 [1973] ECR 215,249.

③ Queen City Pizza, Inc. v. Domino's Pizza, Inc. ,124 F. 3d 430,440(3d Cir. 1997).

有的替代品。尽管我们同情 Queen City,但是因为它界定的相关市场没有充足的理由,本院不得不驳回原告”。判决还指出,“评价合理的可替代性,除了考虑产品的价格、用途及其质量等各种因素外,一种产品与另一产品之间的需求交叉弹性可以说明合理的可替代性”。[①] 鉴于这个判决在考虑市场界定的各种因素时提及到“需求交叉弹性”,它在美国反托拉斯史上是一个涉及市场界定的重大案件。

这个案例说明,界定市场本质上是考虑相关产品或者服务的可替代物。简言之,如果某些产品或者服务对消费者和用户具有可替代性,它们属同一相关市场。这正如美国最高法院在时代花絮一案判决中指出的,“任何产品都有替代品,但是任何案件的相关市场都不能无边无际。因此,必须划出一个价格合理变动的范围,即排除那些仅有为数不多的买方转向购买的产品。用技术术语来说,即找出为数不多的具需求交叉弹性的产品”。[②] 这个判决说明,界定市场的关键是,当消费者面对企业行使其市场势力的时候,是否有可能转向购买其他具可替代性的产品。美国第九巡回法院在一个判决中还形象地解释了相关市场界定,即“相关市场是某些销售商产品的聚合,你可以把它们统一视为一个垄断者,或者视为一个假想的卡特尔,即它们拥有市场势力以对付产品的买方”。[③] 我国国务院反垄断委员会关于相关市场界定的指南指出,“在反垄断执法实践中,相关市场范围的大小主要取决于商品(地域)的可替代程度。在市场竞争中对经营者行为构成直接和有效竞争约束的,是市场上存在需求者认为具有较强替代关系的商品或能够提供这些商品的地域,因此,界定相关市场主要从需求者角度进行需求替代分析。当供给替代对经营者行为产生的竞争约束类似需求替代时,也应考虑供给替代”。[④] 简言之,界定相关市场就是把相互竞争的产品与没有竞争关系的产品区别开来,由此也反映了竞争发生的两个主要维度,一是相关产品市场,目的是识别与相关产品相竞争的产品;二是相关地域市场,即识别相关产品开展竞争的地理范围。

---

① Queen City Pizza, Inc. v. Domino's Pizza, Inc. ,124 F. 3d 430(3d. Cir. 1997).

② Times – Picayune v. United States,345 U. S. 594(1953).

③ Rebel Oil v. Atl. Richfield Co. ,51 F. 3d 1421,1434(9th Cir. 1995).

④ 国务院反垄断委员会《关于相关市场界定的指南》第 4 条。

二、市场界定是识别滥用行为的起点

在世界各国的反垄断法包括我国《反垄断法》的第17条,法律上禁止的滥用行为如不公平的高价、低于成本的定价、拒绝交易、搭售或者价格歧视等,这些行为本身并不是一定违法。即它们的违法性主要取决于两个因素,一是行为人拥有市场势力或者市场支配地位;二是行为的不合理性。在这种情况下,为了证明滥用行为的存在,诉讼中的原告或者反垄断执法机关必须得证明被告拥有市场支配地位;而要证明市场支配地位,原告需要界定相关市场。这说明,在涉及单边行为或者滥用行为的案件,界定市场不仅是为了评估是否存在市场支配地位,而且由此还可以进一步评估是否存在滥用行为。根据世界各国的反垄断立法和实践,分析滥用行为即便不是完全依靠市场界定,但是市场界定明显可以为这个分析提供一个系统和清晰的框架。这也即是说,如果没有相关市场界定,认定滥用行为是不可能的。

(一)测度市场份额是认定滥用行为的起点

前面指出过,世界各国反垄断法一般都非常关注市场结构。尽管人们一般认为市场势力或者市场支配地位就是一种可以把产品价格长期提高到竞争性价格之上的能力,但是反垄断执法机关认定市场支配地位时非常注重市场结构的。例如,德国《反对限制竞争法》规定,(1)一家企业就某种商品或者服务至少占40%的市场份额,可推断其占市场支配地位;(2)3家或者3家以下企业共同占1/2的市场份额,5家或者5家以下企业共同占2/3的市场份额,如果它们之间不存在实质性的竞争,并且市场上不存在比它们更重要的企业,则可推断这些企业共同占市场支配地位。[①]美国法院虽然将垄断势力解释为控制价格和排除竞争的经济实力,但是关于经济实力的推断也是建立在市场份额的基础上的。例如,美国第三巡回法院在其2005年涉及Dentsply一案的判决指出,市场势力体现的"市场份额应超过55%"。[②] 欧盟竞争法没有类似德国《反对限制竞争法》关于市场支配地位的推断,但是欧盟委员会和欧洲法院都非常重视市场份额标准。在1979年Hoffmann – La Roche一案,欧盟委员会和欧洲法院都是依据被告在欧洲的各种维生素市场占80%以上的份额,认定该公司占市场支配地位。法院判决指出,"尽管市场份额的意义在不同的市场上有差别,但人们应当承认,除了特殊情况,特别高的市场份额毫无疑问就是市场支配地位的有力

---

① German Act against Restraints of Competition, Last updated in July 2014, § 8.

② United States v. Dentsply International, Inc. 399 F. 3d 181, 187 (3d Cir. 2005).

证据。如果企业在市场上长期占据很高的份额,它由此就会在生产和销售规模处于强势,这种强势使之成为一个显赫的市场参与者,其市场行为可在一个较长时期不受他人的制约,这种强势就是市场支配地位。然而,市场份额很小的企业不可能短期内满足占市场支配地位企业能够满足的市场需求"。[①]欧盟委员会2009年发布的《适用〈欧盟运行条约〉第102条查处市场支配地位企业滥用性排他行为的执法重点指南》也指出,"低市场份额一般是缺乏实质性市场势力的重要标志。委员会的经验是,如果企业在相关市场的份额低于40%,它不太可能具有市场支配地位。但在特殊情形下,尽管市场份额低于40%,如果竞争对手对其行为无法实施有效的约束,例如在竞争对手面临严重产能限制的情况下,这也应引起委员会的关注"。[②] 我国反垄断法在认定市场支配地位方面,明显采用了市场结构标准。这不仅表现为该法第18条将市场份额作为认定市场地位的第一因素,还尤其表现为第19条依据市场份额提出了三个可进行反驳的关于市场支配地位的推断。这些推断与德国《反对限制竞争法》的规定一样,不具有民法意义上的法定效力,但这可以表明,当企业的市场份额达到一定标准,它们的排他性行为就可能成为反垄断执法机关干预的对象。这即是说,市场份额超过一定门槛的企业可能被视为具有市场支配地位,其后果就得承担"不得扭曲市场竞争的特殊责任"。[③]

反垄断法依据市场份额推断市场支配地位,这是因为市场行为对市场竞争的影响往往与行为人是否拥有市场势力有着比较密切的关系。例如,市场份额50%与90%的企业相比,它们实施的搭售行为无论对竞争对手还是对消费者,其影响都有很大的区别。有时候,市场份额不足50%的企业虽然也有相当大的市场势力,但是一般来说,企业的市场份额越大,它们限制竞争的能力就越强,限制竞争的后果就越严重。正是因为占市场支配地位企业限制竞争的后果比较严重,有些反垄断执法机关甚至认为,这些企业的掠夺性定价、拒绝交易、价

---

① EuGH,13. 2. 1979"Hoffmann – La Roche/Vitamine" Slg. 1979,461,521 Rn. 41.

② Guidance on the Commission's enforcement priorities in applying Article 82 of the EC Treaty to abusive exclusionary conduct by dominant undertakings, para. 14.

③ Nederlandsche Banden – Industrie Michelin NV v. Commission, Case 322/81[1983] ECR3461.

格歧视、搭售等排他性行为在具体案件中没有进一步分析其反竞争效果的必要。[①] 反垄断法由此就产生了一种推断,占市场支配地位的企业如果实施排他性行为,这些行为非常可能是反竞争的。[②] 反过来也可以推断,对于不占市场支配地位的企业来说,鉴于买方或者消费者在市场上还有很大的选择权,它们的排他性行为一般不会产生严重的反竞争后果。这即是市场结构—市场行为—市场绩效的分析方法。今天,人们虽然普遍认为,市场份额仅是认定滥用行为的因素之一,但占主导地位的观点是,市场份额不仅是关于市场结构的重要信息,而且也是关于滥用行为的重要信息。国际竞争网络发布的《依据单边行为法进行市场支配地位/重大市场势力分析的推荐意见》也指出,“市场份额一般用作评估市场势力的起点,它是说明企业过去是否成功的一个有用信息。在大多数市场上,市场份额可以说明市场势力;如果具有市场势力,它还可以说明市场势力有多大。市场份额是说明市场结构的首要标识,可以说明不同企业在市场竞争中的重要程度”。推荐意见还指出,“分析市场势力的时候,仅当合理界定了产品市场和地域市场的条件下,计算的市场份额才是有用的。计算市场份额应基于可靠的数据和信息来源,而且应当基于合理的推断”。“计算市场份额不仅应考虑相关市场的特点,而且应当考虑相关市场的条件。”[③]

国际竞争网络在上述推荐意见还讨论了各国反垄断法根据市场份额门槛

---

① 欧盟法院在其 1979 年 Hoffmann - La Roche 一案判决指出,忠诚折扣应被视为本身违法,从而不需要进一步审查其竞争影响。See Hoffmann - La Roche v. Commission(85/76)EU:C:1979:36, para. 89. 欧盟委员会在其 2009 年关于英特尔公司滥用市场支配地位的决定指出,英特尔在计算机芯片的 CPU 市场排除竞争对手的行为违法,因为这种行为损害市场竞争,减少消费者选择,损害市场创新。See Commission publishes decision concerning Intel's abuse of dominant position, MEMO/09/400, Brussels, 21 September 2009. 欧盟普通法院 2014 年在英特尔诉欧盟委员会的判决中仍然坚持欧盟委员会的观点,驳回原告。See Intel v. Commission(T - 286/09)EU:T:2014:547. 英特尔一案的新动向是,欧洲法院在其 2017 年关于英特尔诉欧盟委员会一案判决中推翻了欧盟委员会的决定和欧盟普通法院的判决,并提出以下三个观点:(1)评价占市场支配地位企业的排他行为包括忠诚折扣是否损害竞争,应依合理原则进行分析;(2)滥用市场支配地位的案件应在原告(包括反垄断执法机关和私人原告)和被告之间平衡举证责任,即程序上被告有权利通过举证对其被指控的滥用行为进行抗辩,程序上原告有义务审查被告提出的证据;(3)《欧盟运行条约》第 102 条的目的是保护有助于提高效率的竞争。欧盟法院认为,英特尔公司实施的忠诚折扣究竟是否损害市场竞争,这应当审查涉及事实的和经济分析的相关证据。所以,该案被发送至欧洲普通法院进行进一步的审查。本案虽然尚未作出最终判决,但是因为欧盟法院在判决中明确提出分析占市场支配地位企业的排他行为应从过去的“本身违法原则”改为“合理原则”,这个案件在欧盟竞争法中具有里程牌的意义。See Intel v. Commission(C - 413/14 P)EU:C:2017:632.

② OECD Policy Roundtables, Market Definition 2012, p. 74.

③ ICN Unilateral Conduct Working Group, Dominance/Substantialmarket Power Analysis Pursuant to Unilateral Conduct Laws.

建立的“安全港”，例如，我国反垄断法规定的“一个经营者在相关市场的市场份额达到二分之一的”可推断经营者具有市场支配地位。推荐意见指出，“执法机关可使用市场份额标准建立安全港，即低于门槛的市场份额不存在支配地位或者重大市场势力。超过“安全港”的市场份额是支配地位的必要条件，但不是充分条件。市场份额超过门槛的企业是否拥有支配地位，还应当通过其他条件进行进一步的分析”。[①] 现在各国反垄断法关于市场支配地位的安全港有不同的份额标准。美国司法部反垄断局指出，尽管有些法院认为市场份额不足50%的被告拥有垄断势力，但是司法部不会关注这种案件；在实践中，被告的市场份额必须在超过50%的情况下才可能拥有垄断势力。[②]学术界关于建立市场支配地位的“安全港”有两种不同的看法。一种是赞成这种做法，理由是这有助于提高法律稳定性，即安全港之下的企业不必担心被指控为滥用市场支配地位，反垄断执法机关也不必关注市场份额不是很大的企业，从而可以把执法资源用于更重要的案件。另一种是反对这种做法，理由是市场界定如果不正确，测度的市场份额就会不准确，其结果就是一些反竞争行为得不到反垄断制裁；此外还有一个问题是，市场份额大的企业不一定就是垄断势力；相反，市场份额不大的企业不能保证其单边行为不会损害市场竞争，这种情况下，“安全港”可能会保护某些反竞争的行为。[③] 尽管有不同的观点，国际社会占主导地位的观点仍然是，安全港的建立是必要的：一方面，即便安全港内如一个市场份额不足50%的企业的单边行为构成滥用行为，但是这样案例并不多见；另一方面，即便一个市场份额不足50%的企业存在滥用行为，这样的案件一般不会是大案要案，在这种情况下，处理这种案件的成本可能会超过这些案件存在的竞争损害。[④] 这即是说，因为认定市场支配地位几乎是所有反垄断执法机关审理滥用行为案件的前提条件，界定市场就是识别滥用行为的一个关键步骤。

(二)市场份额的深度分析是识别滥用行为的另一个关键

市场份额虽然是企业市场地位的指示器，但不一定能够完全正确地说明企业的市场竞争地位。因此，执法机关评估被调查企业的市场地位时，还应当考

---

① ICN Unilateral Conduct Working Group, Dominance/Substantialmarket Power Analysis Pursuant to Unilateral Conduct Laws.

② U. S. Dep't of Justice, Competition and Monopoly: Single – Firm Conduct under Section 2 of the Sherman Act(2008), p. 3.

③ Id., p. 4.

④ Id.

虑其他很多因素,特别是潜在市场竞争和抵消性的买方势力。

1. 潜在的市场竞争

潜在的竞争不是现实中的竞争,而是将来可能发生的竞争。潜在竞争主要表现在两个方面,一是新的市场进入,二是现实中竞争对手的市场扩张。因此,在潜在竞争存在的条件下,高市场份额不能真正说明企业的市场地位。例如,美国第九巡回法院在其1993年一个判决中指出,尽管被告在一个地方性保龄球游戏市场占有百分之百的份额,但因原告既未提供证据说明该市场存在很高的进入障碍,也未提供证据说明被告能够长期维持其垄断地位,因此驳回原告指控被告谋求垄断的诉讼。法院还指出,“高市场份额虽然一般可以证明垄断势力,但在进入障碍很低的市场上以及被告没有能力控制价格或者排除竞争的情况下,它不具这样的证明力”。[①] 这个案例说明,市场竞争是一个动态的过程,市场份额仅是对企业过去竞争力的说明,而不能说明企业今后的市场地位。例如,在竞争对手掌握重要知识产权的情况下,市场份额很大的企业也许很快在市场上占次要地位。

出于上述考虑,国际竞争网络在其《分析市场支配地位/重大市场势力的推荐意见》中强调,“分析支配地位/重大市场势力包括但不能止于评估市场份额。至少市场的进入和扩张等可能影响市场势力行使时间的因素应当进行评估”。“对于被认定占支配地位的企业来说,关于市场进入的分析应提供相关市场潜在竞争者的重要信息,并由此提供作为市场势力期限的信息;关于市场扩张的分析,应当提供市场上开展活动的经营者进行扩张的潜在影响。执法机关不仅应评估市场进入或扩张在理论上的可行性,尤其应当评估潜在竞争能否事实上成为在位垄断企业的竞争约束。”该意见还指出,评估市场进入或者扩张的“可行性”是这个分析的重要部分。如果市场进入或者扩张能够使相关企业获利,这就有发生的可能。执法机关应考虑事实上或者潜在竞争者为进入市场或者市场扩张的各种因素如规模经济、范围经济、稀缺自然资源的投入、技术能力、在位垄断者的声誉、在位垄断者的投资、现存合同的期限、进入市场的政府管制、进入市场需支付的重大成本、进入市场后不能回收的沉没成本等。[②] 除了进入的可行性,该意见还提出应评估进入或扩张的“及时性”,即评估它们能否及

① Los Angeles Land Co. v. Brunswick Corp. ,6 F. 3d 1422(9th Cir. 1993).

② ICN Unilateral Conduct Working Group, Dominance/Substantialmarket Power Analysis Pursuant to Unilateral Conduct Laws.

时发生，以便能够对在位垄断者构成竞争约束。如果因为各种障碍严重阻碍市场进入或者市场扩张，在位垄断者就不会受到进入或者扩张的制约。此外，执法者还应当考虑进入或者扩张的“充分性”，即能否达到足以有能力约束占支配地位企业的程度。如果进入或者扩张发生在局部、小规模或者个别有商机的市场，这样的市场进入或者扩张就没有约束力。[①] 因此，该意见的结论是，“如果事实上的或者潜在竞争者进入市场或者进行扩张的障碍很低，高市场份额不应当被视为市场势力；相反，如果存在进入或者扩张的重大障碍，具支配地位或者重大市场势力的企业就缺乏竞争约束，或者这个竞争约束会受到限制”。[②]

2. 抵消性的买方力量

在现实经济生活中，即便拥有高市场份额的企业，有时候也不得不考虑那些有能力和它们讨价还价的大客户，这便是抵消性的买方力量。抵消性的买方力量可能源于客户的经济规模或者重大的商业价值，此外还可能源于客户的某种能力，如可能会快速转向其他具竞争关系的供货商，或者能够吸引新的企业进入市场，由此影响占市场支配地位企业的竞争力。如果买方的抵消性力量足够强大，这个力量可以阻止企业为盈利动机进行提价的动机。然而一般来说，买方势力不能等同于一个有效的竞争约束，因为一般来说，可能只有小部分客户可以得到具市场势力供货商的特殊保护。[③]

总而言之，市场份额虽然可以为市场支配地位的评估提供非常重要的信息，但在很多情况下，因为市场份额不能充分说明市场支配地位或者垄断势力，执法机关有必要进一步分析市场进入、市场扩张、买方势力、规模经济、范围经济、网络效应、上下游市场的纵向整合等很多因素。然而，这些因素的分析不能脱离相关市场的界定。例如，如果没有市场界定，人们就不可能分析市场的进入和扩张，也不可能分析抵消性的买方势力。这说明，市场界定不仅是测度市场份额的基础，也是深度分析市场支配地位的基础。

三、市场界定与直接证据

在反垄断执法中，因为界定相关市场是测度市场份额和认定市场支配地位的必要步骤，因此，这是一个法律问题。然而，相关市场界定的目的是测度相关

---

① ICN Unilateral Conduct Working Group, Dominance/Substantialmarket Power Analysis Pursuant to Unilateral Conduct Laws.

② Id.

③ Guidance on the Commission's enforcement priorities in applying Article 82 of the EC Treaty to abusive exclusionary conduct by dominant undertakings, para. 18.

企业是否具有将其产品价格长期维持在竞争性价格之上的能力,因此这也是一个经济和技术问题。

当然,相关市场界定还有其他很多复杂的问题,如人的主观性。下面以欧洲法院 1978 年的联合商标诉欧盟委员会一案为例说明。

例如,在欧洲法院 1978 年判决的联合商标案中联合商标的观点是,香蕉与其他新鲜水果具有合理的可替代性,应处同一相关市场。委员会和法院的一致观点是,香蕉无籽、柔软、易剥开,可满足孩子、老人、病人的经常性需求,且一年四季都有销售;其他水果则因为受季节性影响较大,虽然一定程度可替代香蕉,但这个可替代性是有限的,香蕉因此应被视为独立的相关产品市场。①这个案子表面看似简单,但可以说明分析产品的可替代性可能会有各种各样的理由,遇到各种各样的问题。最大的问题是界定市场存在不确定性。②

鉴于通过界定市场间接评估垄断势力或者市场支配地位在实践中有难度,人们常常提出是否可通过竞争损害的直接证据来证明垄断势力或者市场支配地位。美国司法部 2008 年发布的研究报告《竞争与垄断:谢尔曼法第 2 条意义上的单边行为》就讨论了这个问题,即是否可通过企业的高利润率、价格—边际成本以及需求弹性等直接证据来证明企业拥有垄断势力。③ 但是,这个报告指出,高利润率不一定能够反映企业行使垄断势力,因为会计成本一般只是依据会计规则,而很少反映企业的真实成本,如折旧、资产重置成本以及使用资产的机会成本等。报告也提出是否可通过价格与短期边际成本之间的差异,即通过勒纳指数认定企业存在的短期市场势力。报告的结论是,人们至今都不知道,多大幅度超过短期边际成本的价格才可能被视为涉及垄断势力。这即是说,即便产品的价格超过短期边际成本,并可以由此说明企业有很高的价格—成本利润率,但这不能简单视为企业拥有垄断势力。报告还讨论了产品的需求弹性是

---

① United Brands Co. and United Brands Continental BV v. Commission, Case 27/76 [1978] ECR 207, 225.

② Judge Nils Wahl, The Relevant Market Definition under the European Union Competition Law, OECD Market Definition2012, pp. 407 – 409.

③ U. S. Dep't of Justice, Competition and Monopoly: Single – Firm Conduct under Section 2 of the Sherman Act (2008). 这个报告作为美国司法部反托拉斯局审理和分析单边行为案件的相关政策,2009 年 11 月被撤销,理由是这个报告处理单边行为案件的态度过度谨慎,过度相信市场有自我调节的能力,从而给反垄断执法机关设置了太多的障碍。但是,报告中的一些经济学分析仍然具有借鉴意义。See Department of Justice, Justice Department Withdraws Report on Antitrust Monopoly Law, available at https://www.justice.gov/opa/pr/justice – department – withdraws – report – antitrust – monopoly – law.

否可以说明垄断势力。报告指出，没有市场势力的企业肯定存在大的需求弹性；然而，在差异性产品的生产商实现利润最大化的情况下，他们面对的需求弹性也很小。这不仅说明垄断性产品和差异化产品面对的弹性需求是一样的，而且也说明弹性需求不能真正说明垄断势力的存在。因此，这个研究报告的结论是，“一言以蔽之，公司的利润率、边际成本或者需求弹性等直接证据都不能就垄断势力的认定提供一个准确或者可信赖的方法”。[①]

美国有些法院的判决指出，原告可通过被告索取了过高价格、限制生产数量或者存在很高市场进入障碍等直接证据，证明被告拥有市场势力。例如，第三巡回法院在其 2007 年 Broadcom Corp. v. Qualcomm Inc. 一案的判决中指出，“垄断势力的存在也许可通过超高定价和限制数量得到证明”。[②] 美国第六巡回法院在其 1999 年 Re/Max International, Inc. v. Realty One Inc. 一案判决中也指出，“如果原告有直接证据可以说明被告事实上可以自由定价和排除竞争，那就不应当要求提供间接证据来证明被告的垄断势力，例如证明被告在相关市场拥有很高的市场份额”。[③] 然而，尽管这些法院提出了可通过直接证据证明存在市场势力的观点，但是迄今没有任何一个美国法院仅仅依据企业可自主定价或者限制产量等直接证据，就作出企业拥有市场势力的判决。[④] 事实上，美国法院在涉及市场势力的所有案件，都会考虑相关企业的市场份额。例如，第三巡回法院 2005 年在涉及 Dentsply 一案的判决中指出，证明市场势力的“市场份额应当超过 55%”。[⑤] 第十巡回法院 1989 年在 Exxon Corp. v. Berwick Bay Real Estates Partners 一案判决中指出，“被告如果在相关市场的份额不足 70%，垄断难以认定”。[⑥] 一个更早的案例是第二巡回法院 1945 年判决的美国铝公司案，法院的判决指出，“90% 的市场份额足可认定垄断，60% 或者 64% 的份额能否构成垄断值得怀疑，33% 的市场份额则肯定不能构成垄断”。[⑦]

欧盟也有人提出使用直接证据证明市场支配地位的问题。欧盟委员会竞争局下的竞争政策经济咨询组曾在 2005 年提建议说，“如果行为的后果可以证

---

① Department of Justice, Competition And Monopoly: Single – Firm Conduct Under Section 2 Of The Sherman Act (2008).

② Broadcom Corp. v. Qualcomm Inc., 501 F. 3d 297, 307 n. 3 (3d Cir. 2007).

③ Re/Max International, Inc. v. Realty One Inc., 173 F. 3d 995, 1018 (6th Cir. 1999).

④ OECD Policy Roundtables, Market Definition 2012, p. 324.

⑤ United States v. Dentsply International, Inc. 399 F. 3d 181, 187 (3d Cir. 2005).

⑥ Exxon Corp. v. Berwick Bay Real Estates Partners, 748 F. 2d 683, 694 n. 18 (10th Cir. 1989).

⑦ United States v. Aluminum Co. of America, 148 F. 2d 416, 424 (2d Cir. 1945).

明产生了连续性和可以证实的重大竞争损害,这本身就是市场支配地位的证据。认定支配地位的传统方法是求助于市场结构方面的信息,但这不过代表了认定支配地位最重要的方式,即由此说明企业行使市场势力以及对其他市场参与者实施滥用行为的能力。如果行为的后果可以证明,仅当公司拥有市场支配地位才可能有的滥用行为,那就没有必要进一步证明支配地位的存在;然而,如果没有独立的证据可以证明支配地位,存在滥用行为的证据就应当有相当高水准的证据力”。[①] 这个观点听起来很有道理。但是,因为证明市场势力的直接证据可能多种多样,而且不同的经济学家可能有不同的理论,因此有专家认为,如果放弃界定相关市场来认定市场支配地位,使用直接证据的方法将会导致极大的法律不稳定性。[②] 鉴于上述考虑,欧盟委员会审理滥用行为的案件一直都是使用二步程序法,即第一步界定相关市场和认定市场支配地位,第二步评估限制竞争行为的影响。

上述讨论说明,使用直接证据判断企业是否拥有垄断势力或者市场支配地位,这种做法表面上很诱人,但实践中的应用却很少,或者说几乎没有这样的案例。使用直接证据的出发点是,企业的定价或者经营决策可以不受竞争对手的影响,这个企业就拥有市场支配地位。然而,与分析市场绩效的标准一样,人们在实践中不可能精确测算产品的边际成本,从而也不可能准确地测算产品的定价是否合理。因为不是企业的市场行为决定企业的市场地位,而是市场地位决定企业的市场行为,在美国和欧盟的反垄断司法实践中,市场行为虽然对认定企业的市场地位有重要的参考价值,但不能作为认定企业市场地位的决定性因素。总而言之,除了个别情况可以不界定相关市场,例如,政府管制的行业因为存在进入障碍,人们一般不需要界定市场即可认定市场支配地位或者垄断势力。但在一般情况下,市场界定在涉及滥用行为的案件中都是一个重要而且极有价值的过滤器。[③]

四、滥用案件市场界定需特别考虑的问题

反垄断执法中的市场界定一般需考虑产品市场和地域市场。界定产品市场的时候,人们一般需要从买方的角度考虑那些从价格、性能以及用途等方面相互具合理替代性的产品,即目标产品与其他产品之间的需求弹性。在企业并

---

① OECD Policy Roundtables, Market Definition 2012, p. 76.

② Id.

③ Id, p. 79.

购案件，执法机关主要采取假定垄断者测试法，即 SSNIP 测试。即在产品销售条件保持不变的情况下，假定垄断者持久地（一般一年）小幅（5% ~10%）提高目标产品价格如果仍有利可图，目标产品就可构成相关产品市场；如果这个涨价导致需求者转向具紧密替代关系的其他产品，即在假定垄断者这个涨价行为无利可图的情况下，需要把替代产品增加到相关产品市场。界定相关地域市场也是相同原理。然而，在滥用市场支配地位案件使用 SSNIP 测试法界定相关市场时，需要注意以下几个问题。

（一）"玻璃纸谬误"

美国联邦最高法院 1956 年判决的杜邦玻璃纸案是一个关于相关市场界定的影响很大的案件。司法部作为原告指出，玻璃纸与其他包装材料在外观、价格等方面有差别，相互间没有足够大的可替代性，玻璃纸与其他包装材料不属同一相关产品市场。在这种情况下，因为杜邦公司生产的玻璃纸在玻璃纸市场上的份额超过 70%，司法部认为杜邦公司占市场支配地位。法院的观点是，"每个生产商都是特定产品的唯一生产者，它对相关市场的控制力取决于买方能否获得替代品，即玻璃纸与其他包装材料之间是否存在需求交叉弹性"。[①] 法院还指出，合理替代性是界定市场最精准的标准，衡量合理替代性一般应考虑产品的价格、用途和性能等三个因素。然而，因为法院认为，玻璃纸与其他柔性包装材料有足够大的需求交叉弹性，认定该案的相关产品市场是柔性包装材料，因为杜邦公司在这个市场的份额不足 20%，因此认定杜邦公司不占市场支配地位，从而也不存在滥用市场势力的行为。

美国最高法院关于杜邦公司案的判决受到学术界和实务界的很多批评。批评者认为，法院没有考虑杜邦公司作为垄断性的企业，它的玻璃纸价格已经高于竞争性价格，但法院却以这个垄断性价格作为界定市场的基础性价格寻找玻璃纸的密切替代品，结果就是杜邦公司如果进一步涨价，其涨价行为就不具有营利性。因为法院在该案使用了杜邦公司的垄断性价格测算玻璃纸与其他柔性包装材料之间的需求交叉弹性，并以此作为杜邦公司不具有市场势力的证据，人们把美国最高法院在这个案件所犯的错误称为"玻璃纸谬误"。[②]"玻璃纸谬误"给人们的启示是，界定市场考虑需求交叉弹性时不能以现存市场势力的

---

① United States v. E. I. du Pont de Nemours & Co. ,351 U. S. 377,395(1956).

② ABA Section of Antitrust Law, Market Power Handbook: Law and Economic Foundations, Second Edition(2012), p. 73.

垄断性价格为基础。即在市场垄断的情况下，假想的垄断者测试可能会不合理地扩大相关市场的范围，即不合理地提高了目标产品的交叉需求弹性，结果就是不合理地降低垄断者的市场份额。美国联邦最高法院在其 1992 年关于 Eastman Kodak 一案的判决中也指出，“产品的涨价如果受买方转向其他产品的限制，这不足以证明该产品在相关市场没有垄断势力，因为该产品的生产商可能已经在索取垄断价格”。[①]这也即是杜邦公司案的经验告诉我们，如果玻璃纸价格进一步上涨，消费者会购买其他柔性包装材料，但这不能说明杜邦公司没有垄断玻璃纸，而是因为杜邦公司审时度势，已经将其产品制定了一个利润最大化的价格。

欧盟委员会的《界定相关市场的通告》也指出，“一般来说，特别在合并案件的分析中，需要考虑的价格是市场现价。然而，如果市场现价是在没有充分竞争的条件下订立的，情况就不是这样。特别在调查滥用市场支配地位的案件时，必须要将现价可能已经大幅度提高的这一事实考虑进去”。[②] 我国国务院反垄断委员会发布的《关于相关市场界定的指南》也指出，“原则上，在使用假定垄断者测试界定相关市场时，选取的基准价格应为充分竞争的当前市场价格。但在滥用市场支配地位、共谋行为和已经存在共谋行为的经营者集中案件中，当前的价格明显偏离竞争价格，选择当前价格作为基准价格会使相关市场界定的结果不合理。在此情况下，应该对当前价格进行调整，使用更具有竞争性的价格”。[③]

（二）双边市场的问题

双边市场，是指通过交易平台使两边的终端用户形成互动，并通过适当定价使他们都能参与经济活动的一类市场，例如，电子商务平台、互联网搜索引擎、即时通讯等新兴互联网服务都明显具有双边市场的特征。[④]与传统的单边市场相比，双边市场具有以下经济特征：(1)由于存在较强的互补性和间接的网络效应，平台一边的客户规模往往与另一边客户规模成正比。例如，在电子商务平台，一边的供货商数量对另一边购买者的数量存在正向效应。(2)为实现利

① Eastman Kodak Co. v. Image Technical Services,504 U. S. 451(1992).

② Commission Notice on the definition of relevant market for the purposes of Community competition law(97/C 372/03),para. 19.

③ 国务院反垄断委员会《关于相关市场界定的指南》第 11 条。

④ Jean – Charles Rochet & Jean Tirole,Two – Sided Market:An Overview(March 12,2004),available at http://web. mit. edu/14. 271/www/rochet_tirole. pdf.

润最大化,平台经营者对两边用户的成本分摊和价格结构不会遵循传统的成本定价规则。例如,互联网经营者一般对网络用户实行免费服务,但对广告商提供有偿服务,即不同客户端之间的成本分摊和利润获取是不均衡的,不均衡的程度主要取决于间接网络效应的量级和方向。(3)因为互联网用户可能同时参与多个平台,即便这些平台的一边不提供相同的服务,但因为平台的另一边都存在着"吸引眼球"的竞争,互联网平台的经营者除在平台一边受到竞争者的制约,在另一边还受到消费者的制约。总而言之,由于双边市场的复杂性,由于双边市场两端相互存在间接的网络效应,特别在双边市场存在免费服务的情况下,双边市场的相关市场界定在很多情况下不能简单运用界定单边市场的方法。①

例如,在最高人民法院2014年判决的奇虎360诉腾讯一案,广东省高级人民法院作为一审法院界定该案相关市场时,曾使用传统的垄断者测试法,理由是消费者对即时通信服务有很高的价格敏感度。但是,因为假定垄断者测试法是以价格为中心,被告腾讯公司提供的即时通信服务却是免费的,这说明假定垄断者测试用于即时通信市场的界定是无的放矢。因此,最高人民法院的终审判决指出,作为界定相关市场的一种分析思路,假定垄断者测试虽然具有普遍的适用性,但在一个即时通讯服务长期免费的商业模式下,用户具有极高的价格敏感度,改变免费策略转而收取哪怕较小数额的费用都可能导致用户的大量流失。这种情况下,采取基于相对价格上涨的假定垄断者测试很可能将不具替代关系的商品纳入市场,其结果就是界定的市场过宽。因此,这个案件不适宜采用假定垄断者测试法。②

界定双边市场的相关市场时,尽管平台两端相互间存在交叉网络外部性,但在具体案件中,双边市场的两边不一定都需要界定市场。究竟应当界定哪一边的市场,这取决于具体案情。北京一中院2009年关于唐山人人诉百度一案的判决中,法院将该案相关产品市场界定为搜索引擎服务市场。然而,该案涉及一个在线广告商与百度之间的争议,搜索引擎服务的用户与百度的在线广告商之间没有直接交易,即便百度提高在线广告费或者增加广告商的数量,这都不会明显影响这些搜索用户的数量和搜索时间。这种情况下,百度在该案是否占市场支配地位,应考虑它在其平台另一端提供的在线广告服务,并可通过定

① OECD Policy Roundtables, Market Definition 2012, pp. 54 – 55.

② 最高人民法院民事判决书〔2013〕民三终字第4号。

性分析或者 SSNIP 测试,分析这个相关产品市场仅指线上广告服务,还是应当包括线上和线下的广告服务。[1] 这个案件也说明,尽管涉及双边市场的市场界定比较复杂,但在很多情况下还是有必要采取一般的竞争分析法。[2]

(三)创新市场的问题

现在有些产业如媒体、电信、生物技术、医药技术等领域的技术发展非常快,一个重要表现是,过去很多在形式上相互独立的功能现在被整合到一个产品上,其结果就是不同产业的企业相互进入对方市场,由此导致现有企业的市场竞争压力越来越大。这种发展和变化不仅增加了新的产品和服务,而且也导致相关市场的边界越来越不清楚。由于技术的发展和变化非常快,由于这种情况下市场竞争的决定性因素不再是价格,而是市场上引出不曾有过的产品和服务,人们也把这种竞争称为颠覆性的竞争。

颠覆性的创新或竞争特别表现在互联网行业,即一些企业虽然依赖某些技术优势可能会迅速占领市场且拥有市场支配地位,但是这种依靠高新技术形成的市场垄断具有很大的不稳定性,因为一旦一项创新性的技术或者产品问世,在位企业的市场垄断地位就会被取代。人们用摩尔定律(Moore's law)来说明互联网技术的创新速度。即根据这个定律,计算机芯片性能每隔 18 个月就会提高一倍,价格下降 50%。摩尔定律从互联网硬件的角度说明了互联网行业快速发展和持续更新的内在动力,即因为受高新技术和快速创新的影响,互联网行业的一些垄断性企业即便市场份额很大,甚至达到百分之百,但是这种垄断地位往往不是持久性的,因为这个垄断不仅是技术创新的结果,而且也是新一轮更为激烈的技术竞争的开始。

最高人民法院 2014 年关于奇虎 360 诉腾讯一案的判决也提出了互联网市场存在颠覆性创新的趋势。判决书指出,"在市场进入比较容易,或者高市场份额源于经营者更高的市场效率或者提供了更优异的产品,或者市场外产品对经营者形成较强的竞争约束等情况下,高的市场份额并不能直接推断出市场支配地位的存在。特别是互联网环境下的竞争存在高度动态的特征,相关市场的边界远不如传统领域那样清晰,在此情况下,更不能高估市场份额的指示作用,而应更多地关注市场进入、经营者的市场行为、对竞争的影响等有助于判断市场

---

① See Armstrong M., Wright J., Two - Sided Markets, "Competitive Bottlenecks and Exclusive Contracts", *Economic Theory*, *2007*, 32(2): 353 - 380.

② OECD Policy Roundtables, Market Definition 2012, p. 243.

支配地位的具体事实和证据”。[①] 这说明,创新性很强的行业特别是互联网行业,单纯考虑相关企业在某个产品或者服务的高市场份额也许不能实事求是地说明企业的市场势力。这即是说,互联网市场尽管存在网络外部性,市场上尽管存在“赢者通吃”的趋势,但是因为这种市场存在竞争和创新的极大动力,反垄断法传统上通过市场份额推断市场势力的理论能否适用,可能有时候就存在问题。虽然理论上不管任何行业和任何企业,滥用市场支配地位排除限制竞争的行为都是违法的,必须予以禁止,即它们都不可能存在反垄断法的豁免;但是,新兴市场上的企业包括垄断企业因为受到市场需求的约束和市场进入的威胁,它们不仅在免费提供服务的情况下没有随意涨价的能力,而且即便在其产品价格高于边际成本的情况下,这些价格仍会低于没有效率的竞争者所索取的价格。[②]这说明,在创新性和竞争性极强的行业,市场份额不一定能够说明市场势力。在这种情况下,识别企业是否拥有市场支配地位,应当更多地考虑市场竞争环境,特别是考虑市场上现实和潜在的竞争。

以上分析说明,界定相关市场作为测度市场份额和间接认定市场支配地位的基础,它在滥用市场支配地位案件的竞争分析中起到了全方位的功能和作用。尽管界定市场不可避免存在不确定性和不够精准的问题,但是通过直接证据如企业的高利润、价格——边际成本计算以及需求弹性等数据认定企业是否拥有市场势力,实践中存在的问题可能会更大。[③]除了测度市场份额和认定市场支配地位,因为市场支配地位是认定滥用行为一个必不可少的前提条件,界定市场在认定滥用行为的过程中也是一个必不可少的前提条件。因此,界定相关市场在市场支配地位案件的竞争分析中不仅是第一步,而且是最关键的一步,它渗透了这个领域竞争分析的方方面面。[④] 因为界定市场对测度市场份额和认

---

① 最高人民法院民事判决书〔2013〕民三终字第4号。

② Kolasky W. J. ,(2002),“What is Competition?”,mimeo,available at http://www. justice. gov/atr/public/speeches/200440. htm.

③ 商务部2017年第77号《关于附加限制性条件批准马士基航运公司收购汉堡南美船务集团股权案经营者集中反垄断审查决定的公告》指出,该案审理中运用了综合涨价压力指数(GUPPI)对集中后的马士基航运涨价的可能性进行过量化评估;此外还运用并购模拟计算出集中后马士基航运冷藏集装箱班轮运输服务的涨价幅度可能达到10%以上,从而认定这个集中可能产生排除限制竞争的效果。但是,商务部审理该案即便运用了综合涨价压力指数和并购模拟测试,但是这些计量经济学方法并没有在这个案件的审理中取代相关市场的界定。参见 http://fldj. mofcom. gov. cn/article/ztxx/201711/20171102667566. shtml。

④ OECD,Market Definition 2012,http://www. oecd. org/daf/competition/Marketdefinition2012. pdf.

定市场支配地位有着重大影响，为了科学地界定市场和合理地进行竞争分析，滥用行为案件的市场界定应当特别关注“玻璃纸谬误”、双边市场以及创新市场等各种问题。

第四节　界定市场在垄断协议案件中的地位和作用

一、垄断协议的分类

世界各国反垄断的实体法一般包括三大制度，即禁止严重限制竞争的垄断协议、禁止滥用市场支配地位和控制经营者集中。因此，禁止垄断协议是反垄断法的核心内容之一。例如，美国的《谢尔曼法》第 1 条规定，“任何合同、以托拉斯或者其他形式的联合或者共谋，如果妨碍州际或者对外贸易，得被视为违法；任何人订立上述合同或者从事上述联合或者共谋，得被视为严重的犯罪行为”。[①]《欧盟运行条约》第 101 条第 1 款规定，凡企业间的协议、企业联合组织的决议以及企业间的协调行为能够影响成员国之间的贸易，且以妨碍、限制或者歪曲内部市场的竞争为目的，或者能够产生这样的后果，得被视为与内部市场相抵触，从而予以禁止。该条第 1 款还列举了特别予以禁止的协议：“(a) 直接或者间接地固定购买或者销售价格或者其他的交易条件；(b) 限制或者控制生产、市场、技术发展或者投资；(c) 分割市场或者货源；(d) 对相同情况的交易对手适用不同的交易条件，由此将他们置于竞争中的不利地位；(e) 订立合同时要求对方接受本质上或者商业惯例上均与合同标的无关的附加条件。”[②]我国《反垄断法》明确区分了横向协议和纵向协议。我国《反垄断法》第 13 条第 1 款规定，“禁止具有竞争关系的经营者达成下列垄断协议：(1) 固定或者变更商品价格；(2) 限制商品的生产数量或者销售数量；(3) 分割销售市场或者原材料采购市场；(4) 限制购买新技术、新设备或者限制开发新技术、新产品；(5) 联合抵制交易；(6) 国务院反垄断执法机构认定的其他垄断协议”。第 14 条规定，“禁止经营者与交易相对人达成下列垄断协议：(1) 固定向第三人转售商品的价格；(2) 限定向第三人转售商品的最低价格；(3) 国务院反垄断执法机构认定的其他垄断协议”。

除了关于禁止性协议的规定，世界各国或者地区的反垄断法往往还有豁免

---

① Sherman Act, 15 U. S. C. A Section 1.

② Article 101(1) of the Treaty on the Functioning of the European Union(TFEU).

垄断协议的规定。例如,美国反托拉斯法对限制竞争的协议除了区分适用合理原则和本身违法原则之外,美国司法部和联邦贸易委员会还于 2000 年 4 月共同发布了《竞争者之间协作行为的反托拉斯指南》。[①] 这个指南依据反托拉斯法的合理原则,对事实上或者潜在的竞争者之间建立的合作性合营企业、技术领域的交叉许可、共同采购和共同销售、建立商会以及建立战略同盟等各种横向合作行为进行了分析,为反托拉斯行政执法机构分析竞争者之间的合作提供了指导性的意见。《欧盟运行条约》也有豁免限制竞争协议的规定。据此,企业间的限制竞争协议、企业集团的决议以及企业间的协同行为,如果它们有助于改善商品的生产或分配或者有助于推动技术或经济进步,且消费者从中可以得到适当的好处,再加上满足以下两个条件:一是为实现上述目的,这个限制竞争不可避免;二是限制竞争尚未达到严重影响市场竞争的程度,这些协议、决议或者协同行为可以不适用第 101 条第 1 款的禁止性规定。[②] 欧盟竞争法中的豁免分为两类:一是个别豁免,即欧盟委员会对具体协议审查后授予的豁免,它们通常作为委员会正式决定发布在欧盟委员会官方公报上;二是集体豁免,即为了减轻委员会审查和授予个别豁免的负担,委员会有权对符合《欧盟运行条约》第 101 条第 3 款的限制性协议包括独家销售协议、独家购买协议、汽车和汽车零件的选择销售协议、专门化协议、特许经营协议、技术转让协议、保险协议等授予集体豁免。集体豁免大多涉及纵向协议,它们规定在欧盟委员会发布的《欧盟运行条约第 101 条第 3 款适用于纵向协议和协调行为的第 330/2000 号条例》[③]和《纵向限制指南》[④]。我国《反垄断法》第 15 条也规定了垄断协议可得到豁免的情况,即经营者如果能够证明所达成的协议属下列情形之一的,可以不适用本法第 13 条和第 14 条的禁止性规定:(1)为改进技术、研究开发新产品的;(2)为提高产品质量、降低成本、增进效率,统一产品规格、标准或者实行专业化分工的;(3)为提高中小经营者经营效率,增强中小经营者竞争力的;(4)为实现节约能源、保护环境、救灾救助等社会公共利益的;(5)因经济不景气,为缓解

① Antitrust Guidelines for Collaborations among Competitors issued by the Federal Trade Commission and the U. S. Department of Justice on April 2000.

② See the Article 101(3) of the Treaty on the Functioning of the European Union.

③ Commission Regulation(EU) No 330/2010 of 20 April 2010 on the application of Article 101(3) of the Treaty on the Functioning of the European Union to categories of vertical agreements and concerted practices.

④ Commission Notice Guidelines on Vertical Restraints, OJ C 291, 13. 10. 2000.

销售量严重下降或者生产明显过剩的;(6)为保障对外贸易和对外经济合作中的正当利益的;(7)法律和国务院规定的其他情形。根据第15条第2款,依据上述(1)至(5)可以得到的豁免的协议,经营者应当能够证明它们不会严重限制相关市场的竞争,且能够使消费者分享由此产生的利益。

上述这些规定说明,垄断协议从定性的角度可以大致分为两类,一类是不管当事人的动机如何,协议损害竞争的后果很严重,即消费者明显会受到损害;另一类损害竞争的后果不确定、不明显,其违法性或者合法性需要就具体案件进行具体分析。对于第一种协议,因为执法机关不需要考虑当事人的市场定位和市场份额就可以认定其行为违法,这样的案件不需要界定相关市场;对于第二种协议,因为执法者据其经验不能马上做出违法或者合法的判断,那往往就需要分析当事人是否拥有市场势力,从而需要界定相关市场。

二、无须界定市场的垄断协议

在反垄断法中,有些垄断协议的违法性认定不以行为人拥有市场势力为条件,这些协议一般不需要界定相关市场。例如,根据美国反托拉斯法,不需要界定相关市场即可认定存在违法行为的案件主要有两种,一是本身违法的案件;二是有些案件虽然不是本身违法,但是执法机关根据案情和自己的经验,无须界定市场就可以直接认定该案具有严重的反竞争后果,这种方法也被称为“快速审查法”。

(一)本身违法的案件

1.本身违法原则概述

本身违法是美国反托拉斯判例法建立的一个规则,即只要被告实施了某些类型的行为,不管该行为出于何种目的,也不管是否对竞争产生了不利影响,这些行为都是违法的。[①] 本身违法原则是对《谢尔曼法》的一种完善。根据《谢尔曼法》第1条,“任何限制州际或与外国之间的贸易或商业的契约,以托拉斯形式或其他形式的联合,或共谋,都是非法的”。根据第2条,“任何人垄断或企图垄断,或与他人联合、共谋垄断州际或与外国间商业或贸易,将构成重罪”。由于这些条文中规定的“任何……契约”或者“任何人”都很绝对,不一定符合现实情况,如任何协议或者联合相对于未参加协议或者未参加联合的第三方都是一种限制,如果这些限制全部被视为违法,《谢尔曼法》在实践中的应用显然存

---

① (Edi) Marjorie Holmes, Competition Law and Practice, a Review of Major Jurisdictions, Cameron May 2009, p. 345.

在问题。为了使这部法律具有可操作性，美国法院通过判例法提出了“合理原则”和“本身违法原则”。例如，美国最高法院在其1911年判决的美孚石油公司案提出以“合理原则”（Rule of Reason）解释《谢尔曼法》，即根据这个原则，谢尔曼法只是禁止那些不合理的限制竞争行为。①

“本身违法”原则是随着“合理原则”的产生而产生的。即尽管大多数反垄断案件特别在涉及企业并购和滥用市场势力的案件中，人们往往难以在“合理”和“不合理”或者“公平”与“不公平”之间划出明确的界限，但对某些共谋行为如固定价格、限制数量和分割销售市场的卡特尔，因为这些行为不管什么情况下都是对市场竞争的不合理限制，都会严重损害消费者的利益，这些限制竞争原则上应当被视为违法，适用“本身违法”原则。美国最早适用本身违法原则的反托拉斯案件是联邦最高法院1898年判决的Addyston钢管公司案。② 联邦最高法院在其1940年判决的索考尼—真空石油公司案，更加明确地阐述了这个原则。③ 该案案情是：随着美国最高法院于1935年1月宣布《国家产业复兴法》违宪，其结果导致美国州际以及与外国之间的石油运输禁令被解除，原油价格下跌。为了应对这个局面，几家大型炼油公司于1935年达成君子协定，即从独立炼油厂（没有储藏能力的炼油厂）购买过剩的石油，目的是稳定油价，司法部遂指控这些公司人为地抬高和固定石油价格，违反了《谢尔曼法》第1条。这个案子最后被诉至美国联邦最高法院。最高法院首席大法官沃伦在判决书中明确指出，“违反谢尔曼法的固定价格是与竞争政策背道而驰的，它的不合理性清楚得无庸讳言。至于参与者的动机是善意还是恶意，固定价格是通过公开协议还是以密谋方式达成，参与者是否具有市场势力，州际商业所受影响的大小，或者协议后果是抬高了价格还是降低了价格，这些都无关紧要”。④ 针对被告的辩护，即这个价格协议是为了防止“毁灭性”或者“破坏性”的价格战，否则弱小的中小企业将被排挤出市场，市场上保留下来的大企业则会抬高产品价格等，判决书指出，“如果有人试图在固定价格的协议中区分出有利于社会公共利益的协议，法院可能得采取一种不断变换的、含糊的和不确定的……标准。可以设想，如果所有固定价格的横向密谋都得由法院调查它们是否具有合理性，法院

① Standard Oil Co. of New Jersey v. United States, 221 U. S. 1(1911).

② Addyston Pipe & Steel Co. v. U. S., 175 U. S. 211(1898).

③ United States v. Socony – Vacuum Oil Co., 310 U. S. 150(1940).

④ 《美国最高法院判例汇编》第351卷，第305页。转引自［美］马歇尔·C. 霍华德：《美国反托拉斯法与贸易法规》，中国社会科学出版社1991年版，第80页。

将会出现怎样一种混乱的局面”。[①] 鉴于这个判例明确而且毫不动摇地对固定价格协议适用了本身违法的原则，它不仅为美国反托拉斯法分析价格卡特尔提供了理论基础，而且至今是对价格卡特尔适用本身违法原则的法律依据。[②]

2. 本身违法案件不需要界定市场

美国联邦最高法院在其1958年判决的北太平洋铁路公司一案中指出，本身违法原则适用于价格固定、市场划分、联合抵制以及搭售安排等四种行为。[③] 但是，随着芝加哥学派在美国反托拉斯法领域占据了主导地位，司法机关适用本身违法原则的案件范围越来越窄。例如，美国联邦最高法院在其1977年判决的Sylvania案推翻了纵向非价格限制本身违法的判例，[④]在其1997年判决的State Oil Co. v. Khan案推翻了最高转售价格维持适用本身违法原则的判例，[⑤]在其2007年判决的Leegin案推翻了最低转售价格维持适用本身违法原则的判例。[⑥] 联合抵制和搭售安排适用本身违法原则的判例虽然还没有被明确推翻，但是这类案件事实上很少有适用本身违法原则的情况。[⑦] 虽然美国反托拉斯法在纵向协议领域适用本身违法原则的情况越来越少，但是在横向的固定价格、划分市场以及串通招投标等案件，本身违法仍然是一个基本的原则。美国联邦最高法院在很多判决中指出，“固定价格无论其如何实施，它都是一种控制市场和制定武断及不合理价格的行为”。“由于经济和商业的变化，一个在今天被视为合理的价格，明天就可能成为一个不合理的价格。而且价格一旦固定，它就可能保持不变，因此固定价格就是窒息竞争。”[⑧]“损害价格机制的合谋都是违法的。即便参与固定价格协议的成员没有提高、降低或者稳定市场价格的控制力，但这也会直接影响市场机制的作用。《谢尔曼法》排斥所有的价格固定协议，目的是维护国家经济的核心机制不受损害。国会不许可我们来认定某个固

---

① 参见[美]马歇尔·C. 霍华德：《美国反托拉斯法与贸易法规》，中国社会科学出版社1991年版，第79~80页。

② 参见[美]吉尔霍恩、科瓦西克：《反垄断法律与经济》（第4版），王晓晔注，中国人民大学出版社2001年版，第182页。

③ Northern Pacific Railway Company ET al. v. United States, 365 U. S. 1(1958).

④ Continental T. V., Inc. v. GTE Sylvania, Inc., 433 U. S. 36, 55(1977).

⑤ State Oil Co. v. Khan, 522 U. S. 3, 118 S. Ct. 275(1997).

⑥ Leegin Creative Leather Products, Inc. v. PSKS, Inc. 551 U. S. 877(2007).

⑦ See Ernest Gellhorn, Teresa Tatham, “Making Sense Out of the Rule of Reason”, *35 Case W. Res. L. Rev. 155(1985)*.

⑧ United States v. Trenton Potteries Co., 273 U. S. 392(1927).

定价格的协议是否明智、是否健康还是具有破坏性。”“不管固定价格协议在经济上有什么正当理由，法律上都无须调查这些协议的合理性。它们对经济的中枢神经系统有着实际的或潜在的威胁，它们必须得被予以禁止。”①

除了美国反托拉斯法最早提出某些限制竞争适用本身违法的原则，其他国家反垄断法也有本身违法的规定，如澳大利亚 1974 年《交易行为法》明确引入了本身违法的概念。② 有些反垄断法没有引入本身违法原则，但是明确提出了某些类型的限制竞争是违法的，如日本《禁止垄断法》第 3 条规定，“事业者不得进行私人垄断或不合理的交易限制”。根据日本公平交易委员会的解释，这里的不合理交易限制是指竞争者之间固定价格、限制数量、分割市场和串通投标的卡特尔，它们在性质上“本身违法”。③韩国的《垄断规制法》也没有本身违法的概念，但是韩国公平交易委员会在实践中不要求指控价格卡特尔、数量卡特尔等核心卡特尔的原告提供这些卡特尔损害市场竞争的证据，即这些卡特尔事实上是被视为本身违法。④

一个垄断协议如果适用了本身违法原则，这对案件至少可以起到以下几方面的效果：一是对原告，即他们只需证明有这样的卡特尔存在就可以胜诉，而无须证明卡特尔的反竞争性；二是对被告，即他们的共谋行为得被视为违法，即便他们提供了限制竞争的好处大于限制竞争坏处的所谓证据；三是对审理案件的反垄断执法机关，即它们不必调查卡特尔的目的及其后果就可认定卡特尔违法性，从而可以大大节省执法的成本。⑤简言之，因为本身违法的协议会损害市场经济的基石，且其违法后果可以通过执法者的经验进行判断，这些行为不必进行相关市场的界定。即便根据经济学理论对此类行为进行竞争分析，这些行为也是应当受到谴责。因为这些行为都是典型的核心卡特尔，其社会成本比其他任何垄断行为的社会成本都高，因此对这些案件适用本身违法有助于节约执法资源，提高执法效率。

---

① United States v. Socony – Vacuum Oil Co. ,310 U. S. 150(1940) ,Footnote 59.

② http://www. accc. gov. au/content/index. phtml/itemId/322980.

③ Global Competition Review, Cartel Regulation 2008 ,p. 120.

④ Id. ,p. 126.

⑤ Paul T. Denis, Focusing on the Characterization of Per se unlawful horizontal restraints, The Antitrust Bulletin, Fall/1991 ,p. 644.

(二)快速审查案件

1. 快速审查概述

根据美国的反托拉斯法,即便竞争者之间的共谋行为尚不能被谴责为本身违法,执法机关或者法院对它们也不是必然适用合理原则。这即是说,如果一个案件的基本导向是严重限制竞争,且执法机关根据长期的执法经验对这种限制竞争的本质有足够的认识,那就不需要依据合理原则去识别市场势力,从而也不需要在案件的竞争分析中界定相关市场。① 因为这种审查方法可以提高办案的速度和效率,所以它被称为快速审查法(quick look)。美国联邦最高法院在其1999年关于加州牙医协会(CDA)的判决中指出,"我们一般不能通过直觉把明显具反竞争后果的限制行为与那些尚需详细审查的限制行为完全区别开来。但是,我们可以了解案情和限制竞争的逻辑,目的是通过快速审查看看我们是否很了解这个市场,或者是否有信心对这个限制竞争的发展趋势做出结论。如果通过合理原则对一个又一个案件的分析都得出同样的结论,我们就可以对这类案件做出结论"。②

"快速审查"是美国反托拉斯法与时俱进的产物。即随着技术创新和技术竞争成为市场竞争的主要形式,随着企业竞争的地域范围越来越国际化,美国政府越来越加大了反垄断执法的力度。可是,法院的反垄断执法却比较保守,如对体育组织、高等教育机构、职业行业协会等非营利性机构实施的固定价格行为总是依据合理原则进行竞争分析,但是因为明显缺乏开脱罪责的相关证据从而处于两难境地。在这种情况下,美国司法部和联邦贸易委员会提出了对某些反托拉斯案件可以进行快速审查。③

例如,在上述加州牙医协会(CDA)案中,加州牙医协会以禁止引人误解的虚假广告为名,要求协会成员以自律方式作出两种限制,一是不得在没有提供详细信息的情况下对其收取的费用进行打折,即广告不得涉及治疗费;二是在没有提供详细信息的情况下不得涉及服务的质量。联邦贸易委员会认为,这些限制本身违法,因为它禁止协会成员在某些方面的竞争,包括价格竞争。由于美国法院原则上对非营利机构的限制竞争适用合理原则,联邦贸易委员会遂提

---

① OECD Market Definition 2012, p. 322.

② California Dental Ass'n v. FTC, 526 U. S. 756, 780 – 81(1999).

③ Wayne D. Collins, California Dental Association and the Future of Rule of Reason Analysis, 14 Antitrust 54(1999).

出对该案依据合理原则进行快速审查，并且由此认定这些限制，第一损害了牙医之间的竞争，第二损害了消费者利益，从而违反《联邦贸易委员会法》第5条。加州牙医协会对联邦贸易委员会的快速审查提出反对意见，理由是被禁止的广告具有误导性和欺骗性，因此这个阻止误导性广告的限制性协议具有推动竞争的目的。[①] 第九巡回法院虽然不同意对该案适用本身违法的原则，但是认可联邦贸易委员会对该案的快速审查法，且认为联邦贸易委员会通过快速审查做出的结论是正确的。最后，该案进入联邦最高法院。这个案件的最后结果是，联邦最高法院推翻了上诉法院的判决，即认定加州牙医协会对其成员广告的限制不具有明显的反竞争后果，也即是该案应适用合理原则。联邦最高法院的这个判决指出，除了本身违法和合理原则，反垄断分析可以有第三种模式，即快速审查法，即在适用合理原则的情况下，如果执法者对相关市场很了解，且洞察案件的发展趋势，那就可以通过快速审查或者至少快一点儿的审查使案件尽早得出结论。[②]

虽然从理论上说，只要执法者基于执法经验和对具体案件的认识，即不需要界定市场和深入分析就可以得出结论的案件，就应当适用快速审查。然而在实践中，适用快速审查的反托拉斯案件范围却相当窄，即它主要适用于体育运动、高等教育、职业行业协会等非营利性组织实施的固定价格行为。[③] 这即是说，适用快速审查的案件有两个特征，一是涉及非营利性组织的行为；二是限制竞争主要涉及价格行为。美国学术界认为，非营利组织的限制竞争行为适用快速审查是恰当的，理由是这些组织通常具有矫正市场失灵的功能。即一方面，法律服务、医疗服务、高等教育服务等领域存在信息不对称问题，即消费者一般不能从市场上得出正确购买决策的信息；另一方面，非营利性组织不以营利为目的，即其督促其成员的自律行为一般有助于相关领域传递服务质量的信息，从而也有助于克服市场失灵。[④]

然而，究竟采用什么标准对非营利性组织的限制竞争进行反垄断审查，美

① Kenneth G. Starling, Increasing The FTC's Burden: Quick Look Versus Full Rule of Reason, available at http://www.fed - soc.org/publications/detail/increasing - the - ftcs - burden - quick - look - versus - full - rule - of - reason.

② California Dental Ass'n v. FTC, 526 U.S. 756(1999).

③ Max R. Shulman, The Quick Look Rule of Reason: Retreat from Binary Antitrust Analysis, 2 Sedona Conf. J. 89(2001).

④ See Peter James Kolovos, "Antitrust Law and Nonprofit Organizations: The Law School Accreditation Case", *71 N. Y. U. L. Rev. 689(1996)*.

国司法部和法院则存在较大的分歧。司法部的观点是,非营利性组织应当与营利性组织一样,即根据其限制竞争的性质适用本身违法或者合理原则,即它们不能搞特殊化。然而,法院却一般认为,非营利性组织的特性决定对它们的反垄断审查的标准应比营利性组织宽松一些。联邦最高法院在其1975年的一个判决中指出,"职业协会施加的限制与商业限制有区别,这个事实决定了如何对待职业协会施加的违反了《谢尔曼法》的限制。将职业协会的行为视为商业活动进而将反垄断理念适用于这些行为是不现实的,公共服务以及职业的特征可能要求它们在适用反垄断法时得被区别对待"。[①]联邦最高法院还在其2010年关于国家橄榄球联盟一个判决中指出,国家橄榄球联盟(National Football League,NFL)的知识产权许可行为构成谢尔曼法第1条所指的协同行为。然而,这个判决不仅建议下级法院重审该案时应当适用基于合理原则的快速审查(quick look rule of reason),而且结论性地指出,国家橄榄球联盟的特性某些情况下可以超越其存在经济损害的推断。[②] 上述这些案例说明,美国法院对非营利性组织实施的限制竞争行为一般采用快速审查的合理原则。

2. 快速审查无须界定市场

前面指出,美国的反垄断行政执法机关和法院在快速审查案件适用的基本原则可能存在分歧。行政执法机关认为,非营利性组织与营利性组织应当同样对待,即应当考虑限制竞争行为的性质来确定本身违法还是适用合理原则。然而法院认为,非营利性组织的特性导致其某些限制竞争可以超越其经济损害的推断,这些案件应当适用快速审查的合理原则。因为美国反托拉斯案件的最终决定权在法院的手里,因此快速审查案件基本适用合理原则的快速审查。

如果一个案件适用本身违法的快速审查,因为认定本身违法的决定性因素是被告的市场行为而不是它的市场地位或者市场势力,这种案件与本身违法案件一样,不需要界定相关市场。

然而,如果一个案件适用快速审查的合理原则,这里的合理原则分析与传统的合理原则分析就会有很大的区别。仍以2010年美国联邦最高法院关于国家橄榄球联盟(NFL)一案判决为例。在传统的合理原则分析中,执法机构应当对涉案的限制竞争问题进行全面和彻底的分析,特别要考虑限制竞争在事实上和潜在的影响。然而,在NFL一案中,最高法院大法官史蒂文斯(Stevens)指

① Goldfarb v. Virginia State Bar,421 U.S. 773(1975).

② American Needle,Inc. v. National Football League - 130 S. Ct. 2216 - 17(2010).

出，“适用合理原则并不总是需要对案件进行细致分析，一个限制竞争有时候进行一瞬间（in the twinkling of an eye）的评估即可”。他的结论是，NFL 的协议包括“维护竞争平衡之必要”的条款具有合理性，因此根据合理原则这个协议不违法。尽管联邦最高法院的决定是把这个案件发回联邦第七巡回法院进行重审，并指示这个下级法院要根据合理原则评价 NFL 协调行为的合法性，但这个案件说明，非营利机构的特征对认定其限制竞争行为的性质具有至关重要的意义。①

（三）直接提供证据的案件

除了本身违法和快速审查的案件因为不以被告具有市场势力为违法行为的构成要件，原告从而不需要界定相关市场外，美国法院和反垄断执法机关有时候也通过损害竞争的直接证据来证明共谋行为的违法性。美国司法部和联邦贸易委员会在其 2000 年发布的《竞争者之间协调行为的反托拉斯指南》指出，“当反竞争的损害可以通过协议的本质得到证明，或者反竞争损害通过协议的运作已经产生，那么如果没有明显的好处来抵消反竞争损害，反垄断执法机关将会干预这个协议而不需要进行详细的市场分析”。②

竞争者之间的协议可以直接证明其存在的反竞争损害，这在卡特尔案件中非常普遍，如美国联邦最高法院 1986 年判决的司法部诉印第安纳州牙医联盟案③和美国第七巡回法院 2000 年判决的玩具反斗城案④。前者涉及印第安纳州部分牙医联合抵制向牙齿健康保险人提交牙科 X 光片的问题。在这个案件中，牙齿健康保险人为了评估治疗情况，要求牙医在提交支付保险费的表格时一并提交他们为患者拍摄的牙齿 X 光片以及与诊断和治疗的相关信息。但是，有些牙医认为，提交患者的牙齿 X 光片和治疗信息会威胁牙医的职业独立性与经济福利。印第安纳州牙医协会由此便鼓动其会员签署拒绝向健康保险人提交 X 光片的协议。为了执行牙医协会的这个政策，部分牙医还成立了印第安纳州牙医联盟。这个联盟的成员虽然不多，但他们拒绝向保险人递交 X 光片的努力在 3 个社区获得了成功。这种情况下，联邦贸易委员会依据合理原则对这个案件进行了审查，结论是这个牙医联盟违反了《谢尔曼法》第 1 条和《联邦贸易委员

① American Needle, Inc. v. National Football League – 130 S. Ct. 2217 (2010).

② Antitrust Guidelines for Collaborations Among Competitors Issued by the Federal Trade Commission and the U. S. Department of Justice April 2000, pp. 10 – 11.

③ FTC v. Indiana Fed'n of Dentists, 476 U. S. 447 (1986).

④ Toys "R" Us, Inc. v. FTC, 221 F. 3d 928 (7th Cir. 2000).

会法》第5条,并对这个违法行为发布了禁令。牙医联盟遂向联邦第七巡回法院提出上诉,要求法院对联邦贸易委员会的这个禁令进行司法审查。第七巡回法院的判决是,委员会的禁令无效,理由是委员会作为原告既没有精确地界定相关市场,也没有认定这个联盟具有限制竞争的市场势力,即这个禁令缺乏实质性的证据。该案最后进入联邦最高法院。最高法院推翻了上诉法院的判决,理由是“该案的牙医保险人多年不能获得牙齿X片……这就像减少产量一样是一种实质性损害的证据,这个损害不需要调查市场势力,因为市场势力也不过是调查竞争损害的一个具有代表性的证据”。“通过实质性和持续性对竞争产生不利影响的事实证据,法律上就足可认定被诉的限制竞争行为具有不合理性,即使没有精确的市场分析。”①这个判例说明,适用合理原则分析涉及《谢尔曼法》第1条的案件时,如果原告能够提供限制竞争所导致的实质性损害的证据,那么这些案件就不需要界定市场和测度相关企业的市场力。②

美国第七巡回法院2000年判决的玩具反斗城有限公司诉联邦贸易委员会一案,也是一个通过直接证据认定违法行为的重要案件。该案涉及美国玩具零售巨头玩具反斗城有限公司(以下简称TRU)串通玩具制造商联合抵制仓储俱乐部的行为。联邦贸易委员会认为,TRU的行为属本身违法,而且即便依据合理原则进行分析,这个联合抵制行为也是非法的,因为其反竞争影响明显超过其可能的商业正当性。TRU则认为,联邦贸易委员会混淆了纵向限制与横向限制的区别,且不管这个抵制行为是纵向限制还是横向限制,它们都不违法,理由是TRU没有市场力,即这个行为没有显著的反竞争影响。第七巡回法院则认为,TRU的联合抵制构成横向协议,且本身违法。法院指出,证明市场力有两种方法,一是采用印第安纳牙医联盟一案的直接证据法,即通过反竞争后果直接证明被告的市场力;二是传统方法,即通过界定市场证明被告的市场份额超过了一定标准。然而,不管如何测量TRU的市场力,这个联合抵制的反竞争影响都很明显,因为随着十大玩具制造商联合减少对仓储俱乐部的供货,TRU即便不降低其产品的价格,它也可以成功地应对仓储俱乐部的价格竞争。因此,TRU的行为实实在在地构成实质性反竞争影响的证据,联邦贸易委员会没有必

---

① FTC v. Indiana Fed'n of Dentists,476 U. S. 447,461(1986).

② J. Douglas Richards,Is Market Definition Necessary in Sherman Act Cases When Anti – competitive Effects Can be Shown with Direct Evidence? 26 Antitrust 53,53(2012).

要对这个案件精确地进行市场界定。①

上述两个案件说明，即便竞争者之间的共谋行为不属于本身违法，但是只要原告能够证明被告的限制竞争会产生严重的竞争损害，他们就不需要精确地界定相关市场和测度当事人的市场份额。

三、需要市场界定的垄断协议

前面指出过，各国反垄断法一般都有豁免垄断协议的规定，例如，我国《反垄断法》第 15 条和《欧盟运行条约》第 101 条第 3 款的规定。根据我国《反垄断法》第 15 条第 2 款，垄断协议可得到豁免的一般前提条件是，“经营者应当证明所达成的协议不会严重限制相关市场的竞争，并且能够使消费者分享由此产生的利益”。这说明，对于要求豁免垄断协议的当事人或者作出决定要对垄断协议作出豁免的执法机关来说，如果他们不界定涉及案件的相关市场，豁免的理由可能说不清楚。道理很简单：如果不界定相关市场，人们就不能分析一个协议是否会严重限制竞争，以及消费者能否通过限制竞争分享由此产生的利益。出于这个考虑，国家发展和改革委员会 2016 年 5 月 12 日发布的《关于垄断协议豁免一般性条件和程序的指南（征求意见稿）》指出，反垄断执法机关审查一个协议是否严重限制竞争时，主要考虑协议当事人的市场份额、相关市场的竞争状况、协议当事人控制销售市场或原材料采购市场的能力、其他经营者对协议当事人在交易上的依赖程度、其他经营者进入市场的难易程度、市场上可能有潜在竞争等。② 毫无疑问，如果考虑上述这些因素，特别是在考虑当事人的市场份额和相关市场竞争状况的情况下，申请豁免的企业和反垄断执法机构都需要比较精准地界定相关市场。

（一）横向协议

在现代社会，竞争者有时候也需要相互间进行合作和协调，例如，在研究和开发新产品的过程中，或者在开发国外市场的情况下。这些合作和协调不仅对市场竞争无害，而且很多情况下有利于市场竞争，尤其当开发和研究新产品的成本和投入巨大的情况下。在这种情况下，如果反垄断执法机关一概将竞争者之间的合作视为违法的卡特尔，这样的执法不仅有损于相关企业的利益，而且也会损害国家经济的发展和消费者的利益。为了更好地分析这些协议，表明执

---

① Toys “R” Us, Inc. v. FTC, 221 F. 3d 928 (7th Cir. 2000).

② 参见国家发展和改革委员会：《关于垄断协议豁免一般性条件和程序的指南（征求意见稿）》，载 http://www.ndrc.gov.cn/gzdt/201605/t20160512_801562.html，最后访问日期：2016 年 5 月 12 日。

法者对待竞争者之间协调或者合作的态度，同时也是给企业间的协调或者合作提供一个比较稳定和可以预期的法律环境，很多国家或地区的反垄断执法机关就竞争者之间的协调和合作发布了反垄断指南或者条例，如美国司法部和联邦贸易委员会2000年发布的《竞争者之间协调行为的反托拉斯指南》[①]，欧盟委员会2010年发布的《关于欧盟运行条约第101条第3款适用于某些研究与开发协议的第1217/2010号条例》[②]和《关于欧盟运行条约第101条第3款适用于某些专业化协议的第1218/2010号条例》[③]，以及欧盟委员会2011年发布的《关于欧盟运行条约第101条适用于横向合作协议的指南》[④]等。

以美国司法部和联邦贸易委员会联合发布的《竞争者之间协调行为的反托拉斯指南》为例。指南指出，尽管与一种产品相关的企业可以分为买方和卖方的关系，但这不排除它们之间也存在竞争者之间的关系。竞争者除了事实上的竞争者外，还包括潜在的竞争者，后者是指有证据证明可能会进入市场的企业。例如，一个限制竞争协议（如价格协议）导致企业的竞争能力受到限制（如产品降价受到限制）的情况下可能进入市场的企业。竞争者之间的合作方式多种多样，包括合作性的研究与开发、合作生产、合作开发市场、合作营销、合作销售、合作购买等。此外，竞争者之间的合作还包括信息共享和建立行业协会。为了提高执法的透明度和法律的稳定性，这个指南指出了分析竞争者之间合作协议的一般方法，即协议如果不被视为本身违法，那就应当依据合理原则进行分析。合理原则的分析一般考虑两个方面的问题，一是协议的本质，二是相关市场的情况。就协议的本质来说，执法者会不仅考虑当事人订立协议的目的，而且考虑协议可能产生的反竞争后果，或者事实上已经产生的反竞争后果。如果一个协议本质上不具反竞争后果，如不可能抬高企业的涨价能力或者减少生产数量、降低质量、减少服务或者降低创新动力，反垄断执法机关就不会干预这个协议。

如果一个协议本质上存在反竞争问题，但又不属于本身违法，或者不能通

---

① Antitrust Guidelines for Collaborations among Competitors, Issued by the Federal Trade Commission and the U. S. Department of Justice, April 2000.

② Commission Regulation 1217/2010/EU of 14 December 2010 on the application of Article 101(3) of the Treaty on the Functioning of the European Union to certain categories of research and development agreements, OJ L 335/36, 18. 12. 2010.

③ Id., OJ L 335/43, 18. 12. 2010.

④ Guidelines on the applicability of Article 101 of the Treaty on the Functioning of the European Union to horizontal cooperation agreements, OJ C 11/1, 14. 1. 2011.

过直接证据证明协议的违法性，执法机关一般需要进行比较详细的竞争分析。这种情况下，执法机关一般就需要界定相关市场，计算当事人的市场份额和市场集中度，目的是测度相关的协议是否可能产生或者增强市场势力或者推进行使市场势力。为此，执法机关需要考虑这些协议当事人与它们之间产生的协调在什么程度上有能力、有动机可以相互独立地开展竞争。此外，执法者也要评估市场上可能推进或者阻止反竞争损害的其他情况，例如是否存在市场进入的可能性。如果调查结果表明，这个竞争者之间的协调没有潜在的反竞争后果，或者不存在竞争损害，执法机关就可以结束调查，而且不必考虑这个协调对推动竞争的积极影响。如果调查的结果是，这个竞争者之间的协调存在反竞争影响，那就需要考虑它在推动竞争方面的积极影响是否可以抵消其反竞争的消极影响。①

为了提高透明度，《竞争者之间协调行为的反托拉斯指南》提出了一个豁免竞争者之间协调行为的“安全港”。指南指出，竞争者之间的协调对竞争常常会有好处，因此有必要设立“安全港”，由此鼓励竞争者之间的协调行为。设立安全港是为了给某些情况下竞争者之间的协调和合作提供一定程度的法律稳定性，即这些情况下竞争者之间的协调是合法的，而不必要详细考虑它们的具体情况。另外，执法机关不会鼓励竞争者在安全港之外的协调和合作。执法机关强调，竞争者之间的协调不会产生反竞争问题，仅仅是因为这些协调行为处于安全港之内。当然，处于安全港之外的竞争者之间的协调也有可能有利于竞争或者竞争中立，但在这些情况下，执法机关对这些协调行为需要进行深度分析，看看它们是否存在反竞争的影响。②

这个指南规定了两种安全港：一个是竞争者协调的一般安全港，另一个是创新市场研究和开发中进行协调的安全港。一般安全港的市场份额是20%，即竞争者之间的协调如果没有特殊情况，也就是说，既不存在核心卡特尔的问题，也明显没有严重损害竞争的问题，或者这个协调不是一个企业并购的问题，如果参与协调的企业合计的市场份额再加上这个协调影响的市场份额共计不超过20%，执法者不会干预这些竞争者之间的协调。以两个竞争者之间的协调为例，如果每个参与者在相关市场的市场份额都是6%，这个协调在受协调影响的市场份额（协调在市场上的外溢效果）是3%，这个协调在相关市场的份额共计为15%。这种情况下，因为这个协调没有超过20%的安全港，这个协调是合法

① Antitrust Guidelines for Collaborations among Competitors, para. 1.2.

② Id., para. 4.1.

的。再举例子说明,如果一个协调涉及三家企业,每家企业在相关市场的份额是6%,这三家企业的协调再加上它们在相关市场的份额为3% +3 ×6% =21%。这种情况下,因为这个协调处于安全港之外,执法机关将会深度分析这个协调,所以不能保证这个协调肯定是合法的。[①]

为了鼓励提供同类产品或者服务的企业之间开展合作研究和开发活动,这个指南还就创新市场的研究和发展设立的一个特殊的安全港。根据这个规定,如果没有例外情况,即如果不存在核心卡特尔,或者明显没有严重损害竞争的问题,或者这个协调不涉及企业并购的问题,执法机关不会干预创新市场上竞争者之间的协调,但其前提条件是,三家或三家以上相互独立的企业除了相互之间的协调,它们还拥有为协调性研发所需要的专门化财产或者特点,从而有动机通过协调性的研发来取代自己独立的研发活动。执法机关确定这些相互独立的研发是否具有密切的可替代性,一般得考虑研发活动的本质、范围及其重要性,考虑参与研发企业的财力、知识产权、技术人员以及其他的专门化财产,此外还要考虑它们开展研发的时间以及通过自身或者他人进行研发中对其创新成果的商业化能力。这个分析说明,竞争者之间在创新市场上的协调和合作有助于向市场和消费者提供新的产品或者服务,这样的合作一般是合法的,从而不需要界定相关市场和分析相关企业的市场力。[②]

(二)纵向协议

纵向协议,是指涉及同一产品或者服务但由处于不同生产阶段的经营者之间订立的协议。因为这种协议对其当事人来说具有很大的互补性,与竞争者之间订立的横向协议相比,各国反垄断法对纵向协议一般给予更大程度的豁免。例如,欧盟委员会发布的《欧盟运行条约第 101 条第 3 款适用于纵向协议和协同行为的第 330/2010 号条例》[③]指出,“某些纵向协议可以促进参与协议的经营者之间更好地进行协调,有助于提高某个生产链或者销售链的经济效率,尤其是可以降低协议当事人的交易成本和销售成本,并且优化其销售水平和投资水平”。[④] 条例还指出,“纵向协议能否就其提高效率的影响超过其限制竞争所带

① Antitrust Guidelines for Collaborations among Competitors, para. 4. 2.

② Antitrust Guidelines for Collaborations among Competitors, paras. 4. 3, 1. 3.

③ COMMISSION REGULATION (EU) No. 330/2010 of 20 April 2010 on the application of Article 101(3) of the Treaty on the Functioning of the European Union to categories of vertical agreements and concerted practices.

④ See whereas(6), COMMISSION REGULATION (EU) No. 330/2010 of 20 April 2010.

来的反竞争影响,这取决于协议当事人的市场力,即取决于经营者多大程度上面临着来自其他供应商的竞争,即就其产品的特性、价格或用途等方面与其他供应商的商品或服务存在的可替代性竞争”。[①] 根据《欧盟运行条约》第 101 条第 1 款对纵向协议进行具体评估时,必须考虑很多因素,特别是供方和买方的市场结构。

为了提高法律的稳定性和提高当事人对其纵向协议法律后果的可预期性,欧盟委员会 2010 年发布的第 330/2010 号条例与美国的《竞争者之间协调行为的反垄断指南》一样,也规定了纵向协议的安全港,即“纵向协议当事人双方在其所处相关市场的份额均不超过 30%,且协议不存在严重限制竞争的情况下,这些协议通常会改善生产或销售状况,并使消费者公平地享受由此产生的利益”。[②] 如果《欧盟运行条约》第 101 条第 1 款意义上的纵向协议涉及的市场份额超过了 30% 的门槛,这虽然不能推定这个协议对经济和竞争的好处足以抵偿它对竞争造成的损害,但也不能推定这个协议肯定不能依据《欧盟运行条约》第 101 条第 3 款得到豁免。[③]

尽管欧盟委员会 2010 年发布的第 330/2010 号条例规定了市场份额 30% 的安全港,但它明确指出,纵向协议如果明显含有严重限制竞争和损害消费者利益的条款,或者对于提高经济效率不是必要的限制性条款,它们不能得到豁免。例如,协议中含有固定转售价格或者固定最低转售价格的条款,或者某些类型的划分销售地域的条款,无论参与协议的经营者的市场份额如何,这些限制被视为核心限制,不属于从各种集体豁免条例可以受益的范围。[④]

---

① See whereas(7),COMMISSION REGULATION(EU) No. 330/2010 of 20 April 2010.

② See whereas(8),COMMISSION REGULATION(EU) No. 330/2010 of 20 April 2010.

③ See whereas(9),COMMISSION REGULATION(EU) No. 330/2010 of 20 April 2010.

④ 《欧盟委员会第 330/2010 号条例》第 4 条指出,纵向协议的核心限制包括:(a)限制买方决定自身售价的权利。本规定不影响供方实施最高售价或者推荐售价的权利,但前提是该等售价并未由于来自任何第三方的压力或者刺激而沦为固定或最低价格。(b)限制协议中买方销售合同商品或服务的地域或者顾客(本规定不影响对经营地点的限制),下列情形除外,(i)限制买方向供方为自己保留或者分配给其他买方的独家地域或独家顾客群进行的主动销售,但该限制协议并未限制买方的顾客的销售范围;(ii)限制在批发贸易环节经营的买方向最终用户的销售;(iii)限制选择性分销系统成员向经营该系统的供方保留的地域内的未经授权的分销商的销售;(iv)限制买方将为组装目的而获取的部件出售给会将其用于制造与供方同类产品的顾客。(c)限制在零售贸易环节经营的选择性分销系统的成员向最终用户进行的主动或被动销售。本规定不影响禁止系统成员在未获授权的经营地点经营的权利。(d)限制选择性分销系统内部的分销商(包括在不同贸易环节经营的分销商)之间的交叉供应。(e)部件供方与组装这些部件买方之间约定,限制供方将这些部件作为零配件向最终用户或未得到买方委托为其产品提供维修或者服务的维修商或者其他服务提供商进行销售的权利。

为了更好地说明纵向协议可以得到豁免的情况，欧盟委员会还发布了一个《纵向限制指南》[①]。这个指南依据供应商和购买商的市场份额，首先为纵向协议创设了合法性的推定，即纵向协议如果不含有以限制竞争为目的的核心限制，如果协议当事人不具有竞争关系，且它们在相关市场的份额都不会超过15%，这个协议一般不适用《欧盟运行条约》第101条第1款的禁止性规定。这个指南还详细地解释了纵向协议的安全港，即"对大多数纵向限制竞争协议来说，仅当一个或多个交易环节出现了竞争不充分的情况，即在供应商环节、购买商环节或者两个环节同时一定程度存在市场势力的情况下，才会出现限制竞争的问题"。指南指出，不存在核心限制的情况下，纵向协议能否得到集体豁免，这取决于供应商在其出售合同商品或服务的市场上以及购买商在其购买合同商品或服务的市场上的份额是否超过了30%。指南指出，即便协议当事人的市场份额超过30%的上限，只要协议不以限制竞争为目的，特别是在不含核心限制的情况下，不能推定这些纵向限制违反条约第101条第1款，或者推定这些限制不能满足条约第101条第3款规定的豁免条件。在这种情况下，指南鼓励协议当事人自行进行评估，即评估协议是否存在条约第101条第1款规定的限制竞争，或者是否可以依据条约第101条第3款得到条约第101条第1款的豁免。如果欧盟委员会对一个协议启动了调查机制，一方面委员会需要对协议违反《欧盟运行条约》第101条第1款承担举证责任，另一方面主张该协议应得到豁免的经营者应当承担该协议满足了条约第101条第3款的举证责任。[②]

总而言之，在一个纵向限制不存在核心限制的情况下，这些限制的合法性或者违法性很大程度取决于协议当事人的市场份额是否超过30%。这说明，纵向限制能否得到豁免的分析需要界定相关市场。如果一个纵向限制涉及的市场份额超过了50%，甚至在未达到50%的情况下，因为这些案件的竞争分析很可能转变为是否存在滥用市场支配地位的行为，这些滥用市场支配地位的案件同样需要界定相关市场。

以上分析说明，相关市场界定作为测度企业市场份额和间接认定企业市场地位的基础，它在垄断协议的竞争分析中也起着重要作用。与滥用市场支配地位的案件和企业并购案件不同，垄断协议案件中存在某些不需要界定相关市场的情况。在横向协议领域，本身违法的案件和有直接证据可以证明违法行为的

---

① Guidelineson Vertical Restraints, OJ C 130/1, 19.5.2010.

② Guidelines on Vertical Restraints, Paras. 96, OJ C 130/1, 19.5.2010.

案件不需要界定相关市场。在纵向协议领域,属于核心限制的案件也不需要界定相关市场。但在其他限制竞争协议的竞争分析中,因为这些案件往往需要依据合理的原则进行分析,分析中往往需要考虑"安全港"的问题,即需要测度企业的市场份额和分析企业的市场地位,相关市场界定在这些案件的审理中不仅是第一步,而且在竞争分析中也是关键的一步。此外,在垄断协议案件的审理中,界定相关市场还有其他方面的功能。例如,垄断协议的受害者提起损害赔偿之诉时,一般得证明被诉的限制竞争对市场竞争造成的损害,但是这个竞争损害的计算一般得需要界定相关市场。例如,欧盟委员会 2006 年发布的《关于罚金计算方法的指南》规定,"委员会将考虑经营者在欧洲经济区相关地域直接或者间接侵权销售其产品或者服务的价值"作为"计算所征罚金"的起点。① 瑞士 2004 年发布的《关于非法限制竞争的罚则》第 4 条规定,"罚款金额依据违法企业在相关市场前三年的销售额予以计算"。② 我国反垄断执法机关计算罚金时也很重视相关市场的界定,例如,国家工商行政管理总局在其 2015 年关于利乐公司的行政处罚决定中指出,"对当事人处以 2011 年度在中国大陆相关商品市场销售额百分之七的罚款"。③ 这说明,同反垄断其他案件一样,相关市场界定也渗透了垄断协议案件的方方面面,即在这些案件的竞争分析和审理过程中,相关市场界定是一个基础性和不可缺少的分析工具。

---

① Guidelines on the method of setting fines imposed pursuant to Article 23(2)(a) of Regulation No. 1/2003, O. J. [2006] C 210/2.

② Ordinance on Sanctions imposed for Unlawful Restraints of Competition [2004].

③ 国家工商行政管理总局行政处罚决定书〔2016〕工商竞争案字 1 号。

第三章　相关市场界定中的证据规则

第一节　举证责任与证明标准

一、举证责任分配

在反垄断诉讼中，法官一般不会自己去收集与相关市场界定有关的证据，而是基于当事人提供的证据对相关市场进行界定，所以相关市场的边界只能通过涉案当事人提交的相关事实证据来决定，也即是案件当事人负有举证证明相关市场的责任。各司法辖区关于相关市场界定举证责任之分配，有一般举证责任和举证责任倒置两种情况。

（一）一般举证责任

反垄断法的实施有公共实施和私人实施两种制度。所谓公共实施，即负有反垄断执法职责的机关依职权对垄断行为进行调查、处罚。在公共实施中，反垄断执法机关对垄断行为不管进行什么样的处罚都应当有充分的证据作支撑。例如，欧盟理事会第1/2003号条例在其关于举证责任的第2条明确规定，“在成员国或者共同体适用条约第101条和第102条的审理中，证明违反条约第101条第1款或者第102条的举证责任应由指出违法行为的一方或主管机构承担。主张适用条约第101条第3款的企业或企业协会，承担符合该条款中所规定条件的举证责任”。[①] 这个规定说明，在反垄断执法机关对违法的垄断行为作出处罚的案件中，鉴于相关市场界定是证明违法行为的重要证据，相关市场界定毫无疑问就应当成为反垄断执法机关进行举证的责任。

至于反垄断法实施中的私人诉讼，即私人依据反垄断法的规定对垄断行为提起损害赔偿或禁令救济之诉讼活动，因为这种诉讼属民事诉讼之范畴，诉讼

---

① 2002年12月16日理事会关于实施《欧共体条约》第81条和第82条规定的竞争规则的(EC)第1/2003号条例，第2条。参见[英]尼格尔·G.福斯特：《欧盟立法(2005－2006)》(第16版下卷)，何志鹏、孙璐译，北京大学出版社2007年版，第413页。

当事人的举证责任应当适用“谁主张，谁举证”这个一般的举证规则。在美国，提起反垄断诉讼的当事人至少应对以下事项承担举证责任：(1)被告的行为违反了《谢尔曼法》或者《克莱顿法》；(2)原告遭受了“反垄断损害”(antitrust injure)；(3)原告遭受的损害与被告的垄断行为之间存在因果关系。在需要对相关市场进行界定的案件中，由于界定相关市场是证明被告的行为违反反垄断法的必要步骤，所以在反垄断私人实施中，相关市场界定是原告的责任，即原告应当为此提供相关的证据。美国联邦最高法院和巡回法院在很多判决中指出过，反垄断案件的原告应对相关市场界定承担举证责任。例如，美国联邦第八巡回法院早在1976年的一个判决中就明确指出，“作为反垄断损害赔偿诉讼的先决条件……原告应当准确地界定相关市场，包括相关产品市场和相关地理市场”。[1] 20世纪80年代，这个法院还多次讨论过反垄断案件相关市场界定的举证责任问题。例如，在1986年的米勒酿酒公司一案，几家啤酒零售商指控米勒酿酒公司划分销售市场的行为违反《谢尔曼法》，请求三倍损害赔偿与禁令救济，南达科他州联邦地区法院以被告在相关市场没有支配地位为由作出了对被告有利的即决判决，原告由此将该案上诉至第八巡回上诉法院。由于该案审理时美国法院对纵向地域限制的评判标准发生了根本性的变化，[2]即由过去适用的本身违法原则改为合理原则，第八巡回上诉法院认为，该案应根据合理原则进行分析，并提出评估被告的市场力是进行合理分析的重要一步，而且这是判断被告行为是否违法的关键性因素，但是“要证明被告有市场力，原告必须证明被告在一个正确界定了的相关市场上有着支配性的市场份额”。[3] 这个案件尽管没有就原告的举证责任明确指定为是界定相关市场，但它要求原告对被告市场份额的计算必须以一个“正确界定的相关市场”为基础，所以实际上是将相关市场界定的举证责任分配给了原告。第八巡回法院在此后的很多案件如1989年的国际电报电话公司案中明确提出，“原告对正确界定相关市场包括地域市场和产品市场承担举证责任”。[4] 美国联邦贸易委员会以及其他法院也多次强

---

① Morton Bldgs. of Nebraska, Inc. v. Morton Bldgs., Inc., 531 F. 2d 910, 918(8th Cir. 1976).

② 美国最高法院1977年Continental T. V., Inc. v. GTE Sylvania, Inc.一案的判决也是一个纵向限制竞争协议的经典案例。Continental T. V., Inc. v. GTE Sylvania, Inc., 433 U. S. 36(1977); Continental T. V., Inc. v. GTE Sylvania, Inc., 649 F. 2d 1132(9th Cir. 1982).

③ Assam Drug Co., Inc. v. Miller Brewing Co., Inc., 798 F. 2d 311, 318(8th Cir. 1986).

④ H. J., Inc. v. Int'l Tel. & Tel. Corp., 867 F. 2d 1531, 1537(8th Cir. 1989).

调,原告应对相关市场的界定承担举证责任。[①] 简言之,无论原告是政府机关还是私人实体,只要是反垄断民事诉讼,界定相关市场的责任一般就应当由原告来承担。

根据“谁举张,谁举证”的一般原则,如果原告没有界定相关市场,或者界定的相关市场没有得到审案法院的认同,原告一般就得承担不利的诉讼后果,例如原告的诉讼请求被驳回,或者法院作出有利于被告的判决,或者原告被处以罚款等。例如,美国《联邦民事诉讼规则》第 11 条对以缺乏法律依据和证据支持的诉讼请求“骚扰(被告)”“增加(被告)不必要的司法开销”的原告、原告的律师及其所在律所设置了惩罚措施。尽管学术界就该条款在反垄断私人诉讼中适用提出了质疑,认为这个适用不利于社会公共利益,更不利于推进反垄断私人诉讼,[②]但是这个条款在反垄断诉讼中的适用并不罕见,其中就有原告未能正确界定相关市场而遭到处罚的案例,如一个联邦地区法院 1988 年判决的福特钢琴案。该案原告福特钢琴是钢琴零部件供应商,被告之一是钢琴与钢琴零部件制造商与供应商施坦威(Steinway),另一被告是德国的钢琴零部件制造商雷诺(Renner)。原告在诉状中声称,两被告于 1984 年 10 月签订了排他性协议,合谋垄断某些用于制造施坦威钢琴的雷诺钢琴零部件,违反了《谢尔曼法》。原告对相关市场进行了界定,指出雷诺钢琴零部件因其品质的独特性,需求交叉弹性很低,所以雷诺钢琴零部件本身构成一个相关产品市场。法院承认产品质量与相关市场界定有关系,并且认为相关市场界定是一个事实问题,但是法院仍然以该案原告没有正确界定相关市场,“既浪费了法院的时间也浪费了对方律师的时间”为由,对原告的律师进行了惩罚。[③]

(二)举证责任倒置

尽管“谁主张,谁举证”是相关市场界定的一般举证规则,但在某些市场条件下或在某些案件如合并案件中,实施举证责任倒置即由被告承担界定相关市场的责任也有道理。

---

① See Adventist Health Sys. ,117 F. T. C. 224,297(1994),R. R. Donnelley & Sons Co. ,120 F. T. C. 36,38(1995),Brokerage Concepts, Inc. v. U. S. Healthcare, Inc. ,140 F. 3d 494,513(3d Cir. 1998),United States v. Microsoft Corp. ,253 F. 3d 34,50,81(D. C. Cir. 2001).

② See Daniel E. Lazaroff, “Rule 11 and Federal Antitrust Litigation”, *67 Tul. L. Rev. 1033*, 1044 (1993).

③ Ford Piano Supply Co. v. Steinway & Sons, 1987 – 2 Trade Cas. (CCH) P67,828 (S. D. N. Y. 1988).

第一,原告界定相关市场的证据以市场的现实条件以及商品供应模式为基础,如无相反的证据,它们可以作为评估未来市场行为和市场结构的合理依据。但是如果被告否定原告界定相关市场的证据,如被告可能用未来的一种市场状况作辩解,在这种情形下,由声称其界定的相关市场比原告界定的相关市场更准确的被告承担举证责任也是合情合理。

第二,被告比原告有更多的机会接触涉及未来市场条件的信息和证据,因为毕竟是被告在相关市场与其所声称的潜在竞争者在开展竞争。被告还可能拥有未来市场的战略规划或研究性文件,从而也是最适合设想潜在竞争前景的当事人。此外,被告也有发现和提交此类证据的动力,因为关于潜在竞争者的证据可以扩大原告界定的相关市场,从而也可以减少被告败诉的风险。

第三,举证责任倒置可以提高诉讼效率。如果将证明未来市场的举证责任分配给原告,原告就不得不在每个案件提供反证,以避免因未能充分界定相关市场而被驳回诉讼。但是,原告提供反证与被告对反证进行质证都需要耗费大量时间。如果将证明未来市场的举证责任分配给被告,被告则可能只提供未来供应源的真凭实据对原告界定的相关市场进行反驳,即使被告提供的不是真凭实据,原告也能以直截了当的方式对其回应,由此便可节省审理时间,提高诉讼效率。

第四,举证责任倒置符合反垄断立法目的。尽管关于反垄断立法的目的在理论界和实务界都有争论,但是很多人认为,反垄断诉讼的原告特别是中小企业或者普通消费者等应当受到反垄断法的保护。所以,在界定相关市场方面,给反垄断法旨在保护的当事人施加过重的举证责任是不恰当的,这种情况下,举证责任倒置可以保证双方有平等机会对相关市场的供给与需求进行了解。我国最高人民法院 2012 年发布的《关于审理因垄断行为引发的民事纠纷案件应用法律若干问题的规定》也考虑在原被告双方经济地位显著不平等的情况下,应增加被告的举证责任。例如,该规定第 9 条指出,"被诉垄断行为属于公用企业或者其他依法具有独占地位的经营者滥用市场支配地位的,人民法院可以根据市场结构和竞争状况的具体情况,认定被告在相关市场内具有支配地位,但有相反证据足以推翻的除外"。这说明在涉及垄断行业的案件中,原告不必承担界定相关市场的举证责任。如果被告认为自己不具有市场支配地位,被告就应当承担界定相关市场及举证的责任。

相关市场界定举证责任倒置的探讨始于美国 1963 年的费城国民银行案。

此前美国最高法院在其1962年判决的布朗鞋案中指出，界定相关市场之后，法院在决定一项合并是否“可能实质性减少竞争”时，应对相关经济因素如产业集中度、产业集中的倾向、供应商或买方所受到的限制、进入市场的障碍等进行分析。法院还指出，即便市场份额是关于市场力的主要指标，但在没有对特定市场作进一步审查之前，它们不能作为反竞争影响的决定性证据。这说明，根据布朗鞋案的判决意见，即使原告合理和准确地界定了相关市场，原告也不一定能够胜诉，因为它还得对被告“实质减少竞争”继续承担举证责任。然而，在一年后的费城国民银行案，最高法院认为，尽管上述一系列经济因素对案件审理中的竞争分析很重要，但是它们“复杂且难以捉摸”；而且，过于宽泛的经济审查可能与国会阻止经济集中蔓延的立法目的不相符。因此，美国最高法院在费城国民银行案中对合并审查的标准进行了修正，即如果一项合并导致一个公司控制了相关市场过高的市场份额，由此导致相关市场显著提高了集中度，这个合并实际就具有“实质减少竞争”的可能性。这即是说，如果没有证据证明该项合并不可能具反竞争的影响，这个合并应当予以禁止。① 与布朗鞋案确定的标准相比，费城国民银行案的标准要简单得多。根据费城国民银行案的标准，相关资料特别是关于市场份额的统计资料可以说明一个企业并购的合法或者非法，如果被告要否定这个推断，它必须提供证据否定原告关于市场份额特别是关于相关市场界定的证据。在这种情况下，界定相关市场的举证责任就转移给被告，即被告必须证明其在相关市场不具有显著的市场份额。美国最高法院在后来一系列的并购案件如海洋银行案②、公民与南方国民银行案③、安迈信案④中明确指出，原告提供的表面证据将举证责任转移给被告，被告需要证明这些统计数据“不足以精确描述相关市场的经济特征”，否则得承担败诉的后果。在安迈信案中，美国司法部禁止两个铜矿企业的合并，安迈信不服，遂诉诸法院。在这个案件，司法部将相关地域市场界定为美国国内市场，将产品市场界定为铜矿的生产市场和冶炼市场，并提供了相关证据。被告同意司法部关于相关地域市场和铜矿生产市场的界定，但是不同意铜矿冶炼市场上市场份额的计算方法。司法部主张根据铜矿企业的产能计算市场份额，被告则主张按铜矿企业的

---

① United States v. Philadelphia Niational Bank, 374 U.S. 321, 363 (1963).

② United States v. Marine Bancorporation, 418 U.S. 602 (1974).

③ United States v. Citizens & Southern National Bank, 422 U.S. 86 (1975).

④ United States v. Amax, Inc., 402 F. Supp. 956 (D. Conn. 1975).

销售额计算市场份额。如果根据销售额计算市场份额，被告可以将国外的铜矿企业纳入相关市场；如果根据产能计算市场份额，则不能将国外铜矿企业的产能纳入相关市场，由此便提高了被告的市场份额。法院认为，虽然原被告双方一致将相关地域市场界定为国内市场，但因被告没有就国外铜矿企业在美国的销售情况提供证据，即没有完成举证责任，因此它支持司法部的禁令请求。[①]

随着芝加哥经济学理论在反垄断法的渗透，相关市场界定的举证责任倒置并未在合并控制领域形成气候。不过，在适用快速审查的横向限制或纵向限制案件，相关市场界定中的举证责任倒置仍然有着重要的地位。根据印第安纳州牙医联盟案的判决精神，只要原告能够提供实质性有害影响的证据，就没有必要再花时间去证明市场力，因为市场力不过是"有害影响的代称"。[②] 法院之所以得出这种结论，是因为经验表明，可以适用快速审查的案件往往有其证明有害影响存在的证据，譬如印第安纳州牙医联盟案中产量的减少、宝丽金案件中的高价格、低产出等。如果原告没有表明有害影响的直接证据，就需要对相关市场进行界定，但是即便如此，原告对相关市场界定只承担初步举证责任，即被告认为其行为对竞争不会产生损害的举证责任应由被告来承担。

在举证责任倒置的案件，被告可以用以下两种方法反驳原告提供的表面证据。方法之一是证明原告使用了不相关的统计资料，如被告可以证明原告没有充分描述提供给买者或者卖者的商品来源；被告也可以证明原告或处于相同地位的买者可以在原告界定的相关市场之外购买产品，或者证明原告在相关市场界定中使用了不精确的测量方法，下面介绍的基督复临（Adventist）医院案就属于后一种情况。方法之二是否定原告所提供的统计数据的证明力，如通过对相关市场的"结构、历史与可能的未来"的调查，否定原告的统计数据。如在公民和南方国民银行案中，参与并购的企业一直有着密切的业务往来，这种往来关系实质上消除了它们之间可能的竞争。由于业务往来不违反反垄断法，并且解除这种关系并不现实，所以参与合并的企业之间没有竞争的可能性，由此便推翻了未来竞争可以减少的表面证据，即相关历史揭示参与合并的企业不会有而且从来没有竞争。

上述关于举证责任倒置的论述是围绕民事诉讼案件展开的。在行政主导执法模式的反垄断司法辖区如欧盟，界定相关市场是反垄断执法机关进行竞争

---

① United States v. Amax, Inc., 402 F. Supp. 956, 961 – 62 (D. Conn. 1975).

② FTC v. Indiana Fed'n of Dentists, 476 U. S. 447 (1986).

执法的前提和首要步骤。所以,如果行政相对人对反垄断执法机关的决定包括相关市场界定不服而提出诉讼,执法机关自应对包括相关市场界定在内的各种事实问题与法律适用承担证明责任。这也是举证责任倒置的一种形式。

二、证明标准

证明标准,是指负担证明责任者提供证据加以证明所应达到的程度。根据反垄断诉讼的实践,原告界定相关市场的举证大致可分为四种:(1)没有界定相关市场;(2)界定了相关市场,但不完整,如只界定了产品市场而没有界定地理市场等情况;(3)相关市场进行了完整界定,但是界定的不正确;(4)界定的相关市场完整而且正确。在司法实践中,如果出现第(1)种情况,即原告没有界定相关市场,或者只是对相关市场做了简单描述,而没有提供相关的证据,法院通常会以没有界定相关市场为由驳回原告起诉,因而也不存在证明标准这一问题。实践中,原告完全不对相关市场进行界定的案件很少,界定了相关市场但是不完整的情况也不多,较为普遍的是后两种情况,即涉及相关市场界定是否正确这一问题。这个问题既涉及证明的标准,即为了正确地界定相关市场,原告提供的证据应完善到何种程度;也涉及司法审查的标准,即司法机关根据什么标准判断原告界定的相关市场是否正确。就法的确定性视角而言,相关机关应当为此制定明确的规则,但目前尚未发现哪一个司法辖区制定了此类规则。从各国的司法实践来看,不同司法辖区采用的规则并不完全相同,不同案件适用的证明标准也不一样。

(一)美国的表面证据标准

美国反垄断法的实施采用司法主导模式。无论私人提出的反垄断诉讼,还是司法部提出的反垄断诉讼,都适用民事诉讼规则。美国民事诉讼的一般证明标准是"证据占优"(preponderance of the evidence),即"盖然性平衡"(balance of probabilities),它要求证据能够证明负说服责任的人的主张为真的盖然性比为假的盖然性更大。但在反垄断诉讼中,学术界与法官较少使用"证据占优"或者"盖然性平衡"的标准,而是使用"表面证据"(facie evidence)一词。根据《元照英美法词典》的解释,表面证据有两层含义:一是原告提出足以支持其诉讼请求的证据,从而可将案件交付陪审团裁断;二是原告提出足以支持其诉讼请求的证据,如果被告提不出足可反驳的反证,法庭必判决原告胜诉。美国民事诉讼程序较为复杂,有着审前听证、即决判决(summary judgment)、陪审团判决等各种程序,而且不同诉讼程序对相关市场界定的证据标准有不同的要求,下面仅对即决判决程序和普通程序的表面证据标准作简要的探讨。

1. 即决判决程序中的表面证据

前面指出过,如果原告没有界定相关市场,美国法院会驳回原告的起诉,或以原告提交的诉状没有事实依据作出即决判决。即决判决是美国民事诉讼审前程序的一个步骤。在证据开示程序中,任何一方当事人都可依据优势证据规则提出即决判决的动议,即法院无须进行全面的审判就可对全部或部分案件作出判决。即决判决的意义在于,由此可尽快结束没有事实争议的诉讼,节约纳税人和诉讼当事人的时间和成本。

即决判决对反垄断诉讼也有重要的意义,因为这种判决不仅可节约审理案件的时间和费用,而且可以防止对促进竞争的市场力量产生遏制作用的冗长诉讼。[①] 相关市场界定既属法律问题,也属事实问题,所以在多数情况下,法院将根据"有利于原告"的原则审查诉状,不会因为原告界定的相关市场不准确而驳回起诉或作出即决判决。例如,美国第三巡回上诉法院审理的布雷德尔(Brader)诉阿勒吉利总医院(Allegheny Gen. Hosp.)一案,尽管法院认为外科医生界定的相关产品市场(某种心血管外科和心胸肺外科手术)与地域市场(阿勒吉利总医院或该院收取病人的地区)都不够准确,但没有以此为由而维持地区法院的判决和驳回起诉。巡回法院认为,驳回起诉是不正确的,因为"含混不清的相关市场"(confusingly pled relevant market)可满足依《谢尔曼法》第 2 条提出反垄断诉讼的最低标准,而且相关市场界定也不是案件起诉阶段就需要解决的问题。[②]

但是,美国不是所有的法院都认同第三巡回上诉法院的上述观点。在实践中,由于被告经常会以原告未界定相关市场或者原告界定的相关市场不准确为由要求法院作出即决判决,法院有时会同意被告的这种请求,如美国第二巡回法院在 2002 年判决的百事可乐诉可口可乐一案。百事可乐与可口可乐都是世界著名的软饮料生产商,它们除了销售瓶装饮料和罐装饮料,还向大型餐饮连锁店、影剧院连锁店等销售原浆。长期以来,百事可乐主要通过瓶装经销商销售原浆,可口可乐则除了通过瓶装经销商销售原浆之外,还通过独立的食品经销商销售原浆。20 世纪末当百事可乐决定向独立食品经销商销售原浆时,可口可乐制定并实施了一个"忠诚"策略,即通过协议禁止独立食品经销商向其客户

---

① Tops Mkts., Inc. v. Quality Mkts., Inc., 142 F. 3d 90, 95 (2d Cir. 1998).

② Brader v. Allegheny Gen. Hosp., 64 F. 3d 869, 877 (3d Cir. 1995).

销售可口可乐原浆的同时还销售百事可乐的原浆,而且规定它们如违反协议,可口可乐有权终止供货。百事可乐为此向纽约南区联邦地方法院提起了反垄断诉讼,指控可口可乐的“忠诚”策略违反《谢尔曼法》第2条;可口可乐与独立食品经销商之间的合谋违反《谢尔曼法》第1条。在这个案件中,可口可乐要求法院驳回原告的诉讼,理由是它的相关市场界定不正确。但是法院认为,如果有证据支持百事可乐的主张,这个诉讼应当成立。经过18个月的证据开示,地方法院于2000年作出了有利于可口可乐的即决判决,理由主要是原告界定的相关市场不正确。2000年9月百事可乐向第二巡回法院提出上诉。上诉法院审查了相关市场界定的问题,也考虑了可口可乐是否存在市场势力以及是否违反谢尔曼法的问题,最后判决认可地方法院就这个案件作出的即决判决。①

上述两个案例说明,只有根据最有利于非提出动议方的原则对相关证据进行审查且动议方有权获得法律上的判决的情况下,即决判决才是合适的。对相关证据进行审查时,法院不应当衡量证据并断定如果案件交给陪审团,哪方当事人可能会胜诉,因为即决判决不是对争议的事实进行审判,而是因为不存在要求由事实认定者解决的事实争点。相关市场界定某种意义上属于一个事实认定,这种工作应由陪审团来完成,法院不宜直接对原告的相关市场界定是否准确进行判断,更不宜以原告界定的相关市场不准确为由直接作出即决判决。然而,由于即决判决可以节省案件审理时间,实践中如同美国第二巡回上诉法院那样,依照审判中的证明责任对原告界定的相关市场进行评估的情况并不鲜见。在这种情况下,原告怎样才能避免法院以相关市场界定不准确为由作出即决判决的厄运?或者说在什么情况下,才算完成了其举证责任?从司法实践来看,要挫败被告提出的即决判决动议,原告必须证明其有足够的证据支持其请求,从而准许一个合理的陪审团作出对其有利的认定且案件因此进入审判程序。这里所说的足够证据至少应包含两个层面的含义,一是对相关市场进行了完整的界定,即不仅界定了相关产品市场,而且界定了相关地理市场;二是相关市场的界定不是主观臆断,而是有相关的事实或证据作支撑。

2. 普通程序的表面证据

如前所述,相关市场界定很大程度上属一个事实问题,因而涉及相关市场界定的绝大部分案件在美国是通过普通程序交由陪审团裁定的。陪审团对相

① Pepsico, Inc. v. Coca – Cola Co. ,315 F. 3d 101 ,107(2d Cir. 2002) , https://www.leagle.com/decision/2002416315f3d1011405.

关市场进行认定时,也是适用表面证据标准。不过,考察美国联邦巡回上诉法院和最高法院的相关判例,我们发现普通程序对表面证据的要求比即决判决对表面证据的要求严格,下面通过几个案例来说明。

(1)反例一:原告因采用不正确的相关市场界定方法而败诉

自反垄断领域引入了相关市场概念之后,反垄断经济学界提出了很多界定相关市场的方法,其中有些方法如假想垄断者测试、临界损失分析、合并模拟、自然实验等得到了司法机关的认可,有些未获得司法机关的肯定。基督复临医院案就是因为原告采用了未被司法机关肯定的相关市场界定方法而被联邦贸易委员会驳回了起诉。该案的核心争点是基督复临医院与尤凯亚(Ukiah)两家医院的并购是否违反《谢尔曼法》,被告对原告界定的相关产品市场没有异议,但对原告界定的相关地域市场有异议。①

原告将该案相关地域市场界定为加州 Mendocino 县的 Ukiah 及其毗邻的 Willits 和 Lake 的 Lakeport,甚至界定为地域范围更窄的 Ukiah 和 Willits。由于不存在 Mendocino 县的医疗服务消费者对拟定的 SSNIP 作出反应的直接证据,为了确认 Ukiah 的医疗服务消费者应对 SSNIP 的反应,原告提出了使用 Elzinga 和 Hogarty 产品流检验法(以下简称 E-H 测试法),即对拟定相关地域市场病人的流入和流出进行统计分析。原告指出,E-H 测试法是社会公认的界定相关地域市场的定量分析法,并且援引了联邦贸易委员会审理美国医院集团公司案(HCA)和美国地区法院审理洛克菲特纪念公司(Rockford Memorial)案使用了 E-H 测试法的实践。尽管行政法官与联邦贸易委员会承认,E-H 测试法以及其他统计技术对界定相关地域市场是有用的,但他们又指出,这个方法并不完善,而且无论在美国医院集团公司案还是在洛克菲特纪念公司案,联邦贸易委员会都没有肯定这个方法是界定地域市场的适当方法。他们还指出,E-H测试法也不能为原告建议的该案地域市场为 Ukiah-Willits 或者 Ukiah-Willits-Lakeport 提供证据,因为学术界尚未对外部流入比(little in from outside,LIFO)和内部流出比(little out from inside,LOFI)应当使用 75% 还是使用 90% 作出一个适当的标准,且原告专家在这方面也没有相关的经验和证据。基于此,审理该案的行政法官认为,原告界定相关市场使用的方法不正确,即没有完成相关市场界定之举证责任。②

---

① Adventist Health Sys. ,117 F. T. C. 224(1994).

② Adventist Health Sys. ,117 F. T. C. 224,297(1994).

(2)反例二:原告因使用的统计数据缺乏代表性而败诉

前面提及到,被告可从两个角度对原告界定的相关市场进行反驳,一是证明原告使用了不相关的统计资料;二是否定原告所提供统计数据的证明力。这说明,统计数据准确是原告界定相关市场所提供表面证据的重要要求。下面介绍两个因原告提供的界定相关市场的统计数据不准确(不具有代表性)而败诉的案件。

一个是 Engelhard 案,这是一个涉及美国第一大与第二大胶质凹凸棒黏土(GQA,一种用途非常广泛的悬浮剂)公司合并的案件,司法部请求法院永久禁止该项合并。司法部作为原告,采用 SSNIP 测试法对相关产品市场进行了界定,并提供了相关证据,即如果 GQA 价格上涨 5% ~10%,现有的 GQA 客户不会转向其他替代品。但是,一审法院和上诉法院都认为,原告进行的 SSNIP 测试只涉及了少数客户,因此其结论具有片面性。法院还认为,SSNIP 测试时,“如果有足够多的客户转向替代品,假想的 GQA 垄断者进行提价就无利可图。而且,可能还存在只要少数客户转向替代品就会导致被告涨价无利可图并使绝大多数客户免受高价 GQA 侵害的情况。为了评估这种可能性,司法部应当确定 GQA 不同的终端用途中 GQA 市场的规模。然而,司法部聘请的专家 Bodisch 博士不能确定在 GQA 各种终端用途中使用 GQA 产品的客户数目,这就使司法部在整个诉讼中处于不利的地位。无论原告在 GQA 各种终端用途的行业面谈了多少客户,如果那些客户不能代表那个市场,这些面谈的结果就不能用来预测整个市场。不知道市场的规模,就不知道受访的客户是否可以代表那个市场”。所以,法院认为司法部作为原告其结论是不可靠的。①

胜科金士达(Sungard Data)案涉及两家计算机信息服务公司即胜科金士达与高姆迪士高(Comdisco)灾难拯救服务业务(disaster recovery services)的并购。灾难拯救服务是用于恢复因遭受自然灾害、战争或其他意外事故损害的计算机系统的服务,包括共享热站服务(shared hotsites)、内部热站服务(internal hotsite)、快速发货服务(quick ship)、冷站服务(coldsites)、工作区拯救(work area recovery)、移动热站拯救(mobile hotsite recovery)、高度可获得拯救(high

① United States v. Engelhard Corp. ,126 F. 3d 1302,1306(11th Cir. 1997).

availability/ dedicated recovery)等服务。[①] 司法部作为该案的原告认为，该项并购将在大、中型计算机共享热站服务市场显著减少竞争，要求法院永久禁止该项业务。

原告将该案相关产品市场界定为大、中型计算机处理中心客户的共享热站服务，并且根据这个相关市场的界定，认定这个拟定的收购将会产生一个垄断性的市场，即合并后的公司将控制相关市场71%的市场份额。但是被告认为，司法部界定相关产品市场的范围太窄，正确的产品市场界定不是共享热站服务，而是整个灾难拯救服务。双方当事人都提供了大量证据支持他们各自的立场。法院认为，双方的证据都不足以支持自己的观点：原告虽然有充分证据将“冷站”服务、工作区服务、移动拯救服务和高度可获得性系统服务排除在相关市场之外，但没有足够的证据将快速发货服务和内部备援服务排除在相关市场之外；被告虽然主张将相关市场界定为整个灾难拯救市场，但没有提供足够的证据来反驳原告的界定。法院还指出，原告对相关市场界定承担举证责任并负说明义务，但是该案原告没有完成这个举证责任，即没有证明相关产品市场是拥有大、中型计算机处理中心的共享热站服务。法院提出的理由有两个：第一，原告的证据表明，其界定的市场覆盖了极其复杂和多种多样的客户群，这些客户群自身的计算机设备、对灾难应急服务的需求差别很大，但是由于计算机的功能变化很快，硬件成本和通讯成本会大幅度降低，客户自身计算机设备及其需求的多样性等证据不足以将内部热站服务或快速发货服务排除在覆盖共享热站服务的市场之外；第二，灾难应急服务的市场异常复杂，要设计一个从外部热站向内部热站转移服务的财务方案较为困难，如客户不清楚内部热站服务的具体定义是什么，他们对这个问题的反映常常是混乱和模糊不清的，几个接受过一方当事人访谈的客户在接受另一方当事人访谈的时候又改变了立场，这进一步说明原告界定的相关产品市场没有说服力。

司法部作为本案的原告还指出，“即使有客户转向替代性的内部解决方案以应对热站服务价格的小幅上涨，但这改变不了热站服务是一个相关市场的结论”。为了支持其这个主张，司法部提供了50余份共享热站服务客户的声明，

---

① 共享热站服务的主要服务对象是拥有大型计算机和高端平台的公司，因为热站服务可由多个公司共享，因而这种服务能够为大型计算机公司提供性价比较高的服务。内部热站服务的功能与共享热站服务相同，但相关设备是由公司自己而不是卖主所有。这种服务的方式一般是公司将每日备份的磁盘发给一个远程地址，内部热站服务要求公司有第二套计算处理系统。快速发货服务是在规定的时间内将计算机设备送至客户指定的地址，但是不启用设备或提供支撑服务。

声称其不会因为成本问题而转向替代品以回应一个 SSNIP 测试。但是法院认为,根据这些证据,人们只能得出有些客户不会转向内部解决方案以回应共享热站服务的 SSNIP,但是原告没有证明这批被俘获的客户规模上大到足以致使假想的垄断者施加 SSNIP 可以有利可图。与被告提供的共享热站服务的客户相比,原告提交法院的客户名单太少,即尽管政府提供了 50 余份客户声明,表明它们不可能因为共享热站服务的价格上涨而寻求其他的解决方案,但是目前使用被告共享热站服务的客户有 7500 个。如果没有足够多的信息,法院不能简单依据这 50 份声明就认定它们可以代表共享热站服务的客户。此外,由于客户在其规模、使用的设备以及业务需求方面存在显著的差异,司法部的案卷记录不能表明它援引的客户可以代表共享热站客户的全貌。譬如对于某种规模或某一产业的客户,接受 SSNIP 可能是其唯一的选择,但是其他具不同规模或有不同商业需求的企业也许会转向替代品以回应价格上涨。基于这些无可争议的证据,法院不能决定一个 SSNIP 测试是否会引起大量的用户转移至替代性灾难拯救服务。①

上述两个案例表明,普通程序中相关市场界定的表面证据标准包括但不限于以下要求:第一,原告界定相关市场使用的方法应当是司法实务部门或反垄断理论界较为认同的方法;第二,原告用于界定相关市场的统计数据应当具有代表性。尤其应当提及的是,根据圣科金士达案关于"证据方面的任何纰漏是原告而不是被告的缺陷(any gap in the evidence is a flaw in plaintiff's case - not defendants')"的判决意见,②原告不能以被告没有提供确切的统计数据或被告提供的统计数据不具有代表性为由来减轻自己的举证责任。

(二)欧盟的"明显错误"标准

欧盟的竞争立法从来没有涉及相关市场界定的证明标准问题。司法实践中,法院使用的证明标准与"排除合理怀疑"的标准(beyond reasonable doubt)、"盖然性平衡"标准(balance of probability)或大陆法系的"法官自由心证"(la conviction intime)标准接近。③ 鉴于欧盟竞争法的实施采用行政主导模式,即大多数案件可以在欧委会层面得到解决,诉至欧洲法院的案件不多。即使有一些

---

① United States v. Sungard Data Sys. ,Inc. ,172 F. Supp. 2d 172,182 - 183(D. D. C. 2001).

② United States v. Sungard Data Sys. ,Inc. ,172 F. Supp. 2d 172,185(D. D. C. 2001).

③ Mark Clough,The Role of Judicial Review in Merger Control,24 NW. J. INT' L L. & BUS. 729 (2004).

诉至法院的案件，因为法院大多支持欧盟委员会的决定，所以判例法很少对相关市场界定的证明标准进行讨论。直到2000年左右，欧盟初审法院连续否定了欧盟委员会作出的几个决定，相关市场界定的证明标准问题才引起了欧盟委员会、法院及学术界的重视。根据欧洲法院在空中旅行公司案、施耐德电器公司案、利乐包装公司案的判决意见，如果欧盟委员会界定相关市场的证据或推理没有明显错误，法院一般会尊重欧盟委员会的自由裁量。所以，欧盟竞争法关于相关市场界定的证明标准可以称为“明显错误”标准（manifest errors）。不过，欧洲法院很少有关于“明显错误”标准进行解释的案例，以下是两个不多见的案例，一个是2002年判决的空中旅行公司案；另一个是2002年判决的施耐德电气公司案。

1. 空中旅行公司案

空中旅行公司案涉及英国两家旅行社即空中旅行（Airtours）与首选公司（First Choice）之间的合并。欧盟委员会禁止了该项合并，理由是该项合并将在英国可以短途包机的三大旅行社之间产生集体支配地位（a collective dominant position）。空中旅行公司不服欧盟委员会的决定，向欧洲初审法院提出诉讼，欧洲初审法院撤销了欧盟委员会的决定。

在提交给初审法院的诉状中，空中旅行对欧盟委员会的决定提出了四个方面的质疑，其中首要的质疑是欧盟委员会对相关产品市场的界定。欧盟委员会界定了两个独立的产品市场：飞行时间超过3小时的长途包机旅游市场（long－haul package holidays）和飞行时间3小时之内的短途包机旅游市场（short－haul package holidays），并将受该合并影响的相关市场界定为短途包机市场。欧盟委员会指出，短途包机旅游与长途包机旅游有很大的区别，其理由是：长途包机旅游因其浪漫而对单身人士或无小孩的夫妻更有吸引力，短途包机旅游则更适合家庭旅游；长途包机旅游不适合暑假旅游的消费者；长时间飞行使很多消费者不愿选择长途包机旅游；长途包机旅游与短途包机旅游的平均价格差距很大，即两者之间的可替代性有限。

但是，空中旅行公司认为欧委会对长途包机旅游与短途包机旅游需求与供给替代的评估存在明显错误：首先，长途包机旅游与短途包机旅游两种产品的差异没有像欧盟委员会所说的那样明显，因为有些短途包机旅游地如土耳其或北非比长途包机旅游如佛罗里达或多米尼加更具浪漫性，而且事实上佛罗里达或多米尼加对家庭旅游更具吸引力；短途包机旅游与长途包机旅游的时间长短可能是一样的,因为旅行时间的考虑还包括入住时间和转乘时间,而并不一定是严格意义上的飞行时间,所以无论是短途包机还是长途包机,各旅游公司都会提供适合不同生活方式、不同兴趣爱好的旅游服务。其次,长途包机旅游的平均价格与短途包机旅游的平均价格之间的差距与相关市场界定无关,因为某些短途旅游的价格与长途旅游的价格是一样的,即平均定价的方法没有考虑这部分边缘消费者。因此,空中旅行认为,本案的相关产品市场应包括长途包机旅游和短途包机旅游在内的整个国外旅游市场。

根据诉辩双方的证据,初审法院注意到,欧盟委员会在界定相关市场时,对消费者偏好、平均飞行时间、平均价格水平及飞往不同旅游地的飞行器的有限替代性进行了解释,对空中旅行提出在产品有明显差异的情况下,将平均价格水平作为影响消费者决策方式的相关性提出的质疑进行了回应,但是欧盟委员会没有否定空中旅行提出的长途包机旅游越来越受消费者青睐之事实,没有对原告援引英国消费者进行长途旅游如赴大西洋彼岸进行旅游的市场调研结果进行反驳,如没有对近五年来 36% 的短途旅游消费者选择了长途旅游并有 62% 的短途旅游消费者计划在下一个五年进行长途旅游的统计数据提出质疑。初审法院认为,在这种情况下,必须对欧盟委员会的评估是否存在明显错误进行审查。

鉴于空中旅行提出了平均价格水平不宜作为界定相关市场的依据,而是边缘消费者的行为对于界定相关市场很重要,即如果短途旅游价格上涨他们可能会用长途旅游代替短途旅游,初审法院重点对欧盟委员会评估边缘消费者的重要性方面进行了审查。初审法院在审查中发现,双方当事人有一个共识,即国外旅游的英国消费者对旅游价格一般很敏感;欧盟委员会虽然承认某一长途旅游目的地,特别是一年之中某段时期譬如天气不太好的时期,长途旅游价格与短途旅游性价比最高价格(如暑假旅游高峰、上乘的食宿)相当或接近,但欧盟委员会同时也指出,这种有限的价格一致性不足以约束整个短途旅游市场的价格,因为无论根据价格还是其他理由,这部分消费者非常少,不足以成为短途旅游的有效替代品。在对诉辩双方提供的证据进行全面审查之后,初审法院认为,"欧盟委员会的观点,即只有少数旅游者在价格方面将长途包机度假视为短途包机旅游的替代品不具明显错误",即根据本案情况,欧盟委员会关于不断变化的消费者偏好和长途包机旅游不断增长等因素对相关市场界定不具有决定性的影响,也即欧盟委员会对相关市场的界定没有明显的错误,没有超越其自由裁量权的边界。[①]

2. 施耐德电气公司案

施耐德电气公司案涉及法国两家低压电气公司施耐德(Schneider)与罗格朗(Legrand)的换股计划,因不服欧盟委员会对这个换股计划的否决,施耐德电气公司向法院提出了诉讼。本案的主要争点也是相关市场界定。欧盟委员会将相关产品市场细分为开关、插座、塑盒断路器(moulded case circuit breakers)、微型断路器(miniature circuit breakers)、防水设备、固定与调车设备、配电柜、配电板、变配电产品(electrical transformation products)、控制与信号配件产品(control and signalling accessories)等很多低压电器产品,将相关地域市场界定为欧盟各成员国,并由此得出了拟定换股计划将使施耐德电气公司在很多相关市场产生市场支配地位,这包括意大利的塑盒断路器、微型断路器、配电柜市场,丹麦、西班牙、意大利与葡萄牙的微型断路器市场,法国与葡萄牙的连接电路断路器市场,希腊的插座与开关市场,西班牙的防水设备市场,法国的固定与调车设备市场、变配电产品市场、控制与信号配件产品市场等,由此可能会导致严重损害竞争的结论。根据原、被告双方的证据,法院对欧盟委员会界定的相关市场进行了审查。法院认为,欧盟委员会关于相关产品市场的界定虽无不妥,但是界定相关地域市场时错误地适用了4064/89 号合并条例第2 条第3 项。

如前所述,欧盟委员会对施耐德与罗格朗换股计划的竞争分析是以欧盟各成员国的国内市场为基础。根据欧盟委员会的解释,相关地域市场界定为各成员国市场的依据有四个:(1)不同国家销售的产品显著不同;(2)产品定价因国别而异,部分产品定价国别差异很大;(3)竞争的关键因素包括供给替代和需求替代,实质上均取决于成员国本身;(4)欧盟没有在电器方面制定统一的技术标准,而且这方面的沉没成本很高,因此国与国之间存在显著的进入障碍。最后,欧盟委员会关于相关市场界定的结论是:并购后的实体将在德国和芬兰之外的其他成员国产生市场支配地位,且在各成员国相关市场上,没有任何竞争对手像施耐德与罗格朗并购后企业一样生产如此丰富的产品品种和具有如此广阔的市场,合并后的实体在欧盟提供的产品是全方位的,而且无与伦比,因为它可以将施耐德在北欧的广阔市场与罗格朗在南欧的广阔市场结合在一起。

但是法院认为,适用欧共体理事会第4064/89 号合并条例时,地域市场是

---

① Airtours plc. v. Commission, Case T-342/99[2002] ECR II-2585.

一个确定的地域场所,在这个区域,销售相关产品的经营者的竞争条件具有同质性,因为欧盟委员会将本案相关地域市场界定为各成员国的市场,欧盟委员会应当使用与各成员国市场有关的经济证据来证明集中对各成员国市场竞争的影响,因为如果这个并购可以在成员国市场产生或者加强支配地位,这应当基于成员国市场的经济证据。然而,欧委会在对本案进行竞争分析中,使用了全部成员国即整个欧盟的经济力证据,也即是关注的是这个合并实体在整个欧盟的市场力,而没有就这个合并实体与其竞争对手如西门子、通用电气在各成员国的市场力进行权衡,这说明欧盟委员会对欧洲理事会第4064/89号条例的适用存在明显的错误。①

虽然上述两个案例没有对"明显错误"标准的内容进行明确说明,但是根据两案的事实及初审法院的分析思路,不难理解"明显错误"标准的基本内容。从空中旅行公司一案的事实看,欧盟委员会将相关产品市场界定为短途包机旅游并非完美无缺或无懈可击,原告提出的反驳也并非没有道理。正因如此,初审法院对欧盟委员会决定的审查标准是欧盟委员会的决定是否存在"明显错误"。因为根据欧盟竞争法的规定,欧盟委员会是欧盟竞争法的主管执法机关,拥有包括调查、处罚竞争违法行为在内的广泛权力,而且竞争执法事务涉及大量复杂的经济分析,而这种经济分析工作对法官来说往往难以信任。所以,无论根据法律规定,还是从竞争执法的实际出发,欧盟委员会在竞争执法方面都拥有较大的自由裁量权。尽管出于权力平衡的考虑,司法机关有权对欧盟委员会的决定进行审查,但这种审查属"最低限度审查"(marginal review)②而非"全面审查"(comprehensive review),即其重心在于审查欧盟委员会的决定是否超越其自由裁量权。施耐德电气公司案是一个较好的例证。该案中,施耐德电气公司对欧盟委员会界定的相关产品市场和地域市场都提出了质疑,但初审法院仅否定了欧盟委员会关于相关地域市场的界定,而没有否定关于相关产品市场的界定,主要原因是欧盟委员会界定相关地域市场的推理存在前后不一致的地方,因此超越其自由裁量权。

综上所述,欧盟竞争法中"明显错误"标准的适用至少包含两个基本维度:

---

① Schneider Electric SA v. Commission, Case T－310/01[2002]ECR II－4071.

② "最低限度审查"主要审查欧盟委员会对案件是否有管辖权、欧盟委员会作出的决定是否履行了法定程序、作出决定的理由是否充足、对事实的陈述是否准确、对事实的评估是否有明显错误或是否有滥用权力的情况。

第一，原告界定相关市场的理由是否有错误，如果明显有错误，法院便不对欧盟委员会界定的相关市场是否“明显错误”进行审查；第二，欧盟委员会界定相关市场是否超越了其自由裁量权，如果没有超越，法院则不会否定欧盟委员会的决定，反之欧盟委员会则犯有“明显错误”，也即是界定的相关市场会被法院予以否决。当然，在判断欧盟委员会的决定是否超越其自由裁量权方面，法院拥有的自由裁量权也相当大，也即是法院有权对欧盟委员会提供的证据进行全面评估。

根据相关学者的研究，在界定相关市场的证明标准方面，欧盟对不同类型的案件可能存在不同的要求，即依据《欧盟运行条约》第 101 条与第 102 条审理案件的证明标准要比并购案件的证明标准高，其主要原因是，第 101 条或第 102 条管辖的案件属于事后调查的案件，欧盟委员会可以花很长时间收集相关证据，包括现场检查、市场调查、问卷调查、访谈等，而且相关证据也较为容易获得。与此相反，合并审查属事前审查案件，即关于未来的市场份额以及未来市场行为的预测具有前瞻性，而且委员会作出评估的证据主要依赖经济理论与经济模型，此类证据具有很强的主观性，没有两个经济学家会得出完全一致的结论。这种情况下，如果适用严格的证据标准要求欧盟委员会证明其案件，它可能永远也禁止不了一个企业合并。因此，企业合并案件的证据要求应当比卡特尔案件或滥用市场支配地位案件的证据要求低。不过，也有学者认为，对未来影响进行的预测更需要有说服力和令人信服的证据。但是根据目前判例法的发展情况，欧洲法院对合并案件相关市场界定的证据标准较为宽松，如果欧盟委员会对相关市场的分析与其前面的判例具有一致性，并且支持相关市场界定的证据有说服力，法院一般不会对委员会的相关市场界定进行审查。①

三、小结

前面对美国和欧盟两大反垄断司法辖区关于相关市场界定的举证责任与证明标准进行了探讨。根据国外相关学者的研究，现在绝大多数反垄断司法辖区都是采用了普通民事案件所要求的“优势证据”标准或“盖然性平衡”标准。但是，由于各司法辖区反垄断实体法并不完全一致，其反垄断实施机制也存在着差异，所以相关市场界定的举证责任分配以及证据标准的内容也不一样。现在，很多司法辖区的反垄断执法机关颁布了关于相关市场界定的指南，这些指

① See Tony Reeves, Ninette Dodoo, “Standards of Proof and Standards of Judicial Review in European Commission Merger Law”, *29 Fordham Int' l L. J. 1034*, 1049 (2006).

南虽然不具有法律属性,但是无论是反垄断诉讼的原告还是被告,抑或裁判机关,基本上都是按照反垄断执法机关发布的指南进行操作的。换言之,相关市场界定并不完全属于事实层面的问题,也涉及法律的问题,只不过这里的法律是一种“软法”,但这可以说明,相关市场界定的举证责任与证明标准是有一定规律可循的。

第二节 证据来源及其与市场界定的相关性

界定相关市场的证据类型很多,来源渠道也很广。为使执法机构能够支持自己所界定的相关市场,原告和被告一般都会想方设法地收集与相关市场界定有关的证据,因此在司法实践中,用于界定相关市场的证据超过上千份或者多达数万页的案件并不鲜见。但是,迄今还没有哪一个司法辖区对这些令人眼花缭乱的经济证据的种类及其证明力发布过明确的指南,相关的学术研究也比较少。

欧盟委员会在其1997年发布的《界定相关市场的通告》较早介绍了欧盟委员会对相关市场界定所考虑的主要证据。该通告指出,有必要准确地界定市场时,欧盟委员会通常会与该行业的主要客户和主要公司联系,询问他们对产品市场和地理市场的看法,并获取必需的事实证据,以得出正确的结论。欧盟委员会也可能联系相关的行业协会,适当时候也会与上游市场的企业取得联系,以便必要时为案件涉及的不同产品或服务的销售划分产品市场和地域市场。欧盟委员会在适当的时候还会向上述市场参与者进行书面调查,了解他们对假想垄断者涨价的反应以及关于相关市场界定的看法。欧盟委员会也可能与那些公司的销售主管或其他管理人员进行讨论,以更好地了解供应商与其客户之间的谈判情况以及与相关市场界定有关的其他问题。欧盟委员会在适当的时候也可能对当事人的工作场所进行实地调查和检查,调查他们的客户和竞争对手,以更好地了解产品的生产和销售情况。①

经合组织(OECD)在其2002年发布的关于相关市场界定圆桌会议的报告中从两个层面对相关市场界定的证据进行了归纳,指出需求替代的证据来源有以下六个方面:第一,市场结构变化的证据,如新供应商的进入;第二,最新的竞

---

① Commission Notice on the Definition of Relevant Market for the Purpose of Community Competition Law, paras 33 - 34.

争分析数据;第三,消费者调查的证据;第四,公司内部文件如公司营销的数据;第五,行业专家、行业顾问、公司前高管、互补产品供应商、分销商等提供的信息;第六,转向替代品的成本与时间、产品特性等。供给替代方面的证据来源有行业专家和技术专家提供的信息以及市场参与者在过去的行为等。①

上述两个文件主要是对界定相关市场的证据来源作了说明,但是没有提及上述各类证据的证明力。美国反垄断法学者贝克尔(Baker)在《市场界定:一个分析性概览》一文指出,需求替代方面的证据可分成买主过去的反应、买主调查、产品特性、卖主行为以及行业专家的观点等五类,这些证据中既有适用于定量分析的,也有适用于定性分析的,它们的证明力根据具体案情而异,即这里不存在法定证明力的排序问题。②

鉴于目前关于相关市场界定的证据来源、类型及其证明力的研究不多,而且没有系统性,下面结合相关司法判例,按照政府、行业协会、被告、客户及专家的证据逻辑顺序,对相关市场界定的证据来源作简要梳理,并对相关证据的证明力及调查取证中应注意的相关事项进行探讨。

一、政府的资料

出于宏观调控、行业监管等多重目的,政府往往会定期收集各种经济数据,出版年鉴等出版物。根据各司法辖区涉及证据的法律制度,政府收集的经济数据及相关出版物等毋庸置疑可以作为证据来使用,反垄断诉讼自然也不例外。

以美国一个联邦地区法院 1987 年判决的阿彻·丹尼尔斯·米德兰德一案(Archer - Daniels - Midland)为例,为了对甜味剂进行监管,美国农业部及其他相关政府机构出版了《糖业与甜味剂市场展望与形势报告》《糖业与甜味剂市场展望与形势年鉴》等刊物。这个案件的原告将相关产品市场界定为高果糖浆,被告将相关产品市场界定为至少包括甘蔗、甜菜、高果糖浆,甚至包括糖精、阿斯巴甜等在内的所有甜味剂。为了证明各自所界定的相关产品市场,原告与被告均引用了美国农业部出版的上述刊物作为证据。法院审查原、被告界定的相关市场时,也多次引用了农业部的资料。譬如,在证明高果糖浆与蔗糖具有需求交叉弹性时,地区法院引用了美国农业部 1986 年 3 月发布的《蔗糖与甜味剂市场展望与形势报告》的统计资料,并指出"美国农业部的资料以无可争辩的方

---

① OECD, Market Definition 2012, http://www.oecd.org/daf/competition/Marketdefinition2012.pdf.

② See Jonathan B. Baker, "Market Definition: An Analytical Overview", *74 Antitrust L. J. 129*, 139, 141 (2007).

式证明,增加低价替代品(高果糖浆)的供应量,就会减少高价替代品(蔗糖)的供应量"。在证明高果糖浆与蔗糖具有价格相关性时,法院引用了农业部在其1977年、1980年和1981年等相关报告中的观点,例如,指出"由于高果糖浆与蔗糖是密切替代品,高果糖浆的价格一如既往是由蔗糖的价格来决定"(1977);指出"影响高果糖浆价格的重要因素是蔗糖,因为在许多食品与饮料中,高果糖与蔗糖是密切替代品"(1980);指出"在竞争性的蔗糖价格急据下降之后,淀粉糖的价格也显著下降"(1981)。[①] 这个案例说明,由于政府收集的统计数据以及政府在相关文件表达的观点毫无疑问具有客观真实性,所以,政府发布的资料具有比较强的证明力。但是应当指出的是,政府资料不是专门为界定相关市场准备的,所以,与相关市场界定的关联性往往会成为法院能否采信政府资料的核心因素。在上述这个案件中,美国农业部将甜味剂市场分为含热量的甜味剂与不含热量的甜味剂,其中含热量的甜味剂包括甜菜蔗糖、甘蔗蔗糖、玉米糖浆、葡萄糖、新高果糖玉米糖浆等,不含热量的甜味剂包括糖精、阿斯巴甜等"人造"甜味剂。尽管这个分类是由美国农业部经济研究中心的经济学家作出的,但因这个分类是基于行政管理需要,而不是基于考察这些甜味剂相互是否具有可替代性,换言之,农业部的市场划分与反垄断案件的市场界定基本没有相关性,因此政府的这些资料未被法院采用作为界定相关市场的证据。

在一个美国联邦地区法院2011年判决的布洛克税务咨询公司案,原告聘请的专家利用美国国家税务局收集的税收筹划产品转换数据进行了假想垄断者测试与临界损失分析。由于国家税务局每年都要对全美的税收返回进行处理,并对纳税人使用税收筹划方法的数据进行跟踪,因而其收集的与税收筹划方法有关的数据应当最真实、最全面和最准确,可作为分析纳税人如何在税收筹划各种方法中转来转去进行经济分析的可信赖的资料。但是,法院并没有采信原告专家据此数据进行分析而得出的结论。法院认为,在实践中,纳税人在各种税收筹划方法中转来转去的动机与原因有很多,价格、便利程度、消费者个人情况的变化、税收复杂程度的增强或降低、对以前税收筹划方法信心的丧失等都是纳税人在进行税收筹划时考虑的因素,国家税务局所收集的税收筹划方法转换数据"没有扣住纳税人为什么要在各种税收筹划方法转来转去"这一问题,不能用于测量对界定相关市场非常重要的转移率,即客户对产品价格增涨

① United States v. Archer – Daniels – Midland Co. , 695 F. Supp. 1000, 1016 (S. D. Iowa 1987).

的反应，所以，其对相关市场界定的证明价值非常有限。[①]

上述两个案例表明，法院虽然并不排斥反垄断诉讼的当事人将政府资料作为界定相关市场的证据，但是法院采信此类证据的概率比较低。在阿彻·丹尼尔斯·米德兰德一案，当事人提供了政府将甜味剂市场划分为含热量的甜味剂与不含热量的甜味剂的证据属定性证据，布洛克税务咨询公司案当事人利用政府收集的统计数据进行假想垄断者测试属定量分析证据。两案的结果表明，不管作为定性分析证据还是定量分析证据，因为政府资料与相关市场界定的相关性不强，这些证据都没有获得法院的采信。由此可见，政府资料对界定相关市场的作用是有限的。也许正是出于这个原因，欧盟委员会发布的《关于相关市场界定的通告》以及经合组织关于相关市场界定的圆桌会议报告都没有提及政府的资料。

二、行业资料

行业资料主要指行业协会收集、整理和公布的与本行业有关的经济分类、统计数据或研究报告。美国联邦最高法院在其1962年的布朗鞋案提出界定相关市场的七个"实用性标识"的首要标识就是"行业或公众的认知"。在美国的判例法，"行业或公众认知"的证据主要包括产业或行业协会的出版物以及所涉产品或者服务进一步细分的行业协会的存在等。此外，美国商务部所属的人口调查局（United States Census Bureau）关于产业的分类也被认为是在行业方面的重要证据。与政府的资料相比，行业资料对相关市场界定的证明作用要大得多。

例如，在纽约南区联邦地区法院1964年审理的一个并购案中，司法部认为被告的资产收购行为违反了《克莱顿法》。案件双方当事人的争议焦点是，纸绝缘电缆是否可构成绝缘电缆市场上一个足够清晰的子市场，司法部认为是，被告则认为不是。法院认为，纸绝缘电缆一般在绝缘电线电缆行业被视为一个独立的部门，因为全国电力制造行业协会将纸绝缘电缆作为一个独立的统计项目进行相关资料的收集与出版，且该行业协会建议人口调查局在统计表上将纸绝缘电缆作为一个独立的产品。[②]

在美国亚利桑那联邦地区法院1968年审理的一起报业并购案中，作为原告的司法部将该案相关产品市场界定为报业市场，被告则认为该案相关产品市

---

① United States v. H&R Block, Inc., et al., 833 F. Supp. 2d 36, 62 (2011).

② United States of America v. Kennecott Copper Corporation, 231 F. Supp. 95 (S. D. N. Y. 1964).

场还应包括广播、电视等新闻媒介,因为在广告方面,广播、电视等新闻媒介是报业的有力竞争者。法院对报业的运作模式与赢利模式进行深入分析后认为,报业市场构成本案相关产品市场。法院的理由是,根据布朗鞋案提出的“实用性标识”对相关产业进行了考察后发现,美国不仅有专门的报业协会、专门的报业出版物和“成员资格仅限于报业企业职工的工会”,而且“联合通讯的正式会员仅限于报业拥有者”,人口调查局为报业行业还建立了标准的产业分类。通过对报业产品的质量、价格等因素进行综合考虑之后,法院认定报业行业构成本案独立的相关产品市场。①

在美国科罗纳多联邦地区法院1975年审理的一起涉及混凝土企业的并购案中,原告将相关产品市场界定为预拌混凝土市场,被告则认为相关产品市场应包括砖块、钢材、木材等特别是预制混凝土等竞争性建筑材料。法院认为,建筑行业将预拌混凝土生产商视为建筑行业一个独立的实体,其标志为由一个预拌混凝土生产商组成的行业协会来推广其产品,此外,在标准化产业分类中,预拌混凝土也被视为一个独立的产品,在加上预拌混凝土有专门的生产设施和运输设备等因素,法院最后认定预拌混凝土构成一个独立的相关产品市场。②

在美国第九巡回上诉法院1979年审理的一起铅业公司并购案中,双方当事人争议的焦点也是关于相关产品市场的界定。该案原告联邦贸易委员会认为,该案的相关产品市场是二手铅市场;但是被告RSR则认为,相关产品市场是整个铅产品市场。法院的观点是,不仅该案当事人提供的证据表明铅业行业对初质铅与二手铅作了区分,而且消费者、生产者以及全国性的生产报告也都将这两种铅进行了区分,所以该案的相关产品市场是二手铅市场。③

在新泽西联邦地区法院1991年审理的一起由私人提起的并购诉讼中,原告安思尔公司作为乳胶避孕套的生产商与销售商,它将相关产品市场界定为乳胶避孕套零售市场;被告则认为应将乳胶避孕套的批发也纳入相关产品市场之中,理由是各种避孕套之间的需求交叉弹性很强,因此该案的相关产品市场应当比原告所界定的要宽。法院指出,“提交法庭的证据明确表明,这个产业的参与者将他们的零售贸易视为一个独立的经济领域。原告提交了大量的相关产业参与者的营销计划、收入分析、费用分析等文件以证明零售应被视为一个独

① United States of America v. Citizen Publishing Co. etc,280 F. Supp. 978,985(1968).

② United States v. M. P. M. ,Inc. and Pre - Mix Concrete,Inc. ,397 F. Supp. 78(1975).

③ RSR Corporation v. Federal Trade Commission,602 F. 2d 1317(9th Cir. 1979).

立的市场,而且这种观点还不限于原告……尼尔森公司,一个调查避孕套行业销售数据与市场份额的独立研究机构,也专门为零售渠道销售的乳胶避孕套单独保留了数据”。[①]

在科罗拉多联邦地区法院2004年审理的一个私人损害赔偿案件中,原告将相关产品市场界定为摇滚乐门票销售市场,被告反驳说,原告没有界定相关市场,因为原告没有计算和分析产品的需求交叉弹性。原告对此反驳的理由有两个,一是计算娱乐业的需求交叉弹性非常难;二是除了需求交叉弹性,相关市场可以通过其他“实用性标识”来证明。法院的观点是,在不可能基于价格数据对需求交叉弹性进行分析的情况下,原告可以通过其他方法界定反垄断意义上的相关市场。尽管该案的原告没有对需求交叉弹性进行分析,但它对界定相关市场的“实用性标识”进行了调查,如引用了很多行业的出版物如Billboard、Radio and Records、Arbitron等来证明该行业将摇滚乐与非摇滚乐进行了区分。此外,原告还提供了摇滚乐与非摇滚乐具有不同的用途与质量标准等方面的证据。最后,法院支持了原告关于相关产品市场的界定。[②]

尽管上述判例只是那些需要进行相关市场界定的数以万计的案件中极少的一部分,但它们的时间跨度整整40年。这些判例表明,产业认知证据在界定相关市场中非常重要。美国联邦贸易委员会的前执行主席克莱顿(David A. Clanton)曾说过,“如果没有相反的证据,产业或公众认可的独立市场”很可能就是界定相关产品市场“有证明力的证据”。[③] 美国法院也多次指出,“产业或公众认定子市场是一个独立的经济单位很重要,因为我们设想经济行为通常会对经济现实有精确的见解”。“这些标识是可替代性之直接证据的代表。”[④]“实用性标识可视为可替代性以及需求和供给交叉弹性证据的代表。”[⑤]产业认知证据之所以受到法院特别是下级法院的青睐,这是因为产业证据多属于定性证据,可操作性强,而且容易为下级法院所把握和适用。不过,产业认知证据也有其局限性。这种局限性的主要表现是,产业认知证据主要用于子市场的界定,

---

① Ansell Inc. v. Schmid Laboratories, Inc., 757 F. Supp. 467, 472 (D. N. J. 1991).

② Nobody in Particular Presents, Inc. v. Clear Channel Communications, Inc., 311 F. Supp. 2d 1048, 1083 (2004).

③ David A. Clanton, “1982 Merger Guidelines: Focusing the Inquiry: Specificity in the Merger Guidelines and Elsewhere”, *71 Calif. L. Rev. 430*, 440 (1983).

④ Rothery Storage & Van Co. v. Atlas Van Lines, 792 F. 2d 210, 218 n. 4 (D. C. Cir. 1986).

⑤ United States v. H&R Block, Inc., et al., 833 F. Supp. 2d 36, 51 (2011).

也即是界定的相关产品市场往往较窄，尽管也有适用于界定较宽市场的情况，但是这样的案件少之又少。[①]

三、被告的文件

被告的文件即作为被告当事人在日常生产经营活动中所产生和保存的文件。此类文件的形式有会议记录、备忘录、出版物、电子邮件、第三方与被告的往来函件等。根据它们在相关市场界定中的证明作用，被告文件在内容上大致可分为三类：第一类是含有会计信息的文件。这类文件主要是对大范围的内部关系与成本假设进行定量分析。运用内部会计信息，可以了解相关市场的范围和相关市场的集中度。会计信息文件往往可以决定一个垄断案件的输赢。第二类是描述市场特征的文件，如企业的市场规划、报告和招募备忘录等。在这类文件中，经营者会描述他们开展竞争的市场以及他们在市场上的地位。第三类是含有特殊目的或者意图信息的文件。[②] 在这三类文件中，前两类文件与相关市场界定密切相关。如果被告是行业的领导者，这两类证据可被视为产业认知证据的一部分。即使被告不是行业领导者，被告的日常经营文件与产业认知证据一样，对相关市场界定也可以起到重要的证明作用，而且由于此类证据源于被告自身，被告难以反驳，因而较之其他证据，其证明力更强。所以，界定相关产品市场的时候，法院往往会密切关注被告的日常经营文件。

美国阿肯色西区联邦地区法院 1995 年审理的社区出版公司案是竞争对手作为私人原告成功证明反垄断损害的少数案例之一。该案涉及报业公司之间的资产收购。原告将相关产品市场界定为地方日报市场，而事实上是两个市场，即读者市场和广告市场。界定相关读者市场时，被告认为应将地方电视、广播、周报等纳入这个相关市场。但是法院认为，被告的主张令人费解，因为被告的《阿肯色西北时代报》（*Northwest Arkansas Times*）出版商乔治·史密斯经常将《阿肯色西北时代报》与《阿肯色西北晨报》（*Morning News of Northwest Arkansas*）作比较，而不是将《阿肯色西北时代报》与电视、广播等媒体作比较；而且，本案的其他被告也不认为地方日报与地方电视等媒体有密切的竞争关系，被告自己提供的专家也认为该案的相关读者市场就是地方日报市场，所以，

---

① See Gregory J. Werden, "The History of Antitrust Market Delineation", *76 Marq. L. Rev. 123*, 173 (1992).

② See Geoffrey A. Manne, "E. Marcellus Williamson. Hot Docs vs. Cold Economics: The Use and Misuse of Business Documents in Antitrust Enforcement and Adjudication", *47 Ariz. L. Rev. 609*, 627 (2005).

法院没有接受被告将电视、广播等其他媒体纳入相关读者市场的建议。①

美国哥伦比亚联邦地区法院1997年审理的史丹普(Staples)案涉及两个办公用品超市的并购,相关产品市场的界定是该案中原被告激烈争论的核心问题。从功能层面判断,超市销售的办公用品与其他办公用品销售商销售的办公用品包括电脑、家具等耐用品以及纸张、笔墨等易耗品均具有很强的可替代性。但是,法院支持原告将相关产品市场界定为办公用品超市易耗品的销售。法院从原告联邦贸易委员会提供的涉及被告的大量文件中引证了部分文件,指出史丹普在其战略规划文件中使用了"办公用品超市产业"这一术语;史丹普在其关于1996年战略更新中还提及"三大办公用品超市",自称1993年之后"其竞争地位相对得以改善""被逐渐视为产业领导者";在一份关于并购奥菲斯公司可行性分析的文件提到"在一个新的没有竞争的市场上的价格收益",提到"随着业务向两个经营者的转移,潜在利润总体会上升";制订的长期规划中,史丹普与欧迪办公都重视其他办公用品超市制订的规划;在决定是否进入新市场时,史丹普与欧迪办公都会评估该市场上办公用品超市的竞争程度;为新门店选址时,即使新门店紧临或靠近诸如沃尔玛这样的零售店,被告也会反复提及没有办公用品超市这类竞争对手。这些文件表明,无论史丹普还是欧迪办公,它们提及、讨论或者制定商业决策都是以办公用品超市的竞争为条件,即它们并不关注来自办公用品零售店、邮购公司或者独立文具店的竞争。②

在哥伦比亚联邦地区法院1998年审理的卡地纳健康(集团)公司(Cardinal Health Inc.)一案中,法院援引被告的内部文件,支持原告将相关产品市场界定为处方药批发市场。在这个案件中,联邦贸易委员会试图禁止几个处方药批发企业的合并,并将相关产品市场界定为处方药批发市场。被告认为,联邦贸易委员会界定的市场太窄,相关产品市场应当界定为处方药销售。与史丹普案一样,法院也认为处方药的批发与厂家直销、连锁零售、夫妻店等其他销售渠道存在需求交叉弹性,但这并不妨碍将批发市场界定为独立的产品市场。法院引用了被告的内部文件指出,"被告自己没有将其他销售方式视为有力的竞争或替代品。被告的文件表明,这个并购的当事人是从药品批发的角度,而不是从庭

① Community Publishers, Inc. v. Donrey Corp., 892 F. Supp. 1146, 1156 (W. D. Ark. 1995), aff'd, Community Publishers, Inc. v. DR Partners, 139 F. 3d 1180 (8th Cir. 1998).

② FTC v. Staples, Inc., 970 F. Supp. 1066, 1079 (D. D. C. 1997).

审中陈述的其他销售渠道来分析它们之间的竞争”。[①]

与此相似,在上述布洛克税务咨询公司案,法院也是依据被告的内部文件界定了相关产品市场。该案中作为原告的美国司法部指出,该案被告涉及价格决策以及公司日常经营管理的文件无可争辩地证明,被告的自报产品与其他自报服务商之间的产品明显存在竞争。被告反驳说,政府所选择的公司文件都是一些无关紧要的片段,从整体上看,它自己的文件支持将相关产品市场界定为所有的税收筹划产品。法院将该案的相关产品市场界定为自报软件市场,并在判决书中详细阐述了这个界定的理由。法院指出,“TaxACT 的内部文件表明,TaxACT 将 HRB 和 TurboTax 看作其提供的自报软件服务的主要竞争对手,TaxACT 跟踪 HRB 和 TurboTax 的产品营销与定价,并根据这些竞争者的自报软件制定自己产品的价格与商业战略”。“TaxACT 的投资银行为 TaxACT 产品的潜在买主准备的保密性备忘录将 HRB 与 TurboTax 确定为自报软件市场的主要竞争者。”“TaxACT 还讨论了宽泛的税收筹划产品市场,这些文件清楚地表达了 TaxACT 的观点,即该公司在自报软件服务市场主要是与 Intuit 和 HRB 开展竞争。”“HRB 的内部文件也证明,HRB 也将自报软件视为独立的市场或部门…… HRB 自报软件业务部门的文件也提到 HRB、TaxACT 和 TurboTax 是自报软件市场的三大竞争者。这些文件表明,与收购 TaxACT 的拟定交易相联系,HRB 认为这个拟定交易是增长其自报软件‘市场份额’的一种方式,并对 TaxACT 的市场份额进行了评估。”法院认为,上述这些文件都是自报软件应构成相关产品市场的强有力的证据。[②]

当然,并不是所有的被告文件都会被法院所采纳。例如,在马里兰联邦地区法院 1986 年判决的诺贝尔科学实业公司案,原告指控被告试图通过搭售行为垄断某种化学试剂,违反《谢尔曼法》第 2 条。但是,原告将相关产品市场界定得很窄,实际上仅包括了被告生产的化学试剂,而且就此提供被告的内部文件,以此证明被告自己提及的“市场”仅限被告生产的化学试剂。但是法院指出,“因反垄断目的使用的‘产品市场’具有特殊的含义”。尽管本案因被告、医院、化学试剂销售企业在其日常经营文件对“市场”的混乱使用而使这个概念变得很复杂,但被告“提及的‘市场’并不必然意味它指的‘市场’就是《谢尔曼法》立法目的的市场”。最终法院在这个案件没有采纳原告关于相关产品市场界定

① FTC v. Cardinal Health, Inc., 12 F. Supp. 2d 34, 49 – 50 (D. D. C. 1998).

② United States v. H & R Block, Inc., et al., 833 F. Supp. 2d 36, 53 (2011).

的意见。[①] 在明尼苏达联邦地区法院2010年判决的伦贝克一案，原告将相关产品市场界定为治疗早产婴儿动脉导管未闭症的药品。原告专家证人认为，被告购买的治疗早产婴儿动脉导管未闭症的两种药品因多美沙信（Indocin IV）和布洛芬赖氨酸盐（NeoProfen）在功能上具有可替代性，而且被告的内部文件也将这两种药品视为竞争性产品，但是法院也没有采信原告的证据。法院认为，原告引用的被告内部营销文件没有说服力。[②]

法院不采信被告的内部文件，可能有两个原因：一个原因是主审法院对证据的偏好，即法官在反垄断诉讼中有自由裁量权。这种自由裁量也可以表现为在界定相关市场方面的证据采信，即有些法官偏好定性证据，有些则偏好定量证据。如果法官偏好定量证据，被告的内部文件就可能得不到采信。伦贝克公司一案的原告之所以败诉，主要原因是主审法官偏好定量分析的证据，即坚持对案件进行经济分析，认为定性方面的证据没有说服力。[③] 另一个原因可能是被告文件中所指的“市场”并不能够反映经济现实。即被告关于“市场”这一术语的使用可能有多种动机，譬如自我炒作、推卸责任、争取主动权、吸引风险投资等，即因为被告使用的“市场”具有多重意义，有时可能指产品、品牌，有时指部门、客户类别和销售渠道，有时还可能指城市、州、国家、地区、责任区或分公司。在这种情况下，被告文件对于相关市场的界定可能就没有意义。[④]

尽管被告文件不是界定相关市场完美无缺的证据，但与其他证据相比较，这种证据对相关市场界定的证明力还是很强的。所以，反垄断执法机关一贯重视收集被告的文件，特别在合并案件中，有些国家的法律甚至赋予执法人员进入经营者营业场所收集相关信息的权力。譬如美国的哈特—斯各特—罗迪洛法规定，为了作出执法决定和获得初步证据，执法机关可进入经营者的营业场所获取相关的商业文件。根据司法实践，法院不愿意采信具定性性质的被告文件，但是对于定量的内部信息，法院则认为这些信息有助于了解商业现实和界

① Nobel Scientific Industries, Inc. v. Beckman Instruments, Inc., 670 F. Supp. 1313, 1318 – 1319 (D. Md. 1986).

② FTC v. Lundbeck, Inc., 2010 U. S. Dist. LEXIS 95365 (D. Minn. Oct. 28, 2010) (No. 08 – CV – 6379).

③ See Richard Parker, Michael E. Antalics, Bilal Sayyed, Shrinking from the “Third Rail”: Avoiding Direct Effects Analysis in Lundbeck, 25 Antitrust ABA 14 (2011).

④ See Geoffrey A. Manne, “E. Marcellus Williamson. Hot Docs vs. Cold Economics: The Use and Misuse of Business Documents in Antitrust Enforcement and Adjudication”, *47 Ariz. L. Rev.* 609, 638, 652 – 653 (2005).

定相关市场。

四、客户的证据

2006年美国司法部与联邦贸易委员会联合发布的《横向合并指南评价》指出,客户通常是关键信息的最好来源,有些案件甚至是唯一的来源。[①] 虽然行业认知证据和被告文件具有较强的证明力,但是一方面因为这些文件都不是专门为界定相关市场而制定的;另一方面实践中也不是任何案件都有行业认知证据或者原告可以获取的被告文件,这说明行业认知证据或者被告文件也都存在某些方面的不足。这种情况下,考虑"客户可以从竞争中受益","客户利益与反垄断执法机关保护竞争的利益密切相关",[②]客户提供的第一手资料如果与竞争分析中考察的事项如各公司间在价格、质量、服务水平、产品创新等方面的竞争有直接的联系,这种资料也可以为相关市场界定提供具有指导意义的信息。[③] 所以,无论是原告还是被告,他们都可将客户调查作为界定相关市场的证据来源。不过应当指出的是,尽管客户的意见有助于法庭了解产业的历史、性质与结构及其卖主与买主之间的关系,但在评估相关市场界定这一关键问题时,有许多因素会影响客户意见的潜在价值。

首先,客户的意见容易受到客户自身利益的影响,即主观性较强。这即是说,接受原告或者被告访谈或调查的客户一般不是中立者,他们不仅与案件的原告或者被告有着直接和非常密切的经济关系,而且可能与案件的审理结果存在间接的利益关系,这些因素自然会影响客户信息的真实性与完整性。譬如,如果受访客户可以将涨价成本转嫁给自己的客户,这些受访客户可能会对上游产品的垄断供应者相当满意,由此他们可能赞成将相关市场界定为一个较宽的市场,反之,客户可能倾向于提供将相关市场界定窄一些的信息。此外,有些客户还可能将反垄断执法机关的调查作为实现其某种私利如从涉案企业获得更为优惠的交易条件的谈判杠杆。如果涉案企业答应受访客户的条件,这些受访客户提供的信息就可能对涉案企业有利,反之,则不利。在上述阿彻·丹尼尔

---

① Commentary on the Horizontal Merger Guidelines, issued by the U. S. Department of Justice and Federal Trade Commission, March 2006, p. 9.

② International Competition Network, ICN Investigative Techniques Handbook for Merger Review (Jun. 2005), http://www.internationalcompetitionnetwork.org/handbook5-5.pdf.

③ See David Scheffman, Remarks to a Session on "The Use of Economics in EC Competition Law", Delivered in Brussels, Belgium: Sources of Information and Evidence in Merger Investigations: An FTC Economist's View (Jan. 2003), http://www.ftc.gov/speeches/other/sourcesofinfobrussels03.pdf.

斯·米德兰德一案中,原告提供的几份经挑选的甜味剂用户证词证明,他们是因为价格便宜而购买了高果糖浆,并且声称只要高果糖浆与蔗糖的价格存在差异(哪怕是很少的价格差异),出于低成本制作其产品的动机,他们就不再购买蔗糖。然而,这几个为原告作证的客户接受被告的访谈时又否认高果糖浆与蔗糖之间的不可替代性,[①]尽管司法部对这些客户的"背信"行为大为恼火,但是无可奈何。

其次,客户可能缺乏足够的信息或专业知识来评估市场界定这类复杂问题。反垄断实施中调查的客户对象有企业客户和消费者客户两类,这些调查的对象一般是随机选择。这些客户一般没有界定相关市场所必需的法律知识或经济学知识,如他们可能不了解可以得到的供给替代品,或者不知道未来技术与市场的发展变化特别是高科技和新产品的发展变化,可能没有参与过交易方或第三人可能影响未来交易的计划,或者并不处于预测产品价格或质量是否受相关交易不利影响的最好位置上。由于受到上述各种因素的限制,客户所表达的意见或观点究竟是出于反竞争影响的担忧,还是出于其他的动机或借口,往往难以确定。

最后,客户数量太多,可能难以联系到有足够代表性的客户。譬如对消费者进行的调查就相当困难,有时候客户的类型太多,不可能完整地评估全部客户的观点。在客户基数很大且其成分复杂的情况下,不具代表性的客户证言对案件的审理和相关市场的界定是没有帮助的。[②] 如在前面提及的圣科金士达案,因作为该案原告的美国司法部提供的 50 个客户的证言不能作为 7500 个客户的代表,法院便作出了有利于被告的判决。

解决客户代表性问题的可能办法是,对明确界定的一部分客户进行统计调查,即客户调查。迄今尚未有哪个国家对关于客户调查的方法或调查结果法律效力的认定等作出规定。在实践中,常用的客户调查方法有邮件(包括电子邮件)、简易调查问卷、电话采访或面对面访谈。但是这些调查方法因其成本、时间、覆盖面不同而各有其优点和不足。譬如,面对面访谈比电话采访有更高的答复率,但是电话采访的答复率比简易调查问卷要高。反过来看,面对面访谈比其他调查方法都会花费更长的时间与更多的成本。所以,采用什么方法进行

---

① United States v. Archer – Daniels – Midland Co. ,695 F. Supp. 1000,1019(S. D. Iowa 1987).

② See Ilene Knable Gotts,Daniel E. Hemli,"The Role of Customer and Economic Evidence In M&A Analysis",*13 Geo. Mason L. Rev. 1217*,1220(2006).

客户调查,这往往由成本和时间来决定。客户调查既可以由当事人或者执法机关自己做,也可请专门的市场研究机构做。在反垄断实践中,由专业市场研究机构进行的客户调查比较多,因为市场研究机构有专门从事调查研究的专业人员。

这里应当提及的是,很多因素会影响客户调查结论的证明力,特别是调查问卷的设计、调查方法的选择可能是主要因素。在前述的布洛克税务咨询公司一案,为了反驳司法部的观点,两个被告 TaxACT 与 HRB 联合进行了客户调查,以证明自报软件不构成反垄断意义上的相关市场。这个调查向受访者提出的主要问题是:“如果你不满意 TaxACT 的价格、功能或质量,你会考虑使用哪种产品或服务来筹划你的联邦税?”调查机构为受访者提供了一份可供选择的其他产品或服务的清单,指示他们选择合适的选项。调查机构向 TaxACT 的客户总共发送了 46,899 份电子邮件,邀请他们参加这个调查,但是结果只有 1089 个受访者对问卷作出了回答。被告聘请的专家基于这个调查结果认为,该项调查“提供了自报软件产品与手动税收筹划产品之间存在竞争的直接证据”,因为调查显示,如果 TaxACT 的客户对 TaxACT 的产品不满意,他们转向购买手动税收筹划产品的比例为 27% ~34% 。专家还认为,只有极少数 TaxACT 客户会转向购买 HRB 的产品,因为只有 4% ~10% 的受访者作出了这种选择。所以认为 HRB 与 TaxACT 并不是特别密切的竞争者。司法部对该项调查的可靠性提出了质疑,理由是这项调查的调查方法与调查问卷的措辞都有其内在的缺陷,最大的缺陷是调查问卷将客户关心的价格、功能或质量问题混在一起,这就使调查结果不能突出客户对价格变化的反映;此外从调查问卷中关于价格的措辞看,调查问卷中的问题不是价格变化,而像是客户关于 TaxACT 现存价格满意度的变化。法院也指出,该案中被告进行客户调查的方法有问题:首先,被告邮件调查受访者的答复率不高,即 98% 的受访者对被告的邮件调查没有作出回应,这个极低的答复率难以决定调查结果是否受某一部分人的影响。显然,法院认为,受访者的低答复率可以说明该项客户调查潜在的不足。其次,这项调查预先给受访者提供了选择表,而不是让受访对象自然回应,这不仅容易导致受访者会以被告同样的方式思考税收筹划服务市场,而且可能使受访者选择了那些没有选择表时可能不会选择的选项。① 最终,法院没有采信该项调查的

① United States v. H&R Block, Inc. , et al. ,833 F. Supp. 2d 36,70 – 71(2011).

结果。

客户调查究竟应当如何进行,各国反垄断执法机关与司法机关迄今都没有提供明确的指南。欧盟委员会在2010年发布了一份《反垄断案件经济证据提交与数据收集最佳操作指引》,就欧盟委员会对经济证据与数据的要求进行了说明。该指引指出,在获取数据时,执法部门与当事人的合作非常关键,执法部门提出的问题应该:(1)精确设计,即当事人能够对这些问题的回答作出明确地解释;(2)适当考虑竞争案件的性质、市场的结构特点以及相关经济学理论。① 虽然欧盟委员会发布的该指引不是专门针对客户调查,但它也为反垄断执法中的客户调查提供了原则性的建议。英国两位经济学家雷诺兹(Graeme Reynolds)和沃尔特斯(Chris Walters)在其2008年发表的文章中就英国竞争委员会运用客户调查的信息界定相关市场和进行竞争分析的经验进行了介绍,这是法律实务工作者进行客户调查的重要参考。②

五、专家证据

有学者指出,"反垄断成为最需要专家的法律领域之一"。③ 如果没有专家的帮助,"提起反垄断诉讼越来越成为一项冒险的事业"。④ 确实,专家证人在现代反垄断领域的使用非常广泛,如当事人之间是否存在合谋、集团诉讼的资格认定、损害赔偿数额的计算等,大多需要专家证人的广泛参与。相关市场界定是反垄断执法中的核心问题,从而也是特别需要专家证人的领域。从法院重视相关市场界定开始,与相关市场界定有关的一些概念如"需求交叉弹性"就是经济学术语。随着经济学对反垄断介入的加强,相关市场界定中的经济学术语越来越多,如SSNIP、临界损失、UPP、合并模拟、自然实验法等,这都是经济学家们提出来的概念。所以,在现代反垄断诉讼中,如果没有专家证人的参与,界定相关市场几乎成为一件不可能的事情。不过,因为反垄断领域的专家证据属于软科学证据,即具有较强的主观性,司法实践中需要通过对专家证人的资格限

---

① Available at http://ec. europa. eu/competition/consultations/2010_best_practices/best_practice_submissions. pdf.

② See Graeme Reynolds, Chris Walters, The Use of Customer Surveys for Market Definition and the Competitive Assessment of Horizontal Mergers, Journal of Competition Law & Economics, 4(2), 418 – 419, 2008.

③ Rebecca Haw, Adversarial Economics in Antitrust Litigation: Losing Academic Consensus in the Battle of the Experts, 106 Nw. U. L. Rev. 1261, 1271(2012).

④ Andrew I. Gavil, After Daubert: Discerning the Increasingly Fine Line between the Admissibility and Sufficiency of Expert Testimony in Antitrust Litigation, 65 Antitrust L. J. 663(1997).

制及专家证据的可采性标准对专家证据的主观性进行约束。

专家证人的资格，是指专家作为证人的能力和条件。在理论上，任何具有专门知识的人都可以称为专家，都可以在法庭上就其专门知识领域的问题发表意见，所以，法律关于专家证人资格的规定非常宽松。在诉讼中，专家证人的资格主要通过双方当事人的交叉询问来认定，即双方当事人可以对专家证人的教育水平、学术水平、工作经验、培训情况、以前是否担任过专家证人及担任专家证人的次数、是否发表过错误的专家意见等进行询问，以向法庭表明该专家是否具有专家证人资格。① 当然，是否适合作为专家证人的最终结论由法院作出。法院通常在其判决书中将其认定的结果及其依据作出说明。如果当事人不服法院的认定结果，可以提出上诉。上诉法院将根据是否滥用自由裁量权这一标准，对下级法院关于专家证人资格的认定结果进行审查。因为相关市场界定对垄断案件的成败非常重要，所以，选择有资格的专家作为证人无论对原告还是被告来说都非常重要。

专家证据的可采性有两个标准：一是可靠性（reliability），二是关联性（relevance）。可靠性是法院审查专家证言是否可采用的首要标准，而且专家证人有责任证明其证言是可靠的，即专家意见必须基于科学的方法与程序，而不是基于专家的主观信念或无根据的假设。反垄断诉讼中的专家证言是否可靠，一般应从三个方面进行判断：第一，专家证言是否以经济学工具为基础。只有运用经济学工具，即只有运用正式的经济学模型或经济学使用的经验方法进行经济推理或预测的专家证言才可作为专家证据。第二，专家证人是否用经济学语言为其证言阐述了“有说服力的理由”（good grounds）。如果专家证人没有使用经济学语言为其观点提供具有说服力的理由，即使专家证人使用了经济学工具，其证言也是不可靠的。第三，专家证言是否有足够的事实或数据为依据。有足够的事实或数据作依据是对所有专家证言的基本要求，即法院应当剔除那些理论非常丰富但对案件的事实知道甚少且很少关注案件事实的专家。

关联性也称契合性（fit），是指作为证据内容的事实与案件事实之间存在某种联系。反垄断诉讼中专家证言的关联性应满足以下要求：第一，专家证言必须契合案件的事实。专家证言必须与法庭调查的相关事实有很好的契合点，以便能够帮助案件的裁定者解决事实争端。如果专家证言与案件事实没有足够

---

① 参见张南宁：《科学证据基本问题研究》，中国政法大学出版社 2013 年版，第 242 ~ 243 页。

的联系,法庭应当剔除这些证言。第二,理论经济模型应当能够对其所预测的产业绩效的各个方面作出解释。第三,经验经济模型应当通过对相关事实的可靠解释或说明有助于事实的认定者,用于预测或解析(disentangle)竞争影响的经验模型必须与案件的事实无缝对接。应用经验模型的必要前提是演示,即对可得到的数据进行经济推理,以对相关事实问题进行可靠的解释或说明。如果用于预测或解析竞争影响的经验模型不能对一些重要的偶然因素提供解释,这些经验模型就是不可采的。

除了可靠性和关联性的要求之外,专家证据还应当满足公开性的要求。根据美国的法律,双方当事人负有披露专家证人证言的义务。如《联邦民事诉讼规则》第26(a)(2)条规定,“一方当事人应向其他当事人披露其可能在法庭上根据《联邦证据规则》702、703或705之规定作证的证人身份”。这个披露必须附有由专家证人准备并由专家证人签字的书面报告。该书面报告应包括专家证人“表达的所有观点、根据和理由;专家证人形成其观点所考虑的数据或其他信息;被用来作为其观点、概要或用作证明其观点的所有证物;专家证人的资格证明,包括专家证人前十年内所有著作的清单;为该研究和作证需要支付的补偿;专家证人前四年内在法庭上或者通过笔录提供证言的清单”。该规则第37(a)(2)(A)、(c)(1)条还规定了当事人违反披露义务的法律后果,即如果当事人没有作出规则26(a)所要求的披露,“任何其他当事人均可提出要求强制披露的动议并要求适当的制裁”。“当事人无充分理由不依规则26(a)……之规定予以披露时,除非此种不作为是无害的,否则不允许将未披露的证人或信息在开庭审理、听证或动议中作为证据使用。”

《联邦民事诉讼规则》关于专家证言披露义务的规定,毫无疑问可适用于相关市场界定中的专家证人。由于反垄断案件一般比较复杂,某些经济问题如相关市场界定对反垄断案件中的竞争分析至关重要,法院一般对反垄断案件专家证言的披露要求比其他案件更为严格。如在反垄断案件中,专家意见包括其事实基础和经验基础应当全部披露,而且这种披露应围绕诉讼中提出的经济问题展开,包括各个观点的方方面面和细节、各个观点的推理和分析中使用的方法、考虑或形成意见时使用的理论与技术。经济学家形成意见时所审查的信息也应当予以披露,特别是应当披露经济学家使用的模型、运用这些模型的理由、数据来源以及使用模型的其他信息。这些信息应当详细到能使对方进行重复计算的程度。如果当事人有必要了解经济学专家使用的模型和方法,经济学专家专门参考的相关经济学著述也应当予以披露。此外,专家关于相关事实的理解与假设、这些理解和假设对专家意见产生的影响、专家意见所依赖的事实以及这些事实的来源以及专家证人形成专家意见的草稿及相关笔记等,都应当予以披露。如果专家意见中使用了数据,那么专家需要提供产生这些数据的理由,或者对其数据的来源提供参考。①

六、小结

一言以蔽之,政府资料、行业资料、被告的文件、客户的证据、专家证据等,都可以作为相关市场界定的证据。这些资料包含的信息既有定性信息,也有定量信息。尽管目前反垄断司法机关有越来越重视定量证据的倾向,但就数据和资料的相关性与可靠性而言,我们应该认识到,不是所有的事实都能够被精确的观察到或进行测试,即具体案件收集的大部分数据和资料可能都是不完整或不完美的,因此,定性证据迄今仍然是司法机关界定相关市场的主要证据。根据上述论述,作为定性证据,政府资料、行业资料、被告的文件、客户的证据这四类证据对相关市场界定的证明作用并无主次之分。但在具体案件中,某些类型的证据对于当事人的成败可能具有决定性的影响,这很大程度取决于被调查的行业以及服务的特征和特殊性。所以,欧盟委员会《关于界定相关市场的通告》指出,欧盟委员会对经验式的证据持开放的态度,目的是有效利用与个案相关的所有信息,即欧盟委员会不会对来源不同的信息或不同类型的证据生硬地进行等级划分。② 这确实是一种务实的指导意见。不过,我们可以从上述论述中发现,政府资料、行业资料、被告的文件、客户的证据、专家证据这五类证据的客观性、真实性从前至后越来越弱,而相关性则越来越强,特别是对涉案当事人来说,他们可以获得此类证据的难度也是从前至后越来越大。另外,需要指出的是,反垄断案件的相关市场界定需要组合证据的支持,即单一证据对相关市场的证明作用往往有限。如果各种证据能够相互支持、相互印证,形成某种证据链,它们的证明力将会大大增强。譬如,客户调查是专门为相关市场界定而进行的,此类证据与相关市场界定的关联性非常密切。但是,要使客户证言有证

---

① The Sedona Conference Working Group on the Role of Economics in Antitrust Law, Daniel R. Shulman, Esq. , The Sedona Conference Conference Commentary on the Role of Economics in Antitrust Law, 7 Sedona Conf. J. 69(Fall, 2006).

② Commission Notice on the Definition of Relevant Market for the Purpose of Community Competition Law,第25段,O. J. 372,09,12,1997。参见许光耀主编:《欧共体竞争立法》,武汉大学出版社2006年版,第427页。

明力，客户证言应当得到其他证据的支持。平白无故说一个竞争者的消失可能会对产品的价格或质量产生不利影响，这种客户声明一般没有用。如果没有详细的解释，只说客户会（或者不会）转向购买竞争者的产品以回应5%或10%的价格上涨，这种客户证言同样没有很大用处。然而，如果有“具体”证据支持的客户证言，如以前真实发生过的事实或者说明消费者转向购买替代品的可确定的成本，它们就会在具体案件中成为有用的证据。

第二编

市场界定的经济学原理和技术方法

第四章　界定市场的经济学原理和维度

在经济学一般定义中，“市场”泛指商品或服务的交易场所。然而，在反垄断法和产业经济学的语境下，“相关市场”不仅有其独特的内涵和意义，而且界定相关市场是反垄断执法中一个非常重要的步骤。我国国务院反垄断委员会《关于相关市场界定的指南》指出，“任何竞争行为均发生在一定的市场范围内。界定相关市场就是明确经营者竞争的市场范围。在禁止经营者达成垄断协议、禁止经营者滥用市场支配地位、控制具有或者可能具有排除、限制竞争效果的经营者集中等反垄断执法工作中，均可能涉及相关市场的界定问题”。然而，要界定相关市场，就应当了解界定市场的经济学原理和界定的维度。本章第一节讨论界定相关市场的经济学原理，这里主要通过市场势力、弹性、剩余需求、替代分析等一系列经济学概念，说明测度企业在市场受到竞争约束程度的方法，主要包括需求替代、供给替代、交叉价格弹性和剩余价格弹性等，并且基于这些方法讨论了界定市场的几个经典方法。第二节至第六节依据界定市场的经济学原理，讨论界定市场的几个维度，主要包括产品、地域和时间三个维度。因为技术和一般商品相比具有特殊性，此外界定市场还存在关于创新市场的讨论，界定产品市场还出现了子市场、集群市场等概念，为了使这些问题的论述更具有条理性，它们都在产品市场之外进行专门的论述。

第一节　界定相关市场的经济学原理

一、市场势力

经济学中有个根深蒂固的理念，即垄断是“有害”的。这一方面因为垄断会产生社会福利的净损失；另一方面厂商追求垄断会浪费社会资源。①上述两者都会降低资源配置效率，其结果都会降低社会福利。此外，垄断也会导致厂商的生产无效率。然而，要很好地说明厂商的垄断状态及其与相关市场界定的关系，则需要从分析市场势力开始。

市场势力，是指厂商通过有利可图的方式，可以把价格抬高到完全竞争水平（基准价格）以上的能力。由于厂商能够盈利的最低价格等于其边际生产成本，市场势力通常也被定义为厂商所制定的价格可以与其边际生产成本存在差别的能力。然而，只有在抽象或者非现实的完全竞争的世界里，或者在生产同质产品和其厂商完全对称的寡头价格竞争的模型中，厂商才可能没有任何市场势力。在现实中，由于存在固定成本，而且因为任何产品都不可能被其消费者视为存在完全的替代品，因此可以认为，每个厂商都有一定程度的市场势力。

市场势力的概念确定之后，如何测度和衡量市场势力就会成为一个重要问题。测度市场势力一个通用的理论指标是勒纳指数（Learner Index）。勒纳指数将市场势力定义为厂商 i 的毛利（p_i 与边际成本 c_i 的差）与价格的比值：

$$L_i = \frac{p_i - Mc_i}{p_i}$$

然而，勒纳指数的直接应用可能会导致不同性质的问题，因此估测厂商的边际成本就不是一件容易的事情。即使完全知道厂商运营的技术条件，确定厂商产量的边际变化对生产总成本的影响往往会超过实际可行性。因此，人们考虑通过剩余需求弹性来测度市场势力。

二、弹性与替代分析

所谓弹性，指的是一个变量相对于另一个变量变化的敏感度，它一般通过两个变量变动的百分比来计算。在经济学领域，与弹性有关的基础概念是需求的自价格弹性（Own – price Elasticity of Demand，简称需求价格弹性）和供给的自价格弹性（Own – price Elasticity of Supply，简称供给价格弹性），并且随着经济学理论与实践的发展，在此基础上衍生出了需求交叉价格弹性（Cross Price Elasticities of Demand）、剩余需求弹性（Elasticities of Residual Demand）等概念，这些概念在反垄断相关市场界定中发挥着重要作用。

① Posner R. A.，The Social Costs of Monopoly and Regulation，Journal of Political Economy 1975，83(4)807 – 827.

（一）需求价格弹性与替代分析

1. 需求价格弹性的概念

消费者对特定产品的需求取决于该产品与其他同类产品的相对价格及消费者预算的约束。在收入一定的前提下，产品的价格越高，需求量则越小。需求的自身价格弹性正是反映了产品的需求量对其价格变动的敏感程度，它可以表示为需求量变动百分比除以价格变动百分比，表达式为

$$\varepsilon = \frac{dQ \mid Q}{dP \mid P} = \frac{dQ}{dP} \times \frac{P}{Q}$$

其中，ε 代表需求价格弹性，Q 表示需求量，P 表示价格。对于大部分普通商品，经济学需求理论认为，随着价格的上涨，商品的需求量会下降。这样，大部分商品的需求价格弹性 ε_i 为负值。不过，讨论弹性大小的时候，为了表达的需要，通常只讨论 ε_i 的绝对值。即当该值大于 1 时，称该产品的需求富有弹性，此时该产品的需求量对其价格变动较为敏感；相反，当该值小于 1 时，称该产品的需求缺乏价格弹性，此时该产品的价格变动对其需求量的影响较小。

此外，勒纳指数与需求弹性之间存在以下关系（ε 此处包含负号）：$L = \frac{1}{\varepsilon}$，这些分析说明，需求替代弹性可以一定程度说明市场势力，即一个产品的需求价格弹性越大，它越是没有市场势力；如果需求价格弹性很小或者没有弹性，那么这个产品就具有市场势力。

需求替代法是美国 1968 年《合并指南》正式提出的，它通过测试产品在功能、用途、价格等方面是否具有合理替代性，或者是否都能满足消费者的需求，从而确定这些产品是否应纳入同一相关市场。从这个定义可以看出，这种方法是从消费者的角度出发来界定相关市场的。[①] 这里除了考虑产品的功能，产品的价格也同时需要予以注意，这是因为消费者自身的偏好往往受其收入水平的限制。在消费者收入一定时，两种功能相似但价格差别很大的商品，特别是那些价格过高的替代品，消费者可能并不把它们视为可替代品。所以，运用需求替代法时，通常需要考虑产品的功能和价格两个方面。如果产品的这些方面可以相互替代，那么就可以认为这些产品同属一个相关产品市场。

① 参见李虹：《相关市场理论与实践——反垄断中相关市场界定的经济学分析》，商务印书馆 2011 年版，第 72 页。

2. 需求替代法实践中的运用和评价

需求替代法的经典案例是欧洲法院 1978 年关于联合商标一案的判决。[①]案件的起因是联合商标不服欧洲委员会的处罚决定,遂向欧洲法院提出了申诉,指控欧盟委员会在这个案件中界定相关市场不合理。联合商标指出,从消费者的角度看,香蕉与其他水果如苹果、橘子、葡萄、梨、草莓等具有合理的可替代性。法院的观点是,它不否定其他水果和香蕉之间具有可替代性,但是有替代程度的问题,即应当分析香蕉与其他水果具有多大程度的可替代性。法院指出,香蕉具有其他新鲜水果不具有的性能和作用,如它无籽、柔软、易于剥开,可以满足某些特定消费者如孩子、老人和病人的一般性需求,而且其生产和销售不受季节的影响。因此,法院认定,该案的相关产品市场是香蕉市场。

需求替代法符合界定相关市场的经济学原理,且操作简单。但是这种方法也有不足之处:第一,依据不可量化的可替代性来界定相关市场,有时候可能因为无法找到一个临界替代程度,即多大的替代程度才能界定为同一相关市场,从而界定的市场可能具有随意性。第二,需求替代因为仅从需求方的角度界定市场,没有考虑供给方的可替代性,这样界定出的相关市场可能范围过窄。

(二)供给价格弹性与替代分析

1. 供给价格弹性的概念

供给价格弹性是某产品的供给对其价格变动的敏感程度,其计算可表示为供给量变动百分比除以价格变动百分比。即当结果小于 1 时,称该产品的供给缺乏弹性;当结果大于 1 时,称该产品的供给富有弹性。决定供给弹性的因素有很多:第一,生产该产品的原材料的可得性。第二,生产厂商对价格变化作出反应的时间。反应时间越久,说明该产品的供给弹性越大,因此长期供给弹性大于短期供给弹性。该结论的得出基于以下基本假设,即长期内所有的供给要素都可变,因此可以满足产品产量的无限增长;而短期内,只有劳动供给可变,且需要耗费巨大的成本。第三,超额供给。当厂商有多余的生产能力时,当产品涨价,该生产者可以迅速提高产量,满足市场的过剩需求。[②]第四,储存能力。若厂商有足够的储存能力,当产品价格上涨时,他就可以扩大生产规模,而不用担心是否能够储存。

---

① United Brands Co. and United Brands Continental BV v. Commission, Case 27/76[1978] ECR 207, 225.

② See Png I., Managerial Economics: Theory and Its Applications, 1999, Malden, Blackwell.

测定供给交叉弹性的一般计算公式为

$$\varepsilon_{xy} = \frac{\Delta Q_x}{\Delta P_y}\frac{P_y}{\Delta Q_y}$$

式中，Q 为供给量，P 表示价格。但是，由于用弹性衡量供给替代效应所需要的相关数据很难获得，人们一般是使用转产所需要的资金占企业总资产的百分比，以及产品转换多引起的单位产品成本增加量两种方法来衡量供应商转产成本的大小，或者从定性的角度分析相关因素进而直接衡量供给替代性的大小。[①]

美国 1982 年《合并指南》首次提出了供给替代法，即当假定垄断者实施微幅但显著且非暂时性的提价时，那些处于竞争或者潜在竞争状态并且能在一年内无须承担重大沉没成本就可以进入市场的其他企业，它们因与这个假定垄断者具有供给替代效应，所以它们的产品应当属同一相关市场。这说明，依据供给替代法，参与市场竞争的企业不仅包括市场上原本存在的竞争者，还包括那些有潜力在短期内进入市场的潜在竞争者。[②] 在反垄断执法中，可以通过计算待考察厂商的产品供给交叉弹性来进行判断。当供给交叉弹性很大时，这意味着如果该生产商把价格提高到竞争水平以上，其他厂商很可能通过转产与该厂商开展竞争，相关市场从而应该包括这些生产商的产品。否则，相关市场界定的范围就可能比较狭小。

2. 供给价格弹性实践中的运用和评价

国际上最早运用供给替代法界定相关产品市场的经典案例是 1948 年的美国诉哥伦比亚钢铁公司案。美国联邦最高法院认为，圆轧钢可以轻易制成钢板和型钢等其他产品，圆轧钢、钢板和型钢等就应当属同一相关产品市场。这即是说，如果钢铁生产企业能够轻易从一种产品转向生产另一种产品，那应当考虑所有钢铁生产企业对相关产品市场的影响。在 1975 年美国电报公司(Telex)诉 IBM 一案，美国第十巡回法院认为，与 IBM 中央处理系统不相兼容的外部设施只需要通过价格便宜的界面就可以与 IBM 相兼容，所以从供给替代的角度判定，相关产品市场不应只包含与 IBM 相兼容的产品，还应当把所有的外部设备

① 李虹：《相关市场理论与实践——反垄断中相关市场界定的经济学分析》，商务印书馆 2011 年版，第 78 页。

② 同上注，第 77 ~ 78 页。

包含在内。①

供给替代法是需求替代法的重要补充。首先，供给替代法告诉我们，在实际执法工作中，执法机构不可只关注市场上现有厂商的产品，而且还应当考虑短期内有能力并有意愿转产生产与目标产品具有替代性产品的供应商。其次，供给替代在本质上包含供给替代和潜在的竞争两种元素，二者的边界仅与转产或进入市场的时间长度、技术、资金以及风险等因素相关。比如，市场上两种沙发产品共同提价后，席梦思床的生产厂家可能会将其一部分产能转向生产沙发，以赚取更大的利润。这种情况下，沙发的产品相关市场就应当包括可以迅速转产的席梦思厂家生产的沙发产品。相反，如果转向沙发生产所需的时间较长或存在技术壁垒，这就不需要在相关市场界定阶段考虑相关厂商的转入，而应将其视为进入市场的因素，如在经营者集中的分析中考察其进入市场的可能性、及时性和充分性。

简言之，市场是由供给和需求两方面决定的，供应商一般不只是消极地适应需求者的需求，而是要根据市场竞争状况进行决策。因此，将供给替代性产品纳入相关产品市场是合理的，而且我国反垄断执法机关已经在界定相关产品市场的时候考虑到了供给替代性。但是，供给替代分析在实践中也存在一些不可避免的缺陷，因为这种分析需要取得相关企业销售或生产方面的具体数据，而取得这些数据比获得行业的相关数据更困难、可信度也更低。此外，有很多学者认为，采用供给替代法界定的相关市场偏大，这种方法一般得与其他方法结合使用，方能在界定相关市场方面起到补充性的作用。②

（三）需求交叉价格弹性与替代分析

1. 需求交叉价格弹性的概念

交叉价格弹性，是指在其他条件不变的情况下，某种商品的需求量对其相关替代品价格变动的反应灵敏程度。交叉价格弹性包括需求交叉价格弹性和供给交叉价格弹性，但是相关市场界定一般仅采用需求交叉价格弹性法。

需求的交叉价格弹性在界定相关市场和测定市场势力方面有着重要的理论意义。简单而言，市场竞争中对经营者行为构成直接和有效竞争约束的，是

---

① Telex Corp. v. IBM Corp. ,367 F. Supp. 258,179 U. S. P. Q. (BNA)777(N. D. Okla. 1973), rev'd,510 F. 2d 894,184 U. S. P. Q. (BNA)521(10th Cir.), cert. denied,423 U. S. 802(1975).

② 参见余东华:《横向并购反垄断控制中的效率抗辩研究》,北京大学出版社 2014 年版,第 61～65 页;黄坤:《企业并购审查中的相关市场界定》,社会科学文献出版社 2013 年版,第 134～137 页;李虹:《相关市场理论与实践——反垄断中相关市场界定的经济学分析》,商务印书馆 2011 年版,第 79～80 页。

市场中的需求者认为具有较强替代关系的商品。交叉价格弹性反映了某产品的需求对于其他产品价格变化的反应程度,交叉弹性越大,两种产品的互相可替代性越强,从而一种产品价格的提高对另一种产品需求量的影响也就越大,这两种产品可被认定属于同一个相关市场。当假定的垄断厂商不能有利可图的提高某产品的价格时,需求的交叉价格弹性可以说明是哪一种其他产品对该厂商施加了竞争性约束,而且还可以对其他竞争性产品的替代性从高到低进行排序。因此,从相关市场界定的角度上来说,需求交叉价格弹性法是需求替代法的发展,由此使界定相关市场从定性替代性分析发展到了定量弹性计算,由此可以降低相关市场界定中的主观任意性。交叉弹性可以用公式表示:

$$\varepsilon_{ij} = \frac{\Delta Q_i}{\Delta P_j}\frac{P_j}{Q_i}(P\text{ 表示价格},Q\text{ 表示需求量})$$

其中,交叉弹性越大,说明产品 i 与产品 j 之间的替代性就越高,从而说明两种产品的可替代性越强,一种产品价格对另外一种产品的需求量影响也就越大,两种产品彼此形成了一种竞争的强约束作用,从而可以认定两者应包含在同一个相关市场;反之,则说明两者替代性相对较弱,不应界定为属同一相关产品市场。

为了考察某一区间的需求交叉价格弹性,将下列公式叫作交叉弧弹性公式:

$$E_{xy}\ \frac{\dfrac{Q_{x2}-Q_{x1}}{(Q_{x2}+Q_{x1})/2}}{\dfrac{P_{y2}-P_{y1}}{(P_{y2}+P_{y1})/2}} = \frac{\Delta Q_x}{\Delta P_y}\frac{P_{y2}+P_{y1}}{Q_{x2}+Q_{x1}}$$

需求自身价格弹性取决于交叉价格弹性和居民的收入约束,三者之间的关系可表示为

$$\varepsilon = \varepsilon_{ii} = 1 + \sum_{i \neq j}\frac{S_j}{S_i}\varepsilon_{ji}$$

其中,$S_i = (P_iQ_i)$ 表示对 i 的支出份额,而 M 是总支出或收入,S_j 类似。在其他条件相同情况下,需求的交叉价格弹性越大,并且以相对支付比重 S_j/S_i 衡量的替代品的相对重要性越大,需求的自身价格弹性就越大。代入勒纳指数 $L = 1/\varepsilon_{ii}$ 得:

$$L = \frac{1}{1 + \sum_{i \neq j}\frac{S_j}{S_i}\varepsilon_{ji}}$$

由上式也可以得知,需求交叉价格弹性越大,i 产品厂商的市场势力越小。必须注意的是替代产品在消费者全部支出中所占的比例,如果只有一种具有较大替代性的产品 j,由于其所占支出份额有限,j 产品对 i 产品厂商的市场势力的约束可能小于众多替代性较弱的产品的联合约束。因此,虽然需求交叉价格弹性能够反映产品间的替代关系,但在消费预算的约束下,单纯依靠交叉弹性并不能得到精确的市场界定结果。

2. 交叉价格弹性法在实践中的运用和评价

"需求交叉弹性"最早是美国联邦最高法院 1953 年判决的时代花絮案提出的一个概念。[①] 美国司法部认为,这种营销模式是搭售,违反了《谢尔曼法》,遂向法院提出损害赔偿诉讼,这个案子最后上诉至联邦最高法院。最高法院认为,时代花絮遭到起诉是因为它向广告主进行搭售,所以评估它的广告一体化营销模式是否合法,只应考虑其是否在广告市场拥有支配地位。最高法院经过审理认定,时代花絮在广告市场不具支配地位。法院在这个判决的一个注释还指出,"每种产品都有其替代品。然而,相关市场不必刻意覆盖不确定的范围。相关市场应当严格限定,即应排除那些合理价格范围只有极个别人才去购买的任何其他产品,用技术术语说,应当排除需求交叉弹性不大的产品"。[②]

利用交叉弹性界定相关市场的最大优点是,该方法提供了科学地衡量两种产品替代程度的量化指标。因为人们在数据可得的条件下没有理由不考虑相关产品之间的交叉弹性,交叉价格弹性法就在很大程度上改变了早期界定相关市场方法上的主观任意性,也从而使反垄断执法实践中界定相关市场有了更为科学和合理的依据。但是,这个方法不可避免地也存在一些缺陷。

第一,交叉价格弹性概念的假设条件是"其他条件不变",但在现实中任何企业的决策都会因为其他企业市场策略的变化而进行相应的调整。

第二,对需求交叉弹性数值达到多大的临界值时才能将两种产品界定为同一相关市场,目前还没有明确的定论,这一定程度造成了执法中对市场界定的争议。

第三,两种产品的交叉弹性经常具有非对称性,即企业的产品 A 价格上涨 5%,可能会有 10% 的购买者转向另一企业的替代品 B,从而造成生产产品 A 的企业无利可图。但是,当产品 B 的价格上涨 5% 时,可能只有 2% 的购买者转向

---

① 详见本书第 4 页,此处不再重复。

② Times – Picayune v. United States, 345 U. S. 594, 613(1953), footnote 31.

产品 A,由此可知产品 B 涨价有利可图。在这种情形下,这两种产品是否属同一相关市场就很难判定。

第四,交叉价格弹性法只能计算单个替代品之间的交叉弹性,而无法同时解决多个替代品的情形。例如,早餐食品市场有众多品牌,且每两个品牌的交叉弹性都很小,可是这不代表它们之间没有替代性,也不能直接说明某个品牌具有市场势力。这里的原因是提价导致的产品转移会分散至各个品牌,结果就是每一种产品的交叉弹性都比较小。在这种情形下,可考虑将所有的早餐产品分为几个大类比如中餐和西餐等,然后对这些大类产品进行交叉弹性分析。

第五,根据假设垄断者检验框架,用来计算交叉弹性的基准价格应该是竞争条件下的价格。如果事实上已经形成垄断,使用当前的价格可能会增加替代程度,导致市场界定过宽,其结果会出现所谓的“玻璃纸谬误”。所以,获取竞争性价格的信息是界定相关市场的重要一步,但这在目前还存在一定的技术难度。

总而言之,需求交叉价格弹性法由于存在上述各种问题,实践中还不足以单独运用来界定相关市场,通常是与其他方法一起进行综合运用。

三、剩余需求弹性与市场势力的测算

剩余需求(Residual Demand)是指市场上单个企业所面临的需求,等于市场总需求减去其竞争对手即同行业其他企业的供给。剩余需求曲线则是单个企业面临的剩余需求和其价格之间的关系,其具体形状由消费者需求行为和替代品生产者的供给行为所决定。[①]在市场界定中,剩余需求曲线(Residual Demand Curve)的概念是“假定垄断者测试”(SSNIP)分析中剩余需求弹性方法的理论基础。

剩余需求分析在不完全竞争市场的场合如古诺双寡头模型、斯塔克伯格模型、博川德模型等市场形态中应用广泛,并且常用来估计产品差异化行业中厂商的市场支配地位、两个企业合并或共谋的收益以及进行市场界定等。

将剩余需求的概念与弹性相结合,可以推衍出界定相关市场和测算市场势力的一套方法。有学者认为,当市场中某一厂商提价时,其他厂商不会保持原来的价格和产出组合不变;因此,要正确评估一个厂商的市场势力,就需要估计

① See David R. Kamerschen & Johannes Kohler, Residual Demand Analysis of the Ready to - Eat Breakfast Cereal Market, Antitrust Bulletin 1993,38(4):903 - 942.

这个厂商提价时其他厂商跟进提价的程度,这个待估系数就是剩余需求弹性。[①]

在高度同质化的产品市场中,厂商所面临的剩余需求弹性取决于该产品的市场需求弹性、该厂商的市场份额和竞争厂商的供给弹性,用公式表示为

$$\varepsilon_i = \varepsilon - [(1 - s)\delta]/s$$

其中,ε_i 表示厂商 i 的剩余需求弹性,ε 表示产品的市场需求弹性,s 表示该厂商的市场份额,δ 表示其他厂商的供给弹性,从该式可以推出,该厂商的需求弹性与其他厂商的供给弹性正相关,与其市场份额负相关。

一个较低的剩余需求弹性表示,提价后,相当比例的消费者会继续购买该厂商的产品而不是转向其他厂商的产品,因此该厂商拥有较高的市场势力;反之,一个较高的剩余需求弹性表明厂商市场势力较弱。当 s 为 1 即该厂商为完全垄断厂商时,其剩余需求弹性与该产品的市场需求弹性相等。

传统的马歇尔需求曲线表示的是当其他产品价格不变时,消费者在不同价格水平下愿意购买的数量;而剩余需求曲线则表示当其他产品价格随主流经济力量调整以适应需求曲线表示的产品的不同价格时,消费者在不同价格下愿意购买的产品数量。因此,用剩余需求弹性来估计厂商的市场势力更为准确,且该弹性也更加容易估计。[②]

这个原理同样适用于市场势力的测算。举例而言,采用这种方法评价厂商 A 的市场势力,只需估计一个系数。这个系数就是厂商 A 剩余需求函数的弹性。厂商 A 的剩余需求函数是考虑了全部其他厂商的反映以后厂商 A 所面对的需求函数。因此,只需要回答厂商 A 提价会使其剩余需求(所有其他厂商满足了自己的需求后所剩下的需求)减少多少百分比,而不是回答厂商 A 提价会使其他厂商的需求增加多少百分比。因此,剩余需求弹性的估计值越小,说明厂商 A 的市场势力越大,因为很大比例的消费者会继续从厂商 A 那里购买,而不是转向其他厂商或停止购买厂商 A 的产品;反之亦然。这种方法能够较容易的估计出厂商提价后其竞争对手在多大程度上跟进,并且减少了对数据的需要。

必须指出,估计剩余需求弹性并不能明确指出被调查厂商的市场势力是否由于其他厂商的竞争而变得很小,因为竞争厂商被视为一个整体,他们各自在

---

① See Jonathan B. Baker, Timothy F. Bresnahan, "The Gains from Merger or Collusion in Product Differentiated Industries", *Journal of Industrial Economics*, 33(June 1985): 427 – 443.

② See Luke M. Froeb, Gregory J. Werden, "The Reverse Cellophane Fallacy in Market Delineation", *Review of Industrial Organization 1992*, 7(2): 241 – 274.

限制厂商A的市场势力方面的特定作用无法单独显示出来。不过,这种方法的优势在于节省为采用计量经济学方法评价单个厂商市场势力所必需的数据。此外,这种方法也直接用于合并案分析。

尽管如此,由于缺乏数据,并不总能获得厂商的剩余需求弹性估计值,也不总能采用其他计量经济技术直接根据市场数据来估计,因此有必要采用更传统的方法即间接方法来评估市场势力。采用传统方法评估市场势力时,被调查厂商的市场份额被赋予关键性的作用。毕竟,在其他条件相同的情况下,垄断厂商为了拥有尽可能大的市场势力而占有100%的市场份额,而一个占有很小市场份额的厂商无法动用很大的市场势力。竞争对手的存在约束了厂商提价的能力。一家厂商持有很小的市场份额,这说明该厂商面临强劲的竞争对手。

然而,拥有高市场份额并不足以断定一个厂商就具有市场支配地位。竞争对手的相对地位、是否存在潜在进入者以及买方势力都会影响被调查厂商的市场势力。分别来说,当一个厂商试图提高价格时,竞争对手的反击力度越大,厂商的市场势力就越受限制;如果一个行业进入便利、迅速且不需要高成本,那么在位厂商就不能大幅度提价,其市场势力就受到限制。另外,转换成本、锁定效应以及网络外部性的存在都有可能构成进入障碍,即使新供应商效率更高或提供质量更好的产品,消费者也没有足够的激励转向新供应商。此外,还应关注被调查行业的历史,尤其是以前的进入事件和在位者厂商的反应。厂商市场势力还受制于买方的集中程度。如果厂商面临大量分散的消费者或买主,而不是一个或少数几个实力强大的买主,那么就能比较自由地运用自己的市场势力,这说明买方集中会对卖方的市场势力产生负效应。

美国司法部1982年的《企业并购指南》提出的假定垄断者测试法(SSNIP)就是一种以剩余需求弹性理论为基础的界定相关市场的方法。随着SSNIP测试法成为界定相关市场的基本方法,剩余需求弹性在这个领域也得到了广泛的应用。①

第二节 界定相关市场的维度

前面指出过,反垄断案件中的相关市场界定是评估与案件相关的市场势力

---

① See 1982 Merger Guidelines, Section 2, Department of Justice of the US, https://www.justice.gov/archives/atr/1982-merger-guidelines.

或者竞争效应的一种工具。那么,与界定相关市场的经济学原理相一致,相关市场就是指相互可以施加竞争约束的同类产品或者密切替代品存在的一定时间和一定空间范围,其核心思想就是一定范围内的产品或者服务之间存在竞争约束。我国《反垄断法》第12条第2款规定,“本法所称相关市场,是指经营者在一定时期内就特定商品或服务进行竞争的商品范围和地域范围”。我国国务院反垄断委员会2009年发布的《关于相关市场界定的指南》第3条指出,“……在反垄断执法实践中,通常需要界定相关商品市场和相关地域市场……当生产周期、使用期限、季节性、流行时尚性或知识产权保护期限等已构成商品不可忽视的特征时,界定相关市场还应考虑时间性……在技术贸易、许可协议等涉及知识产权相关的反垄断执法工作中,可能还需要界定相关技术市场,考虑知识产权、创新等因素的影响”。此外,在涉及多元化产品或者服务反垄断执法工作中,有时可能还需要界定子市场、集群市场或者次级市场。这说明,界定相关市场需要考虑很多不同的维度。

一、相关产品市场

相关产品市场通常是与被考察的商品发生竞争关系的同类商品或其密切替代品构成的集合,这里的密切替代品是指相互有着激烈竞争关系的产品。一般而言,考虑市场上是否存在竞争的时候,人们一般都会想到市场上的经营者可能会受到来自三个方面的竞争压力:需求替代、供给替代以及潜在的竞争。在这三种压力中,需求替代对经营者的市场行为所产生的影响比较直接和明显,而且实践中调查取证也相对容易,从而在界定相关产品市场所起的作用更大一些。目前世界各国反垄断执法机构界定相关产品市场一般都以需求替代作为主要的理论依据,而将供给替代和潜在的竞争作为辅助性的理论依据。

(一)需求替代

我国反垄断委员会发布的《关于相关市场界定的指南》第5条指出:“需求替代是根据需求者对商品功能用途的需求、质量的认可、价格的接受以及获取的难易程度等因素,从需求者的角度确定不同商品之间的替代程度。原则上,从需求者角度来看,商品之间的替代程度越高,竞争关系就越强,就越可能属于同一相关市场。”根据这个条款,界定相关产品市场时理论上应该考虑产品的性能、用途以及价格等各个方面,即作为明智的或者理性的消费者通过比较产品的这些方面,如果他们认为某些产品都能够适当地满足其某种特定的需求,那就是他们对这些产品的相互替代性表示了认可,这从而为反垄断执法机构界定相关产品市场提供了最直接的事实依据。

与我国的《关于相关市场界定的指南》相似，欧共体1997年《关于为欧洲共同体竞争法界定相关市场的委员会通知》指出："从经济学的观点看，就相关市场界定而言，需求替代构成特定产品供应商们所受到最直接、最有效的制约力量，特别是对其定价行为更是如此，如果消费者很容易找到替代品，或者很容易找到其他地区的供应商，则一个或一群企业就无法对现行的销售条件（如价格）产生重大影响。基本上，市场界定就是要弄清从产品/服务以及供应商所在的地理位置来看，所涉企业的消费者可以从哪些有效的替代来源获得供应"。[①]美国2010年《横向合并指南》更是明确地指出："市场界定只是集中在需求替代因素上，即消费者可能的反应。"[②]由于不可否认消费者需求在经营者追求利润最大化过程中对其经营行为有着十分重要的影响，世界各国的相关立法和判例一般都是将消费者的需求替代作为界定相关市场的最重要标准。

从消费者的角度来考察产品之间的可替代性，通常的考虑因素包括产品的性质、价格和用途。如果两种产品的这些因素具有较为合理的可替代性，这两种产品之间即存在近似替代性。当这种近似替代性达到一定程度，这两种产品就会成为密切的替代品，从而可以将其视为同一相关产品市场。由于早期的经济学理论对于产品同质的假定以及对产品间的替代关系关注不足，早期的反垄断司法实践在需求替代方面的考虑一般仅限于同一产品市场上的竞争关系，如美国法院在1945年的美国铝公司案以"同一产品——纯铝"作为确定产品市场的依据。[③] 随着产业组织理论的产生和发展，替代产品之间的竞争关系逐步地被反垄断当局所关注。例如，在1956年美国联邦最高法院审理的美国杜邦公司玻璃纸一案，替代产品的范围从"同一产品"发展到"同类产品"，而且此后还逐渐发展到密切替代品。[④]

（二）供给替代

供给替代分析是界定相关市场中运用的另一个重要理论。我国的《关于相关市场界定的指南》将供给替代的含义描述为"根据其他经营者改造生产设施

---

① Commission Notice on the Definition of Relevant Market for the Purposes of Community Competition Law(97/C 372/03), para 15.

② Horizontal Merger Guidelines by Department of Justice and federal trade commission on August 19, 2010, Section 4.

③ U. S. v. Aluminum Co. of America, 148 F. 2d 416(2nd Cir. 1945).

④ United States v. E. I. du Pont de Nemours & Co., 351 U. S. 377(1956).

的投入、承担的风险、进入目标市场的时间等因素,从经营者的角度确定不同商品之间的替代程度。原则上,其他经营者生产设施改造的投入越少,承担的额外风险越小,提供紧密替代商品越迅速,则供给替代程度就越高,界定相关市场尤其在识别相关市场参与者时就应考虑供给替代”。由此可见,时间点的选取是供给替代分析一个重点考虑的因素。

美国法院在其1962年的布朗鞋业案[①]、1972年的卡尼特斯公司诉美国大众汽车公司案[②]以及1975年的美国电报公司诉IBM公司案[③]等案件中,采用了供给替代的分析方法来界定相关产品市场。但是,总体来说,20世纪70年代之前的美国法院在界定相关产品市场的时候,绝大多数都是采用了需求替代的分析方法。反垄断执法机构忽视供给替代分析的结果是,相关产品市场的界定范围较为主观而且狭窄。与美国的情况相似,欧共体法院和德国法院界定相关产品市场的时候一般也是局限于需求替代方面的考虑。

(三)潜在的竞争

潜在的竞争主要用来判断一个企业合并是否可能因为会限制潜在的竞争而产生反竞争效果的理论。美国司法部和联邦贸易委员会1992年发布的《横向并购指南》这个理论作了深刻的阐述。[④] 该指南明确指出,如果进入市场很容易,以致合并后的企业不可能出于营利的目的单独或以联合的方式将价格上涨到高于合并前的水平,这个合并就不可能产生或者加强市场势力,也不可能推动行使市场势力。在考虑潜在竞争的时候,指南强调要考虑“沉没成本”,即企业为进入相关市场而必须付出的成本。如果一个企业无须花费过大的沉没成本就可对一个“数目不大但很有意义且为期不短的”涨价作出反应,即很快进入市场生产或者销售产品,这个企业就可被视为市场参与者。如果进入市场的企业从其重要性、特点和范围可以及时地、可靠地和充分地抵御或者抵消合并的反竞争效果,这个市场就是容易进入的市场。因此,美国反垄断执法当局在考虑一个潜在的市场进入时主要考虑以下几个问题:

第一步是审查市场进入的及时性,即所说的市场进入能否在一个适当的时

---

① Brown Shoe Co. ,Inc. v. United States,370 U. S. 294(1962).

② CALNETICS CORPORATION v. Volkswagen of America, Inc. , 348 F. Supp. 623 (C. D. Cal. 1972).

③ Telex Corp. v. IBM Corp. 510 F. 2d 894,184 U. S. P. Q. 521,1975 - 1 Trade Cases 60,127.

④ Horizontal Merger Guidelines issued by the U. S. Department of Justice and the Federal Trade Commission on April 2,1992,revised on April 8,1997,section 3.

期内对市场发生重大影响。当局一般只是考虑可在两年内对市场发生显著影响的进入。如市场进入得经过相当长的时期才能对市场发生重大影响,它们就不能阻止或抵消合并的反竞争效果。

第二步是审查市场进入的可能性,即进入市场的企业按照合并前的价格水平销售产品时可否获得利润。如果尽管合并企业存在着提高产品价格和限制生产数量等限制竞争性的影响,进入者以合并前的价格销售产品仍然可以获利,从而在市场上能够生存下去,这个进入才是可能的。

第三步是审查这个及时的和可能的进入能否使市场价格回落到合并前的水平。因为有些进入即使是及时和可能的,但因合并企业有着强大的市场势力,进入的企业如果其有形或者无形资产不足从而达不到为遏制合并企业的市场势力必要的销售规模时,市场进入就是不充分的。要使市场进入具有充分性,进入者产品的特征和进入规模必须要适应因合并的反竞争效果而出现的各种销售机会。例如,在合并企业的产品有着一定差异的情况下,如果合并的反竞争效果是单方面涨价,作为一个充分的进入,进入者的产品就必须非常接近合并企业的产品,以至合并企业因不能内部冲销涨价引起的销售损失,使其涨价在经济上得不到好处。

《横向并购指南》强调,当局在进行此项审查时,只是审查潜在进入者的进入方式是否可能及时地、可能地和充分地抵御合并的反竞争效果,而不是考察究竟谁是潜在的进入者。进入者的进入方式是由市场的特征所决定的。当局将考虑进入市场的各个阶段,包括政府的批准、设计、施工、生产、销售等。

(四)美国界定相关产品市场的权衡因素

根据美国司法部和联邦贸易委员会1992年发布的《横向合并指南》[①]指出,美国反垄断执法机关界定相关产品市场的时候,首先区分存在或者不存在价格歧视的两种市场环境。根据2010年《横向合并指南》,美国反垄断执法机关注重通过直接证据分析企业并购对市场竞争的影响。

1. 不存在价格歧视条件下

在不存在价格歧视的条件下,当局把产品市场定为一个或者一组产品,并假定一个追求利润最大化的作为这些产品现在和将来的唯一卖主(垄断者)可能进行一个"数目不大但有意义且为期不短的"涨价。那么,假定买方对其暂时

① See 1992 Merger Guidelines by the Department of Justice and the Federal Trade Commission.

选定产品的涨价反应是转向购买其他产品,那将会发生何事呢?总之,如被选择的产品在其整个销售期间都有吸引力,这个涨价将导致其销量大减以致涨价不会获益,即买方认识到他们应扩大其选择产品的范围。

当局尤其是以参与并购企业生产或销售的产品为出发点,即考察如果对该产品假定垄断者进行一个"数目不大但有意义且为期不短的"涨价,而其他所有销售条件保持不变时,将会产生什么结果。如果作为涨价的反应,产品销量大减,以至假定垄断者发现从涨价中得不到好处时,当局就会将作为合并企业产品的最好替代品增加到该组产品。①

在考虑买方对涨价可能的反应时,当局将考虑所有的相关证据,其中包括但不限于以下证据:(1)买方因产品价格变化或其他竞争变量已转向或已考虑转向购买其他产品的证据;(2)卖方将根据买方因产品变化或其他竞争变量选择替代品的前景决定其经营的证据;(3)买方竞争对市场上供给的影响;(4)转产所需的时间和费用。于是对假定扩大控制到一组产品的垄断者提出了涨价问题。在考察连续重复的产品涨价时,设想假定的垄断者在决定是否将其控制的某一或全部产品进行涨价是依据利润最大化的原则。这个过程将一直持续进行,直到识别出这样一组产品,即假定的对这组产品有控制力的垄断者为了获利强加了一个至少是"数目不大但有意义且为期不短的"涨价,这个涨价涉及参与合并方的产品价格。当局一般将满足这一条件最低范围内的产品认定为是相关产品市场。

在上述分析中,当局将使用合并企业产品和其替代品的现行价格,除非情况表明,企业合并前有共谋行为,在这种情况下,当局将使用更具有竞争性的价格。然而,当能合理预见不存在合并时的产品价格时,当局也可以使用将来的价格。例如,通过可影响成本或需求从而直接或间接影响价格的规章制度的改变,就可预期价格的变化。

一般来说,不管什么样一个有上涨趋势的价格,它都是被考察阶段的产品价格。② 在试图客观确定一个"数目不大但有意义且非暂时性的"涨价后果时,在大多数情况下,当局将可预见的涨幅定为5%。不过,究竟什么是"数目不大

① "最好的替代品"是指以不变价格且数量不受限制地供应市场的选择品,从而作为对"数目不大但有意义且为期不短的涨价"的反应,对买方需求的转移很有意义。

② 例如,针对零售商之间的合并,相关产品价格是向消费者出售时的零售价;针对石油运输业的合并,相关产品价格是运输价目表,即运输服务价。

但有意义且非暂时性的"涨价，这取决于产业的性质，当局有时也可使用大于或小于5%的涨幅。

2. 存在价格歧视条件下

根据美国1992年《横向并购指南》，在相关产品存在价格歧视的情况下，界定相关产品市场应当采取不同的分析方法。作为对"数目不大但有意义且非暂时性的"涨价的反应，买方转向其他产品的可能性有时很不相同。假定的垄断者如果能够找到一些买方（目标买方）实施其有差别的价格条件，而这些买方又没有其他替代品对该产品"数目不大但很有意义且非暂时性的"涨价做出反应以挫败这一歧视性的涨价，且其他买方也不可能将这些产品转卖给目标买方，假定垄断者对目标买方的歧视性涨价有利可图。对于假定垄断者会有利可图且歧视性地强加一个"数目不大但有意义且非暂时性涨价的"市场，当局应考虑把特定的买方或买方集团使用的产品作为另一个相关产品市场。

3. 2010年《横向合并指南》

1992年并购指南重点阐述了执法当局决定是否对一个横向合并予以干预的分析过程。第一，评估合并是否显著地增加了市场集中度，从而导致集中化的市场。很明显，这里的相关市场须经合理界定和测度。第二，根据市场集中度和其他相关因素，评价合并是否引起潜在的反竞争效果。第三，评估新的市场进入能否及时、可能和充分地阻止或者抵消合并引起的反竞争效果。第四，评价合并效益。第五，评价参与并购交易一方在没有并购的情况下是否可能因破产而退出市场。通过这些分析，执法当局可以回答是否干预合并的一个根本问题，即合并是否产生或者加强市场势力，或者是否推动行使市场势力。① 根据这个分析，执法机关仅在界定了相关市场的基础上才能测算并购后企业的市场份额和市场集中度，由此判断合并的竞争效应，因此相关市场界定不仅是合并分析的第一步，而且也是后续一系列分析的基础。

2010年8月19日，美国司法部和联邦贸易委员会联合发布了新的《横向合并指南》。②该指南一个突出变化是降低了界定相关市场的重要性，即在某些情况下，执法当局可以通过直接证据的分析认定企业并购是否存在反竞争的后果。该指南指出，合并分析是一个以事实为基础的分析，在这个过程中，执法部

---

① 1992 Horizontal Merger Guidelines by Department of Justice and Federal Trade Commission, Section 0.2.

② 2010 Horizontal Merger Guidelines by Department of Justice and Federal Trade Commission.

门可以在有限时间内,结合其丰富的经验,运用一系列分析工具,依靠可合理获取且可靠的证据进行竞争分析。这意味着在具体案件中,执法部门可以根据具体案件的事实、环境和执法经验综合运用不同的分析方法,而不是恪守将相关市场界定作为一种固化的竞争分析法。该指南还明确指出,竞争分析不一定从相关市场界定开始,相关市场界定只是执法部门分析合并竞争效应采取的一种方法,还有其他的分析方法并不依赖相关市场的界定。如果有证据表明,提供同类产品的竞争者数量的减少会导致产品价格的大幅提升,这些证据可以表明这些产品构成一个相关产品市场。

(五)欧盟委员会《相关市场界定通告》

欧盟委员会1997年12月发布的《关于为欧洲共同体竞争法界定相关市场的委员会通知》[①]不仅明确了相关产品市场的概念,即是指"根据产品的特性、价格及其用途,被消费者认为它们是可以相互交换或者相互替代的所有产品和或服务",而且还阐述了评估产品之间替代性需要考虑的相关证据。

第一,市场上出现替代品的相关证据。在某些案件中,可以分析与市场上近期发生的事件或突发事件相关的证据,这些事件可以提供两种产品相互替代的实例。在可得的情况下,这种信息通常可以作为市场界定的基础。如果过去曾经出现相对价格的变动,在其他条件不变的情况下,市场需求量变化的反应对确定产品的替代性就有着决定性的意义。如果可以精确地分析,随着新产品的上市,哪些产品的销售量减少了,那么新产品的上市就可以提供有用的信息。

第二,为了划定市场的界限,欧盟委员会专门设计了一些数量检测。这些检测包含各种计量经济研究法和统计法,包括产品需求价格弹性和交叉价格弹性的测算、基于一定时期内价格变动相似性的试验、分析价格系列之间的因果关系、分析价格水平的相似性和/或趋同性等。为了确定过去的替代方式,委员会可以考虑可得到的、能够经得起严格审查的数量证据。

第三,客户和竞争者的看法。欧盟委员会经常与相关公司的主要客户和竞争对手进行交流,以了解他们对产品市场界定的看法,并且收集与此相关的实际信息,以便就相关市场的范围做出认定。如果候选地域市场的候选产品的相对价格有了数目不大的提高(如5%~10%),那么将会发生什么事?如果这些

① Commission Notice on the Definition of the Relevant Market for the Purposes of Community Competition Law, Official Journal C 372 of 9. 12. 1997.

客户和竞争者们对这些问题的答案获得了具有事实上证据的充分支持,委员会就将会予以考虑。

第四,客户的喜好。在涉及消费品的案件中,委员会可能很难收集到最终消费者有关替代产品的直接看法。公司在过去委托进行的、且用于为自身产品的定价及销售行动的决策进行市场分析的资料可以成为委员会界定相关市场有用的信息。关于使用方式和使用态度的消费者调查、消费者购买方式的数据、零售商和更广泛群体的看法,以及当事方和他们的竞争者提交的市场分析资料都会成为委员会予以考虑的证据,以确定是否占有显著比重的消费者认为两个产品是可以相互替代的产品,此外还会考虑品牌对所涉及产品的重要性。相关企业以及它们的竞争对手基于企业合并的程序规定或者基于欧盟理事会2003 年第 1 号条例中的程序规定所进行的消费者问卷调查的方法会受到特别认真的审查,因为这些问卷调查的方法和已经研究过的方法不一样,即它们不是为了进行商业决策而在正常的经营过程中所进行的调查。

第五,转向潜在替代品的需求所可能遇到的障碍和成本。对于两个看起来是需求的替代品从而应当属于同一市场的产品,但是由于相互替代时存在障碍和成本,委员会可能就会改变看法。开列一个包括所有可能的替代障碍和转换成本的完全清单是不可能的。这些障碍或壁垒可能形形色色,委员会根据其自身的经验,曾经遇到过的问题包括政府管制的障碍或其他形式的国家干预、下游市场的限制、转向其他原材料需要的特别资金或者导致当前产量的减少、顾客所在位置的限制、生产过程中的特别投资、知识和人力资本的投资、更换设备的成本或者其他投资、不知名供应商的信誉和声誉的不确定性以及其他问题。

第六,不同类型的客户和价格歧视。当存在不同类型的客户群体时,产品市场的范围可能会被缩小。例如,如果相关产品的销售对客户中某个独立的群体存在价格歧视,这个一群体就可以成为一个更狭小的独立市场。这种情况通常会在满足以下两个条件时出现:(1)在向某个客户出售相关产品时可以明确区分出他属于哪个群体;(2)客户之间的交易或与第三方的对冲交易不可行。

二、相关技术市场

除了前面论述的相关产品市场,随着科学和技术的发展,在涉及技术贸易或者知识产权许可的反垄断执法中,经常需要界定相关技术市场。美国 1995

年《知识产权反垄断指南》首次明确了技术市场的含义。它指出，技术市场是指由被许可的知识产权（被许可技术）及其近似替代品所构成的市场。近似替代品是指与被许可的知识产权具有足够的替代性、明显可以遏制被许可知识产权市场势力的技术或产品。[①] 我国国家工商总局2015年发布的《关于禁止滥用知识产权排除、限制竞争行为的规定》也提及技术市场，指出“在涉及知识产权许可等反垄断执法工作中，相关产品市场可以是技术市场，也可以是含有特定知识产权的产品市场。相关技术市场是指由行使知识产权所涉及的技术和可以相互替代的同类技术之间相互竞争所构成的市场”。

（一）技术与商品相比的特殊性

技术作为智力产品，其本质上具有商品的属性，因为它不仅凝聚着智力劳动，而且也能满足生产消费的需要。因此，就界定技术市场而言，原则上应当使用界定相关产品市场的方法。但是需注意的是，技术除了具有普通商品的属性，它还具有特殊的成本结构、独特的市场环境、强烈的外部效应和残酷的竞争状态等特征，这些特殊性一定程度会影响相关技术市场的界定。

1. 特殊成本结构

这里说技术的特殊性，主要是指技术研发需要投入大量的成本。在传统行业，经营者生产前需要购买设备、建造厂房，生产中需要采购原材料、支付员工薪资。与此相比，技术的投入则集中在前期研发阶段，一旦研发成功，后续的生产成本则很低，甚至可以忽略不计。[②] 而且，技术的研发有着巨大的风险，进行研发的企业一般不能确保它的技术研发能够取得预期成果。

2. 特殊市场环境

基于技术研发的成本大、风险高等问题的存在，技术研发特别是高新技术的研发一般集中在科研与资金能力强大的企业。另外，技术的稀缺性和实用性也激发企业采取各种措施最大限度地发挥其价值，典型的方式就是申请专利。正是因为存在专利保护，专利所有权人和被许可人的地位是不平衡的，即持有重要技术的权利人在话语权上具有明显优势，技术定价能力很强。换言之，由于专利权的保护以及专利池等安排的存在，技术的交易价格很可能是垄断性价

① 美国司法部和联邦贸易委员会1995年发布的《知识产权反垄断指南》于2017年1月12日进行了修订，但是技术市场的定义没有变化，参见 https://www.ftc.gov/system/files/documents/public_statements/1049793/ip_guidelines_2017.pdf。

② 参见王姚瑶：《反垄断法中知识产权相关市场的界定》，载《市场周刊》2009年第10期。

格。此外,随着新兴产业的发展,如果一项技术是构成这种行业的重要因素,例如互联网行业存在显著的网络效应以及用户被锁定的现象,即便事实上可能存在性能更优的技术,但是考虑到较高的转移成本,消费者一般也不会转向寻求新的技术。

3. 强烈的外部效应

即便技术所有权人通过申请专利的方式获得了法律保护并且由此获得丰厚的经济收益,但是,由于技术的无形性、复制的廉价性以及便捷的传播媒介等各种因素的存在,这一切都可以导致新技术的产生可以带来强烈的外部效应。也即是说,从社会公益的视角来看,任何一种新技术都会造福于社会,推动生产力的发展,有利于广大的消费者。而且,就某项特定的技术而言,它所产生的公共利益会远远超过技术创造者的私人利得。理论上说,任何一项技术都可以成为公共消费品为全社会所享用,而且多个人的使用并不会减损技术本身的价值。① 但是,如果放任这种外部效应的存在,有时会对技术发明人造成极大的不公平,因为激励人们开发新技术的目的往往都是希望能够享受新技术带来的经济效益。如果其他市场主体可以搭便车使用新技术,无疑将会影响技术所有人的收益,甚至难以收回研发成本,其结果是打击人们研发新技术的主动性和积极性,最后的结果是社会上新技术的研发滞后和技术供给不足。

4. 残酷的竞争状态

技术尤其是高新技术领域的竞争非常激烈。例如,诺基亚在几年前还占据移动通信市场上的绝对优势地位,但是随着以 iPhone 为代表的智能手机的推出,诺基亚在这个市场的领先地位迅速被取代。这也恰恰证实了杰克逊法官在微软一案中的阐述,即软件技术产业始终处于不断变化和激烈竞争的状态。② 在很多情况下,一个市场的早期进入者可以获得最大的市场份额,但是可以取代其领先地位的竞争者往往不是来自相同功能的另一产品,而是来自该产业一个具有功能颠覆性的创新。③ 技术领域残酷的竞争环境使这个领域有着不同于传统产业的竞争模式。这即是说,在新兴产业,虽然率先进入者可能会获得先发优势,但是因为这种行业就像一台发动机不断地进行研发和创新,最终成为

---

① 参见孙祥壮:《知识产权法治构造的理论逻辑》,南京师范大学 2007 年博士学位论文,第 86 ~ 87 页。

② United States v. Microsoft, 65 F. Supp 2d 1, 16 (D. D. C. 1999) (findings of fact).

③ Id.

佼佼者的就是通过研发而取得全新技术的企业。这说明,与传统商品一个重大的不同之处是,新技术的转让或者许可往往不是依靠其价格更具吸引力,而是凭借其产品的功能和用途具有颠覆性的意义。

(二)技术特殊性对相关市场界定的影响

1. 需求替代分析操作性低

相关产品市场的界定一般首先考虑产品的功能、用途以及价格等各种需求替代因素。[①] 即便 SSNIP 测试法作为相关市场界定的重要手段,它仍然反映了消费者因价格上涨而转向其他产品或服务的可能性,本质上仍然是需求替代分析。然而,技术市场的实际情况是,技术的特殊性对需求替代分析的应用会产生一定障碍,主要原因是技术的基础价格不确定。在反垄断执法中,如果我们无法判断产品的功能和用途的相似性以及绝对的价格差异在何种程度方可被界定为同一产品市场,那么我们界定相关产品市场就会产生主观臆断性。界定技术市场可能同样存在这样的困惑,即因为下面几个原因,使用 SSNIP 测试或者需求交叉价格弹性来判断几种技术或者技术产品是否属同一相关技术市场可能会产生问题:

第一,技术的价格并非都能准确获取。在实际的技术交易中,一项技术可能未被单独销售而是作为产品一部分共同构成产品的价值。在此种情况下,技术本身的价格只能通过分析它在技术产品价值中的比值进行判断。在涉及专利交叉许可或者出于商业秘密保护的情况下,技术本身的价格往往无法获取甚至难以判断。

第二,技术的价格可能是非竞争性的价格。无论是需求交叉价格弹性还是 SNNIP 测试法,被考虑的价格应当是在充分竞争条件下的价格。[②] 但是,因为技术会受到专利权的保护,其价格往往是一个非竞争性的价格。利用非竞争性的价格测度其需求交叉价格弹性或者使用 SNNIP 测试法,其结果可能会失准。例如,可能会把不属同一相关市场的技术或者技术产品界定为同一相关市场,由

---

① 1978 年欧洲法院在 United Brands 一案认为,香蕉在特定季节成熟,并能在相当长时间满足消费者需求;即便在香蕉上市高峰时期,它也仅在有限程度受其他水果的影响。这说明,香蕉与其他水果不具有可替代性,因此认定香蕉本身就是一个产品市场。See United Brands Co. and United Brands Continental BV v. Commission, Case 27/76[1978] ECR 207,225.

② 参见郜翔:《知识产权反垄断中的相关市场界定研究》,载《科技进步与对策》2011 年第 15 期。

此会低估垄断者的市场势力，甚至出现“玻璃纸谬误”①。

2. 界定市场复杂化

市场上任何因素都是处于相互影响的状态，所以反垄断执法机构界定相关市场不能仅依赖于经济模型的设计和单纯的数据分析，而是需要将可能影响市场界定的各种因素纳入考虑范围并且进行综合权衡。就技术市场而言，除了前述关于技术价格对假定垄断者测试的影响外，技术的其他特性对相关技术市场的界定同样会产生重要影响。

第一，技术的强烈外部性特征使其影响的范围更为宽泛和模糊。这即是说，虽然技术所有人通过专利申请可以获得专利保护，但这并不意味其他市场主体无法从该技术获利，如侵权人可能会擅自使用该技术。这种行为虽然可能构成违法，但这说明该技术的影响范围的确会超过通过合法行为而行使的边界。

第二，技术领域的残酷竞争要求执法机构动态地审视界定技术市场的问题。这即是说，技术领域具有市场领先地位的企业，其领先地位要么是通过大量的研发投入而获得，要么是通过残酷的市场竞争而获得。这说明，通过相关市场的静态分析获得的市场信息可能不是技术市场真实竞争的情况，例如，技术市场有些企业的高市场份额可能在很短时间因为新技术的推出而被迅速取代。

第三，某些新兴产业的特点可能对技术相关市场的界定产生影响。例如，互联网行业明显具有用户锁定的效应，由此也会导致该行业重要技术的用户锁定效应，从而出现针对这些技术进行的假定垄断者测试的不适应性。

（三）相关技术市场的分类

技术市场的技术一般是指可用于交易的专利和技术秘密。依据技术成熟的程度，技术一般可以分为应用性技术和基础性技术。应用性技术一般是针对已经商业化了的专利技术，即企业通过相关的专利许可可以生产专利产品，此时既存在相关技术市场，也存在相关产品市场，这种相关技术市场一般称为现

① 参见 United States v. E. I. du Pont de Nemours & Co. ,351 U. S. 377(1956)(cellophane)；王先林：《论反垄断法实施中的相关市场界定》，载《法律科学》2008 年第 1 期；Stocking, G. W. , Mueller, W. F. (1955), “The Cellophane Case and the New Competition”, *American Economic Review*, Vol. 45, pp. 29 – 63；胡甲庆：《假定垄断者测试在市场界定中的应用》，载王晓晔主编：《反垄断法中的相关市场界定》，社会科学文献出版社 2014 年版，第 130 页；余东华：《反垄断法实施中相关市场界定的 SSN IP 方法研究——局限性及其改进》，载《经济评价》2010 年第 2 期。

有产品技术市场。基础性技术是指尚不存在可销售产品时而开发的技术,这类技术仅存在实际交易的技术市场,而无具体特定的相关产品市场,因此这种相关技术市场又被称为未来产品技术市场。然而,上述两种技术不是相互对立的,因为有些技术可能同时具有以上两种属性,因此还存在一种兼有现有和未来产品技术市场。以下分别进行分析。

1. 现有产品相关技术市场

现有产品相关技术市场,是指相关技术市场所界定的技术已被运用到产品的生产。这里以1996年美国联邦地区法院判决的美国司法部诉AMERICAN NATIONAL CAN (ANC)和KMK MASCHINEN AG(KMK)一案[①]为例。该案两被告ANC与KMK都是拥有层压管制造技术、层压管制造设备并且制造和销售层压管的企业,ANC有意通过并购KMK进一步扩大自己的市场份额。美国司法部作为原告在该案提出了三个相关市场:(1)层压管市场,即下游产品市场;(2)层压管制造设备市场,即上游产品市场;(3)层压管制造技术市场。司法部还指出,凭借KMK的技术许可,ANC将会拥有层压管制造领域国际四项顶尖技术中的三项技术,而且它在这个领域的专利以及尚未获得专利的技术对层压管设备的生产和层压管的生产都至关重要。美国司法部关于本案相关市场的界定是恰当的,因为层压管生产技术是层压管设备生产和层压管生产的决定性条件。而且在这个案件中,被告企业的层压管生产技术没有替代性的技术,因此这个案件的相关技术市场就是层压管生产技术本身。

美国联邦贸易委员会1995年禁止Montedison与Shell石油公司的合并案[②]也是涉及现存产品相关技术市场的一个案例。联邦贸易委员会认为,参与本案并购的Montedison和Shell都是聚丙烯技术领域的领先企业,其中Montedison与其合作企业占聚丙烯技术市场一半左右的份额,Shell与其合作企业占到30%左右的份额。美国联邦贸易委员会还指出,聚丙烯技术已被运用到生产聚丙烯树脂产品,而且是聚乙烯树脂生产的关键因素,所以聚丙烯技术应当被视为与现有产品相关的技术市场。

---

① UNITED STATES OF AMERICA v. AMERICAN NATIONAL CAN CO. and KMK MASCHINEN AG, FINAL JUDGMENT, available at https://www. justice. gov/atr/case - document/file/628696/download.

② Montedison, S. p. A. ,119 F. T. C. 676,681(1995).

2. 未来产品相关技术市场

未来产品相关技术市场，是指界定的相关技术虽然尚未应用到具体产品上，但它是生产未来产品之必要。美国联邦贸易委员会 1997 年禁止 Ciba－Geigy 公司取得 Sandoz 公司一案，[①]就是考虑基因治疗市场以及其他几个创新市场可能因为这个并购交易会受到影响，理由是这个合并将会导致两个强大专利群的集中，而这两个强大的专利群覆盖了当时尚处于研发和临床试验的基因治疗技术。鉴于 Ciba－Geigy 和 Sandoz 合并时，美国食品药品管理局尚未批准基因治疗技术产品的市场销售，这个基因治疗技术可被认定为未来产品相关技术市场。基于上述分析，尽管基因治疗产品当时预期在 2000 年可以得到美国食品药品管理局的批准，美国联邦贸易委员会仍然认为这个合并将排除未来基因治疗产品市场的竞争并且由此会妨碍这个市场的创新。

3. 兼有现有和未来产品的技术市场

兼有现有和未来产品的相关技术市场，是指相关技术在案件审理过程中可以完成其产品的商业化生产。完成使用该技术的产品商业化生产前，该技术的相关市场构成未来产品相关技术市场；完成使用该技术的产品商业化生产后，该技术的相关市场则为现有产品的相关技术市场。美国联邦贸易委员会 1998 年审理的涉及 Summit 技术公司和 VISX 公司的专利池协议就是这方面的一个案例。[②] 根据这个专利池协议的安排，Summit 和 VISX 将在光学屈光性角膜切削术的相关技术市场获得垄断地位。这个专利池建立于 1992 年，尽管当时已经就这个技术开始了临床实践，但是直到 1995 年它才获得美国食品药品管理局的批准进行市场销售。因此，1992 年至 1995 年，光学屈光性角膜切削术的许可技术市场为未来产品相关技术市场。随着美国食品药品管理局 1995 年批准了这项技术产品的市场销售，光学屈光性角膜切削术的许可技术市场就由未来产品相关技术市场转变为现有产品相关技术市场。

（四）技术市场界定的几个核心问题

相关技术市场的提出不是仅仅作为一种理论，而是实践中广泛应用的一个概念，因此需要明确界定相关技术市场的标准和方法。

---

① Federal Trade Commission, CIBA－Geigy Limited, Sandoz Ltd., and Novartis AG., et al., In the Matter of, available at https://www.ftc.gov/enforcement/cases－proceedings/961－0055/ciba－geigy－limited－sandoz－ltd－novartis－ag－et－al－matter.

② Complaint, Summit Tech., Inc. and VISX, Inc., No. 9286, 1998 FTC LEXIS 29 (F. T. C. 1998).

1. 界定技术市场方法选择

(1)假定垄断者测试

美国《知识产权许可的反垄断指南》以 Alpha 和 Beta 两家公司为例,以假定垄断者测试的方法对相关技术市场的界定进行了分析。① 欧盟《技术转让协议第 772/2004 号条例》也强调了假定垄断者测试的重要性。这个条例指出,相关技术市场界定的第一步应当判断当特定技术的许可费进行小幅但明显且非临时性的上涨时,被许可方可能选择的其他技术范围。该条例也考虑到执法机构在相关技术市场界定过程中可能存在的困难,因为它可能得不到关于许可费的准确信息进而难以进行假定垄断者的测试。与美国的《知识产权许可的反垄断指南》不同的是,欧盟的《技术转让协议第 772/2004 号条例》没有提出收集市场参与者关于竞争评估的重要证据,而是提出了另外一种解决路径,即确认使用该特定技术的产品及其替代品,进而分析它们的市场份额。需说明的是,这里的技术产品应当包括未经授权使用技术的情况。

根据前面的分析,技术的特殊性对需求替代分析造成了较大的影响。因为假定垄断者测试本质上是一种需求替代分析,这种分析方法在界定相关技术市场的时候肯定会存在一定的不适应性。但是,这是否意味着假定垄断者测试法完全不能应用于相关技术市场的界定?我们认为,假定垄断者测试在相关技术市场的界定中仍有必要,而且仍然发挥着重要的作用。这里的重要问题是如何确定相关技术的基础价格,因为基础价格是否准确将会直接影响相关技术市场界定的准确性。这里有以下几方面的考虑:

首先,相关技术市场是一个以投入为特征的市场。与传统产品的价格会受到市场供求的巨大影响不同,技术市场的产品价格主要与预期收益以及预计所带来的竞争优势有关。这即是说,技术交易的价格是基于被许可人对其未来收益的预期,也即技术的价格主要取决于需求方的支付意愿。

其次,界定未来产品相关技术市场时,因为不存在现存产品,评估某项技术

① 根据这个范例,为确定一项技术的相近替代品进而界定相关技术市场,反垄断执法机关将在允许的条件下确定相关技术和产品的最小集合,根据这些技术和产品的假想垄断者可能行使其市场势力,如实施小幅但很明显且非临时性的提价,进行一个假定垄断者测试。如果获取市场份额数据,且该数据准确反映了市场参与者的竞争状况,主管机关将以该市场份额作为主要判断依据。如果无法获取市场份额数据,或者该数据无法准确地反映市场参与者的竞争地位,购买者和市场参与者评价技术市场参与者竞争重要性的证据就很重要。See Antitrust Guidelines for the Licensing of Intellectual Property 1995, §3.2.3.

的价格就需要考虑技术转化为最终产品后的收益。执法机构应当通过各种资料的收集,评估该项技术经商业推广后的市场接受度。前面讨论的 Ciba – Geigy/Sandoz 案中,尽管这个被界定的技术在当时尚未投入商业生产从而构成了未来产品相关技术市场,但是因为这项技术多次通过了临床试验,反垄断执法机关对这项技术转为最终产品的收益就大致可以进行评估,并且可以评估这个技术市场的竞争效果。

(2)重视直接证据

美国 2010 年《横向并购指南》较之前的指南一个重大变化是降低了界定相关市场的作用,即在某些特殊情况下,执法者可以通过直接证据认定企业并购是否存在反竞争的后果。这方面比较重要的是引入了综合涨价压力指数(Gross Upward Pricing Pressure Index,GUPPI)①。GUPPI 的应用虽然只是针对某些特殊的企业合并,对相关技术市场的分析没有较强的适用性,但它说明了反垄断执法的新趋势,即在某些情况下,反垄断执法机构可以不界定相关市场。但是,GUPPI 的应用不能否认界定相关市场的重要意义。因为任何竞争行为都是发生在一定范围之内,测度经营者的市场份额作为确定市场势力的方法是无法被取代的,②这也是相关市场界定存在的根源。但是,GUPPI 的应用作为一个信号也说明,我们需要以开放的心态借鉴和引入新的竞争分析工具。相关技术市场作为一个顺应科学技术发展而提出的概念,它应该及时地吸收有益的经济学研究成果。

2. 技术产品与技术市场的关系

前面指出过,界定技术市场的范围应当将特定技术及其替代性技术包括在内。这里讨论的问题是,界定相关技术市场是否应当考虑使用相关技术的产品。美国《知识产权许可的反垄断指南》指出,技术市场应包括使用该技术的产品。欧盟《技术转让协议第 772/2004 号条例》的观点是,技术市场不应包括使用该技术的产品,但在测度企业市场份额时可将使用该技术的产品作为

---

① GUPPI 主要考虑影响合并企业提价动力的两个重要因素,即产品利润率和销量回流到合并伙伴的分流比。基本原理是,合并后 A 企业提价失去的销量会部分回流到合并伙伴企业 B,从而使提价有利可图。GUPPI 的基本概念与 UPP(Upward Pricing Pressure)相似。UPP 计算分流的金额,GUPPI 将分流的金额转换为比率。参见王晓茹、李薇叶:《横向并购的经济分析:相关市场、市场集中度和综合涨价压力指数(GUPPI)》,载王晓晔主编:《反垄断法的相关市场界定》,社会科学文献出版社 2014 年版,第 76 ~ 80 页。

② 参见[德] 丹尼尔·茨曼:《消费者需求与假定垄断者测试:相关市场界定的两种分析框架》,载王晓晔主编:《反垄断法的相关市场界定》,社会科学文献出版社 2014 年版,第 15 页。

一个参考因素。我国国家工商行政管理总局《关于禁止滥用知识产权排除、限制竞争行为的规定》没有明确界定技术市场可否将使用该技术的产品予以考虑。

其实,“技术产品”是否应纳入技术市场,这个问题无非体现了人们可能有的两种顾虑。一种顾虑是,技术产品如果纳入相关技术市场,这是否能够充分体现技术市场的特征,因为界定技术市场应当是基于技术的特性、技术许可费以及使用技术的目的等各种因素,即应当站在被许可人的角度,考虑各种具可替代性的技术。如果界定相关技术市场要考虑使用技术的产品,这种技术市场与一般相关产品市场似乎又无本质区别。另一种顾虑是,如果技术产品被排除在相关技术市场之外,这是否导致界定的市场范围过窄。因为将使用技术的产品纳入相关技术市场在很多情况下是有好处的,例如,评估一个涉嫌垄断行为的反竞争效果时,如果相关技术市场仅以某个技术及其替代性技术为界定对象,有时候可能难以准确地判断涉案经营者的市场地位。例如,针对一项刚刚研发出的技术来说,市场尚未对其功能、用途等实际效果进行过判断,它的市场价值很难体现出来。此外,除了技术公司,大多数企业是将其研发的技术作为与其相关产品不可分割的一部分进行销售,这种情况下,技术的价值有时无法单独进行判断。① 因此,要准确地界定技术市场,就需要了解使用这种技术生产的产品,即通过技术产品的总销售额,并结合技术在其产品中的价值比,进而判断技术的价值。因此,将“使用该技术的产品”纳入相关技术市场的界定范围,与其说是关于技术市场性质的争论,毋宁说是判断经营者在相关技术市场地位的一种方法和手段。

3. 界定技术市场与产品市场的顺序

技术作为智力产品,本质上仍属于产品的范畴,因此界定相关产品市场的方法原则上可以适用于界定技术市场。这里的问题是,随着相关技术市场概念的提出,那么在界定技术市场时,界定相关技术市场与界定相关产品市场的顺序应当如何确定?如果两者皆可,这是否意味着反垄断执法机关可以任意选择?

美国《知识产权许可的反垄断指南》指出,界定受特定技术影响的相关产品市场即可判断行使该技术的行为是否具有排除、限制竞争的效果时,反垄断执

① 参见王晓晔:《滥用知识产权限制竞争的法律问题》,载《中国社会科学》2007年第4期。

法机构应就相关产品市场进行界定。[1] 这即是说，如果使用相关产品市场足以分析技术转让许可的竞争影响，就不再需要界定相关的技术市场。此外，这个指南还在其注释中指出，如果技术是作为产品的一部分与产品一起进行销售，这种情况下无须专门分析相关技术市场上排除或限制竞争的影响。[2] 这说明，界定技术市场是针对技术的特殊性，而且是为了避免产生界定传统相关市场的困境而提出的革新手段。与界定相关产品市场相比，相关技术市场界定的准确度会差一些。如果界定技术市场时没有把相关技术产品考虑进来，这种情况下界定的相关技术市场的准确度会更差一些。即便"安全港"的设定使相关技术市场有了一定可操作性，但是"安全港"并不能准确地界定市场参与者在相关技术市场的地位。基于上述这些考虑，当界定的相关产品市场足以分析一个技术案件的竞争效果时，那就不必要再界定相关技术市场。

三、相关创新市场

（一）创新市场的概念和特点

与界定相关技术市场有密切联系的是界定创新市场。美国《知识产权许可的反垄断指南》正式提出了创新市场的概念，即受知识产权许可行为不利影响的市场有三种，它们分别是产品市场、技术市场和研究开发市场（创新市场）。[3] 根据这个指南，创新市场主要由两种企业构成，一种是开发新产品或性能更高产品的企业；另一种是研发替代性技术或者产品的企业，这主要指可以制约并购后企业行使其市场势力的技术或者产品上的创新。这说明，创新市场应当把实际上以及潜在研发某种未来产品的企业都包括进来。[4]

由于创新市场研发的内容是市场上尚不存在的产品或者技术，这样的市场一般有以下几个特点：（1）相关创新市场的界定对象为研发活动，即经营者通过

---

① 美国1995年《知识产权许可的反垄断指南》指出，相关技术许可安排的竞争效果通常可以在受该安排影响的产品相关市场得到充分的评估。这种情况下，主管机关仅对产品市场进行界定和分析。但在其他情况下，竞争分析可能涉及技术市场或创新市场的界定。See Antitrust Guidelines For The Licensing of Intellectual Property 1995，§3.2.3.

② 《知识产权许可的反垄断指南》注释20指出，知识产权常作为交易产品不可分割的一部分被许可、出售或者转让。例如，一个专利产品带有默示许可而投入市场销售，这种情况下没有必要对技术市场进行分析以获得相关竞争效果的信息。See Antitrust Guidelines For The Licensing of Intellectual Property 1995，footnote 20.

③ Antitrust Guidelines for the Licensing of Intellectual Property Issued by the U. S. Department of Justice and the Federal Trade Commission on January 12，2017，section 3.2，pp. 8 – 14.

④ Antitrust Guidelines for the Licensing of Intellectual Property Issued by the U. S. Department of Justice and the Federal Trade Commission on January 12，2017，section 3.2.3.

某个产品或者某项技术的研发以期获得未来的市场竞争优势。因此,相关创新市场的界定难以通过现存产品的数量或者价格进行评估。(2)研发投入最大化,即因为研发活动面临着产出不确定的问题,经营者一般难以准确评估其研发的投入能否产生最优研发成果,从而也难以确定最优的投资效率。这种情况下,经营者一般进行创新的策略是投入最大化。(3)无须关注市场份额。创新性的研发不同于普通商品的生产,即后者可以通过产品价格评估是否获得了收益或者获得了多大收益。创新性研发则因为只是处于投入阶段,经营者不仅就其研发的结果难以量化,而且出于保密的需要,他们一般不愿公开其研发的投入,或者即便向社会公开其研发的投入,这样的数据一般也不具备评估其研发成果的价值,因为它的真实性和可靠程度都存在问题。上述特点说明,即便根据市场开展研发活动的企业界定出一个研发市场,但是难以测度这些企业的市场份额,进而难以就其研发行为进行竞争评估。

从创新市场的特点看出,界定创新市场是从动态的角度思考反垄断问题的一种新思路。一方面,这种思路要求执法者认识新产品和新技术的研发是市场竞争一个非常重要的方面,妨碍市场上的研发和创新与现有产品市场或者技术市场上的垄断行为有着相同的后果。另一方面,在高科技领域,研发与创新十分活跃,人们如果仅就现实中的产品或者技术进行竞争分析有时是不全面的,因为新产品和新技术的研发是高科技企业开展竞争的一个非常重要的方面,新产品和新技术的诞生可导致现有产品或技术上的竞争优势转瞬即逝。此外,与其他非价格竞争方式相比,创新竞争具有更为显著的社会效应,可以给消费者带来巨大的社会福利。因此,创新竞争应当成为反垄断竞争分析的一个重要方面。

出于上述考虑,目前除了美国,其他反垄断执法机关如日本公正交易委员会(JFTC)和我国台湾地区的公平交易委员会(TFTC)也在其各自的知识产权反垄断执法指南引入了创新市场的概念。我国反垄断委员会 2009 年发布的《界定相关市场的指南》虽然没有明确提到创新市场的概念,但它指出,在技术贸易、许可协议等涉及知识产权的反垄断执法中可能需要界定相关技术市场,考虑知识产权、创新等因素的影响。

(二)界定创新市场的司法实践

反垄断执法机构对创新市场和研发市场的关注,最早可追溯到 1945 年美国铝公司案。法院在这个合并案除了考虑企业间价格竞争和最大化产出等因素外，还首次提出合并是否可能抑制产业进步。[①]美国反垄断执法机构包括法院在很多并购案件都十分关注企业的创新和研发活动。例如，联邦贸易委员会1990年审理的罗氏制药（Roche）并购基因技术（Genentech）一案，研发和创新成为执法机关界定相关市场主要考虑的问题。这项收购涉及三种产品，即VC、人体生长激素和以CD4为基础的AIDs和HIV治疗方法。联邦贸易委员会提出，这个案件界定相关市场不仅要考虑相关产品的生产和销售，而且还应当考虑三种产品的研发活动：在VC市场上，Roche是主要生产商，Genentech在积极进行VC新工艺的开发；在人体生长激素市场上，Genentech是主要生产商，Roche也进行了长期的临床试验；在AIDs和HIV治疗方法上，两个公司虽尚未被批准进行相关产品生产，但Genentech是研究CD4最资深的企业，Roche也在这方面进行了大量的相关研究。根据上述分析，联邦贸易委员会认定这个并购将减少或者至少推迟这三个领域的研发活动，从而认定这个并购具有反竞争的效果。该案的最终结果是，这两个企业被要求将其在上述领域的科研技术和研发资产剥离出去，它们最后放弃了该项收购计划。[②]

美国司法部在很多并购分析中也考虑创新竞争的问题，例如，在1993年，出于损害创新竞争的理由，司法部阻止美国通用汽车（GM）准备将其Allison运输车业务出售给德国ZF公司的一项交易。[③] 参与这个交易的两家公司是世界上客运车和大型卡车自动传动装置的主要生产者，其产量共计占全球市场份额的85%。然而，因为它们在北美市场没有激烈的竞争，而且GM在这个市场上占主导地位，审理该案的美国联邦地区法院认为，从静态效率的角度考虑，GM出售Allison给德国ZF没有严重的限制竞争问题。但是，司法部的观点是，这个收购不仅影响相关产品市场和相关地域市场的竞争，而且在全球范围会降低创新市场包括产品技术设计和研发等方面现有的竞争水平。司法部还认为，即使德国ZF现在和将来都不会在美国市场上销售其客运车和大卡车的自动传动装置，但是美国的用户可能因创新竞争的减弱而受到损害。司法部将该案的创新市场界定为全球范围内客运车和大型卡车自动传送装置的系列技术研发，并指出此项资产交易对这个创新市场的影响远远大于这两家企业在美国的产品

---

① United States v. Aluminum Co. of America, 148 F. 2d 416.

② Roche Holding Ltd., 113 FTC 1086(1990).

③ United States v. General Motors Corp., Civ. No. 93 – 950(D. Del. Filed Nov. 16, 1993). See 1995 Antitrust Guidelines for the Licensing of Intellectual Property.

市场上进行的十分有限的竞争。

美国1995年《知识产权许可的反垄断指南》发布后，美国反垄断执法机构在更多的案件中关注创新竞争的问题。例如，在1995年Monsanto/Dekalb Genetics并购案中，鉴于Dekalb拥有玉米转基因专利和Monsanto拥有与细菌方法相关的转基因专利，司法部将并购双方共同研究的技术界定为一个创新市场，并认定这个并购可能影响未来的玉米转基因市场。[①] 在1995年Sensormatic/Knogo合并案，Sensormatic除收购Knogo在北美地区的资产外，还准备收购它在北美地区相关产品安装的一次性防盗标签的知识产权。因为该产品属研发过程中的新产品，且这两家并购企业都在这个方面进行着研发，联邦贸易委员会将这个一次性防盗标签的研发界定为一个创新市场，并认为该并购将对这个创新市场产生不利影响，从而对这个并购的批准附加了限制性的条件。[②] 总体来说，随着创新市场的引入，美国反垄断执法机构对影响创新活动的企业并购予以越来越多的关注。据统计，美国司法部和联邦贸易委员会1990年至1994年审查过的135起并购案件中，其中只有4起提及并购对创新竞争的负面影响；1995年至1999年审理的并购案件中有47起审查过并购对创新竞争的影响；而在2000年至2003年审查过的109件合并案件中，有41起案件审查过并购对创新的影响。[③]

(三)关于创新市场的争议

美国《知识产权许可的反垄断指南》引入创新市场的概念，这一般是用于判断知识产权许可或者转让是否明显带来减少研发投资的影响。一项技术许可或者转让即使不会对产品市场和技术市场带来不利影响，但是如果可能会影响新技术的研究和开发的投资积极性，它可能就会受到反垄断执法机关的关注。美国反垄断执法机构评估制药和医疗技术等领域的并购活动时，经常会运用创新市场的理论。尤其当一个交易完成后数年没有新产品上市，或者知识产权产品可以产生新的市场的时候，执法机关往往会运用创新市场的理论来确保潜在的竞争。美国反垄断执法机关提出并且运用了创新市场的理论，一方面这是美

---

① See Justice Department Approves Monsanto's Acquisition of DeKalb Genetics Corporation, https://www.justice.gov/archive/atr/public/press_releases/1998/2103.htm.

② See Federal Trade Commission, Sensormatic Electronics Corporation, https://www.ftc.gov/news-events/press-releases/1995/04/sensormatic-electronics-corporation.

③ 参见李虹：《相关市场理论与实践——反垄断中相关市场界定的经济学分析》，商务印书馆2011年版，第223页。

国反垄断执法经验积累到一定阶段的产物;另一方面也是顺应高新技术领域反垄断执法的客观需要。

然而,世界各国反垄断执法机关以及学术界在是否需要界定创新市场这个问题并没有达成一致意见,即这个问题上既有赞成者,也有反对者。反对者认为,界定创新市场对大多数反垄断案件是多余的,如在并购案件中,这种分析不过是考虑潜在竞争的一种方式。其实,即便没有创新市场界定,并购案件也需要考虑市场的潜在竞争。[①] 还有学者认为,在有利于创新的市场结构目前还没有定论的情况下,创新市场的界定可能出于下列原因会加剧反垄断执法的不确定性:首先,企业间研发活动的集中将会减少研发主体,但是减少研发主体是否必然减少创新,目前还尚未得到理论和实证证明;相反,有些研发活动通过企业间的合作甚至合并,则可能有利于提高整体的研发水平。其次,考虑到创新没有国界,也考虑企业的研发活动往往秘密进行,执法机关一般很难确定究竟多少企业拥有某个研发项目的财产和能力,其结果就是创新市场界定的范围可能被低估。如果依据这种判断评估企业并购,就可能会禁止一些本来有利于推动创新的合作和合并。最后,实践中,很多企业为了应对其他企业可能出现的技术创新,它们往往会加快对现有技术的研究和开发,这说明在研发领域,企业间通过共谋或者企业并购以阻碍创新的动机很弱。针对上述两种观点,我们认为中国反垄断执法应当采取以下的态度:

1. 考虑创新竞争是必要的

尽管界定创新市场的理论还存在争议,而且这种理论本身的确还存在不完善之处,但是这个理论在涉及知识产权许可或者企业并购的案件中可以弥补单纯的产品市场和技术市场不能完全解决的问题,且这个理论本身与现有的其他经济分析方法不存在冲突,我国反垄断执法机构有必要引入创新竞争的概念和分析方法。

其实,我国反垄断执法已经开始注重创新因素的分析,特别是商务部在这个方面有很多相关案例。例如,商务部 2011 年 12 月附条件批准希捷科技公司收购三星电子有限公司硬盘驱动器业务一案的公告指出,“创新对硬盘行业影响重大。率先推出创新产品可以获得较高的市场份额和利润,在其他竞争者推出同类产品后,该产品利润率即显著降低。硬盘生产商需要通过不断创新降低

① 参见李虹:《相关市场理论与实践——反垄断中相关市场界定的经济学分析》,商务印书馆 2011 年版,第 221 页。

成本,创新是硬盘生产商的重要竞争手段。调查还发现,硬盘市场的竞争是维持产品创新的重要前提,排除或限制竞争行为将显著降低硬盘生产商的创新意愿和创新速度”。[①] 这个批准决定除要求并购方在相关市场维持三星硬盘作为一个独立竞争者存在下去外,还要求它针对三星产品设立独立的研发中心,并且给予该研发中心以技术支持,包括允许其采用希捷的标准流程,以提高三星产品的生产效率和竞争力。这个决定还明确了并购方的承诺,即在本决定作出后三年内,每年投资至少 8 亿美元,且将以并购方近年一贯的速度,继续在创新领域投入研发资金,以确保给客户带来更多创新性产品和解决方案。

2. 界定创新市场是不必要的

前面指出过,创新竞争是从动态角度考虑企业并购的一种新思路,它要求执法者重视创新竞争在提高社会福利方面的作用,以此阻止垄断对创新竞争的消极影响。但是,如果要界定创新市场的范围,那得考虑创新市场与传统产品市场的重大区别:第一,创新市场上不具有交易行为。这是因为创新企业开展创新活动的目的是在将来生产某种新产品或者研发出某种新技术,其目的是在未来的市场竞争中获得优势地位。因此,创新行为本身没有可以进行交易的产品或者技术,这种情况下,传统的界定相关市场的方法难以在界定创新市场中发挥作用。第二,创新市场既然没有交易行为,那当然就没法计算创新企业的市场份额。正如前面指出的,对创新竞争来说,究竟什么样的市场结构更有利于创新,迄今人们还没有定论。例如,企业并购会减少研发主体,但是研发主体的减少并不必然减少创新。而且,由于企业的研发活动很多不是公开进行,执法机关不仅难以界定创新市场的范围,更难以认定企业的市场份额和地位。第三,随着科技飞速发展,即便今天在创新市场上是一个垄断性企业,但它可能在很短时间内就失去垄断势力。这即是说,即便反垄断执法机关计算出创新企业的市场份额,这个数字也是短命和不准确的,对反垄断分析没有很大的价值。

简言之,在界定相关创新市场的问题上,我们主张采取欧盟委员会的做法,即无须引入创新市场这一概念,但在考察企业并购以及其他竞争案件中,注重企业创新竞争的分析。其实,即便在前面论述的几个美国案例中,创新竞争不过是作为竞争分析的一个因素,执法机关并没有真正界定相关创新市场的范围,更不可能认定相关企业市场份额和市场地位。道理很简单,界定创新市场

---

① 商务部公告〔2011〕第 90 号。

的范围或者进行量化,这客观来说是不可能的。

四、子市场、集群市场与次级市场

随着经济发展和技术进步,市场上的企业可能同时生产或者经营多种产品或服务。因此,反垄断执法机关审理案件时,为了准确地说明市场竞争状况,就可能根据这些企业生产的全部产品或者仅依据其生产的某个产品出发,将相关产品市场界定为子市场、集群市场或者次级市场。

(一)子市场

世界各国反垄断法关于"子市场"迄今还没有统一的概念,一般理解为"相关产品市场中的相关市场"。即在一个包容性比较大的相关产品市场上,人们可以按照产品的不同功能与用途、不同的生产设备与供给商、不同的购买者群体对价格变动的敏感度等各种因素或者标准,对相关产品进行区别和细分,由此就在一个大的相关产品市场上界定出子市场或者细分的相关产品市场。

这方面的经典案例是美国联邦最高法院 1962 年的布朗鞋案。法院在这个案件中不仅提出了界定相关产品市场应考虑的七个因素,而且还提出"广义的产品市场可能还存在本身可以构成反垄断意义上产品市场的子市场",并提出界定子市场应考虑的因素包括:行业或社会公众是否认同子市场在经济上具有独立性、产品的特性与用途、特定的生产设施、特定的消费群体、特定的价格、对价格变化的敏感性以及特定的卖主。法院认为,如果考虑上述这些因素,把鞋子这个相关产品市场细分为男鞋、女鞋和童鞋比较合理,而且这种分类得到了社会的认可,因为这些产品中的每种产品都具有与其他两类产品不同的特征,即它们三者之间没有竞争关系,即每种产品都拥有其各自特定的消费群。[①]

这个判例说明,相对于从整体角度界定的相关产品市场,子市场是从局部或者个别因素的角度来考虑提供多元产品或服务的企业是否具有市场势力。这即是说,利用产品市场的概念界定某个行业相关市场的时候,有时候可能会稀释这个市场上的企业在某个局部市场的集中度,其结果可能会忽略其市场势力。为了避免这个问题,反垄断执法机关在整体考虑企业市场势力的同时,可以采用界定子市场的方法来判断相关企业是否在某个局部的方面存在市场势力。

(二)集群市场

集群市场,是指系列非替代、非捆绑产品所形成的产品群,而且这个产品群

---

① Brown Shoe Co. v. United States,370 U. S. 294,326(1962).

能够在市场有效竞争中同其他产品群相分离。[①] 集群市场存在的前提条件是生产者的联合销售或者消费者的联合购买,其理论基础是经济上的规模效应或者交易补偿性。规模效应保证企业以产品群的形式出售产品或服务时,其价格会低于这些产品分开销售时的价格;交易的补偿性可以使具多方面需求的消费者在向特定供应商购买多种产品时,可以明显地降低其交易成本。

美国最高法院 1961 年关于费城国民银行案的判决是一个集群市场的经典案例。[②] 该案涉及费城第一大商业银行与第二大商业银行之间的合并,一个联邦地区法院批准了这个合并,但是司法部反对这个合并,并且最后将该案上诉至联邦最高法院。最高法院分析本案相关产品市场的时候,提出了一个产品与服务的集群市场,并指出出于下列原因,商业银行本身是一个独立的相关产品市场:(1)商业银行可以提供其独特且范围广泛的服务包括存款、经常账户、信托管理等,这导致其他类型的金融机构不可能与其开展竞争;(2)与其他金融机构相比,商业银行的服务明显具成本优势;(3)即便商业银行某些服务不具成本优势,但是由于“消费者的偏好”,其他金融机构仍然没有竞争力。因此,法院就该案的判决是,因为商业银行可以提供各种形式的金融服务,其他金融机构不具备这样的竞争优势,所以它拒绝批准费城第一大商业银行与第二大商业银行之间的合并。

这个案例说明,美国联邦最高法院关注集群市场的规模效应和交易补偿性,其结果就是消费者的购买行为可能被绑定在一家企业身上,即消费者关注的是整个产品或服务群,而非单个产品或服务的价格和质量。在这种情况下,即便提供产品或服务群的垄断企业将其中部分产品或服务的价格提高到竞争价格水平之上,一般的消费者可能出于购买便利性的考虑,宁愿支付较高的垄断价格,也不愿转向只是提供产品群中个别产品或者个别服务的企业,其结果就是提供产品群的企业可以获得垄断利润。

(三)次级市场

有些反垄断案件可能涉及一个产品的供货商在这个产品的次级市场限制竞争问题。例如,一个汽车生产商与提供这种汽车零配件的供货商或者汽车修理服务商之间存在限制竞争问题。即这种限制竞争不是发生在汽车生产商的

---

① See Ayres, “I. Rationalizing Antitrust Cluster Markets”, *Yale Law Journal(1985)*, 95(1), pp. 109 – 125.

② United States v. Philadelphia National Bank, 374 U. S. 321(1963).

层面,而是发生在与汽车销售相关的次级市场上。因此,次级市场是指为确保主产品的正常使用而提供的产品或者服务。次级市场有四个特征:第一,次级市场上的产品或者服务不是独立存在的,而是作为初级产品的补充,即它们只是为了保证主产品充分实现其价值而提供的;第二,次级市场上产品与服务的供应点与主产品的供应点不能保证在相同的地方;第三,次级市场上的供货商或者服务商为提供与主产品相关的产品或者服务投入了一定的沉没成本,从而有着被“锁定”的效应,即如果消费者不购买主产品,他们在次级市场上提供的产品或者服务就不可能得到消费,从而会损失他们当初为进入次级市场而进行的投资;第四,次级市场的出现得益于消费者在自身需求的基础上所作出的选择,从而这与搭售有着很大的区别,因为搭售源于销售商自身的垄断地位,而不是消费者自愿的行为。

涉及次级市场的反垄断案件很多会涉及耐用消费品,因为这类产品一般都有售后服务的问题,因此可能会产生次级市场的问题。这方面一个著名案例是美国的柯达公司案。[①] 柯达公司早在20世纪20年代发明了缩印技术,是复印机和缩印机的主要生产商。复印和缩印都需要持续的性能维护,而且这些维护都涉及零部件,因此柯达为其复印机和缩印机建立了全国性的连锁服务。20世纪80年代,美国出现了很多小型独立服务商(ISOs),为柯达复印件提供性能维护。因为这些ISOs提供维修服务的价格低于柯达公司的价格15%~30%,柯达随之制定了新的政策,即不再向ISOs出售复印机和缩印机的零配件。柯达还规定,购买复印机的客户必须雇佣柯达培训过的人员来维修,并且要求客户保证不会转售零配件。因为柯达的这个销售政策严重影响了ISOs包括ITS的生路,从1987年4月开始,这些ISOs开始起诉柯达,指控它利用其对零部件的垄断,限制对复印机售后市场的竞争。这个案件最重要的意义是关于售后服务市场的经济学分析,因此也这是一个关于次级市场的典型案例。这个案件竞争分析的主要思路是:(1)复印机设备、零部件和售后服务是不同的相关市场;(2)柯达在零部件市场上处于垄断地位;(3)柯达利用零部件垄断获取了售后服务市场的垄断。

---

① 参见[美]J. E. 克伍卡、L. J. 怀特编著:《反托拉斯革命——经济学、竞争与政策》(第4版),林平、藏旭恒译,经济科学出版社2007年版,第430~454页。

五、相关地域市场

(一)地域市场的概念

相关地域市场,是指与被考察产品发生竞争关系的同类产品或密切替代品开展竞争的地理区域。美国2010年《横向并购指南》指出,“如果地理条件限制了部分用户替代某些产品的意愿或能力,或限制了部分供应商向某些用户提供产品的意愿或能力,则合并的竞争效果可能仅产生在某特定的地理范围内”。[①]欧盟委员会1997年发布的《界定相关市场的通告》也指出,“相关企业在这里参与供应和购买产品或者服务,即它们在该地域的竞争条件基本一致,且由于与相邻地域市场的竞争条件明显不同,从而可将其与相邻地域区别开来”。[②] 这说明,相关地域市场界定的实质性标准就是市场竞争条件的一致性,这里包括与买方或卖方相联系的一切因素,特别是与产品的运输相联系的各种限制性条件等。如果不同地理区域的市场竞争条件一致,这些区域往往可以被视为属同一个相关地域市场。

(二)界定地域市场的考虑因素

界定的相关地域市场通常为一个法域或者一个法域的一部分。例如,英国1973年颁布的《公平交易法》第7~9条的规定将相关地域市场界定为英国或英国的一部分;[③]日本1947年颁布的《禁止垄断法》第2条定义市场占有率时,明确使用“国内供应数量”等术语将地域市场界定为日本国内市场;[④]《欧盟运行条约》第106条将滥用市场支配地位行为的相关地域市场界定为共同体市场及其成员国;美国反托拉斯法本身虽然没有对地域市场的范围作出限制,但美国司法部和联邦贸易委员会颁布的《横向合并指南》提出相关地域市场可包括美国的部分地区、美国的全部国土、一部分国外领域、整个国际市场等多种情形。

此外,相关地域市场界定的范围往往与相关产业的性质相关。例如,日用消费品的相关地域市场往往是区域性的,因为消费者对其生活用品的购买基本

---

① 2010 Horizontal Merger Guidelines by Department of Justice and federal trade commission, Section 4.2.

② Commission Notice on the Definition of the Relevant Market for the Purposes of Community Competition Law, Official Journal C 372 of 9.12.1997.

③ Fair Trading Act 1973, available at http://www.legislation.gov.uk/ukpga/1973/41/contents.

④ Japanese Act Concerning Prohibition of Private Monopoly and Maintenance of Fair Trade (Anti-monopoly Act), Law No.54 of April 14, 1947, last amended by Law No.35 of April 27, 2005, available at http://www.wipo.int/wipolex/en/text.jsp?file_id=335107#Chapter1 Art 2.

上限于自己所处的区域;资本和技术密集型产品的相关地域市场往往被界定为全球市场,因为这些产品的销售往往是全球性的。随着经济全球化和世界各国间的经济贸易往来越来越频繁,各国反垄断执法机构往往意识到不能对地域市场界定的范围过于狭小。此外,在并购企业与被并购企业处于不同地域市场的情况下,这些企业并购案件还可能涉及两个或两个以上的地域市场。

综上所述,界定相关地域市场应当考虑的因素包括:第一,运输成本及服务成本。运输或服务成本占产品价格的比例越大,相关地域市场的范围就会越小。第二,消费者的选择或者偏好。例如,在零售市场上,考虑消费者便利的程度,这种情况下的地域市场往往比较狭小。第三,法律、关税以及其他贸易壁垒的考虑。法律、关税及其他贸易障碍会增加生产者进入他国市场的经营成本,如果由此提高相关产品的价格,这会促使他国的消费者发生消费转移,从而减少对该商品的需求。因此,很多情况下的地域市场范围不会扩大到国外市场。第四,产品的特性。例如,保存期短的产品的相关地域市场的范围狭窄,可以长期保存的产品的地域市场范围比较宽泛。

(三)美国界定地域市场的权衡因素

与界定相关产品市场一样,美国1992年《横向并购指南》指出,界定相关地域市场同样要区分不存在价格歧视和存在价格歧视的两种不同情形。

1.不存在价格歧视条件下

在不存在价格歧视的条件下,执法当局将地域市场界定为这样一个地域,即在这个地域内,如果假定垄断者作为相关产品现在和将来唯一的生产者有利可图地强加一个至少“数目不大但有意义且非暂时性的”涨价,其他地域的产品销售条件保持不变。这就是说,在界定受合并影响的地域市场时,当局应从各个合并企业(或在企业有多个工厂的条件下从各个工厂)的场所出发,并考虑在该地生产相关产品的假定垄断者强加了一个“数目不大但有意义且非暂时性的”涨价,而该地区所有其他销售条件保持不变时,将会发生什么。作为对涨价的反应,如果该地域内那种产品的销量大幅度减少,以致合并企业所在地域内生产或销售相关产品的假定垄断者发现涨价没有好处,那么,当局应将最适合替代合并企业所在地域的生产地域补充进这个地域市场。

在考虑买方对涨价可能的反应时,当局应考虑所有的证据,其中包括但并不限于以下的证据:(1)买方因价格或其他竞争条件的变化,已转向或已考虑转向购买其他地域产品的证明;(2)根据买方因价格或其他竞争条件的变化而选择其他地域替代品的前景,卖方做出经营决策的证据;(3)买方竞争对市场供给的影响;(4)转向其他卖方的时间和代价。同界定相关产品市场一样,界定相关地域市场也应当适用"最小市场"的原则。而且这里的价格上涨、"数目不大但有意义且为期不短的"涨价的含义以及消费者转向选择替代品的决定,都应以界定产品市场的相同方式进行分析。

2. 存在价格歧视条件下

如果假定垄断者可以对某些地区的买方(目标买方)实施不同的价格条件,即这些买方不可能向距离更远的卖方购买替代品作为对相关产品"数目不大但有意义且非暂时性"涨价的反应以挫败这个有针对性的涨价,而且其他买方也不可能将相关产品转卖给目标买方,[①]假定垄断者就会因有利可图而强加一个歧视性的涨价。如果涨价是普遍性的,从而导致大量的买方转向购买替代品,涨价就会无利可图。假定垄断者如果有利可图地对某些地区强加了一个"数目不大但有意义且非暂时性的"涨价,当局应考虑将这些特定买方所处的地域视为一个独立的相关地域市场。

3. 2010 年《横向并购指南》

与 1992 年《横向并购指南》相比,美国 2010 年《横向并购指南》对界定相关地域市场的考虑因素作出了更为清晰的说明。它指出,地域市场的范围不仅取决于产品的运输成本,而且诸如语言、规制、关税及非关税贸易壁垒、习俗及熟悉度、信誉、服务可用性等其他各种因素也会阻碍远距离的贸易或者国际贸易。例如,有外国企业参与的竞争还应当基于不同的汇率进行评估,近期不断波动着的汇率可能就会影响企业进入市场。2010 年指南也考虑了供货商针对不同用户实施价格歧视和不实施价格歧视的两种情况。指南明确指出,如果没有针对用户实施的价格歧视,执法部门一般基于供应商的位置界定相关地域市场;在其他情况下,如果针对不同的用户存在价格歧视,执法部门可能基于用户的位置界定地域市场。地域市场的界定通常适用于供应商负责运送产品或者服务到用户所在地的情形,即这种地域市场覆盖产品的销售地。这说明,相关地域市场的竞争者包括向该地域用户出售商品或服务的企业,甚至包括位于该地

① 套利对很多劳务是不可能的,如经运输销售的商品,如果运输费占商品最终成本相当大比例,套利很困难。

域市场之外的供应商。[1]

(四)欧盟界定地域市场的权衡因素

欧盟委员会《界定相关市场的通告》阐述了界定相关地域市场应当考虑的各种因素,它们同样表现为界定相关地域市场的各种证据。根据通告的规定[2],欧盟委员会界定相关地域市场重点会考虑以下证据:

第一,相关产品的订单过去转移到其他地域的证据。有些案件随着相关产品的价格在不同地域间的变化,人们可以得到消费者对此后续反应的证据。一般来说,界定相关产品市场使用的定量测试(quantitative tests)在界定地域市场时同样可以使用。但是,人们应当认识到,由于存在诸如汇率变动、税收以及产品差异性等各种因素,国际间产品价格的比较可能要比国内产品之间价格的比较复杂很多。

第二,产品的基本需要特性。这即是说,相关产品的需求特性本身可以决定地域市场的范围。例如,消费者对自己国家的喜好,或消费者对本国品牌、语言、文化以及生活方式的喜好,或者消费者所处的地域只能购买本地产品等,这些因素都具有很强的限定产品竞争地域范围的潜力。

第三,消费者和竞争对手的看法。欧盟委员会在审查案件过程中的适当时候,都会联系当事方主要的客户和竞争对手,目的是了解他们关于界定相关地域市场的看法,并且收集界定地域市场范围的过程中所需要的和可以得到的与事实相关的各种证据。

第四,当前购物的地域模式。这即是说,调查客户在当前的地域购物模式,对界定相关地域市场的范围将会提供有用的证据。例如,当客户以相似的条件从欧盟或欧洲经济区内的其他区域购买产品,或者是通过有效的招标程序向欧盟或欧洲经济区范围内的其他地区的公司购买产品时,这个相关的地域市场通常被视为共同体市场的范围。

第五,贸易流通和运输方式。如果客户的数量非常庞大,以致不可能通过他们获得相关产品的地域购买模式的准确描述,委员会可以通过使用商品流通的信息来获得界定相关地域市场所需要的证据。但是,这种做法的前提条件是

---

① 2010 Horizontal Merger Guidelines by Department of Justice and federal trade commission, Section 4.2.2.

② Commission Notice on the definition of relevant market for the purposes of Community competition law 97/C 372/03, paras. 44 – 52.

要能够获取足够详细的与相关产品相关的贸易统计数据。也就是说,贸易流通本身并不具备决定性的意义,而在这方面可以提供的合理数据为确定地域市场的范围提供了有价值的分析资料和信息。

第六,订单转移到其它区域的公司可能存在的障碍和转移成本。由于欧盟内部大市场涉及20多个成员国,因此不存在跨境购买或者跨境贸易流通的情况并不一定就意味着相关地域市场肯定局限于一个成员国的地域范围内。在认定一个案件中的相关地域市场是一个成员国的市场之前,执法机关需要找到分割这个成员国市场与其他成员国市场之间的障碍。妨碍相关产品的客户将其订单转移到其他区域的最明显的障碍是运输成本和来自法律或相关产品性质对运输限制的影响。运输成本通常会限制体积大、价值低的相关产品的地域市场范围,但是相关产品在运输方面的劣势也可能通过其他费用的比较优势如价格低廉的劳务费用或原材料成本得到弥补。此外,特定区域的销售权,相关产品领域依然存在的政府、产品配额或者关税壁垒,也可能会成为相关产品在某个区域可以免受来自其他区域竞争压力的障碍。当然,从位于其他成员国的公司购买产品的高额转换开支也是界定相关地域市场必须要考虑的一个因素。欧盟委员会就是根据其所收集到的各种证据,在其所作出的决定中将相关地域市场的范或者界定为一个成员国的市场,或者界定为全球范围的市场。在委员会过去的决定中既有地区性市场的例子,也有全球性市场的例子。

六、相关市场界定的时间性

反垄断案件界定相关市场的时候,一般只是需要考虑界定相关产品市场和相关地域市场。但是,当产品的生产周期、使用期限、季节性、流行时尚性或知识产权保护期限等构成界定相关市场一个不可忽视的因素时,时间性就会成为界定相关市场需要考虑的一个重要方面。相关市场的时间性有时也称为相关时间市场,它是指相同产品或其密切替代品在同一区域内相互竞争的时间范围。在确定相关时间市场时也会要求竞争条件的一致性,即在相关产品市场和相关地域市场给定的情况下,只要时间因素使产品竞争条件一致,就可以认为这些产品属于同一相关时间市场;反之,则不属于同一相关时间市场。例如,欧洲法院1978年判决的联合商标诉欧共体委员会一案就出现过相关时间的问题。这个案件有证据说明,香蕉的交叉需求弹性在不同季节是有波动的,即在夏季当其他水果很丰富的时候,香蕉的需求会减少。委员会由此想到过可能存在两个相关时间市场的问题,即联合商标在夏季几个月时间内没有市场势力。

然而,由于委员会只是识别了一个相关时间市场,并由此认定联合商标在这个市场具有支配地位,联合商标遂将这个案件上诉至欧洲法院。遗憾的是,欧洲法院在这个案件中没有审理是否存在两个相关时间市场的问题。①

反垄断案件一般需要考虑的时间因素包括:(1)产品使用的期限。即产品使用的期限越短,替代品就越多,产品的供给弹性也越大,相关市场的范围也越大。(2)产品的季节性。例如,季节性较强的产品如水果、蔬菜,只有在一定季节内才可能存在竞争。(3)法律因素。例如,知识产权的保护期限,即法律上规定的知识产权保护经过一定期限后将会失效,其结果就是原本凭借其知识产权可能会处于市场支配地位甚至垄断地位的企业其市场优势将会消失,其结果也会导致相关产品市场和相关地域市场的范围发生变化。(4)产品的生产周期。生产周期的长短会影响一定时期内产量的大小,从而会影响供需关系及相关市场的界定。

① United Brands Co. and United Brands Continental BV v. Commission, Case 27/76[1978] ECR 207, 225.

第五章　SSNIP 为基础的市场界定

第一节　SSNIP 测试法概述

一、SSNIP 测试法的产生

第一章在论述相关市场界定在美国的产生与发展的第一节指出，为了增加反垄断执法的透明度，美国司法部和联邦贸易委员会从 1968 年开始通过制定行政执法指南的方式，向企业界和社会发布它们依据联邦反托拉斯法控制企业并购的法律思想和经济分析方法。迄今关于企业并购的行政指南有司法部 1968 年、1982 年、1984 年发布的《并购指南》，司法部和联邦贸易委员会 1992 年共同发布《横向并购指南》（1997 年进行小幅度修订）。现在生效的是司法部和联邦贸易委员会 2010 年共同发布的《横向合并指南》。这些并购指南中一个重要的方面是企业并购审查中界定相关市场的方法。

与 1968 年《并购指南》相比，美国司法部 1982 年指南的最大特点是提出了界定相关市场的 SSNIP 测试法（Small but Significant and Non – transitory Increase in Price），即通过评估假定的垄断者能否有利可图地对其产品（或地域）实施“小而显著且非临时性涨价”，判定这个产品是否与其他产品（或地域）一起构成一个相关市场。总体说来，市场是由一定地理区域和具有某种经济特性的商品群体构成的。美国法院虽然早就在反垄断案件中发展了关于产品市场和地域市场的概念，但是它们的界定并没有明确的标准。例如，美国最高法院 1962 年的布朗鞋案发展了“子市场”的概念，1963 年的费拉德尔费亚国民银行案发展了“集群市场”的概念。如果严格地适用这些概念，可以说任何一个超过 1976 年哈特—斯科特—罗迪诺法（Hart – Scott – Rodino Antitrust Improvement

Act)最低标准的并购都会遭到反垄断执法机关的追究。[①] 这种情况下,美国司法部1968年发布的合并指南就曾遭到严厉的评判,美国司法部反垄断局前局长巴克斯特(Baxter)甚至称它是一个“误导性指南”。[②] 巴克斯特指出,“为了提高生产率,对企业合并认真执行反垄断法是非常必要的。但这包括两个方面:第一,禁止限制竞争的合并很重要;第二,不禁止不影响竞争和推动竞争的合并也很重要,因为不当的干预将严重损害资金市场,而资金市场的机制能提高使用资金的效率”。[③]为了明确区分有利于竞争、对竞争中立和不利于竞争的合并,1982年合并指南在这方面做出的一个重大改革就是提出了一个严格界定相关市场的SSNIP测试法。根据这个方法,司法部在界定相关市场的时候,要充分考虑新的企业或者其他行业的企业进入市场的可能性,从而可以比较合理地测度市场的集中度和比较准确地分析合并对竞争的影响。

根据这种方法界定产品市场的时候,美国司法部首先从参与合并企业的产品出发,确定一个临时市场。临时市场的范围是指那些从消费者的观点看,并从合并企业产品的现行价格出发,相互间可以替代的所有产品。然而,这个仅依据当前市场供求关系决定的临时市场是不能准确反映真正的市场供求关系的,因为经济的变化性很大,产品价格的上涨会随时引起某些生产者调整其产品的结构,从而给其他产品进入这个临时市场创造了条件。其他产品进入市场的多少,取决于商品价格增长的幅度。1982年的合并指南将这个幅度定为5%。由此司法部就要考虑,在商品价格上涨5%后,一年内将会有多少顾客可能转向购买其他产品,从而就将临时市场的范围,扩大到价格提高5%之后,仍有可能获得一般利润的那些商品。地域市场的界定也是采取同样的方法。司法部将首先根据合并企业产品的运输条件确定一个临时性的地域市场。然后考虑,市场上的产品价格提高5%后,将会有多少在其他地域经营相同产品或可替代产品的经营者转向这个地域市场,从而将临时地域市场的范围扩大到价格提高5%后仍可能获得一般利润的那些经营者的活动场所。

通过SSNIP测试法界定市场的方法是根据1982年合并指南的指导思想提出的,因为这个指南的注意力放在了合并企业对其产品进行涨价的能力上。如

---

① See R. M. Buxbaum, Enforcement of United States Antitrust Law during the Reagan Administration: Review and Prospects, WuW 7-8/1989, p. 570.

② M. Blechman, Neue Entwicklung in der amerikanischen Wettbewerbspolitik, WuW 3/1982, S. 173.

③ A. liegl, Die Zusammenschlusskontrolle in rechtsdogmatischer und wettbewerbspolitischer Sicht (Diss. Uni. Regensburg), 1987, S. 156.

果消费者有可能在合并企业对其产品进行涨价后转向购买其他的同类产品或者转向其他地域购买同类产品，合并企业的涨价能力就会受到制约。因此，在界定市场时，必须要考虑消费者扩大选择其他产品的可能性。①正确划定市场范围是合理干预企业合并的最重要一步。因为正确界定市场的范围，才能评价一个合并是否有限制竞争的影响。市场范围划得过大或者过小，会导致合并控制的过严或者过松，两者都会引起妨碍竞争和损害经济的后果。②

二、SSNIP 测试法的应用

SSNIP 测试法目前在世界各反垄断司法辖区都是一个比较流行的界定相关市场的方法。这种方法的一个基本思路是，如果假定垄断者实施的涨价有利可图，这说明没有或者只有少量需求者转而选择其他的替代品，这个产品从而可构成一个相关市场；相反，如果这个涨价无利可图，则说明当前市场界定并未覆盖其他具紧密替代关系的产品，从而应当扩大相关市场的范围，即把其他具有密切替代关系的产品包括进去。我国国务院反垄断委员会 2009 年发布的《关于相关市场界定的指南》对假定垄断者测试即 SSNIP 的分析思路也做了细致的阐释。SSNIP 测试是一个循环测试的过程，直到界定出相关市场。这个过程主要有以下四个步骤：

第一，选定初始市场。一般把所考虑的产品本身以及明显具有强替代性的产品选为初始产品，即它们属于初始市场的产品，初始市场的精确选取会减少整个过程的循环次数，节省工作量。

第二，确定提价幅度（5% ~10%）。即假定目前市场上所有产品均由一个垄断企业进行生产提供，企业通过对初始市场产品或服务进行提价，观察消费者对提价的反应，即消费者是否减少对产品或者服务的购买，或者消费者转移到对其他产品或者服务的购买。这里主要关注产品或者服务销售量的变化。

第三，如果出现即使产品或者服务的价格提高后但消费者的转移数量很小的情况，那么假定垄断企业的提价就是有利可图的，SSNIP 测试由此就可以结束，这个初始市场从而可以界定为反垄断案件的相关市场。如果产品或者服务的价格提高后，消费者发生了大范围的转移，其结果是假定垄断者的产品或者服务的销售量下降和销售收入下降，从而导致假定垄断者无利可图。这种情况

① J. Whalley, After the Herfindahls are Counted: Assessment of Entry and Efficiencies im Merger Enforcement by the Department of Justice, World Competition, Vol. 13, No. 3, p. 56.

② 参见王晓晔：《企业合并中的反垄断问题》，法律出版社 1996 年版，第 54 ~56 页。

说明,假定垄断者的产品或者服务在初始市场之外还存在较强的替代品,即这些替代品对初始市场产品的提价有较强的约束力,从而需要把这些较强的替代品纳入相关市场之内。

第四,重复以上的步骤,直到假定垄断者的涨价有利可图,SSNIP 测试完成。

下面通过一个例子具体说明如何运用 SSNIP 测试法界定相关产品市场。假定食糖行业上存在 4 个品牌的白糖、3 个品牌的红糖和 2 个品牌的代糖。假定当前生产红糖的两个企业提出合并,反垄断执法机构考虑使用 SSNIP 测试对该项并购的相关市场进行界定。这个测试首先应当以这两种品牌的红糖作为初始相关的产品市场,并且考虑该并购企业是否有动机提价 5% 或者更高以实现更高的利润。如果答案是肯定的,这两个品牌红糖就构成该案中相关产品市场(假定这两种品牌红糖与第三种品牌红糖存在显著的产品差异性)。否则,就应当考虑与这两种品牌红糖最为接近的替代品对并购企业涨价行为的约束力,也即是将这个替代品纳入相关市场,例如考虑把第三种品牌红糖甚至把几种品牌白糖等纳入相关市场。

考察假定垄断者的涨价动机时,需要明确涨价行为带来的两个方面的影响,即一方面是涨价对销售毛利率的正面影响;另一方面是消费者的替代性的消费行为所带来的销售损失,这两种影响的方向相反。当涨价行为的正面影响大于负面影响的时候,假定垄断者就具备了提价的动机。由此可以看出,反垄断案件中的相关市场未必能够包括所有的竞争性替代品。即使涨价行为导致部分消费者转移购买其他替代品的行为会导致假定垄断者损失部分的销售量,但是假定垄断者仍然可能通过整体销售毛利的提升而获得更高的利润。因此,当产品或者服务是针对某一个特定目标市场而提供的时候,如果消费者转移至替代品的行为对假定垄断者的涨价行为不具备足够的约束力,这个反垄断案件的相关市场可能就是当前的目标市场,尽管相关市场上的产品存在竞争性的替代品。

在实践中,SSNIP 测试法要求对上述两个方面的影响有一个正确的估算。首先,涨价带来销售毛利的正面影响要求反垄断执法机构对并购企业的边际成本进行估算。由于边际成本数据在很多情况下不可得,通常的做法是使用企业生产的递增成本来替代。递增成本是通过观察企业在一个时期内因为产量变动而带来的成本变动进行估测。反垄断执法机构可以通过企业的内部文件、相关的内部数据等获取这方面的必要信息。其次,关于涨价带来的消费转移的影响,反垄断执法机关可以通过多种渠道所获取的必要信息进行估测。例如,通过市场上过去出现的因价格变动而产生的消费转移情况,了解消费转移的对象,受影响的产品销量等;通过企业内部的商业文件,了解企业自身对市场上消费者行为的判断以及由此制定的相应商业战略等。此外,还可以考虑行业第三方投资分析报告,以及其他的市场参与者提供的证据等。

三、SSNIP 测试法的评价

SSNIP 测试法相对于早期的相关市场界定,无论在理论上还是在实践中,都更有说服力,从而已经成为世界各国反垄断调查中最常使用的市场界定方法。然而,SSNIP 测试法也存在许多不足之处。

(一)基础价格选择问题

假设垄断者测试的基础性价格应当是一个竞争性的价格,在实践中一般是选择案件调查时的价格。然而,如果这个时间点的价格不是一个竞争性价格,界定相关市场的范围会较宽,后果可能会导致一个本应该阻止的合并得到批准,或者一个滥用市场支配地位的行为无法得到有效的遏制。这里存在的问题是,执法机关往往无法清晰地判断案件调查时的价格是否是一个竞争性价格。这个问题在涉及滥用市场势力的反垄断案件中尤其明显。

经济学理论一般认为,无论在竞争性市场还是垄断市场的条件下,企业都有追求利润最大化的动机。在这种情况下,如果垄断性企业的既定价格已经是最优的价格,进一步提高价格不仅不会给企业带来更高的利润,反而还会损失利润。按照 SSNIP 测试法的分析思路,如果垄断性企业在其已经实现了利润最大化的价格水平上进行小幅提价,这可能导致部分消费者转向购买替代品,由此测算出垄断企业的利润水平会下降,因此界定相关市场的范围会扩大,即把本来在竞争性价格水平上不会成为替代品的产品纳入到了相关市场,从而会出现“玻璃纸谬误”的问题。[①]

“玻璃纸谬误”是美国最高法院 1956 年关于美国司法部诉杜邦公司一案判决中出现的问题。这个案件界定相关市场的关键问题是,玻璃纸(一种塑料包装纸)能否作为一个独立的相关市场。在当时,杜邦公司销售了市场上 75% 的玻璃纸,但这些玻璃纸在当时所有的软包装材料市场上仅占 20% 。通过这样的

① United States v. E. I. du Pont de Nemours & Co. ,351 U. S. 377(1956).

相关市场界定,联邦最高法院作出了有利于杜邦公司的判决,即认为杜邦没有垄断市场的意图。法院的理由是,按照当时的价格水平,法院有大量证据可以证明,玻璃纸与其他包装材料(如防油纸)存在需求替代关系。然而,法院参考的证据是来自一个玻璃纸被垄断的市场上,即玻璃纸的市场价格早就超过了其竞争性的价格水平,即消费者转向使用的并不是玻璃纸竞争性价格的最优的替代品。此外,垄断企业总是将其价格确定在具一定需求弹性的水平上,即如果其价格进一步上涨,剩余消费者有相当部分会寻求其他的替代品。只要需求弹性小于1,垄断企业的提价行为就会有利可图。总之,因为联邦最高法院界定相关市场没有使用玻璃纸的竞争性价格作为基准价格,认为防油纸对杜邦公司销售的玻璃纸存在价格约束,这样就界定出一个范围比较宽泛的相关市场,结果就是杜邦公司在相关市场的份额不足20%。

总而言之,杜邦公司一案说明,产品A的垄断性价格可能使产品B成为它的替代品,但是如果产品A的价格是一个竞争性价格,产品B就不可能成为产品A的替代品。而且,杜邦公司案还说明,在产品已经成为垄断性价格的情况下,消费者也会寻求替代品,即便从性能上说,这些替代品不是他们本来想购买的产品。为了防止出现"玻璃纸谬误",保证SSNIP测试能够在竞争性价格的基础上进行,美国2010年《横向并购指南》指出,"执法部门运用SSNIP的起点是确定如果不发生该项合并,市场可能的主导性价格。如果不发生合并,市场价格不会发生改变,这个基准价格就可能合理地被视为合并前主导价格。如果不发生合并,价格也能发生改变,例如因创新或者市场进入导致价格变化,执法部门可能使用预期的未来价格作为测试的基准价格。如果因合并前企业间的协同行为的瓦解,在不发生合并的情况下,价格可能下降,则执法部门可能使用更低的价格作为测试的基准价格。有时候,执法部门进行假定垄断者测试使用的技术主要是关注合并前企业与假定垄断者在激励方面的区别,这就不需要确定明确的基准价格"。这个指南还指出,"如果能够合理和清晰地确定反映企业生产经营的价值和贡献的显性价格或者隐性价格①,执法部门应当在这些价格的基础上进行SSNIP测试"。②欧盟委员会《关于界定相关市场的通告》也指出,

---

① 当企业生产或经营多种产品或服务,这些产品或者服务之间存在交叉要素投入,此时企业的产品或者服务就存在隐性价格。或者企业的产品或服务是整个产业价值链的中间部分,反垄断相关市场的基准价格应当是合理确定的相关产品或服务的隐性价格。

② Horizontal Merger Guidelines(08/19/2010) issued by U. S. Department of Justice and the Federal Trade Commission, section 4. 1. 2.

“一般来说，特别在分析合并案件的时候，考虑的价格就是市场现价。但是，如果现价是没有充分竞争条件下的价格，情况就不是这样。特别在调查滥用市场支配地位的案件时，要将现价可能已经大幅度提高的这个事实考虑进去”。①

（二）涨价幅度问题

这里存在两方面的争议：第一，美国1997年的《横向并购指南》指出，考虑到不同相关市场上的产品可能有不同的涨价幅度，SSNIP测试的提价幅度不作统一规定。但是，这个看似合理的规定却增加了相关市场界定的随意性。因为提价的幅度如果过大，界定的市场则较宽；提价的幅度如果过小，界定的市场则较窄。第二，关于5%～10%幅度的理解。即这个幅度除了可以理解为价格上涨的显著程度外，是否还可理解为对市场支配力的容忍程度？如果是容忍程度，那么只要价格上涨幅度小于规定的幅度，即使假定垄断企业达到了垄断水平，也不应当认为它具有市场支配地位。如果是显著程度，那么达到最优价格之前，仅当假设垄断者的产品价格上涨幅度高于规定的提价幅度，才可认为它拥有垄断力。言外之意，假如价格上涨没达到规定的提价幅度就已经实现了利润最大化，那么这个假定垄断者是否拥有市场势力？值得注意的是，美国2010年《横向并购指南》提高了SSNIP涨价幅度选择的灵活性。指南指出，执法部门最常使用的SSNIP幅度为5%，但是也会根据行业的性质和企业的地位选择一个高于或低于5%的SSNIP幅度。对于可以明确识别企业显性价格或者隐性价格的行业而言，如果对隐性价格采用5%涨价幅度的SSNIP测试是合理的，但就显性价格而言，5%的涨幅无疑太高了，即这种情况下需要更小的涨幅测试SSNIP。实践中，美国反垄断执法机关早就可以灵活地选择SSNIP测试的价格上涨幅度，如在美国联邦贸易委员会审理的有机食品超市并购一案中采用过1%的涨价幅度测试SSNIP。②

（三）实践中的其他问题

确定假设垄断者的提价幅度往往需要估算它在提价后自身的最大利润。然而，测度假定垄断者的自身价格弹性无疑需要相关的经济数据。这即是说，每当SSNIP测试增加一种相关替代产品或者一个相关替代地域时，都需要对假

① Commission Notice on the Definition of Relevant Market for the Purposes of Community Competition Law(97/C 372/03), para. 19.

② WSGR Alert, Court of Appeals Rejects FTC Request to Block Whole Foods Acquisition of Wild Oats, available at https://www.wsgr.com/WSGR/Display.aspx?SectionName=publications/PDFSearch/clientalert_wholefoods.htm.

定垄断者的利润最大化水平进行比较，从而要求各种产品成本数据的正确预测和计算。然而，经济数据的收集不仅往往是高成本，而且很多情况下无法收集数据。因为取得准确的经济数据十分困难，相关企业利润水平的可信度就值得怀疑。此外，关于次优替代品的认定，人们的态度往往很简单，即“是”或“不是”(all or nothing)两种判断。特别当产品具有多功能时，两种产品的用途就不可能完全具有可替代性。这种情况下，相关市场界定的范围就可能被扩大，或者被缩小。此外，高科技产业对 SSNIP 测试也提出了挑战，因为在高科技产业，质量竞争和服务竞争甚至比价格竞争更重要，因此有学者提出了以产品质量为基础进行 SSNIP 测试。

四、差异化产品市场和多产品市场的 SSNIP 测试

(一)差异化产品市场的 SSNIP 测试

在实践中，反垄断执法机关考察的产品在市场上往往有一定的差异性，需要在产品差异化的条件下进行 SSNIP 测试，这就需要在传统的 SSNIP 测试的基础上做出一系列新的假设和判断。比如，需要考虑候选产品集合的假定垄断者是否有动机实质性地提高价格。比如，假定候选市场的产品价格有 5% 幅度的提高，然而，这个 5% 的涨价幅度也许并不恰当，因为 SSNIP 测试的目的是考虑假定垄断者的价格上涨是否有利可图。但是，这个经济学理论可以发现，如果对所有的产品都按照相同幅度进行提价，这并不一定能够体现相关企业的利润实现最大化。

在企业并购涉及差异化产品的背景下，最简单的方法是假定市场上的所有产品都有替代品，这样就只有一个相关价格，SSNIP 测试从而可归结为评估候选市场的自价格需求弹性是否足够高，以至于这个 5% 的价格上涨成为无利可图。例如，考虑鸡蛋市场是指“自由放牧场”鸡蛋还是应该扩展到“有机”鸡蛋时，合理的方法就是检验自由放牧场鸡蛋的假定垄断者在其候选市场的自身价格需求弹性，这比仅仅考虑不同种类的自由放牧场鸡蛋的垄断价格简单很多。如果这个方法对所研究的情况不合适，SSNIP 测试还有其他方法考察差异化产品市场。

在正式的理论模型中，可以设候选市场的需求价格弹性为 $\eta^M(p_1, p_2, \cdots, p_n)$，当市场上其他产品的价格保持不变时，在产品 1 的价格上升 5% 的区间内，考察以下公式是否成立：

$$\frac{p_1 - c}{p_1} \leqslant \frac{1}{\eta^M(p_1, p_2, \cdots, p_n)}$$

通常，如果需求弹性很低，厂商就会有提价的动机。这种情况下，可以将候选市场的产品近似假设为同质品，从而可以使用单一价格推导候选市场的需求弹性。

$$\eta^M(p_1,p_2,\cdots,p_n) = \frac{\partial lnD^M(p_1,p_2,\cdots,p_n)}{\partial lnp_1}$$

实践中，许多市场都有差异化的产品，且市场上的需求弹性未必很低。当数据足够充足时，执法机构可以通过考察产品间替代关系更好地判断出价格提升是否有利可图。

（二）多产品市场的 SSNIP

SSNIP 测试可以应用于多产品厂商的分析中。对涉及多产品厂商的某一产品行为进行分析时，要在假定垄断者测试下评估垄断利润是否由候选市场的产品所引起。这就是说，首先应当评估竞争性价格条件下的利润率，然后通过 SSNIP 测试分析产品价格上涨（通常为 5% ~10%）后的利润率，然后两者进行比较。如果价格上涨无利可图，候选市场可以被界定为一个相关市场。如果一个多产品厂商的部分产品参与一项并购，在评估并购所带来的反竞争效果时，也应当根据上述原则界定相关市场。

具体而言，定义 $(p_1,p_2,\cdots,p_n)$ 为候选市场产品的竞争性价格，该候选市场中包含 n 种产品，而该多产品厂商生产 J 种产品（$J > n$）。SSNIP 测试考察的是价格上升 k 是否于产品的假定垄断者是有利的。给定假定垄断者产品集的利润方程，给定假设垄断者产品集的利润函数：

$$\pi(p_1,p_2,\cdots,p_J) = \Sigma(p-c)D(p_1,\cdots,p_n,\cdots,p_J)$$

如果提升价格有利可图，则厂商提升价格有利可图：

$$\frac{\partial\pi[(1+k)p_1,\cdots,(1+k)p_n,p_{n+1},\cdots,p_J]}{\partial k} \geqslant 0$$

在处理并购问题时，多产品的 SSNIP 测试需要合并前边际成本和假设垄断者的产品价格信息，在实践中可以通过合并模拟进行分析。合并模拟是以产业组织理论为基础，依据企业和消费者行为假设，构建经济模型，使用合并前信息来预测合并引起的单边价格效应。合并模拟使用取决于数据的可获得性以及企业和消费者行为假定合理性。美国 2010 年《横向合并指南》指出，数据充分时，执法部门会构建经济模型量化合并引起的单边价格效应，并指出这类合并模拟方法不依赖相关市场界定，此外还包含考虑非合并企业的单边价格效应，以及合并的特有效率。鉴于合并模拟结果对假设条件存在比较大的依赖性，合并模拟的结果只能作为一种佐证。美国2010年并购指南倾向于使用多个经济模型和使用多种假设进行合并模拟分析,即考虑这些并购模拟分析的结果是否一致,目的是降低模拟结果对假设条件的依赖性,提高模拟分析结果的准确性。Brenkers 和 Verboven 在这方面做过很多研究,使用过多产品的 SSNIP 测试来界定汽车业零售市场。他们的研究认为,通过 SSNIP 测试界定的相关市场与标准产业分类(SIC)关于市场的描述是不一致的。①

(三)相关案例

美国纽约南区联邦地区法院1995年判决的纽约州诉卡夫大众食品公司案是在差异化产品市场以及多产品市场进行 SSNIP 测试的一个重要案例。② 1992年年末至1993年年初,卡夫旗下的即食麦片生产商波斯特(Post)要并购纳贝斯克(Nabisco)的即食麦片业务。这个并购计划获得了美国联邦贸易委员会的批准,但纽约州政府在该并购完成5周后向法院提出指控,理由是这项并购对即食谷物麦片(RTE)的市场竞争有着严重的不利影响。

本案涉及的 RTE 市场是一个存在高度差异化的寡头竞争市场③,即市场上的厂商虽然数量不多,但它们生产的 RTE 有200多种,即每个厂商都拥有多种品牌系列产品,如在使用的原料、产品的口味、含糖量、营养成分等方面存在差异。该案发生时,RTE 市场上排序的前六位企业是:家乐氏(37.0%)、通用磨坊(25.1%)、卡夫旗下的波斯特(11.7%)、桂格麦片(6.8%)、罗尔斯顿(4.6%)、纳贝斯克(2.8%),此外还有各种超市的自有品牌麦片等。该市场的 HHI 指数是281,卡夫旗下的波斯特与纳贝斯克的并购将会使 HHI 增加66。在案件审理过程中,控辩双方虽然一致认为该案的相关地域市场为全国性市场,但他们在相关产品市场界定方面存在激烈的争论。

纽约州认为,该案的相关产品市场应该是“成人即食麦片”,并且认为这个市场包括波斯特最成功的品牌“葡萄干坚果麦片”和纳贝斯克最重要的品牌“小麦片饼”。然而,卡夫公司则认为,该案的相关产品市场最小也应当包括所有类型的即食麦片。双方使用了大量的经济学定量分析方法,目的是通过评估需求

① Brenkers Randy, Verboven Frank, Liberalizing a Distribution System: The European Car Market, Journal of the European Economic Association 2006, Vol. 4(1), pp. 216 –251.

② New York v. Kraft Gen. Foods, Inc., 926 F. (S. D. N. Y. 1995). See Daniel Rubinfeld, Market Definition with Differentiated Products: The Post/Nabisco Cereal Merger, 68 Antitrust Law Journal 163, 2000.

③ 寡头竞争市场是指只有少数厂商进行生产,市场存在较高的进入壁垒,厂商对价格具有较强控制力的市场。

价格弹性和交叉价格弹性来界定相关市场。此外,案件的当事人在这个过程中还针对家庭食用即食麦片的习惯进行过问卷调查,通过收集企业产品营销策划等内部文件以期获取更多的佐证。

按照测试 SSNIP 的思路,相关产品市场的界定应当从一个或几个关键性的竞争产品开始,考察追求利润最大化的假定垄断者是否有动机对该产品施以一定幅度的涨价,然后将一系列候选产品中最接近的替代品纳入相关市场。但是,在产品高度差异化的即食麦片市场运用这种思路面临非常大的挑战,因为除了具高度替代性的“葡萄干坚果麦片”和“小麦片饼”外,其他类型的 RTE 产品的替代性排序并不统一。在这种情况下,控辩双方决定不再使用 SSNIP 测试法界定相关产品市场,而是要通过评估需求价格弹性和交叉价格弹性来界定产品市场。然而,理论上说,如果按照传统的方法测度这些产品之间的需求价格弹性,在本案需要测算 200 多种即食谷物麦片的价格弹性以及交叉价格弹性,这至少需要计算 40,000 多个参数,因此这在事实上是一个不可能进行的事情。在这种情况下,原告方的经济学专家提出解决这个问题的措施是通过一个三阶段决策模型来分析和测度这个差异化产品市场的需求替代。

这个三阶段决策的模型是:第一步是评估一般家庭在 RTE 消费与其他消费之间的预算分配;第二步是把家庭花在 RTE 的预算在成人即食麦片和儿童即食麦片之间进行分配;第三步是评估家庭在这两大类 RTE 选择的品牌麦片产品。由于原告经济学专家通过这个三阶段决策模型估算出来的成人即食麦片的价格弹性很低,他们的结论是成人即食麦片市场是一个独立的相关产品市场。

然而,被告方的经济学专家们则认为这个三阶段决策模型在设计上具有主观性,因为对不同品牌的 RTE 如何分类,这个问题最终会影响自身需求价格弹性和交叉价格弹性的估测,从而也会最终影响这个案件的相关产品市场的界定。被告方还基于以下理由,指出原告方关于该案相关产品市场的界定是错误的:第一,即使这个三阶段决策模式的评估认为成人即食麦片的自身价格弹性较低,但是由于存在较高的置信区间,这不能完全排除相关产品市场应当包括其他类型麦片产品的可能性;第二,由于排名靠前的 RTE 生产商都是同时生产多种品牌的麦片产品,可以轻而易举提供供给替代,相关产品市场就不能局限于成人的即食麦片品牌;第三,消费者的调查问卷也清楚地表明,成人即食麦片与儿童即食麦片之间存在明显的交叉替代弹性。法院的观点是,本案虽然不能通过计算交叉价格弹性来界定相关产品市场,但是涉及交叉价格弹性的信息有助于判断一个相关市场的界定是否合理。审理该案的法官伍德还特别指出,在界定相关市场时,交叉价格弹性比自身价格弹性的作用更大,因为交叉价格弹性可以告诉你,价格提高后失去的销售到哪儿去了;但是自身价格弹性只能告诉你,价格提高后的销量会下降。因为法院支持了被告方的观点,该案所界定的相关产品市场最终是包括所有 RTE。

第二节 临界损失分析法

一、方法简介

临界损失分析是与 SSNIP 测试最为相近的一种界定相关市场的方法,最早由 Harris 和 Simons 提出。[①] 这里的临界损失,是指当假定垄断者进行一个小幅度但很显著且非暂时的提价时,他在市场销售方面所能够忍受的最大损失幅度。[②] 临界损失的分析方法是,通过估算得出提价可能导致的实际损失幅度,然后将这个实际损失幅度和临界损失幅度相比较:如果实际损失幅度大于临界损失,这说明提价无利可图,从而不能把假定垄断者的产品(地域)市场界定为相关市场;相反,如果其实际损失小于临界损失,他的相关产品和地域就可以界定为一个相关市场。临界损失分析(见图 5 - 1)的主要步骤有三个:计算临界损失;计算实际损失;比较临界损失与实际损失。

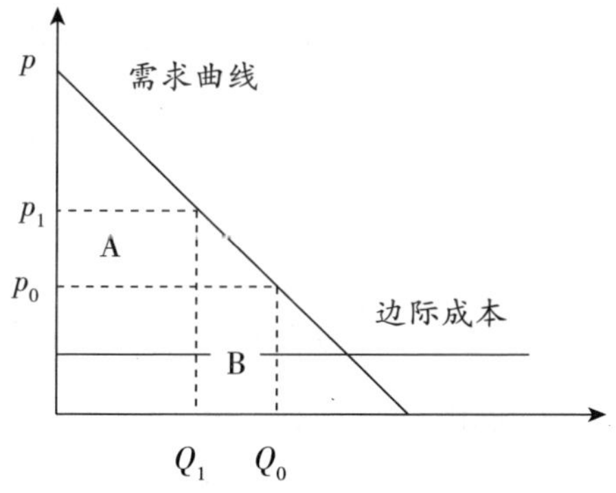

图 5 - 1 垄断企业临界损失分析

---

① See Barry C. Harris & Joseph J. Simons, Focusing Market Definition: How Much Substitution is enough, 12 RES. L. & ECON. 207(1989).

② Id.

（一）临界损失值的计算

如图 5－1 所示，垄断企业价格从 P_0 上涨到 P_1，将会对利润产生两方面的影响，价格上涨带来的单个物品销售利润的增加（A），价格上涨导致销售量下降的损失（B）。因此，要达到盈亏平衡，就需要 A 与 B 的面积相等，即表现为以下公式：

$$(P_0 + \Delta P - MC)(Q_0 - \Delta Q) = (P - MC)Q$$

其中，P_0 为原始价格，Q_0 为原始销售量，MC 为企业恒定的边际成本，ΔP 为价格提升幅度，ΔQ 为价格提升导致的销售损失量。

$$整理后得：\frac{\Delta P}{P_0 + \Delta P - MC} = \frac{t}{m + t} = \frac{\Delta Q}{Q}$$

其中，$t = \frac{\Delta P}{P}$ 为价格增长的百分比，$m = \frac{P_0 - MC}{P_0}$ 为初始的价格成本差额（边际收益率）。故 $CL = \frac{t}{m - t}$ 就是临界损失幅度。

从以上公式的推导可以看出，这里关于盈亏平衡的假设，主要说明假设垄断者是否能够在不减少利润的条件下提高价格的问题，但并没有考虑调整后的价格是否可以使企业的利润达到最大化，即没有说明企业是否有动机改变价格以达到利润最大化。基于这个问题，有学者对临界损失方法进行了扩充，下面是对不同情形下临界损失公式的总结（见表 5－1）：

表 5－1　不同需求函数下临界损失计算公式

需求函数形式	利润最大化	盈亏平衡
线性需求函数	$CL = \frac{t}{2t + m}$	$CL = \frac{t}{t + m}$
等弹性需求函数	$CL = 1 + (1 + t)^{\frac{-1-t}{m+t}}$	$CL = \frac{t}{2t + m}$

从以上公式可以发现，如同临界弹性分析，四种情形下的临界损失也都会随着价格成本差额 m 的增加而减少，并且受价格成本差额的影响十分显著。以盈亏平衡线性需求条件下的临界损失为例，当 $t = 0.05$，$m = 0.15$ 时，临界损失为 0.25；而当 $t = 0.15$，$m = 0.45$ 时，临界损失为 0.1。因此价格成本差额是影响临界损失值的一个重要因素。

（二）实际损失值的计算

目前估算实际损失主要有以下几种做法：（1）估计需求函数进而计算自价

格弹性,价格上涨率乘以自价格弹性就得到近似的实际损失;(2)当无法估计需求函数时,可通过问卷调查或查阅相关企业相关资料等方法直接估算实际损失,这主要从生产替代和消费替代两方面入手;(3)建立相关模型估算实际损失,如有学者[①]在这方面的结论是,当候选市场内所有产品价格同时上涨时的实际损失为

$$AL\frac{t(1-D)}{m}$$,(其中 D 为产品间的转移率)

(三)临界损失与实际损失进行比较

如果实际损失小于临界损失,假设垄断者提价有利可图,这种情况下就应当把初始市场界定为相关市场;如果实际损失大于临界损失,那么假设垄断者的提价无利可图,这说明假定垄断者面临着强竞争约束,这种情况下应当加入强替代品重复前面的步骤,直到实际损失值小于临界损失值。

2007 年美国联邦贸易委员会(FTC)诉 Whole Foods/Wild Oats 并购案就是一个通过临界损失分析界定相关市场的典型案例,这个案件涉及美国第一大和第二大优质天然有机食品超市之间的合并。[②]美国联邦贸易委员会认为,天然有机食品超市与其他零售市场以及传统超市相比,它们是以不同的方式向不同的客户提供不同的商品。美国联邦贸易委员会运用计量分析法得出的结论是,Whole Foods 面对其他类型的超市进入时,其其价格下降幅度小;面对 Wild Oats 的进入时,其价格下降幅度相对较大,由此认为天然有机食品超市应当被界定为一个相关市场。该案被告对天然有机食品超市进行了临界损失分析,认为它的实际损失会远远大于临界损失。然而遗憾的是,这个分析没有计算出假定垄断中实际损失的具体数值。[③]

我国商务部 2009 年 3 月关于禁止可口可乐并购汇源的决定是我国反垄断执法机关禁止企业并购的第一个案例。商务部认为,这个收购将导致可口可乐将其在碳酸饮料市场的主导地位传导到果汁市场,从而产生排除竞争、提高进入壁垒以及挤压中小企业的反竞争效果。我国有学者运用临界损失分析法对该案的相关市场界定进行了详细分析,计算出各种情景下临界损失均远远大于

---

① Michael Katz, Carl Shapiro, "Critical Loss: Let's Tell the Whole Story", *Antitrust*, *Spring 2003*, at 49; Daniel O' Brien, Abraham Wickelgren, "A Critical Analysis of Critical Loss Analysis", *71 ANTITRUST L. J. 161*(*2003*).

② FTC v. Whole Foods Market, Inc. 548 F. 3d 1028, 1063(D. C. Cir. 2008).

③ Id.

实际损失的情况,并且由此得出的结论是,该案中的碳酸饮料和果汁饮料应分别属不同的相关产品市场。[①]

二、相关案例

美国第八巡回法院1999年关于美国联邦贸易委员会(FTC)诉特尼特医疗公司(Tenet Healthcare Corporation)一案的判决[②]是应用临界损失分析界定相关地域市场的一个典型案例。在该案,密苏里州Poplar Bluff市(人口约1.7万)有两家医疗公司试图合并,收购方特尼特医疗公司在这个地区有车程一小时之内的两家医院,被收购方DRMC在这个地区有一家医院,这三家医院均可提供初级和二级护理。此外,该地区一小时车程内还有其他经营者的四家小型医院,它们提供初级护理。美国联邦贸易委员会认为,该案的相关地域市场应当仅包括这七家医院,因为参与并购医院所能提供服务的地理范围在这个地域范围之内。但是并购方则认为,相关地域市场还应当包括超过一小时车程的其他若干家医院,包括3.5小时车程之外有着1000多个病床的一家特大医院。

并购方的专家证人指出,由于该地区医院的利润率很高,其价格提升到无法盈利的程度时不会导致其客户的大幅度流失。根据临界损失分析,如果合并后医院的利润率为65.9%,它在价格上涨5%的临界损失为

$$CL = \frac{t}{m + t} = \frac{5\%}{65.9\% + 5\%} = 7.1\%$$

该公式中的m为利润率,t为价格上涨率。这意味这两个医疗机构合并后的价格如果提高5%,如果要达到盈亏平衡,转到其他医院的病人可能在7.1%以内。

计算出临界损失后,并购方进而通过市场调查获得了价格上涨后客户的转移率,并将该数据等同于实际损失。由于通过调查所获得的客户转移率大于7.1%,该案并购方的结论是,由于存在高利润率,这个并购导致市场价格提升的空间很小。

这个案件中的并购方是使用了最简单的替代性方法获得了实际损失。其实,这也可以通过测算价格弹性的方法计算出实际损失,其公式为$AL = t[Eo - Ec]$。其中Eo为自身价格弹性,Ec为交叉价格弹性。

① 参见黄坤、张昕竹:《可口可乐拟并购汇源案的竞争损害分析》,载《中国工业经济》2010年第12期。

② FTC v. Tenet Health Care Corp., 186 F. 3d 1045, 1999 U. S. App. LEXIS 16849, 1999 - 2 Trade Case(CCH)P72,578(8th Cir. Mo. July 21, 1999).

从相关地域市场界定的角度讨论以上推导有特别的意义，根据并购后价格提升无利可图情况下临界损失和实际损失的比较可以得出：

$$CL = \frac{t}{t+m} < t\left[\frac{1}{m} - Ec\right] = AL$$

将上述公式变形，可以得到价格上升无利可图的条件为

$$\frac{t}{t+m} = CL > \text{转移率}$$

在本案中，这意味着如果医院间的关系不是紧密替代，即客户转移率小于7.1%，那么并购后所有医院的价格都上升5%才是无利可图的。这也意味着超过92%的并购后医院的病人可选择该区域之外的医院作为替代性选择，相关地域市场的范围从而不应限制在该地区一小时车程的范围内。

然而，该案中并购方进行临界损失分析时没有对以下需要说明的问题进行详细论述：第一，并购方在并购之前是否已经提升了该地区医疗服务的价格，从而使电话调查所得出的转移率过低；第二，并购后是否可能出现更利于价格合谋的情形，从而会影响实际损失；第三，由于高利润率对并购方有利，如何排除医疗机构的利润率可能被故意计算过高的情况。

审理该案的法院最后认为，原告联邦贸易委员会提出的并购后医院服务的地域范围为该案的相关地域市场是没有依据的，因为相关地域市场与参与并购企业的服务地域不一定相同，二者不能简单替代。由于本案原告没能够合理地界定相关市场，从而无法证明并购后医院的市场势力，法院判定原告的上诉缺乏依据。本案需要说明的地方是，审案的上诉法院出于调查数据准确度的考虑，没有采信并购方基于市场调查数据所得出的结论，但是，并购方采用临界损失分析作为该案界定相关市场的方法值得我们进行研究和借鉴。

三、临界损失分析法评价

临界损失分析法从其产生之日起，就受到很多学者和反垄断执法机关的追捧。例如，Harris 和 Simons 指出，临界损失分析只需使用企业日常的生产数据，而且可以避免依司法部并购指南或者案例指导下进行市场界定的任意性。[①] Langenfeld 和 Li 也指出，应用临界损失分析与应用临界弹性需求分析相比，可

① Barry C. Harris & Joseph J. Simons, Focusing Market Definition: How Much Substitution is enough, 12 RES. L. & ECON. 207 (1989).

以使用更少的数据和信息。[①] 然而,临界损失分析在实践中其实也存在很多不足之处:

第一,正如 Langenfeld 和 Li 指出的,临界损失分析可能存在以下两个问题。第一个问题是可能忽视假定垄断者提价时在其自身产品市场内部的转移。假设候选市场有两个差异化产品,当假定垄断者对其两种产品全部提价时,这两种产品之间存在一定程度的内部转移,而不是全部转移到候选市场的外部。因为产品内部的转移可以增加企业的利润,其结果就是产品提价造成的损失可能被高估。临界损失分析的第二个问题是,这种分析方法是以假定垄断者提价时其他厂商的市场行为保持不变为前提。然而,这个前提明显违背了经济学理论,因为在事实中,如果假定垄断者提价,市场上的其他企业都会做出相应反应,其结果就是界定的相关市场范围有些窄。[②]

第二,正如 Danger 和 Frech 指出的,如果临界损失分析的产品边际成本很小,这种分析可能会出现内部矛盾,即较小的边际成本导致较大的边际利润率,从而产生较大的供给或需求价格弹性,结果就是垄断者缺乏提价的激励机制,计算的临界损失比较小,界定的市场范围比较大。然而,实际的情况正好与此相反,即较大的边际利润率(较高的价格与其边际成本之间的差距)意味着大的勒纳指数,这可以说明假定垄断者具有强的市场势力,从而存在提价的激励机制,而且这个提价只会带来小幅度的销售量损失。[③]

第三,边际成本的不可得性,这也是需要使用边际成本数据方法普遍存在的问题。我们一般使用会计报表中的可变成本代替边际成本,从经济学的角度看,边际成本与平均可变成本只存在一个交点(相等点),所以我们一定会高估或者低估边际成本,从而界定出了一个有偏差的相关市场。时间跨度的不确定性也将导致临界损失结果的不准确性,即界定的时间期如果过短,短期的边际成本小于平均可变成本,相关市场界定的范围就会过宽;如果这个时间期过长,固定成本也会成为可变成本,其结果就是界定的相关市场过窄。

第四,假设垄断者测试框架下的临界损失分析同样需要一些假设条件才能够得以成立,如企业间不存在共谋、价格歧视、需求曲线平滑、价格上涨边际成

---

① Langenfeld J. & Li W., Critical loss analysis in evaluating mergers, 2001 Antitrust Bulletin, 299 - 337.

② Id.

③ Kenneth L. Danger & H. W. Frech III, Critical Thinking about Critical Loss in Antitrust, Antitrust Bulletin 46, 339(2001).

本不变等。有学者对需求曲线在价格上涨区间存在弯折、边际成本变化以及备选市场存在互补产品等市场条件下进行了分析并且提出了解决办法。[①] 他们发现，当需求曲线在价格上涨范围存在尖点时，如果尖点朝向原点，界定的相关市场范围可能过宽；如果这个尖点折离原点，界定的相关市场可能过窄。当价格上涨区间边际成本可变时，若边际成本由小变大，界定出的相关市场可能过宽，反之则可能过窄。如果假定垄断者存在互补性的产品，这种情况下界定出的相关市场也可能过宽或者过窄，并且提出了相应的计算公式。[②]

第三节 临界弹性分析法

一、方法简介

临界弹性分析是非常接近临界损失分析的一种定量分析，它们都是比较假定垄断者在提价前后的利润变动，它们的区别在于所关注的指标不同。临界损失分析聚焦在提价导致的销售量损失，临界弹性分析则聚焦在提价时的需求价格弹性。我们知道，商品或服务的需求价格弹性是衡量需求对该商品或服务价格变动敏感度的一个重要指标。一个商品的价格弹性越高，该商品价格上涨后所缩减的销售量就越大，其结果就是该商品的生产企业面临的利润下降风险增大，从而对产品放到提价产生压力。反之，商品的价格弹性越低，价格上涨带来的销售量缩减相对较小，企业提价损失的销量较少，企业从而可能产生提价的动机。因此，企业的商品或者服务存在一个"临界弹性值"，即当企业的实际价格弹性小于其"临界弹性"时，企业可以通过 SSNIP 提价获利；当其实际价格弹性高于"临界弹性"时，SSNIP 提价将不再使企业有利可图。换言之，商品的需求价格弹性是随着商品价格的上升而上升，临界弹性是假定垄断者可以对其商品或者服务实施 SSNIP 获利的最大价格弹性值。

采用 SSNIP 的思路运用临界弹性分析进行相关市场界定时，一般需要比较候选市场的需求弹性值和临界弹性值。一般来说，如果候选市场的需求价格弹性值大于临界弹性值，那么对于假定垄断者而言，它的提价会使产品的需求量大幅减少，因此其提价无利可图。这种情况下，它的产品(地域)不能被界定为

① 参见黄坤:《企业并购审查中的相关市场界定》，社会科学文献出版社 2013 年版，第 141 ~ 142 页。

② 同上注，第 127 ~ 131 页。

一个相关市场,需要扩大相关市场界定,把最接近的替代品,也就是消费转向最多的替代品纳入相关市场。相反,如果需求弹性值比临界弹性值小,这说明假定垄断者的提价不会造成太大的需求损失,从而具有提价的动机。这种情况下,它的产品(地域)市场可以被认定为是一个相关市场。

经济学理论告诉我们,一个追求利润最大化的企业其定价满足以下条件:产品利润率等于其自身价格弹性的倒数。由于价格弹性的大小取决于该需求函数的形态以及具体的价格与需求量在需求函数曲线的相对位置,因此,价格弹性并非绝对的固定不变,企业提价前的弹性与提价后的弹性可能并不相同,具体取决于对需求函数的设定。如果假定垄断者面对的需求函数属于等价格弹性需求,也即无论在哪一点其价格弹性都不变,我们可以计算出假定垄断者的临界弹性。

首先,假定垄断者利润最大化时的定价公式为

$$\frac{P_t - MC}{P_t} = -\frac{1}{\varepsilon}$$

此处 $P_t(t = 0,1)$ 为假定垄断者在两个不同时点的价格,其中 $P_1 = P_0(1 + k)$, k 为提价比例。MC 为假定垄断者的边际成本,该成本在两个时点都保持不变。ε 为产品的价格弹性,ε 在两个时点也都保持不变。在时点 $t = 0$ 时,假定垄断者的产品利润率为 $m = \frac{P_0 - MC}{P_0}$。在时点 $t = 1$ 时,假定垄断者实现利润最大化,不再具备进一步改变价格的动机,那么 ε 就是临界价格弹性。我们可以根据定价公式计算出临界弹性满足:

$$\varepsilon = -\frac{1 + k}{m + k}$$

例如,如果反垄断执法机构知道假定垄断者的价格与边际成本差为价格的一半,即 $m = 0.5$,SSNIP 门槛提价比例为 $k = 5\%$,那么可以计算出在等弹性需求函数的情况下临界弹性值为 -1.91。如果实际测算出价格弹性高于 -1.91,那么提价将无利可图,执法机构需要考虑增加备选产品进入相关市场界定中。如果测算出来的价格弹性低于 -1.91,那么假定垄断者有足够动机提价,当前市场可以作为一个独立的相关市场。

如果需求函数是线性的,那么利润最大化垄断企业的临界弹性可以计算出来为: $-\frac{1}{m + 2k}$。这样,使用前面的设定 $m = 0.5, k = 5\%$,临界需求弹性为

-1.67。如果实际估测出来的需求弹性小于-1.67,那么假定垄断者有动机提价,当前市场可以作为一个独立的相关市场。

此外,如果企业在价格调整时遵从盈亏平衡原则,即价格变动后企业所获得的利润不低于价格未变动时当前的利润水平。那么我们仍然可以据此计算出一个假定垄断者在并购前的价格水平上所能够支持涨价的最大需求弹性,即临界弹性值。表5-2总结了不同情形下需求弹性值的计算公式。①

表5-2 临界需求弹性计算公式

需求函数形式	利润最大化	盈亏平衡
线性需求函数	$CE = \frac{1}{2t + m}$	$CE = \frac{1}{t + m}$
不变(等)弹性需求函数	$CE = \frac{1 + t}{t + m}$	$CE = \frac{1n(m + t) - 1nm}{1n(t + 1)}$

其中,$m = \frac{p_0 - c}{p_0}$(p_0代表合并前的价格),是并购前超额利润率,t是小而显著的价格上涨幅度。以上四个公式可以看出:(1)需求临界弹性随利润率m的增加而减小。这表明,拥有市场势力的企业会把价格提高到竞争水平以上以实现利润最大化,从而有较大的价格成本差额和较小的需求临界弹性,导致更多的产品变成更强的替代品,从而对拥有市场势力企业的涨价行为提高了约束力。(2)虽然四种形式的临界弹性表达方式不同,但当t趋于0时,四个公式都是等值的,即都为$\frac{1}{m}$,当使用较小的t,即较小的涨价幅度时,所有公式的计算结果都不会有很大的差距。(3)一般情况下,利润最大化条件下的临界需求弹性要小于盈亏平衡条件下的临界弹性,不变弹性需求函数下的弹性大于线性需求函数下的弹性。

在临界弹性分析中,临界弹性值的计算在价格SSNIP涨幅给定的情况下(通常$t = 5\%$),其实只取决于关键的并购前的超额利润率(m)的估测。众所周知,在实际的案件分析中,反垄断经济分析所要求的利润率是价格与边际成本的差额决定的,并不等于会计数据所体现的毛利润率,它要求对企业的边际成本有正确的估测。Bresnahan教授认为企业的超额利润率无法直接观测出

① G. I. Werden, Demand Elasticities in Antitrust Analysis, 66 Antitrust Law Journal, No. 2, 1998.

来，只能通过类似市场中的企业的不同行为进行推测，绝非简单使用会计数据来代替。Fisher 教授认为使用会计数据可能带来严重的误差，会误导整个反垄断分析。此外，通常分析中会假定边际成本不变。然而，在商业实践中，企业的边际成本很少是不变的，并且所面临的需求函数的形式也可能更为复杂，因此上述公式在实际应用中也存在进一步修正的必要。[①] Baumann 和 Godek（2009）提出可以使用价格与短期可变成本差额来估算利润率，并且计算了假定边际成本递增的条件下，面对线性需求函数的假定垄断者在不同的利润率（ m ）和 SSNIP 涨幅（ t ）时的临界弹性值。

表 5－3　线性需求下不同边际成本的临界弹性值[②]

假设条件	t	可变成本利润率（m）								
		10%	20%	30%	40%	50%	60%	70%	80%	90%
固定边际成本	5%	5.0	3.3	2.5	2.0	1.7	1.4	1.3	1.1	1.0
	10%	3.3	2.5	2.0	1.7	1.4	1.3	1.1	1.0	0.9
	15%	2.5	2.0	1.7	1.4	1.3	1.1	1.0	0.9	0.8
递增边际成本	5%	6.2	5.0	4.3	3.9	3.6	3.3	3.1	3.0	2.8
	10%	3.7	3.1	2.7	2.5	2.3	2.2	2.1	2.0	1.9
	15%	2.6	2.3	2.1	1.9	1.8	1.7	1.6	1.5	1.4

二、相关案例

美国联邦哥伦比亚地区法院 2000 年关于联邦贸易委员会（FTC）诉瑞典火柴公司一案的判决是涉及临界需求弹性分析的一个重要案例。[③] 这个案件涉及两家烟草生产商的并购，其中的并购方北美瑞典火柴公司（Swedish Match North America，Inc.）是瑞典火柴集团在美国境内的全资子公司，主要生产和销售散叶烟草和湿鼻烟，是全美国最大的散叶烟草生产商，1999 年的散叶烟草销售额达到 1.27 亿美元，占美国散叶烟草市场的 42%。此外，瑞典火柴也是美国第三大湿鼻烟生产商，1999 年的湿鼻烟销售总额达 5400 万美元，占美国湿鼻烟销售额

① 学术界在 2000 年至 2010 年就临界损失分析和临界弹性分析的实用性、可操作性等展开了一系列的讨论和研究。

② Baumann M. & P. Godek（2009），Reconciling the opposing views of critical elasticity，GCP：The Antitrust Chronicle，September 2009（2）.

③ FTC v. Swedish Match，131 F. Supp. 2d 151（D. D. C. 2000）.

的3%。这个案件的被并购方是国家烟草公司(National Tobacco Company),它主要生产和销售散叶嚼烟,是美国第三大散叶咀嚼烟草生产商,1999年销售额达5300万美元,占散叶市场份额的18%。2000年2月瑞典火柴提出以1.65亿美元的价格收购全国烟草公司的散叶烟草品牌和相关资产,以便更好地利用其生产能力。这个合并案在界定相关产品市场方面的焦点是,该案的相关市场是否包括散叶烟草与湿鼻烟草,还是应当将散叶烟草单独界定为一个相关市场。案件的控辩双方都使用了经济学家作为专家证人,相关市场的界定运用了临界损失分析和临界弹性分析。

尽管原告美国联邦贸易委员会方面的经济学家John Simpson和Orkey Ashenfelter与并购方的经济学家Lawrence Wu和Kenneth Train一致认可相关企业的利润率大约为55%～65%,但是他们在散叶烟草的弹性评估方面存在显著的差异,因此他们得出的结论是不一样的。John Simpson依据55%～65%的利润率,计算出散叶烟草提价5%的临界损失为7%～8%。他还根据利润最大化条件下的勒纳指数,认为瑞典火柴在利润率65%的条件下的需求弹性绝对值为1.67。这样,如果合并后价格上升5%,这会导致其销量下降约8%。Simpson由此推断的结论是,鉴于这个产业的需求弹性低于临界弹性,在SSNIP涨幅5%的情况下,假定垄断者有利可图,散叶烟草与湿鼻烟应当属于同一相关产品市场。

然而,并购方的经济学家Kenneth Train通过计量经济分析,测算出散叶烟草的实际需求弹性是2.17,临界弹性是1.75,并且认为实际需求弹性超过临界弹性的概率是85%,因此认为在SSNIP涨幅5%的情况下无利可图,其结论是散叶烟草应当被单独视为一个相关市场。

法院的观点是,原被告经济学家的证据均缺乏说服力。法院认为,Simpson关于行业需求弹性低于临界弹性的分析具有主观性,使用的方法缺乏客观的论证,而且没有统计学意义上的重要支持。美国联邦贸易委员会的另一位经济学家Ashenfelter也作证说,如果价格和数量的数据可得,这个分析就不应当使用勒纳指数,而是应当通过计量经济学分析估计需求弹性。另外,法院对被告的经济学家Train使用计量经济学评估的需求弹性也提出了质疑,因为他使用了不同的计量模型得出了不同数值的需求弹性,而且他还承认,有些计量模型的结果是需求弹性小于临界弹性,但他没有发布这几份需求弹性小于临界弹性的报告。这种情况下,法院认为被告专家证人的证据是不可信的。

这个案件的最后结果是,法院支持了原告即联邦贸易委员会的观点,通过供给替代性证明散叶烟草与湿鼻烟草之间具有可替代性,从而认定这个案件的相关产品市场包括散叶烟草与湿鼻烟草,并且最终认可了联邦贸易委员会的观点,认定这个并购活动违反了《克莱顿法》第 7 条,从而对这个并购发布了初步禁令。

三、临界弹性分析法评价

临界弹性分析的操作比较简便,数据要求相对较少,因此一定程度上受到各国反垄断执法机构的青睐。但是,这种方法在实践中也存在很多需要改进的方面。

第一,从以上公式可以发现,计算价格成本差额需要初始的价格与边际成本。由于企业边际成本基本上无法获得,实践中一般是使用平均可变成本近似替代,但是这样计算出的弹性不准确。这即是说,如果成本差额偏大,会使临界弹性计算值较小,由此界定的相关市场也会偏小;相反,如果成本差额的估计值较小,这会使临界弹性计算值偏大,由此界定的相关市场也会偏大。

第二,Werden 指出,如果需求曲线以某种方式弯折,这种情况下就不适宜计算临界弹性,因为这种需求曲线的弯折点两边分别有不同的弹性。① 现实生活中需求曲线存在一定程度的弯折性是常见的,如一种产品一般拥有部分忠实的消费者和部分边际消费者,当价格上涨时,大量边际消费者会发生转移,自价格弹性较大;如果价格再度上涨,忠实消费者对价格具有较低的敏感度,自价格弹性相对较小,这就会造成需求曲线一定程度的弯折。同样,如果假定垄断者存在价格歧视或者生产异质性的产品等,这些情况也都可能产生需求曲线弯曲。

第三,Werden 还认为,临界弹性分析应当优于临界损失分析,因为临界弹性融合了价格上涨和相应的数量变化信息,临界损失则仅是考虑数量变化的信息。他还指出,如果存在以下三种情况,临界损失分析和临界弹性分析都会得出错误的结论:(1)一种产品具有多种用途,且这些用途之间的需求弹性差异较大;(2)边际成本发生显著变化;(3)企业可通过关闭部分工厂显著降低固定成本。具体地说,第一种情况既可能高估也可能低估假定垄断者的市场势力;后两种情况一般会低估假定垄断者限制产量的动机。此外,临界弹性分析可以测

---

① See Gregory J. Werden, "Demand Elasticities in Antitrust Analysis", *Antitrust Law Journal*, Vol. 66, No. 2, 1998.

度阻止企业提价所必要的强替代品的替代程度，但是不能确切知道这种替代能否发生。[①] 总而言之，临界弹性分析法在反垄断应用中还不够成熟，有待进一步改进，此外还应当结合其他的方法共同判断，才能得出令人信服的结果。

第四节 剩余需求弹性分析法

一、方法简介

剩余需求是指企业在其产品涨价后面临的市场需求，即市场的总需求减去同行其他企业的供给。剩余需求弹性是指单个企业的剩余需求与其产品价格上涨之间的关系。因此，剩余需求弹性一方面取决于市场的需求替代，另一方面取决于供给替代。剩余需求弹性的基本分析方法是通过 SSNIP 测试确定假定垄断者的产品缺乏弹性的剩余需求曲线，由此就可以界定该产品的相关市场。

在反垄断实践中，剩余需求弹性分析最早由 Scheffman 和 Spiller 提出，并将这种方法运用于同质产品的市场界定。[②] Baker 和 Bresnahan，后来将这种方法拓展到差异化产品的相关市场界定。[③] 这种方法主要应用于分析反垄断案件中的市场势力以及某些情况下的相关市场界定，特别是并购案件中的相关市场界定。然而，即使使用这个方法建立的模型和假设都是正确的，但是这个模型本身不能明确地对应 SSNIP 测试，因此其得出的结论可能与 SSNIP 测试的结论不相对应。下面首先讨论这个方法在同质产品市场上的应用，然后考察差异化产品市场上的应用。

---

① See Gregory J. Werden, "Demand Elasticities in Antitrust Analysis", *Antitrust Law Journal*, Vol. 66, No. 2, 1998; Gregory J. Werden, Beyond Critical Loss: Tailoring Applications of the Hypothetical Monopolist Paradigm, US DOJ Antitrust Division Economic Analysis Group Discussion Paper No. 02 – 9, 2002. 但是 Langenfeld & Li 认为，临界损失分析一般优于临界弹性分析，因为两者计算公式的变量基本相同，但估算实际弹性比估算实际损失一般需要更多的信息。此外。当需求曲线在价格上涨区间内弯折时，临界弹性法可能产生偏离，临界损失法在利润最大化情形下则独立于需求函数，从而不会发生错误。See Langenfeld J & Li W, Critical loss analysis in evaluating mergers, Antitrust Bulletin 2001, 299 – 337.

② See Scheffman, David T. & Spiller, Pablo T, "Geographic Market Definition under the U. S. Department of Justice Merger Guidelines", *The Journal of Law and Economics 1987*, No1, pp. 123 – 148.

③ See Baker, Jonathan B. & Timothy F. Bresnahan, "The Gains from Merger or Collusion in Product Differentiated Industries", *Journal of Industrial Economics*, 33 (1985): 427 – 443; Baker, Jonathan B. & Timothy F. Bresnahan, "Estimating the Residual Demand Curve Facing a Single Firm", *International Journal of Industrial Organization*, 6 (1988): 283 – 300.

有很多学者讨论过剩余需求弹性法运用于同质产品市场的情况,例如Landes 和 Posner① 以及 Scheffman 和 Spiller②。假定在需求为 $D^{market}(p)$ 的市场上有一家支配性企业存在与其他企业之间的竞争,但是这些竞争者不会影响市场价格,因为它们属于边缘竞争者,即按照市场价格提供产品,供给函数为 $S^{Fr}(p)$ 。这个支配性企业可以影响市场价格,它所面对的需求 $D^{Dom}(p)$ 是市场总需求减去其他企业的供给 $S^{Fr}(p)$ 之后,即 $D^{Dom}(p) = D^{market}(p) - S^{Fr}(p)$ 。

这样,根据弹性的定义,支配性企业的需求价格弹性可以写为

$$\varepsilon_{demand}^{Dom} \equiv \frac{\partial lnD^{Dom}}{\partial lnp}$$

$$= \frac{1}{D^{market} - S^{Fr}} \cdot \frac{\partial(D^{market} - S^{Fr})}{\partial lnp}$$

$$= \left(\frac{D^{market}}{D^{market} - S^{Fr}}\right) \frac{\partial lnD^{market}}{\partial lnp} - \left(\frac{\frac{S^{Fr}}{D^{market}}}{(D^{market} - S^{Fr})/D^{market}}\right) \frac{\partial lnS^{Fr}}{\partial lnp}$$

$$= \frac{1}{Sh^{Dom}} \varepsilon_{demand}^{market} - \left(\frac{Sh^{Fr}}{Sh^{Dom}}\right) \cdot \varepsilon_{supply}^{Fr}$$

其中, Sh^{Fr} , Sh^{Dom} 分别是边缘性企业和支配性企业的市场份额, $\varepsilon_{supply}^{Fr}$ 是边缘供给弹性。可以看出,支配性企业的剩余需求弹性取决于市场需求弹性、边缘供给弹性,以及各自的市场份额。由于通常情况下市场需求弹性为负,供给弹性为正,这一公式表明支配性企业所面对的剩余需求曲线要更具有弹性。特别是当边缘供给弹性较高的时候,边缘竞争企业的存在给支配性企业的定价带来较强约束。

回到剩余需求弹性公式,假设企业的边际成本为 mc^{dom} ,在利润最大化原则下,支配性企业面临的定价公式为

$$\frac{p - mc^{dom}}{p} = - \frac{\partial p/p}{\partial Q^{dom}/Q_{dom}} = - \frac{1}{\varepsilon_{demand}^{dom}}$$

当该企业的超额利润率 $\frac{p - mc^{dom}}{p}$ 小于其剩余需求弹性的倒数时,提价会增

① See Richard A. Posner, William M. Landes, "An economic theory of intentional torts", *International Review of Law & Economics 1981*, 1(2):127 – 154.

② See Scheffman, David T & Spiller, Pablo T, "Geographic Market Definition under the U. S. Department of Justice Merger Guidelines", *The Journal of Law and Economics 1987*, No. 1, pp. 123 – 148.

加企业的利润。换言之,当超额利润率小于企业的剩余需求弹性时,相关市场界定就只包括该企业自己,否则就应当把边缘企业包括进去。此处,剩余需求弹性的计算已经考虑到其他企业对该企业施加的竞争影响。这与标准的 SSNIP 检测不同,因为 SSNIP 检测假定,当待考察企业(或者假定垄断者)提价时,其他企业(或者替代品)的价格不变。而此处,如果支配性企业提价,其他边缘企业所面对的价格也必然随之上涨。如果其他企业的产品确实与支配性企业的产品存在紧密替代关系,这种分析就会更接近现实。反垄断分析可以使用剩余需求弹性判断待考察的相关市场究竟是仅含这家支配性企业,还是应当包括其他边缘企业。较高的边缘供给需求意味着反垄断市场应该包括后者。

现在考察差异化产品市场中如何使用剩余需求弹性法。Baker 和 Breasnahan 提出了使用剩余需求函数来评价差异化产品市场的市场势力。① 考虑差异化产品市场存在的弹性系数线性需求函数组:

$$ln_{q1} = \beta_{10} + \beta_{11} lnp_1 + \beta_{12} lnp_2 + \beta_{13} lnp_3 + \cdots + \beta_{1J} lnp_J + x_1^{'}\theta_1 + \epsilon_1$$

$$ln_{qJ} = \beta_{J0} + \beta_{J1} lnp_1 + \beta_{J2} lnp_2 + \beta_{J3} lnp_3 + \cdots + \beta_{JJ} lnp_J + x_J^{'}\theta_1 + \epsilon_J$$

其中 $x_1^{'},\cdots,x_J^{'}$ 代表产品 1 到 J 的外生需求因子,$q_1,\cdots,q_J$ 和 $p_1,\cdots,p_J$ 分别代表产品 1 到 J 的需求量与价格。这里 β 系数构成了一个 $J \times J$ 矩阵,每个对角线元素代表产品 1 到 J 的自身价格弹性,其余则代表交叉价格弹性。

假定追求利润最大化的企业只生产一种产品,它们之间进行伯川德竞争②,对应的外生成本因子为 w,可以得出每一个产品 j 的供给函数方程:

$$lnp_j = h_j(p_1,\cdots,p_{j-1},p_{j+1},\cdots,p_J;x_j,\epsilon_j,w_j,\beta,\theta)$$

剩余需求弹性分析的关键是,解出除了待考察的产品以外的所有产品的供给需求函数方程,然后代入待考察产品的需求方程,得出该产品的剩余需求函数。例如,对产品 1 而言,其剩余需求函数为

$$ln\, q_1 = \beta_{10} + \beta_{11} ln\, p_1 + \sum_{j=2}^{J} \beta_{1j}\, G_j(p_1;x_{[2:J]},w_{[2:J]},\epsilon_{[2:J]},\beta,\theta) + x'_1\theta + \epsilon_1$$

其中,函数 $G_j(\quad)$ 捕捉了其他企业替代品对产品 1 的需求的影响。这样,可以得出产品 1 的剩余需求弹性表达式:

---

① See Jonathan B. Baker, Timothy F. Bresnahan, "The Gains from Merger or Collusion in Product Differentiated Industries", *Journal of Industrial Economics*, 33(1985): 427 – 443.

② 伯川德竞争是指生产同质或者差异化产品之间的企业通过选择最优价格开展的竞争,因为消费者面对同样的产品往往选择价格最低的。这个模型下的均衡状态是指企业按照产品的边际成本定价,但在差异化产品市场有一定市场势力的企业仍可赚取超额利润。

$$\beta \text{Resid}_{11} = \frac{\partial ln\ q_1}{\partial ln\ p_1} = \beta_{11} + \sum_{j=2}^{J} \beta_{1j} \frac{\partial\ G_j(p_1; x_{[2:J]}, w_{[2:J]}, \epsilon_{[2:J]}, \beta, \theta)}{\partial \ln p_1}$$

假定产品 1 由企业 1 生产,该企业在市场上属于领导者。只要该企业的超额利润率低于其剩余需求弹性,那么企业 1 就有提价动机:

$$\frac{p_1 - mc_1}{p_1} \leqslant \left(\frac{\partial ln\ D\text{Resid}_1}{\partial ln\ p_1}\right) - 1 = \frac{1}{\beta \text{Resid}_{11}}$$

Baker 和 Bresnahan 将以上模型拓展到生产多种产品的企业。[①] 假定垄断者生产产品 1 和产品 2,根据前面的模型假设,可以解出这两种产品的"部分剩余需求曲线":

$$ln\ q_1 = \beta_{10} + \beta_{11} ln\ p_1 + \beta_{12} ln\ p_2 + \sum_{j=3}^{J} \beta_{1j}\ G_j(p_1, p_2; x_{[3:J]}, w_{[3:J]}, \epsilon_{[3:J]}, \beta, \theta) + x'_1 \theta + \epsilon_1$$

$$ln\ q_2 = \beta_{20} + \beta_{21} ln\ p_1 + \beta_{22} ln\ p_2 + \sum_{j=3}^{J} \beta_{2j}\ G_j(p_1, p_2; x_{[3:J]}, w_{[3:J]}, \epsilon_{[3:J]}, \beta, \theta) + x'_2 \theta + \epsilon_2$$

Baker 和 Bresnahan 指出,"因企业 3 到 J 的决策已经被考虑",所以上面的表达式给出了"剩余需求"。[②] 在实践中,通常用对数线性的简约式来表示以上剩余需求曲线,而其中价格 p_1、p_2 的系数就是对应的剩余需求弹性。

$$ln\ q_1 = \beta_{10} + \beta PR_{11} ln\ p_1 + \beta PR_{12} ln\ p_2 + \sum_{j=3}^{J} \theta_{1j}\ x_j + \sum_{j=3}^{J} \delta_{1j}\ w_j + v_1$$

$$ln\ q_2 = \beta_{20} + \beta PR_{21} ln\ p_1 + \beta PR_{22} ln\ p_2 + \sum_{j=3}^{J} \theta_{2j}\ x_j + \sum_{j=3}^{J} \delta_{2j}\ w_j + v_2$$

如果能够估测出以上需求方程的参数,就万事具备,可以计算出,在允许备选市场之外的产品价格也会相机变动的情况下,一个假定垄断者能否通过将价格提高竞争价格 5% ~10% 来增加利润。

二、相关案例

在反垄断执法中,剩余需求弹性法主要用于对市场势力的评估,应用该方法进行市场界定的案件尚未出现。然而,Scheffman 和 Spiller 曾运用这个方法对美国东部地区的石油产品进行地域市场界定的详细分析。[③] 这个分析的背

---

① See Jonathan B. Baker, Timothy F. Bresnahan, "The Gains from Merger or Collusion in Product Differentiated Industries", *Journal of Industrial Economics*, 33 (1985): 427 - 443.

② Id.

③ David Scheffman and Pablo Spiller, Federal Trade Commission Bureau of Economics Working Pager No. 129, Geographic market Definition Under the DOJ Guidelines, 1985.

景是，在20世纪80年代，由于美国大型石油公司之间掀起了并购热潮，美国东部地区涉及轻型提纯石油生产企业之间的并购引起了人们的反垄断关注。Scheffman 和 Spiller 便对这些并购活动进行了相关市场界定。他们首先将无铅汽油确定为这个并购活动的产品市场，然后考虑这个产品的相关地域市场。

根据美国能源部的分类，美国东部地区是指落基山脉以东的地理区域，这个区域又被分为东北、中西和东南三个子区域。东南区域生产的汽油通过输油管道和海运输送到东北地区，通过输油管道和内陆货运输送到中西地区；然而中西地区和东北地区之间没有汽油运送的渠道。根据周平均价格数据分析，以上三个地区的无铅汽油价格存在高度的相关性，而且由于三个区域间明显存在货运关系，可以初步认定东南地区与东北地区、东南地区与中西地区分别处于相同的经济市场。从成本角度分析，由于以上三个地区石油提炼生产的目的不同，作为重油副产品的汽油的边际成本差别较大。

在剩余需求弹性分析中，Scheffman 和 Spiller 选定了三个潜在的地域市场：第一，整个美国东部；第二，东南地区和东北地区；第三，东北地区。根据可获得数据的结构进行建模。分别在以上三个潜在反垄断地域市场可获得的数据包括四大类：第一是成本变化，包括原油价格、能源使用量、运输成本、产能、原油提炼副产品产量；第二是需求变化，包括工业企业产量、个人收入、交通相关的汽油使用量；第三是汽油价格；第四是汽油销售数量。以上数据均为月度数据。根据数据结构，月度剩余需求函数为

$$P_t = a + b Q_t + c W_t + d Y_t + e P_{t-1} + f W_{t-1}$$

其中，P 为价格，Q 为相关生产者的销售数量，Y 为需求变化，W 为潜在竞争者的成本变化。根据计量分析结果，对美国整个东部地区，剩余需求价格弹性大致为1；如果单独考虑东南地区，它的剩余需求价格弹性为1.3～1.6；如果单独考虑东北地区，它的剩余需求价格弹性为2.0～2.2。

如果这些相关地域市场的企业具有完美的弹性供给曲线，且剩余需求是局部对数线性的，小于20(10)价格弹性就意味着企业提价5%(10%)后仍然可以盈利。这个分析表明，在提价5%的情况下，东北地区可以构成一个独立的相关地域市场。而在其他两个潜在的相关地域市场，对于整个美国东部，由于提价5%之后的弹性小于5且不能显著的区别于1；而东南地区和东北地区则可以显著地区分出来。根据以上分析，在美国的东部，东南地区以及东北地区与东南

地区之和,可以构成两个独立的相关地域市场。这个案例说明,尽管剩余需求弹性法更多被应用于关于市场势力的估测,但是如果数据结构合适,它可以用来界定相关市场。

三、剩余需求弹性分析法评价

Kaserman 和 Zeisel 认为,剩余需求弹性分析对使用 SSNIP 测试界定相关市场具有极大的促进作用,因为该方法能够有效识别价格是否是由于兼并而提高,是实施兼并指南的重大进步。[①] 此外,这个方法在实践中也得到了广泛应用,例如 Scheffman 和 Spiller 把这个方法应用到界定美国东部地区无铅汽油炼油厂的相关地域市场。[②] Amel 和 Hannan 在剩余需求弹性分析的基础上提出了"剩余供给",并在判断银行与非银行金融机构是否属同一市场进行过实例分析。[③]

剩余需求弹性方法操作简便,只要依据事前的数据就可以评估并购对市场竞争造成的影响,所以得到了广泛运用。但是,这个方法在应用中也存在一些不足。Froeb 和 Werden 指出,剩余需求弹性通常会发生变化,且其大小依赖模型的行为假设。此外,消费者行为的复杂性导致剩余需求曲线的评估很困难。此外,即便可以估计,评估的结果可能有偏差。他们还指出,分析剩余需求弹性最适合具有 Stackelberg 模型特征的市场,其他类型市场的界定可能达不到理想的效果。例如,对存在共谋的市场,剩余需求弹性法分析的结果是不会导致市场支配地位,但是市场支配地位可能是参与并购企业之间共谋的结果,所以这个判断结果可能有问题。[④]

估计剩余需求弹性时,由于估测方程等式右边的价格通常与不可察觉的扰动项相关,这会导致弹性系数估测的偏差,从而需要寻找工具变量。然而,为所有备选产品价格寻找适当的工具变量是很困难的,这种方法因此也难以得到广泛的应用。

---

① Kaserman, D. & H. Zeisel, Market definition: implementing the Department of Justice Merger Guidelines, The Antitrust Bulletin 1996, pp. 665 – 687.

② See Scheffman, David T. & Spiller, Pablo T, "Geographic Market Definition under the U. S. Department of Justice Merger Guidelines", *The Journal of Law and Economics 1987*, Vol. 15, April, pp. 123 – 148.

③ Amel, Dean F. & Timothy H. Hannan, Defining Banking Markets According to Principles Recommended in the Merge Guidelines, Antitrust Bulletin 2000, Vol. 45, No. 3, pp. 615 – 639.

④ Froeb, L. M. & Werden, G. J. , Correlation, Causality, and all that Jazz: The Inherent Shortcomings of Price Tests for Antitrust Market Delineation, Working Papers 1991 – 6, Antitrust Division of the U. S. Department of Justice.

第六章　基于套利理论的市场界定

SSNIP 测试法是世界多数反垄断司法辖区进行相关市场界定的主要方法。该测试试图寻找一个最小市场，市场上假定垄断者进行一个 SSNIP 之后仍有利可图。SSNIP 测试法最符合反垄断相关市场界定的目的，也是目前比较好的界定相关市场的方法。尽管如此，SSNIP 测试法不仅可能存在玻璃纸谬误[①]等问题，很多情况下还会受到数据可得性和假设条件的严格限制，有时候甚至根本不可操作，[②]现实中更多是在 SSNIP 理论的基础上采用一些其他的方法，如前面谈到的临界损失分析、临界弹性分析和剩余需求弹性分析等方法。但是，这些方法同样存在诸多缺陷，如技术上比较复杂，对数据的要求比较高。

这一章介绍两种相对简单的相关市场界定法，即价格检验法与产品流检验法。它们的使用均早于 SSNIP 测试法，理论基础都是新古典学派经济学家马歇尔提出的局部均衡的经济市场理论。马歇尔将市场定义为"相同商品的价格考虑运输成本后具有趋同性的地区"，其基本观点是在完全竞争的市场上，由于买卖双方套利行为的存在，商品的价格会最终达到均衡，其结果导致套利空间消失，商品价格回归其真实的价值。价格检验法与产品流检验法都是根据市场交易中的商品价格会因为套利会出现某种波动或者某种流向等统计特征，用于市场界定的计量统计方法。严格意义上说，这两种方法界定的市场都是经济市

---

① "玻璃纸谬误"，是指 SSNIP 测试的价格已达到垄断价格时，会导致市场界定过宽，低估假定垄断者的市场势力，其结果会放过一些具反竞争效果的案件。玻璃纸谬误主要出现在滥用市场支配地位的案件。

② 这方面的学术论著如 Stigler, G. J., & R. A. Sherwin, The extent of the market, Journal of Law and Economics 1985, Vol. 30, pp. 123 – 147; Copenhagen Economics, The internal market and the relevant geographical market: The impact of the completion of the Single Market Programme on the definition of the relevant geographical market, Enterprise Paper 2003, No. 15, DG Enterprise of EU Commission; Forni, M., Using stationarity tests in antitrust market definition, American Law and Economics Review 2004, Vol. 6, No. 2, pp. 441 – 464; Audy, E. & C. Erutku, Price Tests to Define Markets: An Application to Wholesale Gasoline in Canada, Journal of Industry, Competition and Trade 2005, Vol. 5, No. 2, pp. 137 – 154。

场,而非反垄断意义上的相关市场。也即实践中发现,这些方法界定的市场有时候大于反垄断意义上的相关市场,有时候则小于。[①]

尽管与界定反垄断意义上的相关市场理论存在差异,但是出于两个理由,这两种方法至今仍被各国反垄断执法机构所使用,尤其在界定相关地域市场的时候更是被广泛使用:第一,经济市场虽然不能完全等同于反垄断意义上的相关市场,但它能够提供非常有用的信息帮助界定相关市场;第二,这两种方法都可以绕开复杂的"价格弹性"估算,即对数据的要求低,实践中便捷实用,因此可以作为简易的方法,成为反垄断相关市场界定分析的起点。

第一节　价格检验法

价格检验法的原理是,如果某些产品的价格具有高度的相关性,它们可能属同一相关市场。与 SSNIP 测试相比较,价格检验法仅需使用价格数据。因为价格数据第一比较容易收集,第二可以快捷和直接地使用,这种方法有助于执法机关对相关市场界定进行初步分析。即是说,如果界定相关市场时得不到必要的经济数据,或者审查时间很紧的情况下,可以考虑使用价格检验法。[②] 虽然价格检验法界定的市场与反垄断意义上的相关市场有差别,但如前所述,由于这种方法可以为界定相关市场提供有用的信息,因此作为一种辅助性的方法,在实践中得到了普遍应用。[③]例如,英国公平交易办公室 1999 年发布的《竞争分析中的量化技术》详细讨论了各种价格检验法。[④]哥本哈根经济学院的研究报告也指出,虽然不同产品之间密切的价格联系不是界定相关市场的充分条件,也不是必要条件,但是价格检验是界定相关市场定量分析方面最相关和最可行的

---

① Scheffman, D. , P. Spiller, Geographic Market Definition Under the DOJ Guidelines, FTC working paper 1985, p. 4.

② See Audy, E. & C. Erutku, Price Tests to Define Markets: An Application to Wholesale Gasoline in Canada, Journal of Industry, Competition and Trade 2005, Vol. 5, No. 2, pp. 137 – 154.

③ See Haldrup, N. , Empirical analysis of price data in the delineation of the relevant geographical market in competition analysis, Working Paper 2003 – 09, University of Aarhus; Hosken, D. & C. T. Taylor, Discussion of "Using stationarity tests in antitrust market definition", American Law and Economics Review 2004, Vol. 6, No. 2, pp. 465 – 475; Coe P. J. & D. Krause, An analysis of price – based tests of antitrust market delineation, Journal of Competition Law and Economics 2008, Vol. 4, No. 4, pp. 983 – 1007.

④ OFT Research Paper on quantitative techniques in competition analysis of 31. Oct. 1999, available at http://www. cms – lawnow. com/ealerts/1999/10/oft – research – paper – on – quantitative – techniques – in – competition – analysis? cc_lang = en.

方法。[①]

一、价格检验法的理论基础

价格检验法是基于在剑桥学派经济学家马歇尔的均衡价格理论基础上发展起来的套利一价定律(law of one price)[②]。根据这个定律,相同产品必然得以相同的价格进行销售。理由是,如果其中一家的产品降价,这势必会影响其他产品的价格,否则这个企业可能会独占市场,而其他生产商的产品在市场上卖不出去;同样,如果一家企业想高价销售它的产品,这势必不可行,因为当别人的产品价格低而他的产品价格高的情况下,他的产品可能无人问津。这即是说,根据伯川德竞争(Bertrand competition)定律,在均衡的条件下,同一产品的所有销售商均会按照同一价格销售产品,并且平分市场。对于相同产品在多个地方销售的问题,这些产品的价格差异只是在于运输成本。如果某地的价格低于其他地方,并且差价大于运输成本,就会引起企业的套利行为,即把价格较低地区的产品转到价格较高地区销售,其结果就是前者的产品价格上升,后者的产品价格下降,最终两地价格趋于一致。这种套利行为可以使各地的价格紧密相关。这个一价定律虽然有时候在短期内不成立,但是从长远来看,事情就是这样。

上述情况下的产品被假定是完全同质的,即彼此能够完全替代。然而,在差异化的产品市场中,彼此间并非完全替代,但是可能存在的充分替代程度使两者的需求和价格紧密联系在一起。而且,根据一价定律可以推知属同一市场的产品价格高度相关,那么如果两种产品互为相近替代品,且具有较高的交叉价格弹性,那么这两种产品的相对价格是稳定的,即它们的价格是相关的。如果其中一种产品的价格受到外部因素的影响发生变化,买卖双方的行为会使另一种产品的价格发生相同的变化,最终两者的相对价格回到或者接近初始水平。例如,产品A和产品B属同一市场,当产品A因为外部因素而提价时,部分产品A的消费者会转而购买产品B,或者部分产品B的生产商转向生产产品

---

① See Copenhagen Economics, The internal market and the relevant geographical market: The impact of the completion of the Single Market Programme on the definition of the relevant geographical market, Enterprise Paper 2003, No. 15, DG Enterprise of EU Commission.

② 英国剑桥经济学家马歇尔1890年出版的《经济学原理》一书提出的均衡价格理论,把供求论、生产费用论、边际效用论、边际生产力论等融合在一起,建立了一个以完全竞争为前提,以"均衡价格论"为核心的价格理论分析框架。马歇尔认为商品的均衡价格是由商品供给与需求共同决定的,供给与需求各自遵从相应的边际规律,均衡价格是需求价格与供给价格一致时的价格,也就是商品的均衡价值。

A,由此便可推动产品 B 的价格上涨,同时缓和产品 A 的价格上涨趋势;相反,如果产品 A 和产品 B 属不同市场,当产品 A 因外部因素而提价时,产品 B 的价格不会受到影响,产品 A 和产品 B 的价格不会一起发生变动,即两者的相对价格不稳定。

二、价格检验的技术方法

20 世纪前期就有学者提出通过使用价格检验法界定相关市场,但是美国法院当时并不乐于接受,主要原因是涉案双方当事人选取何种价格进行分析难以达成一致,而且法院对统计技术也没有兴趣,此外还考虑到使用产品之间的交叉价格弹性来衡量它们之间的可替代性,这在理论上虽然可行,但是实践中却错误百出。[①] 然而,随着计量经济学的理论与技术的发展,20 世纪 70 年代末涌现出大量文献来讨论价格检验在界定相关市场中的作用。[②] 有很多学者提出了价格检验的具体技术方法,迄今主要有价格相关性检验、格兰杰因果关系检验、协整检验和平稳性检验等四种方法。[③] 前两种方法关注价格之间的短期关系,后两种关注长期关系。[④] 下面简要论述这四种方法的原理及其缺陷。

(一)价格相关性检验

价格相关性检验是价格检验法中最简单的方法,影响比较大的有 Stigler 和 Sherwin(1985)在这方面的研究。[⑤] 这个方法主要考察产品之间的相关系数以

---

① Uri, N. D. & E. J. Rifkin, Geographic markets, causality and railroad deregulation, Reviews of Economics Statistics 1985, Vol. 67, No. 3, pp. 422 – 428.

② 例如, Stigler, G. J. & R. A. Sherwin, The extent of the market, Journal of Law and Economics, 1985, Vol. 30, pp. 123 – 147; Uri, N. D. & E. J. Rifkin, Geographic markets, causality and railroad deregulation, Reviews of Economics Statistics 1985, Vol. 67, No. 3, pp. 422 – 428; Walls, W. D., A Cointegration Rank Test of Market Linkages with an Application to the U. S. Natural Gas Industry, Review of Industrial Organization 1994, Vol. 9, pp. 181 – 191; Forni, M., Using stationarity tests in antitrust market definition, American Law and Economics Review 2004, Vol. 6, No. 2, pp. 441 – 464。

③ 除了这四种方法, Shrieves、Horowitz 等学者还提出价格等同检验和价格速度调整检验等方法。See Shrieves, R. E., Geographic Market Areas and Market Structure in the Bituminous Coal Industry, The Antitrust Bulletin, 1978 Fall, pp. 589 – 625; Horowitz, I., Market Definition in Antitrust Analysis: A Regression – Based Approach, Southern Economic Journal 1981, Vol. 48, No. 1, pp. 1 – 16.

④ Boshoff, W., Limits and Uses of Price Tests for Market Definition, Stellenbosh Economic Working Papers 2013, 01/11.

⑤ 有人说使用价格相关性界定相关市场最早是 Kottke, See Frank J. Kottke, Simultaneous Price Fluctuations as a Test of the Significance of Product Substitution, Antitrust Bulletin 1960, No. 5, 627 – 31; 早于 Stigler 和 Sherwin 进行价格相关性研究的还有 Areeda & Turner, See Phillip Areeda & Donald F. Turner, Antitrust Law, Vol. Ⅱ, Little, Brown 1978。他们认为价格相关性检验存在重大的局限性,但在界定相关地域市场方面有重要作用。

判断两者是否属同一市场。如果产品 A 和产品 B 是可替代品,那么当产品 A 因为成本原因而涨价,部分消费者就会转向产品 B,从而推动产品 B 价格上升,所以产品 A 和产品 B 的价格存在正向相关关系。这说明,产品价格高度的相关性可能意味两产品属同一市场。

然而,因为以下原因,价格相关性检验法自提出时就受到人们的批评:(1)这种方法界定的是经济市场,而非反垄断意义上的相关市场;(2)价格序列本身可能就存在自相关;(3)价格序列可能受共同因素的影响呈现相关性,但是这种相关可能是伪相关;(4)即便两个价格序列呈现高度的相关性,但是如果价格水平存在很大的差距,这个价格相关性不能用来界定市场;(5)价格相关性的程度缺少统一和客观的临界值,等等。① 但是,也有很多学者认为,价格相关性检验法在界定相关市场方面有很大的作用。例如,Coe 和 Krause 使用模拟数据比较了各种价格检验法之后认为,在不受共同影响的条件下,价格相关性检验可以为市场界定提供可靠的证据,有些更高级的价格检验法却不能提供这方面的证据。② Baker 也认为,如果共同因素只对同一相关市场的企业产生影响,价格相关性检验可以为相关市场界定提供重要的信息。③

1992 年的 Nestlé/Perrier 瓶装矿泉水合并案是欧盟委员会使用价格相关性检验法协助界定相关市场的首个案例。④ 该案争论的焦点是,瓶装矿泉水和软饮料之间的竞争程度是否足以构成同一相关市场。该案的背景是,合并双方在起泡矿泉水和静态矿泉水的销量合计占 50% 的市场份额,且该并购导致瓶装矿泉水生产企业从原来的 3 家降为 2 家。这种情况下,如果其他不含酒精的软饮料包括体能饮料和各式碳酸饮料能够对矿泉水的价格产生足够大的竞争约束,

---

① 两种产品的两个价格序列的相关系数达到什么程度方可被视为属同一市场,学者们没有统一的看法,Cartwright 等人认为,相关系数须达到 0.5 或以上方可将两种产品视为处同一市场。See Cartwright, P. A., et al., "Price correlation and granger causality tests for market definition", *Review of Industrial Organization 1989*, Vol. 4, No. 2, pp. 79 – 98. Slade, M. E., "Exogeneity tests of market boundaries applied to petroleum products", *The Journal of Industrial Economics 1986*, Vol. 34, No. 3, pp. 291 – 303; Scheffman, D. T. & P. T. Spiller, "Geographic Market Definition Under the U. S. Department of Justice Merger Guidelines", *The Journal of Law and Economics 1987*, Vol. 15, April, pp. 123 – 148.

② Patrick J. Coe & David Krause, An Analysis of Price – based Tests of Antitrust Market Delineation, Journal of Competition Law and Economics 2008, Vol. 4(2008), available at https://works.bepress.com/david_krause/3.

③ Baker, J. B., Why Price Correlations Do Not Define Antitrust Markets: On Econometric Algorithms for Market Definition, Working Papers 1987, No. 149, FTC of the US.

④ Case No. IV/M. 190 Nestlé/Perrier 1992.

该并购对市场竞争就没有严重的不利影响。在解决这一争论的过程中,价格相关性检验起到了关键作用。欧盟委员会认为,矿泉水与软饮料的出厂价在 1987 ~ 1992 年呈现截然不同的走势,即矿泉水生产商可以成功地对其产品进行提价,软饮料的价格却在不断地下降。欧盟委员会测算了同等包装情况下不同品牌的矿泉水与软饮料实际价格的相关系数后发现,不同品牌软饮料的价格相关系数非常高,取值在 0.85 ~ 1,且通常为正数;但是软饮料与矿泉水的价格相关系数通常为负数,即便有出现正数的情况,这个数值也非常小。欧盟委员会据此认为,软饮料与矿泉水的定价是基于不同的竞争约束,[①]并且结合其他的论证,最终认定这个并购案的相关产品市场为瓶装矿泉水市场。

我国商务部在其 2017 年审理的惠普收购三星电子打印机业务一案中,界定相关产品市场时也使用了价格检验法。[②] 该项合并涉及的打印机业务集中在 A3 与 A4 幅面的打印机,合并后企业在 A4 幅面打印机的市场份额将提升至 50% ~55% ,HHI 将提高 470。因此,该案界定市场的焦点在于,A3 与 A4 打印机是否属同一相关产品市场。根据第三方提供的 2010 ~ 2016 年的数据,A3 与 A4 幅面打印机在此期间的平均价格相关系数在中国市场上仅为 0.12,在全球市场仅为 0.37。商务部据此并且结合需求替代和供给替代的其他证据,认定 A3 幅面打印机与 A4 幅面打印机在该案各自构成一个相关商品市场。

(二)格兰杰因果检验

价格相关性检验只能评估两种产品价格之间的静态关系,而不能解释彼此之间的因果关系。后来人们相继提出的格兰杰因果检验法解决了这个问题,这种检验的核心内容就是利用两种产品价格之间的因果关系判断两者是否属同一相关市场。[③] 如果两种产品的价格变化根据统计存在显著的瞬时因果关系,这说明价格变化之间存在暂时的相关关系,这种情况下,两种产品属同一市场。如果两种产品的价格变化存在统计上显著的单向因果关系,这说明一种产品的价格受另一种产品价格的影响,但是因为这种产品的价格变化不会影响另一产品的价格,所以不能说两种产品属同一市场。如果两种产品的价格存在反馈效

---

① See Case No. IV/M. 190 – Nestlé/Perrier, paras. 13, 16.

② 中国商务部公告 2017 年第 58 号。

③ See Uri, N. D. & E. J. Rifkin, "Geographic markets, causality and railroad deregulation", *Reviews of Economics Statistics 1985*, Vol. 67, No. 3, pp. 422 – 428; Slade, M. E., "Exogeneity tests of market boundaries applied to petroleum products", *The Journal of Industrial Economics 1986*, Vol. 34, No. 3, pp. 291 – 303.

应,两种产品应该属同一市场。①

Cartwright 等学者认为②,格兰杰因果检验法与价格相关性检验法相比,有着明显的改进,因为这种检验法关注价格行为的动态信息和市场效率,③从而能够验证价格序列之间的因果关系,而且也不需要统一和客观的价格相关性程度。④ 此外,格兰杰因果关系检验法也考虑到了价格反应滞后的问题。然而,格兰杰因果检验也不够完美,因为它也存在以下一系列的问题,包括(1)仅证实变量之间存在短期动态关系,这是一种单向关系,但是忽略了这种相关性的程度;(2)价格序列可能存在自相关性,从而需要对价格序列进行转化以消除误差项的自相关问题;(3)价格序列可能受共同因素影响,因此需要控制,以避免出现伪相关;(4)有必要设定两个变量的滞后结构,但却没有设定最优滞后阶数的具体原则;⑤(5)检验结果不总是很明确,需要有经验有才智的技术专家的解释;⑥(6)这个检验要求数据平稳,但计量经济学家发现大部分时间的序列数据都是不平稳的或者一阶单整,为了使数据平稳,通常进行一阶差分,但这会损害变量之间的长期关系。

(三)协整检验

前两种方法要求价格序列平稳,如果价格序列不平稳,其后果将会导致错误的结论。此外,价格反应可能存在滞后,所以短期内的价格可能不符合一价

① Cartwright, P. A., et al., "Price correlation and granger causality tests for market definition", *Review of Industrial Organization*, Vol. 4, No. 2, 1989 Fall, pp. 79 – 98; Audy, E. & C. Erutku, Price Tests to Define Markets: An Applicationto Wholesale Gasoline in Canada, Journal of Industry, Competition and Trade 2005, Vol. 5, No. 2, pp. 137 – 154.

② See Cartwright, P. A., et al., "Price correlation and granger causality tests for market definition", *Review of Industrial Organization*, Vol. 4, No. 2, 1989 Fall, pp. 79 – 98.

③ 根据有效的市场理论,在一个有效的市场上,价格能够准确地反映所有的相关信息,新信息也能快速准确地反映在价格中。如果价格序列之间存在瞬时因果关系,这说明价格存在同期变化,两产品之间不存在信息滞后,从而可以说市场是有效的。

④ 这既是一个优点,也是一个缺点。因为根据格兰杰因果检验的结果,人们只能知道两个价格序列是否存在因果关系,而不知道存在多大程度的关系才可以将两个产品认定为属于同一市场。参见Bishop, S. & M. Walker, The economics of EC competition law, concepts, application and measurement, Sweet and Maxwell 2002; Boshoff, W., Limits and Uses of Price Tests for Market Definition, Stellenbosh Economic Working Papers 2003, 01/11。

⑤ Audy, E. & C. Erutku, Price Tests to Define Markets: An Application to Wholesale Gasoline in Canada, Journal of Industry, Competition and Trade 2005, Vol. 5, No. 2, pp. 137 – 154.

⑥ Office of Fair Trading. 1999. Quantitative Techniques in Competition Analysis. Research Paper 17, London.

定律。针对这两个问题,Ardeni 和 Walls 等学者提出使用协整检验法来进行界定。[①] 这种方法的核心思想是,如果两种产品的价格序列存在协整关系,即存在长期关系,这两种产品可能属同一市场。这个方法提出后得到了广泛应用,并且得到了不断的完善。当前使用比较多的协整检验是 Engle - Granger 两步检验法[②]和 Johansen 迹检验法[③],后者比较起来更为优越。[④] 最近也有学者使用更高级的协整检验法,如 ARDL 边限检验和门槛 VECM[⑤],它们都是对传统 ECM 模型的改进,ARDL 边限检验可同时应用于非平稳序列和平稳序列,门槛 VECM 则允许长期调整速度是非线性的。

协整检验最大的改进是考虑价格序列的非平稳性。此外,价格相关性检验、格兰杰因果检验和下面论述的平稳性检验都是检验一对一的关系,而协整检验可同时考虑几个产品是否属同一市场。[⑥] 但是,协整检验模型的滞后结构

---

① Ardeni, P. G., Does the Law of One Price Really Hold for Commodity Prices? Agricultural & Applied Economics Association 1989, Vol. 71, No. 3, pp. 661 - 669; Walls, W. D., A Cointegration Rank Test of Market Linkages with an Application to the U. S. Natural Gas Industry, Review of Industrial Organization 1994, Vol. 9, pp. 181 - 191.

② 例如, Ardeni, P. G., Does the Law of One Price Really Hold for Commodity Prices? Agricultural & Applied Economics Association, Vol. 71, No. 3 (Aug.) 1989, pp. 661 - 669。关于 Engle - Granger 两步检验法,参见 Engle, Robert F., Granger, Clive W. J. (1987). "Co - integration and error correction: Representation, estimation and testing". Econometrica. 55 (2): 251 - 276。

③ 例如, Walls, W. D., A Cointegration Rank Test of Market Linkages with an Application to the U. S. Natural Gas Industry, Review of Industrial Organization 1994, Vol. 9, pp. 181 - 191。关于 Johansen 迹检验,参见 Johansen, 1998. Statistical Analysis of Cointegrating Vectors. Journal of Economic Dynamics and Control, Vol. 12, pp. 231 - 254。

④ Johansen 迹检验法相对更具优势。Engle - Granger 两步检验法不能直接估计协整回归系数,而且只对一个方程进行估计,如果整个价格系统是同时产生的,则无法进行处理,这点限制了 Engle - Granger 两步检验法的应用。Johansen 迹检验法的优势是给出了完整的向量自回归模型,不需要给定先验结构,就能够刻画数据的联合分布,检验协整关系的阶数,并且能够推断出协整秩。参见李虹:《相关市场理论与实践——反垄断中相关市场界定的经济学分析》,商务印书馆 2011 年版,第 146 页。

⑤ Boshoff, W., Limits and Uses of Price Tests for Market Definition, Stellenbosh Economic Working Papers 2013, 01/11; Liu, L. et al., Is world oil market "one great pool"?: An example from China's and international oil markets, Economic Modelling 2013, Vol. 35, pp. 364 - 373.

⑥ 考察两产品是否属同一相关市场时,不仅要考虑两产品之间的替代性,还要考虑所有替代品之间的替代性。例如,在一个品牌众多的市场,如果一种品牌提高价格,该品牌损失的消费者会转入其他众多品牌,而且每个品牌所承接的消费者相对于提价品牌总共损失的消费者而言都微不足道,那么这个市场两两之间的替代性较低,但所有品牌都属同一市场。See Massey, P., "Market definition and market power in competition analysis: some practical issues", *The Economic and Social Review 2000*, Vol. 31, No. 4, pp. 309 - 328.

更加复杂,可能需要引进更高的滞后阶数进行多次尝试。[①] 协整检验考察的是长期关系,即使价格反应滞后,也能检验出协整关系,但这并不符合相关市场界定的目的。[②] 此外,协整检验同样受共同因素的影响,从而可能存在伪相关问题,从而 Walls 认为两产品价格序列之间的协整关系是两产品属同一市场的必要非充分条件。[③] Werden 和 Froeb 还认为,两产品价格的协整关系既不是两产品属同一相关市场的充分条件,也不是必要条件。[④] 如果价格序列不存在单位根,协整检验将不适用,然而价格序列通常不存在单位根。[⑤] 从现有使用协整检验进行价格检验的文献可知,价格序列通常非平稳。[⑥]

(四)平稳性检验

前面提及的三种价格检验法均为 20 世纪 80 年代提出,提出时就有很多争论。进入 20 世纪 90 年代后,价格检验法研究进入低潮。直至 2004 年 Forni 提出了平稳性检验法[⑦],价格检验法重新成为一个热门话题。平稳性检验法的主要思路是,同一市场两种产品的价格比率对数应该是平稳的,因为根据套利理

---

① See Office of Fair Trading,Quantitative Techniques in Competition Analysis,Research Paper 1999 - 17,London.

② 相关市场界定更加关注短期关系。因为消费者和生产者长期都有足够时间进行调整,富有弹性,从而根据长期关系可能会高估相关市场的范围。此外,SSNIP 测试中的"非暂时性提价"通常指持续一年的提价。美国 1982 年及 1984 年修订的《并购指南》将持续提价时间确定为一年,但是一年也只是一个主观经验值,美国 1997 年修订的《横向并购指南》将持续提价时间模糊化为"可预见的未来"。See Office of Fair Trading, Quantitative Techniques in Competition Analysis. Research Paper 17 - 1999, London; Boshoff, W., Limits and Uses of Price Tests for Market Definition, Stellenbosh Economic Working Papers 2013,01/11.

③ See Walls, W. D.,"A Cointegration Rank Test of Market Linkages with an Application to the U. S. Natural Gas Industry", *Review of Industrial Organization 1994*, Vol. 9, pp. 181 - 191.

④ See Werden, G. J. & L. M. Froeb,"Correlation, Causality and All That Jazz: The Inherent Shortcomings of Price Tests for Antitrust Market Delineation", *Review of Industrial Organization 1993*, Vol. 8, pp. 329 - 353.

⑤ See Werden, G. J. & L. M. Froeb,"Correlation, Causality and All That Jazz: The Inherent Shortcomings of Price Tests for Antitrust Market Delineation", *Review of Industrial Organization 1993*, Vol. 8, pp. 329 - 353.

⑥ 很多文献报告了价格序列的单位根检验结果,由此看出价格序列通常存在单位根过程。See Ardeni, P. G., Does the Law of One Price Really Hold for Commodity Prices? Agricultural & Applied Economics Association, Vol. 71, No. 3 (Aug.) 1989, pp. 661 - 669; Walls, W. D.,"A Cointegration Rank Test of Market Linkages with an Application to the U. S. Natural Gas Industry", *Review of Industrial Organization 1994*, Vol. 9, pp. 181 - 191.

⑦ Forni 指出,最早使用平稳性检验进行市场界定的是 Lexecon 公司, Lexecon 使用了价格比率, Forni 使用了价格比率的对数。See Forni, M.,"Using stationarity tests in antitrust market definition", *American Law and Economics Review 2004*, Vol. 6, No. 2, pp. 441 - 464.

论,同一市场两个产品的价格长期看不会存在严重的偏离。当一个产品的价格受到冲击发生变化后,另一产品的价格或早或迟都会进行调整,即它们的价格比率序列应该平稳。相反,如果两个产品属不同的市场,外部冲击导致它们的相对价格会产生永久性的影响,它们的价格比率序列就是非平稳的。Boshoff也认为,如果价格比率对数非平稳,两个产品属不同的市场;如果价格比率对数平稳,那么仅当至少一种产品的价格非平稳,且其他证据不能显示价格受到共同冲击的影响时,才可认定两产品属同一市场。①

与价格相关性相比,平稳性检验保留了价格检验的简便性和对数据的低要求,而且还考虑了价格的滞后相关,此外也不要求原价格数据是否平稳。与协整检验相比较,平稳性检验在概念上等同,但是更加简单和富有效率;不要求两个产品的价格都是一阶单整的;对于使用名义价格数据还是实际价格数据也不敏感。但是,该方法一提出就受到很多学者的批评。例如,Genesove 用两个例子说明了平稳性检验可能使界定市场步入歧途。② Hosken 和 Taylor 指出价格关系与产品替代之间仅有微弱关系,用价格关系界定市场苍白无力,特别在替代不对称或者受到共同冲击的情况下,平稳性检验将导致错误的结论。③ 他们还指出了平稳性检验法具有两大难点:一是如何选择合适的检验方法,二是需要专业人员计算和解释检验结果,因此这种方法充其量只能作为标准方法的一种补充。需要注意的是,计量经济学家提出了很多种单位根检验法,但是没有一种方法绝对有效力,因此必要时需使用多种方法以增强结论的稳定性,且在样本较小的时候,可以考虑使用高级的检验方法。

三、价格检验法的相关案例

(一)欧盟 2007 年的 Ryanair/Aer Lingus 并购案

欧盟竞争委员会在其 2007 年审理的 Ryanair/Aer Lingus 一案使用了多种价格检验法来协助界定这个案件的相关市场。④ Ryanair 是一家向 24 个欧洲国家共计提供 400 多条航线服务的低成本航空公司,它准备收购爱尔兰注册的

---

① See Boshoff, W., "Stationarity Tests in Geographic Market Definition: An Application to South African Milk Markets", *South African Journal of Economics 2007*, Vol. 75, No. 1, pp. 52 – 65.

② See Genesove, D., "Comment on Forni's 'Using stationarity tests in antitrust market definition'", *American Law and Economics Review 2004*, Vol. 6, No. 2, pp. 476 – 478.

③ See Hosken, D. & C. T. Taylor, "Discussion of 'Using stationarity tests in antitrust market definition'", *American Law and Economics Review 2004*, Vol. 6, No. 2, pp. 465 – 475.

④ 参见 COMP/M. 4439 Ryanair/Aer Lingus(2007), Annex Ⅲ详细论述了案件审理中进行的价格检验分析。

Aer Lingus 航空公司。因为这两家航空公司都是将都柏林作为主要的枢纽机场,在许多航线上存在竞争,这个合并就可能在存在紧密替代关系的城市对航线上存在着反竞争的影响。界定相关地域市场时,欧盟委员会注意到除了相互重叠的机场对航线外,两家航空公司还在同一城市对(city pair)的不同机场或者相邻机场存在着重叠航线。以都柏林和伦敦之间的航线为例,Ryanair 使用伦敦的 Stansted 机场、Luton 机场和 Gatwick 机场,Aer Lingus 使用伦敦的 Heathrow 机场和 Gatwick 机场。这种情况下,欧盟委员会就需要认定 Stansted 机场和 Luton 机场的都柏林/伦敦航线是否与 Heathrow 机场的都柏林/伦敦航线构成同一地域市场。

委员会认为,这个案件价格相关性分析虽然不足以界定这个案件的相关地域市场,但这个分析可以为地域市场界定提供重要的证据,即有助于说明界定市场的其他证据更有说服力。价格相关性分析在该案的思路是:机场 A 的都柏林/伦敦航线相对于机场 B 的都柏林/伦敦航线的价格上涨,旅客能否从 A 转到 B,或者航空公司能否从 B 调用飞机安排到 A? 如果 A 与 B 之间存在显著的价格相关性,这意味两者之间存在套利机会,即旅客可不费力地从 A 转向 B,这就说明 A 与 B 处于同一相关市场。如果 A 与 B 不在同一市场,两者的价格相关性就很低。这说明,两个机场之间的价格相关性越强,它们越可能处同一相关市场。

但是,委员会在这个案件也认识到了价格检验法的局限性,因此需要处理几个技术问题。第一,价格相关性的基准值(也称为阈值)问题,即两个机场的相同城市对(city pair)的价格相关系数达到多少数值的情况下才能判定两个城市对航线处同一相关市场? 委员会在这里使用了 Ryanair/Aer Lingus 同一机场对瑞安航空与爱尔兰航空的平均价格相关系数作为基准。例如,都柏林—伯明翰,都柏林—布里斯托尔等机场对航线的平均价格相关系数为0.69,委员会判断如果机场对之间的价格相关系数高于 0.69,则证明这些机场对是处于同一相关市场。但是如果机场对之间的价格相关系数低于这个基准值,委员会则认为此时结论并不明确。第二,价格序列的非平稳性可能会误导相关性分析,得出伪相关的结论。因此委员会对价格序列取一阶差分之后再进行相关性分析,认为如果此时分析获得的结论与使用原价格序列进行分析所得的结论一致,那么可以较为肯定的判定两个机场对是否属于同一相关市场。第三,由于燃料成本占据航空公司成本的较大比例,因此,共同的燃料成本的变动也会导致两个可能本来不处于同一相关市场的价格序列出现高度相关。第四,航空费用存在季节性,在进行价格相关性分析时需要除掉这个季节因子。第五,航空公司之间的价格竞争可能不是即时的,价格调整面临时滞。在进行价格相关性分析的时候需要考虑这种滞后效应,否则即使两个市场存在竞争替代性,但是由于价格调整的滞后,当期的价格相关系数通常会较低,因此就会错误地认为这两个市场分别属于不同的相关市场。

委员会最后对每一个合并双方相关城市机场对都进行了详尽的价格相关性分析,并界定了相关市场。[①] 根据相关市场界定的结论,委员会认为两家航空公司的合并将会对从都柏林、香农和科克进出港的35条航线,以及其他从都柏林与科克进出港的15条航线造成严重的竞争损害,因此委员会最终没有允许该项合并通过。

(二)欧盟2000年的CVC与兰精公司的并购案[②]

CVC是一家私募股权基金,控股70多家企业,其中包括阿卡迪斯集团(Acordis),该集团主要生产制造人造纤维以及适合工业、纺织品和医疗卫生用的特种材料。兰精是一家奥地利企业,从事生产销售人造纤维素纤维,用于制造纺织品和非纺织品等。这起合并案的关注点在于纤维素短纤维部门,尤其是粘胶短纤维(VSF)和莱赛尔短纤维(又称"天丝棉")。由于阿卡迪斯在欧洲是兰精的主要竞争对手,在美国更是兰精的唯一竞争对手,该合并会大大提升纤维素短纤维市场集中度,导致在欧盟经济区内,在粘胶短纤维市场上出现一家独大的局面,并且在全球范围内,该项合并会创造一个生产制造莱赛尔短纤维的垄断者,从而极大地损害竞争。合并双方认为相关产品市场应该包括所有人造纤维和自然纤维,因为这些不同纤维之间存在替代性,尤其是在棉花、粘胶纤维和聚酯纤维之间。对此,欧盟委员会做了深入的调查分析,认为这些纤维之间的需求替代性并不足以说明它们之间存在紧密竞争替代关系,从而可以断定它们属于同一个相关产品市场。作为分析的一部分,欧盟委员会使用合并双方所提供的过去十年内各类产品月度销量以及价格数据,对这些纤维进行了价格相关性分析,以此帮助界定相关产品市场。

欧盟竞争委员会首先计算了VSF和棉花、聚酯纤维以及聚丙烯之间的价格相关系数。由于通常聚酯纤维和聚丙烯有两个报价,一个高价格,一个低价格,

---

① 本案涉及的城市机场对很多,参见COMP/M.4439 Ryanair/Aer Lingus(2007)。

② See COMP/M.2187 CVC/Lenzing(2000).

因此委员会分别计算了不同价格序列的相关系数(见表6－1)。

表6－1　VSF和其他纤维的价格相关系数

	棉花	聚酯纤维(低价)	聚酯纤维(高价)	聚丙烯(低价)	聚丙烯(高价)
VSF	0.04	0.39	0.44	0.06	0.24

资料来源:欧盟委员判决书(COMP/M.2187 CVC/Lenzing)第74段表1。

委员会认为该表格的计算结果表明VSF与其他纤维没有显著关联,因为最高的相关系数也仅为0.44,这不足以判定VSF与聚酯纤维处于同一相关产品市场。欧盟委员会同样计算了VSF与莱塞尔的价格相关系数为0.08～0.47。莱塞尔与聚酯纤维,莱塞尔与棉花的价格相关系数也仅为0.23～0.60。委员会同样认为这些数值显示这些纤维有可能各自独立构成一个相关产品市场。

委员会还对日用VSF、纺前染色的VSF,以及日用VSF和聚酯纤维进行了价格相关性检验,发现这几种产品之间存在较高的相关性(大约为0.70)。委员会担心这种高相关性是由于这几种产品之间存在共同成本和变化趋势造成的,而非因竞争导致。为此,委员会对价格序列进行了单位根检验和协整检验。委员会认为,如果两个产品属于同一市场,那么两者的价格序列在长期看存在一种平稳关系,不会偏离。结果发现,日用VSF和纺前染色VSF之间的相对价格是非平稳的,因此两者分别属于不同的相关产品市场。最后,根据相关产品市场界定的结果,欧盟委员会认为该项合并将会严重损害市场竞争,因此颁发禁令禁止CVC收购兰精。

四、价格检验法的步骤

哥本哈根经济学研究所为上述四种价格检验法提供了一个分析框架。[①] 整个框架分为六个步骤:

第一步,收集价格数据。数据最好来自公开的统计资料、商业数据,或者涉案企业提供的数据。一般来说,观测值不少于25个;如果观测值太少,可以通过延长观测期或者提高观测频率来增加观测值。由于增加频率会带来季节变化等问题,所以最好延长观测期。相对价格和绝对价格一样有价值。如果只能获取批发价格,不能得到比较理想的零售价格,因为竞争问题主要表现在生产

① See Copenhagen Economics, The internal market and the relevant geographical market: The impact of the completion of the Single Market Programme on the definition of the relevant geographical market, Enterprise Paper 2003－15, UE Commission, DG Enterprise.

阶段而不是销售阶段,那么使用批发价格数据即可。

第二步,分析价格数据。这里应当使用标准的统计工具分析价格数据的特征,如均值、中位数、方差、标准差、偏度和峰度等,画出价格数据的折线图、散点图、直方图、概率图和自相关图等,有时还需对价格数据的对数序列做以上分析。

第三步,检验数据的平稳性。平稳数据具有均值回归的特征,即长期而言有回到期望值的趋势,但是非平稳数据的期望值则会不断波动。经典统计方法要求使用平稳数据,非平稳数据需要进行转化,或者使用协整分析。平稳性检验方法主要有 ADF、PP、DFGLS 以及 KPSS 等,样本较小的情况下可以使用 Ng - Perron 检验法,数据出现结构性变动的情况下可使用 EM - qll 检验法。

第四步,进行相关性分析。对于平稳数据,计算序列之间的相关系数,高度相关性可表明产品属同一市场。为排除共同因素的影响和避免伪相关,需要计算偏相关系数,其计算方法为所有价格数据对共同因素进行回归,获取残差序列,用残差计算的相关系数即为偏相关系数。对于非平稳数据,则进行协整检验。最简单的方法是检验价格差异的平稳性,广泛使用的方法是 Engle - Granger 两步检验法和 Johansen 迹检验法。Engle - Granger 两步检验法首先用价格两两之间进行回归,回归时把共同因素作为解释变量,而后检验残差的平稳性。Johansen 迹检验法则可同时对多个价格序列进行检验,但是需要更多的观测值。

第五步,检验价格的动态相关性。与静态检验相比较,动态检验会考虑价格反应的滞后性。如果存在动态相关,静态检验会低估两个价格序列的相关性。动态相关性检验需要根据数据特征选择检验方法。如果价格数据平稳,则使用格兰杰因果检验,且需要剔除共同因素的影响,用残差进行分析。如果价格数据非平稳,使用 Johansen 迹检验法检验价格序列之间的协整关系。

第六步,检验价格的多元相关性。多元检验可同时考虑多种产品价格的相互影响。某些情况下,多元检验可以检测出双变量检验所不能检测的相关性。如果数据平稳,可以使用误差修正模型,或者主成分分析法和因子分析法。使用后者可以识别基本因子的数量,根据因子数量判断是否属同一市场。如果数据非平稳,使用 Johansen 迹检验法。

五、价格检验法的评价

前面简单论述了四种常见的价格检验法,它们各自从不同角度分析了产品价格之间的相关性,但是各有优缺点。表 6 – 2 是对这些价格检验法的总结和评价,以便在执法实践中根据实际需要进行选择。

表 6 – 2 各种价格检验方法总结

价格检验方法	判断标准	优点	不足	适用范围
相关性检验	高度相关可能表示同一市场	简单,含义直观	可能出现伪相关,没有客观的统一临界值;衡量静态的短期关系	价格数据平稳时
格兰杰因果检验	两产品价格存在双向因果关系可能表示属于同一市场	关注价格的动态关系;不需要客观的统一临界值	关注短期关系;可能有伪相关;检验复杂;结果不明确	价格数据平稳时
平稳性检验	价格比率对数是非平稳则属于不同市场;若平稳且至少一种产品的价格非平稳,且无共同影响,则属于同一市场	对数据的平稳性要求低;效率高	易得出错误的结论	平稳数据和非平稳数据
协整检验	两产品的价格序列存在协整关系可能表示属于同一市场	适用非平稳数据;关注长期关系;可多产品一同检验	模型更加复杂;可能存在伪相关;关注时期可能太长	非平稳数据且单整阶数相同

上述说明,虽然价格检验法自其出现之日起就备受争议,但是这些争议没有能够阻止价格检验法的完善和发展,也没有影响它在反垄断分析中的应用,因为迄今已有很多欧美的案件如 1981 年 Marathon Oil Co. 诉 Mobil Corp. 案[①]、1987 年的美国政府诉 Archer – Daniels – Midland Co. 案[②]、1992 年的 Nestlé/Perrier 案[③]、1997 年 Du Pont/ICI 案[④]和 2008 年 Arsenal/ DSP 案[⑤]等都是使用了价格检验法。相对界定相关市场的传统方法,价格检验法有其明显的优势,例如

---

① Marathon Oil Co. v. Mobil Corp. ,530 F. Supp. 315(1981).

② United States v. Archer – Daniels – Midland Co. ,695 F. Supp. 1000(S. D. Iowa 1987).

③ Case No. IV/M. 190 – Nestlé/Perrier,1992.

④ Case No. IV/M. 984 – DU PONT / ICI ,1997.

⑤ Case No. COMP/M. 5153 – ARSENAL/ DSP,2008.

简单易操作,又如仅需价格数据且这些价格数据比较容易获得,这在反垄断审查时间紧迫或者数据不完备的情形下有着明显的优势,因为这种方法为相关市场界定能够提供有用的信息,如果它和界定市场的其他方法结合使用,这显然有助于提高市场界定的准确性。这里需要注意的是,价格检验各种方法的侧重点与分析的问题不尽相同,因此应当根据数据的特征来选择不同的方法。如果价格序列平稳,可以选择价格相关性检验和格兰杰因果检验;如果价格序列不平稳,但是差分序列平稳,可以使用协整检验;如果价格序列的单整阶数不同,可以使用平稳性检验或者协整检验中的 ARDL 边限检验。①

但前面已经指出过,任何一种界定相关市场的方法都存在一定的缺陷,即没有任何方法能够为相关市场界定提供决定性的证据。价格检验法的最大诟病在于其所界定的市场是经济市场,而不是反垄断市场。这方面已经有很多学者如 Spiller & Huang②、Scheffman & Spiller③ 以及 Baker④ 做过详细的分析。现在人们已经很少在这个问题上进行争论,因为大家都承认,经济市场即便不是反垄断意义上的相关市场,但它可以为反垄断市场提供有用的信息。此外,批评者们认为,界定相关市场之目的是评估市场势力,因此只有反垄断意义上的市场才可能与市场势力紧密相关。例如,美国《横向并购指南》指出,反垄断意义上市场"强调需求替代因素,即作为对价格上涨或者非价格变化(如减少产品质量或降低服务)的回应,客户从一种产品转向另一种产品的能力及意愿"。⑤欧盟委员会《关于界定相关市场的通告》也指出,"市场界定的主要目的是以系统的方式确定相关企业面临的竞争限制……相关市场的概念与其他场合运用的市场概念是不同的"。⑥然而,经济市场是一个由于供给方或需求方的套利行

① See Boshoff, W., "Stationarity Tests in Geographic Market Definition: An Application to South African Milk Markets", *South African Journal of Economics 1986*, Vol. 75, No. 1, pp. 52 - 65.

② See Spiller, P. T. & C. J. Huang, "On the Extent of the Market: Wholesale Gasoline in the Northeastern United States", *The Journal of Industrial Economics*, Vol. 35, Dec. 1986, pp. 131 - 145.

③ See Scheffman, D. T. & P. T. Spiller, "Geographic Market Definition Under the U. S. Department of Justice Merger Guidelines", *The Journal of Law and Economics 1987*, Vol. 15, April, pp. 123 - 148.

④ See Baker, J. B., Why Price Correlations Do Not Define Antitrust Markets: On Econometric Algorithms for Market Definition, Working Papers 1987, No. 149, FTC of the US.

⑤ Horizontal Merger Guidelines(08/19/2010) issued by U. S. Department of Justice and the Federal Trade Commission, section 4.

⑥ Commission Notice on the Definition of Relevant Market for the Purposes of Community Competition law(97/C 372/03), section 1.

为导致产品价格相互发生联系的产品集(区域)。① Scheffman 和 Spiller 还指出,任何反垄断市场都会对应一个经济市场,反垄断市场既可能大于也可能小于其对应的经济市场,②即便两者的差别只是微小的概率,但是两者是不相等的。③ Audy 和 Erutku 则提出不同的观点。他们认为,同一经济市场的两个产品不一定属同一反垄断市场,但属同一反垄断市场的两个产品一定属同一经济市场,即经济市场的范围包含反垄断市场。因此,两个产品价格之间的相关性是判断它们否属同一市场的必要但非充分的条件。④

价格检验法第二个较为严重的问题是共同因素的影响,共同因素可以导致两个不同市场产品的价格具有较高的同步性。比如,两种不具替代性产品的价格,由于使用相同的投入品或者因通货膨胀而表现出高度的相关性,由此便可能高估市场的范围。⑤ 出现这种伪相关现象的原因是相同序列有随机变化之趋

---

① 经济学意义上的市场由新古典经济学家提出并逐步得到发展。古诺将其定义为:"The entire territory of which parts are so united by the relations of unrestricted commerce that prices there take the same level throughout, with ease and rapidity"。马歇尔对这个概念进行了完善:"The more nearly perfect a market is, the stronger is the tendency for the same price to be paid for the same thing at the same time in all parts of the market: But of course if the market is large, allowance must be made for the expense of delivering the goods to different purchasers"。斯蒂格勒的阐述是:"A market for a commodity is the area within which the price tends to uniformity, allowance being made for transportation costs"。Scheffman 和 Spiller 的解释是:"A classically defined market is thus that area and set of products within which prices are linked to another by supply – or demand – side arbitrage and in which those prices can be treated independently of prices of goods not in the market, that is, an area within which partial equilibrium analysis is valid。" See Werden, G. J. & L. M. Froeb, Correlation, "Causality and All That Jazz: The Inherent Shortcomings of Price Tests for Antitrust Market Delineation", *Review of Industrial Organization 1993*, Vol. 8, pp. 329 – 353; Sleuwagen, L. et al., The implications of globalization for the definition of the relevant geographic market in competition and competitiveness analysis, Jan. 2001.

② Scheffman 和 Spiller 认为,如果市场上有重要的潜在竞争者,由于潜在竞争者没有在市场上销售产品,从而没有套利的机会,这种情形下,反垄断市场大于经济市场;如果有些在经济市场的参与者囿于产能,当其他企业提高价格的时候不能增加供给,即仅受有限的竞争约束时,反垄断市场小于经济市场。See Baker, J. B., Why Price Correlations Do Not Define Antitrust Markets: On Econometric Algorithms for Market Definition, Working Papers 1987, No. 149, Bureau of Economics of the FTC of the US.

③ See Rodriguez, A. E. & M. D. Williams, "Is the World Oil Market 'One Great Pool'?" *A Test*, *Energy Studies Review 1993*, Vol. 5, No. 2, pp. 121 – 130.

④ See Bishop, S. & M. Walker, The economics of EC competition law: concepts, application and measurement, Sweet and Maxwell 1993.

⑤ See Baker, J. B., Why Price Correlations Do Not Define Antitrust Markets: On Econometric Algorithms for Market Definition, Working Papers 1987, No. 149, Bureau of Economics of the FTC of the US; Werden, G. J. & L. M. Froeb, Correlation, Causality and All That Jazz: The Inherent Shortcomings of Price Tests for Antitrust Market Delineation, Review of Industrial Organization 1993, Vol. 8, pp. 329 – 353.

势,所以分析中应消除或者控制这种趋势,主要的方法是使用偏相关系数法、数据平稳化法和剔除趋势法等。Granger 和 Newbold 指出了非平稳时间序列数据容易产生伪相关的问题,Phelps 也在理论上证实许多时间序列数据是非平稳的,即呈现随机游走状态。[①] 此外,还有学者提出了就价格序列回归共同因素的问题可以计算残差的相关性[②]或者使用更高级的计量经济学技术。[③]

价格检验法还可能存在其他很多问题。例如,有人提出,一种产品通常会有多种价格,使用不同的价格会得出不同的结果,故存在难以选取合适价格的问题。Warell 对此提出的对策是,这种情况下可以对不同的价格进行重复检验,以增强结果的稳健性。[④] 有人提出,价格的观测频率也会对结果产生影响,因为价格调整需要一定时间,不同行业的调整时间差异较大,如使用年度数据、季度数据、月度数据、每周数据或者每日数据的结果会有差异。Motta 对此提出的对策是,应根据行业的特征选择数据频率,或者对不同频率的数据进行重复检验,以增强结果的稳健性。[⑤] 此外还有人提出,两种非常接近的替代品可能因为受到不对称的成本冲击或者需求冲击,导致其价格序列产生较大的偏离,从而计算出负相关性的问题。[⑥] 总而言之,应用价格检验法界定相关市场方面,还有许多理论和实践中的问题需要研究。

第二节　产品流测试法

一、产品流测试法概述

前面指出过,价格测试法在相关市场界定实践中存在两大缺陷:第一,两个完全不同的地域市场可能因为偶然因素有着相同的价格或者价格趋势,例如能源价格因飓风上涨与商品价格呈现相同的变动趋势,但这并不是因为垄断势力

---

① See Ardeni, P. G., Does the Law of One Price Really Hold for Commodity Prices? Agricultural & Applied Economics Association 1989, Vol. 71, No. 3, pp. 661 – 669.

② See Audy, E. & C. Erutku, Price Tests to Define Markets: An Application to Wholesale Gasoline in Canada, Journal of Industry, Competition and Trade 2005, Vol. 5, No. 2, pp. 137 – 154.

③ See Massimo Motta, *Competition policy: Theory and practice*, Cambridge University Press 2004.

④ See Warell, L., Defining geographic coal markets using price data and shipments data, Energy Policy 2005, Vol. 33, Issue 17, pp. 2216 – 2230.

⑤ See Massimo Motta, *Competition policy, Theory and practice*, Cambridge University Press, 2004.

⑥ See Davis, P. & E. Garcés, *Quantitative techniques for competition and antitrust analysis*, Princeton University Press 2010.

的扩张而带来的结果。这种情况下,这两个地域如果属同一相关市场,那肯定是不对的。第二,垄断企业可以在不同地域通过价格歧视获取更多的利润,这种情况下,仅仅因为这些不同地域的价格相互独立,根据价格趋同理论将这一个地域市场分为几个单独的市场,这种地域市场界定也是不准确的。Elzinga 和 Hogarty 由此便最早提出了一种界定地域市场的理论,并且在大多数情况下,依据这个理论只需要获取交易数量的数据。① 他们认为,个体厂商的生产销售数量汇总起来的货物总量数据,如同价格数据一样,可以反映买卖双方套利的行为,是市场均衡的结果;但是,这些数据的统计不会像价格检验法那样容易受到伪相关的影响,他们由此便提出了产品流检验法作为界定相关市场的一种方法。

因为产品流测试法是由 Elzinga 和 Hogarty 两个经济学家提出来的,这种方法也被称为 E – H 测试法,主要运用于界定相关地域市场。这种测试法的主要方法是计算候选市场的外部流入比和内部流出比,*LIFO* 是指候选地域市场上的消费者对该地域市场内生产者产品的消费量占候选地域市场总消费量的比例;*LOFI* 是指候选地域市场的消费者对该市场内生产者生产的产品消费量占候选市场总的生产量的比例。表示如下:

$$LIFO = \frac{\text{候选市场内生产并消费的相关产品数量}}{\text{候选市场内消费的相关产品数量}}$$

$$LOFI = \frac{\text{候选市场内生产并消费的相关产品数量}}{\text{候选市场内生产的相关产品数量}}$$

LIFO 值高,则说明候选区域的市场需求主要由本区域生产提供,这可用以证明该候选区域构成一个独立的地域市场。*LOFI* 值高,则说明候选区域的当地产出主要用于当地的消费,这也可以用于说明该候选区域构成一个独立的地域市场。换言之,如果这两个指标均超过了一定标准(通常是 0.9),则可以认为候选区域市场构成一个独立的相关地域市场。如果计算出来的指标低于这一标准,那么可以认为候选区域的供应商受到区域外供应商的有效竞争约束,因此应当扩展候选区域,然后再重新计算以上指标,直到得出符合条件的结果。

① See Elzinga K. G. & Hogarty T. F. , Utah Pie and the Consequences of Robinson – Patman, Journal of Law & Economics 1978, 21(2): 427 – 434; Elzinga K G. & Hogarty T F. , The Problem of Geographic Market Definition in Antitmerger Suits, The Antitrust Bulltin 1973, Vol. 18, No. 45.

二、相关案例

产品流检验法在美国的医院并购案得到了广泛的使用，如 1966 年 United States v. Pabst Brewing Co.[①]、1999 年 FTC v. Tenet Health Care[②] 和 2002 年 California v. Sutter[③] 等案件，都是通过产品流检验法界定了相关地域市场。这方面的一个典型案例是 1997 年美国特拉维尔医疗保健公司（DHC）诉 MCD 案，原告指控被告存在谋求垄断的行为，违反了《谢尔曼法》第 2 条。[④] 该案原告聘请的专家 Dr. Solow 完全没有使用界定相关市场的传统方法，而是使用了产品流检验法。Dr. Solow 依据 1992 年数据，计算出该案的 *LIFO* 是 90.5%，*LOFI* 是 85%，这些数据达到了产品流检验法所要求的指标，法院因此认定该案的新城堡村作为上游医疗市场可被认定为一个独立的区域市场。但在界定下游家庭医疗服务的相关市场时，原告提出 75.9% 的 ISD 病人是新城堡村居民，这个数据部分符合 *LOFI* 的标准，但是原告无法提出 *LIFO* 的指数，法院没有支持原告提出的新城堡村在下游医疗服务市场也是一个独立的相关区域市场的看法。本案最后的结果是原告败诉。

南非竞争委员会 2006 年审理的巴罗世界涂料（Barloworld Coatings）与迈达斯油漆（Midas Paints）并购案也是采用了经济咨询公司 Econex 提出的产品流检验法来界定这个案件的相关地域市场。[⑤] 巴罗世界涂料与迈达斯油漆都在南非的装饰涂料生产企业，前者主要在南非全国范围生产和经营装饰涂料，后者主要在南非西开普省生产和经营装饰涂料。这个案件的焦点是如何界定相关地域市场，即这个地域市场应当是区域性的还是全国性的。如果是区域性的市场，合并后企业在西开普省所占的份额非常高，即并购的后果是损害市场竞争。南非竞争委员会最后依据 Elzinga – Hogarty 测试结果，认定这个案件的相关地域市场为全国性市场。经济咨询公司 Econex 通过对南非不同地区的产品流数据测试，发现西开普省的油漆生产商面临着其他省份生产商的激烈竞争。表 6 – 3 是对南非三个地区进行 Elzinga – Hogarty 产品流测试的结果。

---

① United States v. Pabst Brewing Co.，384 U.S. 546（1966）.

② F.T.C. v. Tenet Health Care Corp. 186 F.3d 1045（1999）.

③ California v. Sutter Health System，84 F. Supp. 2d 1057（N.D. Cal. 2000）.

④ Delaware Health Care Inc. v. Mcd Holding CO. 957 F. Supp. 535（1997）.

⑤ See Willem H. Boshoff，Quantitative techniques in competition policy – The Elzinga – Hogarty Test，available at https://econex.co.za/wp-content/uploads/2015/04/econex_researchnote_3.pdf.

表 6-3 对南非三个地区进行 Elzinga-Hogarty 产品流测试的结果

	豪登省	夸祖鲁—纳塔尔省	西开普省	其他省份
从区域外进口占全部消费的比例(%)	30.4	60.6	66.2	100
LIFO	0.70	0.39	0.34	0
销售至区域外占本地总产出的比例(%)	55.6	78.7	30.7	没有生产
LOFI	0.44	0.21	0.69	—

资料来源:Econex(2006)①。

这个表格显示,对于豪登省、夸祖鲁—纳塔尔省和西开普省三个地区来说,当地消费涂料的相当比例是从外地进口的,而且它们的大部分产出都是出口到其他地区。因此,对于所有三个区域,满足独立区域市场条件的 *LIFO* 和 *LOFI* 检测都没有通过。对于西开普省的区域性问题,鉴于它的 *LIFO* 为 0.34,*LOFI* 为 0.69,这些数据均低于阈值,因此西开普省不能被视为一个独立的地域市场。

三、产品流测试法评价

与基于价格相关性的测试法相比,产品流测试法考虑了需求和供给两个因素,从而受到了反垄断执法机构和学者们的重视。然而正如贝克尔指出的,这种方法在实践中也不能准确地界定相关地域市场,即它可能会高估或者低估相关地域市场的范围,②理由是产品流测试依赖的外部流入比(*LIFO*)和内部流出比(*LOFI*)不能准确地说明几个市场之间的相关性③。即便 *LIFO* 和 *LOFI* 的比例数据都比较高,但这并不意味候选市场内外属同一相关地域市场。而且,即便这两个比例比较低,也不一定能够说明候选市场内外不属同一相关地域市场。产品流测试法忽视了市场上的潜在竞争,即现实中的情况是,两个地区即

---

① See Willem H. Boshoff, Quantitative techniques in competition policy - The Elzinga - Hogarty Test, available at https://econex. co. za/wp - content/uploads/2015/04/econex_researchnote_3. pdf.

② See Baker, J. B., "Market Definition: An Analytical Overview", *Antitrust Law Journal 2007*, pp. 129 - 173.

③ See Baker Jonathan B., Timothy Bresnahan, "Estimating the Residual Demand Curve Facing a Single Firm", *International Journal of Industrial Organization*, September 1988, 6(3), pp. 283 - 300; Stigler, G. J., R. A. Sherwin, "The extent of the market", *Journal of Law and Economics 1985*, Vol. 30, pp. 123 - 147.

便没有交易往来,但它们之间的潜在竞争可能影响候选市场内企业的定价策略。欧盟竞争委员会在其1988年关于平板玻璃(Italian Flat Glass)一案的决定中,极力主张市场界定应根据产品流检验法所要求的实际货物量,而非"理论上可能的"货物量。即因为意大利生产商既然供应了意大利市场上80%的平板玻璃,这个案件的相关地域市场应当毫无疑问是意大利。但是,欧盟委员会的这个决定受到很多人的批评,批评的理由是委员会忽略了意大利市场是一个竞争性地域市场的一部分。然而,由于缺乏意大利市场之外的交易量,人们难以判断平板玻璃用户面对产品价格上涨的反应。事实上有证据表明,意大利生产商的产品销售已经充分考虑到来自欧盟其他成员国的竞争,甚至考虑到来自土耳其和东欧其他国家的竞争。①

更多的研究表明,在产品同质、运输成本低的条件下,产品流检验法界定的相关地域市场偏小;而在差异性产品的条件下,界定的地域市场又偏大。影响产品流检验有效性的另一客观因素是,有些地区的贸易往来是基于政府的政策导向,从而不能反映真实的市场供求关系。因此,Werden指出,"货物量数据虽然有用,但是不足以界定相关市场"。② Ezlinga也认同产品流检验只能界定出最小的相关地域市场。③

为了要弥补产品流检验法的不足,实践中需要寻找更多的相关信息,需求弹性或交叉需求弹性就是非常有用的信息。但是,评估弹性需求所要求的数据往往比产品流检验本身要求的数据更为严格。如果有了需求弹性的测度,产品流检验可能就不再是一个界定相关市场的最佳选择。前述E-H测试没有考虑流出地区的供给和交叉需求弹性。在进出口行业,需求弹性是企业决定产出和销量的重要因素,所以这种方法不能很好的界定反垄断市场。Elzinga、Hogarty以及其他学者也都发现了这个问题。④ Shrieves还指出,产品流测试不适合生产

---

① See European Commission - Press Releases - Commission Fines the Flat Glass Cartel In Italy And Condemns the Abuse of Dominant Position by This Cartel, http://europa.eu/rapid/press-release_IP-88-784_en.htm.

② See Werden, G. J., The Use and Misuse of Shipments Data in Defining Geographic Markets, Antitrust Bulletin, Vol. 26, No. 4, 1981, pp. 719-737.

③ See Elaing A, K., Defining Geographic Market Boundaries, Antitrust Bulletin, Vol. 26, No. 4, 1981, pp. 739-752.

④ See Scheffman, D. T. & P. T. Spiller, "Geographic Market Definition Under the U. S. Department of Justice Merger Guidelines", *The Journal of Law and Economics 1987*, Vol. 15, April, pp. 123-148.

设施受地理因素严重影响的行业,他还提出了供给模式相似度和消费活跃度两个指标,即 E－H 方法界定出的相关市场必须满足以上两个指标,才能够说明相关的地域属同一个地域市场。①

① See Shrieves, R. E. , Geographic Market Areas and Market Structure in the Bituminous Coal Industry, The Antitrust Bulletin, 1978 Fall, pp. 589－625.

第七章　几种特殊市场条件下的市场界定法

第一节　自然实验法

一、自然实验法的基本理论

自然实验法(Natural Experiment)也被称为冲击分析(Shock Analysis),是一种比较新颖的相关市场界定的方法。广义上讲,它也是价格检验法的一种,但是与价格检验相比较,自然实验法可以控制数据的内生性,也可以较为直接地识别产品之间的替代性,而且计量分析上也比较简单和明确。这种方法是利用市场外生因素造成的需求和供给冲击,检验不同产品或者不同地域的反应是否有一致性和持续性,从而判断它们是否属同一相关市场。这一定程度上类似SSNIP测试的思路。①

(一)基本原理

自然实验是一种经验研究,即通过考察某些外部事件例如自然事件、政府政策等对市场主体的影响取得研究的结论。在自然实验中,因为外部事件可以改变经济行为人的环境,从而应将经济行为人分为两组,即受到外部事件影响的作用组(Treatment group,也被称为实验组)和未受影响的控制组(Control group,也被称为参照组或对照组)。尽管这种分组不是随机,而是由外部事件"自然地"或者"偶然地"决定,从而具有类似随机(as - if at random)分配的效果。"随机"条件又被称为外部性条件,即作用组和控制组选择不受经济行为人和研究人员的控制。这是一个关键性的条件,而且只有满足了这个条件,自然实验的结果才有意义,而且为了得到一个有效的结论,研究人员通常需要较大篇幅说明外生性条件得到了满足。如果外生性条件满足,且实验中观察到一些

① See Nieberding, J., The Role of Price Tests in Market Definition, Horizontal Merger Guidelines Review Project: A Series of Five Joint FTC - DOJ Workshops—Comment, 2009.

经济行为人明显受到了影响，而相似的其他经济行为人没有受到影响，以致前者的结果和行为变化很可能是自然实验引起的，这个自然实验就非常有用。与非实验观察性研究（Non - experimental observational study）相比，自然实验包括一些条件的比较，从而有助于证明因果关系。

自然实验的有效性是保证研究对象的因果关系得以成立的重要条件。自然实验的有效性取决于控制组的有效性。Card 和 Krueger 提出通过自查以下四个问题检查和增强控制组的有效性：（1）所研究的事件或政策发生之前，作用组和控制组的特征是否高度相似；（2）所研究的事件或者政策发生之前，作用组和控制组的行为和结果是否一起变动；（3）所研究的事件或政策是否为决定作用组和控制组分为两组的外生变量；（4）是否还存在具有替代性的其他控制组。[①] Meyer 也提出过自然实验的有效性可能受到影响的各种因素：（1）遗漏变量，即所研究的政策干预前后，还存在可以解释作用组和控制组差异的其他事件；（2）测度变量的误差，这是政策干预前后变量的定义或者调查方法发生变化会产生的问题；（3）政策干预的内生性，即政府制定政策时可能考虑过这种差异而且会采取预期的措施；（4）同时性的问题，即解释变量与被解释的变量如果存在彼此联合决定的情况，因果关系的结论可能会存在偏差；（5）选择性的问题，即选择作用组与控制组成员时，可能带来处理变量和结果变量的相关性；（6）样本损耗，即作用组和控制组在政策干预前后出现的各种流失。[②]

（二）界定地域市场的机制

假定某种产品有两个地区市场，A 地区和 B 地区，A 地区受到自然灾害的影响，生产设施受到严重的损害。这种情况下，可以通过考察产品在两个地区的价格判断 A 地区和 B 地区是否属同一相关市场。由于 A 地区的生产设施受到严重损害，生产量锐减，这会引起该产品在 A 地区的供给短缺，其结果必然导致价格上涨。如果两个地区属同一相关市场，两个地区的产品会有较大幅度的流动，由此价格会存在较高的联动性。也即是说，当 A 地区产品价格上涨，出于套利行为，B 地区的企业会将产品运至 A 地区进行销售，导致 B 地区的市场供给出现下降，其结果就是 B 地区的产品价格上涨。如果两个地区不属同一相关

---

① See Card, D. & A. B. Krueger, *Myth and Measurement: The New Economics of the Minimum Wage*, Princeton, NJ: Princeton University Press 2005.

② See Meyer, B. D., "Natural and Quasi - Experiments in Economics", *Journal of Business and Economic Statistics 1995*, Vol. 13, No. 2, pp. 151 - 161.

市场，B 地区的企业不会因为 A 地区价格上涨而将产品运至 A 地区进行销售，即 B 地区的市场供给不会因为 A 地区市场条件的变化而发生变动，B 地区产品价格的变动与 A 地区的价格变动无关。这样，使用 A 地区和 B 地区两地的价格数据，可以检测 A 地区的自然灾害是否影响 B 地区的产品价格，或者自然灾害对两地区的产品价格是否有相同或者类似的影响。如果检测的结果是肯定的，A 地区和 B 地区可能属同一相关市场。

（三）界定产品市场的机制

自然实验法进行相关产品市场的界定可以使用相同的逻辑分析。假设市场上企业 A 和企业 B 各生产一种产品，企业 A 的生产设备因为自然灾害或者其他原因受到损害，那么可以通过考察产品 A 和产品 B 的价格变化判断这两种产品是否属同一相关市场，其原理与前面分析地域市场的界定一样。如图 7－1 所示，如果企业 A 的生产设备受到损害，产品 A 的产量会下降，从而推动产品 A 的价格上涨。如果产品 A 和产品 B 属同一相关市场，彼此存在较高的替代性，那么相当部分的消费者因为产品 A 的价格上涨会转移到产品 B，将产品 B 的剩余需求曲线向右上推动，在产品 B 的供给曲线不变前提下，产品 B 的价格和销量会同时提高。由此就可以通过分析外部供给冲击对不同产品的价格影响判断它们是否属同一相关产品市场。如果两种产品属同一相关产品市场，外部供给冲击会对两种产品的价格产生相同或类似的影响。如果外部供给冲击对两种产品的价格影响有着显著的差异，这两种产品可能属不同的相关产品市场。

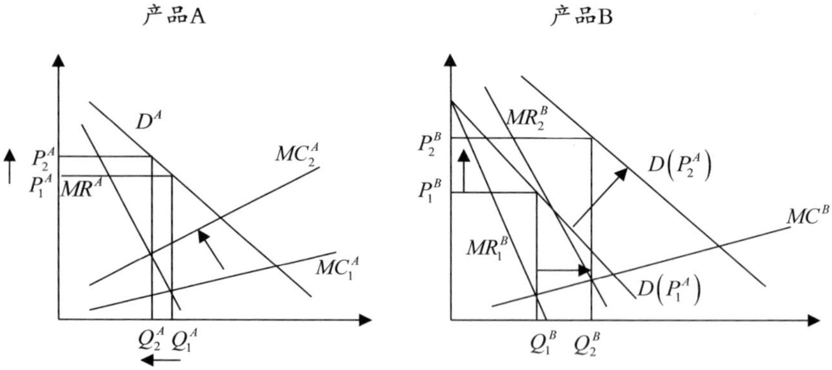

图 7－1　一种产品的供给冲击对另一种产品价格的影响

同样，如果产品 A 的市场需求因为自然事件或者政策事件而受到影响，与前面供给冲击一样，也可以通过考察两种产品的价格变化来判断它们是否在同一个相关市场。如图 7－2 所示，如果产品 A 因为政策性因素的影响而需求下降，在产品 A 的供给曲线不变的情况下，产品 A 的销量和产品价格均会下降。如果产品 A 和产品 B 属于同一个相关市场，相互间存在较高的替代性，产品 A 的价格下降，会吸引相当部分产品 B 的消费者转而购买产品 A，从而促使产品 B 的剩余需求曲线向左下移动。在产品 B 供给曲线不变的情况下，产品 B 的价格和销量也会下降。因此，可以通过分析外部需求冲击对不同产品的价格影响，来判断它们是否属于同一个相关产品市场。如果两种产品属于同一个相关产品市场，外部需求冲击会对两种产品的价格产生相同或类似影响。如果外部需求冲击对两种产品的价格影响存在显著差异，这两种产品可能属不同的相关产品市场。

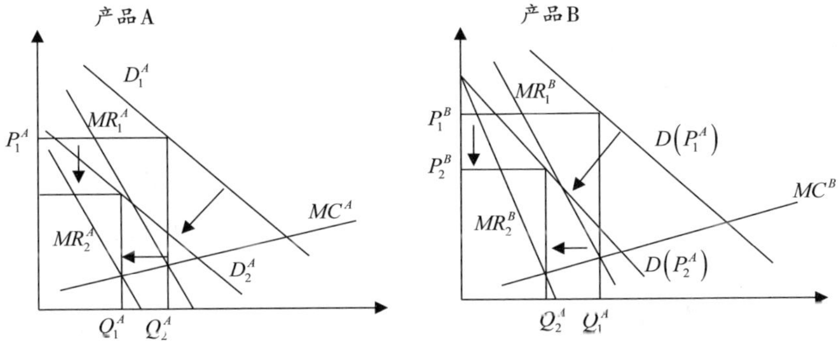

图 7－2　一种产品需求冲击对另一种产品价格的影响

1996 年康涅狄格州纽黑文市的一家电影院突然宣布最新上映电影的晚上成人票价持续三周降至 5 美元，Davis 和 Garcés 认为这就是一个可以说明自然实验法界定相关产品市场的例子。[①] 因为人们看电影通常会查看周边影院的价格，以便选择票价便宜的影院（假设产品基本同质）。如果影院间存在竞争，它们就有降价的动机以争夺顾客。这样，通过观察降价影院周边其他影院的价格反应，就可以判定该影院是否存在竞争，由此便可以把降价影院和降价效应波及的范围分别界定为降价影院的相关产品市场和地域市场。

除了界定相关市场，自然实验法也有助于垄断协议、企业合并以及滥用市场支配地位等各种案件中进行竞争分析。比如，Chevalier 和 Scott Morton 采用

① Davis, P. & E. Garcés, *Quantitative techniques for competition and antitrust analysis*, Princeton University Press 2010.

自然实验法分析过殡葬业的捆绑问题。美国有些州规定，只有得到政府许可的殡仪馆才可以销售棺材，但是有些州对殡仪馆销售棺材没有施加任何限制。他们通过自然实验法，分析了政府这种政策的变化对殡仪馆捆绑销售的竞争效应。①

自然实验法的实践中，除了要特别注意冲击的严格外生性这一关键因素，还应当注意可能会扰乱实验结果的其他因素。例如，由于生产替代性产品的企业之间不限于价格竞争，所以在市场竞争中企业采取的应对策略可能是非价格的。这样观察到的结果可能是产品质量的变化、营销策略的改变，而不是价格变化，这在涉及市场进入的案件中尤其明显。例如，2007 年美国联邦贸易委员会诉两家优质天然有机食品超市 Whole Foods Market 与 Wild Oats Markets 合并案。美国联邦贸易委员会的专家采用了测试它们作为竞争对手对对方突然进入自己所在区域的价格反应来界定相关市场。这个测试过程中假设的非价格因素和通常的生产因素如产品成本等都是不变的。但现实的情况中，当一个新公司进入零售市场，它一般会进行促销，而且其竞争对手这种情况下也会增加促销费，由此就扩大了市场需求。新的市场进入还可能引起其他企业营销策略的改变，如本案中的传统超市也增加了供货数量或者改善质量，最后的结果可能是，这个有机食品超市的市场进入对大的传统超市的价格没有影响，即便它们对这个进入也作出了反应。因为对这些效应的忽视，法院对美国联邦贸易委员会的相关市场界定提出了质疑。Whole Foods 的专家还采用了临界损失分析法，证明了相关市场应该至少包含所有的超市，而且还证实了上面的分析。②

此外，自然实验法还必须注意的一个问题是，必须剔除共同的成本因素带来价格变化的伪相关问题，尤其在成本对价格影响较大的产业。假如，一个突然事件致使产品 A 的价格上涨，但是由于原材料、劳动力成本或资本的增加导致产品 B 的价格也提高了，如果这种情况下认定 A 和 B 两种产品之间存在替代关系，这就有些过于武断。

二、相关案例——界定中国高端白酒市场

我们在这里使用自然实验法来界定中国高端白酒的相关市场。③ 2012 年 12 月中央军委发布《中央军委加强自身作风建设十项规定》，要求在接待工作

---

① See Chevalier, J. A. & F. M. Scott Morton, "State casket sales and restrictions: a pointless undertaking?" *Journal of Law and Economics 2008*, Vol. 51, pp. 1 – 23.

② FTC v. Whole Foods Market, Inc. 548 F. 3d 1037 (D. C. Cir. 2008).

③ 参见唐明哲、刘丰波、林平：《价格检验在相关市场界定中的实证运用——茅台、五粮液反垄断案的再思考》，载《中国工业经济》2015 年第 4 期。

中不喝酒等，因此该规定被称为“禁酒令”。由于公务宴请多使用高档名优白酒，尤其是茅台、五粮液等国家特优名酒，“禁酒令”的推行对高端白酒的市场需求产生了重大冲击，但短期却没有改变高端白酒的市场供给，打破高端白酒市场原有的平衡，因而这可以作为一个自然实验。相关市场界定可以通过观察“禁酒令”对不同品牌白酒的影响，由此判断哪些品牌白酒可属同一相关市场。①

从数据上看，2010 年 1 月到 2012 年 12 月即“禁酒令”发布之前，样本中所有品牌白酒在所有城市都出现了价格快速上涨，平均涨幅约 100%。图 7－3 说明了观测期内各品牌白酒在全国的价格走势。其中 53 度茅台由 2010 年年初的 800 多元上涨到 2000 多元，增幅高达 250%。品牌白酒价格上涨超过 2 倍的还有五粮液、国窖和 38 度茅台，其余品牌大多上涨 1 倍以上，这跟白酒行业在 2008 年至 2012 年的迅猛发展态势一致。然而，“禁酒令”大大缩减了政务、军队的白酒消费，②对样本中的品牌白酒均形成不同程度的负面冲击。但是，各品牌白酒的反应不一：53 度茅台的价格大幅下滑；五粮液的价格也明显下跌；国窖、水井坊和红花郎似乎未受影响；剑南春的价格在“禁酒令”之后略有下降。

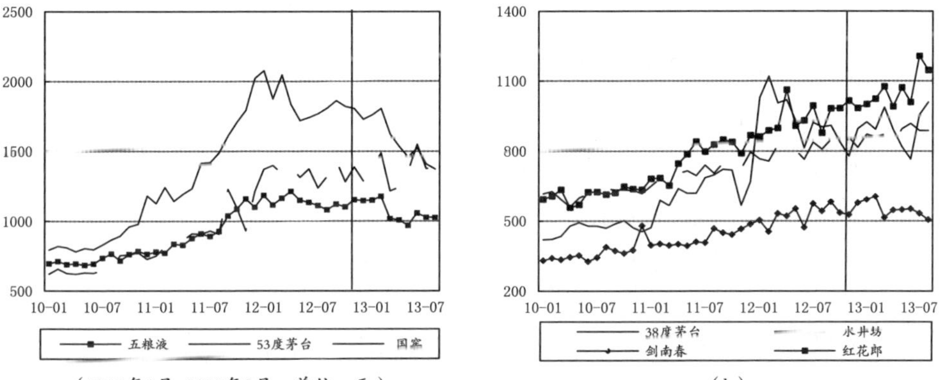

（2010年1月~2013年8月，单位：元）

（a） （b）

图 7－3 全国各品牌白酒价格走势图

资料来源：唐明哲、刘丰波、林平：《价格检验在相关市场界定中的实证运用——茅台、五粮液反垄断案的再思考》一文中的图 1，载《中国工业经济》2015 年第 4 期。

注：图中竖线标记“禁酒令”发布时间为 2012 年 12 月。

---

① 这个事件只能用以界定产品市场，而不能界定同质产品的相关地域市场，除非各地区对“禁酒令”的执行存在明显差异。

② 据行业资料，政府和军队是高端白酒的主要消费群体。

依据这一节描述的自然实验法的作用机理，假如“禁酒令”发生之前品牌白酒市场存在某种均衡，那么各品牌白酒的价格也存在某种均衡，且这种均衡反映了各品牌白酒之间的竞争替代关系强弱。如果品牌 A 与品牌 B 属同一相关市场，彼此间有较强的替代性，那么当市场遭受外部的需求冲击时，这两个品牌应该受到同样影响，而且即使受到冲击而发生振动，也不会打破两者的均衡关系。如果品牌 A 与品牌 B 不属同一相关市场，即它们面临不同的市场需求，那么外部引发的需求冲击对这两个品牌的市场需求会造成不同的影响，即在短期内供给不改变的情况下，外部需求冲击会打破两者之间的均衡关系。假设在冲击之前，品牌 A 的平均价格高于品牌 B。如果需求负冲击对品牌 A 造成的影响较大，那么品牌 A 的市场价格在短期内会相应下降，而品牌 B 的价格并不会出现同样程度的下降，如此，这两个品牌价格之间的差距在冲击之后会明显缩小。差异化产品价格之间的均衡关系可以是线性的，也可能是非线性的，是市场需求、产品竞争替代关系的函数。此处选择品牌价格之间的差距来度量品牌之间的价格均衡关系，[①]通过分析需求冲击对品牌价格差的影响，来判断两种产品是否属同一市场。

首先将品牌 A 和品牌 B 在城市 i 、时期 t 的价格记为 P_{it}^{A} 和 P_{it}^{B} ，所对应的市场需求和供给外生变量以($Z_{it}^{A},Z_{it}^{B},W_{it}^{A},W_{it}^{B}$)来表示，则两品牌之间的价格均衡用以下等式表示：

$$P_{it}^{A} - P_{it}^{B} = F(Z_{it}^{A},Z_{it}^{B},W_{it}^{A},W_{it}^{B}) + \varepsilon_{i}t$$

当出现需求冲击 δ_t 时，该式受到扰动，变成：

$$P_{it}^{A} - P_{it}^{B} = F(Z_{it}^{A},Z_{it}^{B},W_{it}^{A},W_{it}^{B}) + \theta \cdot \delta_t + \varepsilon_{it}$$

考虑该冲击为外生冲击，满足严格外生性假定，即 $E(\varepsilon_{it} \mid \delta_t) = 0$ ，并且与其他需求供给的外生变量不相关，即 $cov(\delta_t, F(Z_{it}^{A},Z_{it}^{B},W_{it}^{A},W_{it}^{B})) = 0$ 。[②]

---

① 这可以通过市场需求函数和企业间竞争行为的假定建立模型。譬如，假定差异化产品企业之间进行纳什—伯川德竞争，由此解出产品的均衡价格。这种结构方法进行的经验数据研究会受限于市场假定，且对数据要求较高。这里选择了简化的线性处理。

② 第二个条件是一个强假定。如果“禁酒令”和宏观经济需求相关，这个假定会失效。考虑到政策的制定可能出于政治因素的考虑，我们认为这个假定是可行的。

考虑数据的特殊性，对模型作进一步简化，令 α_i 表示城市 i 中，短期内不随时间变化但影响价格的各种供求要素所产生的综合固定效应，譬如当地的白酒文化、公务消费习惯、白酒生产成本、白酒销售成本等。加入时间趋势，以捕捉高端品牌白酒价格的时间变化趋势，基于 $E(\varepsilon_{it} \mid \delta_t) = 0$ 和 $cov(\delta_t, F(Z\frac{A}{it}, Z\frac{B}{it}, W\frac{A}{it}, W\frac{B}{it})) = 0$，并令 $\omega_{it} = g(Z)\frac{A}{it}, Z\frac{B}{it}, W\frac{A}{it}, W\frac{B}{it} + \varepsilon_{it}$，可以将该式写为

$$P\frac{A}{it} - P\frac{B}{it} = \alpha_i + \beta \cdot t + \theta \cdot \delta_t + \omega_{it}$$

该式分析的重点在于 δ_t 的系数。$E(\varepsilon_{it} \mid \delta_t) = 0$ 和 $cov(\delta_t, F(Z\frac{A}{it}, Z\frac{B}{it}, W\frac{A}{it}, W\frac{B}{it})) = 0$ 保证了 $E(\varepsilon_{it} \mid \delta_t) = 0$，从而在获得……$\delta_t$ 的系数一致性无偏估计的前提下，为验证品牌 A 和品牌 B 是否可以判定属于同一相关市场，只需要对原假设 $\theta = 0$ 进行判定。如果两者属于同一市场，需求负冲击的影响不改变两者价格的短期均衡，就不能拒绝原假设。

由于所使用的数据 $n = 4$，$T = 44$，面板的长度远大于宽度，因而采用动态面板数据偏差校正最小二乘虚拟变量法（Bias corrected least - squares dummy variable，LSDVC）进行估计。考虑各高端白酒的消费差异性，在不对各项系数进行限定的情况下，对这些品牌采用进行两两差分之后分别进行成对回归的方法，表 7 - 1给出了回归的结果。

从回归结果可以看到，除了 38 度“茅台”有些特殊外，其余品牌的结果都比较合乎预期。53 度茅台跟其他所有品牌白酒的冲击系数都显著为负，说明“禁酒令”所产生的冲击对 53 度茅台跟其他酒不对等，53 度茅台与其他品牌酒的价格差距在“禁酒令”的影响下显著缩小。除国窖以外，五粮液跟其他品牌白酒的冲击系数也显著为负，显示其跟水井坊、红花郎、剑南春明显不在同一相关市场，而跟国窖可能在同一市场。国窖跟水井坊、红花郎、剑南春的冲击系数明显为负，而水井坊、红花郎、剑南春三者的冲击系数正负不显著。此外，这些没有显著性的系数估测值在数量上都明显小于那些显著性非常强的估计值，这一定程度佐证了原来的理论假设。以上回归结果显示，在外生的需求负冲击下，53 度茅台受到的影响似乎最大，其价格与其他品牌价格大幅缩小，这说明 53 度茅台与其他品牌面对的不是同一市场，五粮液、国窖可能属同一市场，水井坊、红

花郎、剑南春三者则属另一市场。38 度茅台因其特殊性,在此尚无法判定。

表 7－1 “禁酒令”对品牌价格差异的冲击系数估计值

相对品牌 参照品牌	五粮液	国窖	水井坊	红花郎	剑南春
53 度茅台	－244.44*** (0.00)	－170.88*** (0.01)	－287.58*** (0.00)	－231.59*** (0.00)	－285.63*** (0.00)
五粮液	—	15.60 (0.59)	－128.67*** (0.00)	－68.88* (0.07)	－84.06*** (0.00)
国窖	—	—	－100.84*** (0.00)	－98.91** (0.01)	－100.35*** (0.00)
水井坊	—	—	—	－22.94 (0.54)	－12.46 (0.66)
红花郎	—	—	—	—	10.54 (0.76)
剑南春	—	—	—	—	—

资料来源:唐明哲、刘丰波、林平:《价格检验在相关市场界定中的实证运用——茅台、五粮液反垄断案的再思考》一文表 8,载《中国工业经济》2015 年第 4 期。

注:①这里只报告冲击系数的估测值。所有回归使用全样本,均控制了价格差的一阶滞后项,保留时间趋势,控制城市固定效应,采用 Arellano－Bond 差分 GMM 值作为初始值,标准差由自助法估测,括号为 p 值;②参照品牌指以此品牌价格为基础 P^A,与相对品牌价格 P^B 的差作为价格均衡度量,再进行回归。

前面数据显示,品牌白酒价格在样本期间首先都经历了一个共同上涨的过程,为了使“禁酒令”对处于不同市场的品牌白酒的不同作用被更清楚的区分出来,可以考虑使用双倍差分法,对上面的回归进一步进行扩展。根据以上结论,7 个白酒品牌可分成两组,即由于“禁酒令”对超高端白酒的影响更为直接,茅台、五粮液和国窖归为作用组,其余品牌归入控制组。

建立以下回归方程:

$$productprice_{it} = \beta_0 + \beta_1 A_t^p + \beta_2 T_p^{\ i} + \beta_3 A_t^p T_i^p + \mu_{it}$$

其中,$productprice_{it}$ 表示白酒品牌 i 在时期 t 的价格,在回归之时进行对数处理;A_t^p 为白酒品牌价格的实验期虚拟变量;T_i^p 为白酒价格的实验组虚拟变量;$A_t^p T_i^p$ 为白酒品牌价格的交互影响虚拟变量。β_1 衡量如果没有“禁酒令”,白酒品牌价格如何随时间变化;β_2 衡量作用组和控制组不被时间所影响的差异;β_3 衡量“禁酒令”给白酒价格带来的净影响。其中,β_3 是关注的重点,如果这个系数显著,则表明“禁酒令”给作用组和控制组产生明显差异的影响,从而验证不同档次的白酒属于不同的相关市场。既然“禁酒令”会降低市场对高端白酒的需求，从而会压迫高端白酒价格下降，缩小高端白酒和其他档次白酒价格之间的差异，故而可以预计 β_3 的符号为负。

此外，为了更加合理地判断“禁酒令”的影响，可以使用校正的双倍差分估计，故而将上述回归方程扩展为：

$$productprice_{it} = \beta_0 + \beta_1 A_t^p + \beta_2 T_i^p + \beta_3 A_t^p T_i^p + \gamma_2 ICH + Y3favor + \mu_{it}$$

下面对控制变量进行说明：

(1) 白酒品牌声誉（*reputation*）

中国曾经5次评选国家级名酒，由此基本确定了中高端白酒的主要品牌。在指标衡量上选择入选次数，即入选次数多可以说明国家和社会对其认可度高，其声誉好，从而可能以更高的价格出售。

(2) 非物质文化遗产（*ICH*）

ICH 为另外一个名酒声誉的代理变量，这里用非物质文化遗产来替代。全国有20种白酒的酿造工艺被评为中国非物质文化遗产，其中第1批有4种，第2批有16种，样本选择的白酒品牌的酿造工艺都在其中，故而为了区分，构建虚拟变量，如果在第一批被评为中国非物质文化遗产则为1，否则为0。

(3) 白酒香型（*favor*）

中国白酒有浓香、酱香、清香、米香和兼香等多种香型，其中酱香型白酒由于蒸馏频次多，能耗高，出酒低，贮存时间长，生产成本普遍比其他香型白酒高，故价格也相对较高。这样 *favor* 是虚拟变量，衡量香型带来的影响，如果为浓香型白酒则为1，否则为0。

表7-2　主要变量的描述性统计

变量	单位	样本量	均值	标准差	最小值	最大值
productprice（北京）	元	140	1117	393.6	472.5	2100
productprice（成都）	元	140	1042	407.7	370.1	2071
productprice（南昌）	元	140	1094	404.5	458	2190
productprice（沈阳）	元	140	1061	364.6	458	1980
productprice（全国）	元	140	1069	368.6	454.4	2077
reputation	次	140	3.857	1.129	2	5
ICH		140	0.429	0.497	0	1
favor		140	0.571	0.497	0	1

由于上述白酒价格数据包含了4个城市的数据和全国性数据(见表7-2),因而可以分别对各城市的价格数据和全国数据进行分析,以便得到一致的结论。虽然价格数据为面板数据,可以使用面板数据模型,但F检验和LM检验结果表明应该采用混合回归,而且价格数据为小样本,面板数据模型得出的结果不会存在明显差异。表7-3给出4个城市和全国数据的未校正双倍差分估计结果。从F检验、$\bar{R}^2$和均方根可以看出,各模型的联合显著性与模型拟合优度较高。此处重点关注交叉项虚拟变量$A_t^p T_i^p$的系数,以衡量"禁酒令"对白酒价格的净影响。从表7-3的结果可以看出,除回归(3)的系数为正且不显著外,$A_t^p T_i^p$在其他4个回归中的系数都显著为负,说明"禁酒令"对高端白酒价格产生了显著影响,降低了高端白酒的价格,缩小了高端白酒和其他档次白酒的价格差距。高档白酒和其他档次的白酒受"禁酒令"影响的差异反映这两类产品的替代性可能并不充分,从而属不同相关市场。

表7-3 "禁酒令"对白酒价格影响的UDID回归结果

变量	(1)	(2)	(3)	(4)	(5)
β_0	8.199*** (34.29)	8.324*** (24.91)	9.143*** (18.16)	7.738*** (24.48)	8.039*** (29.21)
$A_t^p T_i^p$	-2.469** (-2.57)	-2.877*** (-2.91)	0.207 (0.19)	-1.727** (-2.09)	-1.528* (-1.84)
A_t^p	1.148** (2.26)	-0.588 (-1.06)	-0.905 (-1.32)	1.079** (2.22)	0.4267 (1.00)
T_i^p	6.840*** (10.03)	6.806*** (9.22)	5.050*** (6.77)	6.347*** (11.01)	6.424*** (10.57)
F检验	57.34	40.27	32.70	63.04	63.30
P值	0.000	0.000	0.000	0.000	0.000
$\bar{R}^2$	0.547	0.531	0.409	0.591	0.609
均方根	2.679	2.823	3.144	2.357	2.331

注:①括号为t值;② ***、**和*分别表示在1%、5%和10%显著水平上拒绝原假设;③回归(1)~(5)分别为北京、成都、南昌、沈阳和全国的回归结果。

实验期虚拟变量A_t^p的系数只在回归(1)和回归(4)显著,在这两个回归中均在5%的显著水平为正,说明如果没有"禁酒令"发生,白酒价格将继续上涨。实验组虚拟变量T_i^p的系数在5个回归中显著为正,说明高端白酒和其他档次白酒存在明显的价格差距。

为考察回归的稳健性,以白酒价格的全国数据为例,添加控制变量,将未校正的双倍差分估计模型扩展为校正的双倍差分估计模型。回归(6)~(8)分别将品牌声誉、非物质文化遗产和白酒香型纳入模型之中,回归(9)则同时将非物质文化遗产和白酒香型纳入模型,回归(10)则将三者均纳入模型,其同样采用混合回归,表7-4报告了回归结果。从F检验、$\overline{R}^2$ 和均方根可以看出,各模型的联合显著性与模型拟合优度较高。比较回归(5)的 $\overline{R}^2$ 和表7-4中各回归的 $\overline{R}^2$ 可知,添加的控制变量对白酒价格存在显著影响,特别是非物质文化遗产 *ICH* 和白酒香型 *favor* 。

交叉项虚拟变量 $A_t^p T_i^p$ 的系数在5个回归中都显著为负,系数符号和系数大小都基本不变,而且显著性得到大大增强。故在更加稳健的模型中,高端白酒和其他档次的白酒受到“禁酒令”的冲击是不一致的,此结果依然支持高端白酒和其他档次白酒属于不同相关市场。

实验期虚拟变量 A_t^p 的回归结果基本没变。实验组虚拟变量 T_i^p 的系数均高度显著为正,高端白酒和其他档次白酒存在明显的价格差距。在回归(6)中,品牌声誉 *reputation* 的系数为正,说明品牌声誉越高,白酒价格越高,符合预期判断。但是在回归(10)中,符号为负,这可能与非物质文化遗产 *ICH* 共线性相关。为了判断是否存在多重共线性,计算了方差膨胀因子VIF,平均VIF为6.82,其中 T_i^p 、*ICH* 和 *reputation* 的VIF均高于10,说明存在比较严重的共线性问题。将 *reputation* 删除之后,平均VIF降为3.81,没有一个变量的VIF超过8,多重共线性问题得到缓解。这说明回归(9)比回归(10)的系数更加准确。非物质文化遗产 *ICH* 的系数显著为正,也反映了白酒声誉具有重要的影响。白酒香型 *favor* 的系数显著为负,说明酱香型白酒比浓香型白酒的价格明显更高。

表7-4 “禁酒令”对白酒价格影响的ADID回归结果

变量	(6)	(7)	(8)	(9)	(10)
β_0	6.157*** (8.63)	7.354*** (26.04)	9.843*** (47.06)	9.402*** (41.60)	13.475*** (23.03)
$A_t^p T_i^p$	−1.529* (−1.90)	−1.529** (−2.27)	−1.529*** (−2.86)	−1.529*** (−3.01)	−1.529*** (−3.38)

续表

变量	(6)	(7)	(8)	(9)	(10)
A_t^p	0.428 (0.95)	0.427 (0.98)	0.428 (1.37)	0.427 (1.27)	0.427 (1.39)
T_i^p	5.603*** (9.45)	5.281*** (11.59)	7.024*** (19.52)	6.585*** (16.37)	7.399*** (20.08)
reputation	0.579*** (3.25)				-1.629*** (-7.46)
ICH		2.743*** (8.79)		0.880*** (3.07)	4.138*** (8.58)
favor			-3.607*** (-13.65)	-3.167*** (-11.66)	-2.352*** (-7.70)
F 检验	51.78	76.82	140.52	130.53	112.05
P 值	0.000	0.000	0.000	0.000	0.000
$\overline{R}^2$	0.628	0.722	0.838	0.847	0.875
均方根	2.282	1.974	1.504	1.471	1.334

注:①括号为 t 值;② ***、** 和 * 分别表示在 1%、5% 和 10% 显著水平上拒绝原假设。

综上所述,这个自然实验法利用“禁酒令”造成的外生需求冲击,对品牌白酒的价格数据进行了定量分析。因为两种回归方法得出的结论基本一致,这说明超高端白酒品牌如茅台、五粮液和国窖应视为一个独立的相关市场。

三、自然实验法的评价

根据反垄断实践,反垄断经济学家和执法机构已经认识到自然实验法在反垄断案件的竞争分析中的重要性,一方面表现为研究自然实验法在反垄断分析中作用的学术成果越来越多,另一方面越来越多的案子是应用自然实验法界定了相关市场。美国 2010 年《横向合并指南》指出:“执法当局会寻找对合并竞争效应分析具有信息价值的历史事件或者进行‘自然实验’如考察相关市场近期发生的企业合并、市场进入、扩张和退出等事件的影响”。[①] 在反垄断分析中,自然实验除了分析企业并购、市场进入、市场扩张以及市场退出之外,还可能分析

① 美国 2010 年《横向合并指南》原文为“The Agencies look for historical events, or ‘natural experiments,’ that are informative regarding the competitive effects of the merger. For example, the Agencies may examine the impact of recent mergers, entry, expansion, or exit in the relevant market.” See Horizontal Merger Guidelines by Department of Justice and federal trade commission on August 19, 2010, Section 2.1.2。

自然事件和政府政策。自然实验法除了应用于相关市场界定，还可以应用于企业并购、垄断协议以及滥用市场支配地位案件的分析。

自然实验法界定相关市场具有天然的优势，因为这种方法就是要人们感受产品之间的可替代性。即考察一个外部冲击事件对不同产品的市场需求和供给的影响是否具有一致性和相似性，由此判断这些产品是否在同一相关市场。如果两种产品在同一相关市场，相同外部冲击的影响是相同的。如果相同外部冲击对两种产品的影响明显存在差异，这两种产品可能属不同的相关市场。

这种界定市场的方法需要注意自然实验的外部性条件，即仅当外部性条件得以满足，这种方法得出的结论才具有比较高的可信度。此外，需注意的问题是，有时候可能难以区分自然实验的影响和其他竞争条件变化的影响。理论上说，自然实验应该与市场竞争条件保持外生性，但实际上自然实验有时是市场竞争条件的内生性结果。比如，企业选择进入市场或者退出市场的时候，通常需要考虑市场的竞争状况。如果市场竞争激烈或者市场正在萎缩，企业出于利润最大化的考虑，企业往往选择不进入市场或者退出市场；相反，如果市场竞争程度较低，或者市场正在增长，企业就会选择进入市场。Coate & Fischer 认为，只要自然实验冲击的效应大于市场竞争环境变化带来的影响，自然实验就是有用的。还有一个好处是，使用自然实验法界定相关市场时，这个方法可以起到双重作用，一是界定相关市场，二是对案件进行竞争效应的评估。[①]

自然实验法使用最多的事件是市场进入和市场退出，因为它们相对其他类型的事件发生的频率最高，而且也很容易认知。当一家企业进入一个市场后，在市场需求不变的情况下，个市场进入会增加产品的供给，并且推动产品价格的下降。如果企业进入市场后出现较大范围的产品价格下降，那么相关市场界定的范围可能较宽；相反，如果只有较小范围的产品出现价格下降，那么相关市场的范围可能较窄。市场退出的分析则与市场进入相反，即当一家企业退出市场后，在市场需求不变的情况下，会减少市场上产品的供给，同时也会抬高产品的价格。如果企业退出市场后会出现较大范围产品的价格上涨，那么相关市场的界定可能较宽；相反，如果只有在较小范围的产品出现价格上涨，那么相关市场的范围可能较窄。在位企业的市场扩张活动与市场进入的分析相似。

---

① See Coate, M. B. & J. H. Fischer, "A practical guide to the hypothetical monopolist test for market definition", *Journal of Competition Law and Economics*, Issue 4/2008, pp. 1031 – 1063.

第二节　价格歧视条件下的相关市场界定

一、价格歧视概述

生产企业一般会以统一的价格将其产品销售给不同的需求者。界定相关市场一般也是遵循这样的假设，即一般不考虑不同的需求者对价格变化的差别反应。但我们经常发现，有些行业的企业可能会根据需求者对价格变化的差别反应制定不同的销售价，也即是存在价格歧视的现象，如国家发展和改革委员会 2011 年调查过的中国电信和中国联通案。① 经济学一般将需求者对价格变化的敏感程度定义为需求弹性，而且认为实施价格歧视的企业一般倾向于对需求弹性高的需求者制定低价，因为他们对产品价格很敏感；相反，这些企业倾向对需求弹性低的需求者制定高价，因为他们对产品的价格变化不敏感。当然，仅仅因为成本差异而导致的价格差别不属于价格歧视，因此斯蒂格勒对价格歧视的含义作出了以下说明，即如果相同或相似产品的销售价格是在边际成本基础上以不同比例的加成而制定，这种定价策略就可称为价格歧视。②

很明显，在不存在价格歧视的情况下，忽略需求者关于价格差别的影响一般不会影响相关市场界定的结果。但是，在存在价格歧视的情况下，如果不对不同的需求者进行区分，这将导致错误的相关市场界定的结果，因为通过价格歧视对低弹性需求者收取的高价可以增加企业利润，而这一点对 SSNIP 测试很重要。我国国务院反垄断委员会 2009 年发布的《关于相关市场界定的指南》在说明 SSNIP 测试存在的几个实际问题时，其中一个问题就是需求者可能存在不同的价格弹性，即"在经营者小幅提价时，并不是所有需求者（或地域）的替代反应都是相同的。在替代反应不同的情况下，可以对不同需求者群体（或地域）进行不同幅度的测试。此时，相关市场界定还需要考虑需求者群体和特定地域的情况"。然而，指南在这方面没有提出一个具可操作性的细则性规定。

SSNIP 测试的核心问题在于假定垄断者的涨价能否提高利润，因此需要考

---

① 2011 年 11 月 9 日央视《新闻 30 分》报道，国家发展和改革委员会针对中国电信和中国联通在中国宽带入网市场的垄断行为正在展开调查。反垄断执法机关的基本看法是，这两家企业利用宽带入网市场的支配地位对竞争对手收取高额的入网费，对没有竞争关系的企业给予优惠的价格条件，由此严重影响了宽带入网市场的竞争。如果此案证据确凿事实成立，依据《反垄断法》第 47 条关于违法企业得被处以上一年度营业额 1% ~10% 的罚款，这两个企业有可能遭受数亿元至数十亿元的罚款。

② G. Stigler, The Theory of Price, Macmillan, New York, 1987.

虑在初始界定的市场是否有必要加入其他替代的产品或地域，以扩大拟定相关市场的范围。这里的 SSNIP 测试一般都隐含这样一个假设，即假定垄断者对所有的需求者实施统一涨价，也即是不存在价格歧视。但是，如果存在价格歧视或者价格歧视可行时，假定垄断者实施统一涨价后的盈利结果就无法准确反映涨价对不同需求者的影响。

二、价格歧视的经济学分析

为了分析价格歧视对假定垄断者涨价的盈利性和对 SSNIP 测试的影响，这里通过一个简单模型如图 7－4 加以说明。

首先考虑不存在价格歧视的情况。假设假定垄断者的初始价格设定在竞争性水平 P0，然后对所有的需求者将价格统一提高至 P1。一方面，这个涨价会流失部分需求者，他们被称为边际需求者（marginal customers），由此导致假定垄断者存在一定程度的收益损失，对应图 7－4 中 A 面积；另一方面，假定垄断者仍可从涨价获取额外收益，对应图 7－4 中 B 面积，因为即使涨价也有部分需求者继续选择消费该产品，他们被称为超边际需求者（inframarginal customers）。由此通过比较 A 与 B 的大小，便可判断假定垄断者的涨价是否盈利。如果 A 大于 B，说明涨价无利可图，应继续扩大拟选相关市场范围；反之，如果 A 小于 B，说明假定垄断者拥有的这组产品构成相关市场。

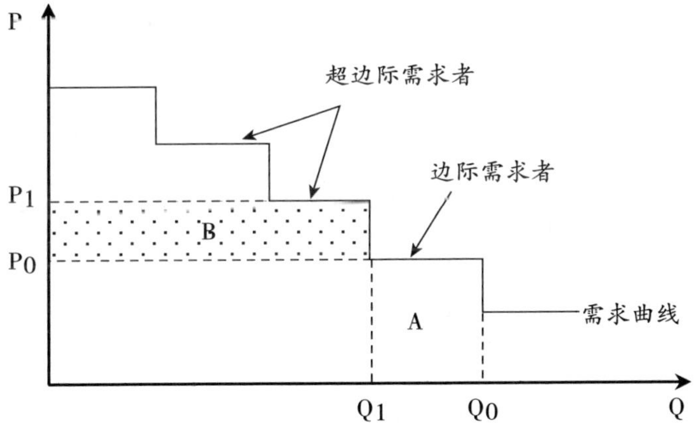

图 7－4 假定垄断者提价盈利性分析

现在考虑存在价格歧视的情况。假设假定垄断者能够识别出不同需求者对涨价的差别反应，从而对不同的需求者实施不同的涨价策略。比如，对部分边际需求者收取低价格 P0，对部分超边际需求者收取高价格 P1。那么，假定垄断者从部分超边际需求者获得利润 A，则 SSNIP 测试的结果是有利可图。显然，这与忽略价格歧视情况下的 SSNIP 测试结果存在明显差异。在这种情况下，应该基于部分超边际需求者购买的产品组合（或所在地域）界定一个更小的相关市场，而不是将所有需求者购买的产品（或所在地域）笼统地界定为一个相关市场。因为，即使所有需求者购买的产品完全相同或极为相似，部分超边际需求者的利益也会由于价格歧视而遭受损害。也即是说，如果忽略价格歧视，相关市场会被界定的过于宽泛，垄断行为对部分需求者产生的负面影响会由于错误的相关市场界定而被忽视。

如果忽视价格歧视的存在或者忽视价格歧视的可行性，SSNIP 测试将会导致相关市场界定的范围过大。因此，在这种情况下，如图 7－5 所示，我们应当对常规的 SSNIP 测试进行一定程度的调整，目的是避免产生因价格歧视可能导致的错误结果：第一步，假设不存在价格歧视，即通过 SSNIP 测试或其他方法界定相关市场。第二步，考察假定垄断者能否针对不同类别的需求者群体成功地实施价格歧视。第三步，根据价格歧视可行与否确定最终相关市场，如果答案是肯定的，则应在初始界定的相关市场内，基于受高价歧视的需求者群体所购买的产品（或所在地域）界定一个更小的相关市场；如果答案是否定的，初始界定的相关市场即为合意的结果。

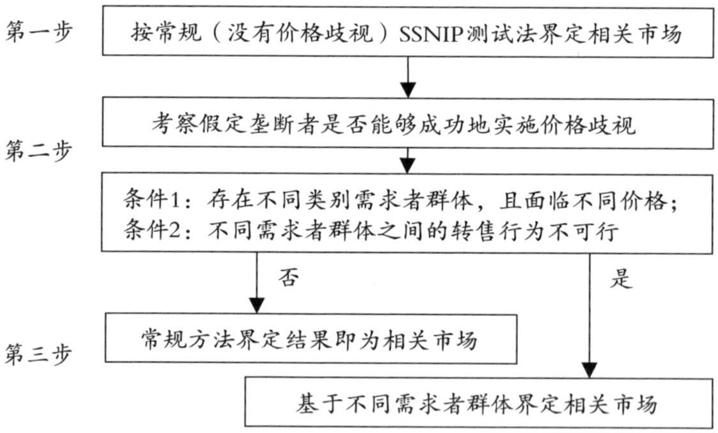

图 7－5　价格歧视与相关市场界定

三、相关案例

实践中，如果反垄断执法机构认为消费者已经或者可能会受到价格歧视，那就可能据此界定一个范围更小的相关市场。这里举两个案例予以说明。

第一个案例是美国的 Staples/Office Depot 合并案[①]。在这个并购案中，审案法院将销售给大型 B2B 客户的消费性办公用品（钢笔、回形针、笔记本、复印纸等构成的产品集）界定为一个范围较小的相关市场，理由是：(1) 行业或公众认可该市场作为一个独立的经济市场；(2) B2B 客户的价格敏感度高；(3) B2B 客户需要供应商提供专门的附加服务。因此法院认定，这项合并将会削弱为大型 B2B 客户（目标客户）提供办公用品的供应商之间的竞争，并对这个竞争造成损害。相较而言，零售客户或小企业客户在价格上涨后比大客户有更可行的供应选择。

第二个案例是美国的 Sysco/US Foods 并购案[②]，涉及美国最大的两家网上餐饮配送企业（broadline foodservice distribution）之间的并购。在这个案件中，法院根据客户的类型和可能存在的价格歧视进行了相关市场界定。由于案件涉及的产品和服务品目众多，而且很多餐饮产品使用专门的标签，法院认为其他类型的餐饮配送服务如专业配送、系统配送、现货自提商店（cash – and – carry store）等与本案涉及的餐饮配送不构成合理的替代。

然而，法院在该案没有把参与并购企业提供的线上餐饮配送界定为一个相关市场，而是界定为两个相关市场。其中一个市场是面向全国性的客户如集团采购组织、餐饮管理公司、连锁酒店以及连锁餐厅的餐饮配送，理由是这些大客户不仅需要餐饮配送商在全国范围有着分布广泛的配送中心，而且它们的餐饮采购往往需要和餐饮配送商进行谈判和签订采购合同。另一个市场是面向地方性或街道餐厅一类的客户，这些客户不需要餐饮配送商有着分布广泛的配送中心，而且因为采购量小，它们一般都是在一周内向餐饮配送商进行采购，从而少有签订合同的情况。法院之所以将该案的线上餐饮配送界定为这样的两个相关市场，主要考虑这些全国性大客户在餐饮采购方面除了与这两个线上餐饮配送企业订立合同外，它们几乎没有其他渠道。在这种情况下，如果这两个线上餐饮配送企业进行合并，合并后的企业非常可能对全国性大客户的餐饮配送实施歧视性的价格条件。该案最终结果是，尽管被告对这个相关市场界定分为“线上地方性餐饮配送”和“线上全国性餐饮配送”存在异议，但在法院表达了界定相关市场的这个观点后的第三天，它们就宣告放弃自己的并购计划。

---

① Federal Trade Commission v. Staples, Inc. , Civil Action No. 2015 – 2115 (D. D. C. 2016).

② FTC v. Sysco Corp. , 113 F. Supp. 3d 1 (D. D. C. 2015).

四、价格歧视产生独立市场的条件

按照前面的思路,是否可以针对不同类别的需求者群体界定独立的相关市场,关键的问题是假定垄断者能否成功地实施价格歧视。根据美国的司法实践,可以成功实施价格歧视的企业须满足三个条件:(1)企业拥有一定的市场势力,即存在将价格提高至边际成本或竞争性价格水平之上的能力;(2)企业能够有效识别不同类别的需求者群体,并且根据他们的支付意愿制定不同的价格条件;(3)需求者之间不存在转售(resale)的可能性,否则就可能出现支付高价的需求者将从支付低价的需求者那里而不是从生产商那里购买产品的情况。第一个条件与相关市场界定的最终目的是一致的,并且在通过 SSNIP 测试界定的相关市场内,假定垄断者有能力将价格提高至竞争性水平之上。所以,这里对第一个条件暂不考虑,重点分析后面两个条件。

由于信息不对称,企业往往很难对不同类别需求者进行精确的区分。但是,有些信息仍然有助于企业对不同类型的需求者进行识别,如客户的年龄、时间成本或需求者经济规模的大小可能导致其购买力存在显著差别;某些产品的特质需求者或者某品牌的忠实追随者,因为没有其他可选替代品而愿意支付高价;如果交易价格是私下协商达成的,企业会更容易了解不同类型需求者的支付意愿。除了这些信息,企业还可以通过提供不同的消费组合来间接区分不同类别需求者群体,如对不同的购买数量组合制定差别价格(所谓的二级价格歧视)。

转售的可能性是影响价格歧视能否成功的另一重要因素,因为需求者之间的转售将会导致价格歧视无法实施。关于转售,有些产品的可转售性较低,比如服务和实体产品相比就难以转售;跨区域的高运输成本也会导致转售不可行。另外,企业有时会通过合同方式限制转售,比如分销合同中加入限制转售的条款,或规定保修服务只适用于首次购买者等。在某些情形下,企业甚至故意降低产品的部分功能或者质量,以避免低端需求者向高端需求者进行转售。[①]

如果上述两个条件在具体案例中同时得到了满足,即企业可以区分不同的需求群体,并且认定他们相互之间进行转售存在着障碍,执法机构便可以确认假定垄断者有可能成功地实施价格歧视,并据此界定更小范围的相关市场。如

---

① Deneckrene & McAfee 的研究显示,英特尔对其486DX 处理器、IBM 对其打印机产品均采用过价格歧视策略。See Deneckere,Raymond J. & McAfee,R. Preston,Damaged Goods,Journal of Economics and Management Strategy 1996,5(2):149 – 174.

果市场上的价格歧视是长期和普遍存在的，那就更能说明假定垄断者可以进行价格歧视，执法机构就有必要根据价格歧视情况界定出不同的相关市场。在企业兼并案件中，即便合并前不存在价格歧视，但是如果合并后的企业不仅增强了市场势力，而且可以获取更多的需求者信息或者通过搭售有助于企业实施价格歧视。总之，价格歧视如果存在或者可行时，为了准确地界定相关市场，应该考虑价格歧视的影响。

最后需指出的是，上述分析仅聚焦于需求替代。界定相关市场有时也需要考虑供给替代。具体地说，相对于统一定价，价格歧视可以提高企业的盈利水平，这即意味着价格歧视会鼓励新企业的进入，从而可以扩大相关市场的范围。因此，执法机构界定相关市场时，也应当考虑价格歧视对供给替代的影响。

五、我国反垄断执法的启示

美国和欧盟的反垄断执法机关早就认识到了价格歧视会影响相关市场界定的问题。例如，美国 2010 年《横向并购指南》明确指出，价格歧视可能会影响相关市场界定、市场份额测定和竞争影响评估。当价格歧视可行时，执法机关会考虑受价格歧视的需求者群体，即目标需求者（targeted customers），从而会界定一个范围更小的相关产品市场或相关地域市场。[①]欧盟委员会 1997 年发布的《关于相关市场界定的通告》虽然对这个问题阐述不多，但也明确指出在价格歧视存在的情形下，受歧视的需求者群体可被独立地界定为一个更小的相关市场。[②] 此外，欧盟委员会基于价格歧视的经济学原理，在很多案例中对不同类型的需求者群体界定为不同的相关市场。[③]

与欧美的上述做法相比，我国反垄断委员会《关于相关市场界定的指南》虽然在 SSNIP 测试提及到了价格歧视的情况，但没有明确指出价格歧视可能会导致范围更小的相关产品（地域）市场。如果忽略了价格歧视问题，界定出宽泛的相关市场就可能意味着某些违法行为不受反垄断法的制约。因此，我国《关于相关市场界定的指南》应在这方面予以完善，即应当对价格歧视影响下的相关市场如何界定做出一个详细的阐释，以提升该指南的可操作性。这一节关于价

---

① See Horizontal Merger Guidelines by Department of Justice and federal trade commission on August 19, 2010, Section 4.

② Commission Notice on the Definition of Relevant Market for the Purposes of Community Competition law (97/C 372/03), para. 43.

③ 参见［美］安德雷斯·冯特·葛拉雷兹等：《欧盟企业合并控制制度：法律、经济与实践分析》（第 2 版），法律出版社 2009 年版，第 101 ~ 106 页。

格歧视条件下相关市场界定的框架可供参考,即采用常规方法界定相关市场之后,还应当考察相关企业是否可能实施价格歧视,并据此界定合理的相关市场。

第三节　假冒/盗版情况下的市场界定

我国当前有一些特别的经济现象为反垄断相关市场的界定提出了挑战。比如,传统的界定相关市场的方法未考虑过假冒产品或者盗版产品的存在,那么,如何对存在假冒或盗版情况下的产品进行相关市场的界定?违法生产的产品比如违反商标法、版权法或者反不正当竞争法等法律而生产的产品能否包括在反垄断法界定的相关市场之内?假冒产品与正版产品是否属于同一相关市场?什么情况下属同一相关市场?

一、假冒/盗版产品能否纳入相关市场?

首先考虑违法生产的产品是否应当纳入反垄断界定的相关市场。有人认为,竞争执法应当仅考虑合法产品之间的竞争,因为违法生产的产品例如假冒产品本来就违法,不应该参与市场竞争,因此它们也不应包括在反垄断法界定的相关市场之内。但是也有观点认为,相关市场界定的核心是产品之间的竞争约束,即找出相互间竞争约束足够强的产品集合,分析涉案企业行为在这一产品集合中对竞争的影响。即说明假冒产品,只要对正牌产品构成足够的竞争约束,即正牌产品不能在有利可图的情形下提价,假冒产品就应包括在相关市场之内,即便假冒产品的竞争约束是以不合法的方式存在的。换言之,相关市场界定不应将假冒产品一概排除出去。从经济学的角度看,应该是这样。

法学界有一种观点是,反垄断法保护的市场竞争是合法经营者进行合法生产上的竞争,而不是保护有违法产品参与的、即违法产品与正牌产品相互交叉制约的竞争。这种观点也许有道理,但它只是属于规范性研究的范畴。如果按照这种观点进行竞争分析,相关市场的界定将变得更加复杂,甚至不可行。具体地说,这意味着执法机关必须要分析假冒产品不存在情况下,即反事实状态下的产品需求替代和供给替代等因素,进而界定只包含正牌产品的相关市场。因为这是反事实状态的,事实上的数据将不能直接应用于相关市场界定的分析,因为这些数据反映的是真实经济生活中假冒产品存在情况下产品之间的替代程度。然而,即便仅分析正牌产品之间的相互可替代性,这种情况下观察到的数据反映其实也是正牌产品各自对应假冒产品的存在时相互之间的替代性。

换句话说，上述规范性研究意味着反垄断法实施中将不能直接应用实际收集的经济数据，这会将反垄断相关市场的界定逼到死角。换言之，相关市场的界定不能排除假冒产品的存在。从实证研究的角度看，界定相关市场至少应当分析现实中的假冒产品如何约束正牌产品的市场力量。当然，这不是说假冒产品和正牌产品必然属同一相关市场，因为仅当两种产品互相构成足够强劲的竞争约束时，它们才能属同一相关市场。

在实践中，假冒产品/盗版产品对正牌产品的竞争约束一般比较低，尤其当需求者知道其购买的产品是假冒产品时，情况更是这样。这说明，假冒产品/盗版产品和正牌产品之间的替代关系往往是非对称的，即正牌产品可以通过降价与假冒产品开展竞争，但假冒产品却很难通过降价来与正牌产品开展竞争。虽然假冒产品的生产商可能会通过低价诱惑使一些本来要购买正牌产品的消费者购买了假冒产品，但是这并不能说明正牌产品和假冒产品之间的可替代程度足够强。

但是，假冒产品的存在必定会影响需求替代和供给替代两个最基本概念的内涵与外延。从需求角度来说，影响正牌产品和假冒产品之间的替代程度的除了影响正牌产品之间替代程度的因素，如价格水平、个人偏好等因素外，需求者遵守法律的自觉性、政府执法打假的决心和力度、需求者对购买假冒产品的法律责任的预期等因素，都会影响正牌产品和冒牌产品之间的替代程度。即便界定相关市场时执法机关已经鉴别出假冒产品的生产企业，即在执法机关可即刻勒令这些企业停止生产经营活动的情形下，这些产品也不应被排除在界定的相关市场之外。其理由是，只要正牌产品生产企业在其经营活动过程中存在假冒产品，这些假冒产品就已经可能对正牌产品构成了竞争约束，这种情况下，界定相关市场应该考虑这一竞争约束的程度大小。

假冒/盗版产品与一般合法生产的产品最根本的区别是其生产的不合法性，并且进而影响了消费者的需求行为。具体来说，消费者购买假冒/盗版产品的“有效价格”应当等于产品的市场价加上购买该产品所面临的法律责任。用 P_X 和 P_G 分别代表假冒/盗版产品价格和正牌/正版产品的价格，假冒/盗版产品的有效价格等于 $P_X + \tau P_G$，其中 τ 代表需求者购买假冒/盗版产品后被发现和被法院判罚赔偿的概率。Q_G 和 Q_X 分别代表正版产品和假冒产品的需求量，正牌产品价格上涨对假冒、盗版产品需求的交叉弹性的公式为

$$\frac{dQ_X}{dP_G}\frac{P_G}{Q_X} = \frac{\partial Q_X}{\partial P_G}\frac{P_G}{Q_X} + \left(\tau \frac{P_G}{P_X}\right)\frac{\partial Q_X}{\partial P_G}\frac{P_G}{Q_X}$$

这就是说,假冒/盗版产品需求对正牌产品的交叉弹性等于假冒/盗版产品是合法产品情形下的交叉弹性(上述表达公式第一项)加上$\left(\tau\frac{P_G}{P_X}\right)$乘以假冒/盗版产品的自身价格弹性(表达式的第二项)。

二、相关案例

由于假冒/盗版产品可能主要是发展中国家在反垄断案件中界定相关市场面临的问题,迄今我们尚未发现发达国家在假冒/盗版产品情形下界定相关市场的案例。一般来说,假冒/盗版产品与正牌产品相比质量较低劣,鉴于此,美国哥伦比亚地区联邦法院 1993 年 United States v. Gillette 一案中关于相关市场界定的分析思路对我们关于假冒/盗版产品相关市场界定的分析有借鉴意义。

在 United States v. Gillette 一案,美国法院明确地将交叉需求弹性作为衡量产品需求替代程度的指标,并指出,仅当两种产品互相构成足够强劲的竞争约束时,两者才属于同一相关市场内。根据这一分析思路,美国法院将优质钢笔(premium fountain pens,价格为 50 ~ 400 美元)界定为与一般质量的钢笔(base fountain pens,价格 50 美元以下)相区别的相关产品市场,即一般钢笔对优质钢笔不能构成足够强的需求替代。[①] 虽然这个案件不涉及假冒/盗版产品,然而从需求者的行为分析,如果正牌产品与假冒产品质量差别较大,比如正牌的劳力士手表和几百元的仿冒劳力士手表的情形,或者正牌 LV 手提袋和价格超低的冒牌手提袋的情形,该案法院界定相关市场的思路对假冒/盗版情形下相关市场的界定有可借鉴之处。

三、我国反垄断执法的启示

1. 假冒/盗版产品需求对正牌产品的交叉弹性小于假冒/盗版产品是合法产品情形下的交叉弹性,这是因为上述表达式的第二项是负值。换句话说,作为替代品的假冒/盗版产品对正牌产品的竞争约束力弱于这些假冒/盗版产品是合法情形下的竞争约束力。

2. 假定其它参数值不变,正牌产品和假冒/盗版产品价格的比值越大,则交叉弹性越小。本书认为,这一性质具有重要的实用价值。具体来说,如果在现实经济生活中观察到正牌产品与假冒/盗版产品的价格比值较大,比如一些计算机正版软件的销售价格是盗版软件价格的上百倍数,依照上面交叉弹性公式,我们初步可以断定,两者的替代性是非常小的,从而不属于同一相关市场。

---

① United States v. Gillette Co. ,828 F. Supp. 78(D. D. C. 1993).

3. 假冒/盗版产品与正牌产品的交叉弹性是知识产权保护力度参数 T 的减函数，即假冒/盗版产品对正牌产品的竞争约束随着知识产权保护力度的提高而减弱。这里的经济学直觉是，执法力度越强，购买使用假冒/盗版产品行为被查处的可能性就越大，需求者因此而付出的有效价格就越高。在这种情况下，当正牌产品价格上升时，需求者转向购买假冒/盗版产品的积极性就会下降，即假冒/盗版产品需求对正牌产品的交叉弹性会变小。这即是说，在其他条件不变的情况下，如果在知识产权保护力度较弱的时期，假冒/盗版产品与正牌产品不属于同一相关市场，那么在知识产权保护力度提高之后，二者也不属同一相关市场。平行地，在其他条件不变的情况下，如果在知识产权保护力度较弱的地区，假冒/盗版产品与正牌产品不属于同一相关市场，那么，在知识产权保护力度较强的地区，二者也不属于同一相关市场。这些结论，对执法机关在界定相关市场时，应该具有一定的参考作用。

4. 执法机关可以通过估算假冒/盗版产品自身的需求弹性和在假冒/盗版产品是合法产品假设下的交叉弹性来估算真实的交叉弹性。这一点在问卷调查时可能会比较有用，因为在这种以合法为假设前提的问卷调查中，被调查者不会纠结所涉及的法律责任问题，从而更有可能提供较真实的信息。

另外一个建议是，确定假冒/盗版产品是否与正牌产品属同一相关市场时，可考虑采用大于传统的 SSNIP 检验方法下 5% ~10% 的升幅。这是因为在正牌产品价格上涨时，假冒/盗版产品的有效价格同时上涨，而不是像 SSNIP 测试法所要求的固定不变。因此，为了使两类产品之间的价格差保持在 SSNIP 方法逻辑要求的幅度，执法机构可将正牌产品价格增幅适当提高至 5% ~10% 之上。价格增幅的上调范围取决于产权保护力度参数以及其他相关因素，比如需求者购买时是否知道假冒产品的知情程度。

第四节　双边市场条件下的市场界定

一、双边市场条件下界定市场的难度

起步于 21 世纪初的双边市场（平台）已成为产业组织理论最活跃的研究领域之一，经过学者们十多年的努力，已形成卷帙浩繁的研究成果，但仍存在相当广阔的研究空间。实际上，双边市场已经存在了数千年的历史，但是直至银行卡反垄断案的频发，才引起学者们的关注。随着互联网的发展，现在有越来越

多的企业采用双边市场的模式进行运营,这为以产业组织理论为基础的反垄断经济分析带来了全新的视角,但是也带来了巨大的挑战,因为传统的反垄断经济分析是针对单边市场。随着双边市场经营模式在互联网以及其他领域不断拓展,现在有很多学者关于双边市场反垄断问题的研究取得了一定成果,如Evans全面分析了双边市场的反垄断问题;①Wright 认为单边市场的竞争分析方法应用于双边市场可能存在 8 个误区。② Evans 和 Noel 认为在今后几年,多边平台将是反垄断分析日益重要的部分。③ 总而言之,这方面的研究普遍认为,双边或者多边平台在未来的反垄断经济分析中日益重要,但是传统的反垄断分析方法不能直接适用于双边市场,否则可能得出错误的结论,损害消费者福利和社会福利。双边市场案件界定相关市场不仅面临单边市场所遇到的问题,而且还面临更为复杂的竞争约束、利润构成、相互关联需求、免费的产品和技术进步不断改变市场边界等各种问题。

(一)复杂的竞争约束

界定相关市场是为了分析市场上的企业受到的竞争约束。但是在双边市场上,企业可能会受到更加复杂的竞争约束。Evans 和 Noel 认为,在双边平台上经营的企业可能受到以下三方面的竞争:为同类用户提供服务的差异化双边平台企业,如淘宝网和拍拍网之间的竞争;仅向其中一边用户提供服务的单边企业,如淘宝网与凡客诚品之间的竞争;仅在其中一边的市场存在竞争的双边平台企业,如报纸与电视在广告端的竞争。此外,Evans 还增加了几类竞争约束,包括三边平台企业的竞争,即三边平台企业可能利用第三边获取的利润补贴其他两边;纵向一体化企业间的竞争,例如苹果坚持为自己的操作系统提供应用软件,这些都会对双边平台企业施加竞争约束。Evans 认为,针对涉及双边平台的案件界定相关市场时,应将约束涉案企业的价格及其他市场策略的潜在竞争纳入考察范围。④

---

① See Evans, David S. (2003b), "The Antitrust Economics of Multi - Sided Platform Markets", *Yale Journal on Regulation*, 20(2)325 - 381.

② See Wright, J., "One - sided Logic in Two - Sided Markets", *Review of Network Economics* 2004, 3 (1)44 - 64.

③ Evans 和 Noel 认为,新兴产业大多基于平台模式,而不是基于传统的供应链模式;而且,交叉网络外部性往往带来行业的高集中度。See Evans, David S. & Michael D. Noel, "The Analysis of Mergers that involve Multisided Platform Businesses", *Journal of Competition Law and Economics 2008*, 4(3)663 - 695.

④ See Evans, David S., Two - Sided Market Definition, Market Definition in Antitrust: Theory and Case Studies, ABA Section of Antitrust Law 2009.

（二）双边市场相关的需求

双边市场的形成原因是两类不同用户彼此之间存在交叉网络外部性，并且由于这些用户自身不能对其所产生的外部性进行内部化，这需要通过独立的中间人。在此条件下，双边市场两端的需求是相互关联的，因而其价格的变化对需求的影响更加复杂。比如，双边市场A边和B边都存在正向交叉网络外部性，如果对A边用户提高价格，这会引起A用户数量下降，而且由于交叉网络外部性的作用，平台对B边用户的投资下降，B边用户量也会下降，而这又因交叉网络外部性的作用使平台对A边用户的价值下降，A边用户量或使用量会进一步下降，这又会引起新一轮的影响。Evans和Noel将这种平台双边的相互影响称为乘数效应（Multiplier Effect）。[①]

（三）复杂的利润构成

双边市场上企业的利润源于相互关联的两边，因此这种企业的利润最大化公式非常复杂，即在选择利润最大化的价格时，它们需要考虑更多的因素，既可能在平台两边都获取正利润，也可能仅在一边获利而在另一边亏损。与此相比在单边市场上，企业通常只考虑需求弹性和边际成本，双边市场上的企业则需要考虑两边的需求弹性、边际成本、两边需求之间的关系和平台运行的成本。Armstrong认为，交叉网络外部性的大小、收费方式和单归属与多归属等特征都会影响价格结构。[②] Rochet和Tirole研究过一种较简单的双边市场下的价格结构，其结果是双边产品的价格由双边的需求弹性和平台运行成本决定。[③]

（四）免费产品的困扰

倾斜性定价是双边市场普遍采用的定价策略。即这种市场上的企业一般对交叉网络外部性强的一边实行低价甚至免费策略来解决“鸡与蛋”的问题。这个问题在“竞争性‘瓶颈’”（Competitive Bottlenecks）会进一步凸显，即单归

① See Evans, David S. & Michael D. Noel, “The Analysis of Mergers that involve Multisided Platform Businesses”, *Journal of Competition Law and Economics 2008*, 4(3)663 - 695.

② See Armstrong, M., “Competition in Two - Sided Markets”, *Rand Journal of Economics 2006*, 37(3)668 - 691.

③ Rochet和Tirole研究的是交易型双边市场，平台的边际成本是促成一宗交易所需要的成本。在非交易型双边市场，双边用户之间不存在可观测的交易，服务于双边用户的边际成本不能够加总。See Damme, et al., Mergers in Two - Sided Markets - A Report to the NMa 2010, Netherlands Competition Authority, pp. 1 - 183.

属方享受低价,多归属方承受高价。[①] 这说明在双边市场上,低价或免费是长期均衡的结果,而不是短期促销行为,也不是掠夺性定价行为。如果企业采取免费定价策略,相关市场界定就可能面临一个难题,即免费提供的产品需要进行反垄断吗?[②] 这即是说,如果产品是免费的,即消费者不用担心产品的价格问题。这种情况下,人们可能提出的问题是,免费产品界定"相关市场"是否有意义? 另外,SSNIP 测试是以价格为基础进行的相关市场界定,如果产品价格为零,SSNIP 的测试就难以进行。

(五)SSNIP 的应用难度

SSNIP 测试法是当前世界各国反垄断执法机关进行相关市场界定的主流分析方法。当前学者们比较一致的观点是, SSNIP 测试法不能够直接用于双边市场。其主要原因是,双边市场存在交叉网络外部性。即假定的垄断者提高其中一边服务的价格,将会出现上面提到的乘数效应,这即是在判断这个提价是否有利可图的时候,应该将此效应考虑进去,然而传统的 SSNIP 测试未能考虑这个问题。这即是说,如果将 SSNIP 测试应用于双边市场,这将会低估提价所带来的损失,可能会把无利可图的价格上涨误判成有利可图,从而导致界定的相关市场过窄。而且,假定垄断者提高其中一边的价格虽然有可能从提价这边看有利可图,但是整体上看却是无利可图,这从而也会低估提价带来的损失。因为传统的 SSNIP 测试未能考虑这个问题,这说明 SSNIP 测试不能应用于双边市场,即通过寻找假定垄断者能够行使市场势力且有利可图的最小商品集合来界定相关市场。

临界损失分析是 SSNIP 测试的一个主要方法,Evans & Noel 详细阐述了临界损失公式直接应用于双边市场可能产生的错误。[③] 他们认为,针对两个对称

---

① See Armstrong, M. ,"Competition in Two - Sided Markets", *RAND Journal of Economics 2006*, 37 (3)668 - 691.

② Evans 认为,企业不收取价格并不意味着是免费提供产品与服务,金钱有时候仅仅是买卖双方进行交易的方式之一。在视频网站观看影视作品的时候,观众不得不观看网站的广告,观众对广告的关注也可视为是对观看影视作品的支付。See Evans, David S. , The Antitrust Economics of Free, working paper, Available at http://papers. ssrn. com.

③ See Evans, David S. & Michael D. Noel,"The Analysis of Mergers that involve Multisided Platform Businesses", *Journal of Competition Law and Economics 2008*, 4(3), 663 - 695.

平台之间的竞争,[①]直接应用临界损失公式将会产生估计偏差(Estimation Bias)和勒纳偏差,且这两种偏差的方向相反,其大小依赖于估计技术,因此总体偏差的方向难以确定。估计偏差是指由于未考虑反馈效应而低估了提价对需求的影响,其结果会导致界定的相关市场过于狭小,从而会高估企业的市场势力,引发不必要的反垄断干预。双边市场的超额利润率(Price - cost Margins)与弹性的关系往往较单边市场复杂,如果应用单边市场的勒纳指数推算弹性,会发生勒纳偏差(Lerner Bias)。这种偏差高估了的短期[②]自价格弹性,甚至使其高于长期自价格弹性,从而导致市场界定得过宽,低估企业的市场势力。在双边市场,不仅更高的短期自价格弹性会降低利润率,更高的短期交叉价格弹性和交叉网络外部性也会降低利润率。

二、双边市场界定相关市场的几个思考

针对双边市场界定相关市场面临的各种问题,学者们纷纷提出了自己的观点和建议。比较一致的观点是,传统的相关市场界定方法需要改进之后才能适用于双边市场。

(一)根据市场类型选择界定一个或两个相关市场

由于双边市场存在交叉网络外部性,两边需求紧密相关,一边需求的变化会引起另一边需求的变化,所以学者们一致认为,双边市场进行相关市场界定时不能仅着眼于其中一边,而是应该将两边都考虑进去。如果仅考虑一边,难以正确评估企业面临的竞争约束,界定的相关市场可能过窄。[③]

至于是界定一个包含两边的相关市场,还是每边各自界定一个相关市场,经济学家们有不同的看法。Filistrucchi 等人认为,这取决于双边市场的类型。[④] Wright 也有相同的观点,即认为是否每一边界定一个彼此独立的市场,这取决于平台是收取预定费还是交易费;如果平台收取交易费,那么界定两个彼此独

---

① 如果平台非对称,情况更为复杂。如果两个平台的提价幅度相同,那么偏差与对称平台无异。但是如果两个平台严重不对称,且提价幅度各不相同,那么总体偏差的方向与所用的分析方法和提价幅度的相对规模和绝对规模相关。

② See Evans, David S. & Michael D. Noel, "The Analysis of Mergers that involve Multisided Platform Businesses", *Journal of Competition Law and Economics 2008*, 4(3)663 - 695. 这里所指的短期是指反馈效应未发生的时期。

③ See Evans, David S. & Michael D. Noel, "The Analysis of Mergers that involve Multisided Platform Businesses", *Journal of Competition Law and Economics 2008*, 4(3)663 - 695.

④ See Filistrucchi, L., Damien Geradin and others, Identifying Two - Sided Markets, World Competition 2013, 36(1); 33 - 60.

立的市场没有意义。[①] 许多学者就此还提出双边市场不同的分类方法。例如，Evans 从市场功能的角度将双边市场分为市场创造者、受众创造者和需求协调者三类，[②]这个分类方法由于其相对科学、规范和易于拓展的特征，得到了很多学者的认可。Hagiu 的观点基本上与 Evans 相似，他将双边市场分为中介市场、受众创造者、共享市场和基于交易的市场四类。[③] Kaiser & Wright 也将双边市场分为目录服务、配对市场、媒体市场、交易站点等四类。[④] Armstrong 则根据两边的多归属情形将双边市场分为双边单归属、双边多归属和竞争性瓶颈三类。[⑤] Rochet 和 Tirole 则根据市场参与者的数量分为简单双边市场和复杂双边市场。[⑥] 目前影响比较大还有 Damme 等人提出的分类方法，即在 Filistrucchi 将双边市场分为媒体型双边市场和银行卡型双边市场的基础上，将双边市场细分为交易型双边市场（two – sided transaction markets）和非交易型双边市场（two – sided non – transaction markets）。[⑦]

交易型双边市场的特点是两类用户之间存在交易，且这种交易具有可观测性，如银行卡组织、网上购物平台、拍卖行和大型商场等。即在这类双边市场，平台可以向双方的用户收取预定费、注册费、会员费等，还可以他们之间的交易量向双方收取交易费，甚至同时收取这两类费用，比如银行卡组织的商户和持卡人都需缴纳注册费，且每笔交易商户还要根据交易量缴纳手续费。非交易型双边市场则相反，即两边的用户相互不存在交易或交易不可观测，如报纸、杂志、电视频道和大部分以广告为收入为来源的互联网平台。在这类双边市场，

---

① See Wright, J. , One – sided Logic in Two – Sided Markets, Review of Network Economics 2004, 3 (1)44 – 64.

② See Evans, David S. (2003a), "Some Empirical Aspects of Multi – Sided Platform Industries", *Review of Network Economics*, 2(3): 191 – 209.

③ See Hagiu, A. , Platforms, Pricing, Commitment and Variety in Two – Sided Markets, Princeton University PhD Dissertation, April 2004.

④ See Kaiser, U. & Wright, J. , "Price structure in two – sided markets: Evidence from the magazine industry", *International Journal of Industrial Organization 2006*, 24(1)1 – 28.

⑤ See Armstrong, M. , "Competition in Two – Sided Markets", *Rand Journal of Economics*, 2006, 37 (3): 668 – 691.

⑥ See Rochet, J – C & J. Tirole, "Two Sided Markets: A Progress Report", *Rand Journal of Economics 2006*, 37(3)645 – 667.

⑦ See Damme, et al. , Mergers in Two – Sided Markets – A Report to the NMa 2010, Netherlands Competition Authority, pp. 1 – 183.

平台企业无法根据交易收取费用，仅能向双方收取预定费。[①] 具体如图7－6所示。

除了收费方式不同之外，交易型双边市场和非交易型双边市场在两边用户的替代性上也有差异。对于交易型双边市场，双边用户对替代品的认知是一致的，比如银行卡组织，无论是持卡人还是商户都会认为银联和维萨是可以替代的。C2C网上交易平台也是如此。对于非交易型双边市场，双边用户对于替代品的认知是不一致的，比如互联网广告，广告主可能认为视频网站和门户网站是可以替代的，但对用户可能并非如此。[②]

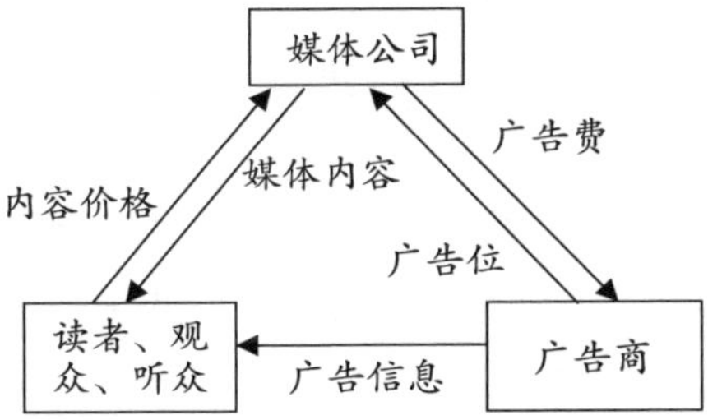

（a）非交易型双边市场的例子

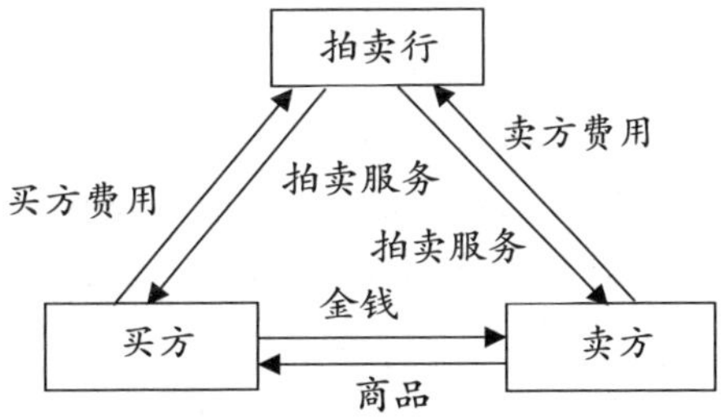

（b）交易型双边市场的例子

图7－6　非交易型和交易型双边市场的例子

资料来源：Filistrucchi, et al.（2013）。

因此，需要根据双边市场的类型采用不同的界定市场的策略。Filistrucchi等学者建议，交易型双边市场只需要界定一个市场，非交易型双边市场则需要界定两个相关联的市场。[③] Evans & Noel也有类似建议，即如果市场两边是高度互补和密切相关，且行业内的各个双边平台倾向于服务相同的两边用户，那么界定一个包含两边的相关市场是合理的，否则应该在每一边界定一个相关市场，但应该考虑另一边所施加的约束。[④] 此外，对特殊的非交易型双边市场，即

---

① 互联网领域的平台企业也可以采取其他收费制度。例如，搜索引擎的广告主既可选择支付一笔固定费用，也可以选择按用户点击次数支付费用。

② 广告主可能根据其产品选择不同的平台，如有些广告倾向于门户网站投放，有些倾向于视频网站投放，有些倾向于杂志上投放等。

③ See Filistrucchi, L., et al., Market Definition in Two－Sided Markets: Theory and Practice, TILEC Discussion Paper, DP 2013－009, Available at http://papers.ssrn.com.

④ See Evans, David S. & Michael D. Noel, "The Analysis of Mergers that involve Multisided Platform Businesses", *Journal of Competition Law and Economics 2008*, 4(3), 663－695.

只有一边存在网络外部性的双边市场,可仅关注不存在网络外部性的一边的相关市场。①

(二)免费问题的应对方案

Evans 认为,免费产品有时候也需要进行反垄断分析,因为企业的目的是获取最大利润,即便其中一边实行免费策略,但这只是为了实现整个平台利润的最大化。此外,考虑到价格竞争仅是企业竞争的维度之一,即有时候企业虽然不能改变价格,但是可以改变产品的质量、多样性以及创新的力度。因此,传统竞争模型和传统的反垄断竞争分析方法需要改进,即在分析免费产品的时候,应当同时考虑另一边的收费产品。② Evans 还对双边市场上免费产品的市场界定提出了两个方案:一是将免费产品和收费产品合起来一起进行界定;二是对它们分开界定,但需要考虑相互之间的依赖性。③

鉴于 SSNIP 测试无法应用于免费产品,有些学者提出了使用产品性能测试法进行分析。即运用 SSNIP 测试的原理,以产品性能的变化取代价格变化来测试需求弹性,进行界定相关市场。④ 这种测试方法主要应用于远比价格竞争更为重要的产品质量竞争或技术竞争,也即是以价格理论为基础的 SSNIP 测试难以有效界定相关市场的情况。但是,因为产品性能的测试一方面不易进行量化,有时候提高一定的百分比并没有意义,另一方面产品性能的测试需要很强的技术专业性,因此操作起来十分复杂,这种方法在实践中的应用有局限性。⑤

欧盟委员会曾经尝试过使用盈利模式测试法来界定相关市场。这种方法是以收费主体和对象为依据,具有相同盈利模式的企业可属于同一市场。盈利模式测试法简单易行,可以避开复杂的专业技术问题,但其有效性仍有待检验。比如,腾讯的 QQ 和微软的 MSN 是中国两个重要的即时通信工具,但腾讯是以增值服务收入为主,MSN 是以广告收入为主,如果按照盈利模式测试法来界定相关市场,它们两者作为即时通信的两种服务,应分属于不同的相关市场。

---

① See Filistrucchi, L., et al., Market Definition in Two - Sided Markets: Theory and Practice, TILEC Discussion Paper DP 2013 - 009, Available at http://papers.ssrn.com.

② See Evans, David S., The Antitrust Economics of Free, working paper 2011, Available at http://papers.ssrn.com.

③ Id.

④ 参见余东华:《反垄断法实施中相关市场界定的 SSNIP 方法研究——局限性其及改进》,载《经济评价》2010 年第 2 期。

⑤ 参见张小强、卓光俊:《论网络经济中相关市场及市场支配地位的界定》,载《重庆大学学报》(社会科学版)2009 年第 5 期。

蒋岩波曾在百度案的分析中建议首先分清楚商业模式，了解平台免费产品的实质，也即是以利润来源边为相关市场界定的主要依据，并考虑交叉网络外部性对垄断力量的传递效果。如果交叉网络外部性为正，就有必要借助平台盈利模式及平台利润来源来划定相关市场。如果平台的交叉网络外部性为负，那么对平台企业的反垄断指控就缺乏实质性的意义。① 这个建议有一定的合理性，但是也存在一定的问题。比如，百度和优酷在各自领域都是领先者，而且均存在负的交叉网络外部性，那么它们是否就不会损害用户的利益呢？

（三）重新审视界定市场的作用

界定相关市场对于反垄断案件虽然很重要，但不是每个案件都必须要界定相关市场。这方面有些学者提出了以下各种建议：

第一，相关市场进行模糊化处理。有些双边市场如互联网平台，技术进步快，市场不断变化，市场的边界难以划清。这种情况下在非合并案件中，可以适度降低相关市场界定的精确度要求，即对相关市场进行适度的模糊化处理，这可为创新带来的产品预留适当的空间。②

第二，弱化相关市场界定的作用。即在双边市场，市场份额仅能为市场支配地位的认定提供有限的指引，市场集中度与市场竞争程度的相关性也并非很明确，如果有其他更为直接方法可以更合理地评估企业的市场势力，就应该弱化相关市场界定、市场份额以及市场集中度在反垄断分析中的作用。③ 但是，也有学者如蒋岩波反对弱化相关市场界定的作用，认为这种做法“势必会不合理地扩大企业的市场势力”。④

第三，绕开相关市场的界定，使用直接证据。Evans 认为，用市场份额表示市场势力在许多情况下存在严重的问题，这在双边市场中表现得更加明显。⑤产业组织的相关理论虽然显示均衡价格和市场份额之间存在正向的关系，即较

---

① 参见蒋岩波：《互联网产业中相关市场界定的司法困境与出路——基于双边市场条件》，载《法学家》2012 年第 6 期。

② 参见王先林：《中国反垄断法实施热点问题研究》，法律出版社 2011 年版，第 326 ~ 327 页。仲春：《互联网行业反垄断执法中相关市场界定》，载《法律科学》2012 年第 4 期。

③ 参见苏华：《多边平台的相关市场界定与反垄断执法发展》，载《价格理论与实践》2013 年第 8 期。

④ 参见蒋岩波：《互联网产业中相关市场界定的司法困境与出路——基于双边市场条件》，载《法学家》2012 年第 6 期。

⑤ See Evans, David S.,“The Antitrust Economics of Multi - Sided Platform Markets”, *Yale Journal on Regulation 2003*, 20(2)325 - 381.

高的市场份额意味着较强的市场势力,但是这种关系在双边市场上表现得并不明显。所以他建议,使用直接证据判断企业是否具有市场势力,这包括收集成本和价格的相关信息、建立经济学模型、进行需求估计等。Damme 等人也指出,荷兰竞争局①在一些涉及双边市场的案件绕开了市场界定,直接分析竞争效应。在 European Directories/Truvo 合并案中,荷兰竞争局指出相关市场界定并非是案件的终点,而是案件中竞争评估的一种工具,所以只要直接证据能够提供足够的信息就不需要界定相关市场,例如该案绕开了相关市场界定并不会影响这个合并的评估。②

(四)其他方面的建议

姜奇平认为互联网领域出现基础业务平台的自然垄断与增值业务的完全竞争二重属性互补,相关市场难以认定,因而提出"新垄断竞争"市场结构理论,并认为应该将"新垄断竞争"结构中的平台市场与应用市场认定为同一个相关市场。③ 这种提法是否科学合理有待检验,界定的相关市场可能过宽。

三、双边市场的 SSNIP 测试及临界损失分析的改进

(一)双边市场的 SSNIP 测试

前面已经指出过,SSNIP 测试试图界定的一个最小市场是,市场上假定垄断者实行小幅但很显著而且是非暂时性的提价后仍然有利可图。SSNIP 测试提供了一个界定相关市场的逻辑思维框架,并以定量分析为基础,增加了相关市场分析的准确性,且随着临界损失、剩余需求弹性等分析融入 SSNIP 分析框架之后,SSNIP 测试已成为世界上许多反垄断机构界定相关市场的主流方法。但是,如前文所述,学者们一致认为,SSNIP 测试不能直接应用于双边市场,理由是如果将 SSNIP 测试应用到双边市场,需要解决下面三个问题:第一,基准价格的选择;第二,鉴于双边需求存在着交叉网络外部性,因此需决定考虑其中一边的利润还是两边的利润之和;第三,是否允许假定垄断者调整价格结构。

Argentesi & Filistrucchi 认为,鉴于双边市场存在不同的类型,不能在所有的

---

① 荷兰竞争局与荷兰邮电局和荷兰消费者局于 2013 年 4 月 1 日合并成为荷兰消费者与市场局(Netherlands Authority for Consumers and Markets,ACM)。

② See Damme, et al. ,Mergers in Two – Sided Markets – A Report to the NMa 2010,Netherlands Competition Authority,pp. 1 – 183.

③ 参见姜奇平:《论互联网领域反垄断的特殊性——从"新垄断竞争"市场结构与二元产权结构看相关市场二重性》,载《中国工商管理研究》2013 年第 4 期。

案件使用同一种界定相关市场的方法，而且应当根据具体案件改进 SSNIP 测试。[①] Filistrucchi 等人在其 2013 年的著述中进一步强化了这种观点，指出对交易型双边市场来说，由于双方存在可观测的交易，可以采用按交易量收费，SSNIP 测试应该以总价格为基准价格；对非交易型的双边市场来说，由于双方不存在可观测的交易，平台所有权人仅能收取预定费，这时候就应该分别就市场两边的价格进行 SSNIP 测试，但是进行测试时应该对相关公式进行修改以反映双边的交叉网络外部性；对存在单向交叉网络外部性的非交易型双边市场，可直接应用 SSNIP 测试，但只针对不存在外部性的一边进行测试。[②]

虽然双边市场直接应用传统的 SSNIP 测试会得出过窄的相关市场，但其结果并非没有意义。这里可以想到，如果企业在过窄的相关市场上不会有竞争问题，那么在较宽的相关市场上也不会有竞争问题。同样，界定过宽的相关市场则可以提供一个上限，即如果在过宽的相关市场上存在竞争问题，那么在较窄的相关市场上也必然存在竞争问题。

双边市场进行 SSNIP 测试的另一个问题是假定垄断者是否可以改变价格结构。传统的多产品垄断企业通常可选择对其产品进行统一提价或者单一提价。但是，对双边市场上的垄断企业而言，它的提价方式可以更为多样化，例如提高其中一边的价格，或者提高两边的价格，或者提高一边价格的同时降低另一边的价格等。双边市场倾斜定价的机制是因双方的需求弹性、交叉网络外部性以及多归属特征等多种因素共同作用的结果，而且竞争程度的增加会改变总的价格水平，但是或许不会影响价格结构。Wright 提出，单边市场的逻辑应用于双边市场可能存在 8 个误区[③]，其中两个误区是竞争程度的增加必定带来更有效和更平衡的价格结构。

---

① See Argentesi, Elena & Lapo Filistrucchi, Market Definition in Two - Sided Markets: The Case of Newspapers, working paper 2011, available at http://www. frg. eur. nl/.

② See Filistrucchi, L. et al., Market Definition in Two - Sided Markets: Theory and Practice, TILEC Discussion Paper, DP 2013 - 009, available at http://papers. ssrn. com.

③ Wright 总结的这 8 个误区是：①一个有效的价格结构应该反映服务于不同用户的相对成本；②高的价格成本差率表示存在市场势力；③价格低于边际成本表示存在掠夺性行为；④随着竞争增加必定会带来更有效的价格结构；⑤随着竞争的增加必定会带来更加平衡的价格结构；⑥在成熟的市场中，不能够反映成本的价格结构不会是合理的；⑦如果双边市场中的一边以低于边际成本的价格接受服务，那么这边的用户必定是接受了另外一边用户的交叉补贴；⑧对双边市场平台的价格规制应当竞争中性。See Wright, J., "One - sided Logic in Two - Sided Markets", *Review of Network Economics 2004*, 3(1)44 - 64.

Emch、Thompson 以及 Filistrucchi 均认为，应该允许假定垄断者调整其价格结构。[①] 他们指出，在实践中，垄断者确实在提价时调整其价格结构，所以在分析 SSNIP 测试时，应该允许假定的垄断者调整其价格结构，否则就是不切合实际。这即是说，SSNIP 测试的原理是寻找一个最小市场，假定垄断者在这个市场实行一个 SSNIP 之后仍有利可图。为了能够在双边市场的分析中遵守这个原理，应该允许假定垄断者调整其价格结构。

（二）改进双边市场的 SSNIP 测试法

虽然学者们一致认为传统的 SSNIP 测试法不能直接应用到双边市场，但是在如何改进这个测试的问题上，学术界存在很大的争议。

Evans & Noel 根据双边市场的特征，在单边市场临界损失分析的基础上提出了双边市场的计算公式和分析过程。[②] 但是，他们的这个研究并非无懈可击，例如，Filistrucchi 就认为，虽然使用传统的临界损失分析使市场界定的范围有些太窄，但是根据 Evans & Noel 的公式界定相关市场的范围又会太宽。[③] Filistrucchi 等人还认为，这些公式是在线性需求和不变边际成本法的条件下推导出来的，同时还假设假定垄断者提高一边价格的同时却维持另一边的价格不变。[④] Filistrucchi 对 Evans 和 Noel 根据反馈效应是否发生来区分短期市场和长期市场也持保留态度，因为这种区分虽然有一定的理论意义和合理性，但从 SSNIP 的实践性而言是无益的，因为 SSNIP 测试法强调“非暂时性”的提价，即在“非暂时”的时间内反馈效应已经发生。[⑤]

---

① See Emch, E., Thompson, “T. S. Market Definition and Market Power in Payment Card Networks”, *The Review of Network Economics 2006*, 5(1): 45 – 60; Filistrucchi L., A SSNIP Test for Two – sided Markets: Some Theoretical Considerations, Net Institute Working Papers No. 08 – 34; Filistrucchi, L., A SSNIP Test for Two – Sided Markets: The Case of Media, NET institute working paper No. 08 – 34.

② See Evans, David S. and Michael D. Noel (2008), “The Analysis of Mergers that involve Multisided Platform Businesses”, *Journal of Competition Law and Economics*, 4(3), 663 – 695.

③ See Filistrucchi L. A SSNIP Test for Two – sided Markets: Some Theoretical Considerations. Net Institute Working Papers 2008, No. 34; Filistrucchi, L., A SSNIP Test for Two – Sided Markets: The Case of Media, NET institute working paper No. 08 – 34.

④ See Filistrucchi, L. et al., Market Definition in Two – Sided Markets: Theory and Practice, TILEC Discussion Paper, DP 2013 – 009, available at http://papers.ssrn.com.

⑤ See Filistrucchi L., A SSNIP Test for Two – sided Markets: Some Theoretical Considerations. Net Institute Working Papers 2008, No. 34.

Filistrucchi 改进了 Evans & Noel 的计算公式。① SSNIP 的测试因为在美国和在欧盟存在微小的差异，这导致它们关于 SSNIP 测试的临界损失分析也稍有不同。美国版的临界损失分析是以利润最大化为前提，欧盟版则是以盈亏平衡为前提。② Filistrucchi 提出的改进意见之一是，允许同时改变市场两边的价格，其中一边的价格是内生的，即由另一边的提价幅度和双边之间的关联性所决定。但是从我们前面提供的公式看，市场两边价格变化的方向是相反的，即一边价格的提高势必会降低另一边的价格，这是否符合实际情况仍有待检验。③

Filistrucchi 主要分析了非交易型双边市场（媒体）。Emch 和 Thompson 主要分析了交易型双边市场（银行卡），并且重点分析了 SSNIP 测试应采用的基准价格。Emch 和 Thompson 将银行卡市场简化为仅存在卡组织、发卡行和商户三类市场主体，卡组织收取发卡行和商户支付的接入费，卡组织还帮助发卡行收取交换费。由于这层代收关系，卡组织向商户收取的价格实际上为接入费和交换费之和，而向发卡行收取的价格为接入费和交换费之差，自己实际上获取的收益为商户和发卡行支付的接入费之和，也即是总价格。④ Emch 和 Thompson 还认为，依照这个总价格进行的 SSNIP 分析才是唯一合理的基准价格；相反，依照交换费或者依照向商户和发卡行收取的价格等进行的 SSNIP 分析都会存在问题。⑤ 用这个总价格作为基准价格有三个合理因素：（1）它是卡组织提供单位服务所收取的净价，这样无须修正传统的 SSNIP 理论就可以将其应用到双边市场；（2）卡组织提高其总价格即可提高其单位服务带来的利润，这是它行使市

---

① See Filistrucchi L. , A SSNIP Test for Two – sided Markets: Some Theoretical Considerations. Net Institute Working Papers 2008, No. 34; Filistrucchi, L. , A SSNIP Test for Two – Sided Markets: The Case of Media, NET institute working paper 2008, No. 08 – 34.

② 美国版和欧盟版计算临界损失都是分为三步：计算临界损失、估计实际损失、比较实际损失和临界损失。如果实际损失小于临界损失，这说明小幅提价有利可图，此候选市场为相关市场，否则增加产品，重复以上分析，直至提价有利可图。两者的差别主要集中在第一步，即美国版的计算方式是：追求利润最大化的假定垄断者只拥有一种产品，计算假定垄断者将价格提高 5% 或者 10% 时所能够忍受的最大损失；欧盟版的计算方式为：假定垄断者只拥有一种产品，计算其将价格提高 5% 或 10% 时无利可图的最大损失。

③ 理论上应该方向相反，但实际情况也许并非如此。如果其中一边的价格为零，假定垄断者在提高另一边的价格时，并不会继续降低这一边的价格。

④ Emch, E. & Thompson, T. S. , "Market Definition and Market Power in Payment Card Networks", *The Review of Network Economics 2006*, 5(1): 45 – 60.

⑤ 交换费是卡组织代持卡人向商户收取，其高低不会影响卡组织的利润。向商户和发卡行收取的价格包括接入费和交换费，这个价格作为基准价格进行的 SSNIP 测试，不仅难以区分提价的是接入费还是交换费，而且还面临着逻辑难题。

场势力的根本动机;(3)稍作假设就可以得出,卡组织提高其总价格会降低社会福利。[①]

Emch 和 Thompson 上述理论的主要问题是过于简单化了银行卡市场的问题。银行卡组织可分为封闭式卡组织与开放式卡组织。封闭式卡组织主要包括卡组织、商户和持卡人三类主体。开放式卡组织主要包括卡组织、发卡行、收单行、商户和持卡人五类主体。Emch 和 Thompson 分析的是开放式卡组织,但是将这种双边市场上的主体简化为卡组织、发卡行和商户三类。[②] 其实,银行卡的双边市场性体现在商户和持卡人之间,两者之间存在正向交叉网络外部性,且改变收费结构可以影响交易量。卡组织、发卡行和商户三者之间并不能够构成双边市场,卡组织对商户的价值并不因为发卡行数量的增加而增加;对发卡行来说也是如此,即三者之间实际是纵向关系。因此,欧盟委员会公开批评 Emch 和 Thompson 的分析过于简单。White 虽然认同 Emch 和 Thompson 对银行卡组织的理解,但是认为还有很多重要的问题没有解决。此外,Emch 和 Thompson 的论述中没有给出临界损失分析的公式。

Alexandrov 等人也重点分析过临界弹性分析在双边市场的应用。[③] 他们将双边市场分为“市场创造者”和“市场匹配者”,并且花了较大篇幅论述了“市场创造者”的临界弹性分析和临界损失分析,并给出临界损失和临界弹性的公式,认为单边市场的临界损失分析和临界弹性分析可以直接扩展到双边市场。但是,Alexandrov 等人没有理解双边市场的真正含义,因为他们所说的“市场创造者”,是指“从供应商购买并转售给消费者,提供直接性、流动性、增值服务、价格调整和提高交易效率的商业方式”,这与 Evans 所指的市场创造者存在巨大的差异。[④] Rochet 和 Tirole 还指出,双边市场的必要前提是科斯定理的失效,如果

---

① See Emch, E. & Thompson, T. S., “Market Definition and Market Power in Payment Card Networks”, *The Review of Network Economics 2006*, 5(1): 45 – 60.

② 参见董维刚、张昕竹:《银行卡产业特征与反垄断难题》,载《数量经济技术经济研究》2007 年第 6 期。

③ See Alexandrov, et al., “Antitrust and Competition in Two – Sided Markets”, *Journal of Competition Law and Economics 2011*, 7(4): 775 – 812.

④ Evans 将多边平台分为三类:市场创造者、受众创造者和需求协调者。其中市场创造者为不同类型的用户提供接触的机会,如房产经纪人、交易所、B2B 和拍卖行等;受众创造者主要是积累用户以吸引广告,如报纸、杂志等传媒业;需求协调者使产品和服务对不同用户产生间接网络效应,如操作系统、视频游戏和银行卡等。See Evans, David S., “Some Empirical Aspects of Multi – Sided Platform Industries”, *Review of Network Economics 2003*, 2(3): 191 – 209.

这个条件不满足,那就不是双边市场;科斯定理失效在本质上是协调机制失灵。[①] 反观 Alexandrov 等人关于“市场制造者”的定义,其实这仅是一个赚取零售价与进货价之间价差的转售商,因此是一个典型的单边市场。相反,Alexandrov 等人模型中的“市场匹配者”才属双边市场,但是他们却对这个概念未给予足够的关注。正是因为作者把属单边市场的“市场创造者”误认为双边市场,故其得出的结果与单边市场无异。

(三)改进临界损失分析

在上述学术研究中,Filistrucchi 提出了美国版和欧盟版的双边市场临界损失分析的公式,但是这些均相当复杂;Emch & Thompson 没有给出临界损失分析公式;Alexandrov 等人由于误解了双边市场的含义从而得出一个与单边市场相同的公式。我们认为 Evans & Noel 的公式较为简单合理,从而主要阐述 Evans & Noel 的主要分析公式。[②]

根据临界损失的含义,双边市场的临界损失 $CL = \Delta q^s / q^s$ 可由以下公式给出:

$$\sum_{s=A,B} [R^s(t^s + m^s)(\Delta q^s / q^s) + R^s t^s] = 0$$

其中,$R = pq$ 表示收益,t 表示提价幅度,m 表示提价前的利润率,q 表示销售量,p 表示价格。在 Filistrucchi 等(2013)所谓的交易型双边市场里 $q^A = q^B$,则上式可简化为 $CL = t/(t + m^{AB})$,其中 $m^{AB} = (p^A + p^B - c^A - c^B)/(p^A + p^B)$,这类似于单边市场的临界损失公式。Evans & Noel 给出不变需求弹性的实际损失计算公式,对两边用户进行提价之后,A 边的实际损失为

$$L^A = \frac{(\gamma_A - \beta_A)t^A + (\alpha_A - \delta_A)(\gamma_B - \beta_B)t^B}{1 - (\alpha_A - \delta_A)(\alpha_B - \delta_B)}$$

① See Rochet, J – C & J. Tirole, “Two Sided Markets: A Progress Report”, *Rand Journal of Economics 2006*, 37(3)645 – 667.

② See Evans, David S. & Michael D. Noel, Analyzing Market Definition and Power in Multi – sided Platform Markets, mimeo 2005; Evans, David S. & Michael D. Noel, Defining Markets that Involve Multi – Sided Platform Businesses: An Empirical Framework with an Application to Google's Purchase of Double Click, mimeo 2007; Evans, David S. & Michael D. Noel, “The Analysis of Mergers that involve Multisided Platform Businesses”, *Journal of Competition Law and Economics 2008*, 4(3), 663 – 695.

其中 β 和 γ 分别表示自价格弹性和交叉价格弹性①，γ 和 α 分别表示平台内交叉网络外部性和平台间交叉网络外部性。②

从上式可以看出，假定垄断者的损失不仅依赖于传统的自价格弹性和交叉价格弹性，还依赖于一边用户给另一边用户创造的交叉网络外部性。当不存在交叉网络外部性时，上式就简化为单边市场的实际损失公式。但是由于交叉网络外部性的存在，提高了实际损失。

用临界损失来分析 SSNIP 测试法，就是比较临界损失和实际损失的大小。如果实际损失高于临界损失，则表明提价是无利可图的，从而应该纳入更多的产品进行分析，直至实际损失小于等于临界损失为止。双边市场的临界损失计算相对复杂，简单的方法是先计算实际损失，而后将实际损失代入公式。如果公式左边为负，则表明实际损失高于临界损失，提价无利可图，否则有利可图。为了进一步简化计算，Evans & Noel 将以上公式重新整理为

$$\omega \frac{t^A + m^A}{t_A} L^A + (1 - \omega) \frac{t^B + m^B}{t^B} L^B = -1$$

其中，$\omega = \dfrac{R^A t^A}{R^A t^A + R^B t^B}$，他们将上式左边的绝对值定义为实际——临界损失比率(Actual－Critical Loss Ratio, ACR)。如果 ACR 高于 1，则表明实际损失高于临界损失，提价将无利可图，应该加入次优替代品重新分析。③

四、相关案例

截至目前，世界主要反垄断司法辖区审查了大量涉及双边市场的反垄断案件，其中有很多涉及国际著名的大公司，如 Google、维萨、万事达和微软等。这里讨论 Google / DoubleClick 合并案、Aalsmeer 合并 FloraHolland 案、唐山人人诉百度案和奇虎 360 诉腾讯案等四个案例。

---

① 严格地说，Evans & Noel 所说的短期自价格弹性和交叉价格弹性，都是指这个反馈效应发生之前的弹性，提出交叉网络外部性的影响，他们计算出由短期自价格弹性、短期交叉价格弹性、平台内交叉网络外部性和平台间交叉网络外部性表示的长期自价格弹性和交叉价格弹性：

$$\varepsilon_{ii}^{ss} = \frac{(\alpha_A\delta_B + \alpha_B\delta_A)\gamma_s + (1 + \alpha_A\delta_B + \alpha_B\delta_A)\beta_s}{[1 + (\alpha_A - \delta_A)(\alpha_B - \delta_B)][1 - (\alpha_A + \delta_A)(\alpha_B + \delta_B)]}$$

$$\varepsilon_{ii}^{sr} = \frac{(\alpha_A\delta_B + \alpha_B\delta_A)(\alpha_r\gamma_s + \delta_r\beta_s) + (1 - \alpha_A - \delta_B - \alpha_B - \delta_A)(\alpha_r - \beta_s + \delta_r\delta_s)}{[1 + (\alpha_A - \delta_A)(\alpha_B - \delta_B)][1 - (\alpha_A + \delta_A)(\alpha_B + \delta_B)]}$$

See Evans, David S. & Michael D. Noel, "The Analysis of Mergers that involve Multisided Platform Businesses", *Journal of Competition Law and Economics 2008*, 4(3)663－695.

② Id.

③ Id.

（一）Google 收购 DoubleClick

2007 年 4 月 13 日，Google 宣布与 DoubleClick 达成收购协议，随后向世界主要反垄断机构申报，并于 2007 年 12 月 20 日和 2008 年 3 月 11 日分别获得美国联邦贸易委员会和欧盟委员会的批准。Google 是世界上最大搜索引擎运营商，还免费提供谷歌地图和 Gmail 等其他服务，其主要收入来自向广告商提供的在线广告服务。DoubleClick 主要从事在线广告管理软件开发与广告服务，对网络广告活动进行集中策划、执行、监控和追踪。

由于涉案业务较多，美国联邦贸易委员会和欧盟委员会均根据两公司主要业务界定了三个相关产品市场。美国联邦贸易委员会界定了“搜索广告”、“（在线）广告中介”和“第三方（在线）广告服务”三个相关产品市场；欧盟委员会界定了“在线广告空间供应”、“在线广告中介”和“在线显示广告服务技术供应”三个相关产品市场。可见，欧美两个执法机构的分歧集中在：是在线广告还是搜索广告。关于搜索广告和非搜索广告之间的关系，美国联邦贸易委员会认为“搜索引擎为广告商提供一个联系潜在客户的独特机会”。[①] 而欧盟委员会却认为搜索广告和非搜索广告主要作用都是树立品牌意识，且随着非搜索广告的用户定位能力提升，两者的差异在下降。此外，欧盟委员会认为从发行商的角度来看，搜索广告和非搜索广告更像是互补品。[②] 至于哪一种观点更具有合理性，需要进行更加细致的分析。

从双边市场的角度上看，在线广告业务和在线广告中介分别属于非交易型双边市场和交易型双边市场，第三方在线广告服务属于传统的单边市场。欧盟委员会认识到在线广告中介具有双边市场特征[③]，所以没有就发行商和广告商分别界定一个相关市场，只界定一个包含两者的相关市场，美国联邦贸易委员会也是如此，这种界定是合理的。但是对于在线广告，欧盟委员会和美国联邦贸易委员会均仅就广告商边界定一个相关市场，没有在用户边界定相关市场。

---

① Statement of Federal Trade Commission Concerning Google/DoubleClick, FTC File No. 071 – 0170, p. 3, available at http://www.ftc.gov/os/caselist/0710170/071220statement.pdf.

② See Case No. COMP/M. 4731 – Google/ DoubleClick, pp. 19 – 20, available at http://ec.europa.eu/competition/mergers/cases/decisions/m4731_20080311_20682_en.pdf.

③ 在线广告中介分为广告网络和广告交易平台两类。广告网络主要从各网站收集和购买广告空间，而后将广告空间出售给广告商或广告代理商，因此实际上是个转售商。广告交易平台主要为广告商和发行商（各网站）提供交易平台。广告交易平台属于双边市场，但欧盟委员会错把广告网络当作双边市场。See Case No. COMP/M. 4731 – Google/ DoubleClick, pp. 10 – 11.

对此，Damme 等人和 Filistrucchi 等人[①]认为，欧盟委员会漏掉了一个事关重大的双边市场，它应该在用户边界定一个或几个非交易型双边市场，或者至少说明不这么做的原因。搜索引擎平台对于用户和广告商仅存在单向正网络外部性，只在广告商边界定一个相关市场是合理的，详细解释见下文唐山人人诉百度案。

（二）Bloemveiling Aalsmeer/Flora Holland 并购案

荷兰花荷拍卖市场（Flora Holland，花荷）与荷兰阿斯米尔拍卖市场（Bloemveiling Aalsmeer）作为世界上最大的两个花卉拍卖市场签署了合并意向书，于 2006 年 12 月向荷兰竞争管理局（NMa）进行了申报，并于 2007 年 8 月 21 日获得批准。2008 年 1 月 1 日，两大市场正式合并成为荷兰花荷鲜花植物拍卖行（以下简称新花荷）。[②] 新花荷年营业额约 50 亿欧元，占荷兰花卉拍卖 90% 以上和欧洲花卉拍卖市场 30% 以上的份额，是世界上最大的花卉拍卖市场。[③]

NMa 将该案的相关产品市场界定为"观赏园艺产品交易"，包括拍卖市场以及直销、电子商务和中间贸易等其他销售渠道。根据本章第三部分的分析，NMa 所界定的相关产品市场无疑是合理的。花卉拍卖市场属于典型的交易型双边市场，种植者和购买者通过该市场进行交易，两者对于交易平台都是不可或缺的，且花卉拍卖市场可以观测到两者之间的交易量，因而只需交易界定一个相关产品即可。NMa 认识到花卉拍卖市场具有双边市场性质，只界定一个包含两边的相关市场，为说明其合理性还援引欧盟委员会在 Visa – Multilateral Exchange Fee 案的决议。此外，NMa 进行了临界损失分析，通过向种植者和购买者询问当竞争条件恶化时的转移意图来确定实际损失。在评估临界损失时，Nma 也考虑了交叉网络外部性对临界损失分析的影响。[④]

（三）唐山人人诉百度案

2009 年 1 月 6 日唐山人人公司以百度公司滥用其在搜索引擎市场上的市

---

① See Damme, E. van, L. Filistrucchi, D. Geradin, S. Keunen, T. Klein, T. Michielsen and J. Wileur, (2010): Mergers in Two – Sided Markets – A Report to the NMa, Netherlands Competition Authority, pp. 1 – 183; Filistrucchi, L., Damien Geradin and Eric van Damme (2013). Identifying Two – Sided Markets, World Competition, 36(1); 33 – 60.

② 参见孔海燕：《荷兰两大花卉拍卖市场合并变成现实》，载《中国花卉园艺》2007 年第 19 期。

③ 参见《荷兰两大拍卖市场顺利合并》，载《农业工程技术：温室园艺》2007 年第 9 期。

④ See Filistrucchi, L., Geradin, D., Damme, E. van, Affeldt, P., Market Definition in Two – Sided Markets: Theory and Practice, Tilec Discussion Paper, DP 2013 – 009, 2013, available at http://papers.ssrn.com.

场支配地位，因为自己停止向其支付搜索服务费而将它从百度搜索结果中移除为由，向北京市第一中级人民法院提起诉讼。该案于 2009 年 4 月 22 日进行开庭审理，并于同年 12 月 18 日宣判，驳回原告诉讼请求。法院从搜索用户的需求角度判断产品的替代性，将相关产品市场界定为“搜索服务引擎市场”。

该案出现的一个有趣问题是免费服务能否构成一个相关市场。百度公司认为互联网搜索服务是免费向广大用户提供的，因而不受反垄断法约束。但是法院认为以是否付费为标准衡量是否存在相关市场的观点是不具备事实法律依据的，因为部分产品或服务的免费提供常常与其他产品或服务的收费密切结合在一起的，[①]免费服务能够构成反垄断法意义上的相关市场。法院的裁决与双边市场的倾斜定价策略相一致。Evans 也认为在分析免费产品的时候，应该同时考虑收费产品。[②]

百度搜索引擎平台属于双边市场，同时向搜索用户和广告主提供服务，且搜索用户对广告主存在网络外部性。从法院裁决书看，法院已经意识到百度搜索引擎平台的双边性质。但是法院所界定的相关市场存在内在矛盾，从搜索用户和广告用户角度所界定的市场必然不同，“搜索服务引擎市场”不符合使用目的。[③]

实际上，百度搜索引擎平台属于非交易型双边市场，搜索用户和广告主之间并不存在交易，也许搜索用户阅读了广告之后会购买产品，但是百度并不能够观测到这种交易，从而不能够根据交易来收取费用。此外，百度搜索引擎平台仅存在单向正网络外部性，即搜索用户的增加会提高广告的需求，但广告数量的增加并不能够增加反而可能会降低搜索用户的效用。[④] 根据 Filistrucchi 等

---

① 参见佟姝：《百度被诉垄断案背后的思考——唐山市人人信息服务公司诉北京百度网络科技有限公司垄断纠纷案评析》，载《中国专利与商标》2010 年第 1 期。

② See Evans, David S. (2011b), The Antitrust Economics of Free, working paper, available at http://papers.ssrn.com.

③ 参见李剑：《双边市场下的反垄断法相关市场界定——“百度案”中的法与经济学》，载《法商研究》2010 年第 5 期；蒋岩波：《互联网产业中相关市场界定的司法困境与出路——基于双边市场条件》，载《法学家》2012 年第 6 期；王先林：《中国反垄断法实施热点问题研究》，法律出版社 2011 年版，第 323～329 页；仲春：《互联网行业反垄断执法中相关市场界定》，载《法律科学》（西北政法大学学报）2012 年第 10 期。

④ 李剑认为广告边也存在正网络外部性，“用户之所以使用百度，是因为百度公司的搜索引擎平台以竞价排名所收取的广告收费支持运营搜索引擎，对用户是免费的，并可以实现信息搜索功能”。参见李剑：《双边市场下的反垄断法相关市场界定——“百度案”中的法与经济学》，载《法商研究》2010 年第 5 期。

人和 Armstrong & Wright 的观点,这种情况可以视为单一网络外部性。[①] 对于这种情形,Filistrucchi 等人建议仅需在不存在网络外部性的一边界定一个相关市场,即仅界定一个广告市场,并可以使用定性分析方法或 SSNIP 测试来确定相关产品市场是“商品广告”,还是“在线广告”,抑或更窄的“搜索广告”。由于百度的利润均来自广告,且广告边不存在网络外部性,可以在广告市场一边直接使用标准的 SSNIP 测试方法。而法院在搜索引擎一边定义相关市场的做法,与上述双边市场市场界定最新研究的建议正好相反。

(四)奇虎 360 诉腾讯案

2011 年 11 月 15 日,奇虎 360 以腾讯滥用市场支配地位向广东省高级人民法院提起诉讼。广东省高级人民法院在 2012 年 4 月 18 日进行公开审理,并于 2013 年 3 月 28 日宣判,驳回奇虎 360 全部诉讼请求。[②] 奇虎 360 对一审判决不满意,于 2013 年 4 月 11 日向最高人民法院提出上诉,最高人民法院于 2013 年 11 月 26 日进行公开审理,并于 2014 年 10 月 16 日进行宣判,驳回奇虎 360 全部上诉请求,维持一审判决。

该案一审和二审中双方的焦点都集中在相关市场界定之中。奇虎 360 认为,该案的相关市场为即时通信软件及服务相关市场,具体包括综合性即时通信服务、跨平台即时通讯服务和跨网络即时通讯服务三类。而腾讯认为,该案相关市场范围远大于上述范围,还应该包括 SNS 社交网站和微博等其他即时通讯服务。[③] 广东省高级人民法院经审理认为,QQ 与社交网站、微博服务属于同一相关产品市场,奇虎 360 的主张不成立,[④]而最高人民法院认为社交网站、微博与即时通信在商品特征上存在明显差异,因而社交网络和微博不能纳入到该

---

① See Filistrucchi, L., Geradin, D., Damme, E. van, Affeldt, P., Market Definition in Two - Sided Markets: Theory and Practice, Tilec Discussion Paper, DP 2013 - 009, 2013, Available at http://papers.ssrn.com; Armstrong, M., Wright, J., Two - Sided Markets, Competitive Bottlenecks and Exclusive Contracts, Economic Theory, 2007, 32(2): 353 - 380.

② (2011)粤高法民三初字第 2 号民事判决书。

③ 腾讯认为还应该包括电子邮箱的即时通信服务、SNS 社交网站的即时通信服务、微博的即时通信服务、其他网页形式的即时通信服务和移动即时通信服务等。

④ 广东省高级人民法院审查了综合性即时通信服务、跨平台即时通信服务和跨网络即时通信服务之间的替代性;综合性的即时通信与文字、音频以及视频即时通信之间的可替代性;QQ 与社交网站、微博服务之间的可替代性;传统电话、传真与即时通信产品服务之间的可替代性;QQ 软件与电子邮箱的替代性。广东高院认为前 3 项的替代性具有合理性,而后 2 项的替代性不具有合理性。此外,腾讯还认为相关产品市场应该为“互联网应用平台”,广东高院对这个观点比较开放,没有进行否决。

案的相关产品市场中。[①]

分析该案的相关市场界定的合理性，首先需要确定腾讯是否具有双边市场属性。根据腾讯公布的2014年中期业绩报告[②]，在2014年上半年，腾讯的收入主要来源于增值服务（又分为网络游戏和社交网络）、网络广告和电子商务交易三类，分别占其总收入的79.58%（56.12%和23.46%）、10.45%和6.71%。[③]其中增值服务、电子商务交易和网络广告具有双边市场性质，前两者为交易型双边市场，后者为非交易型双边市场。

该案第一个难题是腾讯复杂的业务体系。虽然腾讯的网络游戏平台、电子商务交易平台和网络广告平台属于双边市场，但是QQ本身并不属于双边市场，[④]因为QQ的作用是吸引用户，而后将用户引导至上述平台获取收益。这使现有文献得出的有关市场界定的具体建议难以直接适用于该案。但是，Evans认为，大部分在线平台都是通过提供产品和服务来争夺用户注意力，并通过其他产品和服务将注意力售出来获利，所以反垄断分析应该集中于注意力竞争，而不是获取或分发注意力的特定产品和服务上。[⑤] 从该案判决书可知，广东省高级人民法院已经认识到互联网利用免费服务吸引用户，而后利用用户资源实现盈利的商业模式，并对腾讯提出相关产品市场应该为“互联网应用平台”的主张也持开放态度。在面对复杂的业务时，跳出具体的产品，深入更加本质的竞争，无疑是合理的。这种做法也得到了王先林和苏华等国内学者的认可。[⑥] 相对而言，最高人民法院在二审中较为谨慎，认为“在本案的特定情况下，由于缺乏明确的实证数据，网络平台竞争在本案中的影响并不明显，在相关市场界定阶段过多地考虑互联网应用平台，可能放大其他网络平台对被上诉人所形成的竞争约束”。

---

① 最高人民法院民事判决书（2014）民三终字第4号。

② 载http://www.tencent.com/zh-cn/content/at/2013/attachments/20131113b.pdf，最后访问日期：2018年11月29日。

③ 社交网络增值服务收入主要来自QQ会员注册费，QQ空间、QQ秀和QQ音乐的VIP特权订购费和虚拟产品销售。网络游戏部分可以分为QQ游戏平台、高级休闲游戏（ACGs）和大型多玩家在线游戏（MMOGs）。网络广告收入主要来自腾讯网、腾讯视频、搜搜、QQ空间和朋友网。

④ QQ的客户端虽然也有部分广告，但这部分广告在腾讯的广告体系不是很重要。

⑤ See Evans, David S. (2013), Attention Rivalry among Online Platforms and Its Implications for Antitrust Analysis, Working Paper, available at http://papers.ssrn.com.

⑥ 参见王先林：《互联网行业反垄断相关商品市场界定的新尝试——3Q垄断案一审法院判决相关部分简析》，载《中国版权》2013年第3期；苏华：《多边平台的相关市场界定与反垄断执法发展》，载《价格理论与实践》2013年第6期。

该案第二个难题是免费问题。由于QQ是免费向用户提供的,不能够仅就其界定相关市场,而应该将其与收费产品合起来界定,如果分开界定也应该考虑到QQ和收费产品之间的依赖性。而反观奇虎360和腾讯的争辩,以及广东省高级人民法院的裁决,大部分都是从用户的角度定性不同产品之间的替代性,对收费产品缺乏足够的关注。[①] 此外,针对免费无法实施SSNIP测试的问题,奇虎360提出SSNIP测试的改进方式,即测试一个假定垄断者能否通过降低产品质量,或者非暂时性的小幅提高产品隐形价格而获取利润。但是广东省高级人民法院怀疑性能测试方法的有效性,认为质量和隐性价格很难准确估计,而最高人民法院认为可以采用质量下降的假定垄断者测试进行定性分析而不是定量分析。

五、我国反垄断执法的启示

双边市场一直是产业经济学一个非常活跃和极具挑战性的领域,这种市场的相关市场界定也一直是世界各国反垄断执法的一大难题。由于其更复杂的竞争约束和利润构成、两边相互关联的需求、免费提供产品等各种原因,双边市场的相关市场界定更加复杂,传统的SSNIP测试法直接应用于双边市场可能就会得到错误的结果。这一节就过去十几年间国内外产业经济学界关于双边市场中相关市场的界定进行了较为全面和系统的梳理,对学术讨论中提出的一些建议进行了初步评估,以期为我国的反垄断执法提供思路和参考。

由于交叉网络外部性是双边市场的主要特性,其存在使双边需求相互影响,因此进行相关市场界定的时候需将两边的市场考虑在内,且需要根据双边市场的类型确定是界定一个相关市场还是两个相关市场。过去十几年来,经济学家关于双边市场的相关市场界定的建议是,对交易型双边市场,一般仅需界定一个包含两边的相关市场,而且这个相关市场应该就是交易本身;对于非交易型双边市场,需界定两个相互关联的相关市场。对只有一边存在网络外部性的非交易型双边市场,可考虑仅在不存在网络外部性的一边界定相关市场。与此相应,在双边市场进行传统的SSNIP测试时,交易型双边市场应以总价格为基准价格;非交易型双边市场应分别就市场两边的价格进行SSNIP测试,测试时应对相关公式进行修改以反映双边的交叉网络外部性。但是,如何在双边市场改进SSNIP测试法,这在学术界还存在分歧,这方面还需要进一步的研究。

---

① 该案被告提出“互联网应用平台”市场,广东高院也进行了审理,但该案大部分相关市场界定的内容都是围绕QQ进行的。

此外,对双边市场进行反垄断分析时还有必要考虑以下两个问题。

第一,谨防双边市场概念的滥用。当前,人们对双边市场的内涵与基本属性存在诸多认识上的误区,以至于出现了将许多单边市场误认为双边市场的情况。现在学术界一般是依据交叉网络的外部性认定双边市场,[①]但是 Rochet & Tirole 认为,依据交叉网络的外部性认定双边市场可能涵盖的范围过广,他们提出认定双边市场的必要条件是科斯定理的失效,其充分条件是价格结构的非中性。[②] Luchetta 则提出,依据 Rochet & Tirole(2006)提出的条件认定的双边市场范围仍然过于宽泛,由此他们提出了满足双边市场的三个条件:(1)通过平台相连的两边用户中只有单一交易;(2)每种用户的数量表征产生跨边互惠正外部性(reciprocal inter - side positive externalities);(3)两边用户在逻辑和结构上对平台运营均不可或缺。[③] 根据 Luchetta 提出的认定方法,Damme 等人提出的非交易型双边市场均构不成双边市场,因为这类以媒体为主的双边市场可以从纵向产业链的角度进行分析,即企业在上游以服务为对价购买用户注意力,经加工整理之后将注意力出售给广告主。这种理论也许存在争议,但确实很具启发性。"鸡与蛋"是双边市场首先需要解决的问题,但是报纸杂志也许并没有这个问题,因为很多情况下的报纸和杂志并不依赖于广告。我国反垄断执法机关实施反垄断过程中应该注意过度使用双边市场概念的问题。

第二,寻求直接证据进行竞争分析。市场界定虽然在反垄断分析中有重要地位,但并不总是处于核心地位。如果有直接证据显示企业具有市场支配地位或者证明企业合并会严重影响市场竞争,那就无须界定相关市场。例如,Baker 指出,竞争分析并不一定需要正式的和完整的市场界定。[④] 美国联邦贸易委员会在其 1986 年诉印第安纳州牙医协会一案中提出,市场界定并不是必须的。[⑤]

---

① See Rochet, J - C & J. Tirole, "Platform Competition in Two - Sided Markets", *Journal of the European Economic Association 2003*, 1(4)990 - 1029; Evans, David S., "Some Empirical Aspects of Multi - Sided Platform Industries", *Review of Network Economics 2003*, 2(3):191 - 209; Armstrong, M., "Competition in Two - Sided Markets", *Rand Journal of Economics 2006*, 37(3):668 - 691.

② See Rochet, J - C & J. Tirole, "Two Sided Markets: A Progress Report", *Rand Journal of Economics 2006*, 37(3), 645 - 667.

③ See Giacomo Luchetta, Is the google platform a two - sided market? 23rd European Regional Conference of the International Telecommunication Society, Vienna, 1 - 4 July 2012.

④ See Baker, Jonathan B., "Contemporary Empirical Merger Analysis", *George Mason Law Review 1997*, 5(3)347 - 361.

⑤ 参见仲春:《互联网行业反垄断执法中相关市场界定》,载《法律科学》2012 年第 4 期。

美国联邦贸易委员会和司法部2010年联合发布的《横向合并指南》也明确指出,市场界定不是必要程序,可以通过直接证据分析竞争效应。可见,美国执法机关已经认识到相关市场界定和计算市场份额方法的局限性,从而寻求其他更为合理和有效的方法。这说明,相关市场界定并非是反垄断分析必不可少的一个环节。

第三编

相关市场界定在具体行业的应用

第八章 传统行业的相关市场界定

反垄断执法中界定相关市场的经济学原理和技术方法具有普适性，但在具体案件中如何界定市场，则取决于具体案件所处的行业和市场竞争状况，即需要根据具体案件进行具体分析。为了使本书的研究成果具有实用价值，帮助提高反垄断执法机关分析案件和解决问题的能力，本书还分别从传统行业和创新行业的角度探讨了一些具体行业相关市场的界定。在传统行业，本书主要探讨了航空运输业、汽车业、零售业、饮料业、乳制品业、造纸业、饲料业和畜禽加工业以及在我国新电改方案下电力业的相关市场界定。根据消费者对产品和服务的不同需求，这些行业还可以分为多个不同的子市场或者亚市场。例如，汽车行业可以分为乘用车、商用车、汽车零部件、汽车售后服务等子市场；饮料业可以分为啤酒、烈酒、葡萄酒、碳酸饮料、非碳酸饮料、果汁饮料、瓶装水等子市场。为了说明这些具体行业的相关市场界定，本书的研究成果主要引用了美国和欧盟在这些行业或者部门的相关案例。例如，关于饮料业瓶装水的市场界定，本书研究了欧盟的 Nestlé/Perrier 案；关于零售业的市场界定，本书研究了美国的 Staples 案和 Whole Foods Market 案，这些都是国际著名案例，这些案例的研究有助于我们了解在这些具体行业界定相关的产品市场和地域市场的技术方法。

除了传统行业，本书还探讨了创新行业的相关市场界定。创新行业与传统行业的区分是相对的，因为在新经济时代，任何一个行业都得与时俱进，具有创新性。但是，随着高科技的发展，市场上出现了一些过去不曾有过的产品和服务，甚至出现了新的商业模式，这就导致传统行业界定相关市场的方法在新兴行业出现了一些新的特征。在创新行业探讨了电信业、互联网行业、电子支付及免费模式下的互联网行业、软件产品市场和化学医药业的相关市场界定。鉴于互联网在我国的社会和经济生活中发挥着巨大的作用，关于创新行业的研究非常注重互联网行业。即随着这个行业应用了新的商业模式，这个领域的相关市场界定既要关注双边或多边市场的特征,也考虑实体市场和虚拟市场的竞争关系,还要结合互联网领域的需求替代和供求替代进行竞争分析,而不是限定于相关市场界定的传统思路和方法。

关于具体行业的研究中,我们还研究了我国在这些行业的发展阶段和市场竞争状况。我们建议反垄断执法机构应注意积累行业的竞争信息,特别是那些交易频繁和容易出现限制竞争问题的行业信息,并且应当逐步建立起行业竞争信息的数据库。

第一节　航空运输业的相关市场界定

一、行业简介

航空运输通常是指以航空器作为运输工具所提供的人员、货物的空间位移。根据用途,航空运输通常分为军用和民用两种,而民用航空运输又可分为公共航空运输和通用航空运输。公共航空运输通常指公共航空承运人(通常为航空公司)以飞机作为运输工具所经营的旅客、行李或货物的运输。通用航空运输则指使用民用航空器从事公共航空运输以外的民用航空活动,包括从事工业、农业、林业、渔业和建筑业的作业飞行以及医疗卫生、抢险救灾、气象探测、海洋监测、科学实验、教育训练、文化体育等方面的飞行活动。[①]根据世界主要反垄断司法辖区的经验,航空运输业的反垄断案件主要集中在公共航空运输领域。

二、航空运输业市场界定的典型案例及理论分析

根据欧美典型案例,航空运输业相关产品市场主要分为航班旅客运输服务、航空货物运输服务、维修和大修服务、向旅游经营商提供舱位和服务、航空餐饮服务等,其中最典型的两类相关产品市场分别是航班旅客运输服务和航空货物运输服务。

(一)航班旅客运输服务(Scheduled Passenger Air Transport Services)

航班旅客运输服务通常指公共航空运输企业以固定航线、固定飞行时刻为旅客提供的运输服务。

1. 相关产品市场

在欧美反垄断执法中,航班旅客运输服务一般被界定为单独的相关产品市

① 载 http://baike.baidu.com/view/136196.htm,最后访问日期:2018 年 12 月 3 日。

场，也即是独立于航空货物运输服务等其他航空运输服务市场。就航班旅客运输服务相关产品市场的细分市场来说，这会涉及以下几方面的问题。

(1)是否考虑直航和非直航

直航是指飞机从起始地直飞目的地；非直航则指从起始地到目的地之间飞机会停靠一个以上的航空港，因此全程飞行的时间较直航有所增加。

在欧盟的典型案例中，欧委会的态度基本是一致的，即这个问题取决于直航与非直航二者是否具有可替代性。如果两者具有替代性，则直航与非直航属于同一相关市场；反之，则不属于同一相关市场。原则上来说，要判断非直航服务能否有效替代直航服务，这取决于一系列的因素，需要进行个案评估。一般而言，这类替代性只是在长途航班(long-haul routes)上出现。比如，欧委会认为，在旅程超过6小时的情况下，非直航航班的确有可能对直航航班形成有效的竞争约束。[①] 欧委会在其2004年以来的几个典型案例中明确指出，针对直航与非直航是否具有替代性的问题，应将航班旅客运输服务分为短途航线即飞行时间少于3小时[②]和长途航线即飞行时间超过6小时和航程超过5000公里的情况。[③] 对于短途航线，除非有特殊的情况，非直航一般对直航不具有替代性，当然在具体案件中往往还需要进行个案分析。这里的特殊情况通常指时间敏感性旅客往往需要同天返程，而直航往往无法充分满足这一需求，因此对于这类旅客非直航对直航具有可替代性。[④] 对于长途航线来说，通常情况下非直航对直航具有可替代性，尤其是那些每天都有航班而且旅行的时间增加不多(等

① Case NO. COMP/M. 5440 – Lufthansa/Austrian Airline, http://ec. europa. eu/competition/mergers/cases/decisions/m5440_20090828_20600_en. pdf; COMP/M. 2014 – United/US Airways, http://ec. europa. eu/competition/mergers/cases/decisions/m2041_en. pdf; COMP/M. 2672 – SAS/Spanair, http://ec. europa. eu/competition/mergers/cases/decisions/m2672_en. pdf.

② Case NO. COMP/M. 5335 – Lufthansa/SN Airholding, para. 9, http://ec. europa. eu/competition/mergers/cases/decisions/M5335_20090622_20600_229007_EN. pdf.

③ Case NO. COMP/M. 5440 – Lufthansa/Austrian Airline, para. 27, http://ec. europa. eu/competition/mergers/cases/decisions/m5440_20090828_20600_en. pdf.

④ Case NO. COMP/M. 3280 – AIR FRANCE/KLM, para. 20, http://ec. europa. eu/competition/mergers/cases/decisions/m3280_en. pdf; COMP/M. 3770 – LUFTHANSA/SWISS, para. 17, http://ec. europa. eu/competition/mergers/cases/decisions/m3770_20050704_20212_en. pdf; COMP/M. 5403 – LUFTHANSA/BMI, para. 17, http://ec. europa. eu/competition/mergers/cases/decisions/m5403_20090514_20310_en. pdf; COMP/M. 5440 – Lufthansa/Austrian Airline, para. 25, http://ec. europa. eu/competition/mergers/cases/decisions/m5440_20090828_20600_en. pdf.; COMP/M. 5335 – Lufthansa/SN Airholding, para. 9, http://ec. europa. eu/competition/mergers/cases/decisions/M5335_20090622_20600_229007_EN. pdf.

待时间最多增加 150 分钟)的非直航。[①]

美国司法部反垄断局在其 2009 年评估美国航空公司、英国航空公司、西班牙的伊比利亚航空公司、芬兰航空公司以及皇家约旦航空公司等六家航空公司就其共同建立的航空联盟向美国运输部提出的反垄断豁免申请的评价中指出,这些航空公司提供的跨大西洋航线的直航服务是有别于非直航服务(connect service)的独立产品。[②]

(2)是否考虑时间敏感性

就客户区分而言,美欧执法部门在一些案件中将时间敏感性和时间不敏感性的旅客分属于不同的市场。[③] 时间敏感性旅客一般是指那些希望以最短时间到达目的地的旅客,即他们在启程和到达时间方面不具有灵活性,但相对而言对票价不太敏感。时间不敏感性的旅客则指那些可以接受较长旅行时间但对票价非常敏感的旅客。[④]

航空公司往往对那些愿意选择灵活的目的地或灵活时间的时间不敏感性旅客(如度假型、休闲型旅客)给予较低的价格,而对那些缺乏灵活性的时间敏感性旅客(如商务型旅客)要求更高的价格。在审查航空业合并案件时,美国司法部经常将相关市场限定为"时间敏感性旅客"或"商务型旅客"市场。欧盟委

---

① Case NO. COMP/M. 3280 – AIR FRANCE/KLM, para. 23, http://ec. europa. eu/competition/mergers/cases/decisions/m3280_en. pdf; COMP/M. 3770 – LUFTHANSA/SWISS, para. 17, http://ec. europa. eu/competition/mergers/cases/decisions/m3770_20050704_20212_en. pdf; COMP/M. 5181 – Delta Air Lines/Northwest Airlines, para. 18, http://ec. europa. eu/competition/mergers/cases/decisions/m5181_20080806_20310_en. pdf; COMP/M. 5403 – LUFTHANSA/BMI, paras. 15, 16, http://ec. europa. eu/competition/mergers/cases/decisions/m5403_20090514_20310_en. pdf; COMP/M. 5440 – Lufthansa/Austrian Airline, para. 27, http://ec. europa. eu/competition/mergers/cases/decisions/m5440_20090828_20600_en. pdf.

② US DOT, Public Version Comments of the Department of Justice on American Airlines, British Airways, Iberia, Finnair, Royal Jordanian Airlines(2009), https://www. justice. gov/atr/public – version – comments – department – justice – joint – application – american – airlines – et – al.

③ Case COMP/39. 596 – BA/AA/IB, http://ec. europa. eu/competition/antitrust/cases/dec_docs/39596/39596_4342_9. pdf; NO COMP/M. 5335 – Lufthansa/SN Airholding, http://ec. europa. eu/competition/mergers/cases/decisions/M5335_20090622_20600_229007_EN. pdf; COMP/M. 3280 – AIR FRANCE/KLM, http://ec. europa. eu/competition/mergers/cases/decisions/m3280_en. pdf; ME/3535/08 Air France/City Jet (OFT decision of 9 May 2008), https://assets. digital. cabinet – office. gov. uk/media/555de39ae5274a70840000b4/AirFrance. pdf.

④ Case NO. COMP/JV. 19 – KLM/ALITALIA, para. 21, http://ec. europa. eu/competition/mergers/cases/decisions/jv19_en. pdf; COMP/M. 2672 – SAS/SPANAIR, para. 19, http://ec. europa. eu/competition/mergers/cases/decisions/m2672_en. pdf.

员会也是这样，即在航空业并购案件中界定相关市场的时候，往往是将那些选择便宜机票的时间不敏感性旅客排除在外。一般而言，如果有更为便利的直达航班可以选择，时间敏感性的旅客往往不愿意选择非直航航班。如果不存在直飞航班，作为对一项 SSNIP 测试的反应，时间敏感性的旅客可能只是选择那些稍微耽搁一点时间的航班，而不会转向更为迂回的航线。例如，在 2004 年的 AIR FRANCE/KLM 和 2005 年的 LUFTHANSA/SWISS 两个案件中，欧委会认为时间敏感性旅客与时间不敏感性旅客应细分为两个不同的相关市场，理由是时间敏感性旅客（尤其是商务旅客）往往选择能够提供更多航班频率和不受限机票（高灵活性机票）的航空公司，而时间不敏感性旅客却对此不太在意。这说明，尽管航空公司的客户为了降低成本有选择低灵活性机票的趋势，但是仍有部分旅客可归类为时间敏感性旅客。①

但是，在 2007 年 RYANAIR/AER LINGUS 一案中，欧委会的立场有所不同，即提出近些年时间敏感性旅客与时间不敏感性旅客之间的区别越来越模糊，主要原因是商务客户对价格越来越敏感，而且低成本航空公司可以提供更便宜且频率较高的航班。根据欧委会的调查，高达 40% 的商务客户购买机票时将“最低价格”（best price）作为考虑因素，再加上在该案区分两类不同旅客的市场与该交易的竞争评估关系不大，从而认为无须将航班旅客市场细分为时间敏感性和时间不敏感性旅客市场。②

根据欧委会在其 2008 年关于 DELTA AIR LINES/NORTHWEST AIRLINES 一案中的决定，欧委会总体上仍然承认时间敏感性旅客与时间不敏感性旅客的差异。从需求替代的角度看，欧委会认为时间敏感性旅客仍存在特殊的要求，如机票的灵活性、即时订票的可能性、某些机舱服务；从供给替代的角度看，欧委会认为航空公司的销售和商业战略仍然是将市场划分为时间敏感性和时间不敏感性两个旅客市场。而且，欧委会在这个案件的决定中还对其 2007 年就 RYANAIR/AER LINGUS 一案决定中的观点做出了解释，即这个案件中两家航空公司均为提供低成本短途航线的航空公司，它们销售的机票类型单一，因此区分时间敏感性与不敏感性旅客的意义不大。但是，如果航空公司拥有庞

① Case NO. COMP/M. 3280 – AIR FRANCE/KLM, para. 19, http://ec. europa. eu/competition/mergers/cases/decisions/m3280_en. pdf; COMP/M. 2672 – SAS/SPANAIR, para. 15, http://ec. europa. eu/competition/mergers/cases/decisions/m2672_en. pdf.

② Case NO. COMP/M. 4439 – RYANAIR/AER LINGUS, paras. 316 – 319, http://ec. europa. eu/competition/mergers/cases/decisions/m4439_20070627_20610_en. pdf.

大的航线网络并提供跨大洋的长途航线,它们就需要针对不同旅客销售不同种类的机票,即其相当一部分的营业额是通过对时间敏感性旅客(商务旅客)销售机票来实现的。[①]

在滥用市场支配地位的案件中,如掠夺性定价案,相关市场也可能被界定得很窄,如仅限于时间不敏感性旅客市场。掠夺性定价案,往往涉及低成本航空公司进入市场与网络型大航空公司开展竞争的情况。低成本航空公司经常以较低的价格进入市场,在位大航空公司则可能通过对其旅客(至少是部分旅客)的降价销售来扩大其产能。这种情况下,低成本的航空公司可能主张大航空公司实施了掠夺性定价,滥用其市场支配地位。[②] 美国第六巡回法院 2006 年审理的 Spirit Airlines v. Northwest Airlines 一案[③]中,原告和被告在界定相关市场方面出现了分歧。被告 Northwest 航空公司界定的相关市场包括所有类型的旅客。它的理由是,它从所有类型旅客获得的收入能够弥补其成本,所以其行为不构成掠夺性定价。但是,原告 Spirit 航空公司界定的相关市场则不包括商务型旅客(价格不敏感性和票款超过 225 美元的旅客)和联乘旅客(connecting passengers),而是仅包括价格敏感性(休闲型)直航乘客。依据这种界定相关市场的方法,Spirit 航空公司认为 Northwest 航空公司的票价低于成本,从而构成掠夺性定价。在这个案件中,美国地区法院同意 Northwest 的观点。但是,第六巡回法院则推翻了地区法院观点,理由是"事实证明 Northwest 在两个地域航线的休闲旅客市场进行了掠夺性定价,目的是挤压 Spirit 退出市场"。Northwest 航空公司就巡回法院的这个判决向联邦最高法院提出上诉,但是联邦最高法院拒绝受理该案。[④]

(3)包机服务与航班运输是否属同一相关市场

包机服务与一般航班旅客运输服务的主要区别在于:航班旅客运输通常按照其公布的和有规律的航班时刻运行;包机则往往没有固定的航班时刻,即它

---

① Case NO. COMP/M. 5181 – DELTA AIR LINES/NORTHWEST AIRLINES, paras. 13 – 14, http://ec. europa. eu/competition/mergers/cases/decisions/m5181_20080806_20310_en. pdf.

② Andrew Eckert & Douglas S. West, Predation in Airline Markets: A Review of Recent Cases, in 1 Advances in Airline Econ. 25(Darin Lee, ed. ,2006).

③ 431 F. 3d 917(6th Cir. 2005), http://apps. americanbar. org/antitrust/at – committees/at – tei/air – resources/Spirit_Airlines v Northwest_Airlines. pdf.

④ Northwest Airlines, Inc. v. Spirit Airlines, Inc. ,549 U. S. 805,805(2006).

是按照特定客户的要求安排飞行时间，而且通常具有季节性，飞行的频率低。[①]

欧委会在其 2007 年关于 RYANAIR/AER LINGUS 一案的决定中认为，大部分包机服务与航班旅客运输服务不属同一个相关市场，具体而言，这表现为以下几种情况：

第一种情况是向旅游经营商批发舱位的包机服务。这种服务与航班旅客运输服务不属同一相关市场的理由是，从供给替代的角度看，航空公司向旅游经营商批发舱位和向个人销售机票是分属两个不同的市场，即批发舱位属于上游市场，而向最终消费者销售机票则是下游市场。

第二种情况是包机航空公司或旅游经营商销售的“假日套餐产品”（package holiday）。这种服务与航班旅客运输服务不属同一相关市场的理由是，“假日套餐”一般都提供住宿和租车服务，旅游经营商还提供包括旅馆接送、导游、保险等其他服务。这即是说，即便消费者也可以在 RYANAIR 和 AER LINGUS 航空公司的网站预订旅店和租车服务，但是这些服务不是提供航班旅客运输的航空公司直接提供的，即它们在这里仅是收取网络预订费。

第三种情况是航空公司销售的包机“零座”。包机“零座”销售是指航空公司将包机上某些零散舱位直接销售给散客。此类服务与航班旅客运输服务是否属于同一相关市场，这需要针对不同航空公司的不同航线进行具体分析，欧委会在 RYANAIR/AER LINGUS 一案的决定中对此未予明确回答（left opcn）。[②]

（4）是否与其他运输工具提供的服务属同一相关市场

在某些特定案件，其他交通方式提供的服务也可能被纳入相关市场，即与航班旅客运输服务同属一个相关市场。特别对一些短途航线而言，大巴服务可能与特定的航线属同一相关市场。以美国西南航空为例，在其发展的初期，其航班的定价就需要考虑与汽车服务开展的竞争。[③]

欧委会在这方面的观点是，这应当根据具体航线进行个案分析。[④] 一般情

---

① Case NO. COMP/M. 4439 – RYANAIR/AER LINGUS, paras. 297 – 298, http://ec. europa. eu/competition/mergers/cases/decisions/m4439_20071011_1500_1937375_EN. pdf.

② Case NO. COMP/M. 4439 – RYANAIR/AER LINGUS, paras. 297 – 310, http://ec. europa. eu/competition/mergers/cases/decisions/m4439_20071011_1500_1937375_EN. pdf.

③ Southwest Airlines Co. , The Freedom to Fly from Vision the Reality to Affordability, 1999 Annual Report 4 (2000), http://investors. southwest. com/ ~ /media/Files/S/Southwest – IR/documents/company – reports – ar/ar – 1999. pdf.

④ Case NO. COMP/M. 3280 – AIR FRANCE/KLM, para. 35, http://ec. europa. eu/competition/mergers/cases/decisions/m3280_en. pdf.

况下,应当从价格、旅行时间、服务质量等方面考虑其他运输方式与航班旅客运输是否具有可替代性。在 RYANAIR/AER LINGUS 一案中,由于铁路、公路和渡轮运输与航空运输相比都会大幅增加旅行时间,因此它们与航班旅客运输相比不具有替代性,不属同一相关市场。①

就短途航线而言,其他具可替代性的运输工具更有可能属同一相关市场。如在 British Airways/SN Brussels Airways 一案中,欧盟委员会认为,在从布鲁塞尔到伦敦的航线上,可替代的服务不仅包括直航服务,还包括铁路运输,因为铁路服务在该案中无论是对时间敏感性还是不敏感性旅客来说,都是航空运输的一种竞争性替代品。② 为了得出正确的结论,欧委会考虑了运输频次、时刻表、旅程长度等各种因素。在 Olympic/Aegean Airlines 一案中,欧委会指出,在从雅典到米克诺斯岛的线路上,相关市场包括航空运输服务和渡轮(ferry)服务,因为这两种服务的时间与频次具有可比性,因此它们对所有类型的旅客都具有可替代性。③

2. 相关地域市场

尽管相关市场一般都是从产品和地域等两个角度进行界定,但是因为航空运输所提供的产品即运输服务必须包含地域的因素,所以航空运输业的产品市场与地域市场之间的区分很模糊。这即是说,任何一种运输服务不管它是通过铁路、航空、海洋还是公路,它们都是将人或物从一个地点运输到另一地点。因此,运输服务包括航空运输业的市场界定往往都是从确定起始地(origin)与目的地(destination)开始,即所谓的 O&D 界定法。O&D 界定法体现了需求替代,即从乘客的角度看,是从一个既定起点到一个既定终点的所有具可替代性的运输服务。

基于 O&D 界定法,航空运输业的相关市场一般被界定为城市组合。欧委会界定航班旅客运输的相关地域市场通常都是以"起始地至目的地"(O&D)城市为一组的方式进行划分,即两个航线的起始地或目的地中若有任一城市不同,这两个航线就有不同的相关地域市场,如"纽约至柏林"与"纽约至巴黎"就

---

① Case NO. COMP/M. 4439 – RYANAIR/AER LINGUS, paras. 292 – 296, http://ec. europa. eu/competition/mergers/cases/decisions/m4439_20071011_1500_1937375_EN. pdf.

② Case COMP/A. 38. 477/D2 British Airways/SN Brussels Airlines(2003), para. 23, http://ec. europa. eu/competition/antitrust/cases/dec_docs/38477/38477_19_3. pdf.

③ Case NO. COMP/M. 5830 Aegean Airlines/Olympic Air I(2011), http://ec. europa. eu/competition/mergers/cases/decisions/m5830_7897_2. pdf.

有两个不同的地域市场。决定相关城市组合的最重要因素是市场进入的难易程度，这里需要考虑包括机场方面的制约因素，如起降时刻(slots)；一个城市组合的一端或两端是否存在枢纽(hub)从而可以降低乘客的成本；建设足够规模的枢纽需要的时间与成本等。值得注意的是，如果一个给定的城市组合的任何一端存在两个或两个以上的机场，这个地域市场可以界定为机场组合。

在美国一个地区法院2000年审理的Northwest Airlines/Continental Airlines案[①]中，美国司法部指控西北航空公司取得大陆航空公司的控股权存在排除竞争之嫌。[②] 美国司法部将这个案件的相关地域市场界定为国内城市组合(domestic city pairs)，[③]理由是这个案件竞争关注的具体路线是两家航空公司之间的枢纽到枢纽(底特律到休斯顿)。美国司法部在这个案件中强调枢纽路线作为相关地域市场，理由是在一个终点建造枢纽并在该线路上有利可图的运营所需的条件，这会提高市场进入的障碍，也即是没有建立枢纽的航空公司被视为不可能进入市场。该案最终通过和解结案，所以执法部门最终没有明确地界定市场。[④]

在2010年的United Airlines/Continental Airlines的并购案中，美国司法部认为这两家参与并购的企业在某些航线存在直航服务的竞争。[⑤] 最后，并购交易方与美国司法部达成了和解，同意剥离其部分资产。美国司法部在该案的新闻稿中没有解释界定的相关地域市场究竟是机场组合还是城市组合。在这个并购案中，一个私人诉讼试图阻止这个并购交易，并试图在加州北区法院寻求一项初步禁令。[⑥] 原告提出了三种界定相关地域市场的方案：一是承运人针对

---

① United States v. Northwest Airlines Corp., No. 98 – 74611 (E. D. Mich. 2000), https://www.justice.gov/atr/case/us – v – northwest – airlines – corp – and – continental – airlines – inc.

② Complaint, United States v. Northwest Airlines Corp., No. 98 – 74611 (E. D. Mich. 2000), https://www.justice.gov/atr/case – document/complaint – 174.

③ Trial Brief of the United States at 10 – 11, United States v. Northwest Airlines Corp., No. 98 – 74611 (E. D. Mich. 2000), https://www.justice.gov/atr/case – document/trial – brief – united – states.

④ Stipulated Order of Dismissal without Prejudice at 1, United States v. Northwest Airlines Corp., No. 98 – 74611 (E. D. Mich. Jan. 22, 2001), https://www.justice.gov/atr/case – document/stipulated – order – dismissal – without – prejudice.

⑤ Press Release, U. S. Dep't of Justice, United Airlines and Continental Airlines Transfer Assets to Southwest Airlines in Response to Department of Justice's Antitrust Concerns (Aug. 27, 2010), https://www.justice.gov/opa/pr/united – airlines – and – continental – airlines – transfer – assets – southwest – airlines – response.

⑥ Malaney v. UAL Corp., No. 3:10 – CV – 02858 – RS (N. D. Cal. Sept. 27, 2010), https://cases.justia.com/federal/district – courts/california/candce/3:2010cv02858/229184/45/0.pdf? ts = 1376374768.

商务旅行通过互联网开展竞争的市场;二是十三对机场组合;三是美国的整个航空业。[①] 然而,法院拒绝了第一种界定方案,理由是 Southwest、JetBlue Airways 等低成本航空公司针对商务旅行同样也通过互联网参与了竞争,所以也应该被纳入相关市场。法院也否定了第二种界定方案,因为缺乏相关的证据来证明是这些机场组合而非城市组合可以构成相关市场。法院还认为,原告没有成功地界定"时间敏感性旅客"的相关市场,因为它没有对这类旅客选择这十三组机场的意愿进行评估。法院同样也拒绝了第三种界定市场的方案,理由是市场的界定应该考虑相关产品及其替代品之间的需求交叉弹性或者合理的可替代性。

除了 O&D 方法,有些典型案例还提出了网络相关市场的界定(network market definition)。这种界定方法是从供给替代性的角度进行分析,认为航空公司之间的竞争是建立在网络(航线)对网络的基础上,即不同航线网络构成不同的相关地域市场。

随着航空联盟(airline alliances)日益发展,航空公司之间的竞争逐步演变为联盟之间的竞争,即有些客户(尤其是公司客户)可能同时会与多个公司或联盟订立合同,以便获得覆盖更广泛的航线网络服务。当执法部门评估一个联盟的竞争效果时,可能需要对传统的 O&D 界定法予以拓宽。例如,美国交通部往往从三个层面对航空联盟的竞争效应进行评估,这即是网络层面、国家组合层面和城市组合层面。[②] 美国交通部与欧盟委员会 2010 年关于航空联盟共同发布的研究报告也强调了网络因素的重要性,因为"承运人针对一个单独的城市组合作出其商业决定时,不仅应当评估 O&D 市场,而且还应当评估它们对整个网络的影响"。[③]

---

① Order Denying Motion for Preliminary Injunctionat 13, Malaney v. UAL Corp., No. 3:10 – CV – 02858 – RS(N. D. Cal. Sept. 27, 2010).

② EU/DOT Alliance Report(2010), para. 79, http://ec. europa. eu/competition/sectors/transport/reports/joint_alliance_report. pdf. 另参见 US DOT Final Orders in US – Japan Alliance(2010), http://www. regulations. gov/#! documentDetail;D = DOT – OST – 2010 – 0059 – 0185; Air Canada, Austrian, BMI, Continental, Lufthansa, LOT, SAS, Swiss, TAP(2009), https://www. justice. gov/atr/comments – department – justice – show – cause – order – joint – application – air – canada – et – al.

③ EU/DOT Alliance Report(2010), para. 79, http://ec. europa. eu/competition/sectors/transport/reports/joint_alliance_report. pdf, 另参见 Case COMP/AT. 39595 – Continental/United/Lufthansa/Air Canada (2013), http://ec. europa. eu/competition/antitrust/cases/dec _ docs/39595/39595 _ 3012 _ 4. pdf; and COMP/39. 596 – British Airways/American Airlines/Iberia(2010), http://ec. europa. eu/competition/antitrust/cases/dec_docs/39596/39596_4342_9. pdf。

美国交通部有时会将受航空联盟影响的整个航运网络界定为相关市场，而且认为这个网络为联盟带来的利益会超出联盟成员之间因为重叠的城市组合所带来的潜在反竞争效果。[①] 美国司法部也会评估航空联盟的反竞争效果。如果联盟共同拥有支配权或者获得反垄断的豁免，美国司法部往往会担心联盟成员之间的竞争会减少，特别是针对那些很少竞争或没有竞争的航线而言。美国司法部反对 Continental Airlines 和 Northwest Airlines 两个航空公司之间的并购，因为它担心这两个公司部分所有权的联合可能会导致它们之间相互竞争的减少。但是，美国司法部对这两家航空公司建立的航运联盟却没有进行指控。[②]

2009 年，美国司法部针对五家航空公司拟共同建立的 Oneworld（寰宇联盟）向美国交通部提交了评价意见，并且将这个案件的相关产品市场界定为跨大西洋的直航服务。司法部指出，如果对这个联盟予以反垄断豁免，六条跨大西洋航线的票价将会上涨，因此它建议剥离相关企业在这六条航线的部分资产。[③] 美国交通部最终予以 Oneworld 反垄断豁免的批准书上附加了限制性条件，[④]理由是这个联盟可能导致美国与伦敦希斯罗国际机场之间的航线出现潜在的竞争损害，因为希斯罗国际机场是 Oneworld 联盟的一个核心枢纽。[⑤] 考虑到希斯罗国际机场有限的滑行跑道以及飞机起降的空管限制，新企业进入市场的难度很大。最终，美国交通部要求这个联盟将其在特定航线的"起降时刻"剥离给独立于 Oneworld 的航空公司。[⑥]

然而，欧盟委员会在其 2004 年就 AIR FRANCE/KLM 并购案作出的决定

---

① Show Cause Order of the Dep't. of Transp. at 30 – 32, American Airlines, DOT – 0ST – 2008 – 0252 – 3390 (Dep't of Transp. Feb. 13, 2010), http://startelegram. typepad. com/files/dot – ost – 2008 – 0252 – 3390. pdf.

② Brief of Dep't of Justice at 6, United States v. Northwest Airlines Corp., No. 98 – 74611 (E. D. Mich. Oct. 24, 2000), https://www. justice. gov/atr/case – document/trial – brief – united – states.

③ Comments of U. S. Dep't of Justice, American Airlines, OST – 2008 – 0252 (Dep't of Transp. Dec. 21, 2009). https://www. justice. gov/sites/default/files/atr/legacy/2009/12/30/253575. pdf.

④ Final Order of the Dep't. of Transp. at 1 – 2, American Airlines, DOT – OST – 2008 – 0252 – 3406 (Dep't of Transp. July 20, 2010), http://www. regulations. gov/#! documentDetail; D = DOT – OST – 2008 – 0252 – 3406; oldLink = false.

⑤ Show Cause Order of the Dep't. of Transp. at 2, American Airlines, DOT – OST – 2008 – 0252 – 3390 (Dep't of Transp. Feb. 13, 2010), http://startelegram. typepad. com/files/dot – ost – 2008 – 0252 – 3390. pdf.

⑥ Final Order of the Dep't. of Transp. at 15, 18, American Airlines, DOT – OST – 2008 – 0252 – 3406 (Dep't of Transp. July 20, 2010), http://www. regulations. gov/#! documentDetail; D = DOT – OST – 2008 – 0252 – 3406; oldLink = false.

中指出,根据市场调查,低成本航空公司和地区性航空公司倾向采纳 O&D 方法来界定相关地域市场,理由是这类航空公司不具备庞大网络,即消费者在其经营的航线上不具备选择网络的可能性。这些被调查的航空公司认为,旅客在订立合同时考虑的往往是价格折扣、常旅客计划(frequent flyer programs)以及网络覆盖区域等因素,尽管航空联盟的成员一般可以提供价格折扣且具备更广泛的航线网络,但由于任何航空联盟都不可能覆盖全球所有的航线,因此对于公司客户而言,须同时考虑 O&D 和网络界定方法。① 在 2005 年关于 LUFTHANSA/SWISS 并购案的决定中,欧委会明确反对采用网络相关市场界定的方法,理由是网络不是消费者选择航空公司的决定性因素,消费者选择航空公司主要是考虑具体的航线。② 总之,从欧盟的情况看,O&D 仍然是欧委会界定相关地域市场的主要方法,而网络相关市场界定方法的采用则是谨慎和有限制的。

航班旅客运输服务的相关地域市场有时还存在细分市场,这里涉及的主要问题是同一起始地或目的地的不同机场是否属同一相关地域市场?欧委会认为应根据案件涉及的航线进行具体分析,③即具替代性的机场应属于同一相关市场。机场的可替代性一般须考虑以下方面:第一,相关的因素。这里包括旅行时间(机场远近)、旅行成本(机场中转和停靠的成本)、航班时刻和频率(不同机场航班时刻和频率不同)、服务质量等。④ 第二,载客区域(catchment areas)。欧委会在多个案件中强调,载客区域相同的两个机场具有可替代性。⑤ 确定载客区域须考虑不同机场与城市中心之间的距离。例如,在 RYANAIR/AER LINGUS 一案中,欧委会提出 100 公里或 1 小时车程是同一载客区域的最保守

---

① Case NO. COMP/M. 3280 – AIR FRANCE/KLM, paras. 9 – 16, http://ec. europa. eu/competition/mergers/cases/decisions/m3280_en. pdf.

② Case NO. COMP/M. 3770 – LUFTHANSA/SWISS, para. 13, http://ec. europa. eu/competition/mergers/cases/decisions/m3770_20050704_20212_en. pdf.

③ Case NO. COMP/M. 3280 – AIR FRANCE/KLM, paras. 24 – 34, http://ec. europa. eu/competition/mergers/cases/decisions/m3280_en. pdf.

④ Case NO. COMP/M. 4439 – RYANAIR/AER LINGUS, para. 73, http://ec. europa. eu/competition/mergers/cases/decisions/m3280_en. pdf.

⑤ Case NO. COMP/JV. 19 – KLM/ALITALIA, para. 22, http://ec. europa. eu/competition/mergers/cases/decisions/jv19_en. pdf; COMP/M. 2672 – SAS/SPANAIR, para. 11, http://ec. europa. eu/competition/mergers/cases/decisions/m2672_en. pdf.

估值。①

(二)航空货物运输服务(Air Transport of Cargo)

航空货物运输服务是指航空运输企业以飞机作为运输工具提供的货物运输服务。航空货运虽然与旅客运输一样,也是涉及人或物的离开地和到达的目的地,但是它与旅客运输的差别在于,同一客户可能在同一时间有多个货物运出,从而可能同时会到达一个或多个目的地。这种情况下,货主们一般不会太关心一个航班的直接终点在哪里,而旅客们关心的则是航班到达目的地的时间以及航班经停站点的数量等。此外,在航空货运中,界定产品市场考虑的主要因素是货物的尺寸和密度、运输距离的远近、运输的货物是否为危险品、运输的时间,此外还要考虑货物的打包、跟踪等各种配套服务。一般而言,航空货运基于这些货物与服务的类型,其运输的费用差别很大。

航空货运的产品市场可能被界定的很宽,即将航空货运整个市场作为相关市场,但也可能界定的较窄,比如界定为包含打包和配送服务的快递包裹服务市场。快递包裹服务与大批货运服务存在着很大的差异,因为快递包裹服务一般是从一个交通枢纽发送到不同的目的地,但是大批货运服务则经常是点对点的路线,因此地域市场的界定基于承运企业或者货物的类型也往往存在很大的差异。

1. 相关产品市场

根据欧盟的典型案例,航空货物运输服务相关产品市场的细分市场主要涉及以下两方面的问题。

(1)是否与其他运输工具的货物运输属同一市场

对于这一问题,欧委会在其2004年AIR FRANCE/KLM并购案的决定中指出,在欧洲境内,大部分航空货物运输的价格会受到其他运输方式特别是公路运输的影响,因此公路货物运输和一部分铁路货物运输应当与航空货物运输属同一相关市场。②

(2)是否根据运输产品的种类或性质进一步细分市场

某些航空运输的货物具有特殊性,如一些体型超大或者具有危险性的货物

① Case NO. COMP/M. 4439 – RYANAIR/AER LINGUS, para. 83, http://ec. europa. eu/competition/mergers/cases/decisions/m3280_en. pdf.

② Case NO. COMP/M. 3280 – AIR FRANCE/KLM, para. 36, http://ec. europa. eu/competition/mergers/cases/decisions/jv19_en. pdf.

需要全货机，某些易腐烂的货物需要由频率多的混合机运输，由此人们可能会提出是否有必要根据货物的特殊性将航空货物运输市场进一步细分问题。欧委会在某些并购案件的审理中考虑过这个问题，但它认为这个问题对竞争评估没有影响，因此未予以明确的回答。①

2. 相关地域市场

航空货物运输的起飞地和降落地并不一定就是货物的真正起始地或目的地，因为这种运输往往需要借助多种运输方式才能将货物由起始地运抵目的地。因此，同旅客运输相比，航空货物运输对时间的敏感度相对较低。在实践中，欧委会界定航空货物运输的相关地域市场时通常不采用 O&D 的方法，而是以大洲划分地域市场。根据欧盟的案例，欧委会认为欧洲境内航空货物运输的相关地域市场为整个欧洲，跨洲的航空货物运输则以不同的大洲作为相关市场。②

在 2009 年 LUFTHANSA/BMI 和 LUFTHANSA/AUSTRALIAN AIRLINES 两个案件中，欧委会对跨洲航线进一步细分为基础设施较为完备的大洲和基础设施不发达(less developed)或不充分(insufficient)的大洲，前者是以大洲划分地域市场，后者是以目的地国家划分地域市场。欧委会的观点是，不同大洲的基础设施状况完全不同：在基础设施完备的大洲，各国机场之间、不同交通工具之间能够顺畅衔接，从而能够构成统一相关市场；而在基础设施落后的大洲，各国的机场之间、不同交通工具之间的衔接可能较为困难，因此这些地域的国家与国家之间应当分别构成独立的相关市场。③

至于哪些大洲属于基础设施相对落后的大洲，欧委会在不同案件中往往有不同的认定。例如，在 LUFTHANSA/BMI 一案中，非洲被视为基础设施不发达的洲，而且在 LUFTHANSA/AUSTRALIAN AIRLINESA 一案中，亚洲和中东被

---

① Case NO. COMP/M. 3280 – AIR FRANCE/KLM, paras. 37 – 38, http://ec. europa. eu/competition/mergers/cases/decisions/jv19_en. pdf; COMP/M. 5403 – LUFTHANSA/BMI, para. 20; COMP/M. 5440 – LUFTHANSA/AUSTRIAN AIRLINES, para. 32, http://ec. europa. eu/competition/mergers/cases/decisions/m5403_20090514_20310_en. pdf.

② Case NO. COMP/M. 3280 – AIR FRANCE/KLM, para. 36, http://ec. europa. eu/competition/mergers/cases/decisions/m3280_en. pdf.

③ Case NO. COMP/M. 5403 – LUFTHANSA/BMI, para. 18, http://ec. europa. eu/competition/mergers/cases/decisions/m5403_20090514_20310_en. pdf; COMP/M. 5440 – LUFTHANSA/AUSTRIAN AIRLINES, para. 30, http://ec. europa. eu/competition/mergers/cases/decisions/m5440_20090828_20600_en. pdf.

视为基础设施不充分地区。

（三）其他航空运输服务

除了航班旅客运输服务和航空货物运输服务，欧盟的典型案例还提出以下几类相关产品市场。

1. 维护、修理和大修服务（Maintenance, Repair and Overhaul, MRO）

维护、修理和大修服务，是指航线维护、飞机发动机和附件的修理以及飞机大修服务。

欧委会在 KLM/ALITALIA 一案中将 MRO 市场细分为四个产品市场：(1)航线维护；(2)大修；(3)飞机发动机维修；(4)飞机附件维修。

欧委会认为，除航线维护外，MRO 的相关地域市场至少应为欧洲经济区（EEA - wide）。而航线维护通常在始发或目的地机场、飞机运行基地进行，所以其相关地域市场往往较小，是地区性的（regional）。[①]不过，在 AIR FRANCE/KLM、LUFTHANSA/BMI、LUFTHANSA/AUSTRIAN AIRLINES 三个典型案例中，欧委会对 MRO 市场的相关地域市场均未予以明确回答。[②]

2. 向旅行社销售舱位服务（Supply of Airline Seats to Tour Operators）

欧委会在 AIRTOURS/FIRST CHOICE 案中认为，航空公司向旅游经营商销售舱位的经营与航班旅客运输、包机服务不属于同一相关市场，并且提出将这一市场可细分为短途和长途航线的可能性，其相关地域市场为一国境内。[③]

在 LUFTHANSA/AUSTRIAN AIRLINES 一案中，欧委会重申了向旅游经营商销售舱位的经营可以构成独立的相关产品市场，但是没有明确回答相关产品市场方面是否需要进一步细分为短途和长途航线，也没有明确回答相关地域

① Case NO. COMP/M. 5403 - LUFTHANSA/BMI, paras. 17 - 18, http://ec. europa. eu/competition/mergers/cases/decisions/m5403_20090514_20310_en. pdf;; COMP/M. 5440 - LUFTHANSA/AUSTRIAN AIRLINES, paras. 37 - 38, http://ec. europa. eu/competition/mergers/cases/decisions/m5440_20090828_20600_en. pdf.

② Case NO. COMP/M. 3280 - AIR FRANCE/KLM, para. 41, See COMP/M. 3280 - AIR FRANCE/KLM, para. 36, http://ec. europa. eu/competition/mergers/cases/decisions/m3280_en. pdf; COMP/M. 5403 - LUFTHANSA/BMI, para. 22, http://ec. europa. eu/competition/mergers/cases/decisions/m5403_20090514_20310_en. pdf; COMP/M. 5440 - LUFTHANSA/AUSTRIAN AIRLINES, para. 39, http://ec. europa. eu/competition/mergers/cases/decisions/m5440_20090828_20600_en. pdf.

③ IV/M. 1524 - Airtours/First Choice, paras. 34 - 50, http://ec. europa. eu/competition/mergers/cases/decisions/m1524_en. pdf.

市场界定的问题。①

3. 航空餐饮服务(In – flight Catering)

欧委会在 LUFTHANSA/AUSTRIAN AIRLINES 一案的决定中认为,航空餐饮服务包括经济舱、商务舱的餐饮及其附加服务,这个市场应当是独立的相关产品市场,这个服务的相关地域市场一般为相关机场或机场区,即几个近距离的机场形成的区域。但是,欧委会在这个案件中没有明确回答是否应将该产品市场进一步细分为传统、新型或混合型餐饮服务。②

三、我国航空运输业内分类习惯和基本竞争状况

(一)我国航空运输业内分类习惯

我国公共航空运输业通常有以下两种分类方式:

(1)根据运输客体,航空运输市场可分为航空客运市场和航空货运市场;

(2)根据航线覆盖的地理区域,航空运输市场可分为国际航线和国内航线。

(二)我国航空运输业基本竞争状况

随着我国实施了对内改革和对外开放的经济政策,我国的公共航空运输业也经历着一个改革和市场化的进程。1987 年,我国开始实行航空公司与机场分设的体制改革,成立了国航、东方、南方、西南、西北和北方六家国有骨干航空公司,上航、川航、深航等地方性国有航空公司也应运而生。2002 年 3 月,国务院决定对中国民航业再次重组,组成了中航、东航、南航、中航信、中航材和中航油六大集团公司。2002 年 6 月 21 日,国家民用航空总局颁布了《外商投资民用航空业规定》,允许外商投资中国航空运输企业,这标志着我国开始尝试开放民用航空市场,即除了空中交通管制系统,外商可投资公共航空运输企业、通用航空企业、民用机场等项目,条件是民航企业须保持中方控股。③ 2005 年年初,民航总局先后颁布了《公共航空运输企业经营许可规定》和《国内投资民用航空业规定(试行)》,强调在国有经济主导的前提下,允许集体企业和私营企业投资公共航空运输、通用航空、民用机场、空中交通管理系统、航油销售储运加注、飞机维修、计算机订座系统服务等多种民用航空项目,这标志着我国民营资本正式进

---

① Case NO. COMP/M. 5440 – LUFTHANSA/AUSTRIAN AIRLINES, para. 36, http://ec. europa. eu/competition/mergers/cases/decisions/m5440_20090828_20600_en. pdf.

② Case NO. COMP/M. 5440 – LUFTHANSA/AUSTRIAN AIRLINES, paraS. 40 – 42, http://ec. europa. eu/competition/mergers/cases/decisions/m5440_20090828_20600_en. pdf.

③ 《外商投资民用航空业规定》,载 http://www. china. com. cn/chinese/PI – c/170159. htm,最后访问日期:2018 年 4 月 25 日。

入民用航空市场。此后,春秋航空、东星航空、奥凯航空、吉祥航空等民营航空公司进入市场,我国公共航空运输业呈现出以国有资本为主、投资主体多元化的格局。2002 年以来,我国民航业在所有制分开、政企分离、机场和地方分离等方面进行了改革探索,逐步确立了以企业为主体、有序竞争的市场经济体系。截至 2013 年年底,我国共有运输航空公司 46 家,其中国有控股的 36 家,民营和民营控股的 10 家。在这 46 家航空公司,全货运航空公司 7 家,中外合资航空公司 13 家,上市公司 5 家,即我国航空市场出现了多元化市场主体,呈现多样化与专业化竞争并存的发展态势。①

四、结论

我国航空运输业相关市场的界定应立足于我国航空运输市场的现状和特点,审理案件应注意个案分析。借鉴美欧相关实践经验,我国航空运输业相关市场的界定总体上可采用以下方法。

(一)相关产品市场

1. 航空运输业相关产品市场主要分为航班旅客运输服务市场和航空货物运输服务市场。

2. 航班旅客运输服务市场的细分市场:应首先确定细分市场的界定对案件的竞争评估是否有意义,否则无须进行细分。下述情况下的市场细分均须根据案件的具体情况进行个案分析:

(1)直航与非直航:通常情况下,这两者在短途航线中不属于同一相关市场,在长途航线中属同一相关市场。

(2)时间敏感性旅客与时间不敏感性旅客:通常可区分为不同相关市场。

(3)包机服务:原则上与航班旅客运输服务不属于同一相关产品市场。

(4)其他运输工具提供的运输服务:通常与航班旅客运输服务不属于同一相关市场。

3. 维护、修理和大修服务(MRO)、向旅游经营商销售舱位、航空餐饮服务均为独立的相关产品市场。

(二)相关地域市场

1. 航班旅客运输服务:应采用 O&D 方式界定相关地域市场,其中具有替代性的机场属同一相关市场。

---

① 李建伟:《我国航空运输业发展现状与存在的问题》,载 http://finance.eastmoney.com/news/1373,20151207572911814.html,最后访问日期:2018 年 5 月 8 日。

2. 航空货物运输服务:分为国内航线和国际航线。

国内航线:相关地域市场为全国;

国际航线:相关地域市场为不同大洲,但应根据与案件相关的大洲、国家或地区的基础设施、交通状况进行个案分析,基础设施完备、交通便捷的地区相关地域市场范围较广;基础设施、交通落后地区相关地域市场范围较小。

3. 维护、修理和大修服务:原则上除航线维护外,该种服务的相关地域市场为全球,但要考虑到具体案件中所涉及的具体服务种类、国内相关服务的发展状况、相关行业和航空公司的习惯做法以及不同飞机的相关特性等因素。航线维护的相关地域市场为开展该项服务的某个地区。

4. 向旅游经营商销售舱位:其相关地域市场一般为全国性市场。

5. 航空餐饮服务:其相关地域市场通常为提供该项服务的机场或机场区域。

第二节　汽车业的相关市场界定

一、行业简介

汽车业主要指汽车主机、零部件制造以及汽车装配等工业部门,也包括与汽车制造相关的汽车经销、汽车售后服务、汽车融资等服务部门。汽车业在发达的经济体往往起着支柱性的作用,表现在:(1)在产值和销售收入中,汽车业占较大比重;(2)汽车业的发展可以推动许多相关产业和服务部门的发展;(3)汽车制造是一个技术密集型的产业,它会涉及各种新材料、新设备、新工艺和新技术的使用,因此也是一个包容性大和可以推动多产业发展的载体。①

反垄断法中的经营者集中审查以及垄断协议和滥用支配地位的调查常常会涉及汽车业。欧盟、中国等法域的经营者集中审查通常将汽车整车市场界定为两个独立的相关市场,即乘用车市场和商用车市场。此外,往往还需要界定与整车市场紧密关联的其他相关市场,其中最重要的是汽车零部件市场。汽车业的横向或者纵向垄断协议案常常涉及汽车经销和汽车售后服务。此外,汽车业可界定的市场还包括汽车保险市场、汽车金融(融资服务)市场、汽车工程

① 参见《五年来我国汽车市场及汽车流通行业的发展变化》,载中国汽车流通协会编:《2015 中国汽车市场年鉴》,中国商业出版社 2015 年版,第 3 ~ 7 页。

服务市场、汽车租赁市场等。根据具体案件的具体情况,乘用车市场、商用车市场、汽车零部件市场、汽车售后市场等还可能进一步被细分为若干个子市场。

这一节基于欧盟和我国的案例,主要梳理乘用车市场、商用车市场、汽车零部件市场和汽车经销市场的竞争分析思路,进而对我国反垄断执法提出建议。

二、汽车业相关市场界定的典型案例及理论分析

(一)乘用车

1. 相关产品市场

(1)乘用车市场

欧委会在相关案例中将“乘用车”(passenger cars)定义为“主要为私人使用之目的运送乘客的公路车辆”,由此将乘用车与满足商业用途的“商用车”相区分。[①] 在这些案例中,因为不管采用什么标准界定乘用车的相关产品市场,它们都不会对案件的竞争分析产生实质性影响,欧委会认为不必明确回答乘用车市场是否可以界定为单一的相关产品市场,或是否可以按发动机的尺寸、车身长度等标准细分这个产品市场的子市场。[②]即在这些案例中,相关产品市场通常被界定为“制造和提供乘用车”(the market for the manufacture and supply of passenger cars)的市场,以下简称乘用车市场。

我国商务部在通用汽车收购德尔福的反垄断审查决定中也是将乘用车市场界定为相关产品市场。[③]由于该案涉及一项纵向收购,交易双方在乘用车市场上没有横向重叠,且反竞争影响主要出现在汽车零部件市场上,商务部在该案中未进一步界定细分的乘用车市场。

(2)乘用车细分市场

欧委会在某些案件中多次提出可以进一步细分乘用车市场。但在多数情况下,由于无论何种细分乘用车市场的方案对拟议交易的竞争分析都不会产生

---

① Case NO. IV/M. 1519 – Renault/Nissan, para. 18.

② Case NO. IV/M 416 BMW/Rover, IV/M. 741 – Ford/Mazda, IV/M. 1204 Daimler – Benz/Chrysler, IV/M. 1326 – Toyota/Daihatsu, IV/M. 1452 – Ford/Volvo, IV/M. 1519 – Renault/Nissan, COMP/M. 2832 – General Motors/Daewoo, COMP/M. 5061 Renault/Russian Technologies/Avtovaz, COMP/M. 5250 Porsche/Volkswagen, COMP/M. 5617 General Motors/Delphi Corporation.

③ 商务部公告 2009 年第 76 号。

实质性的影响,欧委会认为这些案件可以不必界定细分的乘用车市场。①

根据欧委会关于乘用车最狭窄的细分方案,乘用车市场可以进一步细分为下列九种子市场,它们包括:

A. 微型轿车(mini cars)

B. 小型轿车(small cars)

C. 中型轿车(medium cars)

D. 大型轿车(large cars)

E. 商务轿车(executive cars)

F. 豪华轿车(luxury cars)

S. 跑车(sport coupés)

M. 多用车 (multi purpose cars/ multi purpose vehicles)

J. 运动多功能车(sport utility cars/ sport utility vehicles)

欧委会认为,客户可能会考虑产品的大小、型号、价格以及产品间的相互可替代性,上述 A ~ F 的细分市场就可以体现这些方面的差别。细分市场 S、M 和 J 则是体现了车型的特殊性,如购买运动多功能车(sport utility vehicles, SUV)的客户往往不会因为 SUV 价格上涨了 5% ~10% 而转而购买轿车。购买跑车的客户也会有自己特殊的考虑。因此,跑车、多用车和 SUV 有可能被分别界定为独立的相关产品市场。②

欧委会还指出,除了尺寸和车身长度之外,上述细分市场的界限有时候也是模糊的,因为客户的选择经常是基于一系列因素的综合考虑,包括价格、大小、品牌形象、技术配置等。但是,出于市场定位和市场营销等目的,乘用车相关市场的细分市场在业界也是被广泛采纳的。③

---

① Case NO. IV/M 416 BMW/Rover, IV/M. 741 – Ford/Mazda, IV/M. 1204 Daimler – Benz/Chrysler, IV/M. 1326 – Toyota/Daihatsu, IV/M. 1452 – Ford/Volvo, IV/M. 1519 – Renault/Nissan, COMP/M. 2832 – General Motors/Daewoo, COMP/M. 5061 Renault/Russian Technologies/Avtovaz and COMP/M. 5250 Porsche/Volkswagen, COMP/M. 5617 General Motors/Delphi Corporation.

② Case NO. COMP/M. 5250 – Porsche/Volkswagen.

③ Case NO. IV/M. 1519 – RENAULT / NISSAN, para. 20.

（1）微型轿车　（2）小型轿车　（3）中型轿车

（4）大型轿车　（5）商务轿车　（6）豪华轿车

（7）跑车　（8）多用车（MPV）

（9）SUV

图8－1　欧盟乘用车细分产品市场图例

2. 相关地域市场

欧委会认为，从供应的角度看，乘用车的生产是国际化或全球化的。[①]然而从需求的角度看，尽管欧盟成员国之间的贸易壁垒包括技术壁垒或分销体系的限制已经被打破，但成员国之间在产品价格、机动车税费、销售制度以及汽车大

① Case NO. IV/M. 741 – Ford/Mazda.

生产商对国内市场的渗透度等方面仍然存在差异。[①]然而,在相关案例中,由于无论采用何种地域市场界定的方案都不会对拟议交易的竞争分析产生实质性的影响,欧委会认为这些案件不需要明确地界定相关地域市场。因此,对于乘用车相关地域市场究竟是成员国境内还是整个欧洲经济区,欧委会未做出明确的回答。[②]

在这个方面,我国商务部在通用汽车收购德尔福一案的反垄断审查决定中,将乘用车的相关地域市场界定为中国市场。[③]

(二)商用车

1. 相关产品市场

(1)商用车市场

欧委会在相关案例中将"商用车"(commercial vehicles)定义为"主要用于商业服务之目的而载货或载客的公路车辆"。[④]但是,在欧盟的很多案例中,商务车市场又进一步细分为若干个子市场。

中国商务部就通用汽车收购德尔福一案的决定中,商用车市场被界定为该案的相关产品市场。[⑤]由于该案涉及纵向收购,交易双方在商用车市场上没有横向的竞争关系,即反竞争影响的分析集中在汽车零部件市场上,因此商务部在该案关于商用车的市场界定是合理的。

(2)商用车细分市场

欧委会曾在具体案件中将商用车细分为若干个独立的产品市场,包括:

A. 载重量 5 吨以下的轻型商用车(light commercial vehicles),

B. 载重量 5 ~ 16 吨的中型卡车(medium trucks),

C. 载重量 16 吨以上的重型卡车(heavy trucks),[⑥]

D. 公共汽车(buses),

E. 长途客车(touring coaches)。[⑦]

---

① Case NO. IV/M. 1519 – Renault/Nissan, para. 24.

② Case NO. COMP/M. 5518 – Fiat/Chrysler, para. 20.

③ 商务部公告 2009 年第 76 号。

④ Case NO. IV/M. 1519 – Renault/Nissan, para. 21.

⑤ 商务部公告 2009 年第 76 号。

⑥ Case NO. IV/M. 1519 – Renault/Nissan, para. 21; IV/M. 004 – Renault/Volvo; IV/M. 741 – Ford/Mazda.

⑦ Case NO. IV/M. 1672 – Volvo/Scania, paras. 214 – 230; IV/M. 477 – Mercedes – Benz/Kässbohrer; IV/M. 1202 – Renault/Iveco.

欧委会在其 Volvo/Scania 一案的决定中指出，市场测试支持商用车市场进一步细分为轻型商用车、中型卡车和重型卡车等三个独立的市场，而且这也符合业界的惯用分类法。[①] 欧委会在这个案件的决定中还指出，16 吨以上和 16 吨以下的卡车在技术配置、生产线和销售模式等方面均存在显著差异，因此业界普遍以 16 吨作为中型和重型卡车的分界标准，而且客户通常认为 16 吨以上和 16 吨以下的卡车相互不存在可替代性。[②]

欧委会在 Renault/Nissan 案的决定中还指出，尽管轻型商用车也有不同的分类（见图 8 - 2），如厢式客货车/面包车（vans）、微型面包车（mini vans）、皮卡车（pick - ups），但是由于这些产品相互间存在显著的需求替代，因此轻型商用车市场的进一步细分就没有必要。[③]

欧委会在其 Volvo/Scania 一案的决定中指出，公共汽车可进一步细分为三个子市场：a. 市内公共汽车（city buses）；b. 城间公共汽车（inter - city buses）；c. 旅游车（touring coaches）。[④]在 Volvo/Scania 一案中，并购申报方从供给替代的角度提出，公共汽车（包括长途客车）应构成一个产品市场，而且这个市场无须进行细分。但是，欧委会没有支持并购申报方的意见，而是从需求方的角度指出公共汽车市场应当进行细分的依据。欧委会指出，一般情况下，乘客每次乘坐市内公共汽车的时间比较短，便于乘客上下车的设备对市内公共汽车非常重要，这种车从而要求低底盘、多门或宽门。与此相比，长途的旅游客车是长距离地运送乘客，因此需要追求舒适程度和足够的储物空间。[⑤]而城间公共汽车通常用于城郊或城市间的客运服务，其技术特点介于市内公共汽车和旅游车之间。[⑥]欧委会认为，尽管市内公共汽车和长途旅游车之间没有不可逾越的界限，但它们属于不同质的产品，相互间的需求替代程度比较低，因此市内公共汽车、城间公共汽车、长途旅游车应分别构成单独的产品市场。[⑦]

---

① Case NO. IV/M. 1672 – Volvo/Scania, paras. 14 – 18.

② Case NO. IV/M. 1672 – Volvo/Scania, paras. 15 – 18.

③ Case NO. IV/M. 1519 – Renault/Nissan, para. 21.

④ Case NO. COMP/M. 1672 – Volvo/Scania, para. 215.

⑤ Case NO. IV/M. 1672 – Volvo/Scania, paras. 216 – 217.

⑥ Case NO. IV/M. 1672 – Volvo/Scania, para. 225.

⑦ Case NO. IV/M. 1672 – Volvo/Scania, paras. 215, 230.

(1)轻型商用车

(2)中型卡车

(3)重型卡车

(4)公共汽车

(5)长途客车

图8－2　欧盟商用车细分市场图例

2. 相关地域市场

如果无论采用何种地域市场界定的方案都不会导致拟议的交易对有效竞争产生实质性的影响，欧委会一般就认为这个案件不需要界定商用车的相关地域市场。[①]如果一个拟议的交易将可能产生或者加强支配地位或者可能实质性地影响有效竞争时，欧委会就会明确地界定商用车的相关地域市场。

在欧委会审理的 Volvo/Scania 一案中，并购申报方援引欧委会在 Renault/Iveco 一案中的观点，提出涉案重型卡车的相关地域市场应是整个欧洲经济区。在 Renault/Iveco 一案中，欧委会将涉案旅游大巴车的相关地域市场界定为欧洲经济区的理由是这种产品在欧洲经济区有大量的进出口；这种长途客车多为私人经营，经营者对价格相当敏感，且缺乏对本国品牌的忠诚度。[②]除了援引欧委会的上述观点外，Volvo/Scania 一案中的申报方还将价格水平、大生产商对欧洲经济区成员国的渗透度、不断增加的出口量、大型跨国买主的存在、大买主通常为双源或多源采购、产品标准化程度不断提高、外国生产商没有进入市场的障碍、平行进口的存在等各种理由作为证据。[③]

但是，欧委会却认为 Volvo/Scania 一案中重型卡车的相关地域市场应当是丹麦、芬兰、挪威、瑞典和爱尔兰五个欧洲经济区成员国。它的理由是，除了上述五个国家，这个拟议的并购交易在欧洲经济区其他部分都不会导致市场支配地位，因此在欧洲经济区的其他地区不需要界定重型卡车的相关地域市场。[④]针对并购申报方提出重型卡车的相关地域市场应是整个欧洲经济区的观点，欧委会从价格和非价格两个角度予以反驳，这些理由包括：(1)重型卡车在欧洲经济区各成员国的销售价格存在显著差异；(2)欧洲经济区各成员国的用户已经习惯于这种显著差别；(3)欧洲经济区内对重型卡车的技术要求虽然基本一致，但各成员国对它仍然设置了一系列不同的技术要求；(4)重型卡车的买方通常在各成员国的境内完成购买；(5)重型卡车的分销、售后服务网络以及保修条款使得买方仅考虑从当地分销商的手中购买产品；(6)申报方在欧洲经济区各成员国的市场份额存在显著差异。[⑤]

---

① Case NO. COMP/M. 5617 – General Motors/Delphi Corp. ; IV/M. 1519 – Renault/Nissan.

② Case NO. IV/M. 1202 – Renault/Iveco; IV/M. 1672 – Volvo/Scania, para. 33.

③ Case NO. IV/M. 1672 – Volvo/Scania, paras. 34 – 36.

④ Case NO. IV/M. 1672 – Volvo/Scania, paras. 32 – 33.

⑤ Case NO. IV/M. 1672 – Volvo/Scania, paras. 37 – 65.

(三)汽车零部件

1. 相关产品市场

(1)汽车零部件市场

欧委会在一系列涉及汽车零部件制造商的并购决定中指出,如果即便是采用最狭窄的产品市场界定方案,拟议的并购交易也不会对有效竞争产生实质影响时,这个案件就不需要界定相关市场。[①]

(2)汽车零部件细分市场

欧委会在 General Motors/Delphi Corporation 一案的决定中指出,德尔福在以下四个汽车零部件的细分市场上的份额接近或超过 20% ~30%:a. 汽车电子电气传输系统;b. 包括防盗超声波入侵探测器和警报器在内的汽车安全产品;c. 包括开关和开关总成在内的汽车机电一体化产品;d. 包括集成天线、通信天线、DVB – T 数字电视接收机在内的汽车外围产品。[②]此外,欧委会还指出,在汽车动力总成这个相关市场上,通用汽车公司制造动力总成产品,德尔福制造动力总成的零部件,因此通用汽车公司和德尔福在这个市场上存在上、下游的关系。[③]然而,欧委会指出,不管采用任何一种界定相关市场的方案,这个拟议的交易都不会导致限制竞争的问题,因此对上述四个产品市场无须作出明确的界定。[④]

在我国商务部关于通用汽车收购德尔福的反垄断审查决定中,商务部界定了下列十个独立的汽车零部件子市场:a. 汽车电子电气传输系统市场;b. 汽车连接系统市场;c. 汽车电气中心市场;d. 汽车热能系统市场;e. 汽车娱乐和通信市场;f. 汽车控制和安全市场;g. 汽车安全系统市场;h. 汽车汽油发动机理系统市场;i. 汽车柴油发动机管理系统市场;j. 汽车燃料供给和蒸发产品市场。[⑤]这说明在通用汽车收购德尔福一案的反垄断审查中,我国商务部对汽车零部件子市场的划分要比欧委会对汽车零部件子市场的划分细很多。由于该案的竞争分析是针对汽车零部件市场,由于汽车零部件的品种繁多复杂,这种情况下,商务部在该案中界定更为细分的汽车零部件市场就是合理和必要的,因为通过这些

---

① Case NO. COMP/M. 5221 – Kenwood/JVC/Holdco, COMP/M. 4878 – Continental/Siemens VDO, COMP/M. 3972 – TRW Automotive/Dalphi Metal Espagne, COMP/M. 1332 – Thompson/Lucas.

② Case NO. COMP/M. 5617 – General Motors/Delphi Corporation, para. 13.

③ Case NO. COMP/M. 5617 – General Motors/Delphi Corporation, para. 19.

④ Case NO. COMP/M. 5617 – General Motors/Delphi Corporation, paras. 12 – 15, 19.

⑤ 商务部公告 2009 年第 76 号。

细分的市场界定更便于分析这个拟议的交易是否可能导致排除和限制竞争的效果。

2. 相关地域市场

欧委会在一系列涉及汽车零部件的并购案例中指出，汽车零部件市场或汽车零部件细分市场的相关地域市场至少应覆盖欧洲经济区。①欧委会在 General Motors/Delphi Corporation 一案的决定中还指出，根据市场调查，汽车零部件的相关地域市场可能是全球性的市场，只不过在这个案件中，任何一种界定相关地域市场的方案都不会导致这个拟议交易出现限制竞争的问题，因此这个案件不需要明确地界定相关地域市场。②

在我国商务部关于通用汽车收购德尔福的反垄断审查决定中，汽车零部件十个相关产品的相关地域市场均被界定为中国市场。③鉴于中国境内的汽车制造商采购汽车零部件时需要考虑中国市场的供应源，商务部在这个案件对相关地域市场的界定是合理的。

（四）汽车经销

1. 相关产品市场

欧委会在 Porsche/Volkswagen 一案的决定中指出，汽车经销是由批发和零售两个环节构成的，这两个环节可以构成两个不同的相关产品市场。例如，乘用车的批发和零售是由不同的市场主体在供应链的不同环节进行运营，即乘用车的批发是由汽车供应商或总经销商面向经销商（零售商）进行运营，乘用车的零售则由经销商面向最终客户。④因此在涉及汽车经销的案件中，可能需要将汽车批发和汽车零售细分为两个相关市场。此外，汽车经销市场还有可能根据车型和档次对相关产品市场进一步进行细分。

2. 相关地域市场

欧盟委员会在其 Volvo/Scania 一案中分析重型卡车的地域市场时指出，市场调查显示，客户购买重型卡车综合考虑的因素主要有价格、售后服务、二手车价值以及产品的保修条款；考虑售后服务的可靠性和可获得性，即使重型卡车

---

① Case NO. COMP/M. 5570 – Platinum Equity Group/Delphi Corporation, COMP/M. 5294 – Schaeffler/Continental, COMP/M. 5617 – General Motors/Delphi Corporation.

② Case NO. COMP/M. 5617 – General Motors/Delphi Corporation, para. 21.

③ 商务部公告 2009 年第 76 号。

④ Case NO. COMP/M. 5250 – Porsche/Volkswagen.

在各成员国的售价有显著差异,客户一般不会考虑通过平行进口而获利。[①]由此可以看出,欧盟委员会倾向于将汽车经销(包括乘用车和商用车的批发和零售)的地域市场界定为成员国的市场。

对中国市场而言,以乘用车为例,可以考虑将乘用车批发的地域市场界定为国家市场。这是因为在批发层面,各汽车制造商通常是在中国全境设立一名总经销商。例如,大众汽车(中国)销售有限公司作为德国大众汽车股份公司向中国进口的总经销商,承担着批发销售进口包括轿车、SUV 以及商务车等多种大众品牌乘用车的功能。

乘用车的零售渠道主要是 4S 店,这是一种集整车销售、维修服务、配件供应、信息咨询与反馈为一体的授权经销模式。4S 店的营业活动在过去通常被限制在整车厂授权的地域范围,即在特定地域拥有销售品牌汽车的非排他性经销权。但是,汽车销售品牌授权单一体制存在的问题很多,特别是垄断经营的问题严重,市场竞争不充分,流通效率不高,零售商和供应商之间的关系失衡,汽车及零部件价格虚高等,商务部于 2017 年 4 月发布了《汽车销售管理办法》。[②]《汽车销售管理办法》规范了汽车流通体系,打破了汽车销售品牌授权单一制,有助于平衡汽车供应商和销售商之间的关系,提高了对消费者的保护。虽然随着《汽车销售管理办法》的生效,汽车销售商可以销售多个品牌汽车,但是由于最终消费者一般不会长途跋涉到外地购车,且因汽车的牌照、售后服务和保修条款的使用多存在地域限制,乘用车的零售市场应当被界定为地区性市场。

(五)汽车售后服务

1. 售后服务与主产品的关系

汽车售后服务市场是相对于汽车经销市场而存在,即指主产品购买行为完成之后,为主产品提供耗材、配件、维修、保养、升级等辅助产品(以下简称辅助

---

① Case NO. IV/M. 1672 – Volvo/Scania, para. 61.

② 根据商务部 2017 年第 1 号令《汽车销售管理办法》第 24 条,供应商可以要求经销商为本企业品牌汽车设立单独展区,满足经营需要和维护品牌形象的基本功能,但不得对经销商实施下列行为:(1)要求同时具备销售、售后服务等功能;(2)规定整车、配件库存品种或数量,或者规定汽车销售数量,但双方在签署授权合同或合同延期时就上述内容书面达成一致的除外;(3)限制经营其他供应商商品;(4)限制为其他供应商的汽车提供配件及其他售后服务;(5)要求承担以汽车供应商名义实施的广告、车展等宣传推广费用,或者限定广告宣传方式和媒体;(6)限定不合理的经营场地面积、建筑物结构以及有偿设计单位、建筑单位、建筑材料、通用设备以及办公设施的品牌或者供应商;(7)搭售未订购的汽车、配件及其他商品;(8)干涉经销商人力资源和财务管理以及其他属于经销商自主经营范围内的活动;(9)限制本企业汽车产品经销商之间相互转售。

产品）及其服务而形成的市场。[①] 综观各国反垄断史，汽车、电脑、打印机、复印机、饮料包装线、游戏平台等很多产品的售后服务市场（aftermarket）都出现过是否存在限制竞争问题的争论，涉及的问题可能有限制转售价格、过高定价、排他性交易、拒绝交易、搭售和捆绑等行为是否具有反竞争性。[②]

一般来说，主产品和辅助产品是互补品。将主产品和辅助产品视为互补品，这是因为它们的价格和需求存在着反向运动。即当其他条件不变的情况，如果产品 A 的价格下降会导致产品 B 的需求增加，产品 A 和产品 B 即互为互补品。例如，某种打印机配套使用的墨盒价格如果大幅度下降，用户可能会更多地选择使用这种打印机，从而会增加这种打印机的需求。但是，如果由此将互补品界定在同一个相关市场上，这会忽略了反垄断意义上的相关市场界定，因为反垄断法上相关产品市场是由相互竞争的一组产品所组成。比如，将十字路口的两个加油站纳入同一相关市场，是由于它们之间存在竞争关系而非互补关系。[③]

但是，我们是否确有必要将主产品和辅助产品分别界定为不同的相关市场，这需要在具体情况下进行具体的分析。界定主产品和辅助产品的相关市场的路径基本是一致的，即从假定垄断者测试（SSNIP）开始，重点关注它们的需求替代和供给替代。考虑需求替代时，需要考虑客户面对产品价格变化的反应，同时也要考虑市场条件对替代品的限制。如果辅助产品（如汽车零部件）与主产品的兼容性是重要的考虑因素，这就需要对辅助产品采用狭小的市场界定方案，即有必要将辅助产品界定为一个独立的相关产品市场。如果主产品的价格高、寿命长，辅助产品如果没有可替代性的产品，辅助产品的涨价就会有利可图。相反，如果辅助产品存在可替代品，或者主产品的特性使消费者很容易对辅助产品的涨价作出反应，这种情况下人们可能会把主产品和辅助产品共同界定为一个相关产品市场。[④]

欧委会的《纵向限制指南》指出，如果供应商既生产原设备又生产该设备的

---

① 徐新宇、苏华：《汽车售后市场反垄断对策研究》，载《中国价格监管与反垄断》2014 年第 11 期；徐新宇、苏华：《汽车市场纵向垄断行为的界定与规制》，载《中国价格监管与反垄断》2014 年第 6 期。

② John Temple Lang, Practical Aspects of Aftermarkets in European Competition Law, *Competition Policy International*, *Spring* 2011, Vol. 7, No. 1, pp. 199 – 241.

③ ［美］赫伯特・霍温坎普：《联邦反托拉斯政策：竞争法律及其实践》（第 3 版），许光耀等译，法律出版社 2009 年版，第 106 ~ 107 页。

④ Commission Notice on the Definition of Relevant Market for the Purposes of Community Competition law (97/C 372/03), para. 56.

维修或更换用配件(repair or replacement spare parts),这个供应商通常就是其产品售后维修或更换用配件市场的唯一或主要的供应商。如果这个供应商(original equipment manufacturer,OEM)将维修或更换其零配件的生产分包出去,这个供应商仍然有可能被视为该售后维修或更换用配件市场的唯一或主要供应商。但是,相关产品市场的界定需要视具体情况而定,也即是需要考虑相关纵向限制的后果、设备的寿命以及产品维修或更换零配件的重要性。① 如果一个主产品的大多数买方认为它的寿命很长,其售后维修或更换零配件很重要,这个产品和其售后服务就应当共同构成一个市场,②否则,主产品和其售后服务就应当分别构成相关市场。出于这个理由,考虑汽车作为大宗耐用品以及消费者对汽车售后服务价格变化难以快速反应等特点,有理由将汽车经销和汽车售后服务分别界定为不同的相关市场。

确定分别界定汽车经销市场和汽车售后市场之后,还需要明确汽车经销市场与售后市场界定的差异。根据行业与个案具体情形,主市场和售后市场界定可能出现三种类型,即系统市场、多重市场及双重市场。系统市场(system market)是指主产品和辅助产品共同界定为一个相关市场的情况,如所有打印机和所有墨盒共同界定为一个相关市场。多重市场(multiple markets)是指所有的主产品界定为一个相关市场,而这些主产品各自使用的辅助产品则界定为不同的相关市场,如所有的打印机界定为一个相关市场,但是不同品牌、型号或类型的墨盒分别界定为不同的相关市场。双重市场(dual markets)是指所有的主产品界定为一个相关市场,所有的辅助产品界定为另一个相关市场,如所有的品牌打印机界定为一个相关市场,所有品牌的墨盒界定为另一个相关市场。③

事实上,仅当主市场和售后市场被界定为多重市场时,才可能出现反垄断法关注的竞争损害。然而,主市场和售后市场是否可以界定为多重市场,这里的关键因素是这些产品的兼容性或锁定效应。例如,个人电脑是主产品,打印机是辅助产品。对个人电脑而言,多数打印机都是兼容的,彼此存在竞争关系。因此,可以将所有适用于个人电脑的打印机界定为同一相关市场,这就采用了双重市场的思路。但是,在打印机和耗材之间,打印机是主产品,耗材是辅助产

① Case NO. IV/M. 12 – Varta/Bosch, IV/M. 1094 – Caterpillar/Perkins Engines, IV/M. 768 – Lucas/Varity.

② Commission Notice Guidelines on Vertical Restraints, para. 91.

③ UK Office of Fair Trading Market Definition Guidelines(OFT 403), December 2004, Sec. 6.

品。由于不同品牌和不同型号打印机的技术差异通常要求使用配套的墨盒等耗材,消费者可能会被特定品牌、特定型号打印机的配套耗材锁定。这种情况下,可能需要将不同品牌打印机的配套耗材分别界定为相关市场,即采用多重市场的思路。①

基于上述分析,汽车售后与汽车经销市场界定的差异得以显现。汽车经销由批发和零售两个环节构成,批发由汽车供应商面向经销商,汽车零售则由经销商面向最终用户,因此个案中可能需要将汽车批发和零售分别界定为细分的相关市场。此外,汽车经销市场有可能根据车型和档次进一步细分,但是由于同车型、同价位的汽车之间存在显著的需求替代,消费者购车就存在多样性的选择。这样,对于汽车经销,就没有理由和必要按照汽车的品牌界定相关市场。

然而,汽车的售后则不同。特定品牌及车型的汽车售后服务可能都有其特定的要求,如售后配件的要求是原厂配件或者与原厂配件质量相当的非原厂件,或者汽车维修必须基于特定品牌及车型的技术信息。这即是说,汽车售后市场客观上存在锁定效应。需要注意的是,特定品牌汽车售后服务的锁定程度依个案的具体情形存在差异。如果与整车兼容的配件和维修技术信息有限,按品牌界定汽车售后市场就具有可能性与必要性。按品牌界定汽车售后市场意味着,在竞争激烈的新车销售市场上,不具支配地位的汽车供应商有可能在其品牌汽车售后市场占支配地位。特别是高端汽车售后服务市场,车主高度依赖原厂配件,高端汽车供应商就有可能在其品牌汽车售后市场被视为占支配地位。

2. 相关产品市场

汽车售后市场可进一步细分为售后配件经销市场、售后维修服务市场以及维修技术信息供应市场。配件和维修技术信息是汽车售后市场及其细分市场的关键投入,因为零配件和维修技术信息的可获得性是汽车售后市场有效竞争的前提。② 这里以湖南省长沙市中级人民法院 2011 年判决的东风日产被诉垄断经营汽配案为例,分析汽车售后配件经销市场的界定。

东风日产被诉垄断经营汽配一案的原告叫刘大华。他诉称 2009 年买了一辆东风日产天籁牌汽车,2010 年因左前门车锁损坏到华源进行维修,但被告知

① John Temple Lang, Practical Aspects of Aftermarkets in European Competition Law, *Competition Policy International*, *Spring* 2011, Vol. 7, No. 1, pp. 199 – 241.

② 苏华译:《欧盟汽车业反垄断规则实施常见问题解答(简版)》,载《中国价格监管与反垄断》2014 年第 7 期。

维修费300元。刘大华遂提出购买配件后自行维修,但遭华源的拒绝。华源强调,根据东风日产的销售政策,4S店不得对外销售零配件。考虑到4S店之外买不到东风日产车的原装零配件,刘大华为更换两个小零件遂向华源支付了配件费307元和维修费300元。原告称其事后查明,华源的配件价格高于市场价3倍以上,维修费高于市场价7倍以上,遂指控东风日产滥用其市场支配地位,伙同其4S店排斥竞争者,获取高额垄断利润,侵犯消费者的合法权益。原告还指出,东风日产作为汽车生产商,有义务保障售后配件的供应;华源作为东风日产的4S店,有义务提供整车销售、配件供应、维修和信息反馈等服务。为此,他请求法院判令两被告停止垄断行为,以合理价格向终端用户提供汽车配件销售服务。

该案在2010年至2011年经长沙市岳麓区人民法院的一审和长沙市中级人民法院的二审审理,原告刘大华均败诉,[①]理由是他未能有效证明被告具有市场支配地位,从而得承担举证不能的不利后果。然而,就这个案件来说,如果要认定东风日产和其4S店华源的行为构成滥用市场支配地位,首先需要认定它们具有市场支配地位。因此,相关产品市场的界定是这个法律争议的焦点。

在这个案件中,被告东风日产辩称其没有占据1/2以上的汽车市场份额,因此不具有市场支配地位,这说明被告认定的相关产品市场是"汽车市场"。原告刘大华则是指控被告垄断了东风日产车原配件的供应,他提出东风日产在其汽车配件供应市场所占份额大于50%,接近100%,所以具有绝对的市场支配地位。这说明,原告认为该案的相关产品市场是"东风日产车原配件市场"。而且在这个案件中,被告也自认4S店的营销模式控制了原装配件供应和销售100%的份额。但是据新闻报道,"一审法院认为,原告未对汽车零配件市场和汽修市场进行足够的调研,提交的证据无法证明被告的市场支配地位"。[②] 据此可以认为,一审和二审法院认为该案是涉及"东风日产车配件"和"东风日产车修理"等两个相关产品市场。

如果该案的相关产品市场被界定为"汽车市场",考虑到我国汽车整车市场

---

① 湖南省长沙市中级人民法院民事判决书(2011)长中民五初字第0158号;苏华:《东风日产被诉垄断经营汽配案分析》,载王晓晔主编:《竞争执法能力建设》,社会科学文献出版社2012年版,第174~187页。

② 姚芃:《禁止所有4S店对外销售配件,东风日产被诉垄断》《东风日产被诉垄断经营汽配案开庭》《全国第一例汽车消费领域反垄断民事案一审消费者败诉》,载www.legaldaily.com.cn 2010年11月3日、2011年5月4日、2011年12月15日信息。

竞争激烈,东风日产无论在乘用车还是商用车市场远远不能达到推定市场支配地位需要的50%的市场份额。[①] 如果该案相关产品市场界定为"东风日产车配件市场"和"东风日产车修理市场",这个市场界定的范围也过于宽泛,因此法院认定原告未能举证证明两被告在这两个相关市场占支配地位。然而,该案中原告所主张的相关市场是"东风日产车原配件市场",这个相关市场的范围显然比"汽车市场"和"东风日产车配件市场"窄很多。原告指出,除了东风日产4S店,市面上没有东风日产"原产纯正配件"的供应,因此两被告在东风日产原装零配件市场毫无疑问地占100%的份额。因此,原告提出上诉的理由是,被告通过"原产纯正配件"的垄断,强制搭售价格过高的维修服务。然而,法院没有接受原告的观点,原告因此败诉。

这里我们可以分析,该案相关产品市场是否可界定为"东风日产车配件市场",或者更为狭窄的"东风日产车原装配件市场"。在美国和欧盟的相关案例中,如美国1992年的柯达案,反垄断执法机构一般都是将耐用品的相关市场与其配件、耗材或者维修服务的相关市场相区别,也即将耐用品一般视为为主市场或一级市场(primary market),其配件、耗材或维修服务视为二级市场(secondary market)或售后市场(aftermarket),进而按耐用品的品牌将其对应的配件、耗材或维修服务界定为相关产品市场。[②]这种市场界定的结论是,即便因耐用品市场存在激烈的竞争,耐用品生产商在这个市场上一般没有市场支配力,但是因为品牌耐用品的配件、耗材或者提供的维修服务尤其特殊性,这些售后服务的生产商可能会被视为占市场支配地位。但是,界定相关市场的这种思路近年也遭到不少学者的质疑。[③]因此,欧委会在其第25个竞争政策的报告中明确提出,如果将品牌产品的配件、耗材或维修服务生产商认定占市场支配地位,

---

① 《2011年3月份全国乘用车市场分析》,载 http://auto.hexun.com/2011-04-11/128617233.html,最后访问日期:2018年3月12日。

② Eastman Kodak Co. v. Image Technical Services Inc, 504 US 451, 112 S. Ct 2071 (1992); Case 22/78 Hugin Kassaregister AB and Hugin Cash Registers Ltd v. EC Commission [1979] ECR 1869, [1979] 3 CMLR 345; Case C53-92 P, Hilti v. Commission [1994] ECR I-667, [1994] 4 CMLR 614; Case 238-87, AB Volvo v. Erik Veng [1988] ECR 6211, [1989] 4 CMLR 122; Case C-333/94 P, Tetra Pak International SA v. Commission [1996] ECR I-5951, [1997] 4 CMLR 662.

③ C. Shapiro, Aftermarkets and Consumer Welfare: Making Sense of Kodak, (1995) 63 Antitrust LJ, 483; G. M. Pelecanos, Europe's Reform of the Regulatory Framework of Motor Vehicle Distribution, April 2010(1) The CPI Antitrust Journal, 9; OECD, Competition Issues in Aftermarkets - Note from BIAC, https://one.oecd.org/document/DAF/COMP/WD(2017)51/en/pdf.

这必须就个案进行详尽的事实和经济分析，这里需要全面地考虑主产品的价格和生命期、配件和耗材价格的透明度、信息成本、主产品生命期的全部费用包括主产品、配件、耗材以及维修服务的全部支出、用户转换其他产品的成本、经营者对新客户以及为“锁定”客户进行区别定价的能力等。[①]

在东风日产车的配件案中，如果将相关产品市场界定为“东风日产车配件市场”，这个市场就不仅包括东风日产及其授权生产的东风日产车原装配件，而且还应当包括与东风日产车具有同等质量的非原装配件。[②]考虑到东风日产系列乘用车是终端车型，与之兼容的非原装配件在市场上不难获取，因此该案原告举证证明东风日产在“东风日产车配件市场”占支配地位就不是一件轻而易举的事情。仅当原告能够从需求和供给两方面证明东风日产非原装配件与原装配件不具可替代性，这个“东风日产车原装配件市场”的界定才能成立。这也即是说，原告援引被告自认4S店的营销模式控制了东风日产原装配件供应和销售100%的份额，这还不足以证明“东风日产车原装配件”应被界定为该案的相关产品市场。

3. 相关地域市场

东风日产被诉垄断经营汽配案的判决书中未清晰界定地域市场。与汽车经销市场类似，因售后服务、保修条款等存在着种种地域性的限制，汽车售后市场可以被界定为地区性市场。

（六）汽车金融服务

1. 相关产品市场

欧委会在其相关案件的决定中指出，“汽车金融服务”是指为最终客户购买汽车或汽车零售商购进汽车和满足存货而提供的融资服务。汽车业的惯例是，汽车制造商一般仅为销售自产汽车而提供汽车金融服务，即这种服务通常不是面向第三方品牌的零售商或最终客户。[③]在汽车批发层面，这种服务是指向汽车零售商提供的融资服务；在汽车零售层面，这种服务是指向最终客户提供

---

① European Commission's XXVth Report on Competition Policy (1995), paras. 86 - 87, http://ec.europa.eu/competition/publications/annual_report/1995/en.pdf.

② 我国业界通常将汽车原装配件称为“原厂件”，非原装配件称为“副厂件”，假冒伪劣配件称为“假配件”、“假件”或“仿制件”，参见钱瑜、王万利：《揭秘汽车配件真假混售潜规则》，载《北京商报》2011年9月28日版。

③ 如大众集团通过其子公司“大众汽车金融（中国）有限公司”向零售商和最终客户提供大众品牌系列乘用车的融资服务。

的融资服务。因此,汽车金融服务市场可能被细分为:(1)面向最终用户提供的汽车金融服务,即为购车提供的个人消费信贷;(2)面向汽车经销商提供的汽车金融服务,即为其存货、周转等业务进行融资。

除了汽车制造商,汽车金融服务的提供商还包括银行、独立消费融资公司等金融机构。[①] 这种金融服务的提供商不仅包括汽车金融公司,还包括商业银行,如我国国内的招商银行、中国工商银行、中国农业银行、华夏银行、兴业银行等多家商业银行均提供个人汽车消费贷款服务,民生银行等为汽车经销商提供融资服务。这也就是说,汽车金融公司和提供汽车金融服务的商业银行等金融机构之间存在竞争关系。因此,汽车融资市场可能被细分为:(1)汽车金融公司提供的汽车金融服务;(2)商业银行提供的汽车金融服务。二者的区别是,汽车制造商组织的汽车金融公司仅是为促销自产汽车而提供汽车金融服务,它们通常不会向其竞争品牌的零售商或其最终客户提供汽车金融服务。

2. 相关地域市场

欧委会在其相关案例的决定中指出,汽车金融服务与零售金融服务(retail financial services)相类似,即汽车融资服务的地域市场应界定为各成员国市场。[②]

三、我国汽车业内分类和基本竞争状况

(一)相关产品和服务的业内分类

国家质量监督检验检疫总局发布的《汽车和挂车类型的术语和定义》于2002 年 3 月 1 日正式实施。《汽车和挂车类型术语和定义》引入了国际通用的乘用车概念,对各类汽车予以重新分类,并且进行了文字界定。据此,"乘用车"是指其设计和技术上用于载运乘客及其随身行李和/或临时物品的汽车,包括驾驶员座位在内最多不超过 9 个座位,也可以牵引一辆挂车。乘用车按照车身、车顶、座位、车门、车窗结构或数量的不同而分类。

国内乘用车目前分为微型车(A00 级轿车)、小型车(A0 级轿车)、紧凑型车(A 级轿车)、中型车(B 级轿车)、中大型车(C 级轿车)、豪华型车、MPV、SUV、跑车、新能源车;[③]商用车分为载货车(轻型卡车、重型卡车)、微车、客车、专用

---

① Case NO. IV/M. 1519 – Renault/Nissan, para. 23.

② Case NO. IV/M. 1370 – Peugeot / Credipar, IV/M. 1519 – Renault/Nissan, para. 25.

③ 参见新浪汽车、车讯、汽车之家等相关网站的汽车分类,载 http://auto. sina. com. cn/, http://www. chexun. com/, http://www. autohome. com. cn/,最后访问日期:2018 年 2 月 15 日。

车等。①

（二）我国汽车业基本竞争状况

近年来，我国汽车市场以惊人的速度向前发展。根据 J. D. Power & Associates 2010 年发布的《2015 年中国汽车市场展望》，2015 年中国乘用车（包括轿车、SUV 和微客）的销量将增至 1355 万辆，较 2009 年（870 万辆）增长 55% 以上。随着政府 2009 年出台了刺激经济的政策和发放相当于中国 GDP 1/3 规模的银行放贷，中国的汽车业得到了迅速发展，销量陡增，各个汽车厂商均一定程度获得了丰厚利润。随着节能减排和治理交通拥堵等各项政策在各地陆续出台，中国乘用车市场 2010 年以来也有增速放缓的趋势。

表 8-1 为中国乘用车市场前 10 大生产商 2010 年和 2011 年的销量排名数据。②

表 8-1　中国前 10 大乘用车生产商销量排名（各车型/品牌合计）

2010 年（企业总数:67 家）				2011 年（企业总数:68 家）			
排名	企业名称	销量合计（万辆）	市场份额（%）	排名	企业名称	销量合计（万辆）	市场份额（%）
1	上海通用五菱	113.56	8.25	1	上海通用五菱	121.79	8.42
2	上海通用	101.1	7.35	2	上海通用	118.56	8.19
3	上海大众	100.1	7.28	3	上海大众	116.58	8.06
4	一汽大众	86.99	6.32	4	一汽大众	103.49	7.15
5	重庆长安	70.99	5.16	5	东风日产	80.86	5.59
6	北京现代	70.3	5.11	6	北京现代	73.98	5.11
7	奇瑞	67.48	4.9	7	奇瑞	63.43	4.38
8	东风日产	66.1	4.8	8	重庆长安	54.31	3.75
9	比亚迪	51.98	3.78	9	一汽丰田	53.9	3.66
10	一汽丰田	50.59	3.68	10	比亚迪	44.85	3.10
—	合计	779.19	56.63	—	合计	831.75	57.41

① 参见中国商用汽车网和商车网的分类，载 http://cv.ce.cn/，http://www.cn357.com/，最后访问日期:2018 年 2 月 15 日。

② 本数据由中国汽车工业协会于 2012 年 3 月 6 日提供，为商务部《重点行业相关产品市场和地域市场界定研究》课题组所使用。这里的“销量”是指生产商售出且进入流通渠道的乘用车数量，但与终端零售量的“上牌数”有区别。

这个数据显示,2010年、2011年中国乘用车市场前10大生产商的市场份额均未超过10%,合计市场份额不足60%,说明目前中国的乘用车市场的集中度不高,竞争比较充分。

中国汽车市场经历两年的调整后,2013年的增速重回两位数。2013年中国汽车的年批售量2223.7万辆,比2012年增加14.6%。其中,商用车市场受经济影响较大,走势较弱,全年批售524.3万辆,同比增长0.6%。乘用车市场增幅强劲,全年零售1590.3万辆,同比增长17.8%;批发1699.4万辆,同比增长19.7%。表8-2提供2013年中国汽车经销商集团百强排行榜前十大经销商集团的数据。根据这些数据,汽车经销市场集中度依然较低,但有增长的趋势。2013年全国4S店总量下降6.5%,百强企业的4S店增加13.8%,在全国4S店总量占22%。[①]

表8-2 2013年中国汽车经销商集团百强排行榜

排名	集团名称	2013年营业收入(元)	2013年销量(辆)
1	广汇汽车服务股份公司	84,063,504,593	579,969
2	国机汽车股份有限公司	74,887,843,870	251,000
3	庞大汽贸集团股份有限公司	63,985,283,179	478,783
4	中升集团控股有限公司	52,552,737,600	196,689
5	利星行汽车	41,658,326,403	81,470
6	宝信汽车集团	35,841,883,771	87,602
7	上海永达汽车集团有限公司	35,395,071,957	98,300
8	湖北恒信德龙实业有限公司	34,907,913,697	169,023
9	中国正通汽车服务控股有限公司	30,380,059,900	83,323
10	广物汽贸股份有限公司	29,353,551,722	244,683

在汽车金融领域,汽车金融服务目前已成为欧美发达国家位居房地产金融之后的第二大金融服务项目,每年以3%左右的速度增长。据估计,全球每年约1.4万亿美金的汽车销售中,现金销售约占30%,汽车融资约占70%。[②]在我国,

① 中国汽车市场年鉴编委会:《2014中国汽车市场年鉴》,中国商业出版社2014年版,第124页。

② 王润峰:《民生汽车金融助力中国汽车产业发展》,载《2011中国汽车市场年鉴》,中国商业出版社2011年版,第150页。

汽车金融服务是一个新兴市场,2011 年汽车金融在汽车销售中约占 15% 左右。与发达国家汽车金融在汽车销售中约占 60% ~70% 的比率相比,我国汽车金融市场的发展潜力巨大。① 目前在我国开展经营活动的汽车制造商大多数都有向其客户和零售商提供汽车融资的方案,且提供汽车融资服务的银行也日益增多。例如,上汽通用汽车金融有限责任公司、大众汽车金融(中国)有限公司、丰田汽车金融(中国)有限公司、福特汽车金融(中国)有限公司、梅赛德斯—奔驰汽车金融(中国)有限公司以及东风标致雪铁龙汽车金融有限公司等在向其客户和零售商提供汽车金融服务。

中国汽车业市场的竞争可作如下简要概括:

第一,市场竞争白热化。截至 2015 年,中国乘用车市场已经有 90 多个汽车品牌,为全球所有汽车市场之最,相当于美国乘用车品牌数量的两倍。截至 2015 年,中国生产的车型超过 300 款,还有数百款进口车型。加上各地省级政府为促进本地就业和增加税收,争相保护本地的汽车生产商,因此中国汽车业高度竞争的局面会继续存在下去。

第二,厂商过度分散,产能利用率低,价格和利润存在下降趋势。根据 J. D. Power & Associates 的预期,2015 年中国乘用车的产能为 1960 万辆,但是利用率仅为 66% 。考虑到汽车业通常需要实现 80% 的产能利用率才能抵消高额的固定成本,产能利用率低是汽车厂商面临的一个挑战。因此,为了提高产能和减少亏损,中国汽车厂商存在企业并购和扩大出口的趋势,此外也会采用比较高效的柔性生产模式。中国的汽车经销市场目前约有 1.3 万家经销商,但是约有 1/3 处于保本或亏损状态,很多经销商是依靠新车销售的利润维持运营,业绩不佳的零售商可能被淘汰出局。②随着一线城市市场逐步饱和,二线、三线乃至四线城市的消费者已成为汽车业未来增长的潜在市场,因此生产商和销售商都存在如何进一步合理配置资源、降低风险和成本等一系列复杂的问题。

第三,我国汽车业的自主品牌与外国厂商的品牌差距虽然在不断缩小,但是外国厂商在产品的设计、制造工艺和质量方面依然明显地占据优势。

四、结论

这里从乘用车、商用车、汽车经销和汽车售后服务等四个方面的市场界定

---

① 刘旭:《车贷成银行鸡肋,汽车金融七年之痒欲破融资困局》,载 http://www.cnstock.com/index/gdbb/201112/1759226.htm,最后访问日期:2018 年 2 月 15 日。

② 《中国车市销量将递增,部分汽车公司面临淘汰》,载 http://news.163.com/10/0506/08/6603FR7U000146BD.html,最后访问日期:2018 年 2 月 15 日。

提出建议。

对涉及乘用车制造商合并的经营者集中案件,如果无论采用何种市场界定方案拟议交易都不会产生排除、限制竞争的问题,就可以将乘用车整体界定为相关产品市场,而不必进一步界定细分的乘用车市场。由于我国与其他国家相比在汽车的价格、车辆征税、分销体系和汽车普及率均存在差异,乘用车的相关地域市场可以界定为中国市场。但是从需求的角度看,考虑到购置、上牌、售后服务等方面存在种种地区性的限制,乘用车的相关地域市场可以被界定为地区性市场。总体来说,虽然采用粗线条和宽泛的市场界定方案可以提高审查效率,节约审案成本,但是如果拟议交易在细分市场界定方案下可能产生排除限制竞争的效果,则有必要界定细分的相关产品市场或细分的相关地域市场,以便对拟议交易进行全面和合理的竞争分析。

对商用车同样可以采用乘用车市场界定的思路。也就是说,如果无论采用何种市场界定方案拟议交易都不会产生排除、限制竞争的效果时,可以将商用车整体界定为相关产品市场,将商用车相关地域市场界定为中国。当拟议交易在细分市场界定方案下可能产生排除、限制竞争效果时,则有必要考虑乘用车细分的产品市场(如载货车、客车)以及细分的地域市场,以便对拟议交易进行合理和全面的竞争分析。

在汽车经销市场上,由于汽车经销一般由批发和零售两个环节构成,批发由汽车供应商面向经销商,而零售则由经销商面向最终用户,因此个案中有可能需要将汽车批发和汽车零售细分为两个相关市场。此外,汽车经销市场还有可能根据车型和档次进一步进行细分。

对于汽车售后服务市场,特定品牌及车型的汽车售后服务往往要求采用适合品牌或者车型的售后配件,特定品牌及车型的维修服务也往往需要特定的技术信息。因此,汽车售后服务市场客观上存在锁定效应。需注意的是,特定品牌汽车售后服务的锁定程度依个案具体情形而定。如果与整车兼容的配件和维修技术信息非常有限,按品牌界定汽车售后服务市场就有了可能性与必要性。

第三节 零售业的相关市场界定

一、行业简介

人们对商品零售一般都不陌生,因为在日常生活中人们经常需要购物,如小到便利店买一瓶饮料，大到周末带全家一起到商场进行大采购，这些行为毫无疑问都与商品的零售相关。零售业不仅包括向消费者出售各种具体商品，同时还提供相关的服务，如商品展示、送货、维修、安装。在多数情形下，消费者购买商品时也会用到某些服务。零售活动不一定是在零售店铺中进行，因为它还可以利用一些更为便利顾客的设施和方式进行，如上门推销、邮购、自动售货机以及网络销售。因此，我们可将零售定义为将商品及相关服务提供给消费者作为最终消费之用的所有活动。

零售业有多种多样的形态，如小到几平米的社区便利店，大到上万平米的大型超市或百货商店。这即是说，零售虽然都是从事将商品或服务出售给消费者用以最终消费的活动，但是不同的业态之间存在巨大的差别。商务部根据各种不同零售店铺的结构和特点，并考虑它们的经营方式、商品结构、服务功能，以及选址、商圈、规模、店堂设施、目标顾客以及有无固定的营业场所等各种因素，将零售业分为食杂店、便利店、折扣店、超市、大型超市、仓储会员店、百货店、专业店、专卖店、家居建材店、购物中心、厂家直销中心、电视购物、邮购、网上商店、自动售货亭、电话购物等 17 种业态，且就各种业态规定了相应条件。[①] 零售业态的分类虽有一定科学性，即零售业不同形态对具体反垄断案件中相关商品市场和相关地域市场的界定会产生重要影响。但是，正如商务部在其《关于贯彻实施〈零售业态分类〉国家标准的通知》中指出的，零售业态分类的目的是"发挥新型零售业态对商品流通的促进作用，指导各地做好商业网点规划工作"。因为反垄断意义上界定相关市场的目的是识别市场势力，分析企业市场行为对市场竞争的影响，因此，零售业态的分类不能满足反垄断执法中界定相关市场的需要，因此在涉及零售业的反垄断案件中，我们仍有必要在具体的案件中界定相关市场。

美国有两个涉及零售企业并购的著名案件，一个是美国联邦贸易委员会诉 Staples；[②]另一个联邦贸易委员会诉 Whole Foods。[③] 在第一个案件中，美国哥伦比亚特区地方法院将办公用品连锁超市界定为相关产品市场。而在第二个案件中，美国哥伦比亚特区地方法院作为一审法院认为相关产品市场是包括传统

---

① 商务部 2004 年《关于贯彻实施〈零售业态分类〉国家标准的通知》，载 http://www.china.com.cn/chinese/PI－c/631405.htm，最后访问日期：2018 年 2 月 15 日。

② FTC v. Staples, Inc. ,970 F. Supp. 1066(DDC 1997).

③ FTC v. Whole Foods Market, Inc. ,502 F. Supp. 2d 1(D. D. C. 2007).

超市在内的超市，但是美国哥伦比亚特区巡回法院认为一审法院在法律适用方面有错误，也即是支持联邦贸易委员会的观点，认为出售优质天然和有机产品的连锁超市构成相关产品市场。

限于篇幅，这一节仅讨论传统零售案件中的相关市场界定，即线下零售相关市场的界定，而不考虑线上销售或电子商务案件的相关市场界定。

二、零售业的产品市场界定

（一）零售业界定产品市场的一般分析

国务院颁布的《关于相关市场界定的指南》指出了相关商品市场界定的一般方法和考察因素。相关市场范围的大小主要取决于相关产品的可替代程度。替代性可以从需求替代和供给替代两个角度考虑，但是一般主要分析需求替代，必要的时候分析供给替代。需求替代主要考虑商品的性能和用途（包括商品的外形、特性、质量和技术特点等）、商品的价格（或价格差异）、商品的销售渠道、供货商之间的竞争强度、需求者因产品价格或其他竞争因素的变化转向或考虑转向替代品的可能性、需求者对某些商品的依赖性或者偏好、妨碍需求者转向替代品的法律上或者事实上的障碍等。

零售业虽然定义为是出售商品的服务业，但零售业却不是单纯的服务业。例如，与银行业相比，银行提供的服务与金融相关，与实物商品没有关系或者关系不大，从而可被视为是纯粹的服务业。但是零售却与实物商品相关，因为商品本身是零售业服务的标的，零售业是围绕商品的出售开展经营活动。但是这个特点也给零售业界定相关商品市场带来了一定的困难，即人们是否仅考虑出售的商品本身就可以对零售业进行相关商品市场的界定，还是需要考虑其他的因素。比如，便利店一般出售的是饮料、零食和普通生活用品，但是这些商品在大超市也有出售；反之则不然，比如大超市一般会出售家电甚至出售家具，但是便利店却不太可能提供这类商品。那么，便利店和大超市是否属同一相关商品市场呢？再如，购物中心出售很多服装类的商品，甚至包括运动服，但是运动服在运动商品的专营店也有出售，比如在迪卡侬。那么，是否可以因购物中心和运动服专卖店都在出售运动服装，从而可以将它们认定为属同一个相关商品市场？总之，在具体的案件中，人们可能就相关市场的界定提出形形色色的问题。

从涉及零售业案件的相关商品市场界定来说，国务院《关于相关市场界定的指南》列举的某些因素可能具有指导意义，但是有些因素可能不太合适零售业。比如，商品的特性和用途这个因素对于一般案件的相关商品市场界定可能是非常关键的一步,即先找出与涉案商品的特性和功能相类似的其他商品。然而对于涉及零售业的案件来说,仅仅依据商品的特性和功能可能无法进行有效的相关市场界定。

美国反托拉斯学会指出,在涉及零售业的企业并购案件中,界定相关市场不能只看商品的相似性。因为零售业不是仅仅简单地销售产品,或只是提供销售商品的一个基本购物设施或者地点,而是一个可能集商品的质量、服务、种类、选择的多样性、存货的广度和深度等很多方面开展竞争的一个行业。这个学会还指出,上述这些因素对那些倾向于一站式购物(one - stop shopping)的消费者非常重要,因为他们选择购物店可能不单单是选择商品和价格,而是在很大程度上选择一种符合他们个性要求的服务。特别是那些对产品的价格不是特别在乎的消费者,他们可能认为购物店的服务水平和信息量对他们做出购买商品的决定非常重要。有些消费者可能认为购物店的营业时间和产品的多样性非常重要,有些可能认为某些购物店的风格与众不同,在那里购物感觉不一样,从而会选择一些特定的零售商进行购物。总之,购物店之间的竞争可能涉及很多很多的因素,即这里考虑不能仅仅是消费者所购买的某个商品,而是很大程度上取决于他们整体上考虑的购物环境。①

虽然美国反托拉斯学会就如何评估零售业的市场竞争和如何在这个领域界定相关市场提出了很好的建议,但如何在具体案件中合理地界定相关市场,这仍然是一个很复杂的问题。因为仅凭感觉或者定性分析来界定相关市场,这样界定的市场可能过宽或者过窄,因此我们在这方面还需要进行实证研究。下面是两个美国的相关案例,它们详细地阐述了美国法院以及反垄断执法机关是如何在零售业进行了相关商品市场的界定。

(二)美国联邦贸易委员会诉 Staples②

美国联邦贸易委员会诉 Staples 公司(Staples)一案起因于一个企业并购案件,即联邦贸易委员会要阻止美国境内专门销售办公用品的第一大连锁超市 Staples 和第二大连锁超市 Office Depot 之间的合并,理由是在美国市场上,除了上述两家办公用品连锁超市外,仅还剩一家办公用品连锁超市 OfficeMax。这种情况下,第一大连锁超市和第二大连锁超市之间的合并不仅会减少一个竞争

---

① ABA Section of Antitrust Law, Market Definition in Antitrust: Theory and Case Studies (2012), pp. 357 - 358.

② FTC v. Staples, Inc., 970 F. Supp. 1066 (DDC 1997).

者,即市场上参与竞争的企业从三家减少到两家,而且现在的第三大连锁超市OfficeMax在这个并购之后将会处于更加不利的竞争地位。但是,该案的分析并非如此简单,因为该案原告和被告在界定相关商品市场的问题上存在争议。考虑到Wal-Mart、Kmart以及Target等大型超市以及BJ's、Sam's和Price Costco等几个实行会员制的批发店也都在销售办公用品,此外还有一些办公用品是通过邮寄方式进行销售,这种情况下,这些也销售办公用品的大型超市、批发店以及邮寄办公用品的零售服务是否可以与参与这个并购的Staples和Office Depot以及OfficeMax一样,同属一个相关商品市场。

美国联邦贸易委员会对这个案件的的观点是,这个案件的相关商品市场只是应当包括三家专门销售办公用品的连锁超市,即Staples、Office Depot和OfficeMax,而不包括诸如Wal-Mart的大型超市、销售办公用品的会员制式批发店以及邮寄办公用品的零售服务,其理由如下:

第一,有证据表明,一个地区如果只有Staples一家的办公用品连锁超市,Staples在这个地区销售其产品的价格就会比同时存在Staples、Office Depot和OfficeMax三家办公用品连锁超市的地区价格(price zone)高出13%。与Staples一家独占市场时的情况相似,如果一个市场只有Office Depot一家存在,它的价格也比上述三家办公用品连锁店同时存在的地区价格至少高出5%。此外,联邦贸易委员会还有证据表明,即便Staples或者Office Depot抬高其产品的价格,它们的主要消费者仍然不会去其他大型超市购买办公用品。这些证据说明,在Staples、Office Depot以及OfficeMax三家办公用品连锁超市中,每一家连锁超市的价格都是受到另外两家办公用品连锁超市的影响,而不是受到Wal-Mart等大型超市或者会员制批发店的影响。因为即便Staples和Office Depot抬高其产品的价格,Wal-Mart等大型超市对其办公用品的价格并不做出相应的反应。这说明,三家办公用品连锁超市与其他大型超市在提供办公用品问题上存在较低的交叉需求弹性。①

第二,有证据表明,Staples、Office Depot以及OfficeMax都存在同样的情况,即当在它们的销售地区存在其他办公用品连锁超市也进入市场的情况,它们往往会迅速改变产品的价格。但当存在其他零售商进入市场的情况,它们的产品价格却不会发生变化。例如,在Office Depot和OfficeMax进入辛辛那提

---

① FTC v. Staples, Inc., 970 F. Supp. 1075-76 (DDC 1997).

地区时,Staples 调低了它的价格区间。然而,却没有证据表明,如果其他的大型零售商进入相关地区,Staples、Office Depot 以及 OfficeMax 会改变它们的价格区间或者调低价格。

第三,如果评估 Staples 和 Office Depot 的长期经营策略,有证据表明它们都是密切关注其他办公用品连锁超市的发展规划。也即是当 Staples、Office Depot 以及 OfficeMax 在决定是否进入一个新的大都市区时,它们都会评估其他办公用品连锁超市在这个地区参与竞争的程度以及市场可能容纳办公用品连锁超市的数目。当它们准备为新开的连锁超市选址时,即便其新店靠近了会员制批发店、消费品电器店以及类似 Wal - Mart 之类的大型超市,但是如果附近没有其他办公用品连锁超市的存在,它们就会把这个地区称为"非竞争"的市场。例如,在 Office Depot 的执行委员会内部通报的"竞争性商店开业/闭业"的月度报告中,它在美国范围关注的竞争性商店只有 Office Depot 和 OfficeMax。

第四,有证据表明,即便办公用品的邮购业务在美国已经遍及 50 个州,通行了 30 多年,但是销售办公用品存在邮购业务的竞争,Staples 和 Office Depot 对这个竞争从来不屑一顾。这即是说,在一个地区只有一家办公用品连锁超市存在的情况下,这个连锁超市会就会制定一个在其他两家办公用品连锁超市存在的情况下高出很多的价格,而并不顾忌会有多少客户流失到邮购公司那里去。

联邦贸易委员会的上述观点和它提交的证据均得到了审理该案的美国哥伦比亚特区联邦地方法院的认可,即法院也认为这个案件的相关商品市场应是由 Staples、Office Depot 和 OfficeMax 三家办公用品连锁超市出售的损耗性办公用品,从而认定 Staples 和 Office Depot 之间的并购可能会带来严重的反竞争效果。

(三)联邦贸易委员会诉 Whole Foods Market①

这个案件非常有趣的是,一审法院判决和二审法院判决大相庭径。

1. 一审判决

美国联邦贸易委员会 2007 年试图阻止 Whole Foods Market(Whole Foods)并购 Wild Oats Markets(Wild Oats),从而向法院提出指控,理由是这个并购会

① FTC v. Whole Foods Market, Inc. ,502 F. Supp. 2d 1(D. D. C. 2007).

严重损害市场竞争。但是,美国哥伦比亚特区的联邦地方法院作为该案的初审法院拒绝了委员会这个动议,并且在其长达93页的一审判决书中,用很大的篇幅讨论了相关商品市场的界定。

该案被告Whole Foods在美国和加拿大拥有194家连锁店;Wild Oats在美国和加拿大拥有连锁店,它们都在销售日用百货商品,但以天然和有机食品(natural and organic foods)为主。例如,Whole Foods标榜的五大核心价值之一就是"提供最优质的天然和有机产品"。一般情况下,Whole Foods的库存会达到3万种天然和有机产品(Stock Keeping Units,SKUs)。但是,Whole Foods也提供一些传统和日常的自有品牌(everyday value private label items)以及优质美食(premium and gourmet offerings),这些产品中很大部分不是有机的,其中包括超过Whole Foods销售额一半的农作物以及销售中占相当部分的预制食物、糕点和其他特别产品。Wild Oats与Whole Foods相似,声称也是致力于"销售有利于健康的高质量产品",特别是为那些"具有健康意识的消费者"销售具有吸引力的天然和有机产品。

联邦贸易委员会认为,该案的相关商品市场是由参与这个并购的Whole Foods和Wild Oats以及其他两家非全国性公司组成的"优质和天然有机超市"(premium natural and organic supermarkets,PNOS)的市场。其主要理由是,Whole Foods和Wild Oats之间能够互相制约,而传统的超市则无法对PNOS市场形成竞争约束。委员会认为,Whole Foods和Wild Oats提供的产品比较独特,即主要提供天然和有机的产品,自己把自己描述为提供优质"生活方式的零售商"(lifestyle retailor),而且是向那些受过良好教育、生活富裕并且对生活方式有兴趣的客户提供服务,这就使Whole Foods和Wild Oats与传统零售商相比有着明显的特点。

为了支持自己将相关商品市场界定为PNOS市场的观点,委员会还引用了Whole Foods首席执行官John Mackey的评价,"如果Safeway和其他传统零售商不能抛弃其90%的客户,它们就无法真正为Whole Foods的核心客户提供服务"。Mackey还向Whole Foods的董事会指出,Whole Foods之所以并购Wild Oats,一方面是为了避免"令人讨厌的价格战",另一方面还可以永远地消除Kroger's或者Safeway等使用其自身品牌发展其天然/有机连锁超市与其开展的竞争。

但是,委员会的起诉书关于相关商品市场的证据主要集中在类似Mackey

的言论和内部文件上。委员会的专家证人向法院提供的证据集中在 PNOS 商店进入被告商店所在的区域后对其销售和营业毛利率(operating margin)造成的影响。有证据表明,Whole Foods 进入 Wild Oats 所在的区域后,会比其他商店进入该区域对 Wild Oats 造成更大的不利影响。委员会强调,就是因为 PNOS 商店有着比传统商店更高的营业毛利,它们的客户对价格上涨不会那么敏感。

但是,哥伦比亚联邦地区法院却没有接受委员会的观点,而是接受了被告的观点,即认为该案的相关商品市场应当包括所有的超市在内。法院在这里主要考虑到了传统市场对合并后的 Whole Foods 涨价能力的制约,即接受了被告专家证人的意见,认为《横向并购指南》中假定垄断者测试(HMT)和 SSNIP 都是关注的边缘客户(marginal consumer)。根据被告专家证人的意见,超市在决定其商品的价格、质量和服务时,必须会考虑边缘客户,因为仅仅迎合核心客户(core customers)是无法让商店生存下去的。被告专家证人还使用了临界损失分析法(critical loss analysis),分别使用了 5% 与 1% 的两个涨幅,得出的结论是这样涨幅下的实际损失都会大大超过临界损失。由于没有证据可以知道 PNOS 和传统商店之间的需求交叉弹性,被告专家证人进行临界损失的分析主要依据其对市场的研究,包括:(1)商店杂货购买者(grocery shoppers)对价格是敏感的;(2)Whole Foods 和 Wild Oats 的消费者可以在 PNOS 和其他超市之间随意转换卖方,而且这么做没有成本;(3)大部分 Whole Foods 与 Wild Oats 的消费者会光顾其他商店;(4)其他超市与 Whole Foods 和 Wild Oats 也在激烈地争抢客户;(5)Whole Foods 与 Wild Oats 也在经常查询其他超市的价格。此外,被告的专家证人提供的证据说明,当 Whole Foods 在新的地区开业时,它会从当地传统超市抢走很多客户和生意。

法院的观点是,市场上实际的竞争状况最重要。法院认为:(1)在 Wild Oats 和 Whole Foods 存在竞争的地方,Wild Oats 的价格要比 Whole Foods 的价格高;(2)无论是否存在 Wild Oats 的竞争,Whole Foods 在一个地区的连锁店价格都是一样的;(3)当 Whole Foods 进入 Wild Oats 开展运营的地区时,Whole Foods 是从其他零售商而不是从 Wild Oats 拉走客户。这个市场研究表明,Whole Foods 已经与其他超市展开了激烈的竞争,目的就是留住它的边缘客户。此外,被告专家证人的证据还表明,Whole Foods 与 Wild Oats 的客户也会光顾传统超市,即他们也会从传统超市购买其所需要的天然和有机产品,而不是总在 PONS 超市采购产品。因此,法院的观点是,联邦贸易委员会界定该案相关商品市场存在的问题是，它没有考虑到合并后的 Whole Foods 如果提高其产品的价格，这将会导致天然和有机产品的购买者转向传统超市。而且，Whole Foods 的内部文件指出，合并后的 Whole Foods 可能会留住 Wild Oats 1/3 的客户，即 2/3 的客户会转到传统超市等其他的商店。因此，法院提出的问题是，既然 Wild Oats 被 Whole Foods 并购后是这样一个后果，这怎么会存在市场垄断呢？

法院还认为，那些诸如 Safeway、Delhaize America、Kroger's 以及其他的传统零售商已经开始对自己进行重新定位，它们也开始提供天然和有机产品，也即是这些零售商对并购交易后的 Whole Foods 会有所制约。法院特别认为，杂货店（grocery store）的购物者一般对价格比较敏感，他们通常会在当地不同的零售店购买产品，而且一般会在传统商店购买很多产品。此外，法院还指出，Whole Foods 的内部文件表明，Whole Foods 也在调查传统商店产品的价格。而且，Whole Foods 在一个地区的销售价格都是一样的，而不管这个地区是否存在 Wild Oats 与它的竞争。针对联邦贸易委员会提出 PNOS 产品的特点，法院认为这只是 Whole Foods 试图将其商店与其竞争对手区别开来的手段，事实上并不存在一个独立的 PNOS 产品的市场。因此，法院在其关于市场界定的判决中没有提及 Whole Foods 首席执行官 John Mackey 关于 Whole Foods 所提供的产品具有特殊性的评价。

2. 二审判决

由于联邦贸易委员会对哥伦比亚特区联邦地区法院的判决不服，便将该案上诉至哥伦比亚特区联邦巡回法院。这个巡回法院对该案作出了与一审法院完全不同的判决。①

巡回法院认为，是否有必要确定存在一个核心客户群，即是否有必要界定一个 PNOS 相关商品市场，这是该案的一个关键问题。该案一审法院界定相关商品市场时关注的问题是"边缘客户"，而不是"核心客户"。巡回法院认为一审法院的这个看法是错误的，因为根据《横向并购指南》，当存在对"目标买方"进行价格歧视的情况下，实施价格歧视的企业通常会对高需求弹性需求者制定低价，而对低需求弹性需求者制定高价。如果不存在价格歧视，忽略需求者的差别一般不会影响相关市场界定结果。但是，存在价格歧视的情况下，如果不

① FTC v. Whole Foods Market, Inc. 548 F. 3d 1028, 1063 (D. C. Cir. 2008).

对不同的需求者进行区分,这将会导致错误的相关市场界定结果。即如果价格歧视通过对低弹性需求者收取高价会增加企业的利润,这些处于被歧视地位的“核心客户”是需要反托拉斯法对其进行保护的。因此,巡回法院认为,地区法院由于其适用法律的错误,这直接导致其忽视了联邦贸易委员会所提交的证据,而这些证据强烈地表明,即使 Whole Foods 与 Wild Oats 在一个更为广阔的市场上为其边缘客户开展着竞争,但是它们同时也在 PNOS 的市场对争取其核心客户开展着竞争。①

巡回法院还注意到了联邦贸易委员会和被告的双方专家证人对 PNOS 市场进行 SSNIP 测试的方法不同。被告专家证人使用的是临界损失法,他预测到边缘客户会由于 SSNIP 而转移到传统商店,因此被告无法涨价,所以传统商店应当被界定为属同一相关市场。但是,联邦贸易委员会的专家证人却不认可这种临界损失分析法,而是倾向于使用所谓的临界转换法(critical diversion)。这个临界转换法是在探求,如果 Wild Oats 关闭,将会有多少 Wild Oats 的客户转移到 Whole Foods,以及多少客户会转移到传统商店。由于 Whole Foods 的内部文件表明,如果关掉 Wild Oats 店,它的大部分客户会转到 Whole Foods,从而使关闭 Wild Oats 是有利可图的。这说明两者的区别在于,被告的专家证人是着眼于销售额的边际损失(marginal loss of sales),而原告的专家证人则是着眼于客户数量的一般流失(average loss of customers)。原告专家证人对客户数量流失进行分析的理由是,对于核心客户来说,即使供货商存在小额但显著的价格上涨,他们仍然会留在 PNOS 商店进行购物。

巡回法院还认为,在适当的情况下,核心客户应当成为反垄断法保护的对象。尤其当企业通过提供一系列特殊的产品或服务来区分客户群时,这里很可能存在一个中心客户群,即一些特殊的产品或服务对某个特殊群体有着特殊的吸引力。这也即是说,当经营者小幅提价时,并不是所有需求者的替代反应都是一样的;在需求者的替代反应不同的情况下,可以对不同的需求者群体进行 SSNIP 不同幅度的测试。因此在市场界定时,需要关注产品之间合理的替换性,至于什么产品是合理替代的,这最终由“确定的客户偏好”(settled consumer preference)来决定。

巡回法院还指出,委员会的证据已经证明,该案存在一个服务于特殊消费

① FTC v. Whole Foods Market, Inc. 548 F. 3d 1037(D. C. Cir. 2008).

者的 PNOS 子市场，即存在一个认为“天然和有机产品是重要和健康的生活方式，而且也是生态可持续的需要”的核心客户群。因为委员会的证据表明，通过价格歧视可以使相关的企业从这个核心客户群获得利润。例如，专家证人指出，Wild Oats 的存在可以显著地降低 Whole Foods 的毛利率。此外，在 Whole Foods、Wild Oats 与传统商店存在竞争的杂货（grocery）品上，Wild Oats 的参与竞争虽然对 Whole Foods 的价格没有很大的影响，但在那些易腐产品（perishable）上的影响却非常大。此外，Whole Foods 的文件表明，Whole Foods 对传统商店产品价格的跟踪主要集中于干杂货（dry grocery），而不是那些易腐产品，因为这些易腐产品中 70% 的业务都属于 Whole Foods。这说明在那些高质量的易腐产品上，Whole Foods 与 Wild Oats 之间存在激烈的竞争，而这些产品是它们利润的主要来源；相反，它们和传统商店只是在一些干杂货上开展着竞争，而这些产品是它们的边缘业务。因此，巡回法院认为，委员会提供的直接证据表明 PNOS 店之间的竞争要比它们与传统商店之间竞争的影响大很多，因为它的专家证人表明，Wild Oats 的附近新开的 Whole Foods 连锁店可以导致 Wild Oats 的价格下降，但是非 PNOS 店的进入却不会产生这样的效果。与此相似，一家名为 Earth Fare 的 PNOS 店在 Whole Foods 附近开设了新店，这个新店的开设也导致了 Whole Foods 的价格立即下降。

最后，巡回法院还认为，消费者的行为也支持了联邦贸易委员会关于 PNOS 服务于核心客户群的结论。因为 Whole Foods 在其内部文件中估计，如果 Wild Oats 商店关闭，它的大部分客户会转移到 Whole Foods，而不是转移到传统的超市。由于易腐产品在 Whole Foods 的价格高于传统商店，那么在 Whole Foods 高价购买产品的客户群就可以证明，他们在传统商店购物和在 PNOS 商店购物不是可以相互替换的，因此这些人就是属于核心客户群。而且，包括被告专家证人在内的市场研究表明，有 68% 的 Whole Foods 客户分享 Whole Foods 的“核心价值观”，也即是他们属于 Whole Foods 的核心客户。甚至被告的专家证人也表明，有些客户只是购买天然和有机的产品，因此他们只是在 Wild Oats 和 Whole Foods 采购产品。

针对被告提出其客户有在 PNOS 店和传统商店进行交叉购物的情况，而且 Whole Foods 与 Wild Oats 也有跟踪传统商店销售价格的证据，巡回法院的观点是，核心客户可在超市或者便利店购买口香糖的行为并不意味就无法界定本案的相关市场，这是因为核心客户群在非 PNOS 商品上肯定存在交叉购物的情况。因此,原告的专家证人认为,Whole Foods 与传统商店只是在干杂货上存在激烈的竞争,但在优质的易腐产品上,Whole Foods 对传统商店的价格毫不在意,这说明 Whole Foods 与传统商店在 PNOS 产品上不属于同一相关市场。

综上,巡回法院认为一审法院因为在该案只是关注了边缘客户,而没有关注核心客户,因此它在法律的适用上有错误。

三、零售业的地域市场界定

零售业的相关地域市场界定也很有特殊性。因为不像其他很多行业,其商品是在全国甚至全球范围内开展竞争,传统零售业的特点是地域性非常强。但是,考虑到零售的产品和方法,A 城的零售商店可能和 B 城的零售商店之间并不存在竞争。甚至在同一个城市里,一个区的零售商店与另一个区的零售商店之间也不存在有效竞争。总之,因为零售业分为不同形态,这使零售业相关地域市场的分析也非常复杂。

根据国务院《关于界定相关市场的指南》,如果从需求替代的角度界定相关地域市场,考虑的因素应当包括商品的运输成本和运输特征、多数需求者选择商品的实际区域和主要经营者商品的销售分布、地域间的贸易壁垒等。在上述因素中,地域间的贸易壁垒可能不是一个重要因素。如前文说述,零售业的地域性很强,不太可能出现全国性的相关地域市场,更不可能出现全球性的相关地域市场。另外,零售业一般不属于政府高度管制的行业,因此一般不会存在地域间的贸易壁垒等法律和政策方面的因素来阻隔不同地区之间的零售业开展竞争。

在商品的运输成本和运输特征方面,由于零售业一个较为显著的特点是消费者主动到商店购买商品,因此,商品的运输成本和运输特征更多体现为消费者本身在购物时需要花费的交通成本。比如,现实生活中,某个消费者可能会通过各种交通方式如步行、搭乘公共交通工具或者自行驱车到较近的商店购买日常生活用品。但是一般来说,消费者不太可能驱车至 100 公里之外的商场购买日常生活用品,即使那个地方的日常生活用品比当地便宜 20%,因为这 100 公里的交通成本很可能大大高于该消费者为这个购物所节省的成本。因此,在零售业的相关地域市场界定中,可能需要更多地对消费者购物的交通成本进行考察,而不是商品的运输成本和运输特征等因素。

由于零售业具有消费者主动到商店购物的特征,因此界定零售业的相关地域市场时,多数需求者选择商品的实际区域和主要经营者商品的销售分布的因素会显得比较重要。前面提及消费者购物的交通成本，这事实上就是多数需求者选择其商品的实际区域或者主要经营者考虑其商品销售地域的主要考虑。

从消费者的角度出发，由于存在购物的交通成本，一般消费者只是愿意到一定距离内的商店购买商品。因此，考察多数需求者选择商品的实际区域，这就意味着需要考察多数消费者距离实际购物的零售商店的距离。需要注意的是，这个距离可能随着消费者所打算购买的商品种类不同而有所不同。比如，消费者可能不会因为购买几瓶饮料而特意赶到5公里之外的商店。但是，消费者在选购家具或家电等大件商品时，非常可能会把选择的地域扩大，因为消费者可能因为大件商品的价格比较高，因此可能认为多支付的交通费用与可能节省下来的价格成本相比仍然是合算的。或者可以从另外一个角度思考问题，即这个距离和消费者所选择的零售方式有密切的关系。比如，消费者一般不会特意赶到5公里以外的便利店去购买一个日用品，但是可能会去10公里或20公里以外的百货商店或购物中心进行消费。

总之，经营者商品的销售分布和多数需求者选择商品的实际区域可能是一个硬币的两个方面。因为反过来从零售商店的角度看，由于消费者购物不可避免地会产生交通成本，因此零售商店一般只能吸纳一定距离之内的消费者，而不可能无限扩大其销售的地理区域，也即任何一个零售商店都具有一定的辐射区域。但是，可以理解的是，不同类型的商店可能具有不同的辐射范围，如便利店的辐射范围可能只有几百米或不超过一千米，但是大型超市的辐射范围显然要大于社区的便利店。高档百货商店的辐射区域可能要比一般大型超市的辐射区域大很多，但这不是说每个城市都会拥有高档百货商店，而是说有些商品只有在高档的百货商店才有销售。因此，一个三线城市的消费者驱车几十公里甚至上百公里去一个位于一线或二线城市的高档百货商店进行购物，这完全属于正常的消费行为。

在零售商店的辐射区域上，英国公平交易办公室（OFT）有一个系统和详细的论述。[①] OFT提出了“辐射区”之概念，即一个商店可以获取其大部分业务的地理区域。执法机构通常会使用点对点之间的距离或购物时开车的时间来界定辐射区的范围，并针对不同类型的零售商以及根据零售商位于城市还是农村从而适用不同的距离与驾车的时间。

---

① Commentary on Retail Mergers, www. oft. gov. uk/shared_oft/mergers/oft1305 – ccV1a. pdf.

考虑零售商辐射区的作用有两个：一是可以考虑并购当事人的零售业务可以在哪些地域范围内有重合，从而便于执法部门更好地收集证据和对案件进行审查；二是如果相关当事人的零售业务在很多区域内存在重合，这将有助于执法部门筛选掉那些不太可能出现问题的地区。对第二种作用来说，英国的OFT一般是通过以下步骤来界定相关案件的相关地域市场：第一步，对于并购当事人的每一个商店都划分出辐射区；第二步，确定经营者集中不会造成竞争影响的地区，即并购后仍然会有足够多的零售店保留在这个区域内；第三步，对并购后企业的辐射区重新定位或者调整辐射区，以便把那些确实没有问题的区域剔除出去。执法机构通常是基于一定距离或一定驾车时间(drive - time)内的销售比例来确定的零售店的辐射范围。在某些案件中，这个辐射区是基于80%产品的销售来确定的。

在德国，涉及产品采购案件的地域市场界定一般也是以客户从卖方店铺或场所购买产品的乘车距离或者乘车时间为基础。一般来说，20分钟或20公里的乘车距离被视为地域市场界定的基础。但是，联邦卡特尔局也认为，涉及超市的地域市场不能完全基于特定案件中某个超市的地理位置，因为一个合并案件可能会涉及多个超市，从而必须采取更为有效的方法，即能够使竞争主管机关、合并方和第三方在合并审查较短的时间内提供和评估相关数据。[①] 联邦卡特尔局在涉及超市的案件中界定相关地域市场的时候，一般会考虑超市通常位于城市中心的事实，以及消费者倾向在临近其居所或工作场所的城市中心进行购物的消费模式。因此，联邦卡特尔局使用城市中心或区域中心(urban or regional centers)作为界定相关地域市场的参考区域，并以德国大约8000个邮政编码为基础划分了345个本地市场，且每个本地市场都有一个比较容易到达的城市中心。在EDEKA/Tengelmann合并一案中，联邦卡特尔局考虑到并购双方在很多地区性市场都有经营活动，且在大约100个地区性市场有着显著的市场地位。但是，考虑这些地区周边市场上强大的竞争对手对该案并购当事人的市场地位可能构成挑战，这些地区的周边市场也成为本案界定相关地域市场时考虑的范围。[②]

---

① [德]安德里亚斯·巴顿：《德国联邦卡特局界定商品市场和地域市场的若干实例》，载王晓晔主编：《反垄断案件的相关市场界定》，社会科学文献出版社2014年版，第172~174页。

② 同上注。

四、我国零售业态的分类和竞争态势

(一)我国零售业的分类

2004 年 8 月,商务部联合相关政府机构颁布了新的《零售业态分类》(GB/T 18106－2004)国家标准,并于 2004 年 10 月 1 日开始实施。这个《零售业态分类》按照零售店铺的结构特点,根据其经营方式、商品结构、服务功能,以及选址、商圈、规模、店堂设施、目标顾客和有无固定营业场所等多种因素,将零售业分为食杂店、便利店、折扣店、超市、大型超市、仓储会员店、百货店、专业店、专卖店、家居建材店、购物中心、厂家直销中心、电视购物、邮购、网上商店、自动售货亭、电话购物等 17 种业态,并规定了相应条件。

(二)我国零售业竞争状况

2017 年 7 月 3 日,商务部发布了《中国零售行业发展报告(2016/2017 年)》。根据这个报告,截至 2016 年年底,我国零售业经营单位共计 1811.91 万个,同比增长 5.2%。2016 年商品零售额近 29.7 万亿元,同比增长 10.4%。其中便利店、购物中心和超市等几种业态的销售额增长较快,分别为 7.7%、7.4% 和 6.7%。但是,这个报告也指出,我国零售业的变革和发展仍然面临一系列挑战,主要的问题是商业网点发展不均衡、结构性过剩、配套设施不完善、物流成本大、租金成本大、人工成本上涨压力大等。[①] 鉴于各种形态的零售店都有其自身特点,竞争状况各不相同,下面讨论几种具实体店性质的零售业。

1. 食杂店:这种店铺一般属个人所有,店铺的数目众多,因此,这种店铺如果出现并购,它们一般不需要进行反垄断法意义上的竞争分析。

2. 便利店:这种业态的零售店有很多品牌店,如麦当劳、7－11,它们既有全国性品牌,也有地区性品牌,这些不同品牌的便利店之间存在激烈的竞争。鉴于便利店的特点明显,不同品牌的便利店均有一定的核心产品和核心客户,而且在一定区域内均有影响力,因此,不同品牌便利店之间的并购可能会引起反垄断法上限制竞争的问题。

3. 大型超市、仓储化会员店以及大型购物中心:这种零售业态与连锁便利店相似,品牌效应很重要,如国际性品牌沃尔玛、乐购、家乐福。这些大型超市销售的商品种类非常丰富,销售场地比较大,社会上很有影响。鉴于这些大型超市的数目在全国以及一定地区都是有限的,而且其他形式的零售店对它们没

① 商务部:《至 2016 年底中国零售业经营单位共有逾 1811 万个》,载 http://finance.china.com.cn/news/20170703/4273016.shtml,最后访问日期:2018 年 2 月 15 日。

有可替代性,或者没有明显的可替代性,因此,涉及这些大型超市的并购往往需要竞争分析。

4. 一般超市:这种超市一般没有连锁店,有些虽然在特定区域有一定影响,但总体上市场影响不大,一般不会引起反垄断法上限制竞争问题。

5. 专卖店:它们一般是在百货店或商业街开办自己的店铺,如服装专卖店、化妆品专卖店或者汽车专卖店。由于它们一般只是提供某种特定品牌的商品,因此可以被视为是制造业的销售环节。

6. 专业店:它们主要指提供某种特殊类别产品的店铺,如销售摄影器材或者销售户外用品的商店。有些特殊产品不仅可以在专业店进行销售,而且其他形式的零售商店如大超市、购物中心也会销售这些商品。因此,事实上就某些专业性的商品而言,很多不同业态的零售店之间存在竞争。

7. 折扣店:这种商店和一般超市相似,没有全国性品牌,甚至没有地方性品牌。这种商店如果发生合并,一般对市场竞争的影响不大。

8. 百货店:百货店分为不同的档次,既有高档百货店,也有面向普通大众的百货店。不同档次的百货店之间不太可能存在竞争,因为它们售卖的商品种类、商品价格以及它们的购物环境都存在较大的差别。可以说,同一档次的百货店可能会构成相关商品市场,不同档次的百货店却不太可能被界定为同一相关市场。

9. 家居建材店:这种店铺与大型超市比较相似,即一般有自身的品牌,如“居然之家”。这类商店往往也有品牌之间的竞争,但从某个特定的商品来说,这种零售店铺与其他形式的零售店之间不大可能存在激烈的竞争。

当然,随着互联网、大数据、云计算等信息技术的发展和应用,零售业的竞争不仅可能发生在同一业态的零售商之间,而且也会发生在不同业态的零售商之间,如2012年沃尔玛收购1号店。这个收购无论对沃尔玛还是1号店都是利好消息,因为1号店可以利用沃尔玛的市场和库存开拓新的市场,沃尔玛收购了1号店就可以进入电子商务,虽然今天它还没有能力与淘宝或者天猫开展竞争。总而言之,随着信息技术的应用和发展,我国居民的消费需求会发生深刻的变化,这种变化既是我国零售业模式创新的基础,也是我国零售业态发生变迁的重要动力。鉴于我国有着世界上最多的人口和最大的市场,我国必然也是零售消费在世界上最具增长潜力的国家,并且会成为国际零售业竞争的主战场。

五、结论

(一)同一商品不同业态的零售未必属同一市场

从这一节论述的两个美国案例可以看出,尽管国务院《关于界定相关市场的指南》提出"商品的外形、特性、质量和技术特点等总体特征和用途"是界定相关产品市场须考虑的主要因素,但在零售业的相关商品市场界定中却不能扮演重要的角色。零售业相关商品市场界定的主要问题是,不同零售业态销售的产品虽然可能相同,而相同商品的不同零售业态之间是否构成竞争约束,往往需要进行认真的分析。比如,办公用品超市和普通超市虽然都会出售办公用品,但两者并不一定属同一相关商品市场。例如,在美国法院审理的 Whole Foods 案中,尽管 PNOS 和传统商店都会出售有机食品和非有机食品,但是美国哥伦比亚特区联邦巡回法院在该案将 PNOS 视为是一个独立的相关商品市场。

(二)产品价格对市场界定有重要影响

《关于界定相关市场的指南》中提出的其他几个因素对零售业相关商品市场的界定具有重要的指导意义。首先是《关于界定相关市场的指南》列举的价格(价格差异)和区别定价的情况。一般来说,企业制定价格的时候往往会考察竞争对手的定价情况,因为如果它的价格定得比竞争对手高,其客户就会转向竞争对手。因此,如果企业定的价格比"竞争"对手高或者对"竞争"对手的价格不是很关心,这可以说明这个"竞争"对手并不能够对这个企业构成真正的竞争约束。以中国一线城市的超市为例,这里可能已经出现了类似 Whole Foods 的高端超市。即便有些商品可能在高端超市以高价和普通超市以低价都有出售,但是相同商品的出售并不一定能够成为高端超市和普通超市应属同一相关商品市场的理由。

企业有些定价行为对认定相关商品市场有着重要的意义。比如,新的企业进入市场时,如果这个市场上的零售商在价格上会有迅速的反应,这可能说明这个新的进入者和市场上现有的企业处于同一个相关商品市场;如果没有反应,则可以说明它们不在同一个相关商品市场上。例如,在 Staple 一案中,参与并购的办公用品连锁企业并不关心一般超市以及邮购的办公用品的价格,而只是关心其他几个办公用品连锁企业的价格;而且在三家办公用品连锁企业都存在经营活动的市场上,它们都会争相制定更低的价格,法院据此认为这三家办公用品连锁超市构成一个相关商品市场,而普通超市并不包括在这个相关商品市场之内。

这里也可以考虑中国零售市场的情况：如果电器连锁企业定价时，它们主要是受其他家电连锁企业的影响，而不受或少受大型超市家电产品价格的影响，这个定价行为就为家电连锁超市构成相关商品市场提供了证据。相反，如果电器连锁企业制定价格时，较大程度地受到了线上购物价格的影响，线上购物就应当也纳入同一相关商品市场，因为这个证据表明，线上购物的价格对线下商品的价格也构成了竞争压力。

（三）关注核心产品

Whole Foods 一案的二审法院认为，PNOS 商品可分为普通杂货和易腐品。虽然在普通的杂货上，PNOS 和一般超市的价格相仿，但在易腐品上，PNOS 的价格大大高于一般超市。正是因为易腐品成为 PNOS 的主打商品，二审法院认为 PNOS 可以构成独立的相关商品市场。这就可以说明，虽然高档百货商店和一般超市都以相同的价格出售普通的矿泉水，但是这个事实并不能证明高档百货商店和一般超市是处于同一相关商品市场上，因为这里有必要分析，这些零售企业是否存在核心商品，它们对其核心商品实施着什么样的定价策略。

（四）关注消费者购物模式

这里包括考虑消费者的偏好或对商品的依赖程度，以及消费者因商品价格或其他竞争因素变化，转向或者考虑转向其他购物渠道的情况。其实，即使消费者购买相同的商品，他们的消费动机并不一定完全相同。比如，有些消费者可能重视购物的环境、企业的宗旨和理念等非价格因素，有些消费者则可能对价格更敏感。价格敏感性的消费者很可能存在交叉购物的情况，即在不同业态的零售店购买相同的商品。但是，消费者在不同业态的零售店交叉购物的情况，这本身不能必然说明不同业态的零售店铺属同一相关商品市场，因为这里尚须考察是否存在一些对价格不那么敏感的核心客户。如果存在这样的核心客户，相关企业很可能会对核心客户实行价格歧视。比如，高档的百货商店可能有一些这样的消费者，即他们对价格不是很敏感，但对购物环境以及商场所提供的服务很挑剔。这种情况下，即使高档百货商店出售的高档商品在一些电子商务网站上也有出售，但是电子商务网站和高档百货商店不能构成同一个相关商品市场。其理由是，高档百货商店的核心客户可能无法通过电子商务进行线上购物，或者害怕网上购到虚假产品从而进行线下购物，对于这些消费者而言，高档百货商店可以构成一个子市场。

此外，零售店的企业宗旨、经营理念、战略决策以及目标客户群也都可以成为界定相关市场的考虑因素。如果零售企业定位服务于高收入人群，致力于提供良好的购物环境，并且由此开展一些独特的营销策略，这在一定程度可以证明该零售企业和主要为普通收入的消费者提供服务其他零售企业处在不同的相关商品市场上。如果有数据可以进行假定垄断者测试，或者如 Whole Foods 一案使用了客户平均流失（average loss of customers）的分析方法，则可能会有更好的定量分析效果。

上述分析说明，相比一般商品的相关市场界定，零售业相关市场的界定可能更复杂，对数据的要求可能更高。此外，传统零售业正在经历着巨大的嬗变，互联网已经对传统零售业造成深刻的冲击，各种新的模式纷纷亮相，如阿里巴巴、京东等新兴电子商务巨头已经成长为中国零售业非常重要的力量，传统零售业在其业务中也程度不同地加入了互联网和电子商务的元素。零售业正在发生的巨大变化对准确地界定零售业相关商品市场和相关地域市场构成了强有力的挑战，零售业的相关市场界定毫无疑问会变得更为复杂。但是，就目前为止，相关市场界定的一般原则仍然能够比较好地适用于零售业，界定的关键仍然是挑选一些适合零售业的考察因素进行分析，并应当尽可能多地收集相关证据，以便更好地对相关市场的界定进行定性和定量分析。

第四节 饮料业的相关市场界定

一、行业简介

饮料通常是指以水为主要成分，经加工后用于饮用的液体，也包括用来冲饮的固体饮料。以是否含酒精成分为标准，饮料可分为酒精饮料和无酒精饮料（以下简称软饮料）。酒精饮料和无酒精饮料在用途、特性、原料、制作工艺、价格和消费习惯等方面均存在显著差异。在欧盟等法域的相关案例中，执法部门均按是否含酒精成分为标准对饮料市场加以区分。被界定为相关产品市场的酒精饮料主要包括：（1）啤酒；（2）烈性酒；（3）葡萄酒。被界定为相关产品市场的无酒精饮料主要包括：（1）碳酸饮料；（2）非碳酸饮料。根据案件具体情况，上述相关市场可能被进一步界定为细分的产品市场。

欧盟等法域多数相关案例将饮料的地域市场界定为国家市场，但在个别案例也有界定更为狭窄的地区性市场的情况。

二、饮料业市场界定的典型案例与理论分析

(一)啤酒

啤酒是以麦芽和水为主要原料,加入啤酒花(包括酒花制品),经酵母发酵酿制而成的含二氧化碳、起泡和低酒精度的发酵酒,此外也包括无醇(脱醇)啤酒。[①]

1. 相关产品市场

欧委会的相关案例指出,啤酒与其他饮料不同,因此应被界定为独立的相关产品市场。[②] 欧委会在一系列案例中指出,啤酒市场可根据啤酒的分销途径,细分为零售啤酒市场和堂食(on - trade distribution,即在酒吧、饭店、酒店等购买后即时消费)啤酒市场。欧委会的市场测试也支持这种市场界定方案。[③] 在经营者集中案件,如果无论采用任何一种细分相关市场界定的方案,拟议的交易均不会出现限制竞争的问题时,欧委会指出这个案件不必精确地界定啤酒市场。[④]

(1)以分销渠道为标准的细分市场

欧盟委员会在相关案例中指出,啤酒与其他饮料不同,因此它应被界定为独立的相关产品市场。[⑤]在有些案例中,欧委会还指出可根据分销渠道将啤酒市场细分为“当场消费啤酒”(也可称为堂食啤酒)和“非当场消费啤酒”。欧委会的市场测试也支持这种市场界定方案。[⑥]

例如,在 Interbrew/Bass 并购一案中,尽管申报方指出,由于独立酒吧的发展壮大,酒吧开始像超市一样掌握了定价权,堂食啤酒市场和非堂食啤酒市场因此越来越相似。但是,欧委会经过市场调查认为,堂食啤酒和非堂食啤酒的销售仍然存在显著差异,因此仍有必要将它们细分为不同的相关市场。比如,

---

① 《GB 4927 - 2008 啤酒国家标准》,载 http://gb123. sac. gov. cn/gb/showGb? gbCode = GB%204927 - 2008,最后访问日期:2018 年 2 月 15 日。

② Case NO. COMP/M. 3372 - Carlsberg/Holsten, http://ec. europa. eu/competition/mergers/cases/decisions/m3372_en. pdf.

③ Case NO. COMP/M. 2044 Interbrew/Bass, paras. 22, 31 - 24, http://ec. europa. eu/competition/mergers/cases/decisions/m2044_en. pdf.

④ Case NO. COMP/M. 4952 Carlsberg/Scottish & Newcastle Assets, para. 11, http://ec. europa. eu/competition/mergers/cases/decisions/m4952_20080307_20310_en. pdf.

⑤ Case NO. COMP/M. 3372 - Carlsberg/Holsten, http://ec. europa. eu/competition/mergers/cases/decisions/m3372_en. pdf.

⑥ Case NO. COMP/M. 2044 Interbrew/Bass, paras. 22, 31 - 24, http://ec. europa. eu/competition/mergers/cases/decisions/m2044_en. pdf.

桶装生啤(draught beers in kegs,又称“桶装散啤酒”)占堂食啤酒总销量的85%,而非堂食啤酒市场几乎不销售桶装生啤酒。这两种啤酒的市场细分不仅考虑到了生啤酒的运送和销售需要专门的分销设备,而且也考虑消费者不同的购买习惯,如堂食啤酒可以代表一种娱乐性的服务消费。[①]

爱尔兰竞争局在其2008年审理的Heineken/Scottish & Newcastle并购一案中认为,啤酒的相关产品市场可以被细分为三个子市场:生产并提供给当场消费渠道的窖藏啤酒;生产并提供给非当场消费渠道的窖藏啤酒;生产并提供给当场消费渠道的烈性啤酒;生产并提供给非当场消费渠道的烈性啤酒。在该案中,买方Heineken和目标公司B & C的内部文件、消费者调查、SSNIP测试、价格相关性以及“格兰杰因果关系测试”(Granger - Causality Test)[②]的分析结果都认同上述市场界定的方式。

(2)以口味和质量为标准的细分市场

欧委会在有些案件中认为,啤酒可根据消费者的口味细分为窖藏啤酒(lager)、烈性啤酒(stout)和麦芽啤酒(ale)等,此外还可以根据质量分为普通啤酒和高档啤酒。[③] 例如,欧委会其2002年的Interbrew/Brauergilde[④] 一案中,依照其过去的经验将啤酒市场细分为堂食和非堂食。但是在该案中,人们就是否应对不同种类的啤酒界定为不同的市场存在争议。Interbrew认为,将不同种类的啤酒界定为不同的市场不具有合理性,因为虽然有些国家如英国把啤酒分为窖藏啤酒、烈性啤酒以及麦芽啤酒,但是其他国家如德国就没有这种区分。此外,饮料行业的一些咨询公司对于如何区分高档乃至“顶级”啤酒和普通啤酒一

---

① Case NO. COMP/M. 2044 Interbrew/Bass, http://ec. europa. eu/competition/mergers/cases/decisions/m2044_en. pdf.

② 格兰杰因果关系测试是一种变量预测的方法,即两个经济变量X、Y之间的格兰杰因果关系可以定义为:若在包含变量X、Y的过去信息的条件下,对变量Y的预测效果要优于只单独由Y的过去信息对Y进行的预测效果,即变量X有助于解释变量Y的将来变化,则认为变量X是引致变量Y的格兰杰原因。格兰杰因果关系检验的一个前提条件是时间序列必须具有平稳性,否则可能会出现虚假回归的问题。

③ Case NO. COMP/M. 2569 - Interbrew/Beck's, http://ec. europa. eu/competition/mergers/cases/decisions/m2569_en. pdf; Case NO. COMP/M. 3032 - Interbrew /Brauergilde, http://ec. europa. eu/competition/mergers/cases/decisions/m3032_20021219_310_en. pdf; and Case NO. COMP/M. 4952 Carlsberg/Scottish & Newcastle Assets, http://ec. europa. eu/competition/mergers/cases/decisions/m4952_20080307_20310_en. pdf.

④ Case NO. COMP/M. 3032 - Interbrew/Brauergilde, http://ec. europa. eu/competition/mergers/cases/decisions/m3032_20021219_310_en. pdf.

般都没有统一的标准。根据市场的调研,尽管很多酿酒商都声称自己的啤酒品牌是高端品牌,但是他们对如何评估啤酒的等级也没有评价标准。事实上,这个问题有很多不同的评价标准,如价格(如一个品牌比其他品牌的价格高出20%)、销售的地域范围(如全国性销售和地区性销售相比较),此外还有营销的费用以及品牌形象等。根据德国的市场调查,依据窖藏啤酒和麦芽啤酒界定相关产品市场也不够合理,因为绝大多数的德国啤酒都是 Pilsner 啤酒,而且德国的不同地区对啤酒可能作出完全不同的分类。因此,欧委会最终在这个案件没有对市场界定作出明确的结论,因为无论对啤酒市场如何分类,这个案件都不会产生或加强一方当事人的市场支配地位。

欧委会在其 2003 年的 Interbrew/Spaten – Franziskaner① 一案中,将相关产品市场细分为啤酒的生产市场和销售市场,也即是与欧委会以往的决定及实践相一致,欧委会认为堂食啤酒(当场消费)和非堂食啤酒(非当场消费)属不同的相关市场。值得注意的是,欧委会在该案还讨论了是否应进一步将啤酒市场分为高档啤酒和普通啤酒,或根据啤酒的不同类型进一步作细分。市场调查显示,消费者对高档啤酒和普通啤酒的区分标准千差万别,这些标准包括价格、产品定位、产品形象、广告、包装、产品或生产商的历史等。这些市场调查证实了欧委会以前的啤酒市场调查结果,即认定一个品牌属高档啤酒的标准并不统一。最终,由于该案无论是否进一步区分高档啤酒和普通啤酒均不会影响最终的评估结果,欧委会没有就相关市场的进一步细分给出意见。

2. 相关地域市场

欧委会在相关案例中将啤酒的地域市场界定为成员国,并指出其市场调查支持成员国作为相关地域市场的界定。②在 Interbrew/Bass 一案中,欧委会将堂食和非堂食啤酒的地域市场均界定为英国市场,但指出没有必要明确界定英国的主要地区是否应分别构成单独的地域市场,理由是狭窄的地域市场界定方案对这个案件的竞争分析没有实质性的影响。欧委会在其 2003 年的 Interbrew/

① Case NO. COMP/M. 3289 – Interbrew/Spaten – Franziskaner, http://ec. europa. eu/competition/mergers/cases/decisions/m3289_en. pdf.

② Case NO. COMP/M. 3195 – Heineken/BBAG, http://ec. europa. eu/competition/mergers/cases/decisions/m3195_en. pdf; Case C – 234/89, Delimitis v. Henninger Brau, http://curia. europa. eu/juris/showPdf. jsf? text = &docid = 96846&pageIndex = 0&doclang = EN&mode = req&dir = &occ = first&part = 1&cid = 511187.

Spaten – Franziskaner[①]案中，也与其以往的决定和实践相一致，明确认定啤酒的生产和销售市场是在其成员国的范围。

就地域市场而言，虽然大部分案件往往界定为成员国市场，但也有案件界定为成员国内的区域性市场。在高度分散的啤酒市场上，德国竞争执法机构喜欢采用的方法是把当地酿造商制造和距该酿造商仅几公里范围（核心销售区域）内运输的啤酒和其他啤酒区分开来。[②] 美国司法部在其 2008 年 Inbev/Anheuser – Busch 并购一案中，[③]认定啤酒的定价和促销的地域市场在本质上是地区性的。这是因为在啤酒行业，批发商因其各自订立的合同可能被限制进入其他地区，也即是这种分销体制允许酿造商对相同包装和相同品牌的啤酒在不同地区采取不同的价格，并且禁止分销商和零售商利用不同地区的价差进行套利活动。由此，竞争执法部门认定 Buffalo、Rochester 以及 Syracuse 为不同的啤酒地域市场。当然，市场上也有一些非常国际化的品牌，如德国品牌 Becks、荷兰品牌 Heineken 以及澳大利亚品牌 Fosters，这些著名品牌的地域市场可能会超过一国的地域范围。

（二）烈酒

烈酒（spirit），又称蒸馏酒，是一种高浓度的酒精饮料。由于制酒发酵过程中产生过浓的乙醇溶液可以将酵母杀死，无法继续发酵，所以经发酵酿造的酒类含乙醇浓度最高只能达到 10% ~20%。但是酒精的沸点是 78.2℃，加热时温度超过酒精沸点而不到水的沸点，酒精蒸汽会溢出，再经冷凝可得到 80% ~90% 以上浓度的乙醇溶液，这个乙醇溶液经勾兑可制造高浓度的烈酒，烈酒因此又被称为蒸馏酒。[④] 世界著名的烈酒有苏格兰等地的威士忌、法国的白兰地、俄罗斯及东欧的伏特加、加勒比地区的朗姆酒、英国荷兰等地的杜松子酒、墨西哥的龙舌兰酒以及中国的“茅台”酒等。[⑤]

1. 相关产品市场

欧委会在相关案例中指出，各种主要的烈性酒（包括威士忌、白兰地、伏特

---

① Case NO. COMP/M. 3289 2. 4 Interbrew/Spaten – Franziskaner, http://ec. europa. eu/competition/mergers/cases/decisions/m3289_en. pdf.

② 有时指实现销量的 90% 以上的区域。

③ United States v InBev N. V. /S. A. ,2009 – 2 TradeCas. https://www. justice. gov/atr/case – document/file/486551/download.

④ CIV/M. 938 Guinness/Grand Metropolitan, para. 8, http://eur – lex. europa. eu/LexUriServ/LexUriServ. do? uri = CELEX:31998D0602:EN:HTML.

⑤ Http://zh. wikipedia. org/wiki/% E7% 83% 88% E9% 85% 92.

加、朗姆酒、杜松子酒、龙舌兰酒和调味烈酒等)应被分别界定为相关产品市场。[①] 欧委会还在某些案件中认为,机场或港口免税销售的各类烈酒可以单独构成一个相关产品市场。[②] 此外,对于某些烈性酒(如威士忌),如果更为狭窄的产品市场界定和地域市场界定可以更合理地进行合并交易的竞争分析,就应该考虑更为狭窄的市场界定方案。[③] 对是否应按价格和质量进一步细分烈酒市场,欧委会指出,烈酒市场上的大生产商通常倾向于提供高、中、低各种价格档次的产品。如果分析但当特定的品牌和其市场份额与案件的竞争分析相关时,则可能需要考察按价格和质量细分的各烈酒市场。[④]

以经营者集中类案件为例,与啤酒市场不同的是,欧委会认为烈酒市场上的合并交易主要影响批发商和大型零售商。小分销商,无论是通过堂食销售烈酒还是零售烈酒,通常从批发商或大型零售商采购,而非从生产商处直接采购。因此,尽管不同的分销途径导致烈酒售价的差别,消费者的消费模式和价格敏感度也不同,但没有必要以分销途径为标准分别界定堂食烈酒市场和零售烈酒市场。[⑤]

(1)不同种类烈酒分别界定相关产品市场

包括欧盟委员会在内的很多反垄断执法机关已经在诸多案件对涉及烈酒行业的相关市场进行过界定。欧盟委员会在 Guinness/Grand Metropolitan 并购案[⑥]中认定,烈酒的相关产品市场界定总体上不应当超过国际认可的各类烈酒

---

① IV/M. 938. Guinness/Grand Metropolitan, http://eur - lex. europa. eu/LexUriServ/LexUriServ. do? uri = CELEX:31998D0602:EN:HTML. Case NO COMP/M. 2268 - Pernod Ricard/Diageo/Seagram Spirits, http://ec. europa. eu/competition/mergers/cases/decisions/m2268_en. pdf. Case NO COMP/M. 3813 - Fortune Brands/Allied Domecq, http://ec. europa. eu/competition/mergers/cases/decisions/m3813_20050610_20310_en. pdf. 调味烈酒(liqueur)又称为利口酒,是以烈酒为基础加入糖分的酒精饮料。调味烈酒按口味区分主要有水果类、草药类、坚果类、奶油类、咖啡类等品种,载 http://baike. baidu. com/view/70395. htm;http://en. wikipedia. org/wiki/Liqueur,最后访问日期:2018 年 2 月 15 日。

② IV/M. 938. Guinness/Grand Metropolitan, paras. 22 - 23, http://eur - lex. europa. eu/LexUriServ/LexUriServ. do? uri = CELEX:31998D0602:EN:HTML.

③ IV/M. 938. Guinness/Grand Metropolitan, para. 23, http://eur - lex. europa. eu/LexUriServ/LexUriServ. do? uri = CELEX:31998D0602:EN:HTML.

④ IV/M. 938. Guinness/Grand Metropolitan, para. 18, http://eur - lex. europa. eu/LexUriServ/LexUriServ. do? uri = CELEX:31998D0602:EN:HTML.

⑤ IV/M. 938. Guinness/Grand Metropolitan, para. 21, http://eur - lex. europa. eu/LexUriServ/LexUriServ. do? uri = CELEX:31998D0602:EN:HTML.

⑥ IV/M. 938. Guinness/Grand Metropolitan, http://eur - lex. europa. eu/LexUriServ/LexUriServ. do? uri = CELEX:31998D0602:EN:HTML.

(如威士忌、杜松子酒、伏特加、朗姆酒)以及各类甜露酒的相关产品市场。欧盟委员会在 Pernod Ricard/Diageo/Seagram Spirits 并购案中认定,[①]烈酒市场应按其不同的类别进行细分,此外在 Pernod Ricard/Allied Domecq 并购案[②]和 Pernod Ricard/V & S[③] 并购案中也都依照相同方案进行过市场界定。

欧委会在 Guinness/Grand Metropolitan 一案中,从需求替代和供给替代两个角度反驳了申报方认为各类烈酒整体上应被界定为一个相关产品市场的主张。这个案件的起因为 1997 年 Guinness 公司和 Grand Metropolitan 公司之间的合并,由此创建一个烈酒巨头 Diageo 公司(以下简称帝亚吉欧)。该案中申报方提交调查结果是,出于消费者饮酒的时机、各种酒类的可获得性以及各种酒类的价格等因素的考虑,各类烈酒之间具有可替代性,因此认为各类烈酒应该被整体界定为一个相关产品市场。然而,欧委会发现,申报方所做的这个调查其实是为税收的目的而准备的,它尽管使用了各种产品价格变动的数据,但其价格总水平的变动主要反映了税收变化。相反,欧委会经市场调查认为,酒的消费模式不能证明应该更为宽泛地界定相关市场。比如,人们通常在餐前饮用杜松子酒,餐后饮用白兰地。这只能说明消费者对各类烈酒有区别,而不能说明各类烈酒之间存在紧密的可替代性。欧委会市场调查中的绝大多数消费者认为,购买某种烈酒时不会因为这种烈酒价格的上涨就转而购买其他种类的烈酒。此外,欧委会的市场调研还显示,各类烈酒的生产存在显著差别。比如,所有烈酒的生产都需要经过蒸馏,然而蒸馏过程使用的原料和工艺差别巨大。欧委会基于上述需求和供给两方面的考虑,认为 Guinness/Grand Metropolitan 一案将相关产品市场界定为“所有烈酒”过于宽泛,从而也是不合理的。[④]

欧委会在 Guinness/Grand Metropolitan 一案中还从品牌的角度,提出应当按烈酒的种类分别界定相关产品市场的观点。欧委会认为,品牌是烈酒行业竞争的关键性因素,即各烈酒生产商关注的只是自己品牌的发展、广告和营销。举例说,Guinness 打出广告只是为了推广其 Johnnie Walker 威士忌,但它从来没

---

① Case NO. COMP/M. 2268 – Pernod Ricard/Diageo/Seagram Spirits, http://ec. europa. eu/competition/mergers/cases/decisions/m2268_en. pdf.

② Case NO. COMP/M. 3779 – Pernord Ricard/Allied Domecq, http://ec. europa. eu/competition/mergers/cases/decisions/m3779_20050624_20212_en. pdf.

③ Case NO. COMP/M. 5114 – Pernod Ricard/V&S, http://ec. europa. eu/competition/mergers/cases/decisions/m5114_20080717_20212_en. pdf.

④ IV/M. 938. Guinness/Grand Metropolitan, paras. 22 – 23, http://eur – lex. europa. eu/LexUriServ/LexUriServ. do? uri = CELEX:31998D0602:EN:HTML.

有打出广告来推广 Guinness 威士忌系列产品或其所有的烈酒系列产品。[①]此外，特定烈酒的品牌通常与特定烈酒的种类相关联，如 Johnnie Walker 和 Gordon's 分别是 Guinness 公司的威士忌和杜松子酒品牌，但是 Guinness 公司从未将这两种品牌混合使用，也即是从未推出过 Johnnie Walker 杜松子酒或 Gordon's 威士忌。这说明烈酒生产商采用的是与其烈酒种类相对应的品牌策略，以满足消费者对口味、价格和品牌形象的特定需求。这一事实进而支持欧委会提出的应按烈酒种类分别界定相关产品市场。[②]

在 Pernod Ricard/Diageo/Seagram Spirits 并购案中，欧委会沿用其在 Guinness/Grand Metropolitan 一案界定相关市场的方案，即各主要烈酒种类被分别界定为相关产品市场。欧委会指出，尽管品牌是烈酒产业主要的需求推动力，因此各类烈酒可以按品牌区分为不同的质量等级，如高端品牌、二类品牌、自有品牌、低价品牌，但是最昂贵和最廉价的烈酒品牌的价格区间存在连续性。此外，因为既定品牌的价格区间可能因价格折扣而发生变化，欧委会认为在该案没有必要按品牌或者质量的等级进一步细分相关的产品市场。[③]

（2）中国白酒界定为独立的产品市场

白酒即“中国白酒”，是中国特有的一种历史悠久的烈酒，又称烧酒、老白干、烧刀子等，它们根据其原料、生产工艺、产地、香型、发酵和贮存时间的不同，有多种类别，通常佐餐净饮。[④]白酒是未经蒸馏的酒精饮料，酒精含量一般为40% ~60%，由高粱、糯米、小麦、大麦或小米等谷物作为原料。尽管白酒看起来与上述几种烈酒相似，但它明显有着自己的独特风味。

与其他类型的烈酒相比较，中国的白酒在口味、客户群体、分销渠道、品牌认可度以及生产工艺等方面有着自己的独特之处。首先，从口味来看，中国白酒与其他类型的烈酒差别非常大。其次，从消费场合来看，其他烈酒往往是单独消费，而中国的白酒往往是与食物共同消费。这说明由于不同烈酒的不同口味，加之饮用场合的差异，中国白酒的客户通常与其他类型烈酒的客户不一样。

---

① Guinness 公司有 20 个威士忌品牌。截至 1997 年，该公司的烈酒品牌高达 31 个。参见 Case IV/M. 938 Guinness/Grand Metropolitan, para. 85, http://eur - lex. europa. eu/LexUriServ/LexUriServ. do? uri = CELEX:31998D0602:EN:HTML.，最后访问日期：2018 年 3 月 12 日。

② IV/M. 938. Guinness/Grand Metropolitan, http://eur - lex. europa. eu/LexUriServ/LexUriServ. do? uri = CELEX:31998D0602:EN:HTML.

③ IV/M. 938. Guinness/Grand Metropolitan, paras. 22 - 23, http://eur - lex. europa. eu/LexUriServ/LexUriServ. do? uri = CELEX:31998D0602:EN:HTML.

④ Http://baike. baidu. com/view/26712. htm.

再次,就分销渠道而言,中国白酒主要在饭店和超市销售,其他烈酒则主要是在酒吧、卡拉OK厅等娱乐场所消费;此外,白酒与其他烈酒在品牌认可度方面也存在很大差别。中国白酒以其悠久的历史与传统闻名于世。尽管中国也出现了其他烈酒的新兴市场,但就这些烈酒而言,品牌认可或多或少仅限于住大城市的高端消费者。威士忌、白兰地、伏特加、朗姆酒、杜松子酒、龙舌兰酒等烈酒因为产自其他国家或地区,它们在中国被称为“洋酒”。从目前的整体情况来看,洋酒在中国的消费远远低于白酒的消费。最后,白酒的生产工艺有其独特性,即白酒生产的发酵和蒸馏程序因为完全有别于其他烈酒生产的发酵和蒸馏程序,其他烈酒生产的厂家无法简单地利用其现有厂房、工艺、知识基础和技巧而转产生产中国白酒。综上,中国白酒和其他烈性酒在特征上的差异以及从不同生产工艺的供方考虑,它们分别构成单独的产品市场。中国白酒是否要进一步细分为不同的相关产品市场,须结合个案进行具体分析。

2. 相关地域市场

从地域范围上看,烈酒市场的相关地域范围一般是国家性的,如美国联邦贸易委员会和欧盟委员会在其相关的案件均采取了上述观点。比如,欧委会在相关案例中指出,出于消费模式、物流和分销网络、营销策略、税负和关税以及相关立法的考虑,各主要烈酒产品的相关地域市场是国家性的。[①]但是,欧委会还指出,机场或港口免税店销售的各类烈酒的地域市场,至少应当覆盖整个欧洲经济区。[②]

烈酒产品的相关地域市场应界定为国别市场,这主要基于以下原因:首先,同种产品在不同国家可能因当地人的口味或者包装等因素而有所差别,也即是因消费者的口味以及由此导致产品的成分在不同国家存在差异,再加之产品包装等方面的区别,这使同种产品在不同国家存在差异。其次,因不同国家的居民存在不同的偏好和消费习惯,有些类型的烈酒仅在特定国家销售。例如,中国白酒主要由中国人消费,中国是中国白酒生产和消费的主要市场。此外,就某种特定烈酒而言,不同国家和地区因为关税不同,它们的价格会有所不同,如中国特定品牌的白酒在不同国家和地区的售价不一样。最后,不同国家对产品

① Case IV/M. 938. Guinness/Grand Metropolitan, http://eur – lex. europa. eu/LexUriServ/LexUriServ. do? uri = CELEX: 31998D0602: EN: HTML; Case NO. COMP/M. 2268 – Pernod Ricard/Diageo/Seagram Spirits, http://ec. europa. eu/competition/mergers/cases/decisions/m2268_en. pdf.

② Case IV/M. 938. Guinness/Grand Metropolitan, http://eur – lex. europa. eu/LexUriServ/LexUriServ. do? uri = CELEX: 31998D0602: EN: HTML.

的广告和商品标识往往有着不同的监管要求，这也导致相同的产品在不同国家的市场上没有可替代性。因此，烈酒的相关市场往往是国别市场。

（三）葡萄酒

葡萄酒是用葡萄果实或葡萄汁经发酵酿制而成的酒精饮料。在各类水果中，葡萄的葡萄糖含量较高，贮存一段时间会会发出酒味，因此葡萄是酿造葡萄酒最常用的原料。葡萄酒是目前世界上产量最大和普及最广的单糖酿造酒。[①]

1. 相关产品市场

葡萄酒在欧盟案例中常常被界定为独立的相关产品市场。欧委会在相关案例中指出，葡萄酒可根据自身发酵或人工添加二氧化碳分为静态葡萄酒（still wines）和起泡葡萄酒（sparkling wines，但不包括香槟酒[②]），此外，还可依据产地、派系、颜色、价格等进行细分。但是，欧委会在相关案例中并未精确界定细分的葡萄酒市场。[③] 比如，在 Pernod Ricard/V&S 并购一案中，欧委会将葡萄酒（包括静态葡萄酒、起泡葡萄酒、香槟酒、烈性葡萄酒、餐前开胃酒）界定为一个相关产品市场，但是没有进一步细分。[④]

2. 相关地域市场

在欧盟相关案例中，欧委会基于消费者的偏好和消费行为的显著差异，将葡萄酒地域市场界定为国家性的。[⑤] 比如，在 Suntory/Castel/GMdF/Savour Club/Maaf Subsidiaries 一案中，葡萄酒的地域市场被界定为法国。[⑥]

（四）碳酸饮料

碳酸饮料俗称汽水，通常指充入二氧化碳气体的软饮料。

---

① Http://zh. wikipedia. org/wiki/%E8%91%A1%E8%90%84%E9%85%92.

② 法国香槟地区生产的起泡酒称为香槟酒。其他地区生产的同类产品按国际惯例不得称为香槟酒，一般称为起泡酒，载 http://baike. baidu. com/link? url = AQjLvV4lSXE43HD1WWvh5DCT0FPQc8PGVrZK3RPpI0TRL2THTa2IGZANF4UVLu－8Py13qE4XzbE_IOciSstola，最后访问日期：2018 年 2 月 15 日。

③ Case NO. COMP/M. 2941－CNP/Taittinger，http://europa. eu/rapid/press－release_IP－02－1510_en. htm，Case NO. COMP/M. 5114－Pernod Ricard/V&S，http://ec. europa. eu/competition/mergers/cases/decisions/m5114_20080717_20212_en. pdf.

④ Case NO. COMP/M. 5114－Pernod Ricard/V&S，para. 40，http://ec. europa. eu/competition/mergers/cases/decisions/m5114_20080717_20212_en. pdf.

⑤ Case NO. COMP/M. 5114－Pernod Ricard/V&S，para. 43，http://ec. europa. eu/competition/mergers/cases/decisions/m5114_20080717_20212_en. pdf.

⑥ Case NO. COMP/M. 6149 Suntory/Castel/GMdF/Savour Club/Maaf Subsidiaries，paras. 20，22，http://ec. europa. eu/competition/mergers/cases/decisions/m6149_20110331_20310_1796060_EN. pdf.

1. 相关产品市场

根据相关的经验，碳酸饮料因为与其他无酒精饮料（非碳酸饮料）存在很大的不同，应被界定为独立的相关产品市场。例如，欧委会在 The Coca – Cola Company/Carlsberg A/S 一案中的详细分析证明，碳酸饮料应被界定为一个独立的相关产品市场。

该案涉及可口可乐公司和嘉士伯公司 1997 年拟议在丹麦设立合营公司 Coca – Cola Nordic Beverages，这个合营企业将持有若干软饮料公司的股权，其业务主要涉及丹麦和瑞典的市场。① 申报方在该案中主张，相关产品市场的界定至少也包括所有的无酒精饮料，即包括碳酸饮料、非碳酸饮料、果汁、瓶装水、咖啡、茶、牛奶等。但是欧委会认为，申报方界定的市场范围过于宽泛，无法用来评估拟议交易对竞争可能产生的影响。欧委会还认为，尽管北欧市场上多数饮料生产商的产品组合包括啤酒、碳酸饮料和瓶装水等，但是这个事实并不意味这些生产商的产品组合就应该被界定为一个相关产品市场。欧委会在该案还从需求和替代两个角度详细分析了碳酸饮料应该被界定为一个相关产品市场的原因，并指出有很多因素显示，可乐型碳酸饮料可以被单独界定为一个相关产品市场。②

欧委会在这个案件中特别指出，饮料市场上的销售和价格数据证明，碳酸饮料和非碳酸饮料有很大的不同，碳酸饮料应该被界定为一个独立的相关产品市场。欧委会使用了 1996 年 Canadean 公司的年度市场报告。这个报告显示，在丹麦的饮料市场上，无酒精饮料在 1990 ~ 1995 年的销售整体实现了5.5% 的年均增长率，其中碳酸饮料销售的年均增长率为 10%，瓶装水销售的年均增长率为 7%，但是果汁饮料的销售出现了年均 2% 的衰退。在同时期的瑞典饮料市场上，无酒精饮料的销售整体实现了 1% 的年均增长率，其中瓶装水销售的年均增长率为 9%，果汁饮料的销售出现了年均 2% 的衰退，碳酸饮料的销售呈稳定态势。欧委会认为，如果瓶装水、果汁饮料与碳酸饮料同属一个产品市场，随着它们的销量变化，一定也存在它们相应的价格变化。但是 Canadean 报告显示，在 1990 ~ 1995 年，丹麦和瑞典市场上的碳酸饮料、瓶装水以及果汁饮料的

---

① IV/M. 833 The Coca – Cola Company/Carlsberg A/S, para. 1, http://eur – lex. europa. eu/LexUriServ/LexUriServ. do? uri = CELEX:31998D0327:EN:HTML.

② IV/M. 833 The Coca – Cola Company/Carlsberg A/S, paras. 23 – 24, http://eur – lex. europa. eu/LexUriServ/LexUriServ. do? uri = CELEX:31998D0327:EN:HTML.

零售价格几乎没有变化。这说明这三类饮料之间不存在激烈的价格竞争,这也即是说,它们的价格并非是消费者更多地购买了碳酸饮料而减少了购买果汁饮料的原因。[①] 欧委会在这个案件还比较了碳酸饮料和其他非碳酸饮料的价格,参考了碳酸饮料和其他非碳酸饮料饮用时机以及消费模式的研究报告,收集了相关消费者和竞争者的反馈。[②]

欧委会还从供给的角度指出,碳酸饮料和其他非碳酸饮料的生产工艺完全不同。尽管使用瓶装水的生产线来灌装一种碳酸饮料可能比较容易,但在研发、定位、推广、营销一种新的碳酸饮料产品或者品牌时,这些方面和瓶装水有着完全不同的要求。因此,出于评估拟议交易之目的,仅仅根据同样的生产设施可以生产不同产品这一事实本身不能证明它们之间存在供给替代,因此不足以得出不同软饮料应该被界定为同一相关产品市场的结论。[③]

在 Pepsico/Pepsi Americas 并购案中,申报方也是主张界定的相关产品市场应包括所有的无酒精饮料,即碳酸饮料和非碳酸饮料。但是欧委会的决定指出,欧委会以前作出的涉及无酒精饮料的决定中,都是考虑了需求和供给两方面的因素后将碳酸饮料和其他无酒精饮料相区分,即将碳酸饮料界定为一个独立的相关产品市场。此外,欧委会还指出,以前决定中还曾考虑过将可乐型的碳酸饮料细分为一个相关市场,只不过因为该案无论采用何种方案界定相关市场,这个拟议的交易都不会实质性地损害有效竞争。因此,欧委会认为碳酸饮料应该被界定为一个相关产品市场,而不必对这个市场的界定进行进一步的细分。[④]

2. 相关地域市场

在 The Coca – Cola Company/Carlsberg A/S 一案中,欧委会界定了两个相关地域市场,即丹麦市场和瑞典市场。欧委会列出这两个国家被界定为两个相关地域市场的理由是碳酸饮料在丹麦和瑞典两国的进口率和出口率都很低,碳酸饮料的零售价格在这个两国有差异,此外,丹麦还存在碳酸饮料必须循环使

① IV/M. 833 The Coca – Cola Company/Carlsberg A/S, paras. 32 – 34, http://eur – lex. europa. eu/LexUriServ/LexUriServ. do? uri = CELEX:31998D0327:EN:HTML.

② IV/M. 833 The Coca – Cola Company/Carlsberg A/S, paras. 35 – 39, http://eur – lex. europa. eu/LexUriServ/LexUriServ. do? uri = CELEX:31998D0327:EN:HTML.

③ IV/M. 833 The Coca – Cola Company/Carlsberg A/S, para. 41, http://eur – lex. europa. eu/LexUriServ/LexUriServ. do? uri = CELEX:31998D0327:EN:HTML.

④ Case NO. COMP/M. 5632 – Pepsico/Pepsi Americas, paras. 11 – 15, http://ec. europa. eu/competition/mergers/cases/decisions/m5632_20091026_20310_en. pdf.

用瓶装且禁止使用罐装的强制性规定等。[1]

在 Pepsico/Pepsi Americas 一案中，申报方也主张碳酸饮料的相关地域市场是国家性的，因为这里须考虑各国消费者的喜好、民族品牌的重要性、巨额的营销和广告费用、比较高的运输成本以及一国之内不易进行差别定价等各种因素。欧委会指出，国家性的地域市场界定与欧委会在先前相关决定中的立场相吻合。然而，由于无论采用何种市场界定方案，这个拟议的交易都不会导致竞争问题，在该案就不必精确地界定碳酸饮料的相关地域市场。[2]

（五）非碳酸饮料

1. 相关产品市场

在欧盟 Pepsico/Pepsi Americas 一案中，申报方认为，从需求的角度看，非碳酸饮料可被细分为果汁、瓶装水、能量和运动型饮料、饮茶等。但是欧委会进一步指出，欧委会在先前的相关决定中曾考虑分销途径的差异，将非碳酸饮料细分为零售的非碳酸饮料和堂食（on - premises consumption）的非碳酸饮料。由于该案无论采用何种市场界定的方案，这个拟议的交易都不会产生限制竞争的问题，欧委会认为这个案件不必精确地界定非碳酸饮料市场。[3]

2. 相关地域市场

在欧盟 Pepsico/Pepsi Americas 一案中，申报方主张，考虑到各国消费者的喜好、民族品牌的重要性、巨额的营销和广告费用、比较高的运输成本以及一国之内不易差别定价等因素，非碳酸饮料应当和碳酸饮料一样，其相关地域市场的界定应当是国家性的。欧委会指出，国家性的地域市场界定与欧委会在先前相关决定中的立场相吻合，但因该案无论采用何种市场界定的方案，这个拟议法交易都不会导致竞争问题，因此该案不必精确地界定非碳酸饮料的相关地域市场。[4]

（六）果汁饮料

1. 相关产品市场

中国商务部在其禁止可口可乐收购中国汇源一案的审查决定中未明确提

---

① IV/M. 833 The Coca - Cola Company/Carlsberg A/S, paras. 44 - 49, http://eur - lex. europa. eu/LexUriServ/LexUriServ. do? uri = CELEX:31998D0327:EN:HTML.

② Case NO. COMP/M. 5632 - Pepsico/Pepsi Americas, paras. 20 - 21, http://ec. europa. eu/competition/mergers/cases/decisions/m5632_20091026_20310_en. pdf.

③ Case NO. COMP/M. 5632 - Pepsico/Pepsi Americas, paras. 13 - 15, http://ec. europa. eu/competition/mergers/cases/decisions/m5632_20091026_20310_en. pdf.

④ Case NO. COMP/M. 5632 - Pepsico/Pepsi Americas, paras. 20 - 21, http://ec. europa. eu/competition/mergers/cases/decisions/m5632_20091026_20310_en. pdf.

及相关产品市场的界定,但是提到"可口可乐公司有能力将其在碳酸软饮料市场上的支配地位传导到果汁饮料市场",这说明商务部认为果汁饮料和碳酸饮料是两个彼此独立的市场。这个决定还提及"集中完成后,可口可乐公司……对果汁市场控制力将明显增强。集中……给中国果汁饮料市场有效竞争格局造成不良影响……"据此似可推定该案的相关产品市场被界定为果汁饮料市场。① 但在商务部的答记者问中,商务部新闻发言人姚坚确认,可口可乐收购汇源案涉及的相关产品主要是两大类无酒精饮料,即果汁类饮料和碳酸软饮料。两家公司仅在果汁类饮料产品存在重叠,因此该案的相关市场被界定为果汁类饮料,包括100%纯果汁、浓度为26% ~99%的混合果汁以及浓度25%以下的果汁饮料。②

澳大利亚竞争与消费者委员会(Australian Competition and Consumer Commission,ACCC)在其Coca - Cola Amatil Limited/Berri Limited一案中将生产和批发冷藏的常温果汁和果汁饮料(通称为果汁饮料)界定为相关产品市场。ACCC指出,果汁饮料价格的小幅、显著和持久性的上涨不太可能导致最终用户对其他无酒精饮料的需求产生显著变化。ACCC的调查显示,果汁饮料和碳酸软饮料不是密切的可替代品,因此相互不会产生竞争上的制约关系。在终端消费方面,消费者对不同饮料的需求以及一天的饮用量均存在显著的差异。在批发层面,如果果汁饮料的价格出现小而显著的非临时性涨价,零售商一般不太可能减少果汁饮料的订购量而同时增加其他饮料的订购量。尽管零售商的采购取决于他对零售量的预计,但是果汁饮料和碳酸软饮料是零售商为满足最终用户需求而同时必备的饮料产品。因此,从零售商的角度看,果汁饮料、碳酸软饮料和其他无酒精饮料之间是互补品而非替代品。从供给的角度看,由于生产不同的无酒精饮料通常需要不同的生产流程,彼此之间的替代性十分有限。③

爱尔兰竞争局在其2007年Britvic/C& C一案的决定中将即饮果汁饮料和浓缩果汁饮料(squash drinks,又称cordial)相区别,即将该案的相关产品市场界

---

① Http://fldj. mofcom. gov. cn/aarticle/ztxx/200903/20090306108494. html.

② Http://www. mofcom. gov. cn/aarticle/ae/ag/200903/20090306123715. html? 2404377975 = 3683028003.

③ ACCC assessment of Coca - Cola Amatil Limited's proposed acquisition of Berri Limited, http://www. accc. gov. au/content/item. phtml? itemId = 503214&nodeId = 933cf0f7f72fc1bbe102c39b6243b815&fn = Coca - Cola + Amatil + Ltd's + proposed + acquisition + of + Berri + Ltd + - + 8 + October + 2003 + - + re + carbonated + soft + drink + and + fruit + juice. pdf.

定为更为狭窄的浓缩果汁饮料市场。[①] 浓缩果汁饮料是指不含酒精、浓缩且必须加水稀释后方可饮用的果汁饮料。[②]这个并购案的决定在市场界定和竞争分析方面有非常细致的定性分析和定量分析,并在很多方面使用了专家证据,由此在狭窄的市场界定方案下认定交易方拥有很高的市场份额。这个案件是竞争主管机构经审慎的竞争分析后无条件批准一个并购交易的生动实例。

在 Britvic/C & C 并购案中,交易方提交了 Indecon 咨询公司为这个拟议交易的申报而准备的报告(以下简称 Indecon 报告)。根据这个报告,交易方主张拟议交易的相关产品市场应界定为包括所有软饮料的市场,即包括水、碳酸饮料、果汁饮料和浓缩果汁饮料,进而指出这个拟议的交易不会在软饮料市场引发竞争问题。[③]

但是爱尔兰竞争局指出,这个交易的双方在爱尔兰软饮料市场均有两类业务,一是即饮果汁饮料,二是浓缩果汁饮料。由于交易双方在即饮果汁业务上的重叠非常有限,爱尔兰竞争局认为,这个拟议的交易不会实质性地削弱即饮果汁市场的竞争。然而,这个交易的双方在浓缩果汁市场上处于第一和第二的位置,而且浓缩果汁市场已经高度集中,HHI 指数高达 2434,合并后的 HHI 指数将至少达到 4673,增幅大于 2000。由于这个合并后的企业将在浓缩果汁市场的份额为 70% ~75%,与之最为接近的竞争者的市场份额仅为 5% ~15%,其他品牌生产商合计的市场份额仅为 15% ~20%。因此,根据爱尔兰竞争局发布的《合并指南》,这个拟议中的交易可能会引起浓缩果汁市场的竞争问题。鉴于交易双方在浓缩果汁市场的合计份额非常高,爱尔兰竞争局认为有必要回答以下两个问题:(1)浓缩果汁是否单独构成一个相关产品市场;(2)拟议交易对浓缩果汁市场可能产生的影响。[④]

为了评估拟议交易对竞争的影响,爱尔兰竞争局使用了很多资料分析了浓缩果汁是否应被界定为一个独立的相关产品市场,这包括交易双方的内部文件、消费者和竞争者的问卷调查(特别对 SSNIP 测试的反馈)、第三方的市场销

---

① Determination of Merger Notification M/07/027 Britvic/C&C, http://www. tca. ie/images/uploaded/documents/M% 2007% 20027% 20Britvic% 20C&C% 20Public. pdf.

② Http://en. wikipedia. org/wiki/Squash_(drink).

③ M/07/027 Britvic/C&C, paras. 10 – 12, http://www. ccpc. ie/enforcement/mergers/merger – notices/m07027 – britviccc.

④ M/07/027 Britvic/C&C, paras. 13 – 15, http://www. ccpc. ie/enforcement/mergers/merger – notices/m07027 – britviccc.

量数据以及其他的证据,如 Indecon 报告、爱尔兰竞争局对价格序列的分析、Indecon 的定量分析、爱尔兰竞争局委任专家的定量分析。[1]

爱尔兰竞争局的决定指出,它的委任专家 Hogan 博士为本案作出一个需求替代的巢式罗吉特模型(nested logit model),这个模型可以计算市场上任一产品的自需求价格弹性和任何两种产品的交叉价格弹性,从而可以合理地界定相关市场的范围。Hogan 博士认为:(1)软饮料不同市场板块间的交叉价格需求弹性非常低,事实上这个数值在经济上甚至可以忽视,这说明一个市场板块外的产品对这个市场板块内的产品在价格上无法产生竞争约束;(2)软饮料市场板块内产品间的交叉价格弹性很高,即互为紧密替代品的产品间的交叉价格弹性大于 1。综合考虑所有的证据,爱尔兰竞争局认为,为了评估拟议交易对竞争的影响,相关产品市场应该被界定为浓缩果汁市场。[2]

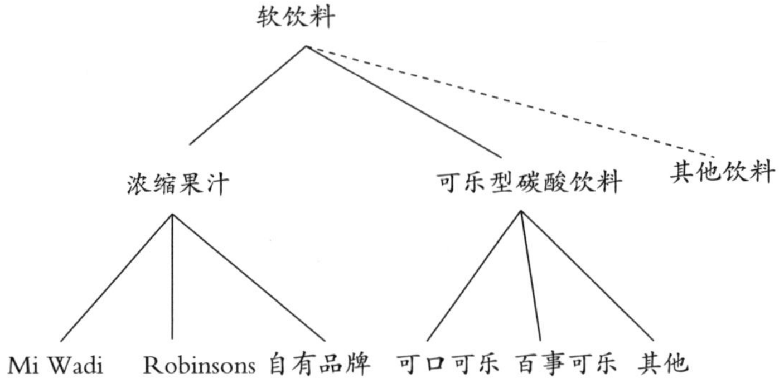

图 8-3　爱尔兰软饮料市场分类

资料来源:爱尔兰竞争局。

2. 相关地域市场

中国商务部在禁止可口可乐公司收购中国汇源公司的审查决定中未明确提及相关地域市场的界定,但是该公告提及这个拟议交易将“给中国果汁饮料市场有效竞争格局造成不良影响,不利于中国果汁行业的持续健康发展”,据此似可推定在本案的果汁饮料相关地域市场被界定为中国。[3]

---

① M/07/027 Britvic/C&C, paras. 16 - 39, http://www.ccpc.ie/enforcement/mergers/merger - notices/m07027 - britviccc.

② M/07/027 Britvic/C&C, paras. 37 - 40, http://www.ccpc.ie/enforcement/mergers/merger - notices/m07027 - britviccc.

③ Http://fldj.mofcom.gov.cn/aarticle/ztxx/200903/20090306108494.html.

澳大利亚的ACCC在Coca－Cola Amatil Limited/Berri Limited一案的决定中指出，果汁饮料市场的地理范围应是全国，而不是个别州或地区。其理由包括交易双方及其主要竞争者均在全国范围销售果汁饮料产品；交易双方在全国范围内开展竞争；饮料产品的主要零售商已经在或者正努力实现在全国范围内购买果汁饮料产品。然而，ACCC也注意到，果汁饮料供应商的市场份额存在显著的地域性差异，这表明区域性的竞争状况有所不同。①

与澳大利亚的上述案件相比，爱尔兰竞争局在其2007年Britvic/C&C一案中认为，浓缩果汁饮料的地域市场至少是爱尔兰这个国家（见图8－3）。爱尔兰竞争局指出，这个案件不必评估相关地域市场是否应超过爱尔兰的地域范围，如是否应包括北爱尔兰，因为这个结论并不影响爱尔兰竞争局对这个拟议交易的竞争评估。②

（七）瓶装水

1．相关产品市场

市场上常见的瓶装水包括瓶装矿泉水、瓶装泉水、瓶装纯净水、瓶装蒸馏水和瓶装矿物质水等。

瓶装水是否应被单独界定为一个相关产品市场，还是应当与其他非碳酸饮料一起界定为一个相关产品市场，欧盟委员会关于Nestlé/Perrier并购案的决定有着重要的参考价值。Nestlé/Perrier案涉及雀巢公司1992年拟议收购法国的Source Perrier SA（Perrier），Perrier主要从事瓶装水业务。有数据显示，在法国的瓶装水市场上，雀巢、Perrier和BSN作为三大生产商1991年的市场份额共同达到82.3%。因此，这个拟议中的交易将导致雀巢和BSN共同占市场支配地位的双寡头市场结构。③

该案的申报方主张，所有的无酒精饮料应被界定为一个相关市场。Nestlé/Perrier并购案涉及的是“瓶装天然水”（bottled source water），即来自天然水源的水。根据水的成分、质量以及相应的监管标准，它们包括瓶装矿泉水（bottled

① ACCC assessment of Coca－Cola Amatil Limited’s proposed acquisition of Berri Limited，http://www.accc.gov.au/content/item.phtml？itemId＝503214&nodeId＝933cf0f7f72fc1bbe102c39b6243b815&fn＝Coca－Cola＋Amatil＋Ltd’s＋proposed＋acquisition＋of＋Berri＋Ltd＋－＋8＋October＋2003＋－＋re＋carbonated＋soft＋drink＋and＋fruit＋juice.pdf.

② Determination of Merger Notification M/07/027 Britvic/C&C，para.41，http://www.tca.ie/images/uploaded/documents/M%2007%20027%20Britvic%20C&C%20Public.pdf.

③ IV/M.190 Nestlé/Perrier，paras.4，6，40，http://eur－lex.europa.eu/LexUriServ/LexUriServ.do？uri＝CELEX:31992D0553:EN:HTML.

mineral water)和瓶装泉水(bottled spring water)。然而,申报方雀巢公司主张,所有的无酒精饮料包括瓶装天然水和软饮料都应被界定为一个相关产品市场,因为它们均具备"解渴"这一基本功能。但是,欧委会指出,仅从产品的功能来证明产品之间的替代性是不够的。如果仅把解渴的功能视为产品间具可替代性的唯一标准,那么茶、牛奶、啤酒、水果等很多差别很大的产品均可界定为同一产品市场。这种情况下,欧委会通过需求替代和供给替代两个方面的考虑反驳了申报方关于市场界定的主张。①

欧委会指出,从需求的角度看,有很多因素可以表明瓶装天然水生产商有能力独立于软饮料生产商从事经营活动,尤其在价格方面。② 第一,调查显示,终端消费者通常认为瓶装天然水具有天然、健康、纯净、无污染等特征,也即是意味着更健康的生活方式。第二,软饮料的主要成分除了自来水,还含有香精、糖等添加物,因此与瓶装天然水的口味完全不同。因此,除了解渴,软饮料同时给消费者带来口感的满足,因此消费者对瓶装天然水和软饮料的购买习惯、购买频率和消费量上等方面存在显著差异。第三,以下的事实证明,消费者不会因瓶装天然水存在小幅并且持久性的价格上涨就转而购买软饮料:(1)1991 年的数据显示,相同容量的瓶装天然水和软饮料的价格存在很大的差异,即软饮料的出厂价和零售价一般是瓶装天然水的 2 ~ 3 倍。(2)从消费者对瓶装天然水的认知和生产商的营销战略来看,消费者对瓶装天然水的需求缺乏价格弹性。(3)1986 ~ 1991 年,瓶装天然水和软饮料出现了相反的价格变化趋势,即一方面瓶装天然水的价格大幅上涨,另一方面软饮料的价格却呈下降趋势。这个价格变化说明,软饮料的价格下降既没能导致瓶装天然水的降价,也未能阻止其涨价。第四,被调查的零售商们认为,瓶装天然水和软饮料分属不同的产品市场。这即是消费者出于家庭的消费经常购买瓶装天然水以及他们在这个方面有着高度的品牌意识,这使零售商不可能用其他的饮料来代替瓶装天然水,而是需要同时提供两种产品。③

欧委会也从供给的角度进行了分析:第一,瓶装天然水和软饮料的生产和

---

① IV/M. 190 Nestlé/Perrier, paras. 7 – 9, http://eur – lex. europa. eu/LexUriServ/LexUriServ. do? uri = CELEX:31992D0553:EN:HTML.

② "软饮料"通常包括所有的无酒精饮料,但欧委会在 Nestlé/Perrier 一案中所称的"软饮料"特指不包括瓶装水的其他无酒精饮料。

③ IV/M. 190 Nestlé/Perrier, paras. 10 – 17, http://eur – lex. europa. eu/LexUriServ/LexUriServ. do? uri = CELEX:31992D0553:EN:HTML.

营销受制于不同的监管规则，如欧洲对瓶装天然水的生产设置了严格的监管：(1)生产商通常需2~5年的时间才能获得瓶装矿泉水的生产许可。(2)瓶装天然水必须在水源地灌装，因此瓶装厂选址受很大限制；相反，软饮料瓶装厂的选址主要考虑规模经济和运输成本。(3)软饮料生产商通常可授独立装瓶厂商标许可，即由独立装瓶厂贴牌生产软饮料；瓶装天然水因为必须在水源地灌装，如法国规定瓶装天然水生产商须为其水源地注册商标，因此瓶装天然水的营销必须使用其注册的水源地商标。此外，欧洲的饮料生产商往往专注于瓶装天然水，或者专注于软饮料，而非双管齐下。例如，在法国市场上，主要的软饮料生产商如可口可乐、Cadbury Schweppes、Pernod Ricard 等均未推出瓶装天然水产品，尽管瓶装天然水的需求和价格均呈上涨趋势。另外，瓶装天然水的生产商们也没有主打的软饮料产品，如 Perrier 为了专注于瓶装水的市场，1990 年将其软饮料品牌 Oasis 出售给了 Schweppes。第二，瓶装天然水和软饮料的生产商的定价策略也不相同，从而显示它们面对不同的竞争压力。第三，从供给替代的角度看，因为生产和营销的各种差异，软饮料或者啤酒生产商很难使用其生产线生产瓶装天然水。即使它们有剩余的产能，但是由于瓶装天然水有着水源地灌装的强制性要求，这个生产的转换几乎是不可能的。

这个并购案还提出这样一个问题，即瓶装纯净水是否可以进入瓶装水的市场。雀巢公司举证说，尽管法国市场上目前还未见瓶装纯净水，但是瓶装纯净水已经在美国、丹麦、希腊等市场上存在大量的营销活动，而且已开始进入德国市场。因此，雀巢公司主张，软饮料和啤酒生产商可以通过其现有的设施来生产瓶装纯净水，并且由此进入瓶装水市场。然而，欧委会的证据显示，尽管瓶装天然水的价格和需求在大幅上涨，同时软饮料的价格和需求呈下降趋势，此外软饮料和啤酒生产商有能力使用其现有设施生产瓶装纯净水，但是法国的市场上却没有任何进入的实例。此外，参与欧委会市场调查的软饮料和啤酒生产商们一致认为，在法国，通过生产瓶装纯净水进入瓶装水市场在商业上是不可行和不明智的。①

通过以上分析，欧委会在 Nestlé/Perrier 一案将相关产品市场界定为瓶装天然水市场，这个市场上的产品包括：(1)瓶装静态天然水(bottled still source water)，也即是瓶装矿泉水和瓶装泉水；(2)瓶装起泡天然水(bottled sparkling source water)；(3)瓶装调味天然水(bottled flavoured source water)。欧委会在

① IV/M. 190 Nestlé/Perrier, para. 18, http://eur-lex. europa. eu/LexUriServ/LexUriServ. do? uri = CELEX:31992D0553:EN:HTML.

该案还认为,没有必要对瓶装天然水的相关市场作进一步的细分。①

2. 相关地域市场

在 Nestlé/Perrier 一案中,欧委会详细分析了欧共同体成员国瓶装水市场的发展和竞争状况,以及它们各自的运输成本和平行进口等情况。欧委会的观点是,这个并购的交易当事人能够自行决定它们在法国市场上的竞争行为,也即是不受来自法国境外的竞争压力,因此将瓶装天然水的地域市场界定为法国。②

三、中国饮料业分类和基本竞争状况

(一)产品和服务的分类习惯

根据国家统计局《国民经济行业分类》(GB/T 4754—2011)关于制造业的分类标准,酒业包括:(1)酒精制造;(2)白酒制造;(3)啤酒制造;(4)黄酒制造;(5)葡萄酒制造;和(6)其他酒制造。③ 其中,啤酒分为淡色啤酒、浓色啤酒、黑啤酒和特种啤酒;④白酒按其生产工艺分为固态法白酒、半固态法白酒、液态法白酒;⑤葡萄酒按其口味分为干、半干、甜、半甜以及起泡葡萄酒。⑥

根据国家统计局《国民经济行业分类》(GB/T 4754—2011)关于制造业的分类标准,软饮料制造包括:(1)碳酸饮料制造;(2)瓶(罐)装饮用水制造;(3)果菜汁及果菜汁饮料制造;(4)含乳饮料和植物蛋白饮料制造;(5)固体饮料制造;(6)茶饮及其他软饮料制造。⑦ 其中,碳酸饮料按口味分为果汁型、果味型、可乐型、低热量型及其他类型的碳酸饮料;⑧瓶(罐)装饮用水按水源分为地下矿泉水和生活饮用水;⑨果蔬汁类及其饮料按原料和原浆含量分为浓缩果

---

① IV/M. 190 Nestlé/Perrier, paras. 19 - 20, http://eur - lex. europa. eu/LexUriServ/LexUriServ. do? uri = CELEX:31992D0553:EN:HTML.

② IV/M. 190 Nestlé/Perrier, paras. 21 - 27, http://eur - lex. europa. eu/LexUriServ/LexUriServ. do? uri = CELEX:31992D0553:EN:HTML.

③ 国家统计局《国民经济行业分类》(GB/T 4754—2011),载 http://www. stats. gov. cn/tjsj/tjbz/hyflbz/201310/P020131023305383704163. pdf,最后访问日期:2018 年 2 月 15 日。

④ GB 4927—2008 啤酒国家标准,载 http://gb123. sac. gov. cn/gb/showGb? gbCode = GB%204927 - 2008,最后访问日期:2018 年 2 月 15 日。

⑤ Http://baike. baidu. com/view/407333. htm.

⑥ GB 15037—2006 葡萄酒国家标准,载 http://gb123. sac. gov. cn/gb/gbInfo? id = 596,最后访问日期:2018 年 2 月 15 日。

⑦ 国家统计局《国民经济行业分类》(GB/T 4754—2011),载 http://www. stats. gov. cn/tjsj/tjbz/hyflbz/201310/P020131023305383704163. pdf,最后访问日期:2018 年 2 月 15 日。

⑧ Http://baike. baidu. com/view/72614. htm.

⑨ 国家统计局《国民经济行业分类》(GB/T 4754—2011),载 http://www. stats. gov. cn/tjsj/tjbz/hyflbz/201310/P020131023305383704163. pdf,最后访问日期:2018 年 2 月 15 日。

蔬汁(浆)和果蔬汁(浆)类饮料。[①]

(二)我国饮料业基本竞争状况

1.酒精饮料

随着经济的发展,我国酿酒业已逐渐走向成熟,并且取得了长足的发展。以2009年为例,我国酿酒业除啤酒同比增长6%外,白酒、葡萄酒、黄酒的增长均超过经济增长速度,白酒增速达到20.07%。目前,我国的酒业已完全摆脱新中国成立初期酿酒技术落后、商品匮乏的局面,从"白酒一统天下"发展成为白酒、啤酒、葡萄酒、黄酒、果露酒等百花齐放的格局。全国白酒产量已由1949年的10万余吨提高到2008年的569.34万吨,增长了近60倍;啤酒由1949年的7000余吨提高到2008年的4103.09万吨,增长了800倍;葡萄酒由1949年不足200吨提高到2008年的69.83万吨,增长近3500倍。在市场开放度上,从20世纪90年代初到2008年,外资纷纷进入我国酿酒业,如啤酒行业的百威、英博、米勒等国际啤酒巨头都在我国市场占一席之地。英博目前的国内产量超过了500万吨,成为行业四巨头之一。2002年,我国啤酒产量达2386.83万吨,超过美国成为世界第一啤酒大国。[②]

值得关注的是,近年中国酒业并购日益活跃,如2015年白酒市场的天洋控股公司受让沱牌舍得以及浮来春并购君子酒业,啤酒市场的百威英博增持珠江啤酒股份,以及葡萄酒市场的张裕出资海外并购西班牙和法国的酒庄。[③]

随着我国和智利订立了《中智自贸协议》于2015年生效,原来进口关税14%的智利葡萄酒现在关税为零,因此智利葡萄酒在我国市场的增长非常快,2015年前9个月的同比增长达到34%。随着《中澳自贸协议》于2015年12月生效,澳大利亚对华出口包括葡萄酒出口实行第二次降税。目前,澳大利亚葡萄酒在华进口酒份额占14%,仅次于法国酒。智利与澳大利亚对我国进口酒的猛增,凸显进口葡萄酒在中国市场的潜力。这种背景下,进口葡萄酒与国产葡萄酒之间的竞争升级。[④]

---

① 国家质量监督检验检疫总局、国家标准化管理委员会:《饮料通则(GB/T 10789—2015)》,第2~3页。

② 尚宝铎:《60年中国酒业辉煌路》,载 http://www.cada.cc/detail.asp?id=3809,最后访问日期:2018年2月15日。

③ 刘保建:《业内资本强制并购》,载 http://www.cnwinenews.com/html/2016/guanzhu_0118/93145.html,最后访问日期:2018年2月15日。

④ 刘保建:《中外葡萄酒市场竞争升级》,载 http://www.cnwinenews.com/html/2016/guanzhu_0105/93152.html,最后访问日期:2018年2月15日。

2. 无酒精饮料

我国的软饮料市场依照保持稳健的发展态势。2006～2010 年年销售收入的复合增长率达 20% 以上，其中碳酸饮料、瓶装饮用水、果菜汁及果菜汁饮料、含乳饮料和植物蛋白饮料、固体饮料、茶饮料及其他软饮料的销售收入复合增长率分别为 13.76%、21.24%、25.90%、35.25%、18.10%、30.28%。这些数据显示，这 5 年来软饮料各细分市场均取得了不俗的成绩。2011 年中国软饮料行业市场总规模约 4080 亿元，2015 年约 8720 亿元。从行业生命周期来看，随着人们生活水平和消费能力的提高，软饮料行业已进入快速发展期，产品被大众所认识，市场需求较大。

有人认为，饮料业是一个永恒的朝阳产业，因为产品的需求是不变的。但在另一方面，这个产业的竞争门槛也是越来越高，这个行业的竞争已处于新的平台之上，即成为是巨头们之间如“可口可乐系”“百事可乐系”“达能系”“台资系”“本土系”之间的博弈，是多种要素和综合实力的比拼。在这里，生产企业的资源条件、研发能力、制造基础、市场营销水平等一个都不能差。[①] 例如，从无酒精饮料的市场发展看，不同的细分市场出现了一些有较大市场影响的企业。例如，果汁饮料方面汇源一枝独大，凉茶饮料市场有王老吉和加多宝，茶饮料市场是康师傅和统一，乳饮市场有娃哈哈，植物蛋白饮料市场有六个核桃、露露和椰岛。市场分析人士还指出，轻功能饮料在中国市场也有着良好的发展前景，如以“达能脉动”为代表的维生素饮料在中国市场成为一种热销产品。[②]

四、结论

我国《反垄断法》实施以来，已经出现了多起涉及饮料行业的案件，如涉及茅台和五粮液的垄断协议案，以及英博收购 AB 以及可口可乐收购汇源等涉及经营者集中的案件。因为饮料行业与人民的日常生活密切相关，这类案件体现了反垄断执法通过推动自由竞争提高消费者社会福利的重要意义。

整体而言，就饮料行业的相关市场界定，酒精饮料与非酒精饮料的区别比较明显，而且酒精饮料中的啤酒、烈酒以及红酒分别界定为独立的相关市场也是多数国家处理案件的惯例。因此，饮料业相关市场界定的主要问题是，上述

---

① 黄东：《浅谈中国软饮料市场投资与前景》，载 http://finance.jrj.com.cn/opinion/2011/12/14041211825107.shtml，最后访问日期：2018 年 2 月 15 日。

② 杨敏：《2016 年饮料市场发展四大趋势》，载 http://www.yl1001.com/article/3821452042567542.htm，最后访问日期：2018 年 2 月 15 日。

几个独立的相关市场是否有必要进行进一步的细分。当然,究竟采用何种方案来界定相关市场,这取决于个案所处的具体情况。如果无论采用何种市场界定方案涉嫌垄断的行为都不会导致或可能导致严重排除、限制竞争的效果时,执法部门通常采用较为宽泛和粗线条的市场界定方案,即不必进一步细分产品市场或者地域市场。就产品市场界定而言,以酒精饮料为例,考虑中国啤酒市场的现状,反垄断执法机关处理案件时一般将各类啤酒界定为一个统一的相关产品市场,而没有必要按照分销的渠道、口味、价位等标准进一步细分啤酒市场。对于烈酒,同样出于目前中国白酒和各类洋酒市场发展阶段的考虑,一般将白酒和其他烈酒分别界定为不同的相关产品市场。就地域市场界定而言,一般将中国界定为地域市场,例外情况下也可根据案情将中国某个特定地域界定为相关地域市场。值得关注的是,考虑我国部分地区存在行政垄断和地区封锁的问题,如有的地方政府出台地方政策支持或限定消费者购买当地的啤酒,界定地域市场就需要慎重分析行政垄断对地域市场界定的影响。

此外,还需要关注消费者需求替代的变化。以酒精饮料为例,随着消费者健康意识的提升,估计中国未来会有更多的消费者从烈酒需求转向更为健康的其他酒精类饮料,如红酒或啤酒。依据相关调研,随着西方消费习惯渐渐被中国消费者所接受,传统高度白酒的消费可能会逐步降低。甚至有人预测,随着人均消费水平和接受洋酒的程度不断提高,中国也有可能成为全球第一大洋酒的消费国,如威士忌可能会成为烈酒消费中增长最快的酒类。①

第五节 乳制品业的相关市场界定

一、行业简介

乳制品是指以生鲜的牛、羊乳及其制品为主要原料,经分级、净乳、杀菌、浓缩、干燥、发酵等工序,加入或不加入维生素、矿物质以及其他辅料加工而制成的产品。乳制品可以大体上分为:(1)液体乳制品,包括杀菌乳、灭菌乳、酸乳、调制乳、配方乳;(2)固体乳制品,包括乳粉、炼乳、乳脂产品(奶油、黄油)、干

① 《中国洋酒市场现在还没有赢家》,载 http://www.eliteschina.com.cn/web/article-947.aspx;《中国或成为世界最大洋酒市场》,载 http://www.lux007.com/html/2009/04/lux007_08141512.html,最后访问日期:2018 年 2 月 15 日。

酪、乳清、乳糖等。[1]

乳制品业是我国的一个新兴食品行业。随着人民生活水平的不断提高,乳制品消费也会大幅度地增加,因而乳制品业在我国有着广阔的发展前景。本节基于欧盟和中国的既有案例,梳理生鲜乳采购市场、液体乳市场和固体乳制品市场的界定思路。

二、典型案例分析

我国商务部在其2009年无条件批准的三元集团收购三鹿集团部分破产财产一案中,将液体乳界定为一个相关产品市场,将其地域市场界定为中国。[2]

欧盟委员会在其相关案例中指出,乳制品行业是由一系列相互关联的产品市场所构成,终端产品的类型异彩纷呈,但均以生鲜乳为原料,生鲜乳的采购可被界定为相关产品市场。对于液体乳制品,欧盟案例曾以加工方法和保质期为标准,分为鲜乳制品和保久乳制品,并可根据是否添加辅料进行进一步的细分。其中"鲜奶"(fresh milk)即是我国行业标准所称的"杀菌乳"或"巴氏杀菌奶";"保久奶"(long - life milk)即是我国行业标准所称的"灭菌乳"或"超高温灭菌奶"。对于固体乳制品,欧盟案例将其界定为乳粉、奶酪、黄油、奶油等一系列各自独立的产品市场(见表8-3)。欧盟还有案例将有机乳制品界定为一个独立的产品市场。

表8-3 欧盟案例中涉及乳制品业主要相关产品市场[3]

<table>
<tr><td rowspan="2">液体乳制品</td><td>鲜液体乳制品</td><td>鲜奶(fresh milk)、鲜调制奶、鲜纯酸奶、鲜调味酸奶、鲜白脱奶(fresh buttermilk)</td></tr>
<tr><td>保久液体乳制品</td><td>保久奶(long - life milk)、保久调制奶</td></tr>
<tr><td rowspan="8">其他乳制品</td><td colspan="2">乳粉</td></tr>
<tr><td colspan="2">奶酪</td></tr>
<tr><td colspan="2">黄油</td></tr>
<tr><td colspan="2">奶油</td></tr>
<tr><td colspan="2">乳糖(lactose)</td></tr>
<tr><td colspan="2">乳清(whey)</td></tr>
<tr><td colspan="2">鲜奶甜点</td></tr>
<tr><td colspan="2">冰淇淋</td></tr>
<tr><td>有机乳制品</td><td colspan="2">—</td></tr>
</table>

① 参见国家发展和改革委员会《乳制品工业产业政策(2009年修订)》第21页以及国家统计局《制造业分类标准》(GB/T 4754—2011)关于"液体乳及乳制品制造"的分类。

② 本交易得到商务部的无条件批准,该案相关信息由商务部反垄断局提供。

③ Case NO. COMP/M. 5046 - Friesland Foods/Campina, para. 15.

下面分析中国和欧盟相关案例界定的生鲜乳采购、液体乳以及固体乳制品的产品和地域市场。

（一）生鲜乳采购

1. 相关产品市场

欧盟委员会在其相关案例的决定中指出，乳制品生产商的典型商业模式是“企业”和“奶农”之间的合作，即各类乳制品均以生鲜乳（raw milk）为原料，因此乳制品的价格变动与生鲜乳的价格变动有趋同的态势。因为生鲜乳作为各类乳制品上游基本原料的重要性不可低估，欧盟有案例将生鲜乳的采购（procurement of raw milk）界定为相关产品市场。①

在 Friesland Foods/Campina 并购案中，欧委会还将生鲜乳采购市场进一步细分为普通生鲜乳采购市场以及有机生鲜乳采购市场。②这种细分市场的理据在于，从供给的角度看，欧盟的有机农产品和食品生产须遵循严格的法律规定，也即是因为有机生鲜乳在乳牛饲料、乳牛饲养方式以及动物福利标准等方面存在强制性规定，有机生鲜乳和普通生鲜乳因此在成本和销售价格上存在重大差异。欧委会的市场调查显示，供应有机生鲜乳的奶农因考虑投资成本和生鲜乳的收购价，通常不愿意转产而提供普通生鲜乳；供应普通生鲜乳的奶农如果转产有机生鲜乳则需要大规模的牧场投资，而且成功的转产一般需要两年时间。从需求的角度看，市场调查显示，乳制品商认为有机生鲜乳和普通生鲜乳之间没有可替代性。因为有机生鲜乳的加工和处理必须严格与普通生鲜乳区分开来，也即是普通生鲜乳不能用来制作有机乳制品。反过来说，即便理论上有机生鲜乳可以用来制作普通乳制品，但是由于有机生鲜乳的收购价比普通生鲜乳高出 20% ~30%，使用有机生鲜乳制作普通乳制品就缺乏经济上的可行性。③

在相关案例中，如果无论采用何种市场界定方案，拟议交易都不会导致限制竞争的问题时，欧委会就认为无须明确界定生鲜乳采购的产品市场。④

① Case NO. COMP/M. 3130 – Arla/Express Dairies; Case NO. COMP/M. 4344 – Lactalis/Nestlé/JV; Case NO. COMP/M. 5046 – Friesland Foods/Campina.

② Case NO. COMP/M. 5046 – Friesland Foods/Campina, para. 52.

③ Case NO. COMP/M. 5046 – Friesland Foods/Campina, paras. 48 – 52.

④ Case NO. COMP/M. 6119 – Arla/Hansa, para. 11.

2. 相关地域市场

在相关案例中，欧委会曾将生鲜乳采购的地域市场界定为国家性的。①如果无论采用何种市场界定方案拟议交易都不会导致限制竞争的问题时，欧委会认为无须明确界定生乳采购的地域市场。②

值得注意的是，在 Friesland Foods/Campina 合并案中，申报方主张界定狭窄的地域性市场，即主张这个生鲜乳采购的地域市场应当是与企业和奶站的合作工作区相吻合的地区性市场，而不是国家性市场。也即是按照申报方界定的狭窄的地域性市场，因为 Friesland Foods 的经营活动是在荷兰的东部和北部，Campina 的经营活动是在荷兰的南部和西部，因此双方在生鲜乳采购相关地域市场上没有任何重叠的部分。③

但是，欧委会的市场调查并不支持申报方关于地域市场的界定方案，其理由是：(1)生鲜乳的采购成本除了运输距离，还受制于一系列其他因素，如奶农的分布、奶农的规模以及加工厂的规模；(2)并购申报方的主要竞争者是在荷兰全境采购生鲜乳，因此申报方也有能力在荷兰全境进行采购；(3)申报方在荷兰各地采购生鲜乳的条件并无实质性差异。欧委会由此认定，该案生鲜乳采购的相关地域市场是整个荷兰。④ 欧委会在界定市场的基础上对这个并购案进行了详细的竞争分析，认定这个拟议的交易有可能实质性地减损普通生鲜乳采购市场的有效竞争，并由此对这个并购的批准决定设置了限制性的条件。⑤

(二)液体乳

中国商务部在三元集团 2009 年收购三鹿集团部分破产财产一案中，将液体乳界定为相关产品市场，将液体乳的地域市场界定为中国。该案没有将液体乳市场进一步进行细分。⑥

欧盟相关案例将液体乳按工艺和保质期细分为鲜液体乳制品和保久液体乳制品，并对鲜液体乳和保久液体乳市场做了进一步的细分。例如，鲜液体乳制品市场曾细分为：(1)鲜奶(中国行业标准和习惯所称的“杀菌乳”和“巴氏消

---

① Case NO. COMP/M. 5046 – Friesland Foods/Campina; Case NO. COMP/M. 3130 – Arla Foods / Express Dairies; Case NO. COMP/M. 4344 – Lactalis/Nestlé/JV.

② Case NO. M. 6119 – Arla/Hansa, para. 35.

③ Case NO. COMP/M. 5046 – Friesland Foods/Campina, paras. 57 – 62.

④ Case NO. COMP/M. 5046 – Friesland Foods/Campina, paras. 63 – 67, 72 – 73, 80.

⑤ Case NO. COMP/M. 5046 – Friesland Foods/Campina, paras. 81 – 137, 1836 – 1880.

⑥ 该交易获得商务部无条件批准，该案相关信息由商务部反垄断局提供。

毒奶”)；(2)鲜白脱奶；(3)鲜原味酸奶；(4)鲜调味酸奶；(5)鲜调制奶等。①保久液体乳制品市场曾细分为：(1)保久奶(中国行业标准和习惯所称的“灭菌乳”或“超高温灭菌奶”)；(2)保久调制奶等。

下文分析欧盟相关案例中主要的液体乳制品(包括杀菌乳、灭菌乳、酸乳和调制乳)的相关产品市场和相关地域市场的界定。

1. 相关产品市场

(1)杀菌乳

杀菌乳，是将生鲜乳以巴氏杀菌工艺加工，在冷藏条件下可保存 2～15 天的液体乳制品。在中国的行业标准和业内习惯，杀菌乳常被称为“低温乳”“巴氏乳”“巴氏杀菌乳”。经巴氏杀菌后，生鲜乳中的蛋白质及大部分维生素基本无损，但因没有百分之百地杀死所有的微生物，所以它不能常温储存，而需要低温冷藏储存，而且对冷链要求很高。

图 8－4　杀菌乳(又名低温乳、巴氏乳、鲜奶)

图 8－4 展示了北京地区零售市场常见的三元杀菌乳产品。

欧盟在其相关案例中将杀菌乳称为“鲜奶”(fresh milk)，并将鲜奶界定为独立的产品市场。②

在 Friesland Foods/Campina 并购案中，申报方从供给替代的角度，主张鲜奶、鲜白脱奶(fresh buttermilk)、鲜纯酸奶(fresh plain yoghurt)和鲜奶皇冻(fresh custard)共同构成一个产品市场。③其理由是，如果出现小幅但持久性的价格变化，乳制品生产商有能力在无须巨大投入的前提下，在鲜奶、鲜白脱奶、鲜纯酸奶和鲜奶皇冻之间转换生产线并营销产品，特别是在如下情况中：①上述产品在均质、脱脂、巴氏杀菌、包装等方面的生产工艺大同小异；②转换生产线的停机时间为 1 周，转换后的交货时间至多需要 3 个月，转换成本低于 100 万

① Case NO. M. 6119 – Arla/Hansa, paras. 12 – 21.

② Case NO. COMP/M. 5046 – Friesland Foods/Campina; COMP/M. 6119 – Arla/Hansa; COMP/M. 4323 – Arla/Ingman Foods; COMP/M. 2399 – Friesland Coberco/Nutricia; COMP/M. 4135 – Lactalis/Galbani.

③ 鲜白脱奶是巴氏杀菌后的半脱脂奶加入乳酸菌制成的一种发酵液体乳制品，口感偏酸，参见 Case NO. COMP/M. 5046 – Friesland Foods/Campina, para. 145；奶皇冻是在巴氏杀菌后的半脱脂奶加入香料、糖、增稠剂等辅料制成的一种黏稠状乳制品，参见 Case NO. COMP/M. 5046 – Friesland Foods/Campina, para. 147。

欧元;③零售商的销售模式也提供了这些产品之间转换的可能性,因为零售商通常按年度招标乳制品供应商,即供应商有足够的时间调整其生产设施。[①]

然而,欧委会在 Friesland Foods/Campina 一案的市场调研中并不支持申报方关于鲜奶、鲜白脱奶、鲜纯酸奶和鲜奶皇冻构成同一个产品市场的观点。因为市场问卷调查的受访者认为,鲜奶、鲜白脱奶、鲜纯酸奶和鲜奶皇冻之间缺乏需求替代性,或者它们之间的可替代性非常有限。而且,没有任何一个受访者认为上述四种产品属同类产品;只有少数受访者认为,鲜奶和鲜白脱奶、鲜奶和鲜原味酸奶、鲜白脱奶和鲜原味酸奶之间可能存在需求替代性。[②]

欧委会在供给替代角度的市场测试,同样也不支持这个并购案申报方关于鲜奶、鲜白脱奶、鲜纯酸奶和鲜奶皇冻构成同一个产品市场的观点:第一,在 17 位受访的竞争者中,仅有一位竞争者同时生产上述四种产品,多数竞争者仅致力于两种产品,仅有少数竞争者同时供应三种产品;第二,多数受访的竞争者表示,他们不能在上述四种产品之间转换生产,或表示这四种产品因为存在工艺和产品包装方面的差异,他们需要额外的投资方能实现转换;第三,尽管有受访者确认了申报方所估计的转换成本,但是这个转换成本是以两个假设为前提条件:①有足够的厂房空间可用于转换生产线;②灌装线可适用于这四种产品中的各种产品。因此,欧委会认为,即使申报方能够使用同一种生产设备生产上述四种产品,但是事实上这些产品的大多数生产商无法灵活、低成本和低风险地在上述四种产品的生产和销售方面中重新配置资源,因此申报方所主张的供给替代在事实上缺乏及时性和有效性。[③]

综上所述,欧委会认为,鲜奶、鲜白脱奶、鲜纯酸奶和鲜奶皇冻之间由于缺乏需求替代性和供给替代性,它们应当各自独立地构成相关产品市场。但是在它们各自独立的相关产品市场上,没有必要进一步细分供应商品牌(supplier brands)或者自有品牌(private labels)的相关产品市场。[④]

(2)灭菌乳

灭菌乳,是将生鲜乳或复原乳以超高温瞬时灭菌(Ultra High Temperatures, UHT))和无菌灌装工艺加工后的乳制品,常温下保质期为 1 ~ 8 个月。由于生

---

① Case NO. COMP/M. 5046 – Friesland Foods/Campina, para. 149.

② Case NO. COMP/M. 5046 – Friesland Foods/Campina, paras. 155 – 157.

③ Case NO. COMP/M. 5046 – Friesland Foods/Campina, paras. 160 – 166.

④ Case NO. COMP/M. 5046 – Friesland Foods/Campina, paras. 167, 196.

鲜乳中的微生物全部被杀死，灭菌乳无须冷藏。在中国的行业标准和业内习惯，灭菌乳也被称为“常温乳”“超高温灭菌乳”“UHT 乳”。

图 8－5 展示了北京地区零售市场上常见的三元灭菌乳产品。

图 8－5　灭菌乳（又名常温乳、超高温灭菌乳、UHT 乳）

灭菌乳又名常温乳、UHT 乳、保久奶。欧盟相关案例将灭菌乳称为“保久奶”（long－life milk），并将其界定为独立的产品市场。①

在 Friesland Foods/Campina 并购案中，申报方除了从供给替代的角度，并以鲜奶、鲜白脱奶、鲜纯酸奶和鲜奶皇冻应构成同一产品市场的理由，主张保久奶、保久白脱奶和保久奶皇冻应当共同构成同一个产品市场外，它还从需求替代的角度，认为保久奶、保久白脱奶和保久奶皇冻应属于同一个产品市场。其理由是，尽管不是每一位消费者都习惯白脱奶的口味，但是保久奶和保久白脱奶作为灭菌后的乳液饮料，它们基本上是可以互相替代的。②但是，欧委会的市场测试对于申报方的这个主张同样提出了反对意见。欧委会认为，保久奶、保久白脱奶和保久奶皇冻之间因缺乏需求替代和供给替代，各自应当分别构成相关产品市场；只是在它们各自独立的相关产品市场上，没有必要进一步细分供应商的品牌（supplier brands）或者自有品牌（private labels）的相关产品市场。③

（3）酸乳

酸乳是指以生鲜乳或复原乳为主要原料，通过添加或者不添加辅料，使用保加利亚乳杆菌、嗜热链球菌的菌种发酵而制成的乳制品。按照所用的原料不同，它可以分为纯酸奶和调味酸奶；按照脂肪含量的不同，它可分为全脂、部分

---

① Case NO. COMP/M. 5046 – Friesland Foods/Campina; COMP/M. 6119 – Arla/Hansa; COMP/M. 4323 – Arla/Ingman Foods; COMP/M. 3130 – Arla Foods/Express Dairies; COMP/M. 2399 – Friesland Coberco/Nutricia; COMP/M. 4135 – Lactalis/Galbani.

② Case NO. COMP/M. 5046 – Friesland Foods/Campina, paras. 369 – 370.

③ Case NO. COMP/M. 5046 – Friesland Foods/Campina, paras. 371 – 382, 405.

脱脂和脱脂酸奶。

纯酸奶是以生鲜乳为原料，经巴氏杀菌并且添加培养菌发酵，但是不添加任何辅料而制成的乳制品。调味酸奶是在纯酸奶中加入糖、果料或其他辅料、香精、色素等制成的乳制品，通常以 100 毫升到 1 升的小包装出售。[1]在欧盟委员会审理的 Friesland Foods/Campina 并购一案中，欧委会根据其市场调研指出，绝大多数的受访消费者均认为大盒装纯酸奶和小包装调味酸奶在价格和消费习惯上存在重大差别，因此应以是否添加辅料和包装的规格为标准将酸乳进一步细分为纯酸奶和调味酸奶，即将纯酸奶和调味酸奶分别界定为相关产品市场。[2]表 8－4 列出 2016 年 3 月 10 日英国销售商乐购（Tesco）在欧盟市场销售纯酸奶和调味酸奶的价格比较。[3]

表 8－4　欧盟市场在售纯酸奶和调味酸奶包装规格和零售价比较

产品	商品名	规格（克）	零售价（英镑）
纯酸奶	Onken 凝固型纯酸奶	500	1.00
纯酸奶	Tesco 零脂肪纯酸奶	500	0.90
调味酸奶	Muller 原味酸奶（配草莓酥饼）	135	0.68
调味酸奶	Benecol 夏果酸奶	4 × 120	2.40

图 8－6 展示了上述调查所涉及的酸奶制品。

纯酸奶（1）　纯酸奶（2）　调味酸奶（1）　调味酸奶（2）

图 8－6　欧盟市场在售部分酸奶制品

纯酸奶在我国的乳制品零售市场还不多见。2012 年，北京地区待售的各品牌、各款酸奶几乎均为调味酸奶（主要为原味和果味酸奶）。图 8－7 展示了

① Case NO. COMP/M. 6119 – Arla/Hansa, paras. 15 – 16.

② Case NO. COMP/M. 5046 – Friesland Foods/Campina, para. 154.

③ 相关产品和价格信息 2016 年 3 月 10 日通过网页 http://www.tesco.com/groceries/查询获得。

2012 年北京地区零售市场上的三元调味酸奶产品。

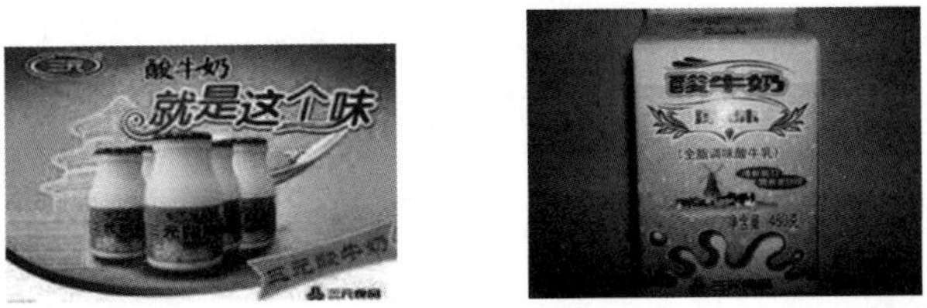

原味调味酸奶

果味调味酸奶

图 8 –7　调味酸奶产品

2013 年以来,在追求自然原生态等理念的推动下,发酵菌种之外的无蔗糖、无添加的纯酸奶制品开始在我国市场上出现。但与欧盟市场一个显著不同之处是,我国目前纯酸奶制品以高端客户为定位,其单位价格明显高于调味酸奶制品。图 8 –8 展示了 2016 年北京地区零售市场上常见的纯酸奶产品。

图 8 –8　纯酸奶制品

(4)调制乳

调制乳又被称为“调味乳”,一般指成分中含矿物质、巧克力、谷物、果蔬汁等辅料的杀菌乳或灭菌乳产品。

欧盟委员会在其相关案例的决定中认为,考虑到储存方式和保质期等重大差别,“鲜调制奶”和“保久调制奶”应分别界定为独立的相关产品市场。①欧盟所称的“鲜调制奶”和“保久调制奶”分别类似于我国行业标准和业内习惯所称的“杀菌/低温调制乳”和“灭菌/常温调制乳”。图 8 -9 展示了北京地区零售市场上常见的三元调制乳产品。

低温调制乳　　　　常温调制乳

图 8 -9　调制乳制品

2. 相关地域市场

我国商务部在三元集团收购三鹿集团部分破产财产一案将液体乳的地域市场界定为中国。②

欧盟委员会在其相关案例中将鲜奶、鲜纯酸奶以及鲜调制乳的地域市场分别界定为国家性的。③鲜调味酸奶的相关地域市场则被界定为大于一国市场的地域范围(wider than national)。④但是在相关案例中,因为无论采用何种市场界定的方案都不会导致这些拟议的并购交易存在限制竞争的问题,欧委会认为这些案件无须明确地界定鲜乳制品的相关地域市场。⑤

在涉及保久液体乳制品的相关案例中,欧委会认为这种乳制品的相关地域市场应被界定为大于一国市场的地域范围(wider than national)。⑥但是因为在这些案例中,无论采用何种市场界定方案都不会导致拟议的交易产生限制竞争的问题时,欧委会认为无须明确地界定保久乳制品的地域市场。⑦

① Case NO. COMP/M. 5046 – Friesland Foods/Campina, paras. 975 – 988.

② 该交易获得商务部无条件批准,相关信息由商务部反垄断局提供。

③ Case NO. COMP/M. 5046 – Friesland/Campina, para. 230.

④ Case NO. COMP/M. 5046 – Friesland/Campina, paras. 935, 1393.

⑤ Case NO. COMP/M. 6119 – Arla/Hansa, para. 36.

⑥ Case NO. COMP/M. 6119 – Arla/Hansa, para. 38.

⑦ Case NO. COMP/M. 6119 – Arla/Hansa, para. 38.

（三）其他乳制品

1. 相关产品市场

（1）乳粉

乳粉是指以生鲜乳为主要原料，添加或不添加辅料，经杀菌、浓缩、喷雾干燥制成的粉状产品。按其脂肪含量、营养素含量以及添加辅料的区别，乳粉通常可分为全脂乳粉、低脂乳粉、脱脂乳粉、全脂加糖乳粉、调味乳粉和配方乳粉。

全脂乳粉、低脂乳粉、脱脂乳粉、全脂加糖乳粉、调味乳粉可以顾名思义。配方乳粉是指特别针对婴儿、老年人或者其他特殊人群的营养需要，以生鲜乳或乳粉为主要原料，去除乳品中某些营养物质或者强化某些营养物质（也可二者兼有），经加工干燥而制成的粉状产品。以婴儿配方乳粉为例，这种乳粉是指使用生鲜牛、羊乳及其加工制品（乳清粉、乳清蛋白、脱脂乳粉、全脂乳粉等）为主要原料，加入适量的维生素、矿物质和其他辅料，使用法律法规及标准规定所要求的条件，加工制作供婴幼儿（3 周岁以内）食用的婴儿配方乳粉、较大婴儿配方乳粉、幼儿配方乳粉。[①]

欧盟委员会在其 Arla/Hansa 并购一案中将乳粉界定为一个相关产品市场，但没有进一步细分乳粉市场。[②]欧盟委员会在其 Van Drie/Schils 并购一案中将脱脂乳粉界定为一个相关产品市场，由于该案即使采用最狭窄的市场界定方案也不会导致这个并购案出现限制竞争的问题，这个案件的决定书没有提供界定乳粉市场的详细分析。[③]

（2）炼乳

炼乳是指以生鲜乳或复原乳为主要原料，添加或不添加辅料，经杀菌、浓缩，制成的粘稠态产品。按照添加或不添加辅料，它可分为全脂淡炼乳、全脂加糖炼乳、调味炼乳和配方炼乳。

在欧盟委员会的 Arla/Hansa 并购一案中，申报方认为，炼乳（fluid milk concentrate）和乳粉的实质性差别仅在于湿度，因为增加湿度或者降低湿度的工艺并不复杂，因此无论从需求替代还是供给替代的角度看，炼乳和乳粉之间完全具备可替代性，因此应被界定为同一产品市场。但是欧委会认为，因为这个并

① 国家质量监督检验检疫总局编：《企业生产婴幼儿配方乳粉许可条件审查细则（2010 版）》，载《中国质量技术监督》2010 年第 12 期。

② Case NO. COMP/M. 6119 – Arla/Hansa, paras. 32 – 34.

③ Case NO. COMP/M. 3535 – Van Drie/Schils, para. 11.

购案无论采用何种界定市场的方案均不会导致限制竞争的问题，因此无须明确回答乳粉和炼乳是否应该被分别界定为相关产品市场，还是应被界定为同一产品市场。①

(3)奶油

奶油是一种乳脂产品。乳脂是以生鲜乳为原料，使用离心分离法分离出脂肪，脂肪成分经杀菌、发酵或不发酵等程序而制成的黏稠状或质地柔软的固态产品。按其含料不同，脂肪可分为稀奶油、奶油和无水奶油。②

欧盟委员会在其相关案例中所称的"奶油"即是我国行业标准所称的"稀奶油"，即全脂奶脂肪分离后得到的含脂率8%～38%的乳脂制品。在分离过程中，牛奶中的脂肪因比重不同，质量轻的脂肪球会浮在上层，成为奶油。③欧盟相关案例将奶油界定为相关产品市场。尽管根据需求和运输要求的不同，可以将奶油进一步细分为"鲜奶油"和"保久奶油"，但是因为相关案件不会出现限制竞争的问题，或者具体地说，区分鲜奶油和保久奶油不会实质性地影响相关案件的竞争分析，欧委会认为没有必要明确回答鲜奶油和保久奶油是否应被分别界定为相关产品市场。④

(4)黄油

黄油是一种乳脂产品。它是通过搅动牛奶或稀奶油，使乳脂肪球的蛋白质膜发生破裂，从乳脂肪球流出的一种乳制品，也即是乳脂失去蛋白质的保护后，脂肪和水发生分离，慢慢上浮并聚集成淡黄色的上层脂肪，然后对这个脂肪进行分离、加盐、除去水分而制成黄油。黄油在我国行业标准中根据含水量的不同称为"奶油"和"无水奶油"。

欧盟的相关案例将黄油进一步细分为散装黄油(bulk butter，欧盟市场通常以5公斤或25公斤为单位进行销售)和小包装黄油(packet butter，欧盟市场通常以250克为单位进行销售)，并将它们分别界定为相关产品市场。⑤

---

① Case NO. COMP/M.6119 – Arla/Hansa, paras. 33 – 34.

② 参见工业和信息化部与国家发展和改革委员会联合发布的《乳制品工业产业政策(2009年修订)》。

③ 参见《黄油和奶油有什么区别》，载 http://news.xinhuanet.com/food/2005 – 05/08/content_2929474.htm，最后访问日期：2018年2月15日。

④ Case NO. COMP/M.6119 – Arla/Hansa, paras. 17, 24; COMP/M.5046 – Friesland/Campina, paras. 1359 – 1364.

⑤ Case NO. COMP/M.6119 – Arla/Hansa, para. 29 – 30; COMP/M.5046 – Friesland/Campina, paras. 810, 815, 816; COMP/M.3130 – Arla Foods/Express Dairies, paras. 30, 37.

(5)干酪

干酪是以生鲜乳、脱脂乳或稀奶油为原料,经杀菌、添加发酵剂和凝乳酶,最后使蛋白质凝固和排出乳清后而制成的固态产品。

欧盟的相关案例将干酪进一步细分为工业用散装干酪和小包装干酪,并将它们分别界定为相关产品市场。有些相关案例还进一步细分了硬质/半硬质干酪、干酪酱(cheese spreads)以及特种干酪等相关产品市场。①

(6)乳清

乳清是指乳汁酪蛋白凝结滤去后剩下的液体成分,通常是制作干酪的副产品。乳清中含有相当多的蛋白质,此外还含有脂肪、乳糖、维生素和矿物质。因此,乳清可以作为原料,增加食品如面包、饼干等的营养价值,此外还可以用作动物饲料。乳清粉是以生产干酪的副产品乳清为原料,经杀菌、脱盐或不脱盐、浓缩、干燥制成的粉状产品。欧盟相关案例将乳清粉界定为相关产品市场。②

(7)乳糖

乳糖是双糖的一种,是以生产干酪的副产品乳清为原料,经分离、浓缩、结晶、干燥,制成的晶体粉状产品,常用于制造婴儿食品、糖果、人造牛奶等。医学上常用作矫味剂。

欧盟相关案例将乳糖进一步细分为医用乳糖和食用乳糖,并将它们分别界定为相关产品市场。欧委会还指出,医用乳糖可能有必要进一步界定为细分的产品市场。③

2. 相关地域市场

乳粉:欧盟委员会在其相关案例指出,乳粉是大宗商品,可便捷地在整个欧洲范围运输和销售,因此涉及乳粉案件的相关地域市场可被界定为整个欧洲经济区。在 Arla/Hansa 并购案中,申报方主张乳粉的相关地域市场可被界定为全球市场。但是欧委会指出,因为即便采用狭窄的或宽泛的地域市场界定方案(如将乳粉的地域市场界定为欧盟成员国市场或者全球性市场),这个拟议交易都不会导致竞争问题,因此无须明确界定乳粉的地域市场。④

---

① Case NO. COMP/M. 4323 – Arla/Ingman Foods, paras. 11 – 12; COMP/M. 5046 – Friesland/Campina, paras. 559 – 560.

② Case NO. COMP/M. 3535 – Van Drie/Schils, para. 11.

③ Case NO. COMP/M. 5046 – Friesland/Campina, paras. 1621; COMP/M. 4207 – Campina/Fonterra Co – Operative Group/JV, paras. 31 – 53.

④ Case NO. COMP/M. 3535 – Van Drie/Schils, para. 20; COMP/M. 6119 – Arla/Hansa, para. 41.

奶油:欧盟委员会在其相关案例将鲜奶油的地域市场界定为国家性的,而将保久奶油的地域市场界定为大于国家性的,甚至可以覆盖整个欧洲经济区。①

黄油:欧盟委员会在其相关案例将黄油的地域市场界定为欧洲经济区。②

干酪:欧盟委员会在其相关案例考虑欧盟成员国对干酪需求的差异很大,从而将各类干酪的地域市场界定为国家性的。③

乳清粉:欧盟委员会在其相关案例指出,乳清粉是大宗商品,其地域市场可被界定为整个欧洲经济区。④

乳糖:欧盟在其相关案例指出,乳糖的地域市场可被界定为整个欧洲经济区或全球。⑤

在相关案例中,欧委会均指出,如果无论采用何种市场界定方案拟议交易都不会导致竞争问题时,就无须明确界定上述各类乳制品的地域市场。

三、我国乳制品业内分类习惯和基本竞争状况

(一)相关产品和服务的业内分类习惯

我国乳制品行业标准和业内分类习惯主要体现在一系列现行法律、法规等规范性文件,包括国家统计局《制造业分类标准》(GB/T 4754—2011)关于"液体乳及乳制品制造"的分类、乳制品工业产业政策(2009 年修订)、奶业整顿和振兴规划纲要、《乳品安全标准》征求意见稿以及《生鲜乳生产收购管理办法》等。综合上述规范性文件,乳制品在我国可大体上分为:(1)液体乳制品,这包括杀菌乳、灭菌乳、酸乳、调制乳、配方乳;(2)其他乳制品或固体乳制品,这包括乳粉、炼乳、乳脂产品(奶油、黄油)、干酪、乳糖、乳清等。⑥

(二)我国乳制品业基本竞争状况

我国乳业起步晚,起点低,但是发展迅速。1978 年以来,奶类生产量以每年两位数的增长幅度迅速增加,远远高于 1% 的同期世界平均水平,国乳制品产量和总产值在最近 10 年增长了 10 倍以上,乳品加工业已成为我国食品行业发展

① Case NO. COMP/M. 6119 – Arla/Hansa, paras. 36 – 38.

② Case NO. COMP/M. 5046 – Friesland/Campina, paras. 834, 874; COMP/M. 6119 – Arla/Hansa, para. 39.

③ Case NO. COMP/M. 4135 – Lactalis/Galbani, paras. 18 – 19; COMP/M. 4761 – Bongrain/Sodiaal/JV, para. 23 et seq.

④ Case NO. COMP/M. 3535 – Van Drie/Schils, para. 20.

⑤ Case NO. COMP/M. 4207 – Campina/Fonterra Co – Operative Group/JV, paras. 54 – 56.

⑥ 参见国家发展和改革委员会《乳制品工业产业政策(2009 年修订)》第 21 页以及国家统计局《制造业分类标准》关于"液体乳及乳制品制造"的分类。

最快的产业。2008 年,规模以上企业共实现工业产值 1556 亿元,比 1998 年增长了 11.7 倍;2008 年,中国乳制品产量合计 1810.5 万吨,占到世界年产量4.6%;2008 年,中国城镇居民奶类消费量为 22.7 公斤,比 1992 年增长了 146.2%。总之,我国乳制品行业取得了显著成就。①

然而,2008 年 9 月爆发的"三聚氰胺事件"使我国整个乳制品行业的信誉遭受严重危机,国内市场急剧下滑,消费者信心受挫,几乎所有的乳制品企业都陷入困境。随着政府出台了一系列整顿乳业的重大举措,如今乳制品业形势逐步好转。2010 年以来,我国乳制品行业仍处于调整和恢复性增长阶段。从具体指标看,2010 年乳制品行业的一些经营指标出现不同幅度增长。其中,乳制品产量同比增长 11.18%,此外,乳制品行业利润总额有所增长,企业亏损面和亏损额有所减少,表明行业的盈利状况有所改善。②

牛乳被誉为营养价值接近于完善的食物,因此,乳制品的人均消费量是衡量一个国家人民生活水平的主要指标之一。近年来,尽管我国奶乳制品年人均消费量上升很快,但与世界平均水平相比仍有很大差距。同时,城乡之间、地区之间的乳品消费也极不平衡。目前,城市乳制品销量占到全国乳制品总销量的 90%,广大农村乳品市场潜力巨大,有待挖掘。随着城乡乳制品消费量的逐步增长,中国乳制品行业将会迎来更加广阔的发展空间。③

"三聚氰胺事件"之前,我国规模以上的乳制品企业约 1500 家。经政府清理整顿后,截至 2011 年年底,国家质检局经审核向 1176 家乳制品企业发放了生产许可证,未获生产许可的企业均已转产。2010 年,我国市场生鲜乳产量达到 3600 万吨,乳制品产量达 2300 万吨,排名前 10 位的乳制品企业占市场总销售额 60% 以上。④

目前我国乳制品市场的主要竞争者有蒙牛乳业集团股份有限公司、伊利实业集团股份有限公司、光明乳业股份有限公司、多美滋婴幼儿食品有限公司、美赞臣营养品(中国)有限公司、完达山乳业股份有限公司、飞鹤乳业有限公司、雀巢有限公司、雅士利集团有限公司、三元食品股份有限公司、贝因美乳业有限公

① 《2011－2015 年中国乳制品行业投资分析及前景预测报告》,载 http://www.ocn.com.cn/reports/2006268ruzhipin.htm,最后访问日期:2018 年 2 月 15 日。

② 同上注。

③ 同上注。

④ 本信息和数据由中国乳制品工业协会于 2012 年 3 月 9 日提供。

司等。①

四、结论

(一)欧盟案例与中国案例比较分析

我国《反垄断法》生效以来,涉及乳制品业的案件为数不多。商务部在三元集团收购三鹿集团部分破产财产一案,将液体乳界定为相关产品市场,将液体乳的地域市场界定为中国。②考虑到该案涉及破产公司的收购和重组,即便采用细分市场界定方案评估拟议交易,该交易也不会在液体乳市场导致竞争问题。因此,商务部采用的宽泛的市场界定方案是合理可行的,有助于提高审查效率,同时也可以节省申报方的成本和时间。

国家发展改革委在乳粉纵向价格案中没有明确界定相关市场,但是根据公告和新闻报道,该案调查所关注的相关产品市场是婴儿配方乳粉市场,相关地域是中国市场。涉案 8 家企业包括"合生元""美赞臣""多美滋""雅培""富仕兰(美素佳儿)""恒天然""惠氏""贝因美""明治",它们均是我国婴儿乳粉市场的领军企业,其纵向价格限制行为侵犯了经销商和零售商的合法权益,排除限制了经销商间的价格竞争,因而严重限制了乳粉市场的竞争,并且导致我国乳粉市场的不正常高价,损害了消费者的利益,不能满足《反垄断法》第 15 条规定的豁免条件。③

与华人的饮食习惯不同,欧洲的饮食习惯极大程度地依赖乳制品,因此欧洲多年来也逐步发展起了一批强势的乳制品商。欧盟涉及乳制品业的反垄断案件数目不少,而且很多案件在产品市场或者地域市场存在争议。上文系统地分析、梳理了欧盟主要的乳制品企业合并案件中的市场界定。

(二)对中国经营者集中反垄断审查机关的建议

乳制品业在我国属朝阳产业,发展和提升的空间巨大。欧盟相关案例对我国反垄断执法机关有重要的参考和借鉴意义。

但是,采用何种方案界定相关市场,这取决于个案所处的具体市场和竞争状况。比如上文提到,我国零售市场上纯酸奶非常少见。北京地区待售的各品

---

① 《2011 -2016 年中国液体乳及乳制品制造行业百强企业研究及行业前景预测报告》,载 http://report. chyxx. com/yshyj/rupin/201105/Q365104N37. html,最后访问日期:2018 年 2 月 18 日。

② 该交易获得商务部无条件批准,该案相关信息由商务部反垄断局提供。

③ 国家发展改革委员会:《合生元等乳粉生产企业违反〈反垄断法〉限制竞争行为共被处罚 6. 6873 亿元》,载 http://xwzx. ndrc. gov. cn/xwfb/201308/t20130807_552992. html,最后访问日期:2018 年 2 月 18 日。

牌、各款酸奶基本为调味酸奶(主要品种为原味和果味酸奶)。2013 年以来,定位高端客户的纯酸奶才开始陆续出现。因此,对于可能出现的涉及酸乳市场的反垄断案件,在我国乳制品市场目前的发展阶段,没有必要采用欧盟的细分酸乳市场界定方案。可以考虑采用宽泛的市场界定方案,将各类酸奶界定为统一的酸乳市场。再如,虽然杀菌乳的保质期为 3 ~7 日,灭菌乳的保质期可以长达 6 ~8 个月,但是由于对冷链要求过高的杀菌乳在我国目前的市场规模大大小于灭菌乳,对于可能出现的涉及液体乳甚至包括酸乳市场的反垄断案件,目前在我国没有必要采用欧盟的细分市场界定方案。

值得注意的是,如果采用狭窄的市场界定方案会影响相关案件竞争分析的结论,如可以说明相关经营者的行为或拟议交易具有排除、限制竞争的效果,如近年来我国媒体有关跨国品牌垄断中国婴幼儿配方乳粉以及垄断地方性生鲜乳采购市场的报道,[①]那就有必要采用狭窄的市场界定方案进行竞争分析,目的是对具体案件做出正确的评估。如果无论采用何种市场界定方案拟议的交易都不会导致竞争问题时,则宜采用宽泛和粗线条的市场界定,以提高执法的效率,降低行政成本。例如,在三元集团收购三鹿集团部分破产财产一案中,商务部将各类液体乳界定为统一的相关产品市场,将中国界定为这个案件的地域市场,这个界定是正确、合理和可行的。

第六节 造纸业的相关市场界定

一、造纸业简介

纸产品可从不同角度进行分类,如包装用纸、印刷用纸、工业用纸、办公用纸、生活用纸、特种纸。在欧盟的相关案例中,纸产品基本分为生活用纸和非生活用纸。生活用纸可以进一步分为卫生纸、家用纸巾、纸手帕和面巾纸、餐巾纸等。由于供应链不同,生活用纸可以进一步细分为上游采购的产品(向零售商生产和供应的纸产品)和下游零售产品(向消费者销售的纸产品)。

非生活用纸方面,可以分为高级纸(fine paper)和期刊纸(magazine paper),其中高级纸可进一步细分为无木浆铜版纸(WFC)和无木浆非铜版纸(WFU),期刊纸则主要是木质铜版纸(CM)。根据相关案例,如根据美国联邦加利福尼

① 《世界知名企业克扣奶农之道——双城雀巢低成本经营模式调查》,载 http://news.xinhuanet.com/food/2011 - 10/24/c_122188792.htm,最后访问日期:2018 年 2 月 15 日。

亚州北区地方法院审理的美国司法部诉 Kimberly – Clark 公司一案看,反垄断案件通常涉及的纸产品有印刷纸和高级纸、卫生纸和草纸。[①]

造纸业相关产品市场和相关地域市场的界定就是建立造纸业产品上述分类的基础上。在欧盟和美国的典型案例分析中,有时也涉及上游产品的市场界定,如纸浆和硫酸的生产企业。根据案件具体情况,相关产品市场可能被进一步界定为若干细分的市场,相关地域市场的界定则往往取决于相关产品属于生活用纸还是属于非生活用纸。

二、造纸业相关市场界定的典型案例分析

(一)纸浆

1. 相关产品市场

纸浆源于木头的一种脱水纤维材料(a dry fibrous material),主要用于生产纸和纸板。纸浆可以根据分离纤维时使用的生产方法,分为化学纸浆和机械纸浆。根据木材使用的类型,化学纸浆又可分为硬木化学纸浆和软木化学纸浆。硬木化学纸浆和软木化学纸浆又可分为漂白纸浆和非漂白纸浆。[②]

界定纸浆的相关市场时,主要存在以下几种情形:其一,各种类型的纸浆包括化学制浆、机械纸浆和回收纸浆等构成一个总的相关产品市场;[③]其二,将化学纸浆视为一个独立的相关产品市场;其三,对纸浆市场及其细分不做明确的界定。在欧盟委员会审理的 Votorantim/Aracruz 并购案中,市场调研的结果强烈支持化学制浆应界定为一个独立的相关产品市场。[④] 欧盟委员会审理这个案件的过程中还考虑过,是否有必要在化学制浆市场细分一个硬木化学纸浆市场,甚至还考虑过是否应进一步将硬木化学纸浆市场细分一个桉木硫酸盐纸浆(BEKP)市场。欧盟委员会对此进行了市场测试,这个测试的结果表明,桉木硫酸盐纸浆和其他的硬木化学纸浆有着高度的可替代性,因此硬木化学纸浆市场不应作进一步的市场细分。欧盟委员会对这个案件的结论是,因为任何一种界定相关产品市场的方案都不会引起严重的竞争疑虑,这个案件不需要精确地界定相关产品市场。[⑤]

---

① United States v. Kimberly – Clark Corporation, 264 F. Supp. 439(N. D. Cal. 1967).

② Case NO. COMP/M. 5477 – Votorantim/Aracruz, paras. 12, 14.

③ Case NO. COMP/M. 4054 Koch Industries/Georgia – Pacific, para. 9; Case NO. COMP/M. 2243 – Stora Enso/ Assidomän/JV, para. 19.

④ Case NO. COMP/M. 5477 VOTORANTIM / ARACRUZ.

⑤ Case NO. COMP/M. 5477 – Votorantim/Aracruz, paras. 13 – 14, 17 – 19.

2. 相关地域市场

欧委会在其相关的决定中认为，根据市场调查的结论，纸浆市场的地域范围至少应当是欧洲经济区。但是在涉及纸浆企业 Votorantim/Aracruz 的并购案中，欧委会没有对这个案件的相关地域市场做出明确的界定。①

（二）原生卷纸（Parent reels）/草纸（coarse paper）

1. 相关产品市场

原生卷纸也被称为绵纸（tissue paper），它是用来生产生活用纸的大张纸。原生卷纸的原材料是纸浆、废纸或者纸浆和废纸的结合。欧盟委员会在相关案例中认为，存在一个向第三方供应原生卷纸的市场。② 在美国的 Crown Zellerbach 公司诉联邦贸易委员会一案中，③美国联邦第九巡回法院将相关产品市场界定为“草纸”（coarse paper）市场。在这个案件中，造纸企业 Crown Zellerbach 要收购其竞争对手 St. Helens 的股份和资产，因为 Crown Zellerbach 在美国西部的草纸市场占支配地位，联邦贸易委员会便认为这项收购会减少相关市场的竞争，从而要求 Crown Zellerbach 得剥离其相关的股份和资产。联邦第九巡回上诉法院支持了联邦贸易委员会的观点，理由是 Crown Zellerbach 和 St. Helens 都是生产和销售草纸的企业，它们的产品包括包装纸、运输包装袋纸、纸袋纸、信封纸、涂胶纸、蜡纸原纸以及其他须进一步加工的纸类，由此便界定出一个草纸相关市场。

2. 相关地域市场

在 SCA Hygiene Products/Cartoinvest 并购一案中，欧盟委员会认为，原生卷纸的相关地域市场应是欧洲经济区。但在 SCA/P&G European Tissue Business 并购一案中，欧委会没有对相关地域市场作出明确的界定，理由是拟议中的交易不会引起限制竞争的问题。④ 在美国的 Crown Zellerbach 公司诉联邦贸易委员会一案中，联邦第九巡回法院将该案的相关地域市场界定为美国西部的加利福尼亚州、俄亥俄州和华盛顿州三个州的地域范围，因为并购双方当事人在上

---

① Case NO. COMP/M. 5477 – Votorantim/Aracruz, para. 24.

② Case NO. COMP/M2522 SCA Hygiene Products/Cartoinvest, paras. 12 – 14; Case NO. COMP/M. 4533 – SCA/P&G European Tissue Business, para. 10.

③ Crown Zellerbach Corporation v. Federal Trade Commission, 296 F. 2d 800 (9th Cir. 1961).

④ Case NO. COMP/M2522 SCA Hygiene Products/Cartoinvest, paras. 21; Case NO. COMP/M. 4533 – SCA/P&G European Tissue Business, para. 30.

述地区存在激烈的竞争。[①]

(三)生活用纸

1. 相关产品市场

欧委会在相关案件中认为,生活用纸市场存在若干独立的子市场,如卫生纸、家用纸巾、纸手帕和面巾纸、餐巾纸,理由是这些不同产品在其价格、性能以及用途等方面有着很大的区别。在 SCA/Metsä Tissue 并购一案中,并购申报方认为,上述这些纸产品与使用其他材料制成的产品(如织物产品)在开展相竞争。但是,欧委会的社会调研表明,上述纸产品的价格并没有受到其他材料制成品价格的限制,即纸产品与其他材料所制的产品之间并不存在真正的竞争。[②]

上述各种纸产品的流通渠道是,纸的生产商将纸产品销售给零售商,零售商再销售给最终消费者。所以,这些生活用纸都存在两种供应链:一是这些产品在上游的采购,即生产商向零售商供应纸产品;二是零售商在下游向最终消费者零售纸产品。[③]

(1)生活用纸零售市场

每一种生活用纸的消费都可细分为品牌产品(branded products)和私有标签产品(private label products)。私有标签产品即是指中、小企业自己生产的无品牌产品,这些产品主要销售给超市,由超市对它们进行简单包装后贴上超市的标签进行销售。在 SCA/Metsä Tissue 的并购案中,欧委会虽然承认,不能排除零售市场上存在私有标签产品与品牌产品之间的竞争,但是它也指出市场调研的结果显示,因为品牌产品的价格明显高于私有标签产品的价格,这说明消费者购买品牌产品和购买私有标签产品在对产品的认识上有着很大的区别。这一方面虽然说明品牌产品和私有标签产品相比较有着比较高的生产利润,但另一方面也说明,就生产商而言,进入品牌产品市场也存在着生产成本方面的重大壁垒。因此,欧委会认为,品牌产品市场和私有标签产品市场有着不同的竞争环境,因此它们应当属于不同的相关产品市场。[④]

然而,在 SCA/P&G European Tissue Business 并购一案中,欧委会认为,由于并购当事人在零售市场没有经营活动,因此没有必要对这个案件的相关产品

---

① Crown Zellerbach Corporation v. Federal Trade Commission, 296 F. 2d 800 (9th Cir. 1961).

② Case NO. COMP/M. 2097 – SCA/Metsä Tissue, paras. 18 – 19, 29 – 30.

③ Case NO. COMP/M. 4533 – SCA/P&G European Tissue Business, para. 12.

④ Case NO. COMP/M. 2097 – SCA/Metsä Tissue, paras. 20 – 28.

市场进行界定。但是欧委会指出，消费者在品牌产品和私有标签产品之间的转移行为，可以表明这两种产品的纸浆在零售市场上存在竞争，因此这也是这两种产品应属同一产品市场的证据。此外，这个案件市场调查中很多受访者认为，这两种产品在货架上开展着竞争，它们应当属同一市场。所以，欧委会认为，评价品牌产品和私有标签产品在零售层面的竞争关系，对这个拟议交易的竞争分析十分重要。①

(2)生活用纸采购市场

欧委会在其 SCA/Metsä Tissu 并购一案中认为，在生活用纸的采购市场上，品牌产品和私有标签产品之间的区别明显小于这些产品的零售市场。因此，它认为，品牌产品和私有标签产品在其采购市场应属同一产品市场。② 但是值得注意的是，欧委会曾在该案界定了一个不同的产品市场，即非面向家庭的生活用纸(away - from - home products/AFH products)采购市场。这个市场主要是供应宾馆、餐馆、酒店以及其他具有公司性质客户的经销商，因为他们供应的产品也是卫生纸、擦手纸、餐巾纸等，所以被称为非面向家庭的生活用纸市场。③因为这个市场的销售渠道和客户与零售商的销售渠道和客户有很大的不同，它们之间不存在可替代性，因此这个市场与供应零售商生活用纸的市场可以构成不同的产品市场。

然而，欧委会在 SCA/P&G European Tissue Business 一案中认为，应将生活用纸的采购市场分为品牌产品市场和私有标签产品市场，主要理由是品牌产品的生产者在创建品牌和提高消费者认同方面所花费的时间和成本，也即是私有标签产品的生产者在进入品牌产品市场时存在比较高的成本；品牌产品和私有标签产品的竞争关系是非对称的，也即是前者能够对后者施加竞争压力，而后者却不能对反过来对前者施加竞争压力。此外，这两种产品的不同利润率也可表明它们应属于两个独立的相关产品市场。④

2. 相关地域市场

欧委会在其相关案件界定相关地域市场的时候仍然区分了生活用纸的零售市场和采购市场。

---

① Case NO. COMP/M. 4533 – SCA/P&G European Tissue Business, paras. 24 – 28.

② Case NO. COMP/M. 2097 – SCA/Metsä Tissue, paras. 29 – 30, 33.

③ Case NO. COMP/M. 2097 – SCA/Metsä Tissue, paras. 17, 29.

④ Case NO. COMP/M. 4533 – SCA/P&G European Tissue Business, paras. 17, 19 – 20.

(1)生活用纸零售市场

根据欧委会的调查,考虑消费者的偏好、语言以及产品的包装、品牌的重要性和相关的广告,生活用纸零售的地域市场主要是国家性市场。如果任何一种地域市场界定的方案都不会引起限制竞争的问题,欧委会就会认为没有必要进行精确的市场界定,如考虑国家性或者包括若干国家的地域市场。①

(2)生活用纸采购市场

欧委会在其相关案例中区分了私有标签产品采购的相关地域市场和品牌产品采购的相关地域市场。在涉及私有标签产品的生产和销售方面,根据市场调研,生产和供应私有标签产品最合理的地域市场应当是国家性或地区性的,后者是指宽于国家而窄于欧洲经济区并以距生产设施大约1000公里为半径的地域。然而,欧委会也认为,如果什么样的地域界定方案都不会导致私有标签产品市场出现限制竞争的问题,拟议中的交易就不必进行精确的相关地域市场界定。②

考虑品牌产品的相关地域市场时,欧委会认为这个相关市场应当是国家性的或者包括几个成员国在内的地域范围。欧委会根据其社会调研认为,尽管相关当事人一般会高度评价全球化的生产策略和全球化的经营活动,但是考虑民族品牌、语言、广告以及消费者的偏好,这些因素可能会抵消生活用纸品牌产品生产和经营的国际化。欧委会通过其社会调查和比较分析还认为,以下几个国家群可能会成为相关品牌产品的相关地域市场,如波罗的海国家、大英联合王国和爱尔兰、奥地利和德国。③

(四)高级纸和期刊纸

1. 相关产品市场

(1)欧盟相关案例

欧委会在其相关案例中,对非生活用纸市场通过不同的方法进行过不同的分类。例如,以加工制作方法分类,这个市场分为木浆纸、无木浆铜板和非铜板纸、期刊纸和木浆铜版纸。④ 其中,使用木浆生产的纸为木浆纸(wood - containing paper),使用化学纸浆生产的纸为无木浆纸(wood - free paper)。也有按照

① Case NO. COMP/M. 4533 - SCA/P&G European Tissue Business, paras. 35 - 36.

② Case NO. COMP/M. 4533 - SCA/P&G European Tissue Business, paras. 38 - 40.

③ Case NO. COMP/M. 4533 - SCA/P&G European Tissue Business, paras. 42, 44 - 45, 59.

④ Case NO. COMP/M. 2498 UPM - Kymmene/Haindl, para. 12; Case NO. COMP/M. 2245 Metsä - Serla/Zanders, para. 8.

纸的供应以“卷”或者“张”进行的分类,即将这个市场分为卷筒纸市场和平板纸市场。卷筒纸一般直接售给或零售给印刷者,平板纸则主要通过零售。此外,还有以纸的销售渠道分类,即将其相关市场细分为生产商直接销售的市场和零售商间接销售的市场。①

在欧盟的相关案例中,比较典型的是高级纸(fine paper)和期刊纸(magazine paper)的分类。高级纸是指用于印刷或书写的高质量的纸,它们又分为无木浆的铜版纸(WFC)和无木浆的非铜版纸(WFU);期刊纸被界定为一个独立的相关产品市场,这主要是指木浆铜版纸(CM)。欧委会在其相关案例中认为,高级纸和期刊纸各自属不同的产品市场。② 但在2009年关于Votorantim/Aracruz并购案的决定中,欧委会认为这个并购双方仅存在份额有限的上下游关系,因此没有精确界定这个案件涉及的无木浆铜版纸(WFC)的相关产品市场。③

(2)美国相关案例

1977年美国联邦地区法院审理的美国司法部诉Hammermill纸业公司案,④是界定生产和销售印刷纸和高级纸相关产品市场的一个重要案例。该案被告Hammermill拟收购西部报纸联盟(WNU)的资产和Carter Rice的股本,美国司法部为阻止这项交易便向联邦宾夕法尼亚西区法院提起了诉讼。联邦地区法院认为,Hammermill纸业公司收购其他公司股份和资产的行为是合法的,从而驳回了美国司法部的动议。

在这个并购案中,原被告一致同意将相关产品市场界定为“印刷纸和高级纸的生产和销售市场”,这个市场上的相关产品包括铜版和胶版的图书纸、铜版和胶版的印刷纸、胶版纸、文本和封面纸、亚硫酸盐处理的债券纸、涂布纸或棉质纸、油印和复印纸、半透明薄纸、台账纸和高级纸板。但是,法院认为这个并购不会严重影响印刷纸和高级纸生产和销售市场的竞争,因此认为这个并购没有违反美国《克莱顿法》第7条。⑤

① Case NO. COMP/M. 5283 – Sappi/M – real, paras. 15 – 18; Case NO. COMP/M. 4513 Arjowiggins/M – real Zanders Reflex, para. 20.

② Case NO. COMP/M. 2498 – UPM – Kymmene/Haindl, para. 22; Case NO. COMP/M. 2245 – Metsä – Serla/Zanders, para. 8.

③ Case NO. COMP/M. 5477 – Votorantim/Aracruz, paras. 20 – 21.

④ United States v. Hammermill Paper Co., 429 F. Supp. 1271(W. D. Pa. 1977).

⑤ Id.

2. 相关地域市场

(1)欧盟相关案例

欧委会在Sappi/M－real并购一案中认为,对于包括无木浆铜版纸的高级纸和包括木浆铜版纸的期刊纸,其相关地域市场应当至少为欧洲经济区,原因如下:一是无木浆铜版纸仅在欧洲经济区几个地方生产并在欧洲整个经济区内进行销售;二是运输成本不是一个限制性因素,因为根据当事方的估计,运输成本仅占总成本的8%～10%;三是市场地域的受访者也确认,大的零售集团往往协商和达成针对欧洲经济区的控制协议;四是虽然无木浆铜版纸在整个欧洲经济区有着不同的价格,但这并不能说明存在具不同竞争状态的国家性市场;五是欧委会进行过以下问题的市场测试:即当消费者所在国高级纸的价格存在非暂时性上涨5%～10%而其他国家的价格保持不变的情况下,他们是否会转向其他国家的供应商,消费者的回答是他们会转向价格更低的国家,甚至包括欧洲经济区之外的国家。①

然而,在Votorantim/Aracruz并购案中,欧委会对无木浆铜版纸(WFC)的相关地域市场没有进行明确的界定。②

(2)美国相关案例

上述美国司法部诉Hammermill纸公司一案中的相关地域市场界定,是这方面的一个重要案例。该案原被告双方一致认为,整个美国应当成为这个案件的相关地域市场,而且有证据支持这个结论。然而,美国司法部还认为,美国的新英格兰地区(包括6个州)③可以在本案构成一个细分的市场,因为被并购方之一的Carter Rice在这个是规模最大的造纸商,它生产的印刷纸和高级纸的销售量占到新英格兰地区总销售量的31.9%。

然而,法院不同意这个细分地域市场的划分。法院的理由是,尽管Carter Rice是在新英格兰地区开展生产经营活动,但是它向新英格兰地区外销售产品并没有运输费用方面的壁垒。因此,界定地域市场就不应当将新英格兰地区与美国的其他地区隔离开来,从而也不足以使新英格兰地区构成一个独立的销售区域。此外,新英格兰地区的纸业生产商也在美国中西部与当地的纸业生产商开展着竞争,而且中西部的纸业生产商也将他们的产品销往新英格兰。事实

① Case NO. COMP/M. 5283 – Sappi/M – real, paras. 24 – 29.

② Case NO. COMP/M. 5477 – Votorantim/Aracruz, para. 27.

③ 六个新英格兰州包括缅因州、佛蒙特州、新罕布什尔州、马萨诸塞州、康涅狄格州和罗得岛州。

上，由于相关产品可以在美国整个市场上自由流动，纸业生产商并不认为他们必须在新英格兰建立工厂才能在这个地区参与纸产品的交易。因此，法院的结论是，本案不存在由新英格兰地区构成的细分市场，如果要界定这样一个地域市场，那么这个市场内的印刷纸和高级纸的竞争效果应当单独进行评估。

（五）硫酸（Sulphuric Acid）

1. 相关产品市场

硫酸是纸浆生产中使用的一种化学产品。而且在这个生产中，废酸和二氧化碳与硫酸具有可替代性。因此，欧委会在其相关案例中指出，存在至少包括硫酸在内的一个相关产品市场，而且这个相关市场不应根据硫酸的生产方法进行界定。① 但在其他几个相关案例中，欧委会没有明确纸浆生产中使用的硫酸作为相关产品市场是否还应当增加其他的化学产品。理由是，即便使用最窄的方法界定相关产品市场，这些案件也不会对欧洲经济区或其实质部分的有效竞争造成实质性的损害。②

2. 相关地域市场

由于任何一种界定地域市场的方法都不会产生与共同体市场不相协调的问题，欧委会在其相关案件中对涉及硫酸的相关地域市场界定没有做出明确的结论。③

三、中国造纸业分类和基本竞争状况

（一）相关产品业内分类习惯

1. 纸浆业内分类习惯

纸浆（paper pulp）是以植物纤维为原料，经不同加工方法制得的纤维状物质。根据加工方法，纸浆可分机械纸浆、化学纸浆和化学机械纸浆；根据所用纤维原料，纸浆可分为木浆、草浆、麻浆、苇浆、蔗浆、竹浆、破布浆等；根据漂白程度，纸浆可分为本色纸浆、未漂白纸浆、漂白纸浆、精致纸浆等。

最为常见的纸浆分类是：（1）机械纸浆（mechanical pulp），即指通过机械加工而获得的产品，主要用于制作新闻纸等短期印刷品；（2）化学纸浆（chemical pulp），即指使用化学方法将纤维与木质素分离而获得的纤维，其中漂白化学浆

---

① Case NO. COMP/M. 3284 Outokumpu/Boliden. , paras. 75 – 76.

② Case NO. COMP/M. 1182 Akzo Nobel/Courthaulds, para. 29；Case NO. COMP/M. 5477 – Votorantim/Aracruz, para. 23.

③ Case NO. COMP/M. 5477 – Votorantim/Aracruz, para. 27.

主要用于高级印刷纸、复印纸、电脑纸、胶版纸、封皮纸、书写纸和纸袋纸等，未漂白的化学浆用于高强工业用纸如牛皮纸、纸袋纸等；(3)半化学浆(semi-chemical pulp)，是结合使用机械和使用化学法生产的纸浆，它一般用于包装用纸。现在更多是使用漂白化学热磨机械浆(BCTMP)，它兼具机械浆和化学浆的优点。此外，还有废纸纸浆(wastepaper pulp)，即利用废纸或印刷厂裁切下的纸边作为原料，经过机械搅拌并经漂白或脱墨处理而制成。根据废纸纸浆的质量，它们可用来生产印刷纸、书写纸、纸板以及低档纸张。[①]

2. 纸产品分类习惯

纸是指从悬浮液中将植物纤维、矿物纤维、动物纤维、化学纤维的混合物沉积到(专门)成型设备上，经过干燥制成的平整、均匀的薄页(片状物)。纸的品种很多，习惯上有三种分类法：(1)按照生产方式分为手工纸和机制纸。前者以手工操作为主，利用帘网框架、人工逐张捞制而成，适合于水墨书写、绘画和印刷用，如中国的宣纸。后者是以机械化方式生产的纸张的总称，如印刷纸、包装纸等。(2)按纸张厚薄和重量分为纸和纸板。一般以每平方米重200g以下的称为纸，以上的称为纸板。纸板主要用于商品包装。(3)按用途分为新闻纸(主要供新闻出版用的特种印刷纸)；印刷纸、书写(包括绘画和制图)纸；包装纸；技术用纸(工农业技术用)；生活卫生用纸；加工原纸(供制造加工纸用)；纸板等。其中，生活卫生用纸可进一步细分为卫生纸、面巾纸、餐巾纸、纸尿裤、卫生巾、湿巾纸等。[②]

(二)中国造纸业基本竞争状况

1. 竞争环境发生变化

造纸业是一个可持续发展且空间非常大的行业，我国纸业市场潜力巨大。2006年中冶集团收购宁夏的美利纸业，2007年中冶集团收购了山东银河纸业，国资委还在2010年发布通知，同意中国诚通控股集团增加“林浆纸的生产、开发及利用”业务。我国纸业在当前的竞争格局已经形成外资、民营和国企三足鼎立格局。[③] 据国家统计局数据，截至2014年9月底，我国的制浆造纸及纸制品企业总数为6824家，较2013年同期减少334家，这说明造纸业面临着市场重组和行业结构调整的压力。

---

① Http://baike.baidu.com/view/718500.htm.

② Http://baike.baidu.com/view/36871.htm，最后访问日期：2018年2月15日。

③ 耿毅军：《纸业形成三个竞争主体鼎立格局》，载《消费日报》2010年10月12日版。

2. 产品结构不断调整

随着经济全球化的浪潮，我国造纸业的国际化进程明显加速，主要表现在产品市场国际化、投资国际化和技术装备的国际化，以及原有国产的低档产品市场逐步萎缩，中高档产品的市场竞争日趋激烈。竞争的内容也从比较简单的产量和价格竞争，演变成产品质量档次、性能价格比、品牌宣传、销售渠道、服务、信誉等方面较复杂的竞争。长期以来，我国造纸原料主要是草浆，草浆造纸不仅污染较大，而且不能满足中高档纸生产的需要。因此，我国造纸业发展的前景是调整产品结构，增加中高档产品比例，扩大规模经济，减少环境污染。

3. 竞争加剧

目前，我国纸业市场正从自由竞争向垄断竞争阶段过渡，突出的表现是两极分化，强者更强，弱者处于随时被市场淘汰的地位。从全国来看，江苏、浙江、山东、广东是造纸业四强地区，大型企业在高利润的新闻纸、铜版纸等领域占据市场支配地位，中小企业一般只是生产和供应利润不高的产品，而且一旦原料成本加大，就面临破产的危险。就生活用纸来说，由于产能过剩、同质化竞争加剧、进口纸浆降价等多种因素，其价格已经出现了大跳水，降价力度之大、范围之广实属罕见。[①] 总之，当前多数纸张品种的市场价格已长时间处于低位，导致企业盈利能力下降甚至亏损，部分企业生产经营难度加大。这种情况下，中国造纸业不断掀起并购浪潮，被整合或并购的企业越来越多，这种并购和重组有助于提高企业的规模经济，降低成本。[②]

四、结论

（一）纸浆业相关市场界定

1. 相关产品市场

作为造纸业的上游市场，纸浆相关市场的界定主要存在几种情形：其一，各种类型的纸浆包括化学纸浆、机械纸浆和回收纸浆构成一个相关产品市场。其二，化学纸浆构成一个独立的相关产品市场，如果市场测试表明，各种化学纸浆之间具有高度的可替代性。其三，对纸浆市场及其细分市场不做明确的界定，如果任何一种界定相关产品市场的方法都不会产生严重的市场竞争问题。

2. 相关地域市场

在欧盟的相关案例中，纸浆市场的相关地域范围至少是欧洲经济区，而且

---

① 冯璐：《造纸行业“重启理性系统”》，载《中国绿色时报》2014 年 1 月 2 日版。

② 陆文荣：《浙江省造纸工业 2014 年概况及 2015 年展望》，载《造纸信息》2015 年第 5 期。

欧委会的市场调研也认同这个观点。由于90%以上的纸浆产品现在都是化学纸浆,[①]化学纸浆可以构成一个独立的相关产品市场。另外,由于各种化学纸浆之间具有高度替代性,因此不应对化学纸浆市场进行进一步的细分。当然,如果任何一种地域市场的界定方法都不会出现反竞争的疑虑,地域市场可以进行范围较宽的界定。近年来,纸浆进口量在我国大幅增长,纸浆生产商很多是在全球市场开展竞争,所以根据案件具体情况,相关地域市场的范围可以大于国家市场,甚至可以为全球性市场。

(二)生活用纸相关市场界定

1.相关产品市场

生活用纸存在若干独立的市场,如卫生纸、家用纸巾、纸手帕和面巾纸、餐巾纸。这些产品可以界定为属不同的产品市场,这是因为它们在价格、性能和用途等很多方面存在差异。生活用纸存在两种供应链,即上游采购市场(向零售商提供产品)和下游零售市场(向消费者提供产品)。因此,各种生活用纸产品可以细分为以下两种市场。

(1)生活用纸零售市场

在零售层面,各种生活用纸市场又可细分为品牌产品市场和私有标签产品市场。欧委会在其不同的案例中有着不同的结论:其一,品牌产品市场和私有标签产品市场应分属不同的相关产品市场:这一方面是因为品牌产品和私有标签产品的品质和价格有重大区别,这也说明品牌产品的生产利润显著高于私有标签产品的生产利润;但另一方面,确立品牌产品的知名度和高额成本也是私有标签产品生产商进入品牌产品市场的障碍和壁垒。其二,这两种产品没有分别界定相关产品市场,理由是消费者在品牌产品和私有标签产品之间的转移行为表明这两种产品存在竞争,因此应属同一产品市场。

(2)生活用纸采购市场

鉴于生活用纸市场被细分为品牌产品市场和私有标签产品市场,欧委会在其相关案例中对采购层面相关产品市场的界定也考虑到这两种产品的分类,但在不同案例中的结论也是不一样的:其一,品牌产品和私有标签产品同属一个产品市场,因为它们在采购层面的区别很小。其二,品牌产品和私有标签产品分属不同的相关产品市场,因为私有标签产品的生产者创建品牌和提高消费者

---

① Case NO. COMP/M.5477 – Votorantim/Aracruz, para. 15.

认同需要时间、投资和比较高的成本；品牌产品和私有标签产品之间的竞争是非对称的，前者能对后者施加竞争压力，后者却不能对前者施加竞争压力；两种产品的利润有很大不同。

2. 相关地域市场

(1)生活用纸零售市场

考虑到消费者的偏好和语言，以及产品的包装、品牌和广告，零售层面生活用纸的相关地域市场主要是国家性的。如果任何一种地域市场的界定方案都不会引起竞争问题，就可以不对相关地域市场进行精确的界定。

(2)生活用纸采购市场

欧委会认为，私有标签产品的生产和销售地域应界定为国家性或地区性的。基于运输成本的考虑，地区性市场一般指欧洲经济区内距生产设施半径大约1000公里的地域范围。如果拟议的交易不会引起严重的竞争问题，就不需要界定相关的地域市场。

欧委会一般认为，品牌产品的相关地域市场为一个成员国或几个成员国的范围。尽管欧委会在其社会调查中了解到，品牌企业的生产策略和经营活动逐步全球化，但是考虑到民族品牌、语言、广告、消费者偏好等一些可能会抵消品牌产品相关地域市场全球化的因素，欧委会认为品牌产品的相关地域市场可以是几个国家群，如波罗的海国家、大英联合王国和爱尔兰、奥地利和德国。

(三)高级纸和期刊纸的相关市场界定

1. 相关产品市场

欧委会认为，根据案件需要，高级纸可被细分为无木浆铜版纸(WFC)和无木浆非铜版纸(WFU)；期刊纸可以分出一个独立的木质铜版纸市场(CM)。在我国商务部无条件批准的 Votorantim 收购 Aracruz 一案中，商务部反垄断局将相关产品市场界定为造纸市场。鉴于被收购方 Aracruz 主要是经营纸浆和木产品，在纸业的生产和销售市场仅存在有限的活动，商务部认定这个并购不会损害市场竞争，从而也没有对该案相关产品市场进行精确的界定。

2. 相关地域市场

欧委会在相关案例中认为，高级纸和期刊纸的相关地域市场是一样的，即至少应当是欧洲经济区。原因是：(1)无木浆铜版纸仅在欧洲经济区几个地方生产并在整个欧洲经济区进行销售；(2)运输成本不是一个界定地域市场的限制性因素，因为运输成本仅占总成本的8%～10%；(3)市场调查的受访者认为,纸业零售集团往往针对整个欧洲经济区制定其销售策略;(4)虽然欧洲经济区的无木浆铜版纸的市场价格有差别,但这个差别不能说明存在不同竞争状态的国家性市场;(5)欧委会进行的市场测试显示,当所在国高级纸的价格非暂时性上涨5% ~10% 而其他国家的价格保持不变时,消费者会转向价格比较低的国家,甚至转向欧洲经济区之外的国家。我国商务部反垄断局在 Votorantim 收购 Aracruz 一案中认为,这个案件的相关地域市场是全球性市场,这个结论与欧委会的结论基本一致。

(四)造纸业市场界定的一般思路

在相关产品市场界定方面,供给替代发挥着重要作用。这个思路既规定在大多数国家和地区关于相关市场界定的指南中,也体现在一些国家和地区涉及造纸业案件中的相关市场界定。

造纸业案件界定相关市场时,考虑的供给替代因素主要是供应商可以转向生产竞争性商品的时间以及转产所需的成本和投资等。以英国 1998 年市场界定指南以造纸业为例,阐述了供给替代在相关市场界定中的作用。虽然不同类型的纸产品之间不存在需求替代(如铜版纸和复印纸),但其生产设备和生产程序是相同的。因为利用相同设备可无须大量投资而从生产一种纸产品转向生产另一种纸产品,铜版纸和复印纸就可以归入同一相关商品市场。[①] 欧共体委员会 1997 年 12 月发布的《欧共体竞争法中界定相关市场的通告》[②]也指出,在纸业可以找到界定产品市场时使用供给替代的实例。纸产品的质量标准通常很宽泛,如从标准的书写纸到出版艺术书籍使用的高级纸。虽然从需求角度看,这些质量等级不同的纸张不能用于同一种特定的用途,如艺术书籍或高质量的刊物不能使用低质量的纸张,然而,造纸厂则通常会准备生产各种不同质量的纸张,而且还可以在短期内作出调整,因此这个调整的生产成本几乎可以忽略不计。因此,如果销售没有特殊的困难,造纸商往往愿意接受各种不同质量的纸产品订单,特别当一个订单保证生产商有足够时间调整其生产计划。这种情况下,委员会就不会把各种不同质量和不同用途的纸产品界定为一个独立的市场,而是把各种质量的纸产品包括一个相关产品市场,并且把累计的销售

---

① 张白沙:《反垄断法相关商品市场界定若干问题研究》,载 http://www.zhonglun.com/blog/cn/articles.aspx? article = 96,最后访问日期:2015 年 12 月 10 日。

② 中文版《关于为欧洲共同体竞争法界定相关市场的委员会通知》,载 http://www.euchinacomp.org/attachments/article/43/05_Commission_Notice_on_the_definition_of_the_relevant_market_CN.pdf,最后访问日期:2018 年 2 月 15 日。

额作为相关市场的销售总额。

在相关地域市场的界定方面，生活用纸和非生活用纸的界定有区别。在生活用纸方面，虽然其生产经营活动也在逐步国际化，但是民族品牌重要性、语言、广告、消费者偏好、相关广告等因素会弱化了这种国际化的影响，因此相关地域市场一般界定为国家性或国家群。在非生活用纸方面，由于运输成本占总成本的比例较低，相关地域市场的范围通常往往大于国家的范围，如欧委会往往将这个市场界定为欧洲经济区，甚至界定为全球范围。在 Votorantim 收购 Aracruz 一案中，我国商务部将该案的相关地域市场界定为全球性市场。

第七节　饲料业和畜禽加工业的相关市场界定

一、行业简介

动物饲料是多种成分的混合和复合，包括蛋白质、维生素和矿物质。动物饲料一般分为配合饲料和饲料混料两类，配合饲料是指不需要添加成分的即食饲料(ready - to - eat feed)，饲料混料是指通常需要添加谷物、蛋白质和其他添加剂例如维生素和矿物质的混料。根据具体案件的具体情况，动物饲料的上述分类还可以进一步进行细分。

从纵向关系来看，谷物、籽油和饼粕可以为动物饲料的上游产品，鲜肉和肉制品为动物饲料的下游产品。在欧委会的相关案例中，有时需要同时对上游的谷物、籽油和饼粕等产品，以及下游的鲜肉和肉制品进行相关市场的界定。在畜禽加工业，根据畜禽肉是否经过加工程序，一般将畜禽肉的相关市场界定为鲜禽肉市场和畜禽肉制品市场。

二、饲料业和畜禽加工业市场界定的典型案例

(一)饲料业相关市场界定

1. 配合饲料

(1)相关产品市场

欧委会在相关案例的决定中认为，除了鱼饲料和宠物食品外，还存在一个独立的动物配合饲料的市场。[1] 此外，欧委会经过市场调研还认为，配合饲料市

① Case NO. COMP/M. 2271 - Cargill/Agribrands, para. 8; Case NO. COMP/M. 2956 - CVC/PAI Europe/Provimi, para. 9; Case NO. COMP/M. 4617 - Nutreco/BASF, para. 20; Case NO. COMP/M. 5558 - Nutreco/Cargill, para. 7.

场可能被细分为浓缩(concentrates)饲料市场、起步营养(starter nutrition)饲料市场、代乳(milk replacers)饲料市场和全价(complete feed)饲料市场。[①]

当然,如果任何一种合理的相关市场界定都不会引起限制竞争的担忧,欧委会可以不对配合饲料的相关产品市场做出精确的界定。[②]

(2)相关地域市场

欧委会在相关案例的决定中认为,由于配合饲料的供应商是通过供应点在全国范围销售产品和开展竞争,而且其销售量受到国家因素的强烈影响,此外其运输成本也限制了配合饲料的远距离销售,因此配合饲料的相关地域市场至少为国家范围。

当然,如果任何一种合理的市场界定都不会引起限制竞争的问题,欧委会就会认为不必精确地界定饲料混料的相关地域市场。[③]

2. 饲料混料

(1)相关产品市场

基于矿物质成分在动物饲料的含量有不同,饲料混料可以分为预混料和基础混料。但是,欧委会在其相关决定中曾指出,预混料与基础混料之间存在一定程度的供给替代和需求替代。[④] 此外,欧委会还认为,饲料混料市场还可以进行细分,如至少还存在宠物的饲料混料市场和鱼的饲料混料市场。[⑤]

当然,如果在相关案例中,任何一种合理的相关市场界定都不会导致拟议的交易出现限制竞争的问题,欧委会就会认为这些案件不需要精确地界定饲料混料的相关产品市场。[⑥]

欧委会在 Saria/Teeuwissen/Jagero Ⅱ/Quintet /Bioiberica 之间的并购案的决定中指出,这个案件可以界定一个“宠物的湿饲料配料”(ingredients for wet

---

① Case NO. COMP/M. 6383 – Cargill/KoroFrance, para. 9. 浓缩饲料包括动物饲料必需的除谷物外的各种维生素、矿物质和蛋白质;起步营养饲料、代乳饲料专指供应幼小动物的即食性特殊饲料,这种饲料不需要添加成分;全价饲料是指包含比例平衡的所有营养物,并满足畜禽各种营养成分需要的饲料。

② Case NO. COMP/M. 6383 – Cargill/KoroFrance, para. 10; Case NO. COMP/M. 2271 – Cargill/Agribrands, para. 8, Case NO. COMP/M. 4617 – Nutreco/BASF, para. 21.

③ Case NO. COMP/M. 4617 – Nutreco/BASF, para. 26; Case NO. COMP/M. 6383 – Cargill/Koro-France, para. 10.

④ Case NO. COMP/M. 4617 – Nutreco/BASF, para. 20; COMP/M. 5558 – Nutreco/Cargill, para. 7.

⑤ Case NO. COMP/M. 6383 – Cargill/KoroFrance, para. 13.

⑥ Case NO. COMP/M. 6383 – Cargill/KoroFrance, para. 10; Case NO. COMP/M. 4617 – Nutreco/BASF, para. 21.

pet food)的生产和销售市场。欧委会在这个决定中还指出,本案的市场调查显示,应从需求角度将相关产品市场分为宠物的湿饲料配料市场和宠物的干饲料配料市场。因为在该案无论如何界定相关产品市场,这个拟议的交易都不会引起限制竞争的问题,欧委会认为这个案件不需要对宠物的湿饲料配料进行精确的市场界定。①

(2)相关地域市场

关于饲料混料市场的地域范围,欧委会曾在相关的案例中认为,这个相关地域市场的范围是国家性的。② 在 Cargill/KoroFrance 并购案中,申报方认为相关地域市场应当是欧洲经济区,但是欧委会认为,根据市场的调研,这个案件没有理由偏离欧委会之前的决定中关于地域市场范围的立场。③

当然,如果任何一种合理的相关地域市场的界定,都不会导致拟议的交易产生或增强市场支配地位的问题,欧委会就会认为这样的案件不必精确地界定饲料混料的相关地域市场。④

欧委会也作出过涉及宠物饲料配料相关地域市场界定的决定。在 Best Agrifun/Dumeco 并购案中,由于相关运输成本对产品的价格有着较为明显的影响,欧委会认为这个案件的相关地域市场应为国家性的。⑤ 在 Saria/Teeuwissen/Jagero Ⅱ/Quintet/Bioiberica 并购案中,申报方提出这个拟议交易的评价应在国家性市场的基础上进行。但是即使以此为基础,这个拟议的交易也不会引起限制竞争的严重疑虑,欧委会认为这个案件不必精确地界定宠物的湿饲料配料市场的地域范围。⑥

3. 技术和咨询服务

(1)相关产品市场

在欧委会关于 Cargill/Korofrance 并购一案的决定中,并购双方都在提供动物饲料配料的技术和咨询服务,这包括与动物饲料相关的知识产权和软件的供应。因为涉案的并购双方一致认为,这些服务从属于动物饲料市场,并且属于

---

① Case NO. COMP/M. 6483 – Saria/Teeuwissen/Jagero Ⅱ/Quintet/Bioiberica, para. 45.

② COMP/M. 5558 – Nutreco/Cargill, para. 13; Case NO. COMP/M. 4617 – Nutreco/BASF, para. 24.

③ Case NO. COMP/M. 6383 – Cargill/KoroFrance, para. 15; Case NO. COMP/M. 2956 – Cvc/PAI Europe/Provimi, para. 17.

④ Case NO. COMP/M. 6383 – Cargill/KoroFrance, para. 16.

⑤ Case NO. COMP/M. 3175 – Best Agrifun/Dumeco, para. 26.

⑥ Case NO. COMP/M. 6483 – Saria/Teeuwissen/Jagero Ⅱ/Quintet /Bioiberica, para. 47.

这个市场的一部分,欧委会在这个案件的决定中没有对这些服务的相关产品市场进行讨论。[①]

在美国的 Cargill 公司诉 Progressive Dairy Solutions 公司一案中,[②]原被告双方都是从事奶牛饲料配料的服务,因此法院认为,这个案件可以界定一个相关的饲料营养咨询市场。这个案件的被告 Progressive 认为,饲料营养咨询市场的其他竞争者被置于竞争劣势地位,因为奶农们不得不使用 Cargill 的牛血粉饲料的配方,因为他们只有使用这个配方才能生产价格有竞争力的牛血粉饲料。因此,Progressive 的结论是,因为 Cargill 在其牛血粉饲料的销售中搭售其营养咨询服务,这种行为构成掠夺性的反竞争行为,因为 Cargill 由此可以在相关市场排除和限制竞争。法院在这个案件中支持了 Progressive 的观点。

(2)相关地域市场

如前所述,欧委会在 Cargill/Korofrance 并购案中没有对饲料配料的服务予以讨论,这个案件也就没有讨论饲料配料服务的地域市场。在美国上述 Cargill 诉 Progressive 一案中,[③]法院将西海岸地区作为这个案件的相关地域市场。

4. 饲料添加剂

(1)相关产品市场

饲料添加剂一般有两个名称,即业内一般习惯把多种活性成分与其载体或稀释剂配制成的均匀混合物称为预混料,而把由一种载体或稀释剂配制成的均匀混合物称为添加剂。在欧委会审理的 Cargill/KoroFrance 一案中,虽然并购双方都在饲料添加剂方面有一定程度的参与,但是由于它们的经营活动在饲料添加剂的市场上只占很小的部分,也即是这个并购不会对这个市场的竞争产生任何影响,欧委会决定不对这个市场的界定进行进一步的讨论。[④]

(2)相关地域市场

如前所述,欧委会还认为,也没有必要在其决定中对饲料添加剂的相关地域市场进行进一步的讨论。

---

① Case NO. COMP/M. 6383 – Cargill/KoroFrance, para. 17.

② Https://a. next. westlaw. com/Document/I258eb0a6970211ddbc7bf97f340af743/View/FullText. html? originationContext = typeAhead&transitionType = Default&contextData = (sc. Default).

③ Https://a. next. westlaw. com/Document/I258eb0a6970211ddbc7bf97f340af743/View/FullText. html? OriginationContext = typeAhead&transitionType = Default&contextData = (sc. Default).

④ Case NO. COMP/M. 6383 – Cargill/KoroFrance, para. 18.

5. 谷物供应

(1) 相关产品市场

在欧委会审理的 Cargill/KoroFrance 一案中,申报方认为这个方面的相关产品市场是指对终端消费者的谷物供应,而且这一市场不应根据谷物类型(小麦、大卖、玉米)进一步细分,因为从需求方也即是动物饲料的复合者来说,不同类型的谷物是相互可以替代的。[①]

欧委会在其相关决定中还指出,如果任何一种合理的相关市场界定都不会改变竞争评估,也就是说,即使最窄的市场界定也不会引起限制竞争的问题,欧委会就会认为这种情况下不必精确地界定谷物供应的相关产品市场。[②]

(2) 相关地域市场

在欧委会审理的 Cargill/KoroFrance 一案中,申报方认为这个并购案的相关地域市场至少应当是欧洲经济区,因为作为动物饲料的谷物交易无论现货交易还是期货交易,这种交易都会跨越成员国之间的国界,而且在欧洲经济区内没有关税壁垒。[③] 欧委会的观点是,鉴于任何一种市场界定都不会改变该案的竞争评估,这个案件不必要精确地界定谷物供应的相关地域市场。[④]

6. 大然籽油供应

(1) 相关产品市场

欧委会在其相关决定中认为,如果任何 种可能的相关市场界定都不会改变竞争评估,即相关案件不会对欧洲经济区或其实质部分的有效竞争造成实质性的损害,欧委会对天然籽油供应的相关产品市场就没有必要进行精确的界定。[⑤]

但在欧委会审理的 Cargill/KoroFrance 一案中,参与市场调研的大多数受访者认为,天然籽油有可能被动物脂肪、脂肪酸以及作为动物食品能量来源的其他成分所替代。但是,这个市场调研并没有解决以下两个问题:一是各种天然籽油是否都存在一种预期的用途,如作为动物饲料、人类消费以及生产生物

---

① Case NO. COMP/M. 6383 – Cargill/KoroFrance, para. 19.

② Case NO. COMP/M. 2693 – Archer Daniels Midland Company/Alfred C. Toepfer International GmbH, para. 15; Case NO COMP/M. 6383 – Cargill/KoroFrance, para. 22.

③ Case NO. COMP/M. 6383 – Cargill/KoroFrance, para. 21.

④ Case NO. COMP/M. 6383 – Cargill/KoroFrance, para. 22.

⑤ Case NO. IV/M. 1126 – Cargill/Vandermoortele, para. 9; Case NO. COMP/M. 6383 – Cargill/KoroFrance, para. 27.

柴油;二是各种不同类型的天然籽油能否因为存在上述预期用途从而相互具有可替代性。①

(2)相关地域市场

欧委会曾在其相关案件的决定中指出,天然籽油供应的相关地域市场至少应当是欧共体,甚至其范围可能更大。② 但是在 Cargill/KoroFrance 一案的决定中,欧委会认为,由于任何一个合理的市场界定都不会改变这个案件的竞争评估,这个案件不必精确地界定天然籽油供应的相关地域市场。③

7. 精炼籽油供应

(1)相关产品市场

在欧委会审理的 Cargill/KoroFrance 一案中,并购的申报方认为,虽然精炼籽油被用于人类消费或用于生物柴油时需要进一步加工,但它被用于动物饲料的时候,它与用于其他用途的精炼籽油是一样的。申报方还进一步指出,各种天然籽油和精炼籽油一般都能够相互替代,而且能够被动物脂肪、脂肪酸和作为动物食品能量来源的其他成分所替代。④ 欧委会在其决定中指出,鉴于任何一个合理的相关市场界定都不会改变该案的竞争评估,这里没有必要精确地界定天然籽油供应的相关产品市场。⑤

(2)相关地域市场

在 Cargill/KoroFrance 一案中,申报方认为,精炼籽油供应的相关地域范围应当是欧洲经济区。欧委会在决定中则认为,由于任何一个合理的市场界定都不会改变这个案件的竞争评估,这个案件没有必要精确地界定天然籽油供应的相关地域市场。

8. 饼粕供应

(1)相关产品市场

饼粕通过对油籽的压榨而获得。因为饼粕含有油籽的高蛋白成分,从而可以被用作动物饲料。在欧委会审理的 Cargill/KoroFrance 一案中,申报方的观点是,饼粕构成了非谷物饲料原料市场的一部分,而且任何情况下都不应在不同类型的饼粕之间细分市场。

---

① Case NO. COMP/M. 6383 – Cargill/KoroFrance, para. 25.

② Case NO. IV/M. 1126 – Cargill/Vandermoortele, para. 13.

③ Case NO. COMP/M. 6383 – Cargill/KoroFrance, para. 21.

④ Case NO. COMP/M. 6383 – Cargill/KoroFrance, para. 28.

⑤ Case NO. COMP/M. 6383 – Cargill/KoroFrance, para. 34.

欧委会在该案中的观点是，由于任何一个合理的市场界定都不会改变这个案件的竞争评估，也即是不管如何界定相关市场，欧洲经济区或其实质部分的有效竞争都不会受到实质性的损害，因此欧委会没有必要在这个案件中精确地界定饼粕供应的相关产品市场。[①]

(2)相关地域市场

欧委会在这个案件的决定中认为，由于欧洲经济区内的交易不存在关税壁垒，饼粕供应的相关地域市场至少应当是欧洲经济区的范围。[②] 但是，欧委会在这个案件的决定中也指出，因为任何一种合理的市场界定都不会改变这个案件的竞争评估，欧委会没有必要在这个案件精确地界定天然籽油供应的相关地域市场。

(二)畜禽加工业相关市场界定

1. 鲜畜禽肉

(1)相关产品市场及其细分

鲜肉是指没有经过任何加工的鲜肉和冻肉，如没有添加过其他成分或调味品，也没有经过煮、熏或者风干等程序。

鲜肉也有多种分类方式。首先一种是以鲜肉的类型进行分类。例如，欧委会曾将鲜肉市场界定为鲜猪肉市场或者鲜牛肉市场。[③] 在鲜家禽肉供应市场，尽管欧委会没有对相关市场细分作出明确的结论，但是可以设想这个市场可以细分为鸡肉市场、火鸡肉市场和无骨鸡胸肉市场等。[④]

欧委会还曾按照顾客的类型将鲜肉市场细分为各种独立的市场，如零售市场(超级市场、肉贩、农场销售等)、销往宴会承办人的市场和销往工业加工者的市场。[⑤] 工业加工者一般是用鲜肉制成肉制品，肉制品再被销往零售市场以及宴会承办市场。当然，如果最窄的市场界定方案也不会对市场竞争产生显著的损害，欧委会就会认为不需要对相关案件的相关产品市场做出精确的界定，[⑥]即是欧委会在该问题上不会作出明确的结论。

---

① Case NO. COMP/M. 6383 – Cargill/KoroFrance, paras. 35, 37; Case NO. COMP/M. 2271 – Cargill/Agribrands, para. 9.

② Case NO. COMP/M. 2693 – Archer Daniels Midland Company/Alfred C. Toepfer International GmbH, para. 16.

③ Case NO. COMP/M. 1313 Danish Crown/Vestjyske Slagterier, paras. 22 – 38.

④ Case NO. COMP/M. 5322 – Marfrig/OSI Group Companies, para. 10.

⑤ Case NO. COMP/M. 4257 – Smithfield/Oaktree/Sara Lee Foods Europe, para. 36.

⑥ Id. , para. 37.

(2)相关地域市场

欧委会的相关案例对鲜家禽肉的供应市场是国家还大于国家的范围没有做出明确结论。[①] 但是它在相关案例中认为,鲜肉零售的地域市场应当是国家;销往宴会承办人和工业加工者的鲜肉市场的地域范围大于国家,如几个欧洲国家甚至是欧洲经济区的整个范围,这个结论主要基于欧洲经济区明显存在鲜肉进出口。[②]

但在Cargill/KoroFrance并购案中,欧委会则认为,由于任何一个合理的相关市场界定都不会改变该案的竞争评估,因此在该案中不需要精确地界定鲜家禽肉供应的相关地域市场。[③] 在Smithfield/Oaktree/Sara Lee Foods Europe并购案中,欧委会同样认为,该案不需要精确地界定相关地域市场,因为任何一种界定相关地域市场的方案都不会导致这个拟议的交易出现限制竞争的问题。[④]

2. 畜禽肉制品

(1)相关产品市场及其细分

欧委会在其相关案例指出,可以原材料为标准对畜禽肉制品的产品市场进行细分,如存在猪肉制品、牛肉制品以及家禽肉制品的独立市场。[⑤] 在Smithfield/Oaktree/Sara Lee Foods Europe并购案中,并购当事方认同了欧委会关于依据肉制品的原材料进行市场细分的结论,即这种市场可以细分为猪肉制品、家禽肉制品和牛肉制品三个相互独立的市场。[⑥]

在Smithfield/Oaktree/Sara Lee Foods Europe并购案中,并购当事方还认为,牛肉制品应进一步细分为风干香肠、煮香肠、风干火腿、煮火腿等,并从供应替代和需求替代两个方面进行了分析。欧委会的调查虽然也显示,牛肉制品存在一些需要细分市场的因素,但是它在决定中指出,从供给方的角度看,所有的肉食供应商原则上都可以将他们的主要加工技术用于各种肉食。[⑦] 欧委会对这个案件的结论是,由于这个拟议的交易在任何情况下都不会引起限制竞争的问题,这个案件不需要对相关产品市场做出精确的界定。[⑧]

---

① Case NO. COMP/M. 4257 – Smithfield/Oaktree/Sara Lee Foods Europe, para. 40.
② Case NO. COMP/M. 2662 Danish Crown/Vestjyske Slagterier, paras. 57 – 59.
③ Case NO. COMP/M. 6383 – Cargill/KoroFrance, para. 41.
④ Case NO. COMP/M. 4257 – Smithfield/Oaktree/Sara Lee Foods Europe, para. 42.
⑤ Case NO. COMP/M. 2662 Danish Crown/Vestjyske Slagterier, para. 70.
⑥ Case NO. COMP/M. 4257 – Smithfield/Oaktree/Sara Lee Foods Europe, para. 21.
⑦ Case NO. COMP/M. 3337 – Best Agrifund/Nordfleisch, para. 39.
⑧ Case NO. COMP/M. 4257 – Smithfield/Oaktree/Sara Lee Foods Europe, paras. 25 – 26, 28, 31.

欧委会认为，有必要将肉制品市场根据顾客的类型细分为销往零售商的市场和销往宴会承办商的市场。[①] 但是在 Cargill/KoroFrance 一案中，欧委会在其决定中指出，由于任何一个合理的市场界定都不会改变对这个并购案的竞争评估，这个案件不需要精确地界定家禽肉制品的相关产品市场。[②]

（2）相关地域市场

欧委会在其相关案例中认为，畜禽肉制品的相关地域市场要大于国家，[③]但是如果供应商有能力在成员国之间实施价格歧视，合理的地域市场应界定为国家范围。[④] 当然，不排除肉制品的产品组合在某些情况下的相关市场要大于国家。

但是在 Cargill/KoroFrance 一案中，申报方提出这个案件中供应家禽肉制品的相关地域市场为欧洲经济区，但是欧委会认为，因为任何一个合理的相关市场界定都不会改变这个案件的竞争评估，这个案件不必精确地界定鲜家禽肉供应的相关产品市场。[⑤]在 Smithfield/Oaktree/Sara Lee Foods Europe 一案中，申报方提出肉制品的相关地域市场应当是国家的范围，主要由此可以体现不同国家的消费者偏好以及他们不同的烹饪方法，但是欧委会同样认为，该案不必精确地界定相关市场，因为任何一种界定相关地域市场的方法都不会导致这个拟议交易引起限制竞争的问题。[⑥]

三、我国饲料业和畜禽加工业的分类和竞争状况

（一）相关产品分类习惯

1. 饲料业分类习惯

根据饲料所含的营养成分，国务院 2012 年 5 月开始施行的《饲料和添加剂管理条例》规定，饲料包括单一饲料、添加剂预混合饲料、浓缩饲料、配合饲料和精料补充料。饲料添加剂是指在饲料加工、制作、使用过程中添加的少量或者微量物质，包括营养性饲料添加剂和一般饲料添加剂。条例对各种饲料的界定如下：（1）单一饲料，是指源于一种动物、植物、微生物或者矿物质，用于饲料产品生产的饲料；（2）添加剂预混合饲料，是指两种（类）或者两种（类）以上营养

① Case NO. COMP/M. 2662 Danish Crown/Vestjyske Slagterier, paras. 75 – 76.

② Case NO. COMP/M. 6383 – Cargill/KoroFrance, para. 44.

③ Case NO. IV/M. 1313 – Danish Crown/Vestjyske Slagterier, para. 96.

④ Case NO. COMP/M. 2662 Danish Crown/Vestjyske Slagterier, para. 84.

⑤ Case NO. COMP/M. 6383 – Cargill/KoroFrance, paras. 43 – 44.

⑥ Case NO. COMP/M. 4257 – Smithfield/Oaktree/Sara Lee Foods Europe, paras. 38, 40.

性饲料添加剂为主,与载体或者稀释剂按一定比例配制的饲料,包括复合预混合饲料、微量元素预混合饲料、维生素预混合饲料;(3)浓缩饲料,是指主要由蛋白质、矿物质和饲料添加剂按照一定比例配制的饲料;(4)配合饲料,是指根据养殖动物营养需要,将多种饲料原料和饲料添加剂按照一定比例配制的饲料;(5)精料补充料,是指为补充草食动物的营养,将多种饲料原料和饲料添加剂按照一定比例配制的饲料。

根据饲料的用途,我国农业部将配合饲料、浓缩饲料和添加剂预混合饲料又细分为以下几种:(1)猪饲料;(2)蛋禽饲料;(3)肉禽饲料;(4)水产饲料,包括淡水饲料和海水饲料;(5)反刍动物精料补充料;(6)反刍动物全混合日粮;(7)其他饲料。[①] 欧盟在其相关案例中曾将配合饲料细分为鱼饲料、宠物饲料和其他动物饲料。

2. 畜禽加工业分类

我国对肉类的分类与欧盟一致,即分为鲜肉和肉制品。鲜肉进一步细分为:(1)热鲜肉,是指动物刚屠宰后,体温还未散失,处于生鲜状态的鲜肉。热鲜肉一般凌晨宰杀,清早上市,不经任何降温处理。(2)冷鲜肉,是指屠宰后的畜胴体经迅速冷却,24 小时内降为 0 ~ 4℃,并在后续加工和发卖过程保持 0 ~ 4℃的生鲜肉。(3)冷冻肉,即屠宰后放入 -28℃以下的冷库冻结,使其中心温度低于 -15℃然后在 -18℃的环境下保藏,并以冻结状态销售的肉。[②]

肉制品主要按照加工工艺进行分类。按照国家质检总局和标准化管理委员会 2011 年发布《肉制品分类》(GB/T 26604—2011),肉制品可以细分为以下几类:(1)腌腊肉制品;(2)酱卤肉制品;(3)熏烤焙烤肉制品;(4)干肉制品;(5)油炸肉制品;(6)肠类肉制品;(7)火腿肉制品;(8)调制肉制品;(9)其他类肉制品。[③]

(二)中国饲料业和畜禽加工业基本竞争状况

1. 饲料业竞争状况

整体上看,中国饲料业的发展有以下几个方面的特点:

---

① 农业部办公厅:《关于印发全国饲料工业统计报表制度的通知》(农办牧〔2014〕37 号),载 http://www.moa.gov.cn/govpublic/XMYS/201412/t20141224_4308002.htm,最后访问日期:2015 年 1 月 10 日。

② 丁翠华:《热、冷鲜肉和冷冻肉的比较》,载《农家顾问》2008 年第 8 期。

③ 《肉制品分类》(GB/T 26604—2011),载 http://www.foods - info.com/Upload2011/201259212858362.pdf,最后访问日期:2014 年 12 月 1 日。

（1）规模化增强。经历30多年的快速发展，我国饲料业逐步进入了产业化规模化、集团化发展阶段，行业兼并整合速度加快，大批规模小、实力薄弱、技术落后的企业被淘汰，饲料企业数量逐年减少。经过长期市场竞争，国内饲料行业逐步形成了目前以少数大型企业集团占据全国市场、部分中型企业占据区域性市场、大批小企业为补充市场格局。

（2）实现了专业化。经过激烈的市场较量，现在各大饲料企业已逐步走向专业化，譬如"万千""希望"牌的猪饲料，"六和"、温氏的鸡饲料，通威、海大的鱼饲料，大北农的预混饲料。换言之，饲料企业开始注重自己的品牌，品牌化则推动了生产的规模化和专业化。①

（3）行业准入门槛低，新生企业不断涌现。虽然市场高速发展期已过，行业利润已降至平均利润率之下，这一定程度抬高了行业的进入壁垒，但是一旦利润上升、发展环境稍许宽松，新生企业和潜在的竞争者还是会大量涌现。（4）行业竞争激烈。总体上，饲料行业的企业数量众多，生产能力过剩。2012年、2013年的饲料企业分别为10,858家、10,113家，2014年下降至7000余家，2015又下降至6000家左右。② 近年来，国外大型饲料企业加快了在我国的布局，也带来了行业内更加激烈的竞争。

2. 畜禽加工业基本竞争状况

（1）产业集中度提高。从规模结构看，肉类工业规模结构调整的基本特点是，大企业的发展提速，销售收入和利润总额在业内占比全面上升；中小企业发展放缓，各项经济指标在业内占比全面下降。③ 随着规模化企业的扩张，一些产能落后技术装备比较低的企业正在被兼并或转产。（2）冷鲜肉市场占有率不断提高。低温肉制品因其加工技术先进、科技含量高、营养损失少、产品风味特殊、色泽鲜亮，现已风靡欧美市场，成为世界性产品。据统计，北京、上海的冷却肉占生鲜猪肉消费10％左右的市场份额，杭州市区小范围内达到50％～60％。④ 我国禽肉行业也加快由低温禽肉制品和冷鲜肉取代生鲜肉的消费升级

---

① 雨诺：《饲料行业竞争的新格局及其影响》，载《饲料广角》2007年第7期。

② 参见http://www.chinabreed.com/feed/develop/2015/12/20151231683892.shtml，最后访问日期：2015年12月31日。

③ 中国肉类协会：《我国肉类产业"十二五"前三年发展状况的初步评价》，载《肉类工业》2014年第5期。

④ 范崇东：《我国生猪屠宰和肉制品加工行业变革与发展趋势分析》，载《肉类工业》2006年第2期。

过程。(3)肉制品行业目前已形成三足鼎立之势,河南双汇、山东金锣和江苏雨润三分天下,而且这些业内巨头们加大了扩张力度。此外,外资企业蜂拥而入也加剧了这个行业的市场竞争。

四、结论

(一)饲料业上游产品相关市场界定小结

1. 谷物供应市场

谷物供应可以构成一个独立的相关市场,且不应根据谷物类型(小麦、大卖、玉米)进一步细分市场,因为从需求方(动物饲料的生产者)来看,不同类型的谷物是相互替代的。关于谷物供应的相关地域市场,欧委会在相关案例中认为至少应是欧洲经济区,因为谷物交易无论在现货市场还是期货市场都需要跨越国界,而且欧洲经济区没有关税壁垒。

2. 籽油供应市场

籽油的供应市场分为天然籽油供应市场和精炼籽油供应市场。关于相关产品市场,在欧盟相关案例中,申报方认为天然籽油和精炼籽油一般能够相互替代。关于相关地域市场,无论天然籽油供应市场还是精炼籽油供应市场,其地域范围至少为欧洲经济区。

3. 饼粕供应市场

关于相关产品市场,饼粕构成了更为广阔的非谷物饲料原料市场的一部分,而且,一般情况下都不应在不同类型的饼粕之间进行市场细分。关于相关地域市场,饼粕供应的相关地域市场至少为欧洲经济区范围。

总之,对于谷物供应市场、籽油供应市场和饼粕供应市场,欧委会在相关案例中均认为,如果任何合理的市场界定都不会引起市场竞争问题,可以不对相关产品市场和地域市场进行精确界定。就中国反垄断执法机构而言,在经营者集中案件中,如果交易不仅涉及横向重叠也涉及纵向关系,就需要对上游市场和下游市场进行相应的产品市场和地域市场界定,从而有利于执法机构进行竞争分析并作出审查决定。

(二)饲料业相关市场界定及其启示

1. 饲料业相关市场界定归纳

(1)配合饲料市场

关于相关产品市场,动物配合资料市场是独立于水产配合饲料和宠物配合资料之外的一个独立市场,动物配合资料市场根据需要可细分为浓缩饲料市场、起步营养饲料市场、代乳饲料市场和全价饲料市场。关于相关地域市场，由于供应者通过供应点在国家层面上展开竞争，配合饲料的相关地域市场至少为国家范围。

(2)饲料混料市场

饲料混料一般可以界定为一个独立的相关产品市场，因为各种饲料混料(尤其是预混料和基础混料)之间存在一定程度的需求替代和供给替代。根据需要可以将饲料混料市场细分为动物饲料混料市场、宠物食品和鱼饲料混料市场。关于相关地域市场，欧盟相关案例表明，饲料混料市场的相关地域市场为国家范围。

欧美相关案例关于相关市场的界定往往服务于竞争评估。例如，针对配合饲料市场和饲料混料市场，欧委会在相关案例中认为，如果任何一个合理的市场界定都不会对欧洲经济区内的有效市场竞争造成实质损害，那就不需要对配合饲料或者饲料混料的相关产品市场和地域市场进行精确的界定。

2. 饲料业相关市场界定启示

(1)相关产品市场界定

在相关产品市场界定方面，可以根据产品的类型进行市场界定，如界定为鱼饲料市场、宠物饲料市场和畜禽饲料相关市场；也可以结合产品上下游关系进行市场界定，如在同一案件同时界定畜禽饲料和畜禽加工业的相关市场。

(2)相关地域市场界定

由于饲料销售往往存在运输半径，饲料业相关地域市场界定受运输成本影响较大。一般而言，运输成本占产品价值量的比例越大，运输成本对相关地域市场界定的影响就越大。在四川新希望农业股份有限公司资产重组案中，我国商务部反垄断局将相关产品市场界定为饲料、畜禽加工品市场，这说明这个相关产品市场的范围宽于欧委会的决定，主要原因是这个案件不会对中国市场的有效竞争造成实质性损害。商务部在这个案件将相关地域市场界定为中国，这与欧委会的相关决定是一致的。

(三)畜禽加工业相关市场界定梳理及启示

1. 畜禽加工业相关市场界定的梳理

(1)鲜肉市场

鲜肉市场与加工肉市场应当分别构成两个独立的相关产品市场。鲜肉市场可以根据鲜肉的类型，细分为鲜猪肉、鲜牛肉、鲜家禽肉等市场。为满足评估竞争的需要，还可以将鲜家禽肉细分为鸡肉市场、火鸡肉市场和无骨鸡胸肉市场。根据顾客的类型，鲜肉市场也可以进一步细分为零售市场（超级市场、肉贩、农场销售等）、销往宴会承办人的市场和销往工业加工者的市场。鲜肉市场的地域范围一般至少为国家，根据具体案情有时候可以宽于国家，如欧洲经济区的范围。

（2）肉制品市场

肉制品的相关产品市场可以根据原材料细分为猪肉制品、家禽肉制品和牛肉制品三个独立的市场，也可根据顾客的类型细分为销往零售者的市场、销往宴会承办人的市场。关于相关地域市场，如果供应商有能力在成员国之间实施价格歧视，合理的地域市场应界定为国家范围，否则相关地域市场的范围要宽于国家。

总之，对于鲜肉市场和肉制品市场，欧委会在相关案例中认为，如果任何一种市场界定方案，都不会导致拟议的交易产生或加强相关市场支配地位，即不会引起严重的市场竞争问题，那就不必精确地界定鲜肉和肉制品供应的相关产品市场和地域市场。

2. 畜禽加工业相关市场界定的启示

（1）相关市场界定思路

其一，采用市场调查法。食品行业的相关市场与消费者的消费习惯密切相关，因此，相关市场界定应参考消费者的意见。其二，相关市场界定服务于竞争评估。在欧美的相关案例中，无论相关产品市场界定还是相关地域市场界定，如果拟议的交易不会引起执法机构对竞争的担忧，那就不需要准确地界定相关市场。其三，稳定性和灵活性相结合。稳定性是要求执法机构参考以往做出的类似决定，灵活性则要求执法机构在新的经济背景下与时俱进，合理地突破以往的决定。

（2）相关产品市场的界定

相关产品市场可以从不同的角度进行界定。例如，可根据原材料将市场细分为猪肉制品、家禽肉制品和牛肉制品的三个独立市场，也可根据顾客的类型细分为销往零售者的市场、销往宴会承办人的市场。

（3）相关地域市场的界定

根据欧盟的经验，如果供应商有能力在成员国之间实施价格歧视，合理的地域市场界定为国家的范围，否则相关地域市场的范围要大于国家。畜禽业相关地域市场的界定受运输成本、保鲜时间、消费习惯的影响。在运输成本方面，如果运输成本占产品的价值量大，它对相关地域市场界定的影响就大；在保鲜时间方面，虽然现代冷冻技术已经比较成熟，但对于鲜肉和冷鲜肉而言，保鲜时间直接制约着地域市场的范围；在消费习惯方面，民族信仰起到重要的作用，不同民族、不同地区的消费习惯会影响相关市场的界定。

第八节 我国新电改方案下供电业的相关市场界定

一、行业简介

全世界的电力系统在物理上和运行上都很相似，其物理功能包括发电、系统运行调度、输电和配电，电力销售是其商业功能。[①] 这也就是说，电力从生产到消费，主要涉及发电、输电、配电和售电四个环节。以上环节中的输电和配电是由电网统一完成的，电网是电力系统的重要部分，其作用是将电源发出的电能升至一定等级后输送到负荷中心变电站，再降至一定电压等级后，经配电线路传输给电力用户使用。就输配电而言，我国的电网目前可分为跨区、跨省、省级电网和独立的县级电网，全国联网的格局已经初步形成。[②]

电力行业的竞争一般指发电和售电环节，这些环节因此也是要放松管制的环节，即其价格应由竞争性市场决定而不应由管制机构来制定。电力输送环节即输电和配电因为与管道相关，它们具有天然的垄断性。其理由是，建造多套竞争性输送系统在经济方面或环保方面没有意义，因为任何一套系统都只能使用技术相同的线路网络。[③]

20 世纪 90 年代开始，以英国为首的西方发达国家开始对电力产业进行放松规制，引入竞争，并取得一定成就。我国自 2002 年也开始了电力体制的改革，其标志是国务院在这一年发布了《电力体制改革方案》，提出“厂网分开”和“主辅分离”的改革计划，并对“竞价上网”和“大客户与发电厂直接交易”开始了探索。2015 年 3 月，中共中央、国务院发布了《关于进一步深化电力体制改革的若干意见》（以下简称 9 号文），提出了开启新一轮电力体制改革的方案，主要内容是“三放开、一独立和三加强”，[④]最大亮点是有序地向社会资本放开配售

---

① ［美］萨莉·亨特：《电力竞争》，《电力竞争》编译组译，中国经济出版社 2004 年版，第 2 页。

② 李英、李成仁、郑厚清等：《输配电价理论与实务》，中国电力出版社 2012 年版，第 35～37 页。

③ ［美］萨莉·亨特：《电力竞争》，《电力竞争》编译组译，中国经济出版社 2004 年版，第 3 页。

④ 《关于进一步深化电力体制改革的若干意见》可概括为“三放开、一独立、三加强”，即放开新增配售电市场，放开输配以外的经营性电价，公益性调节性以外的发电计划放开，交易机构相对独立，加强政府监管，强化电力统筹规划，强化和提升电力安全高效运行和可靠性供应水平。

电业务,推进交易机构的相对独立性,并且规范电力市场的运行。为了贯彻落实9号文,国家发改委和国家能源局联合发布了新一轮电改的配套文件,它们与9号文一起构成了我国新一轮电力体制改革的路线图。[①] 如果这次新的电改方案能够顺利实施,我国电力行业将会出现以下类型的企业:(1)各类发电企业、售电企业和独立的辅助服务供应商等;(2)电网运营企业,即电力输配企业;(3)市场运营机构,包括电力交易机构和电力调度机构。

在电力市场实施反垄断法的一个重要问题是需要界定相关市场。在欧盟的典型案例中,电力市场的相关产品市场是按照电力企业的职能、目标用户以及电力输配的网络进行细分,并将大部分相关产品的地域市场界定为国家市场。美国的典型案例是采用SSNIP测试来界定相关商品市场和相关地域市场,也即是电力批发市场和根据传输网络界定的小范围地域市场。

就我国电力行业的相关商品市场而言,我国的电改方案虽然已经在发电、配电和售电领域逐步引入了竞争机制,但是出于电网运行的安全及效率等问题的考虑,我国输电领域当前仍处于自然垄断的状态。总体来说,在涉及电力行业的反垄断案件中,执法机关可根据涉案的市场竞争格局,依据《反垄断法》界定相关市场的基本原则和思路,参考国外典型案例,从需求替代和供给替代的角度分析不同市场主体之间以及相同的市场主体是否在不同领域存在竞争约束,由此合理地界定市场边界。在界定相关地域市场方面,根据电改方案,由于在特定的供电区域内只能有一家企业经营输配电网,电力输配的相关地域市场就是输配网络所及的范围。考虑到我国与邻国之间的电力交易并不活跃,国内跨区跨省的电力交易非常有限,因此,至少在短期内,我国电力行业的相关地域市场主要是一个本地市场。

电力供应属公用事业范畴。随着20世纪80年代以来的经济自由化和放松管制,各国反垄断法逐步废除了对公用事业企业豁免的规定,特别是这些企业的滥用行为不得从反垄断法得到豁免。[②] 但是,我国的电力行业目前很大程度上仍是一个政府管制的行业,即尚未真正建立起市场竞争机制。而且,正如美国纽约州公共服务委员会前主席Sally Hunt在其经典的《电力竞争》(Making Competition Work in Electricity)一书所指出的,电力产业的改革要比大多数人

---

① 《电改6大配套文件发布,新一轮路线图明晰》,载http://finance.sina.com.cn/chanjing/cyxw/20151201/032423894301.shtml,最后访问日期:2018年2月15日。

② 王晓晔:《公用企业滥用优势行为的法律管制》,载《法学杂志》2005年第1期。

想象的更困难。[1]因此可以想象，我国的电力体制改革还有漫漫长路要走，未来供电行业的结构和竞争态势并不清晰。但是，考虑到我国正积极地探索电力体制的改革，在这个大背景下，我们研究和探索电力行业相关市场的界定就具有重要的和前瞻性的意义。

二、国内外典型案例

（一）相关商品市场

我国商务部无条件批准的法国国际收购台山核电 30% 股权一案，是一个涉电力行业的案件。商务部在这个案件将相关商品市场界定为电力生产销售市场。下面重点介绍欧盟和美国的两个相关案例。这两个案例说明需求替代和供给替代可以比较直观和简单地进行电力行业相关商品市场的界定。在必要和数据可得的情况下，还可以采用“假定垄断者测试”法进行市场界定。

1. 欧盟的 Gaz de France/Suez 并购案

欧盟在电力行业的一个典型案例是欧盟委员会 2006 年附条件批准的法国燃气公司（Gaz de France group）与法国苏伊士集团（Suez group）的并购案。这个并购的双方当事人分别持有在比利时拥有电力资产的 SPE 公司和 Elia 公司的股份，因为欧委会担心这个并购将对比利时电力供应市场产生限制竞争的问题，最终以法国燃气公司剥离其在 SPE 公司的股份为条件之一而批准了这个并购。[2]

欧委会在该案竞争分析中界定了与供电相关的 6 个产品市场：（1）发电和电力批发市场；（2）电力交易市场；（3）功率平衡及辅助服务市场（balancing current and ancillary services）；（4）面向大型商业和工业用户的电力供应市场（高于 70 千伏）；（5）面向小型商业和工业用户的电力供应市场（低于 70 千伏）；（6）面向居民用户的电力供应市场，[3]并且分别对这些市场进行了分析和界定：

（1）发电和电力批发市场。考虑到欧盟委员会过去的一些相关案例，这个案件的并购申报人将发电和电力批发界定为一个相关产品市场，即这个市场包括发电厂生产的电力和发电厂通过电网批发给零售商的电力。欧盟委员会认为，电力的批发既包括批发市场上的供方，也包括批发市场上的需方，也即是大型工业和商业用户作为批发市场的需方的一部分。此外，在比利时市场供应电

① ［美］萨莉·亨特：《电力竞争》，《电力竞争》编译组译，中国经济出版社 2004 年版，第 36 页。

② Case NO. COMP/M. 4180 – Gaz de France/Suez, paras. 3, 6, 1223.

③ Case NO. COMP/M. 4180 – Gaz de France/Suez, para 673.

力的零售商以及地方公共事业企业也是这个批发市场上需方的一部分。[①]

(2)电力交易市场,[②]是指不是为了自己使用而仅是作为交易而买进或者卖出电力的市场。[③]

(3)功率平衡及辅助服务市场。本案的申报人参考了欧盟委员会在以前的案例中的意见,将这个市场界定为一个单独的相关产品市场,理由是电力批发市场上任何一个电力供应商都不可能轻易地提供这种服务,而且比利时的法律对这些服务进行了详细的规范,它们包括在比利时地域内的一次功率调频、二次功率调频、三次功率调频备用、电压控制、无效功率控制、阻塞管理[④]以及黑启动服务(black start service)。[⑤] 作为这个并购的一方当事人,苏伊士集团持有股份的 Elia 公司是接受这种服务的唯一用户,即作为输电系统的运营商,根据比利时的法律,它需要向自己的用户提供这些辅助性的服务。[⑥]

(4)向大型商业和工业用户提供电力的市场、向小型商业和工业用户提供电力的市场,以及向居民用户提供电力的市场。该案的申报人认为,向最终用户提供的电力可以构成一个单独的相关产品市场,但是这个市场不应在不同种类的最终用户之间进行细分。然而,欧委会经过市场调查却认为,提供电力的市场应当细分为以下三个市场:一是通过超过 70 千伏的输电网络(transmission Network)向大型工业或商业用户的供电;二是通过低于 70 千伏的配电网络(distribution networks)向小型工业或商业用户的供电;三是向居民用户的供电。

---

① Case NO. COMP/M.4180 – Gaz de France/Suez, paras. 674 – 676.

② 虽然该案界定的辅助服务市场与中国电力行业改革方案涉及的“主辅分离”中辅助服务的市场不尽相同,但欧盟 2003 年裁决的 AREVA / ALSTOM T&D 一案分析(虽未最终明确界定)的以下两个产品市场与中国电力产业改革涉及的“辅助服务”有很多相似之处:(1)电力自动化及信息系统:即为有效、可靠和安全的电力基础设施和市场的运营提供电力管理解决方案。这些方案包括各种产品(保护继电器、测量仪器和数据传送仪器)、系统(网络管理、市场管理和电力自动化)和服务(运营、维护和咨询)的集成。(2)电力输配服务:该项服务尤其包括现场服务(为产品和系统提供安装、试运行和维护服务)和咨询服务,比如战略性的网络设计(有关输电网扩张、强化和重新设计)、电力系统事故率分析和网络运行设计。参见 Case NO. COMP/M.3296 – AREVA/ALSTOM T&D, para. 11。

③ Case NO. COMP/M.4180 – Gaz de France/Suez, para. 677.

④ 输电线路因容量有限,即当某线路或多条线路输电容量趋饱和时,可形成输电阻塞现象。一旦发生阻塞,输电系统即受到限制而不能输送电力。这种情况下,与既定发电计划相比,阻塞点下游的电厂须增加发电量,阻塞点上游的电厂须减少发电量。参见[美]萨莉·亨特:《电力竞争》,《电力竞争》编译组译,中国经济出版社 2004 年版,第 184 页。

⑤ 黑启动服务是指在系统大停电时,发电机组在无外来电源情况下进行的自启动,是机组为恢复系统供电而向系统提供的辅助服务。

⑥ Case NO. COMP/M.4180 – Gaz de France/Suez, paras. 683 – 685.

委员会的理由是,考虑到电力的需求和供应,应当将向大型工业或商业用户的供电市场与向小型工业或商业用户以及居民用户的供电市场相区别。例如,在电力的需求方面,需要考虑稳定性、买方势力、价格弹性;在电力的供应方面,需要考虑销售模式、服务人员配备以及合同的类型,这些因素决定了上述两种市场应当相互独立。此外,委员会还认为,考虑消费模式、合同类型、价格区间、监管环境、市场供应结构、不支付电费风险高低等很多因素,向小型工业或商业用户的供电市场也应当区别于向居民用户的供电市场。①

除上述 Gaz de France/Suez 并购案,欧委会在 ENI/EDP/GDP 并购一案中也是采用了相似的市场界定方法,即将相关商品市场界定为:①电力批发市场;②对大型工业用户零售电力的市场;③对小型工业用户、商业用户和居民用户零售电力的市场;④功率平衡及辅助服务市场。② 此外,欧委会在一个涉及滥用市场支配地位的案件中,也将电力市场的相关商品市场界定为发电和电力批发市场。③

2. 美国的 Exelon/PSEG 并购案

美国在电力行业界定相关市场的典型案例是 Exelon/PSEG 并购案。在这个案件中,美国司法部采用 SSNIP 测试的思路,将相关商品市场界定为并购双方所在的电力批发市场,其理由是电力的最终用户对电力的零售价格不敏感,而且他们在短期内也很难寻找到电力的替代能源,也即是零售电价的上涨不会导致电力批发需求量的大幅下降。简言之,电力批发市场的假定垄断者可以通过电力批发价格发生小幅、显著和非暂时的上涨而增加利润,由此便可以界定电力批发市场是该案的相关商品市场。④

(二)相关地域市场

在我国商务部无条件批准的法国国际收购台山核电 30% 股权一案中,商务部将电力生产销售的相关地域市场界定为中国市场。下面重点介绍欧盟和美国的两个相关案例。这两个典型案例说明,界定相关地域市场时,执法机构主要考虑本国的市场竞争结构、监管政策、现实中的交易模式以及电力传输限制

---

① Case NO. COMP/M. 4180 – Gaz de France/Suez, paras. 688 – 692.

② Case NO. COMP/M. 3440 – ENI/EDP/GDP.

③ 欧委会认为,捷克一家电力企业 CEZ 通过抢先预订电力传输网络的方式,阻止竞争者进入市场,从而构成滥用市场支配地位。该案以 CEZ 做出了消除欧委会竞争关切的承诺而结案。

④ U. S. v. Exelon Corp. & Public Service Enterprise Group Inc. , filed on August 10, 2006, available at http://www.justice.gov/atr/case – document/competitive – impact – statement – 98.

等特别的因素，此外在获得市场数据的条件下还可以采用了 SSNIP 测试法。

1. 欧盟的 Gaz de France/Suez 并购案

在上述法国燃气公司与法国苏伊士集团的合并案中，欧委会除了未就居民用户供电市场做出明确的地域市场界定外（区域市场或国家市场），它通过以下的分析，将其他 5 个相关产品市场的地域市场全部界定为国家市场：①

（1）发电和电力批发市场。欧委会在其早些案例中虽然有时候认为发电及电力批发的地域市场的范围可能会大一些，但在一般情况下，它都是将它们的地域市场界定为国家市场，而不是跨国的市场。② 它在 Gaz de France/Suez 这个案件的决定中阐述了下属理由：一是电力企业跨境供电能力的有限性。这就是说，电力企业与毗邻国家联网供电的能力会受到本国监管机构的限制。因此在该案的市场调调研中，受访者一致认为，发电和电力批发的地域市场应当界定为国家市场。③ 二是国产电力与进口电力在价格上的差异，即毗邻国家间的电力价格存在明显和持续性的差异，成为阻碍电力进口的一个重要因素。三是跨境供电缺乏可靠性。这即是说，电力供应商向其用户供电的价格一般都是很多年不变的，而且也是几年前就确定好的。但是对于跨境的进口电力而言，电力的供应以及供应的价格最多提早一年知晓，这便增加了进口电力供应商的风险。由于跨境供电的不可靠性，依赖进口的电力批发商便不大可能与境外的电力供应商签订备用合同。④

（2）电力交易市场。基于跨境联网供电能力的限制，以及不同国家间不存一致认可的标准合同或者可以比较的合同等因素，欧委会将电力交易市场的地域市场也界定为国家市场。⑤

（3）功率平衡及辅助服务市场。在欧盟的早些案例，这个产品市场的地域市场被界定为国家市场，或者更准确地说，这个产品的地域市场仅限于输电网络运营商所控制的地域。这个案件的申报人以及这个案件的市场调研均对这个地域市场的界定给予了确认。这即是说，基于技术的原因，电压控制、无效功率控制、阻塞管理以及黑启动等方面的服务只能向在相关控制区内拥有与输电网络连接的发电产能的公司购买。此外，国际输电协作联盟（UCTE）规则对输电网

① Case NO. COMP/M. 4180 – Gaz de France/Suez, paras. 696 – 743.

② Case NO. COMP/M. 4180 – Gaz de France/Suez, paras. 696, 697.

③ Case NO. COMP/M. 4180 – Gaz de France/Suez, paras. 696, 697.

④ Case NO. COMP/M. 4180 – Gaz de France/Suez, para. 725.

⑤ Case NO. COMP/M. 4180 – Gaz de France/Suez, paras. 727 – 731.

络运营商从控制区以外购买一次、二次和三次调频备用服务也做了重要的限制。因此,功率平衡和辅助服务的地域市场都是与发电和批发电力一致的地域市场。①

(4)向大型商业和工业用户的电力供应市场、向小型商业和工业用户的电力供应市场,以及向居民用户的电力供应市场。欧委会在这个案件的决定中,坚持使用与早些案例相同的地域市场的界定方法,将向大型或小型的商业和工业用户的电力供应市场界定为国家市场。

在界定向居民用户供应电力的地域市场时,欧委会考虑到比利时境内有电力监管环境不同的三个行政区,尤其考虑到佛兰德区居民供电市场自 2003 年 7 月已经开放为竞争性市场,瓦隆和布鲁塞尔两个区的居民供电市场直至 2007 年才予以开放,因此认为居民供电的地域市场应被界定为区域性,尽管欧委会也分析了这个合并交易对国家市场的影响。②

此外,欧委会在涉及 CEZ 滥用市场支配地位一案中,出于以下原因,也将电力供应的相关地域市场界定为国家市场:①捷克与邻国的电力供应结构不同;②捷克的电厂与邻国的电厂使用的燃料混合结构不同;③因为政府监管,捷克与邻国之间存在电力进出口的障碍。③

2. 美国的 Exelon/ PSEG 并购案

与界定相关商品市场一样,美国司法部在这个案件界定相关地域市场的时候,也是采用了 SSNIP 测试法,由此将这个案件的相关地域市场界定为 PJM 东部区(根据东部传输接口划定)和 PJM 中东部区(根据 5004 号和 5005 号传输线路划定)。其理由是,即便这些地区的电力传输线路到达其运营的限度,这些地区的消费者也没有能力或仅有有限能力转而购买其他地域市场电力供应商提供的电力。这即是说,上述两个相关地域市场之外的电力供给不可能对这两个地区内电力供给的假定垄断者的涨价行为产生竞争约束。由此,这两个区域即通过 SSNIP 测试,可以构成反垄断意义上的相关地域市场。④

三、我国电改方案下供电业的竞争状况

我国电力产业长期以来被视为具自然垄断的属性,这个垄断存在从电力生

---

① Case NO. COMP/M. 4180 – Gaz de France/Suez, paras. 733 – 735.

② Case NO. COMP/M. 4180 – Gaz de France/Suez, paras. 740 – 743.

③ Case AT/39727 – CEZ, COMMISSION DECISION of 10/04/2013 addressed to: CEZ, a. s. relating to a proceeding under Article 102 of the Treaty on the Functioning of the European Union and Article 54 of the EEA Agreement.

④ U. S. v. Exelon Corp. & Public Service Enterprise Group Inc. , filed on August 10, 2006, available at http://www. justice. gov/atr/case – document/competitive – impact – statement – 98.

产到电力供应包括发电、输电、配电和售电的每一个环节。随着技术和经济的发展，电力产业的自然垄断特征正在逐步弱化，因为人们已经意识到电力产业垂直一体化的体制缺乏效率，其结果是生产成本大、产品价格高和服务质量差等一系列问题。这即是说，放松规制和引入竞争已经成为世界各国电力产业体制改革的一个趋势。

（一）国务院2002年的电改方案

我国电力产业的体制改革始于20世纪90年代，当时的主要措施是撤销了电力工业部，成立了国家电力公司，目的是实现政企分开。2002年，国务院发布了《电力体制改革方案》，提出了“厂网分开、主辅分离、输配分开、竞价上网”的电改四大步骤，①从根本上改变了过去实行的指令性计划体制和政企不分、厂网不分等问题。在发电方面，组建了多层面、多种所有制和多区域的发电企业；在电网方面，除了国家电网和南方电网，还组建了内蒙古电网等地方性电网企业；在辅业方面，组建了中国电建和中国能建两家设计施工一体化的企业。此外，还相继开展了竞价上网、大用户与发电企业直接交易、发电权交易、跨省区电能交易等方面的试点和探索，电力市场化交易取得重要进展。②概括而言，2002年的电改方案出台后，“厂网分开”和“主辅分离”得以实现；“竞价上网”和“大用户与企业直接交易”进行了探索；但在电力行业引入竞争最重要的环节即“输配分开”这一方面，因为这涉及超高压输电网与中、低压配电网的资源分开和单独核算，涉及电网的运行安全、效率和可行性等诸多问题，改革难度最大，目前还尚未实施。

1. 厂网分开

2002年12月，从国家电力公司拆分出来的五家发电公司、两家电网公司和四家辅助公司挂牌成立，由此我国电力行业体制在发电环节实现了公平竞争。

图8－10解释了我国电力行业厂网分开的模式。

① 李文斐：《我国电力产业市场结构分析》，载《当代经济》2011年8月（上）。

② 参见国务院2015年3月15日下发的中共中央、国务院《关于进一步深化电力体制改革的若干意见》。

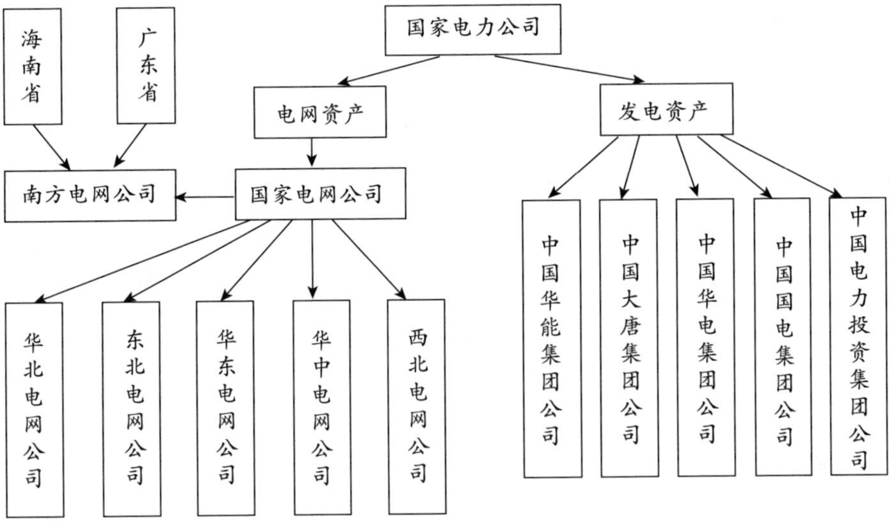

图 8－10 国家电力公司“厂网分开”

由图 8－10 可以看出，我国电力行业在发电侧通过拆分形成 5 家发电公司，它们与原有独立的发电企业一起，形成了发电市场的竞争局面；在输配电网方面，国家电网公司和中国南方电网有限责任公司形成双寡头垄断经营的局面，此外还组建了内蒙古电网等地方性电网企业。这一“厂网分开、引入竞争”的市场结构调整，改变了国家电力公司纵向一体化独家垄断的市场结构。发电公司独立经营的模式如图 8－11 所示。①

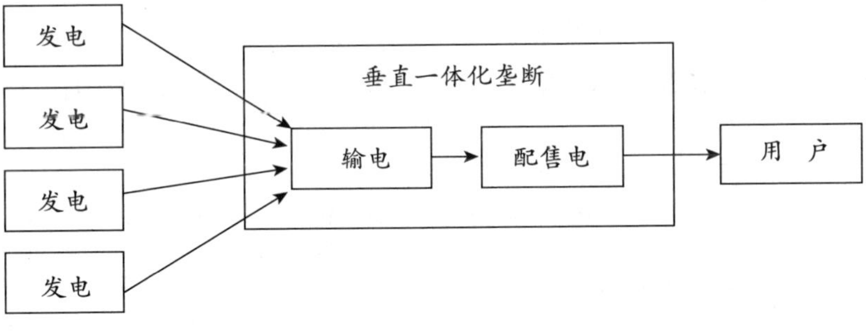

图 8－11 “厂网分开”的经营模式

① 参见 2015 年 3 月 15 日发布的中共中央、国务院《关于进一步深化电力体制改革的若干意见》。

2. 大用户与发电企业直接交易

然而,厂网分开之后,电网公司作为电厂产品的唯一购买者和向用户提供电力服务的唯一供应商则处于双重垄断地位。为此,《电力体制改革方案》提出了“开展发电企业向大用户直接供电的试点工作,改变电网企业独家购买电力的格局”。发电企业向大用户直接供电的模式如图 8－12 所示。

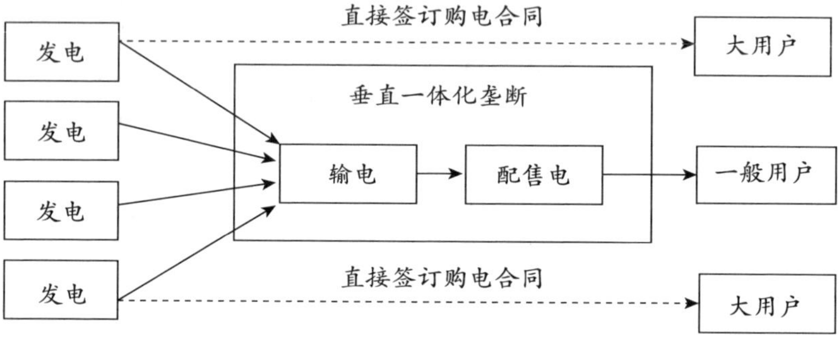

图 8－12　大用户与发电企业直接交易

国家电监会、国家发展改革委、国家能源局《关于完善电力用户与发电企业直接交易试点工作有关问题的通知》(电监市场〔2009〕20 号)规定了这种交易模式下参与试点的大用户及发电企业的资质要求、确定价格的方法以及监管机构对试点企业实施方案进行审定的方法等。①

3. 主辅分离

两大电网公司剥离的辅业与 4 家中央电力设计施工企业重组形成的中国电力建设集团有限公司(中国电建)、中国能源建设集团有限公司(中国能建)于 2011 年 9 月 29 日在京揭牌成立,这标志我国电力体制的改革迈出了电网主

① 根据《关于完善电力用户与发电企业直接交易试点工作有关问题的通知》的规定,(1)关于准入条件:参与试点的大用户,近期暂定为用电电压等级 110 千伏(66 千伏)及以上、符合国家产业政策的大型工业用户。大型工业用户电量比重较大的地区,应分年逐步推进试点;参与试点的发电企业,近期暂定为 2004 年及以后新投产、符合国家基本建设审批程序并取得发电业务许可证的火力发电企业(含核电)和水力发电企业。其中,火力发电企业为单机容量 30 万千瓦及以上的企业,水力发电企业为单机容量 10 万千瓦及以上的企业。由国家统一分配电量的跨省(区)供电项目暂不参加试点。(2)关于价格制定:买卖双方自主协商交易电量、确定交易价格,签订 1 年及以上的直接交易合同。参与直接交易试点的大用户支付的购电价格,由直接交易价格(由大用户与发电企业通过协商自主确定,不受第三方干预)、电网输配电价和政府性基金及附加三部分组成。(3)关于实施:参加试点的企业根据本通知精神提出试点申请,经省级人民政府指定的部门牵头审核、汇总后提出具体实施方案,报国家电监会、国家发展改革委和国家能源局。国家电监会会同国家发展改革委和国家能源局审定后实施。

辅分离的重要步骤。中国电建和中国能建是经国务院批准，由国资委履行出资人职责，按照公司法登记注册的国有独资公司。中国电建是由两家央企即中国水利水电建设集团公司和中国水电工程顾问集团公司与国家电网公司、南方电网公司下属河北、吉林、上海等14个省份公司的电力设计、施工、修造辅业单位重组而成。中国能建也是由两家央企即中国葛洲坝集团公司和中国电力工程顾问集团公司与国家电网公司、南方电网公司下属北京、天津、山西等15个省份公司的辅业单位重组而成。中国电建和中国能建作为两家新建的央企，它们各自形成了集规划设计、工程施工、设备制造、项目运营为一体的电力建设产业链，成为以项目总承包、工程管理、设计、施工、修造业务为主的综合性电力建设集团公司。[①]

(二)国务院《关于进一步深化电力体制改革的若干意见》

2015年3月，国务院下发了9号文，这是继2002年国务院下发《电力体制改革方案》13年后开启的电力行业新一轮改革。这个改革方案可以概括为“三放开、一独立和三加强”，即按照“管住中间、放开两头”的体制改革框架，要有序放开输配以外的竞争性环节电价，有序向社会资本放开配售电业务，有序放开公益性和调节性以外的发用电计划；推进交易机构相对独立、规范运行；强化政府监管，强化电力统筹规划，强化电力安全高效运行和可靠供应。

1. 有序放开配售电业务

这次改革方案的最大亮点是放开配售电业务，尤其是放开售电业务。根据电改方案，除传统的电网企业向用户提供售电服务外，符合条件的高新产业园区或经济技术开发区可以组建售电主体直接购电；鼓励社会资本投资成立售电主体，允许其从发电企业购买电量向用户销售；允许拥有分布式电源的用户或微网系统参与电力交易；鼓励供水、供气、供热等公共服务行业和节能服务公司从事售电业务；允许符合条件的发电企业投资和组建售电主体进入售电市场。

2. 组建和规范运行电力交易机构

根据这个改革方案，原来由电网企业承担的电力交易业务要与其他业务相分离，即建立独立的电力交易机构。电力交易机构按照政府批准的章程和规

---

① 《电网主辅分离改革“破冰”，重组成立两大电建央企》，载 http://www.gov.cn/jrzg/2011-09/29/content_1959886.htm；《国家电网完成主辅分离改革》，载 http://business.sohu.com/20111008/n321430849.shtml，最后访问日期：2018年2月15日。

则，为电力市场的交易提供服务，相关政府部门依据职责对该机构实施有效监管。电力交易机构主要负责市场交易平台的建设、运营和管理，负责市场交易组织，提供结算依据和服务，汇总用户与发电企业自主签订的双边合同，负责市场主体的注册和相应管理，披露和发布市场信息等。

为了规范电力交易，国家发改委和国家能源局还于2015年11月30日配合9号文联合发布了6份配套文件，包括《关于推进输配电价改革的实施意见》《关于推进电力市场建设的实施意见》《关于电力交易机构组建和规范运行的实施意见》《关于有序放开发用电计划的实施意见》《关于推进售电侧改革的实施意见》《关于加强和规范燃煤自备电厂监督管理的指导意见》，①这标志着新电改的建章立制已经初步完成，中国电力改革进入了实际操作阶段。

四、我国电力行业相关市场界定的分析

(一)相关商品市场

1. 典型案例评价

我国电力行业涉及相关市场界定的迄今仅有一案，即商务部无条件批准的法国国际收购台山核电30%股权的企业并购案。在这个案件中，被并购的台山核电是一个发电厂，它没有从事电力输送以及针对最终用户的配电销售，商务部将这个案件的相关商品市场界定为“电力生产销售市场”没有大的问题。

但是，如前所述，随着我国电业改革带来了“厂网分开”的制度，这导致我国的发电企业由过去的发电、输配电和售电纵向一体化改变成为主要从事发电和电力批发销售的企业。虽然它们可能存在与大用户直接交易或者9号文下发后还可能从事面对普通用户的售电业务，但这并不是它们经营活动的常态。因此，将该案发电企业所处的相关商品市场界定为“电力生产销售市场”，这个相关商品市场界定的范围有些太宽，因为从文字上分析，电力“销售”既包括电厂对电网的批发以及电网间的批发，也包括电网中售电企业对最终用户的零售。

2. 新电改方案下相关商品市场的界定

随着我国电力行业自2002年开始“厂网分开”和“主辅分离”的体制改革，过去纵向一体化的垄断性市场结构已经出现了质的变化，也即是发电和辅业两

① 《六大电改配套文件发布》，载 http://www.cpnn.com.cn/zdzgtt/201512/t20151204_858883.html，最后访问日期：2016年2月15日。

个领域引入了竞争机制。2015 年新的电改方案实施以来,电力行业的配售电领域进一步引入了新的竞争。随着这些改革方案的实施,我国电力行业已经出现以下几类企业。

(1)市场交易主体

市场交易主体包括各类发电企业、售电企业和独立的辅助服务提供商等。

在发电方面,《关于有序放开发用电计划的实施意见》提出"坚持节能减排和清洁能源优先上网"的原则,即在确保供电安全的前提下,优先保障水电和规划内的风能、太阳能、生物质能等清洁能源发电上网,促进清洁能源多发满发。这个意见还提出,为满足调峰调频、保障供热需要以及实施其他能源战略的需要,各省(区、市)可根据本地区实际情况,按照确保安全、兼顾经济性和调节性的原则,合理确定优先顺序。这种复杂的优先发电的政策环境,可能导致发电端的相关商品市场不能简单依据各种发电方式的供给替代(如考虑风电、火电之间基于发电能源的可得性、技术门槛、投资成本、运营成本以及电力上网价格等各种因素)进行界定。另外,电力产品本身的同质性决定了不同类型电力生产企业的产品具有极强的需求替代性,从而无须因发电方法的不同,从需求角度将发电市场进行进一步的细分,而只能在具体案件中考虑发电企业之间的竞争约束就电力批发的相关商品市场做个案分析。

在售电方面,根据《关于推进售电侧改革的实施意见》,售电公司可以分为三类:第一类是电网企业的售电公司;第二类是社会资本投资的增量配电网,即拥有配电网运营权的售电公司;第三类是独立的售电公司,它们没有配电网运营权,也不承担保底供电服务。这说明在新的电改方案下,售电端的竞争将会在以上三种类型的企业间产生。非售电的服务则由电网企业单独提供。

辅助服务是由独立的供应商提供,即随着"主辅分离"的改革措施,电网公司分离出来一个以项目总承包、工程管理、设计、施工、修造业务为主的服务供应商。因为这种服务的供应商只有中国电建和中国能建两个大国有企业,它们不能涉足电力行业的其他业务,电力行业的其他企业也不能涉足它们的业务,因此这个领域目前是双寡头垄断的局面。

(2)电网经营企业

电网运营企业是指运营和维护输配电资产的输配电服务企业。根据《关于推进售电侧改革的实施意见》,国家鼓励以混合所有制方式发展配电业务,因此向符合条件的市场主体放开了增量配电投资业务。社会资本投资在增量配电网享有控股权的，投资人不仅拥有配电网的运营权，而且在供电营业区内享有与电网企业相同的权利，当然也得切实履行与电网企业相同的责任和义务。由此看出，我国电力行业输电领域的竞争仅存在传统的电网企业之间，但是配电领域的竞争已经开始在传统电网企业和社会资本投资的增量配电网之间产生。此外，发电企业也可投资配电业务。

（3）市场运营机构

市场运营机构包括电力交易机构和电力调度机构。根据《关于电力交易机构组建和规范运行的实施意见》，原来电网企业承担的电力交易业务应当与其他业务相分离，也即是要按照政府批准的章程和规则组建专门的电力交易机构。此外，省、市、自治区境内还可有序组建独立的电力交易机构，如北京电力交易中心（依托国家电网公司组建）、广州电力交易中心（依托南方电网公司组建）以及其他服务于有关区域电力市场的交易机构。国家鼓励这些交易机构不断扩大交易服务的范围，以推动这些地域市场之间的相互融合。

《关于电力交易机构组建和规范运行的实施意见》还提出了交易机构与调度机构之间的关系。即根据这个意见，交易机构主要负责市场交易组织，调度机构主要负责电力运输的平衡和系统安全。日以内即时交易和实时平衡由调度机构负责。日前交易要区别不同情形，根据实践运行的情况和经验，逐步明确和规范交易机构和调度机构的职能边界。交易机构按照市场规则，基于安全约束编制交易计划，用于结算并提供调度机构。调度机构向交易机构提供安全约束条件和基础数据，进行安全校核，形成调度计划并执行，公布实际执行结果，并向市场主体说明实际执行与交易计划产生偏差的原因。交易机构根据市场规则确定的激励约束机制要求，通过事后结算实现经济责任分担。

上述可以看出，电力交易机构与电力调度机构的职能不交叉，因此相互间不存在直接的竞争。电力交易机构在建立的初期相互间也许没有明显的竞争，但随着各自扩大服务范围从而产生市场交叉和融合的情况，相互之间的竞争就会显现。至于调度机构之间是否会存在竞争，上述意见没有给予明确说明。

由于这个新的电改方案在目前只是一个路线图，前面仅就随着这个改革方案可能出现的几类企业以及它们在电力的生产、供应以及提供相关服务过程中可能面临的竞争做了一个简单分析。随着这个方案的实施,反垄断执法机关可在具体案件中,根据当时的市场竞争格局,从需求替代和供给替代的角度分析不同业务主体之间以及相同业务主体在不同领域存在的竞争约束,合理地界定相关商品市场。

(二)相关地域市场

1. 典型案例评价

在我国电力行业的典型案例即法国国际收购台山核电30%股权一案,台山核电从事电力生产销售的地域市场被界定为中国市场。这个界定主要考虑到中国进口电力的情况很少,即外国生产的电力对我国市场的需求几乎没有影响。不过,这个相关地域市场的界定似乎没考虑到我国的国土辽阔,此外,还应考虑到远距离输电会受到网络和输电技术的限制。因此,按照实际情况,我国电力生产销售的地域市场主要是区域性,而不是国家性的。

2. 新电改方案下相关地域市场界定的分析

上网的电力有两个特点:一是不能存储;二是以光速传输。[①] 这说明电能的生产和输送都会瞬间同时完成,且电力输送是沿着最小阻抗的路径进行流动,所以控制用户电力的消费需要供应商和用户之间事先订立使用电力的合同。因此,电力行业的相关地域界定需要考虑现实中电力供应商和其用户之间的交易模式。下面针对前面电力市场细分的若干业务进行各自相应的“相关地域市场”的界定分析。

(1)电网经营

电网经营企业即是从事电力输配服务的企业。即使新的电改方案下,输电网络仍然是自然垄断性的,即继续由国有电网企业进行垄断性经营。这说明我国的输电领域内并不存在真正的竞争,相关地域市场也即是相关企业输电服务所覆盖的地域网络。

配电服务由于将会引入社会资本,目前的电网企业即将面临增量配电企业的竞争。但是,根据《关于推进售电侧改革的实施意见》,同一供电营业区内即便有多个售电公司,但是只有一家公司享有配电网的经营权,并提供保底供电服务。如果营业区内社会资本投资的配电公司无法履行其责任,政府可指定其他电网企业代为履行。因此,配电网络只能由一家企业拥有经营权,从而不存

① [美]萨莉·亨特:《电力竞争》,《电力竞争》编译组译,中国经济出版社2004年版,第5页。

在真正的市场竞争。即配电服务的相关地域市场就是相关的配电服务所覆盖的范围。

(2)发电和电力批发

发电和电力批发是否面临竞争约束,这与电力能否跨区域(省)输送相关。这即是说,电力输送的范围越广,发电和电力批发面临的竞争约束就越强。因此,界定发电和电力批发的相关地域市场时,需要考虑进口电力在国内总供电量的比重,以及一国境内不同地区间跨区供电的程度。

在电力进口方面,以2010年上半年为例。在这个期间,全国电网供电量17,795亿千瓦时,同期进出口电量116亿千瓦时,其中进口23亿千瓦时,出口92亿千瓦时。[①]鉴于我国的进口电量与全国电网的供电量相比微不足道,跨境供电对我国电力市场的影响就非常小,对国内供应商构不成竞争压力。因此,我国电力生产和批发的相关地域市场首先不应超过国家的范围。

另外,还应当考虑我国电力生产和批发的地区性问题。虽然我国的煤炭、水能、风能等电力资源主要分布在西北、东北和西南等偏远地区,而用电量增长的地区却集中在电力资源匮乏但是经济发达的华东、华南和华中等地区,但是由于我国电网远距离输电的配套能力有限,我国能源丰富地区的电力就无法有效地输送到东部缺电的地区。[②]以2010年的情况为例,这一年的全国跨区送电量总计1491.77亿千瓦时,仅占全国总发电量的3.5%,[③]这说明我国绝大部分地区的电力消费都是来自本地区生产的电力。

这个情况说明,如果像上述法国国际收购台山核电30%股权一案,将企业的发电及电力批发和零售的相关地域市场界定为中国市场,这并不能真正反映我国电力的供应结构。目前我国有三家相互独立的输电企业,它们是国家电网、南方电网和蒙西电网。其中,南方电网的供电区域为广东、广西、云南、贵州和海南等5省。除了3家国家级电网公司,我国还成立了一家独立的省级电网,这即是内蒙古电力公司运营的蒙西电网,它负责内蒙古自治区中西部八个盟市的电网建设的运营。除了上述南方电网和蒙西电网的覆盖范围,全国其他

---

① 《中国电力行业分析报告(2010年上半年)》,载 http://www.cei.gov.cn/,最后访问日期:2016年2月15日。

② 《中国电力行业分析报告(2011年第2季度)》,载 http://www.cei.gov.cn/,最后访问日期:2016年2月15日。

③ 《"十二五"火电增速下降,跨区送电大幅增加》,载 http://www.cpnn.com.cn/dwy/201112/t20111212_388328.html;http://www.cei.gov.cn/,最后访问日期:2016年2月15日。

地区的电力消费则由国家电网的经营范围所覆盖。

上述三大电网虽然相互有连接,但是它们的运营区域没有交叉,从而相互没有竞争。所以,我国的电力生产和批发并不存在国家范围内的竞争。这个领域即便有竞争,充其量也是跨省区的竞争。据中电联统计,2013 年跨区跨省交换电量 1.02 万亿千瓦时,跨区送电同比增长 17.9%,跨省交换电量同比增长 9.1%。即使这样,由于电力资源分布的不平衡以及输电技术方面的制约,我国跨区跨省交换电量仅占全社会用电总量的 19.2%。[①] 因此,我国在具体案件中界定相关地域市场的时候,应当考虑跨区跨省的电力传输量和具体案件中的输送格局。如果以 2013 年跨区(省)交换的电量为参照,相关地域市场很大程度应被界定为地区性市场。除了考虑跨区跨省电量交换的有限性,电力生产和销售的相关地域市场界定还应考虑输电阻塞和供电局限的情况。如前所述,电力系统需要实时保持电力供需的平衡,电力的需求还明显具有季节性和时段性。这些情况说明与电力传输相关的各种具体业务的相关地域市场界定,都需要根据个案的具体情况进行具体的分析,而切不能一概而论。

根据《关于推进电力市场建设的实施意见》,我国的电力市场可分为区域性和省(包括自治区和直辖市)级电力市场。区域性电力市场有两类:一类是在全国较大范围内实现资源优化配置的电力市场,另一类是一定范围实现资源优化配置的电力市场。全国较大范围资源优化配置的电力市场主要是通过北京电力交易中心(依托国家电网公司)和广州电力交易中心(依托南方电网公司)实现,它们负责落实国家计划、地方政府协议,促进市场化跨省跨区交易;一定范围内资源优化的电力市场主要是通过电力的中长期交易和现货交易,在相应的区域性电力市场实现。根据《关于有序放开发用电计划的实施意见》,我国跨省跨区送受电服务奖会逐步放开,也即是我们有望看到一个比上述地域范围更大的电力批发相关地域市场。

(3)其他业务类型

电力行业的其他业务,如售电、提供辅助性服务、电力交易和调度服务,这些业务对电力输配网络的依赖性较小,因此存在较大地域市场的可能性。但是,这些业务也应当依据具体案情,从多角度如运营主体的网络分布、相关的距离、需求或者供给的可替代性,考虑相关企业是否存在竞争约束。

---

① 《风电弃风现象改观,跨区送电维持高增速》,载 http://www.cinic.org.cn/site951/nypd/2014-02-10/718701.shtml,http://www.cei.gov.cn/,最后访问日期:2016 年 2 月 15 日。

第九节　化学医药行业的相关市场界定

一、行业简介

（一）化学药品的分类

化学药品，是指人类用来预防、治疗、诊断疾病或者调节人体功能、提高生活质量、保持身体健康的特殊化学品。化学药品在所有的药品中是数量、品种最多的一类，也是人们日常生活中使用最为广泛的药品。与整个医药行业一样，化学医药行业的竞争主要发生在药品生产和药品销售两大环节。本节仅以人用化学医药为主要研究对象。而且为了行文方便，化学医药行业通常也简称为“医药行业”。

从化学药品生产环节来看，根据专利分布情况，它们可分为原研药（originator drugs）和仿制药（generic drugs）。其中原研药又可根据专利到期情况分为专利期原研药（on – patent drugs）和专利过期原研药（off – patent drugs）。原研药尤其是专利期原研药，属科技密集型产品，其生产企业凭借专利保护一般具有市场势力，垄断或者寡占的情况比较明显。仿制药则根据市场进入和医保覆盖的情况，一般市场竞争非常活跃。原研药一般都有商标名（branded name drugs），仿制药仅部分有商标名。

根据药品对健康的风险影响程度，须凭医生处方才能购买的药品称为处方药（prescription drugs），无须医生处方即可购得的药品称为非处方药（over-the-counter，OTC）。有些欧洲国家还将非处方药进一步细分为仅在经批准的药店出售的非处方药，以及可在超市出售的非处方药。但是，欧委会在其 SANOFI/STERLING DRUG 合并案的决定书中指出，随着时间的推移和人们认知的深入，处方药与非处方药之间的界限会逐渐变得模糊，因为前者可能会被认定为非处方药，此外医生也可能开具非处方药。[①]

从药品的销售环节看，药品的分销渠道包括传统的批发商和零售商，此外还有新近出现的电商平台。由于药品与人民的生命健康有着直接的关系，它的生产和销售包括市场进入、运营以及价格等普遍受到严格的政府监管。此外，专利期的原研药还受到专利法的保护。

---

① Case NO. IV/M. 072 – SANOFI/STERLING DRUG，http://ec. europa. eu/competition/mergers/cases/decisions/m72_en. pdf.

（二）双层的行业结构

因为根据药品分类，化学药品可以根据其专利分布的情况分为原研药和仿制药，化学医药行业就明显呈现一种双层结构，也即是体现出化学医药企业的双层分工和双层竞争。化学医药企业之间的分工非常明显，即少数大的制药企业主要在研发新药品和创新的层面开展竞争，它们包揽了大部分研发工作并享有药品专利带来大部分利润；而众多中小制药企业一般都是生产专利过期药或作为被许可人生产专利药的仿制药，这些企业之间主要在产品的价格、服务、效率等传统维度开展竞争，利润相对微薄。据统计，世界上最大10家制药企业的营业额约占世界市场的40%左右。[①] 我国的药品生产企业目前在新药方面的产出能力弱，仿制药所占的市场份额超过90%，处于产业链的低端。

（三）三重规制叠加

因为医药行业关乎人民的生命和健康，为了实现药品的安全和有效，鼓励创新，国家对这个行业实施了行业规制、专利规制和竞争规制，即三重规制叠加。

1. 行业规制

这里的行业规制，是指政府对药品研发及其生产和销售的市场准入以及药品价格有着比较严格的监管。

在新药研发方面，为了保证药物的安全性和有效性，各国政府一般都在新药研发阶段便有着严格的监管。如我国《药品管理法》第29条规定，研制新药必须按照国务院药品监督管理部门之规定如实报送研制方法、质量指标、药理及毒理试验结果等有关资料和样品，经国务院药品监督管理部门批准后，方可进行临床试验。完成临床试验并通过审批的新药，由国务院药品监督管理部门批准，发给新药证书。

国家对药品进入市场也有着严格的监管，这包括药品生产企业的审批制度、药品经营企业的审批制度以及拟上市药品的审批制度。如我国《药品管理法》规定，开办药品生产企业和药品经营企业均须经企业所在地相关药品监督管理部门批准并发给许可证；药品生产许可证和药品经营许可证须标明有效期

---

① The International Trade Administration（ITA），Pharmaceutical Industry Profile 2010，http://ita.doc.gov/td/health/PharmaceuticalIndustryProfile2010.pdf.

和生产经营范围,到期后还需重新审查发证。[①] 我国《药品注册管理办法》规定,国家对拟上市销售药品(含新药申请、仿制药申请、进口药品)实行药品注册管理制度,即根据药品注册申请人的申请,对拟上市销售药品的安全性、有效性、质量可控性等进行审查;对已上市药品改变剂型、改变给药途径、增加新适应症的,仍须按照新药申请程序申报注册。

除了上述两种监管,很多国家还对药品的价格也有一定程度的监管。例如,针对药品供应商的价格管制手段包括政府定价、政府指导价、设定参考价格、政府参与价格谈判、管控利润、管控销量及利润率,此外还可能针对仿制药设定最低价格等。[②] 我国自 2000 年起对医保目录内药品和目录外特殊药品实行了政府指导价,通过限定最高销售费用率和最高销售利润率以及药品最高流通差别差价率对药品的最高零售价进行管理,法律依据主要是国家发改委制定的《政府定价行为规则》和《药品政府定价办法》。2015 年 5 月,国家发改委等部门联合发布了《推进药品价格改革意见》,规定自当年 6 月起,除了麻醉药品和第一类精神药品外,取消药品政府定价,药品实际交易价格主要由市场竞争形成。

还需要指出的是,鉴于医药业复杂的产业结构和我国存在条块分割的政府治理模式,我国中央政府和地方政府有很多部门可依其职权对医疗保险政策、卫生支出、医疗救助、生物医药规划、中药材生产扶植、国家药品储备等事项施加影响和实施政府监管,这些监管都会不同程度地影响我国医药行业的生产和销售,也即是影响我国医药行业的市场竞争。

2. 专利规制

化学医药行业的一个重要特征是难研发却易仿制。化学药品其本质是化学合成物,很多药品仅需简单的实验设备即可制取。然而,药品的研发却通常耗费巨额成本,这是因为药物安全性和有效性的严格要求意味着大量且长期的实验。据业内统计,平均 10,000 个专利药品仅有 100 个可到达临床试验阶段,其中仅有 10 个可到达市场营销阶段,平均 5000 种化合物中只有一种能最后投入市场并产生经济效益。[③] 此外,由于新药的批准有着严格的监管,上市的周期

---

① 参见《药品管理法》第 7 条、第 14 条。

② David Connaughton, Pharmaceutical Price Controls in the European Union, Their Impact, and Potential Remedies, available at https://188ip.files.wordpress.com/2010/04/pharmaceutical - price - control.pdf.

③ OECD, Competition and Regulation Issues in the Pharmaceutical Industry(2000), available at http://www.oecd.org/competition/sectors/1920540.pdf.

很长。就专利药而言，新药整个研发周期从发现研究阶段、临床前研究阶段、Ⅰ～Ⅲ期临床研究阶段（Ⅲ期结束后可作上市申请）、到Ⅳ期临床研究（上市后临床研究），这个时间可长达10～15年。①

正是由于医药行业新药的投资大、风险高、周期长但却易于复制的特点，医药行业的专利保护尤为重要。作为排他性权利，专利权可赋予创新药专利持有人暂时的垄断地位，即他们可以通过收取较高的价格来回收新药研发过程中的巨额成本。据统计，化学制药企业75%的利润来自其10%左右的产品。对某些大企业来说，3个产品的销售额可能就会占到其全部销售额的70%～80%。②以上分析可以看出，医药行业的价格管制作为一种对专利权的限制，这会抑制制药企业的研发动力。此外，还需要指出的是，药品专利虽然具有法定的保护期，但是因为市场竞争可以剥夺专利权人的垄断地位。例如，市场上如果出现了差异微小的治疗上的替代品，药品专利权人可能的垄断地位就不存在。因此，即使一些具有重大突破的创新药，也往往在上市1～6年内面临相似产品的竞争威胁。③

3. 竞争规制

尽管医药行业有其自身特殊性，但它不能从反垄断法得到豁免。世界主要反垄断司法辖区的经验表明，医药行业的反垄断案件在医药生产市场和医药销售市场均可发生，而且还可能发生在医药创新市场。如下文所述，对医药行业企业的市场行为进行竞争分析时，我们需要考虑反垄断法的一般原则和分析方法，很多情况下需要界定相关市场。这里主要通过借鉴欧美反垄断执法的相关案例和经验，梳理医药行业相关市场界定中的重要问题，以期为我国反垄断执法提供参考。

---

① 张永祥：《全面解析“重大新药创制”专项十三五布局》，载http://www.biodiscover.com/news/celebrity/119812.html，最后访问日期：2018年2月15日。

② OECD, Competition and Regulation Issues in the Pharmaceutical Industry (2000), available at http://www.oecd.org/competition/sectors/1920540.pdf.

③ US CBO, HOW INCREASED COMPETITION FROM GENERIC DRUGS HAS AFFECTED PRICES AND RETURNS IN THE PHARMACEUTICAL INDUSTRY, JULY 1998, http://www.cbo.gov/sites/default/files/cbofiles/ftpdocs/6xx/doc655/pharm.pdf.

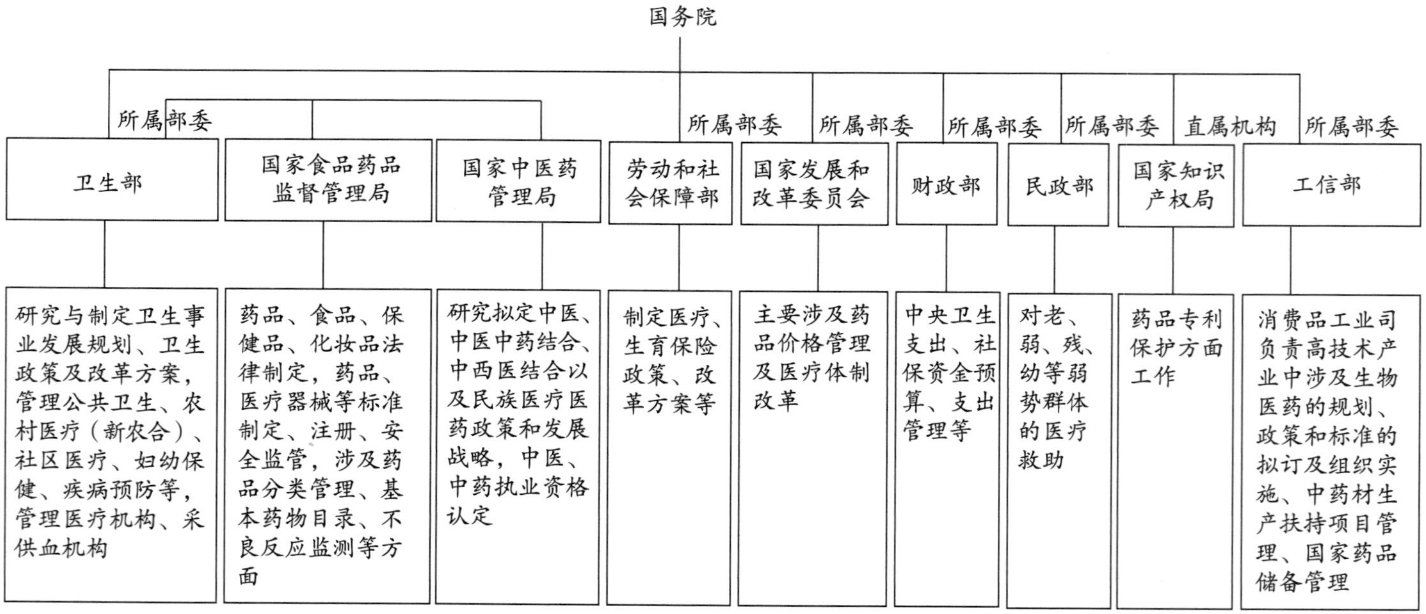

图 8－13　中国医药行业监管体系①

① 资料来源：中信证券报告《医药行业研究方法》，2010 年 8 月。

二、化学医药业市场界定典型案例及理论分析

（一）行业的特殊性及其对市场界定的影响

尽管世界各国的医药行业有差别，但是因为这个行业存在以下特征，这使相关市场界定的传统方法如交叉价格弹性、SSNIP 检验法等予以谨慎适用。

1. 药品价格比较稳定

欧盟、日本、澳大利亚、加拿大等许多国家都对专利药的价格实行一定程度的管制，政府对价格的设定及变动进行严格监管。我国在药品价格放开后，仍对麻醉药品和第一类精神药品实行最高限价管理。《推进药品价格改革意见》虽然提出药品实际交易价格主要由市场竞争形成，但是因为这些药品都会进入政府集中招标采购制度，它们的价格一般不会发生剧烈变动。即使在对药品价格几乎无任何干预的美国，由于保险公司、健保机构以及大量专业人士在议价方面的能力很强，药品的价格也相对稳定。

2. 市场参与者的特殊结构

在医药市场特别在处方药市场，最终消费者（患者）经常与决策者（医生）和付款人（政府支持的医保或健保机构以及商业医保公司）相分离，因此决策者的价格敏感度相对较低。这个特征意味着在由政府定价的药品生产企业之间，它们的竞争主要是非价格竞争，如到医院介绍产品、医学期刊登广告、新产品推介。这即是说，在政府定价的药品市场中，由于价格不会敏感地反映供求变化以及不同产品之间的替代关系，以价格分析为基础的 SSNIP 等界定相关市场的传统方法就不好应用。这种情况下，应当辅之以其他考量因素，如疗效上的替代性、医生或药剂师的专家意见。

还需要指出的是，对市场定价的药品，特别是非处方药品，因为这种产品的属性接近普通商品，这种产品的相关市场界定仍可适用传统的分析方法。例如，在美国，立法和司法实践中都确认了传统相关市场界定的方法在医药行业的适用性。在 1956 年杜邦公司一案中，[①]美国联邦最高法院认为，尽管人们判断相关企业是否具垄断地位的市场多种多样，但是判定的方法应当是一致的。这就是说，人们需要进行替代分析，需要分析交叉价格弹性，当然也需要梳理

---

① United States v. E. I. du Pont de Nemours & Co. ,351 U. S. 377,404(1956).

Brown Shoe 一案提出的替代分析的各种直接证据。[①]这也即是说，美国司法部和联邦贸易委员在《并购指南》中的 SSNIP 检验法可以适用于医药行业。

3. 存在潜在竞争者

出于医药行业的特殊性，药品的相关市场界定和竞争分析应当考虑相关药品的研发，特别是应当考虑进入注册评审但是尚未投入市场的竞争性药品。这些药品的研发或者即将投入市场，实际上可以构成一种潜在的竞争，它们可以对市场上的垄断企业构成一种竞争约束力。[②]

(二) 医药行业市场界定的方法

鉴于医药行业不同产品受政府价格监管的政策不同，而我国处于从政府定价向市场定价的过渡，既保留了政府定价的药品，又大规模放开药品的价格，这种情况下相关市场的界定应视具体情况使用不同的界定方法。

1. 政府定价药品的市场界定

政府定价药品应重点分析非价格竞争的因素，对此，有经济学家提出了以下的分析框架：

(1) 疗效替代分析，即指针对某一特定疾病被医生视为具可替代性的药品或治疗方法。疗效替代的信息可以通过医学文献、药品标签以及专家的意见来获得，由此那些不被医生视为具有疗效替代的其他药品被排除出相关市场之外。但是，疗效替代分析仅是一种初步的分析，因为有些药品可能具有相同的适应症，但是大多数医生却认为它们不具有相互替代性。例如，同一药品的不同剂型其适应证十分类似，可是对某些对药品特定成分严重过敏的病人来说，缓释剂型和非缓释剂型可能完全不具有可替代性。

(2) 处方模式分析，即通过跟踪医生针对某种疾病的处方选择，以及跟踪同一药品通常适用的疾病类型，由此可能发现治疗同一疾病具有替代关系的各种药品处于同一相关产品市场。

(3) 商业证据分析，即如果一种药品生产企业的内部文件或宣传材料强调

---

① Brown Shoe Co. v. United States, 370 U. S. 294, 325 (1962). 这里提出的证据包括行业或公众的认知、产品的特性或功能、特殊的生产设施、差异化的价格和客户群、价格变化的敏感度以及特定的分销渠道等。

② Benjamin Kern, Innovation Markets, Future Markets, or Potential Competition: How Should Competition Authorities Account for Innovation Competition in Merger Reviews, Joint Discussion Paper Series in Economics, available at http://www.uni-marburg.de/fb02/makro/forschung/magkspapers/08-2014_kern.pdf.

对另一种药品的优越性或者提出市场抢占计划,或一种药品生产企业的内部文件显示对另一药品上市的应对计划,则两种药品就可能存在较强的可替代性。此外,行业专家也可对不同药品之间的可替代关系提出专业意见。[①]

(4)经济学分析。经济学领域近年兴起了一个药物经济学(pharmacoeconomics),它是应对医药资源配置问题而发展的一个新兴交叉学科,且近年来也在我国得以初步发展。药物经济学是应用经济学的理论基础,系统和科学地比较分析医药技术的经济成本和综合收益,并从专业角度全面考察不同药品之间的医学可替代性和经济可替代性。中国药学会会同中国科协和中国医师协会等机构,并与国内外专家一起合作,近年出版了一部《中国药物经济学评价指南(2011 版)》,这个指南为药品替代性的经济学分析提供了一个分析框架。[②]

2. 市场定价非处方药的市场界定

在欧委会关于 Teva/Barr 并购一案的决定中,非处方药和处方药被分别界定为不同的相关产品市场。[③] 这个决定指出,即便处方药和非处方药就某种疾病来说都具有治愈的功能,但是它们在适应证、副作用、监管框架、分销和营销手段上等问题上可能有很大的差别。例如,非处方药可面向大众进行广告宣传,但是欧盟大多数成员国对处方药作广告则予以限制;大多数情形下,消费者可自行购买非处方药但是价款无法报销,处方药则得持医生处方方能购买,且药款部分可从公共医保获得补偿;处方药的市场拓展主要是针对开处方的医务工作者,而非处方药的营销对象则主要是消费者群体。上述这些考量因素也同样适用于中国。这说明对于市场定价的非处方药而言,因为它们的市场销售与普通产品一样,它们完全可以适用传统的价格交叉弹性分析法以及 SSNIP 检验法。

3. 市场定价处方药的市场界定

对于市场定价的处方药,因为这里存在一个复杂的购买决策机制,建议使用传统替代分析法的同时,辅之以非价格竞争的替代性分析以及下面介绍的界定相关市场的方法。这即是说,界定复杂的相关市场时,应避免过度依赖某一

---

① M. Howard Morse, Product Market Definition in the Pharmaceutical Industry, 71 Antitrust L. J. 633 (2003).

② 《中国药物经济学评价指南》课题组:《中国药物经济学评价指南(2011 版)》,载《中国药物经济学》2011 年第 3 期。

③ Case NO. COMP/M. 5295 – TEVA / BARR, http://ec.europa.eu/competition/mergers/cases/decisions/m5295_20081219_20212_en.pdf.

单项分析的结果。

（三）产品市场界定的几个问题

1. 药品特性的影响

化学药品本质是一种化合物，也即是需要通过与人体的相互作用才能达到治疗疾病的目的。但是由于人们的生理状况千差万别，对药物的反应也非常复杂，这种情况下，药物的机理、剂型、化学成分、使用频率、剂量强度等某种药品是否适宜治疗某种疾病以及是否由此认定不同药品之间具有可替代性，具有重要的意义。例如，上述各种因素中某个因素的改变就可能改变药物作用，或者改变药物发生作用的速度。例如，注射剂、吸入气雾剂等速效制剂常用于急救；丸剂、缓释控制剂和植入剂等属长效制剂。美国联邦贸易委员会（FTC）在其针对医药行业的相关市场界定中，除使用替代分析、交叉需求弹性分析以及Brown Shoe一案提出的经典方法外，还特别针对药品特性考虑以下五个问题：

（1）相关药物是否治疗同一疾病、症状或适应证

如果从最大的范围界定相关产品市场，这就应当包括治疗某一疾病的所有药物，并且由此也需要暂时忽略其作用机理。例如，在2003年辉瑞（Pfizer）出价600亿美元并购法玛西亚（Pharmacia）的经营者集中一案中，FTC将相关产品市场界定为治疗勃起功能障碍的处方药的研发、生产和销售市场，并且由此认定辉瑞这个市场占有95%的市场份额，而且法玛西亚在这个市场上有两个处于早期临床实验阶段的药品。① 与此相似，在辉瑞2000年以900亿美元出价并购沃纳—兰伯特（Warner – Lambert）一案中，FTC将该案的相关市场界定为阿尔茨海默症药品的研发、生产和销售市场，且认定辉瑞在该市场占98%的份额，沃纳—兰伯特占有剩余2%的份额，而这个市场上的第三家企业则是刚刚启动新药研发。②

这两个案件的共性是并购双方在某个疾病治疗的药品市场上均是为数不

---

① Pfizer Inc. & Pharmacia Corp. ,FTC Docket No. C – 4075(May 27,2003)[Complaint ¶¶ 6,20(c),24],available at http://www.ftc.gov/os/2003/04/pfizercmp.htm; FTC Press Release, Pfizer, Pharmacia Will Divest Assets to Settle FTC Charges(Apr. 14,2003),available at http://www.ftc.gov/opa/2003/04/pfizer.htm; Pfizer Inc. & Pharmacia Corp. ,FTC Docket No. C – 4075(Apr. 14,2003)(Analysis of Proposed Consent Order to Aid PublicComment),available at http://www.ftc.gov/os/2003/04/pfizeranalysis.htm.

② Pfizer Inc. & Warner – Lambert Co. ,FTC Docket No. C – 3957(Jul. 27,2000)[Complaint ¶¶ 19(c),23],available at http://www.ftc.gov/os/2000/06/pfizercmp.htm; FTC Press Release, FTC Order Clears Way for $90 Billion Merger of Pfizer Inc. and Warner – Lambert Company(June 19,2000),available at http://www.ftc.gov/opa/2000/06/pfizer.htm.

多的参与者，其中一方已经成为这个市场上近乎垄断的在位大企业，另一方为小企业或者尚未正式进入市场的研发者。为了避免集中后相关产品的生产、销售和研发各个环节产生对竞争的抑制，同时为了节省执法资源，FTC采用了范围最广的相关产品市场界定，目的是在不影响竞争分析的情况下避免不必要的过度竞争分析。

(2)相关药物针对同一疾病是否有相同药物机理或为同一分子组

在2002年安进(Amgen)并购英姆纳克斯(Immunex)一案中，FTC提出治疗风湿性关节炎的药品应当界定为两个相互独立的相关产品市场，一个是因子抑制剂市场；另一个是IL－1抑制剂市场，理由是这两种产品在治疗风湿性关节炎的过程中，各自是通过不同的药物机理来阻隔触发炎症的细胞因子。但是FTC认为，这个并购可能会导致相关市场市场产生潜在的反竞争效果。[①]

此外，医药行业一般还认为，同一分子组药品具有相同或相似药物机理。在2001年葛兰素(Glaxo Wellcome plc)与史克必成(SmithKline Beecham plc)的合并案中，FTC根据相关药品的分子组，界定了三个相关产品市场：一是用于预防和治疗癌症的拓扑异构酶Ⅰ型抑制剂群组处方药；二是用于预防和治疗偏头痛的曲坦类化学药物群组；三是用于预防和治疗化疗引起的恶心、呕吐等症状的5HT－33受体拮抗剂处方药群组。[②]

(3)相关药物是否含特定化学成分

2003年百特国际(Baxter)收购惠氏(Wyeth)的仿制注射药物业务一案中，FTC认为，这个并购将会在5个相关市场减少竞争，其中界定的一个市场是异丙酚的生产和销售市场。异丙酚是一种特殊的全身麻醉药，通常用于手术或者作为镇静剂用于使用呼吸机的病人。FTC向公众征求意见时说明，相对其他的麻醉药，异丙酚有着特殊的性能，即可使病人快速进入麻醉程度且具有优越的

① Amgen Inc. & Immunex Corp. ,FTC Docket No. C－4053(Sept. 3,2002)(Complaint ¶¶ 7,17,19－21),available at http://www.ftc.gov/os/2002/07/amgencomplaint.pdf; FTC Press Release,Resolving Anticompetitive Concerns,FTC Clears $16 Billion Acquisition of Immunex Corp. by Amgen Inc. (July 12,2002),available at http://www.ftc.gov/opa/2002/07/amgen.htm.

② Glaxo Wellcome plc & SmithKline Beecham plc,FTC Docket No. C－3990(Jan. 26,2001),available at http://www.ftc.gov/os/2000/12/glaxosmithklinecmp.pdf; FTC Press Release,Resolving Competitive Concerns,FTC Agreement Clears $182 Billion Merger of SmithKline Beecham and Glaxo Wellcome(Dec. 18,2000),available at http://www.ftc.gov/opa/2000/12/skb.htm; Glaxo Wellcome plc & SmithKline Beecham plc,FTC Docket No.

安全性,从而成为门诊手术优选的麻醉剂。[①] 在葛兰素与史克必成的并购案中,FTC 也将一个相关产品市场界定为含头孢他定的药品。头孢他定是从头孢菌素提取的半合成广谱抗菌剂。[②] 但是,FTC 在这些案件并未详细解释,为什么这些案件没有考虑药物机理作用和适应症而进行宽泛的相关市场界定。

(4)药物是否有不同剂型和不同使用频率

剂型是指方剂组成后,根据病情与药物特点制成一定的形态,目的是更好地适应治疗或预防的需要。同一药物可能有不同的剂型,如针剂、汤剂、胶囊、片剂。剂型的重要度可体现在:一是可改变药物的作用;二是可改变药物作用的速度,如注射剂和吸入气雾剂可作为速效制剂常用于急救,而丸剂、缓释控制剂、好植入剂等可作为长效制剂;三是改变剂型可以降低或消除药物的毒副作用。[③] 如在辉瑞并购法玛西亚一案中,FTC 将治疗膀胱过度活动症的缓释物界定为另一个相关市场,并且解释说,与那些需每日服用三次的仿制药相比,每日服用一次或两次的缓释药是一个更为方便的给药方案并且导致更少的副作用。[④] 在葛兰素与史克必成并购一案中,其中界定的两个相关产品市场分别是治疗疱疹的第二代口服和静脉注射抗病毒药和治疗口腔疱疹的局部疱疹抗病毒药。这些药品之所以要区别第一代抗病毒药,是因为它们使用更少的剂量但具有更高的效率。[⑤]

(5)药品是否有相同剂量强度

在 2002 年拜维尔(Biovail)与埃朗(Elan)之间的卡特尔协议一案中,FTC

---

① Baxter Int'l,Inc. & Wyeth,FTC Docket No. C – 4068(Feb. 3,2003)(Complaint ¶¶ 14,16 – 20),available at http://www.ftc.gov/os/2002/12/baxter wyethcomplaint.pdf; FTC Press Release,FTC Requires Divestitures in Connection with Baxter's Purchase of Wyeth's Generic Injectable Drug Business(Dec. 20,2002),available at www.ftc.gov/opa/2002/12/baxter wyeth.htm.

② Glaxo Wellcome plc & SmithKline Beecham plc,FTC Docket No. C – 3990(Jan. 26,2001),available at http://www.ftc.gov/os/2000/12/glaxosmithklinecmp.pdf; FTC Press Release,Resolving Competitive Concerns,FTC Agreement Clears $182 Billion Merger of SmithKline Beecham and Glaxo Wellcome(Dec. 18,2000),available at http://www.ftc.gov/opa/2000/12/skb.htm.

③ 参见 https://baike.baidu.com/item/剂型? fr = aladdin。

④ Pfizer Inc. & Pharmacia Corp.,FTC Docket No. C – 4075(May 27,2003)[Complaint ¶¶ 6,20(c),24],available at http://www.ftc.gov/os/2003/04/pfizercmp.htm; FTC Press Release,Pfizer,Pharmacia Will Divest Assets to Settle FTC Charges(Apr. 14,2003),available at http://www.ftc.gov/opa/2003/04/pfizer.htm.

⑤ Glaxo Wellcome plc & SmithKline Beecham plc,FTC Docket No. C – 3990(Jan. 26,2001),available at http://www.ftc.gov/os/2000/12/glaxosmithklinecmp.pdf; FTC Press Release,Resolving Competitive Concerns,FTC Agreement Clears $182 Billion Merger of SmithKline Beecham and Glaxo Wellcome(Dec. 18,2000),available at http://www.ftc.gov/opa/2000/12/skb.htm.

指出,拜维尔是美国境内唯一销售60毫克装硝苯地平(一种降压药)仿制药的企业,而埃朗是美国境内唯一销售30毫克装硝苯地平仿制药的企业。埃朗为换取特定的补偿条件,与拜维尔达成了独家分销协议,并且由此制约了这两家企业之间的竞争。[①] 这个案件是FTC处理的第一起针对仿制药企业之间横向垄断协议的案例。

2. 仿制药是否构成独立的相关市场

仿制药是否构成独立的相关市场,目前尚存争议。如果仅考虑非价格因素,美国法院的观点是,美国药物管理制度足以保证仿制药和原研药具有极为相似的有效性和安全性。法院在Geneva一案[②]中认为,仿制药与原研药具有政府保证的完全替代性,因为要获得FDA的批准,仿制药生产企业须证明其产品与原研药具有生物等效性,且具有相同的活性成分、使用条件、给药途径、剂型、药力以及标识。[③] 法院还认为,仿制药和原研药有相同的销售对象,包括医药批发商、医院、医药零售企业、门诊、商业医保机构等。[④]

如果将价格因素考虑进来,仿制药与原研药是否纳入同一相关市场,这要考虑仿制药与原研药在价格上的差异程度。FTC的一位官员曾表态说,由于仿制药与原研药存在较大的价格差异,二者的价格变动一般不会引发消费者转向另一方,因此它们一般应分属不同的相关产品市场。[⑤] 在Dow Chem. & Marion Merrell Dow并购一案中,FTC将该案的相关市场界定为仿制药市场。FTC的观点是,尽管品牌药与仿制药具有药物等效性,但是二者价格的差异较大,因而消费者可能不会认为两种药品具有替代性;尤其当仿制药市场竞争激烈时,仿制药与品牌药的价格差异尤为明显。但是,在百特收购惠氏仿制注射药物业务一案中,FTC将异丙酚的原研药和仿制药纳入同一相关产品市场。这个理由就

---

① Biovail Corp. & Elan Corp. ,FTC Docket No. C - 4057 (Aug. 15 ,2002) (Complaint ¶¶6 ,11 ,16 ,1) , available at http://www. ftc. gov/os/2002/08/biovalcmp. pdf; FTC Press Release, Consent Order Resolves Charges that Biovail and Elan Agreement Unreasonably Restrained Competition in Market for Generic Anti - Hypertension Drug(June 27 ,2002) ,available at www. ftc. gov/opa/2002/06/biovailelan. htm.

② Geneva Pharmaceuticals Technology Corp. v. Barr Laboratories, Inc. ,200 F. R. D. 297 (E. D. Mich. 2001) .

③ Geneva Pharms. Tech. Corp. ,201 F. Supp. 2d at 268.

④ Geneva Pharms. Tech. Corp. ,201 F. Supp. 2d at 269.

⑤ David A. Balto & James F. Mongoven, Antitrust Enforcement in Pharmaceutical Industry Mergers, 54 Food & Drug L. J. 255 ,259 (1999) ; see also Robert E. Bloch et al. ,Product Market Definition in Pharmaceutical Mergers, Antitrust Rep. ,Sept. ,1997 ,at 17.

是 FTC 官员在其 Dow Chem. Co. /Marion Merrell Dow Inc. 并购案的决定中指出的,如果仿制药与品牌药之间的价差较小,这两种药物更可能处于同一相关市场。

欧委会在其 Teva/Barr[①] 并购一案的态度是,如果专利过期后,仿制药可有效地替代原研药,特别在监管机构鼓励生产仿制药的情况下,这两种药品处于同一相关产品市场。欧委会还认为,原研药的研发、专利授权和市场拓展均以其能否有效且安全地达到医疗目标为基础;而仿制药研发、专利授权和市场拓展的基础则是看它多大程度上成为原研药可信赖和有效的复制品。一般来说,原研药与仿制药有着相同的分子组,具有相同分子组的药品一般是最紧密的竞争者。如果市场上既有原研药也有仿制药,原研药的生产企业如不降价,将可能丧失市场份额。因此,与仅有原研药的市场相比,在原研药与仿制药共存的市场中,价格是一个比较重要的竞争因素。

有学者根据药品不同专利周期可能发生的反竞争行为,对原研药与仿制药是否应划入同一相关市场作了如下的总结:

第一,当市场上仅有一种处于专利保护期的原研药,可能引发竞争关注的行为主要是阻止或延迟其他原研药进入或其他排除现有或潜在竞争的行为,因此相关市场基本限于针对同一治疗目的的现有或处于研发期的原研药。

第二,当市场上出现仿制药(基于专利到期或原研药专利无效)时,原研药生产者的反竞争行为主要体现为阻止或延迟仿制药的进入。此时,相关产品市场除具有替代关系的原研药外,还应包括反竞争行为所指向的仿制药。

第三,当市场出现第二家或更多仿制药供应商时,仿制药价格往往会迅速下降,但原研药生产企业却可能不愿进行同等程度的降价。此时,仿制药价格接近原研药价格的程度取决于仿制药之间的竞争,而不取决于仿制药与原研药之间的竞争。此时,相关市场限定在仿制药之间更为适宜。[②]

3. 创新市场

在美国,"创新市场"可能成为医药行业界定相关市场时涉及的一个问题。"创新市场"的概念源自 1995 年美国 FTC 和司法部联合发布的《专利许可的反垄断指南》(Antitrust Guidelines for the Licensing of Intellectual Property,以下简

---

① Case NO. COMP/M. 5295 – TEVA / BARR.

② Robert Larner & Caterina Nelson, Market Definition in Cases Involving Branded and Generic Pharmaceuticals, 7 ABA Antitrust section economics committee newsletter 4, 5 (Fall 2007).

称《指南》)。该《指南》将创新市场界定为"指向新产品或新工艺,或改进的产品或工艺的研发,以及这些研发的紧密替代物"。"紧密替代物"包括"可对既有的研发市场势力形成竞争约束的研发活动、技术和产品"。《指南》指出,当相关研发须依赖某公司的特定资产或某些特点时,创新市场就成为反垄断规制的对象。为了避免对市场的过度干预,同时节约执法资源,《指南》还规定了安全港,即当市场上存在五个潜在的创新企业,一般认为存在较充分的竞争约束,反垄断执法机关将不会轻易干预市场。

创新市场被用于医药行业的美国典型案例是 1996 年 Ciba – Geigy 与 Sandoz 之间的并购案。在该案中,其中的一个相关市场是基因疗法产品的创新市场,因为 1996 年除临床试验用药外,基因疗法产品尚未在市场上出售。FTC 认为,这两家企业是市场上为数不多的可商业化研发基因疗法产品的企业,它们的合并将大大减少基因疗法产品研发市场的竞争,其结果是合并后企业的专利组合将使产品进入市场的时间推迟 12 年;尽管也有其他企业进行竞争性基因疗法产品的研发,但是这些产品商业化的专利却掌握在合并后企业的手中。最终,通过并购的救济措施,两公司同意将特定基因治疗技术许可给潜在竞争者 Rhône – Poulenc Rorer 公司。①

4. 基于药物分类的产品市场界定

与美国基于案例法并对各种考量因素虽然分析细致但呈点状分析模式不同,欧盟界定医药行业相关产品市场方法比较具有系统性,即经常参考两个广泛应用且以医疗特性为基础的药物分类体系:(1)世界卫生组织的解剖学、治疗学及化学分类法(Anatomical Therapeutic Chemical Classification System,ATC),该体系根据药品的化学、药理学和治疗特性,以及根据发生作用的器官或系统对物质(substance)进行分类,②并被用于对药物有效性的研究和对药物不良反应的监测;(2)欧洲药品市场研究协会(European Pharmaceutical Market Research Association)使用的药物分类体系(EphMRA),该体系对药物的分类已

① FTC Accord in Ciba – Geigy/Sandoz Merger To Prevent Slowdown in Gene Therapy Development & Preserve Competition in Corn Herbicides, Flea – Control Markets, https://www.ftc.gov/news – events/press – releases/1996/12/ftc – accord – ciba – geigysandoz – merger – prevent – slowdown – gene – therapy.

② Pharmaceutical Sector Inquiry: Preliminary report, DG Competition Staff Working Paper, 2008, http://ec.europa.eu/competition/sectors/pharmaceuticals/inquiry/preliminary_report.pdf.

被国际医学统计学会（Intercontinental Medical Statistics，IMS）用于市场研究统计。[①] ATC 按照从宽到窄的规则将药物分类分为五层，[②]EphMRA 则将药物分类分为四层，但在两种分类体系中以分子为单位的分类都是最窄的分类。

一般来说，欧委会以 ATC 或 EphMRA 第三层的药物分类作为相关市场界定考量的起点，代表性的案例是 1991 年的 SANOFI/STERLING DRUG 合并案。[③] 在该案的决定书中，欧委会首先承认医药行业的相关市场界定存在一定程度的武断是不可避免的，因为药品的替代性不仅取决于药物内在特性，在综合考虑病患的情况下，还取决于药品的适应证。欧委会的叙述表明，基于下述原因，ATC 分类体系是可接受的药品相关市场界定的工具：（1）合并双方对该工具的认可；（2）该分类体系被世界卫生组织所推崇；（3）该分类体系被欧盟大多数成员国用于药物比较；（4）IMS 以该分类体系为基础进行相关统计，这个统计结果被医药企业广泛用于市场分析。随后，欧委会提出 ATC3 根据适应证对药物进行分类，因此可被用于相关产品市场界定；欧委会同时指出，必要时可对其他层级的分类进行分析。在以 ATC3 为起点的相关市场界定分析中，欧委会最终界定了 20 个相关产品市场，并认为拟议合并可能在其中 5 个相关市场进一步强化参与合并案企业的市场地位。但有趣的是，在被识别出的引发竞争关注的 5 个相关产品市场中，有一个相关产品市场最终被认定为并无对应的 ATC 分类。这说明使用 ATC 系统作为分析工具进行相关产品市场界定的早期，欧委会意识到该分析工具是一个分析的起点而非终点，最终的相关市场界定结论还须依赖对其他影响竞争因素的分析。因此，欧委会在该案还考量了处方药和非处方药的区别，指出在医药行业，处方药和非处方药一般认为是两个独立的市场，但是随着时间推移，二者的界限会逐渐模糊，处方药可能会被认定为非处方药，医生也可能开非处方药。

欧委会对 ATC3 作为界定相关产品市场的起点的认识几乎贯穿医药行业所有相关产品市场界定案例，且对其他竞争影响因素的考量日趋成熟。在 2009

---

① 两个分类系统之间的对比参见 Comparison of the Who Atc Classification & Ephmra/Pbirg Anatomical Classification，载 http://www.ephmra.org/user_uploads/who – atc%202013%20final.pdf。

② 药物 ATC 编码查询系统，http://cheman.chemnet.com/atc/。

③ Case NO. IV/M.072 – SANOFI/STERLING DRUG，http://ec.europa.eu/competition/mergers/cases/decisions/m72_en.pdf.

年1月作出决定的Teva/Barr[1]并购案中,欧委会在常用的ATC3分类体系基础上,另外考虑了两种因素:一是非处方药和处方药的区别,并认为二者一般处于不同的相关产品市场;二是原研药与仿制药的异同,并认为如二者如含相同的化学物质则应处于同一相关产品市场。在Teva/Barr一案中,欧委会关注相关药品涉及的化学物质的原因是,医院采购药物时,这里的竞争主要发生在具相同化学物质的药品之间;尤其是重大疾病的治疗药物,无论价格如何,医生不会轻易从一种化学物质的药品转向另一种化学物质的药品。此外,在招投标中,医生的选择一般会被限制在具相同化学物质的药品品类。

5. 相关地域市场

从地域角度看,对消费者需求最重要因素是在一定区域内获得替代性供给的可能性。FTC的案例显示,美国对相关市场的界定侧重产品市场,对地域市场的分析比较简单,一般直接界定为美国境内市场。欧盟对相关地域市场的界定也比较简单,例如,上述Procordia/Erbamont案、Roche/Syntex案以及Teva/Barr案在内的绝大案例表明,医药行业相关地域市场一般应为成员国的国内市场,这是因为各国的药品价格不同、医保体系不同、药物品牌和包装不同、分销渠道不同,此外开具处方的习惯也有所不同。但在Comifar distribuzione/Farmaceutica Bolognese并购一案中,药品的特殊分销使得欧委会将这个案件的相关地域市场界定为区域性市场[2]。

根据相关判例,欧委会界定医药行业的相关地域市场界定时,综合考量的因素可能包括以下方面:(1)相关产品市场的企业在国内及欧盟市场的份额及产品定价,这可为评估相关企业在国内及欧盟市场的市场势力提供初步依据;(2)决策者对药品的偏好、购药模式、产品的差异化程度等,这里的决策者是指处方药的医生和非处方药的终端消费者;(3)贸易流的地理分布,以判断一地的定价是否会影响相邻地区的价格;(4)产品流通成本,如交通成本、劳动力成本和包装成本;(5)是否有分销渠道可将距离较远的地区纳入同一地域市场。

三、我国化学医药业的竞争状况

(一)存在技术壁垒

医药行业涵盖实验室(药物发现)、中试(药物临床前/临床试验)以及药品

---

① Case NO. COMP/M. 5295 – TEVA / BARR, http://ec. europa. eu/competition/mergers/cases/decisions/m5295_20081219_20212_en. pdf.

② Francesco Liberatore, Restrictions on Parallel Trade of Pharmaceutical Products and EU Competition Law, www. jonesday. com/files/upload/parallel. pdf.

的生产和销售过程。其中，药物发现包括确定靶标、建立模型、发现先导化合物和优化先导化合物等四个阶段，中试包括临床前试验、新药研究申请、临床试验三期和新药申请等四个阶段。药品研发领域处领先地位的医药企业，一般都是将其专利尽量覆盖至药品生产的各个环节，且不倾向将其所有专利的许可给竞争对手。由于研发力量薄弱，中国医药生产企业在原研药领域一直面临较高的技术壁垒，长期处于价值链的末端。在中国医药行业总产值，仿制药占比 95% 以上，专利药占比 4% 以下。[①] 在药品专利期限内，只有获得药品专利许可的制药企业才具备生产仿制药的资格。国家知识产权局的调查显示，专利药企业与仿制药企业之间的药品专利许可并不多见。因为专利药企业认为，如果将专利许可给仿制药企业，它们会面临更为激烈的竞争。因此，我国的仿制药企业面临知识产权壁垒，通常须待原研药专利到期后才能生产仿制药。[②]

（二）集中度较低

目前，我国化学原料药及化学药品制剂约占药品总产值 60%，化学药品制剂工业 2014 年以 6666 亿元的工业总产值位居行业第一位，占医药制造工业总产值 25.84%。[③] 但是，我国是世界第一大化学原料药的生产和出口国，70% 的原料药用于出口。我国医药行业一个比较大的问题是企业的数量多、规模小、创新能力低。2010 年，在全国 5000 多家制药企业中，销售额不足 5000 万元的约占 70% 以上，销售额超过 20 亿元的不足 60 家，仅占企业总数的 1.2%。2005 年，我国排名前 3 位制药企业的销售总额在全国制药企业销售总额中占 5.83%，前 5 位占到全国制药企业销售总额 8.17%，前 10 位占到 13.88%。近年来，随着我国医药行业企业的重组与并购，集中度有所上升，但是与美国、英国、德国、日本等发达国家以及印度、巴西、俄罗斯等新兴市场国家相比，我国医药行业的集中度仍然很低。[④] 我国医药行业低集中度的主要原因是地方保护和市场分割。[⑤]

---

① 曾铮：《中国医药产业发展概况及其趋势研究》，载《经济研究参考》2014 年第 32 期。

② 刘婵：《Stakelberg：竞争条件下的药品专利许可问题研究："医药分离"与"以药养医"两种医疗体制的微观福利比较》，载《财经论丛》2015 年第 6 期。

③ 信息产业网：《2015 年我国化学药品制剂行业发展概况及利润水平》，载 http://www.chyxx.com/industry/201511/361067.html，最后访问日期：2016 年 2 月 15 日。

④ 曾铮：《中国医药产业发展概况及其趋势研究》，载《经济研究参考》2014 年第 32 期。

⑤ 刘泉红、刘方：《中国医药产业发展及产业政策现状、问题与政策建议》，载《经济研究参考》2014 年第 32 期。

(三)仿制药是市场竞争的主流

我国化学制剂工业97%的药品为仿制药,即主要是引进国外专利过期药品,进行模仿创新。药物创新可分为靶点创新、结构创新、工艺创新、制剂创新等很多方面,只有靶点创新是属于原创。但是我国的药品创新几乎都是结构、工艺和制剂等方面的创新,靶向创新极为少见。例如,2009~2011年注册审批的新药中,没有一例靶向创新新药。我国医药行业缺乏原创的主要原因是研发投入不足,大多数制药企业的研发投入不足销售额的5%,而且这个有限的经费也是大都投入到仿制药上。此外,医药研发投入以国家和科研院所为主体,新药研制与市场严重脱节。此外,高素质人才不足、创新体系不完善、知识产权保护强度不够,这些因素在一定程度上都会制约我国制药行业的技术创新。[①] 近年来,随着研发投入的增加和知识产权保护的增强,专利药产值在我国整个制药工业产值的比重有所提高,如从2005年的1.86% 提高到2011年的3.12%。[②]

四、我国的相关案例和结论

我国《反垄断法》自2008年8月实施以来,反垄断执法机关包括人民法院在医药行业处理的案件至少有6起,这包括2009年美国辉瑞公司收购美国惠氏公司的经营者集中案、[③]2010年诺华收购爱尔康的经营者集中案、[④]2012年锐邦诉强生案、[⑤]2013年美国百特收购瑞典金宝经营者集中案、[⑥]2014年赛默飞世尔科技公司收购立菲技术公司经营者集中案、[⑦]2015年重庆青阳药业有限公司涉嫌滥用市场支配地位拒绝交易案。[⑧] 限于本书规模,这里仅分析涉及制药企业的3个案例。

(一)2009年辉瑞收购惠氏案

商务部在该案认定,该案相关产品涉及人类药品和动物保健品,人类药品包括广谱青霉素(J1C)和抗抑郁和稳定情绪的N6A(剂);在动物保健品方面则

① 刘泉红、刘方:《中国医药产业发展及产业政策现状、问题与政策建议》,载《经济研究参考》2014年第32期。

② 曾铮:《中国医药产业发展概况及其趋势研究》,载《经济研究参考》2014年第32期。

③ 商务部公告〔2009〕第77号。

④ 商务部公告〔2010〕第53号。

⑤ 上海市高级人民法院民事判决书〔2012〕沪高民三(知)终字第63号。

⑥ 商务部公告〔2013〕第58号。

⑦ 商务部公告〔2014〕第3号。

⑧ 国家工商行政管理总局反垄断和反不正当竞争执法局:竞争执法公告2015年第12号(重庆青阳药业有限公司涉嫌滥用市场支配地位拒绝交易案)。

涉及猪支原体肺炎疫苗、猪伪狂犬病疫苗以及犬用联苗。

该案决定指出，辉瑞和惠氏合并后，上述两种人类药品在合并后市场不会实质性地改变竞争结构；但在猪支原体肺炎疫苗市场上，市场结构会发生实质性的变化。即根据商务部掌握的数据，合并前辉瑞在这个市场上的份额为38%，惠氏为11.4%，那么合并后企业的市场份额将为49.4%。商务部认为，这个份额远高于其竞争对手，因为排名第二的英特威的市场份额仅为18.35%，其他竞争对手的份额均低于10%。鉴于中国的猪支原体肺炎疫苗市场属高度集中的市场，商务部认定，此项集中将会产生排除或者限制竞争的效果。该案最后的结果是，商务部附条件批准了这个合并，即辉瑞承诺剥离其在中国境内的品牌瑞倍适（Respisure）和瑞倍适—旺（Respisure One）的猪支原体肺炎疫苗业务。

商务部分析该案相关产品市场时明显考虑了产品的特性和功能，并且考虑了产品需求替代，由此识别出市场上的竞争者，并且计算出它们各自的市场份额。但是，商务部在该案中没有考虑仿制药对原研药市场竞争的影响，也没有明确这个相关市场上是否存在仿制药。此外，也没有考虑原研药生产商的专利期限，而专利期对原研药企业的市场竞争有着重大的影响。

商务部在这个案件中未特别分析相关地域市场。但是由于所有的竞争分析均指向中国境内，此外也未涉及关税、运输成本、进出口情况及贸易现状等全球市场考量因素，因此，这个案件的相关地域市场应为中国市场。

（二）2010年诺华收购爱尔康案

商务部认定这个并购案涉及两个相关产品市场，一个是隐形眼镜护理产品；另一个是“眼科抗炎/抗感染化合物”。商务部就“眼科抗炎/抗感染化合物”在公告中指出，这种化合物的适应证为抗炎和抗感染，即用于治疗眼睛发炎/眼部感染，特别适用于眼睛手术后的眼睛发炎/眼部感染。这说明商务部界定这个相关产品市场时，主要是关注了相关药品的适应证和医疗功效，但是没有考虑其他因素，如剂型、剂量、仿制药的存在等因素对相关市场界定的影响。

商务部在这个案件中未特别分析相关地域市场。但是由于所有的竞争分析均指向中国境内，此外也未涉及关税、运输成本、进出口情况及贸易现状等全球市场考量因素，因此，这个案件的相关地域市场应为中国市场。①

① 商务部公告〔2010〕第53号。

(三)2015 年重庆青阳药业拒绝交易案[①]

这是重庆市工商行政管理局 2015 年查处的一个案件。该案作为一个滥用市场支配地位的案件,执法机关在审理本案过程中须得界定相关市场。

1. 相关商品市场

执法机关采用以下分析思路,将该案相关商品市场界定为别嘌醇原料药市场:

第一,区分化学原料药和化学制剂,并考量涉案化学制剂别嘌醇的可替代性。

重庆市工商局在该案中通过《药品管理法》引出"药品"的化学原料药及其制剂的概念,进而通过生产工艺(如化学变化或生物变化以及化学单元反应和单元化工操作过程等)、监管要求(化学原料药的生产因涉及高压、高温、剧毒、易燃易爆、腐蚀等很多安全问题,需严格的认证制度进行监管)、直接销售对象(经加工成为制剂后可供临床应用)等几方面,表明化学原料药与化学制剂之间的关系。

该案涉案的化学制剂别嘌醇是治疗高尿酸血症的常见药。执法机关从临床治疗高尿酸血症的三个主要环节入手,指出治疗高尿酸血症的制剂除了别嘌醇外,还有苯溴马隆、秋水仙碱和非布司他。执法机关进而分析了这四种药品的可替代性,考量了作用机理、适应证、最佳服用时间等多个因素,得出的结论是别嘌醇与苯溴马隆和秋水仙碱"具有不同的功效及不同的药理作用,因此它们之间的替代性较弱"。这个分析结论还认为,别嘌醇与非布司他的药理作用相似,因为它们都属酶抑制剂,其作用是抑制尿酸生成,因此功能上具有替代性。但是,因为非布司他与别嘌醇的价格相比较贵很多,而且属自费药品即医疗保险机构不予报销,而别嘌醇则是列入国家基本医疗保险药品目录的甲类药品,即患者住院可全额报销。这种情况下,别嘌醇与非布司他之间的可替代性也较弱。[②]

第二,执法机关考量了生产别嘌醇的别嘌醇原料药的供给替代。而在这方面,因为别嘌醇原料药是生产别嘌醇制剂的基础成分和核心原料,只有这种原料药才能生产别嘌醇制剂,因此,别嘌醇原料药没有可替代品。

执法机关对别嘌醇原料药的供给替代分析似乎运用了希克斯—马歇尔派

① 国家工商行政管理总局反垄断和反不正当竞争执法局"竞争执法公告"2015 年第 12 号。

② 同上注。

生需求原理(Hicks - Marshall laws of derived demand)①分析中间品的相关市场和其竞争状况,虽然它不是有意识地进行了这种分析。在这个案件中,因为医药行业系高度监管的行业,原料药产业的市场准入门槛较高,一方面除了药品生产企业须投入大量资金和科研力量获得相关资质,如环保测评、安全生产认证、消防验收评定、药品生产相关认证等各种前提条件;另一方面即便在已经通过别嘌醇原料药生产 GMP 认证的 6 家企业中,其中有 4 家企业的 GMP 认证已于 2012 年 1 月前到期,还有一家企业的 GMP 认证虽然没有到期但是它从未生产和销售过别嘌醇原料药,在这种情况下,青阳药业就是生产和销售别嘌醇原料药的唯一企业。这种情况下,执法机关认为该案的供给替代也是不存在的。

2. 相关地域市场

执法机关将本案的相关地域市场界定为全国市场,理由以下几个方面:第一,别嘌醇原料药生产资质认证的范围为全国范围,也即是在国内无地域限制。第二,具备了生产别嘌醇原料药的资质和工艺技术的企业,它们生产出的别嘌醇原料药经相关部门检验合格后就可以进入全国各地销售,与国内其他具有相关资质的生产企业开展市场竞争。即这种产品的需求者可以在全国范围内进行采购。第三,未经审批,这种产品的需求者无法直接从国际市场购买。根据《药品管理法》第 39 条的规定,②国家对进口药品进入国内市场采取了严格的审批制度,即未经审批的外国药品不能进入中国境内。因为别嘌醇原料药尚未批准进口,别嘌醇原料药的需求者就不能擅自在国外进行采购。

总体来说,重庆市工商局在审理重庆青阳药业拒绝交易一案的相关市场界定,是我国反垄断执法机关迄今在化学制药行业界定相关市场方面分析得最为细致和全面的一个,这里包括别嘌醇原料药的分子式、相关制剂、别嘌醇制剂的

---

① 在劳动经济学中,影响劳动需求工资弹性的因素可归结为希克斯—马歇尔派生需求定理。该定理认为,在保持其他条件不变的情况下,下述情况将使某类劳动需求曲线具有很高的工资弹性:第一,劳动投入与其他生产要素之间的可替代性较大;第二,利用该劳动要素生产的最终产品的需求弹性较大;第三,其他生产要素的供给弹性较大;第四,该劳动成本占总生产成本的比重较大。希克斯—马歇尔派生需求定理对反垄断相关市场界定的启示是,界定中间产品或生产要素(input)的相关市场时,仅仅考虑最终产品客户的需求替代是不全面的,还应考量使用该中间产品或生产要素下游产品的竞争情况。参见 Langenfeld, James & Tomlin, Jonathan and etc., Hicks - Marshall Conditions and Defining Antitrust Markets for Intermediate Goods(September 14, 2012). available at http://ssrn.com/abstract = 1323415,最后访问日期:2016 年 2 月 15 日。

② 如《药品管理法》第 39 条规定,药品进口,须经国务院药品监督管理部门组织审查,经审查确认符合质量标准、安全有效的,方可批准进口,并发给进口药品注册证书。医疗单位临床急需或者个人自用进口的少量药品,按照国家有关规定办理进口手续。

药物机理、适应证，特别是详细地分析了别嘌醇原料药的需求替代和供给替代，这说明我们反垄断执法机关的竞争分析已经提到了很高的水平。

（四）结论

化学制药行业因其自身特性，这个行业不仅受到政府的严格监管，而且因为原研药尤其是专利期原研药属科技密集型产品，知识产权保护力度很大，因此这些企业一般具有市场势力，垄断或者寡占的情况比较明显。我国目前化学制药行业的企业大多生产仿制药，一般药品的市场竞争非常活跃。借鉴欧盟和美国的经验，我国医药行业的相关市场界定可参考以下分析框架：

界定相关产品市场方面，因为需要考虑药物机理和适应证，这方面一个有价值的参考是国家卫生计生委等机构在 2015 年联合发布的《国家基本药物目录管理办法》。[①]《国家基本药物目录管理办法》第 2 条规定："国家基本药物目录中的药品包括化学药品、生物制品、中成药和中药饮片。化学药品和生物制品主要依据临床药理学分类，中成药主要依据功能分类。"对于界定相关市场来说，《国家基本药物目录管理方法》一个很大的局限是，它仅针对列入国家基本药物目录的药品，此外这里也没有考虑这些药品的价格因素。

考虑到各种药品的价格形成机制不同，这里首先应当考虑相关药物是政府定价还是市场定价；考虑到购买各种药品的决策机制不同，这里还应当考虑相关药物是处方药还是非处方药。总体来说，应当注意以下三个问题：第一，对政府定价的药品应重点分析非价格竞争对替代性的影响；第二，对完全由市场定价的非处方药可适用传统的价格交叉弹性分析、SSNIP 检验法等分析工具；第三，市场定价的处方药物可在进行传统替代分析的同时，辅之以非价格竞争替代性分析。

在上述三种情形下，还进一步考量以下因素以确定适宜的相关产品市场：(1)药物是否有着相同的适应证；(2)药物是否以相同方式与机体（含病原体）发生相互作用，也即是否具有相同的病理；(3)药物是否含有相同的化合物；(4)药物是否有相同的剂型；(5)药物使用的频率是否相似；(6)药物的剂量强度是否相同；(7)药物已经上市还是处于研发期；(8)仿制药与原研药在药品质量和疗效方面是否具有一致性。此外，还应当注意我国特殊制度环境对药品供给和药品需求的影响。例如，基本药物招标采购在双信封制度下存在过度压价

① 《国家基本药物目录管理办法》第 2 条规定："国家基本药物目录中的药品包括化学药品、生物制品、中成药和中药饮片。化学药品和生物制品主要依据临床药理学分类，中成药主要依据功能分类。"

的情况下，新药审批上市周期较长，创新药存在无法直接进入医保等情况。

界定相关地域市场的时候，考虑到我国医药行业的价格管制、医保体系、分销渠道等各种因素，一般的相关地域市场应界定为中国境内。但是对于少数治疗重大疑难杂症的药品，还应当同时考虑国际市场。

第九章　创新行业的相关市场界定

第一节　创新行业的特点及其对市场界定的影响

一、创新行业的特点和发展概况

创新行业是相对传统行业而言的，即在这些行业的生产中对技术和智力等创新要素的依赖大大超过对其他生产要素依赖，这些行业因此又被称为知识或者技术密集型的产业。在当今知识经济时代，因为生产和技术的发展越来越依赖知识产权的保护，“知识产权密集型产业”这一概念在国际上得到了广泛认同。本章所讨论的创新行业主要就是指知识产权密集型产业。

美国商务部联合美国专利商标局于 2012 年 4 月发布了题为《知识产权与美国经济：产业聚焦》的报告，报告中首次提出了“知识产权密集型产业”的概念，并将知识产权密集型产业定义为知识产权强度高于平均水平的产业。① 欧盟内部市场协调局（OHIM）和欧洲专利局（EPO）2013 年 9 月联合发布的一项成果《知识产权密集型产业对欧洲经济和就业的贡献》也指出，知识产权密集型产业对欧盟整体经济包括其成员国的生产总值、就业、薪资和欧盟的对外贸易等各方面均发挥了极其重要的影响。② 我国国务院 2014 年 12 月发布的《深入实施国家知识产权战略行动计划（2014—2020 年）》也强调，“要发展知识产权密集型产业”。③ 国务院于 2015 年 12 月发布的《关于新形势下加快知识产权强

---

① USPTO, Intellectual Property and the U. S. Economy, https://www. uspto. gov/learning - and - resources/ip - motion/intellectual - property - and - us - economy.

② Intellectual Property Rights Intensive Industries: Contribution to Economic Performance and Employment in the European Union Industry - Level Analysis Report, A joint project between the European Patent Office and the Office for Harmonization in the Internal Market, September 2013, http://ec. europa. eu/internal_market/intellectual - property/docs/joint - report - epo - ohim - final - version_en. pdf.

③ 国家知识产权局等：《深入实施国家知识产权战略行动计划（2014—2020 年）》，载 http://www. sipo. gov. cn/tpxw/2014/201501/t20150105_1055619. html，最后访问日期：2016 年 2 月 15 日。

国建设的若干意见》还进一步提出了推动知识产权密集型产业的一系列政策性措施。①

知识产权密集型产业代表了高效益、低能耗、低污染的产业类型,这里既包括制造业,也包括服务业;既涉及技术创新,也涉及商业模式的创新。知识产权密集型产业一般具有以下几个显著特点:(1) 设备和生产工艺建立在先进的科学技术基础上,资源消耗低;(2)科技人员在全体员工所占比重较大,劳动生产率高;(3) 产品技术性能复杂,更新换代迅速。

随着当代科学技术的进步,知识产权密集性产业也在迅速发展。前述的美国《知识产权与美国经济:产业聚焦》报告列出了75个使用专利、版权或者商标保护最为广泛的产业,它们是美国4000万个工作岗位的直接或间接来源,这个数字超过了美国工作岗位总量的1/4。知识产权密集性产业主要集中在计算机和相关设备、音像设备制造、报纸和书籍出版、制药和药品、半导体和其他电子元件以及医疗设备等技术领域。②

在前述欧盟发布的《知识产权密集型产业对欧洲经济和就业的贡献》的报告中,"知识产权密集型产业"的认定标准是:每个员工平均注册的知识产权数量高于其他产业,或者知识产权的应用已成为该产业的固有特征。其中,工程、房地产、金融和保险、汽车制造、零售、计算机以及医药行业是知识产权最为密集的行业。根据这个标准,欧盟约50%的产业属于知识产权密集型产业,而且这些产业在欧盟对外贸易中约占90%的份额。③

《福布斯》杂志网络版2014年12月1日发表的一篇分析文章称,中国虽然以制造工厂闻名于世,但也开发出一些惊人的创新服务和产品。《福布斯》列出中国领先于世界其他国家的8大创新行业是微支付、电子商务、快递服务、在线投资产品、廉价智能机、高铁、水力发电、DNA测序等。④

以上关于创新行业的认定标准说明,一个产业视为传统行业或者创新行业,这个区别是相对的,这不仅取决于该行业的知识产权是否密集,而且还取决

---

① 《国务院关于新形势下加快知识产权强国建设的若干意见》,载http://www.gov.cn/zhengce/content/2015-12/22/content_10468.htm,最后访问日期:2017年3月5日。

② USPTO, Intellectual Property and the U.S. Economy, https://www.uspto.gov/learning-and-resources/ip-motion/intellectual-property-and-us-economy.

③ Intellectual Property Rights Intensive Industries: Contribution to Economic Performance and Employment in the European Union Industry-Level Analysis Report.

④ 《2014中国领先世界8大创新行业》,载http://ce.cn/cysc/newmain/yc/jsxw/201502/15/t20150215_4599785.shtml,最后访问日期:2017年3月5日。

于国家的经济发展水平。出于这个考虑,本章主要研究了电信业、电子支付、软件业、互联网产业、免费模式下的互联网产业和化学医药行业。

二、创新行业界定市场的特殊问题

创新行业或者知识产权密集型产业的相关市场界定虽然总体上运用相关市场界定的一般原理与方法,即合理的可替代性分析法与 SSNIP 测试法仍然是这些行业界定市场的主要方法,但是这些行业本身的特点可能导致界定相关市场面临一些特殊的问题。

(一)产品的后续发展对界定市场的影响

就创新行业新产品对相关市场界定的影响而言,这会涉及产品的后续发展对相关市场界定的影响,包括转换成本、信息成本对相关市场界定的影响以及商品一体化对相关市场界定的影响等三个方面。具体而言,当新技术催生新产品之后,相比之前的产品,这些不同的产品可能具有相同的组成部分,可能是以前产品的升级,甚至不同的产品被用于同样的目的。这就使原来的产品和后续产品之间的界限变得模糊,如何认定相关市场便会成为一个问题。此外,相较于传统行业,创新行业的转换成本和信息成本对相关市场界定的效用显得尤为突出。正是由于这种高转换成本和高信息成本,我们有时很难把传统的以商品功能替代为基础的分析模型直接适用于创新行业的很多产品,特别是高科技产品。创新行业的很多产品,特别是高科技产品不仅表现在创造出市场上从未有过的产品,而且还表现为原来无法实现某种功能的产品实现了该功能,或者将原来分开销售的产品通过某种形式有机地结合在一起。那么,如何在创新行业产品一体化的进程中界定相关市场,这会成为反垄断法现代化必须解决的难题。

(二)新商业模式对界定市场的影响

就新的商业模式对相关市场界定的影响而言,这会涉及双边市场以及免费模式对相关市场界定的两种影响。具体而言,创新行业特别是网络产业,往往具有双边市场的特性。相比单边市场,双边市场的显著特点在于其具有"交叉网络外部性"的特征,即某个产品或服务的价值随着消费该产品或服务的消费者数量的增加而增加。因此,双边市场对于传统反垄断法的相关市场界定具有非常强的挑战性,值得认真研究。此外,创新行业中,互联网企业往往采用了免费提供某种服务的商业模式。免费模式下价格基点为零,这将使相关市场界定有时候会陷入困局。

(三)相关技术市场和创新市场的界定

由于创新行业的知识产权密集,其涉及的相关商品或者相关服务涉及多个方面,既包括使用知识产权制造的商品或者提供的服务,也包括知识产权(如相关的技术、专利)的单独许可或者转让,还包括有关新技术或者新产品的研发等创新活动。因此,在界定知识产权密集型产业的相关市场时,除了需要界定相关商品市场与相关地域市场外,通常还可能涉及相关技术市场的界定,某些情况下甚至还可能需要界定相关创新市场,或者单独考虑创新因素对相关市场界定的影响。其中,相关商品市场主要围绕利用知识产权制造或提供的产品与可替代的产品进行界定,相关技术市场主要围绕特定技术与可替代的技术进行界定,而相关创新市场则主要围绕相关产品、技术的研发活动与可替代的研发活动进行界定。通常情况下,上述三类市场都还需要分别界定各自所属的地域市场,并且有可能在地域市场范围上不完全一致。在界定涉及知识产权的相关市场中,可能需要单独界定相关技术市场和相关创新市场,这是其相比于一般领域在相关市场界定方面的最大特殊之处。

三、创新行业界定市场的主要考虑因素

(一)界定商品市场的主要考虑因素

相关商品市场,是指使用相关知识产权生产的商品或提供的服务所涉及的相关市场。知识产权相关商品具有传统商品的一般特性,因而在界定相关商品市场时仍需要根据商品的价格、用途等传统因素进行替代性分析。但是,考虑到知识产权可能是某些商品的重要生产要素或者对其功能有重要影响,涉及知识产权的相关商品市场的界定还可能需要考虑以下特殊因素。

1. 外部性和用户黏性

在知识产权密集型行业,尤其是互联网行业,网络效应导致用户规模对知识产权相关商品的价值具有重要的影响。一般认为,一个用户在决定选择购买何种知识产权相关商品时,通常都具有购买拥有较大用户基数的相关知识产权商品的倾向。一方面,网络效应导致用户具有购买较大用户规模知识产权相关商品的经济动机,因为这不仅会使其购买的商品的使用价值随着用户规模的增长而增长,而且还在一定程度上节省其购买决策的成本及其消费风险。另一方面,一旦一种技术或者软件取得了一定量的用户,由于使用这种技术带给用户的体验,会对用户的使用习惯造成影响,从而导致客户也倾向于选择跟该技术或者软件相关的其他技术、软件。因此,在使用需求替代分析考察不同知识产权相关商品的替代性时，需要着重考虑外部性与用户黏性对用户购买行为的影响。

2. 上下游市场的相互影响

由于行使知识产权对竞争产生的影响一般不会局限于单一层面的市场，而会对其他纵向具有关联的市场产生影响。例如，知识产权许可行为不仅会直接影响上游许可市场的竞争，而且还可能对下游相关商品市场的竞争产生重要影响，当知识产权权利人就某一知识产权许可在上游市场实施差别待遇时，有可能削弱该行为所针对的交易相对人在下游市场的竞争力，进而影响下游相关商品市场的竞争强度和公平竞争环境。同样，知识产权相关商品在下游市场的竞争状况也会影响上游许可市场，当使用某项专利技术提供的商品在下游市场面临的竞争约束较小时，这会导致下游制造商可能会因高昂的转换成本与商业风险而被该项专利技术锁定，进而致使该项技术在上游许可市场的需求替代性减弱。

3. 技术创新对用户需求的影响

由于知识产权领域技术更新快，知识产权相关商品更新换代也快，在界定商品范围的时候，需要考虑不同代际技术制造的产品对用户需求的影响，从而判断其是否属于同一商品市场。

（二）界定技术市场的主要考虑因素

如果知识产权和相关商品分开交易，如对相关技术进行许可或者转让，则被交易的技术可能构成单独的技术市场。相关技术市场的界定除了根据技术特征、许可费等一般因素考察不同技术之间的可替代性之外，还可能需要考虑以下特殊因素。

1. 技术市场与其下游商品市场的范围

技术市场的范围可能大于商品市场，如被许可的知识产权可用于生产不同的商品或者提供不同的服务，即这些商品和服务彼此间不具有可替代性；或者小于商品市场，如不同的技术可以应用于生产不同的产品，但是这些不同产品之间从功能和用途方面具有可替代性。因此，考虑技术市场的范围时，应当综合考虑许可技术与其他技术之间的替代性，以及通过许可技术生产的商品与通过其他技术生产的商品之间的替代性。

2. 需求弹性和用户锁定

当某项专利技术是被许可人制造相关产品或者提供服务的重要投入要素，抑或是进入某一相关市场的关键设施时，可能导致被许可人对该专利技术的需求和依赖程度较高，许可人针对该专利技术的小幅度提价不会致使被许可人更换技术，因此可以认为该专利技术的需求价格弹性相对较小，此时界定相关市场尤其是使用 SSNIP 测试法界定相关市场时，需要着重考虑知识产权对需求方的锁定效果。

3. 技术标准和标准必要专利

一项技术标准通常包含成千上万个不同的专利技术，标准实施者为实施某项技术标准需要获得一系列的专利许可。通常情况下，为了节省许可成本并且提高专利许可效率，专利权人会就其持有的技术标准中的所有专利进行打包许可，此时在界定相关市场时首先需要将涉案专利从中进行剥离，同时还需要将标准必要专利与非标准必要专利加以区分。其中，标准必要专利下的相关市场界定具有较大的特殊性，需要考察不同技术标准间竞争对标准中专利替代性的影响，而非标准必要专利则需要根据一般原则与方法进行分析。

（三）界定创新市场的主要考虑因素

与传统商品市场不同，考虑涉及知识产权的相关市场时，还可能涉及对“创新市场”（也称研发市场）的考虑。创新市场的界定主要是为了研究相关的企业进行技术研发时达成的一些合作可能对未来技术市场或商品市场竞争带来的影响。但由于研发行为不是一个现实垄断行为，其对市场竞争的影响主要在于未来研发出的技术在应用领域的限制竞争问题，因此在垄断协议和滥用市场支配地位中意义不大，主要是在经营者集中审查可能会讨论到的一个市场，并且因为其限制竞争效果的不确定性，而且涉及限制竞争与技术创新和消费者福利的价值取舍问题，因此各国实践中对是否需要界定创新市场一直存有争议。就目前各国界定涉及知识产权的相关市场的实践来看，通常很少涉及对相关创新市场的界定，这也导致很难归纳出界定相关创新市场的考虑因素。

在欧盟委员会 2014 年《关于技术转让协议适用〈欧盟运行条约〉第 101 条（2014/C89/03）的指南》中，提及一般考虑该等技术许可安排对于现有相关产品或者技术市场的影响，在一些案件应当单独考虑对于创新的影响，即考虑该等技术许可安排对正在早期研发阶段的新产品或者新技术的影响，但是没有明确提出创新市场的概念。①

---

① COMMISSION Guidelines on the Application of Article 101 of the Treaty on the Functioning of the European Union to technology transfer agreements(2014/C 89/03), http://eur-lex.europa.eu/legal-content/EN/TXT/PDF/?uri=CELEX:52014XC0328(01)&from=EN.

美国司法部和联邦贸易委员会2017年发布的新版《知识产权许可的反垄断指南》中，列举了一些界定研发市场应当考虑的因素。例如，在市场份额可以获得并且能准确反映市场情况时，需要考虑市场份额数据；如果市场份额无法获得，或无法准确反映市场竞争关系时，需要考虑创新主体投入研发和创新活动的资产、研发费用的比例，或相关产品的比例。[①] 但是，这些因素在实践中的操作可能仍然存在一定的困难和缺陷。例如，对于一些非生产型公司作为创新者的情形而言，其投入研发的资产绝对数量可能并不会很高。

（四）界定地域市场的主要考虑因素

整体而言，不同于传统商品的提供可能受商品的物理条件、原料来源及交通运输成本等方面的限制从而可能存在细分地域市场，知识产权密集型行业的市场由于其虚拟性和无边性，产品和服务的提供受地域限制很小，因而更有可能构成全球市场。但是，考虑到一些特殊的法律和权利限制，如某些具体知识产权保护的地域性，也有一些市场可能是国内市场。

在界定涉及知识产权的相关地域市场时，通常考虑以下两方面的因素：第一，从相关知识产品的授权地域范围或权利使用或存在的地域范围的角度界定相关地域市场，而非局限于市场参与者自身的所在地。第二，充分考虑相关技术或未来创新活动可能影响的地域范围，综合考虑各地对相关技术或研发的技术的应用基础、接受程度、政府政策上是否存在门槛和障碍等情况。

第二节　电信业的相关市场界定——以上海市场为例

一、行业简介

（一）行业整体概况

我国传统上将电信业视为自然垄断行业并由政府统一运营。20世纪90年代以来，我国政府逐渐意识到了电信业完全由政府进行资源配置的弊端，遂逐步对电信业进行改革。时至今日，我国电信业改革已历经20多年风雨。简言之，我国电信业改革主要通过如下两个层面进行。

第一，逐步放松电信业务经营牌照机制。根据国家工业和信息化部（以下

---

① Section 3.2.3 Research and Development Markets, Antitrust Guidelines for the Licensing of Intellectual Property, Issued by the U.S. Department of Justice and the Federal Trade Commission, January 12, 2017.

简称工信部)的《电信业务分类目录》,①电信业务可分为基础电信业务和增值电信业务。基础电信业务被细分为第一类基础电信业务和第二类基础电信业务。与之类似,增值电信业务也被分为第一类增值电信业务和第二类增值电信业务。从目前电信业务牌照发放的情况看,第一类电信业务牌照只颁发给了三大电信运营商,即中国移动、中国电信和中国联通。其他类别的电信业务已经向民营资本开放。换句话说,民营资本参与竞争的电信业务目前仅限于第二类基础电信业务与增值电信业务,而三大运营商垄断经营的主要是第一类基础电信业务(见表9-1)。这一节研究的重点是第一类基础电信业务的垄断问题。其他类别的电信业务,由于民营资本大量渗入,它们和其他市场的情况已经没有太大区别,可以不用特别对待。

表9-1　电信业务分类

<table>
<tr><th>基础电信业务
(第一类)</th><th>基础电信业务
(第二类)</th><th>增值电信业务
(第一类)</th><th>增值电信业务
(第二类)</th></tr>
<tr><td>固定通信业务</td><td>集群通信业务</td><td>在线数据处理与
交易处理业务</td><td>存储转发类业务</td></tr>
<tr><td>蜂窝移动通信业务</td><td>无线寻呼业务</td><td>国内多方通信
服务业务</td><td>呼叫中心业务</td></tr>
<tr><td>第一类卫星
通信业务</td><td>第二类卫星
通信业务(*)</td><td>国内因特网同
虚拟专用网业务</td><td>因特网接入
服务业务</td></tr>
<tr><td>第一类数据通信业务</td><td>第二类数据通信业务</td><td>因特网数据中心业务</td><td>信息服务业务</td></tr>
<tr><td rowspan="5"></td><td>网络接入业务</td><td colspan="2" rowspan="5">*该类业务尚未向民营资本开放</td></tr>
<tr><td>无线接入业务</td></tr>
<tr><td>用户驻地网业务</td></tr>
<tr><td>国内通信设施服务业务</td></tr>
<tr><td>网络托管业务</td></tr>
</table>

第二,逐步在电信业引入竞争。电信业竞争机制的建立主要体现在两个方面。第一个方面主要是对原中国电信的拆解以及新电信运营商的建立。1994年原来一家垄断的中国电信被分离出中国移动后,后者专门经营移动通信业务,前者则主要经营固定通话业务。此外,20世纪90年代还建立了新的国有电

① 信息产业部:《电信业务分类目录》,信部电〔2003〕73号,2003年2月21日。

信运营商，如中国联通、中国吉通。随后在2000年年初，中国电信被进一步拆解为中国电信和中国网通，前者获得原中国电信南方的业务，后者获得北方的业务。在这个阶段，中国铁通成立，进入了固定通话业务领域。随后，我国政府发现这种分业经营的模式不太符合电信业务混业经营的潮流，于是在2008年进行了电信行业最新的一次改组，即是将所有的电信运营商进行分拆和合并，汇总成为目前三大运营商，即中国移动、中国联通和中国电信，而且每个运营商均拥有电信全业务的经营牌照。其中主要的安排是中国铁通并入中国移动，中国联通与中国网通合并，中国联通的CDMA网络并入中国电信。自此，我国的基础电信业务进入三家大企业鼎立的时代。①

第二个方面是建立初步的不对称监管原则。电信业务具有很强的网络效应，因此建立电信网络之间的互联互通势在必行。② 我国《电信条例》第17条提出，“主导的电信业务经营者”不得拒绝其他电信业务经营者和专用网运营单位提出的互联互通要求。显然，这个“主导的电信业务经营者”与《反垄断法》第18条规定的市场支配地位具有异曲同工之妙。根据《电信条例》的规定，“主导的电信业务经营者”是指控制必要的基础电信设施并且在电信业务市场占有较大份额，能够对其他电信业务经营者进入电信业务市场构成实质性影响的经营者。在实践中，被指定成为“主导的电信业务经营者”就是三大电信运营商。经过这个确认，电信监管部门可以给这些企业施加不得拒绝接入义务、非歧视义务、透明化义务、不捆绑义务等。③

以上说明，我国电信业经过数次体制改革，已经形成了全行业全面开展竞争的基本局面。下面针对四大电信业务，对我国电信运营业务在全国层面的竞争情况作简要分析。

（二）固定通话业务

我国在固定通话领域共有三家电信运营商，它们是中国电信、中国联通和中国移动（见表9-2）。中国电信和中国联通凭借其既有的垄断地位，牢牢占据着全国固定通话业务市场。其中，中国电信在全国的市场份额超过50%。中

① H Fu & Y Mou, An assessment of the 2008 telecommunications restructuring in China, [2010] 10 *Telecommunications Policy* 649.

② 胡甲庆：《电信行业规制与反垄断规制法律问题研究》，中国社会科学出版社2012年版，第197页。

③ 《中华人民共和国电信条例》，2000年9月25日中华人民共和国国务院令第291号公布，第18条。

国移动凭借中国铁通的网络开展固话业务，但是它在这个领域的市场份额非常小。固定通话业务市场至今尚没有向民营资本开放的迹象。另外，我国的固定通话业务处于急速萎缩的状态，因为其用户群体 2006 年达到峰值 3.68 亿用户之后，便开始收缩；2014 年全国固定电话用户 2.49 亿户，较 2006 年下降了1/3 左右。在这种萎缩性的市场上，引入民营资本的难度会比较大。

表 9－2　固定通话业务市场分析（数据截至 2014 年 12 月）①

电信运营商	用户数量（万）	市场份额（%）
中国电信	14,356	58
中国联通	8205	33
中国移动	2339	9

（三）移动通话及数据业务

在移动通话及数据业务中，中国移动凭借其先发优势在该市场上的地位不可撼动，拥有 63% 的市场份额；而中国联通与中国电信的市场份额均低于中国移动的 1/2。

表 9－3　移动通话及数据业务市场分析（数据截至 2014 年 12 月）②

电信运营商	用户数量（亿）	市场份额（%）
中国移动	8.06	63
中国联通	2.99	23
中国电信	1.85	14

此外，工信部于 2013 年决定，在移动通话及数据业务市场引入移动通信转售业务。③ 移动通信转售运营商没有资格经营电信网络，即它们只能从三大运营商批发性地购买移动通话及数据业务，然后零售给最终消费者。截至 2014 年年底，工信部一共颁发了 42 个移动通信转售业务牌照。④ 但是，这些转售运营商对移动业务市场的影响目前还没有表现出来。

① 工信部：《2014 年通信运营业统计公报》，载 http://www.miit.gov.cn/n11293472/n11293832/n11294132/n12858447/16414615.html，最后访问日期：2016 年 8 月 5 日。

② 同上注。

③ 工信部：《关于开展移动通信转售业务试点工作的通告》，工信部通〔2013〕191 号。

④ 工信部：《向第五批移动通信转售业务企业发放试点批文》，2014 年 12 月 18 日。

（四）固定宽带业务

在固定宽带业务市场，中国电信与中国联通凭借其原有中国电信公司的网络在该市场的地位牢不可破，其中中国电信拥有53%的市场份额。中国移动的下属公司中国铁通在固定宽带业务市场的表现平平，只有7%的市场份额。固定宽带市场和其他电信业务市场的最大的区别是，这个市场除了三大电信运营商外，还出现了其他宽带运营商的身影。可惜，这些运营商的市场份额之和仅为6%，尚未起到真正冲击中国电信和中国联通的能力。但是，由于工信部于2014年发布了《关于向民间资本开放宽带接入市场的通告》，我们有理由相信，固定宽带市场在全国层面应该能够出现第一大运营商的市场份额低于50%的状况。

表9－4 固定宽带业务市场分析（数据截至2014年12月）①

宽带运营商	用户数量（万户）	市场份额（%）
中国电信	10,695	53
中国联通	6879	34
中国移动	1370	7
其他宽带运营商	1090	6

综上所述，虽然我国的每一类电信业务总有一家运营商的市场份额高于50%，但是这些电信市场都已经具备了一定程度的竞争，这意味着反垄断法在电信基础业务市场中可以得到适用。

因为电信业一直被视为关系国计民生，这个行业的垄断问题一直受到社会的高度关注。2011年，国家发改委价监局就宽带接入问题对中国电信、中国联通展开反垄断调查，目前两家运营商承诺整改，案件处于中止调查阶段。近期，电信行业的价格垄断行为又被国家发改委列入未来将重点关注的六大行为之一。随着反垄断案件查处力度的不断加大，反垄断执法机构收到的关于电信行业涉嫌垄断的案件举报也出现了"井喷"式的增长，有些举报人向行政执法机关举报的同时将类似事项诉诸法院，部分案件已进入司法程序。

二、上海市电信业发展状况

上海电信行业的发展在全国名列前茅。以工信部2015年6月公布的数据

---

① 工信部：《2014年通信运营业统计公报》，载http://www.miit.gov.cn/n11293472/n11293832/n11294132/n12858447/16414615.html，最后访问日期：2016年8月5日。

看，上海市固定电话普及率为33.8部/百人，屈居全国第二，仅次于北京的37.8部/百人；移动电话普及率为136.5部/百人，位居全国第三，低于北京的193.7部/百人及广东的141.2部/百人。① 此外，截至2014年年底，上海市互联网上网人数1716万人，上网普及率为71.1%。移动互联网用户达到2482.11万户，首次超过常住人口数量；移动互联网普及率达到102.33户/百人，远高于全国平均水平。其中，3G/4G用户达到1426.22万户，3G/4G用户渗透率达到43.00%，高于全国平均水平。②

上海市电信业对上海市的经济发展起着至关重要的作用。2014年，上海市电信行业的总业务收入531.3亿元，占全市国民生产总值2.25%。③ 这个数字看起来似乎不高，但是如果将与电信业息息相关的信息产业（包括电子信息制造业、软件和信息服务业）计算在内，就可发现电信业及其附带产业的生产总值在上海市经济发展中的重要地位。2014年，上海市信息产业（包括电子信息制造业、软件和信息服务业）实现信息产业增加值2460.11亿元，占全市国民生产总值的10.44%。④ 这个结果就是，电信业与信息产业的生产总值之和为2991.41亿元，占全市生产总值的12.69%；在全市所有行业中排名第三，仅低于批发和零售业（3809.31亿元）与金融业（3268.43亿元）。⑤

上海的基础电信企业包括上海电信、上海移动、上海联通和上海铁通4家公司。因为上海铁通与上海移动共同受控于中国移动，它们都是关联企业，因此上海移动包括上海铁通。下面是上海市各电信业务市场竞争情况的简要说明。

① 工信部：《2015年第二季度通信水平分省情况》，载 http://www.miit.gov.cn/n11293472/n11293832/n11294132/n12858447/16734506.html，最后访问日期：2016年8月5日。

② 上海市经济和信息化委员会：《2014年上海市国民经济和社会信息化统计公报》，载 http://www.sheitc.gov.cn/gg/667352.htm，最后访问日期：2016年8月5日。

③ 同上注。

④ 同上注。

⑤ 上海市统计局：《2014年上海市生产总值》，载 http://www.stats-sh.gov.cn/sjfb/201501/276531.html，最后访问日期：2016年8月5日。

表 9－5　2013 年上海市三大运营商运营数据①

运营商	总营业额(亿元)	固定电话用户数量(万户)	移动电话用户数量(万户)
上海电信	255	782	630
上海移动	210	46	1920
上海联通	84	41	651

从表 9－5 中的数据可以看出,上海电信继承了原中国电信南方的固定网络之后,在固定通话业务方面具有不可动摇的地位。时至今日,它在固定通话市场的份额仍然高达 90% 左右,因此,上海移动和上海联通在固定通话业务领域只是两个小竞争者。在移动通话方面,虽然上海移动凭借其先发优势依然拥有 60% 的市场份额,依然是上海市最大的移动业务运营商,但是上海移动在上海的市场份额要低于其他地区的移动在该地区移动通话方面的市场份额(平均为 63%)。这说明,上海市移动业务领域的市场竞争相较于全国其他地区来说更加充分一点。

表 9－6　2013 年上海市三大运营商市场份额②

市场份额	按总营业额(%)	按固定电话用户数量(%)	按移动电话用户数量(%)
上海电信	46.5	89.9	19.7
上海移动	38.3	5.3	60
上海联通	15.2	4.8	20.3

2014 年 6 月国务院《关于促进市场公平竞争维护市场正常秩序的若干意见》指出:"严厉惩处垄断行为和不正当竞争行为。依照反垄断法、反不正当竞争法、价格法的有关规定,严肃查处损害竞争、损害消费者权益以及妨碍创新和技术进步的垄断协议、滥用市场支配地位行为;加大经营者集中反垄断审查力度,有效防范通过并购获取垄断地位并损害市场竞争的行为;改革自然垄断行业监管办法,强化垄断环节监管。"这从政策角度明确了我国《反垄断法》对于电

① 《上海市年鉴 2013》,载 http://www.shtong.gov.cn/Newsite/node2/node19828/n88617/n88658/n88726/u1ai137345.html,最后访问日期:2016 年 8 月 5 日。

② 同上注。

信行业这种传统上被视为自然垄断并由国有企业统一运营行业的可适用性。同时,2012 年国家发改委调查了“电信联通案”以及 2015 年处理了“云南省通信管理局案”也在实践中印证了《反垄断法》的可适用性。这些都从立法和执法层面解决《反垄断法》在电信领域适用的障碍。

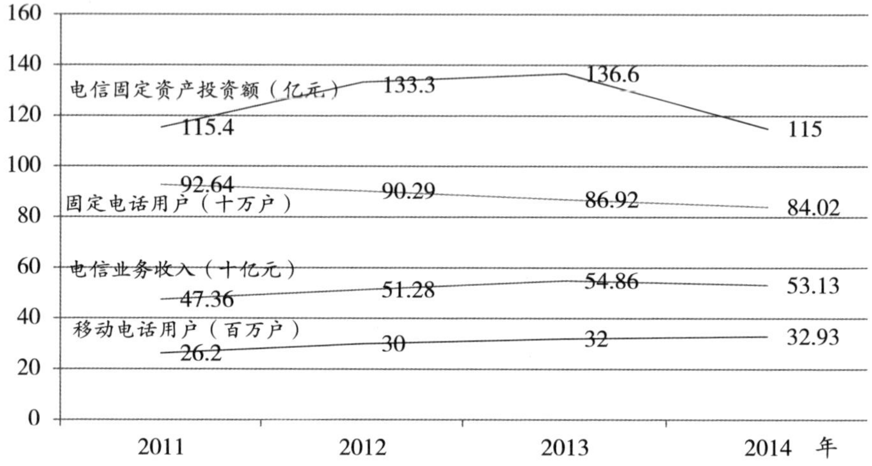

图 9-1 上海市电信市场发展状况(2011~2014 年)①

此外,从上海市电信市场近几年发展的状况看,已经基本进入稳定发展的阶段,甚至开始出现业务萎缩现象。下面简要分析上海市各电信业务的发展情况。

由图 9-1 可以看出,上海市电信业务已经呈现一定程度的萎缩。除了移动业务用户数量在过去几年持续增长外,其他三种数据包括电信固定资产投资、固定电话用户和电信业务收入都出现变小的趋势。此外,即便在移动业务领域,增长趋势也开始放缓。比如,2012 年移动用户新增 380 万户,2014 年的增长量为 93 万户,仅为 2012 年增量的 24.5%。经济学家一般认为,在需求萎缩的市场中,竞争者之间更有可能采用激烈的方式进行竞争(包括排除限制竞争的行为),也更有可能通过共谋来达成排除限制竞争的目的。②

下面依据国务院反垄断委员会《关于界定相关市场的指南》,对上海市电信

① 《上海市年鉴 2013》,载 http://www.shtong.gov.cn/Newsite/node2/node19828/n88617/n88658/n88726/u1ai137345.html,最后访问日期:2016 年 8 月 5 日。

② P Rey, Collective Dominance and the Telecommunications Industry, in P Buigues & P Rey (edt) The Economics of Antitrust and Regulation in Telecommunications (Edward Elgar, 2004), Chapter 6.

业务市场的界定进行分析。

三、电信业务的定义

分析基础电信业务相关市场界定之前，我们首先应当对基础电信业务有一个大致的了解。我国《电信条例》第2条把电信业务界定为“利用有线、无线的电磁系统或者光电系统，传送、发射或者接收语音、文字、数据、图像以及其他任何形式信息的活动”。这个定义指出了电信业务的两个特征。

（一）电信业务的媒介

电信的英文为telecommunication，由tele和communication两个词根组成。Communications一词为拉丁语，原意本为分享，后来延伸为通信。没有产生电信业务之前，人与人之间的通信活动依赖直接的信息交流完成，如面对面的对话、面对面的笔谈。Tele一词源于法语，本义是远程。因此两个词语合的语义即为远程通信。早期的远程通信主要是依赖邮件的传递，但本质上邮件的传递依然没有脱离面对面通信的实质。近代科学技术的发展使得远程通信成为真正的可能。远程通信必须依赖一定的介质而存在，否则相关信息无法传输。这种介质既可能是有线的（如铜绞线、光纤），也可能是无线的（如各种无线波段）。有线传输方式和无线传输方式共同构成了电信业务的传输媒介。

电信传输存在于公共电信系统和私人电信系统。《电信条例》所指的电信传输媒介为公共电信传输媒介。我们生活中存在大量的私人电信传输媒介，有线的传输方式如家庭或者企业内部的有线网络（包括电话、电视、上网等）；无线的传输方式包括蓝牙、NFC等。虽然私人电信传输媒介跟公共电信传输媒介有一定替代性，但是二者也有显著的区别。这些区别主要表现在：(1)二者的消费群体不同，公共网络的消费群体为不特定的大众，私人网络的消费群体则为有限的特定主体。(2)公共网络需要依赖公共资源进行建设，如在公共场所建立传送站、建立大型传输网络，因此需要法律规制。私人网络则是依赖私人资源进行建设，一般无须法律规制。(3)对于无线网络而言，公共网络为了扩大传输范围，其使用的波长比较长，一般传输范围在几百米甚至若干公里以上。私人无线网络使用的波长较短，传输范围也比较小，一般在几十米之内。此外，私人网络由于传输范围较小，不产生频率干扰的问题，一般不被法律规制。

（二）电信业务的目的

电信业务是为信息的传送、发射或者接收提供通道，但是这些通道本身不是信息的内容。因此，这里需要严格区分电信传输和电信传输的内容。比如，新浪网站是内容提供商,消费者可以在新浪网站浏览自己需要的内容。但是,该内容本身并非是《电信条例》中的电信业务。新浪网站只是内容提供商,其本质上而言,这跟传统的报纸、期刊、书籍等纸质媒体没有大的区别。电信业务存在的目的则是将这些内容通过各种媒介(如宽带或者无线上网)传输给消费者,因此属于《电信条例》监管的对象。但是,内容和通道并非可以截然区分。比如,“114”查号台从本质上说提供的是一种内容服务,即告诉消费者需要了解的电话号码等,这跟黄页提供的服务可能区别不大,因此传统上这种服务也被视为电信服务,并实施政府监管。我国《电信条例》对这种传统也予以确认,并将之视为增值电信业务的一种。

四、电信业务的一级与二级划分

根据现行《电信业务分类》,我国的第一类基础电信业务包括四大类:(1)固定通信业务;(2)蜂窝移动通信业务;(3)卫星业务;(4)数据通信业务。这种分类基本上是按照电信网络进行区分的。固定通信业务对应公共电话网,蜂窝移动通信业务对应公共手机网,卫星业务对应卫星网,数据通信业务对应因特互联网。下面,首先从界定相关市场的角度分析几类基础电信业务之间的替代关系,即分析它们属一个相关市场还是分别构成单独的相关市场。

20 世纪 90 年代前,各种电信网络的功能比较单一,或者说它们提供的电信业务互补交叉。随着其后出现了三网融合的技术,这使得原先独立存在的电信网络可以相互提供交叉性的技术。比如,消费者可以拨号上网,可以通过互联网传递语音信号。这说明以网络技术本身来界定相关市场已经不符合目前电信业务发展的现实,我们建议通过传统网络所能提供的传统职能来界定电信相关市场。

目前,几乎所有的网络都实现了数据化。换句话说,电信网络传输的信息内容都能以 0 和 1 的二进制数据进行展现。在网络传输的管道里,所有信息内容包括通话、短信以及网络数据等已经没有任何区别。但是,由于传统模式的影响以及消费者的认知,世界上几乎所有的国家还是把传统的语音通话与其他类型的数据传输划分为两个不同的相关市场。因此,我们在这里也是把电信业务首先区分为语音传输和数据传输两类,下面是对这两种业务也即是两个相关市场的具体分析。

(一)语音传输

语音传输的主要目的是保证通话双方能够远程对话。随着科技的发展,语音传输的内容已经不再仅仅限于语音本身,因为可视电话与文字信息已经逐渐被包含在语音传输的范畴之内。但是,无论如何,语音传输本身总是这一类服务的核心内容。或者说,在其他形式的信息交流不能同时保证的时候,语音传输总是会被优先传输。从我国目前的实践来看,语音传输的主要方式是传统的固定电话网络、移动手机网络、卫星以及 IP 电话。语音传输依据其传输媒介的不同,又可具体分为固定通话业务与移动通话业务。二者的传统表现为公共有线电话业务和手机业务。同为语音通话,固定通话与移动通话存在很大的区别,这可能会将二者界定为不同的相关市场。

固定通话与移动通话不存在完全的需求替代。从实现语音通话的目的来看,二者的确存在一定的替代性。但是,它们依然存在很大的区别。首先,移动通话使消费者可以在运动过程中接听电话,大大突破了固定电话对于特定地点的要求。其次,固定电话的运行不易受外界环境的干扰。固定电话具有自身内置的电源系统。因此,一旦出现大规模停电的情况,固定电话依然可以独立运行,手机系统则不可以。再次,固定电话基于有限网络,它不容易受到其他传输媒介的干扰;移动电话受到干扰或者被截听的可能性则比较大。此外,固定通话与移动通话业务的价格差别很大。以上海电信的定价为例,固定通话的本地通话定价为 0.1 元每分钟,移动通话的国内通话标准资费为 0.15 元每分钟,二者差价在 50% 左右。依据假定垄断者测试的话,无论哪种业务有 5% ~10% 的提价,都不会对另外一个业务的消费量造成太大的冲击。最后,固定通话与移动通话基于不同的电信网络,二者的投资都非常巨大。一旦某一电信运营商在某一领域具有市场优势之后,其他电信企业很难对之进行约束。这从上海移动与上海电信在上海市长期稳定的市场份额就可以看出。

因此,我们认为首先应当将语音通话业务划分为固定通话与移动通话。

(二)数据传输

与语音通话目的相似,数据传输的目的是实现远程用户之间的数据传输。这里的数据传输排除了传统电话语音传输形式,而专指因特互联网上的数据传输。从我国目前的实践来看,数据传输使用的主要技术有固定宽带网络、移动手机网络、有线电视网络、卫星通信网络以及 WIFI 等无线传输网络。与语音业务的二级分类相似,我们认为应当将数据传输业务区分为固定数据传输与移动数据传输,理由如下:

固定数据与移动数据不存在完全的需求替代。从实现数据传输的功能和目的来看,二者的确存在一定的可替代性,但是由于以下几个原因,二者依然存在很大的区别:首先,移动数据使消费者可以在运动过程中收发数据,由此就突破了固定数据传输对于特定地点的要求;其次,虽然移动数据的传输速度随着手机网络的升级换代已经得到了很大的提高,如4G网络的传输速度理论上可以达到100兆每秒甚至更高,但是移动数据的传输速度及其稳定性仍然无法与固定数据的传输相比。在正常情况下,固定数据传输速度可以达到移动数据传输速度的几十倍,甚至上百倍,因此消费者一般不会将二者视为完全可以替代的服务。

此外,固定数据与移动数据的定价方式不同。以上海电信的定价为例,固定数据传输实行的是包月制,即消费者缴纳一定数额的服务费之后,在该月内可以随意下载数据。但是移动数据则一般实行按下载数量进行收费或者实行包月制与下载数量相结合的收费制度。由于二者定价存在巨大差异,如果依据假定垄断者测试的话,无论哪种业务进行5% ~10%的提价,它都不会对另外一个业务的消费量造成太大的冲击。最后,固定数据与移动数据基于不同的电信网络,二者的投资都非常巨大。一旦某一电信运营商在某一领域具有市场势力,其他的电信企业一般对之没有竞争约束。这从上海移动和上海电信在上海市长期有着稳定的市场份额就可以看出。

综上所述,我们认为,界定电信业的相关商品市场时,应当首先将基础电信业务划分为四个领域(见表9-7),即(1)固定通话;(2)移动通话;(3)固定数据传输;(4)移动数据传输。此外,依具体案件的具体情况,又可将相关市场细分为电信批发市场与电信零售市场。电信批发市场的交易主体为电信运营商;电信零售市场的一方主体为电信用户,另一方为电信运营商。这里主要研究电信零售市场的相关情形,而且主要涉及固定电信业务这个相关产品。以下是对固定通话业务和固定数据传输业务两种产品的相关市场界定的分析。

表9-7 电信业务的一级分类与二级分类

一级类别	二级类别	替代性技术
语音通话	固定通话	公共电话网
		IP电话
	移动通话	蜂窝通信技术
		卫星通信技术

续表

一级类别	二级类别	替代性技术
数据传输	固定数据	固定宽带网
		有线电视网
	移动数据	蜂窝通信技术
		卫星通信技术
		WIFI 等

五、固定通话的相关产品市场

固定通话的目的是实现电信用户在固定地点之间的语音通话功能。由于技术的发展,这个固定地点必须进行扩展性的解释。比如,目前很多用户使用无绳电话,这可以使用户在一定范围实现运动中通话的功能。但是,无绳电话跟手机通话之间依然存在较大的区别,因为无绳电话的用户只能在固定的范围进行移动,而不像手机用户的移动范围可以不受限制。从我国目前的实践来看,固定电话主要通过公用电话网络(PSTN)来实现的,但是目前也存在很多替代性的技术,如 IP 电话、网络聊天工具。下面,我们分析固定通话跟这些替代性的技术之间是否存在消费者需求意义上的可替代性。

首先,我们可以将固定通话业务分为本地通话、国内长途通话、国际长途通话等。根据工信部的规定,用户拨打国内长途或者国际长途时,需要在本地通话费用的基础上支付相应的国内长途通话费或者国际长途通话费。这个价格之间的区别,使用户无法将三种业务作为可替代性的产品。

其次,我们分析传统固定电话跟 IP 电话之间的替代关系。《电信业务分类目录》将 IP 电话业务界定为“利用 IP 网络协议,通过 IP 网络提供或通过电话网络和 IP 网络共同提供的电话业务”。IP 电话业务是指由电话网络和 IP 网络共同提供的 Phone – Phone 以及 PC – Phone 的电话业务,其业务范围包括国内长途 IP 电话业务和国际长途 IP 电话业务。IP 电话业务在整个信息传递过程中,中间传输段采用 IP 包方式。从我国目前的实践来看,IP 电话业务主要是向用户提供一个密码,用户使用这个密码拨打固定电话号码接入 IP 电话业务。比如,中国电信的 IP 电话号码为 17900 或者 17901,用户可以通过预先支付话费的方式拨打国内长途电话或者国际长途电话。但是,由于用户依然需要支付本地通话费, IP 电话跟固定本地通话业务之间不存在替代关系。然而,由于 IP 电话存在价格上的优势,用户可能会把 IP 电话作为传统的国内长途或者国际长途业务的替代产品。

此外,我们还有必要分析传统的固定电话和其他即时通信的语音通话是否属同一相关市场。目前,市场有很多种即时通信软件,如 QQ、微信、飞信、Skype,它们虽然都具有语音通话的功能,但是它们与传统的固定电话并不存在替代性的关系。首先,从通话的质量看,传统固定电话的通话质量以及稳定性是即时通信软件所不能替代的。其次,传统固定电话除了核心的语音功能之外,还有传真、定位、拨打“110”电话等其他的增值功能,而这些功能是即时通信软件所不具备的。再次,在危急情况下,传统固定电话不需要家用电源就可以直接拨打,但是即时通信软件却不具备这个功能。以上都是从需求替代的角度进行的分析。从供给替代的角度看,传统固定电话是依赖公用电话网络提供服务,即时通信软件是使用数据传输网络,因为这两种网络的服务运营商不可能在两种网络之间任意切换,传统的固定电话与即时通信软件之间从供给替代的角度也不存在可替代性。综上所述,传统的固定电话和其他即时通信的语音通话应当分属两个相互独立的相关产品市场。最后,我国电信业传统上一直维持居民用户和企业(包括政府事业单位)用户之间的区别,并且传统上的企业用户收费相对于居民用户的收费会高一些。从目前的实践来看,两者之间资费上的差别正在逐步变小。但是值得注意的是,电信运营商针对企业用户可以提供专门的电话集群服务,而这些服务是居民用户无法享受的。比如,上海电信给企业用户提供协同通信、总机服务、天翼对讲等特殊的电信服务,因此,居民用户和企业用户之间有时候不存在替代关系,可以分别界定为不同的相关客户市场。

综上所述,我们认为就固定通话业务可以细分为六个相关产品市场:(1)居民用户的本地固定通话市场;(2)居民用户的国内长途固定通话市场;(3)居民用户的国际长途固定通话市场;(4)企业用户的本地固定通话市场;(5)企业用户的国内长途固定通话市场;(6)企业用户的国际长途固定通话市场(见表 9-8)。

表 9－8　固定通话的相关产品市场

<table>
<tr><th>二级类别</th><th>三级类别</th><th>相关市场</th><th>替代技术</th></tr>
<tr><td rowspan="6">固定通话</td><td rowspan="3">居民用户</td><td>本地通话</td><td rowspan="6">1. 传统固定电话网络;
2. IP 电话网络;
3. 即时通信软件中的语音通话功能不具有替代性</td></tr>
<tr><td>国内长途</td></tr>
<tr><td>国际长途</td></tr>
<tr><td rowspan="3">企业用户</td><td>本地通话</td></tr>
<tr><td>国内长途</td></tr>
<tr><td>国际长途</td></tr>
</table>

六、固定数据的相关产品市场

固定数据的功能性目的是全程通过固定网络,将数据从一个地点传送到另外一个地点。如前所述,固定数据传输与移动数据传输从目前的技术看还不处于同一个相关产品市场。下面,我们分析固定数据传输是否再进一步细分其相关产品市场。

首先,分析上海市宽带的基本情况。传统的数据传输业务目前在我国主要通过两种技术手段,即拨号上网后铜缆入户或者光纤入户。目前的发展状况是,上海市基本进入光纤时代。根据上海市经济和信息化委员会 2015 年的数据,2014 年上海市共有宽带接入用户 625 万户,其中家庭用户 519 万户,这些家庭用户中光纤用户 425 万户,家庭用户平均接入带宽 23M。截至 2014 年年底,全市光纤到户能力覆盖用户达到 841 万户,这个数据远远超过了宽带接入用户的数量。[①]其次,根据工信部的统计,上海市的网速为全国最高。[②] 从目前上海市的发展状况看,光纤接入已经成为市场上的主流宽带产品。但在上海市一些偏远地区如崇明岛,依然存在旧的铜缆接入产品。

根据上海市固定宽带接入的情况,我们首先可以认为,不同技术之间的固定宽带产品存在替代关系。这即是说,铜缆接入的最高速率虽然没有办法和光纤接入相比,但二者之间存在很大的带宽交叉。比如,铜缆接入带宽的最高理

① 上海市经济和信息化委员会:《2014 年上海市国民经济和社会信息化统计公报》,载 http://www.sheitc.gov.cn/gg/667352.htm,最后访问日期:2016 年 8 月 5 日。

② 工信部:《固定宽带建设和经营策略探索》,载 http://zwgk.miit.gov.cn/n11293472/n11293832/n15214847/n15218234/15648550.html,最后访问日期:2016 年 8 月 5 日。

论值可以达到10G每秒,[①]一般也能达到几十兆每秒,因此存在和光纤接入的竞争空间。因此,铜缆接入和光线接入应当属同一相关产品市场。

表9-9　东方有线与上海电信的单宽带业务

带宽	10M/S	30M/S	50M/S	100M/S
东方有线年付费价格(元)	600	1000	1200	1500
上海电信年付费价格(元)	1200	1400	1600	1900

其次,由于三网融合技术的发展,目前上海市有线宽带运营商也可以经营固定数据传输业务,如东方有线可以通过其有线电视网络提供宽带通服务。那么,由此就产生了一个问题:传统电信宽带网络与有线电视宽带网络之间是否存在替代关系?我们认为,二者虽然不存在供给替代,即有线电视宽带运营商不可能随意将其网络转换到传统的电信网络,反之亦然,但二者之间存在需求替代。对于数据传输来说,消费者不是关注这种技术本身,而是关注它的传输速度以及价格。从传输速度来说,有线电视宽带(如东方有线公司)提供的宽带业务的速度跟上海电信相似,即也是10M/S、30M/S、50M/S、100M/S(见表9-9)。[②]

再次,从宽带的价格看,二者也有很强的可对比性。虽然上海电信的价格略高,但考虑到上海电信的宽带网络从质量上远远高于东方有线,消费者对上海电信的定价也基本认可。因此,电信运营商的宽带网络与有线电视宽带运营商的宽带网络可属于同一相关产品市场。

最后,考虑目前市场上存在不同带宽的固定数据传输产品,下面以上海电信提供的单宽带业务为例,分析不同带宽的产品之间是否存在替代关系。

表9-10显示,如果我们分别将10M/S、30M/S、50M/S带宽的产品依据假定垄断者测试提价10%,可以发现它们分别跟自己上一等级产品的差价为80元/年、60元/年、140元/年,分别占上一个类别产品5.7%、3.75%以及7.37%。换言之,相邻类别产品的价格差距不是很大。因此,可以认为,每一类别的产品分别与其相邻类别的产品具有替代关系。另外,反垄断法相关市场的界定存在替代锁链。简单来说,如果A可以替代B,B又可以替代C,虽然A和C之间并不存在直接的替代关系,我们依然可以认为A、B、C三者属同一相关市场。依

① 闫志坤:《铜缆电话线实现10Gbps传输 创造新记录》,载http://net.it168.com/a2014/0714/1645/000001645353.shtml,最后访问日期:2016年8月5日。

② Http://wap.ocnsh.net/personal.asp,最后访问日期:2016年8月5日。

据该理论，我们认为，不同带宽的产品可以共同组成同一相关产品市场。

表 9－10 上海电信年预付费单宽带业务①

带宽	10M/S	30M/S	50M/S	100M/S
年付费价格(元)	1200	1400	1600	1900
假定垄断者测设(提价 10%)	1320	1540	1760	—
与上一类别产品年度差价(元)	80	60	140	—
与上一类别产品月度差价(元)	6.7	5	11.7	—
占上一类别产品价格的百分比(%)	5.7	3.75	7.37	—

此外，固定数据传输还应该区分专享宽带产品与共享宽带产品，这二者之间的区别大致与固定通话中的居民用户和企业用户相似。一般家庭的宽带都是共享带宽，企业用户则倾向于使用专享带宽。共享带宽的速度随用户的增多而变慢，专享带宽的速度则保持不变。此外，二者的价格也存在巨大的差异。从表 9－11 的价格对比可以看出，由于二者价格的巨大差异，一般的消费者是不会把共享宽带产品和专享宽带产品作为同一种产品看待的。

表 9－11 上海电信专项带宽与共享带宽的价格对比

共享带宽	10M/S	30M/S	50M/S
共享带宽年付费价格(元)	1200	1400	1600
专享带宽年付费价格(元)	2888	10,388	13,388

综上所述，可以认为，固定数据传输产品的相关产品市场可以按照表 9－12 进行划分：

表 9－12 固定数据传输的相关产品市场

二级类别	相关产品市场	替代性产品
固定数据	专享带宽产品	1. 传统电信网(不同速率) 2. 有线电视网(不同速率)
	共享带宽产品	

七、套餐对界定电信市场的影响

由于三网融合技术的发展，电信运营商可以在传统的单业务网络上提供跨

① Http://www.189.cn/sh/kd/，最后访问日期：2016 年 8 月 5 日。

业务的产品。以上海电信为例,它可以同时提供固定通话业务、固定网络业务、手机业务以及电视业务。而且,这些电信运营商提供单电信业务的时候,可以将不同的电信业务进行打包以套餐的形式进行销售。下面,我们以上海电信提供的套餐服务作为研究对象,分析打包套餐的形式是否影响前述的相关市场界定。

目前,上海电信提供的多业务套餐包括:(1)宽带+固话;(2)宽带+固话+手机;(3)宽带+IPTV。在宽带+固话这个套餐上,上海电信提供了三种套餐价格(见表9-13)。

表9-13 上海电信宽带+固话套餐资费①

年基本费(元每年)	宽带	包含话费(元)
1580	30M/S	15
1780	50M/S	20
2180	100M/S	25

消费者选择购买哪一种套餐,这里决定性的因素是价格。因此,如果套餐业务没有在价格上形成较大优势的话,消费者势必将套餐业务和单电信业务视为具有替代性。下面,我们以30M/S的套餐业务(价格为1580元/年)为例进行研究。选择使用新装客户免收一次性安装调测费及手续费(宽带一次性费用包含安装调测费300元/线和手续费10元/线)。新装固话客户按140元/线的标准资费收取一次性固话安装费及手续费。若消费者单独购买30M/S的宽带,价格为1400元/年。选择单宽带业务年付费的客户也可以免收一次性安装调测费及手续费(宽带一次性费用包含安装调测费300元/线和手续费10元/线)。若消费者单独购买固定电话业务,需要支付手续费10元,新装调试费用130元,共计140元(与套餐业务相同)。对固定电话来说,用户需要支付月租费25元,每年共计300元,但是可以享受本地免费通话费每月每号线6元,即每年可获得72元。② 通过上面的分析可以发现,选择30M/S+固定通话套餐的用户实际支付1720元/年,而分别购买这两种产品的用户一共需要支付1840元/年,二者差距不到7%。其他类型的餐套业务也存在这种情况。

---

① Http://sh.189.cn/DownLoad/gwe8nftc2015c.pdf,最后访问日期:2016年8月5日。

② Http://sh.189.cn/ywjs/ywintro/ghyw/gddhyw/1528.html,最后访问日期:2016年8月5日。

与单独购买电信业务产品相比,套餐业务并未在价格上真正形成优势。鉴于固定电话的使用率正在逐步降低,单独购买宽带业务反而能够提供消费者更大的选择权。因此,我们认为,套餐业务与单电信业务之间构成替代关系,没有必要单独界定一个只有套餐业务的相关市场。

八、地域市场

固定电信网络具有很强的自然垄断属性,从而也具有很强的网络效应,这在用户层面表现得尤为突出。当一个用户选择接入某一电信运营商的固定网络时,该用户需要对自己的住房进行一定改造,即一方面使得通讯网络能够进入自己居住或工作的地方,另一方面也要保证一定程度的美观。因此,一旦用户与某一电信运营商签订了电信服务协议,该用户一般不太愿意转换到其他电信运营商。因此,电信服务具有很强的用户锁定效应。

然而,随着科技发展,这种锁定效应在逐步减弱。这是因为三网融合,尤其是有线电视网络目前也可以提供宽带服务。因此,拥有电话网络和有线电视网络的用户就有了随时转换宽带运营商的选择权。此外,从技术层面看,有线电视网络实际上也可以提供固定语音通话服务。只是因为工信部目前尚没有给有线电视运营商颁发固定通话的牌照,传统电信网络与有线电视的无缝竞争目前只存在于固定宽带与电视节目的传输方面。值得注意的是,如果工信部以后也会给有线电视运营商颁发固定电话经营的牌照,电信市场的竞争会更加充分。

此外,无论固定宽带还是固定通话,其布线方式大体相同。电信网络大致分为三级,包括接入层、汇集层和核心层(见图9－2)。接入层是从用户住宅或者工作场所出发引出的第一根线。但是电信运营商一般不会给每个用户都提供一条专线。因此,相邻用户的电信线路需要首先在某一点进行汇集。一般的第一个点都是以住宅小区或者商用小区为基础。这样的汇集点可能又分为几个层级,多个层级的电信线路最终汇集到核心层。电信运营商一般会建立多个核心层,并通过专线将这些核心层连接起来,最终形成整个电信网络。

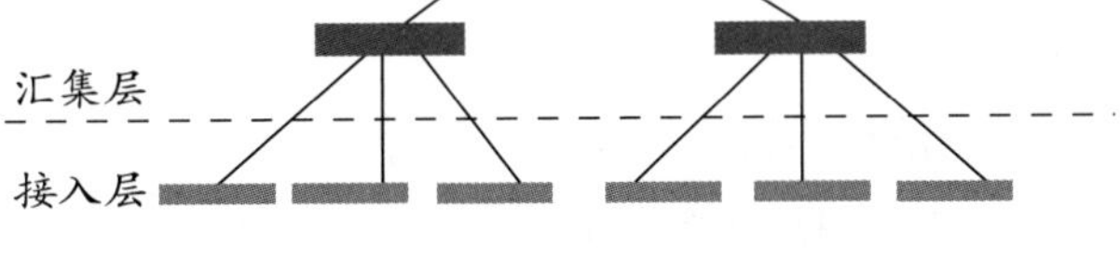

图9－2　固定网络布线示意图

通过上述关于电信网络基本情况的介绍,我们可以认为,在固定通话和固定数据领域,电信用户一般不会认为不同电信网络(不同的电信运营商)之间具有替代关系。如果使用另一家电信运营商的固定通话服务,用户需要对自己的电话网络重新改造,而这种改造的成本一般远远高于电信服务费用。因此,我们认为,不同的电信网络不存在需求替代。但是,不同的电信运营商之间可能存在供给替代。如果另外一个电信运营商的某一汇集点跟现有的电信运营商比较接近,该电信运营商原则上可以给另外一个电信运营商的用户提供相应的电信服务。虽然对于单个用户来说网络改造的成本比较高,但这个费用可能会被电信运营商所承担。因此,不同的电信网络之间可能存在一定的供给替代。基于此,可以认为,不同的电信网络之间存在替代关系,可以被认定属同一相关地域市场。

上海电信在固定通话业务的定价方面将上海市分为两个地域市场,即崇明地区和非崇明地区。崇明地区的固定电话月租费为 18 元,非崇明地区的月租费为 25 元。因此,可以将上海市固定通话业务划分为两个地域市场,即崇明地区以及非崇明地区。关于宽带产品,因为电信运营商未按照地区制定不同的价格,因此可以将整个上海市认定为同一相关地域市场。最后,还需要指出的是,无论将上海市作为相关地域市场,还是将上海市细分为若干地域市场,这往往取决于具体的案情,这里就不再对地域市场做出严格的界定。

九、结论

综上所述,上海市的固定电信业务可以划分为如下八个相关产品市场:

(1)居民用户的本地固定通话市场;

(2)居民用户的国内长途固定通话市场;

(3)居民用户的国际长途固定通话市场;

(4)企业用户的本地固定通话市场;

(5)企业用户的国内长途固定通话市场;

(6)企业用户的国际长途固定通话市场;

(7)共享宽带产品;

(8)专享宽带产品。

界定相关地域市场的时候,可以将固定通话的相关地域市场界定为崇明地区和非崇明地区,将固定数据的相关地域市场界定为整个上海市。但是,总体来说,相关地域市场的界定还取决于具体的案情。

第三节　互联网行业的相关市场界定

一、行业简介

互联网行业，是指以互联网为基础，经营者的全部收入或者部分来自互联网或与之相关的产品及服务的经济行业。网络技术的运用和发展不仅对传统产业产生了重大影响，而且也催生了一个以提供网络信息服务为内容的互联网行业。美国、欧盟等发达的国家和地区，而且也包括在我国，已经产生了很多涉及互联网行业的典型案例，这些国家和地区的司法和执法机关在这个方面已经积累了一些有益的经验。互联网在我国的发展产生了巨大的社会影响，互联网行业的限制竞争问题已经进入了我国反垄断的视野，其中对互联网领域的产品或者服务进行科学合理的相关市场界定就是解决这些限制竞争问题的举足轻重的前提。

在美国、欧盟等法域的相关案例中，互联网领域的商品和服务往往被界定为若干个独立的相关市场，如搜索引擎、即时通讯、在线广告、远程销售、数字图书、宽带互联网接入市场。某些案例根据其具体案情，上述相关市场甚至被进一步界定为若干细分市场。然而，我国法院审理的北京奇虎诉腾讯反垄断一案作为我国在互联网行业的一个典型案例也表明，反垄断法应以新的视角来审视互联网行业的限制竞争行为，即在相关市场界定方面，既要关注互联网行业的双边或多边市场的特征，也要考虑实体市场和虚拟市场的竞争关系，特别是应当结合互联网领域的需求替代和供求替代进行竞争分析，而不应拘泥于传统相关市场界定的思路和方法。

二、互联网领域竞争特性及其对市场界定的影响

（一）零价竞争

互联网企业基础业务的零收费已成为互联网领域通行的商业运营模式。例如，即时通讯、搜索、社交网站、安全、电子商务，均是对其用户免费，也即是互联网企业利用这些用户向其另一方面的潜在客户收取费用来维持和支持企业的发展。[①] 例如，它们利用销售网络的广告、销售产品的升级会员服务、销售游

① 有些行业还通过负价格的方式让用户使用自己的产品。例如，快的打车和滴滴打车的竞争。参见《两大打车软件武汉贴钱抢用户　乘客也有补贴》，载 http://www.hb.xinhuanet.com/2013-08/09/c_116874779.htm，最后访问日期：2013 年 12 月 20 日。

戏中的虚拟物以及通过电子商务从卖家收取交易中介费。

互联网用户对基础服务的价格非常敏感。根据中国互联网信息中心(CNNIC)公布的2009年度中国即时通讯用户调研报告,不愿意为使用即时通讯服务支付费用的用户的比例高达60.6%,而在愿意付费的用户中,这些用户也主要为其增值服务付费,而且即使这些用户,他们也不愿意为其获得的基础服务付费。① eNet网站的一项调查报告显示,如果腾讯向QQ用户收费,81.71%的用户将会转而使用其他的免费即时通讯产品和服务。② 此外,根据欧盟委员会关于微软与skype合并案中的裁决,75%的消费者提出,如果skype向他们进行收费,他们便不再使用skype。③ 最典型的是中国的微信收费风波。2013年年初,中国的基础电信业务运营商受到微信的强烈冲击,纷纷要求腾讯公司向微信用户收费。作为互联网行业以及基础电信运营商的主管政府机关也表态支持微信收费,不过,腾讯公司却坚持免费的政策,并且一再向用户做出基础服务永不收费的承诺。④ 这说明,互联网领域基础服务的零价格是互联网企业之间激烈竞争的结果,互联网公司很清楚,向用户收费即意味着它们会离开这个市场。

由于互联网企业普遍对用户采取免费的模式,这个免费的市场是否反垄断法规制的对象就存在了争议。因为反垄断法出台的首要目标是为了防止垄断高价,而且反垄断法也会反对垄断性企业通过降低其服务标准来维持其垄断性的高额利润。例如,在唐山人人诉百度一案,被告百度公司辩称,由于搜索引擎服务相对于广大网络用户而言是免费的,免费的服务不是反垄断法所约束的领域,因此这个案件中不存在反垄断法意义上的相关市场。⑤

在美国的涉及互联网的反垄断诉讼中,互联网市场的零价格模式也受到法院的高度重视。例如,在Kinderstart. com LLC. v. Google Tech. ,Inc. 一案中,法

---

① CNNIC:《2009年中国即时通信用户调研报告》,载 http://www. cnnic. net. cn/research/bgxz/sqbg/ 201106/ t2011 0609_21318. html,最后访问日期:2013年12月20日。

② eNet:《如果QQ收费,81%的用户将不再使用》,载 http://news. zol. com. cn/2002/0509/40463. shtml,最后访问日期:2013年12月20日。

③ Case NO. COMP/M. 6281, Microsoft / Skype, decision of 7October 2011.

④ Http://tech. qq. com/a/20130411/000081. htm? pgv_ref = aio2012&ptlang = 2052,最后访问日期:2013年12月20日。

⑤ 佟姝:《百度被诉垄断案背后的思考——唐山市人人信息服务有限公司诉北京百度网讯科技有限公司垄断纠纷案评析》,载《中国专利与商标》2010年第1期;李剑:《双边市场下的反垄断法相关市场界定——百度案中的法与经济学》,载《法商研究》2010年第5期。

院认为,KinderStart 未能证明"搜索市场"是"一组销售",而仅是结论性地认为,"根据用户的体验和他们对搜索引擎的期望,同时考虑到互联网自由和互联网中立的政府政策和技术政策,搜索引擎对用户必须免费",因此它不能证明 Google 或任何其他搜索服务提供商是在出售其搜索服务。这也就是说,由于原告 KinderStart 未能说明反垄断法可以对免费服务方面的竞争行为进行约束的法律依据,它没有提供提供 Google 的搜索引擎可以为其带来收入的证据,也没有说明谁在为 Google 的搜索服务支付费用,因此原告在这个案件中提出的"搜索市场"不是反垄断法中的"市场"。[①]

更为重要的一个问题是,互联网领域的基础业务是免费的,这还引起了 SNNIP 测试是否适用于互联网市场的争议。SNNIP 测试是通过小幅但是显著性的持续上涨价格来测定相关市场的范围,这个小幅持续价格上涨的范围大约 10% 左右。现在的问题是,如果基准价格是零,从零到收费的上涨是属于小幅上涨还是无限大的上涨? 这是否通过用户的感知还是通过纯粹的经济学数据进行考量? 这些问题显然是"免费互联网市场是否适用 SSINP 测试"必须要面对的问题。

(二)跨界竞争

跨界竞争是高科技企业的另一个明显特点。这即是说,一家企业的没落不仅仅可能由于来自本行业竞争者的竞争,而且还可能自于其他行业竞争者的竞争。例如,入门级的数码相机与智能手机之间的竞争,数码相机无疑会败在智能手机的手下。[②]

同样,在互联网领域,两种看起来貌不相同的产品也会存在激烈的竞争,SNS 社区网站与即时通讯之间的竞争为例。艾瑞网公布的《2010 ~ 2011 年中国即时通讯年度监测报告》显示,2006 ~ 2010 年,随着 SNS 社区、微博等社交产品的兴起,即时通讯服务季度使用时间占比从最高的 14.4% 下降到 2010 年第四季度的 9.9%;与之相反,SNS 社区和微博等社交产品季度使用时间占比从 3.8% 上升到 2010 年第四季度的 8.5%。中国境外的社区网站 Facebook 与 MSN 之间也有着直接的竞争,而且正是 Facebook 和 Twitter 的崛起,导致了 MSN 的

① No. C 06 - 2057 JF RS (N. D. Cal., March 16, 2007).

② 《数码相机拒绝死亡 受智能手机冲击命运成谜》,载 http://it.sohu.com/20120426/n341654614.shtml,最后访问日期:2013 年 12 月 20 日。

衰败和消亡。[①]

这些跨界竞争的存在导致界定相关市场过程中替代分析的难度加大。因为分析产品的需求替代，主要是从产品的功能、用途等物理特性出发，考察产品之间是否可以互相替代。但是跨界竞争的存在，导致即使两种产品的功能等方面存在差异，但是它们具有相互替代的可能。在这种情形下，产品替代性的认定、替代品所属领域以及替代品之供应商范围的划定，都会变得更加困难。

（三）平台竞争

互联网企业所处的市场往往被称为“双边市场”。即在这种市场上，有两组参与者通过中间层交易，一组参与者加入该中间层的收益取决于另一组参与者加入该中间层的规模与发展程度，这种双边市场的中间层一般被称为“平台”。[②] 平台通常是为一类或者多类消费者提供免费的产品和服务，同时也从使用这个平台的商家收取费用以达到其生存以及盈利的商业目的。在北京奇虎和腾讯公司的反垄断诉讼一案中，广东省高级人民法院作为一审法院事实上也指出了互联网企业之间开展平台竞争的商业运作模式。判决书指出，“以免费的服务吸引大量用户，再利用巨大的用户资源经营增值业务和广告以实现盈利，然后以增值业务和广告的盈利支撑免费服务的生存和发展，已经成为互联网行业目前典型的经营模式。在这种经营模式下，各服务商之间真正竞争的是客户数量、点击量和客户有效使用时间，因为客户越多，点击量越大，客户的有效使用时间越长，广告和增值业务的盈利将越高”。[③]

平台竞争不仅产生与互联网，其实还有很多其他产业也存在平台竞争，如媒体（观众与广告商间的中介）、金融交易所（流动性提供者和需求者间的中介）、支付卡（买方和卖方间的中介）、电脑操作系统、手机和游戏机（使用者、应用开发商和硬件制造商之间的中介）。

互联网企业间的竞争更多地表现为平台竞争，即这个平台一方面为用户提供免费服务，另一方面通过广告收入和其他来源获利。表9－14列出了我国境内主要的互联网平台以及它们吸引用户的免费服务和盈利情况。因此，有人指出，互联网领域竞争的实质是“互联网企业相互之间在各自的应用平台上开展

---

① 关于Facebook，Twitter与MSN的竞争分析可参见欧盟裁决微软并购SKYPE案件。Case NO. COMP/M.6281，Microsoft / Skype，decision of 7October 2011.

② 张利飞、张运生：《智能手机产业操作系统平台竞争战略研究》，载《中国软科学》2013年第4期。

③ 参见广东省高级人民法院民事判决书〔2011〕民三初字第2号。

增值服务和广告业务的竞争。这也正是原告、被告双方虽然各自经营即时通讯和安全杀毒产品,但是却会爆发'3Q大战'的真正原因所在"。①

表9-14 主要互联网平台的免费服务及盈利情况

平台	免费平台服务	平台收入来源
腾讯	即时通讯	广告收入、增值服务与网络游戏收入
百度	搜索引擎	广告收入
新浪	综合门户	广告收入、增值服务与网络游戏收入
奇虎360	安全软件	广告收入与网络游戏收入
网易	综合门户	广告收入与网络游戏收入
淘宝	网上购物	广告收入、增值服务
搜狐	综合门户	广告收入、网络游戏
优酷	在线视频	广告收入、增值服务
土豆	在线视频	广告收入、增值服务
谷歌	搜索引擎	广告收入

互联网平台之间的竞争非常激烈。以用户的使用时间为标准,表9-15显示了2007年3月排名前25位的网络平台和其在2013年3月的排名对比。由此可以看出,2007年3月排名前25位的网络平台中,有18个在2013年3月的名次下降(其中16个降幅多至5位以上),6个名次上升(其中2个升幅在5位以上)。其中,11个平台跌出前25名,11个新网络平台排进前25名。这说明,在过去的6年里,互联网平台之间的竞争显著改变了中国互联网产业的格局。

表9-15 2007年3月前25名互联网平台排名和其2013年3月排名对比②

互联网平台	2007年3月排名	2013年3月排名
腾讯	1	1
新浪	2	5
百度	3	2
网易	4	11

① 北京奇虎科技有限公司诉深圳市腾讯计算机系统有限公司、腾讯科技(深圳)有限公司滥用市场支配地位案件,〔2011〕粤高法民三初字第2号民事判决书。

② 根据艾瑞公司的调研报告整理。

续表

互联网平台	2007 年 3 月排名	2013 年 3 月排名
搜狐	5	6
MSN	6	18
淘宝	7	3
雅虎	8	24
谷歌	9	31
TOM	10	96
中华网	11	21
天涯	12	22
土豆	13	7
猫扑	14	39
Skype	15	28
21CN	16	58
51	17	32
互联星空	18	138
人人网	19	15
搜狗	20	16
上网导航 265	21	97
西祠胡同	22	54
偶偶娱乐	23	n/a
中国易趣	24	587
56 网	25	19

对互联网企业而言,如果能够在自己的平台上增加其他平台的功能或者提供比其他平台更加优质的功能,这是它们开展竞争的最有力武器。应当说,这些互联网平台各自都积累了海量的用户,但是因为互联网企业可以在其已经提供的服务外增加新的服务,这样它们就可以比较容易地增加自己的新用户。例如,Google 在 Gmail 中加入了 Gtalk 功能;阿里巴巴 2009 年推出“淘江湖”,作为淘宝网的 SNS 功能。这些功能的增加,一方面可以将用户最大限度地留在自己的平台上,即使这些用户不用离开自己产品页面就能实现其他公司的平台服务;另一方面也有可能对其他平台造成致命的影响。例如,Facebook 增加了聊天的功能,这导致当年即时通信的全球霸主 MSN 退出了整个互联网市场;腾讯

的微信中增加了支付功能，这引起了阿里巴巴与京东等电子商务网站的恐慌，它们纷纷封杀微信在自身网站以及内部的应用。可见，平台竞争的上述特点，实际上增加了替代分析的难度。这也就是说，互联网领域的假定垄断者构成竞争约束的供给替代范围，可能要比直观想象的结果广得多。

此外，平台通常还表现出间接网络效应、交叉网络外部性、非对称性价格结构等各种特征。[①] 此外，平台不同客户组之间还存在显著的互补依赖性。即在相关市场的界定中，如果仅关注一边市场，忽视另一边市场上的竞争压力，机械地进行 SSNIP 测试，这将可能得出具有误导性的狭窄的市场界定方案，因为这很容易无法客观评估平台运营商面临的竞争压力，进而违背相关市场界定的初衷。

三、相关市场界定在互联网领域的应用

考虑到互联网领域的特性，这个领域的相关市场界定就不能简单地介绍或者重复相关市场界定的一般步骤和方法，而是应当考虑互联网行业的特殊性，由此为这一领域反垄断案件的处理提供合理的竞争分析。这里主要分析界定相关市场时在互联网领域应当考虑的主要问题。

（一）需求替代分析

考虑到互联网企业存在跨界竞争的情况，在分析互联网产品之间的竞争关系时，不仅应当分析这些产品的功能和特性，而且更要注重这些产品之间存在的或者潜在存在的可替代关系。例如，用户因为微博实现的实时动态交流功能，从而可能减少了对社交网站类似功能的使用。[②] 从 CNNIC 的统计数据看，2011 年微博的网民使用率提升了 35 个百分点，达到 49%，而社交网站的网民使用率下降了 4 个百分点，为 48%。这或可表明，新兴的微博业务对社交网站产生了替代作用。

有关通信服务使用趋势的统计数据，进一步印证了消费者将不同通信服务作为替代产品的观点。例如，根据前面提及的艾瑞《2010—2011 年中国即时通讯年度监测报告简版》，2006～2010 年即时通讯服务季度使用时间占比从最高 14.4% 降至 2010 年第四季度的 9.9%，而 SNS 社区、微博等社交产品季度使用时间占比从 3.8% 上升到 2010 年第四季度的 8.5%。这个关于即时通讯的监测报告指出，“随着 SNS 社区、微博等社区交友服务的崛起，用户对即时通讯的依

---

① Caillaud B., Jullien B., Chicken, Egg, Competition among Intermediation Service Providers, *Rand Journal of Economics*, 2003, Vol. 34, No. 2, pp. 309－328.

② 卢玥：《如何应对移动互联时代的业务替代?》，载《人民邮电》2012 年 8 月 7 日版。

赖度降低”①(见图9－3)。

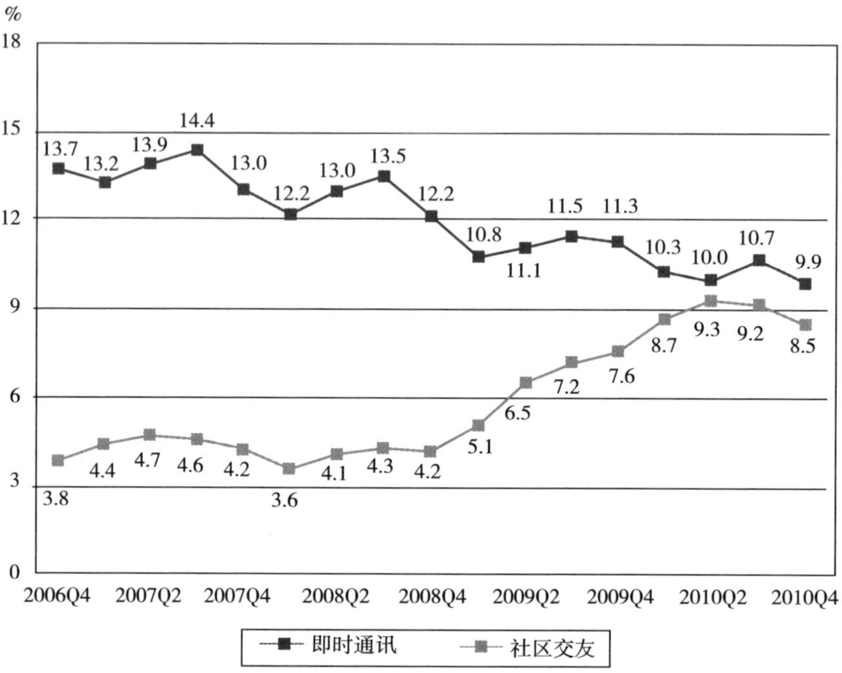

Source: iUserTracker 2011.6, 基于对20万名家庭及办公（不含公共上网地点）样本网络行为的长期监测数据获得。

图9－3　2006～2010年即时通讯与社区交友服务季度使用时间占比变化情况②

这说明互联网平台跨界竞争的特性带来的影响是,即使有些互联网产品的特性不同,但这不能表明它们肯定不在同一个相关产品市场上。③ 这里必须要考虑的是,产品特性的差别是否大到足以阻止消费者选择这些产品作为某个产品的替代品。例如,即时通讯服务提供访问联系人的列表,但是消费者也可能将其联系人列表保存在自己的手机里。这说明,尽管消费者接触其联系人列表的方式不同,但是这些不同之处并不足以阻碍消费者以一种产品替代另一种产品。

还以即时通讯工具与邮箱之间的竞争为例。由于QQ、MSN等即时通讯具

① 参见《2010～2011年中国即时通讯年度监测报告》(简版),第10页。

② 同上注。

③ ICN,Recommended Practices For MergerAanlysis,载http://www.internationalcompetitionnetwork.org/uploads/library/doc316.pdf,最后访问日期:2013年12月20日。

有离线异步通讯的功能,即使用户的联系人是离线状态,用户仍可以向其发送信息和附件。而且当联系人下次登录后,不管发送者是否在线,他都可以接收到信息和附件。这个功能与电子邮件的功能极其相似。在实际生活中,当联系人离线时,人们经常通过 QQ 或者电子邮件发送附件。因为这两种通信方式最终达到的效果是相同的,因此 QQ 和电子邮件在功能上具有可替代性。

再如,基于手机平台的短信与基于互联网的即时通讯也有替代关系。例如,(1)用户通过电脑端的飞信,可以给对方的手机号码直接发送短信;(2)用户通过电脑端的 QQ 以及阿里旺旺也可以给手机号码发送短信,且收发双方都可以互回;(3)微信、米聊等即时通讯工具收发短消息的功能也可直接对基础电信运营商的短信业务造成巨大的冲击。

同样,在微博与微信的竞争关系上,虽然新浪微博和微信在私密性、关系链以及媒体属性上存在很大的差异,但是两者之间的竞争亦非常明显。正如新浪董事长曹国伟先生在 2012 年第三季度财报的电话会议上指出的那样,第三季度新浪用户在新浪微博上的停留时间较第二季度略有下降,原因之一便是微信的竞争。[①]根据艾瑞的调查,2012 年 5 月新浪微博在智能手机的有效浏览时间还是微信的一倍,但到 9 月双方已经持平,10 月和 11 月微信在智能手机的有效浏览时间已经超过微博。[②]

(二)供给替代分析

由于互联网平台可以通过书写软件代码轻易地互相模仿,这一点在界定互联网企业相关市场的时候显得尤为重要。在现实中,许多专长于某一类通信服务的互联网平台,纷纷添加了类似其他通信平台(如即时通讯)的功能,以此吸引和留住用户。例如,著名的社交网站人人网就添加了即时通讯工具“人人网页聊天”和“人人桌面”,以满足用户的即时通讯需要。新浪在其微博平台之上提供了“新浪私信聊天”和“新浪微博桌面”的即时通讯功能。谷歌邮箱 Gmail 也提供了即时通讯功能“Google Talk”。其他专长于不同类型互联网服务的平台,也提供有类似的即时通讯服务功能。例如,擅长搜索服务的百度将“百度 Hi”作为其即时通讯工具,阿里巴巴推出了“阿里旺旺”,安全软件供应商奇虎 360 也将即时通讯工具“口信”整合进了自己的平台。

---

① 《微信或与新浪微博上演争夺战》,载《东方早报》2012 年 12 月 20 日版。

② 《新浪微博 PK 腾讯微信 谁执牛耳?》,载 http://service.iresearch.cn/im/20121109/186647.shtml,最后访问日期:2013 年 12 月 20 日。

出于合理的市场界定分析，这里应当考虑其他企业能否在假定垄断者提高价格后进入市场，并使这个提价无利可图。这种进入分析可以是由相邻市场的某一企业提供一个竞争性产品或者一个全新的公司进入该市场。这种进入在网络行业是比较容易的，即现有的企业可以运用它们软件与硬件的优势和已有的用户群，通过增加新的功能来与其他企业开展竞争。而且事实上，即时通讯、微博、社交网站以及电子邮件在以往的竞争都证明了这一点。表 9 - 16 显示了 1997 年以来提供这些功能的主要互联网平台以及它们提供这些功能的时间，由此可以证明各个互联网平台试图向其用户提供与其他平台相类似的服务，或者模仿其他平台提供的功能，由此导致每个互联网平台都已经成为进入或者试图进入其他平台的领地。

评估平台运营商面临的竞争压力，需要考察其客户是否有多归属的情况，或在面对涨价能否转换到其他平台或单边市场运营商提供的替代产品或服务。这种情况下，间接的网络效应可能意味着一边或多边客户的转换行为足以使涨价行为无利可图。例如，假设某平台运营商在市场 A 提供没有替代性的独特服务，而市场 B 竞争激烈，则平台运营商对市场 A 客户的任何涨价企图都可能被市场 B 的竞争所阻止。这就是说，平台运营商的竞争者既包括提供类似产品和服务的其他平台运营商，也包括仅活跃于一边市场的竞争者。多边平台运营商既受制于不同客户组之间的间接网络效应，也受制于任何一边市场上的竞争。①

表 9 - 16　引入即时通讯、微博、社交网站以及电子邮件的主要平台及时间

平台	成立时间	即时通讯	微博	社交网站	电子邮件
腾讯	1998 年 11 月	1999 年 2 月（QQ）	2010 年 5 月	2005 年 6 月	1999 年 2 月
百度	2000 年 1 月	2008 年 3 月（百度 Hi）	—	2003 年 12 月（百度贴吧）	—
淘宝	2003 年 5 月（阿里巴巴于 1999 年成立）	2007 年（阿里旺旺）	2013 年 4 月（收购新浪微博 18% 股权）	2009 年 4 月（淘江湖）	2009 年 9 月

① 苏华：《多边平台的相关市场界定与反垄断执法发展》，载《价格理论与实践》2013 年第 8 期。

续表

平台	成立时间	即时通讯	微博	社交网站	电子邮件
新浪	1998 年 12 月	2011 年 6 月（微博桌面客户端）；2009 年 9 月（微博网页私信聊天）；2004 年（收购 UC）	2009 年 8 月	2005 年 1 月（新浪博客）	1999 年
网易	1997 年 6 月	2002 年 11 月（网易泡泡）	2010 年 3 月	2006 年 9 月（网易博客）	1997 年 11 月
搜狐	1998 年 2 月	2007 年 7 月（搜狐小纸条）	2010 年 4 月	2005 年 11 月（搜狐博客）	2001 年 8 月
奇虎	2005 年 9 月	2011 年 8 月（收购口信）	—	—	—

在北京奇虎诉腾讯的反垄断案件中，虽然广东省高级人民法院作为初审法院没有认定 360 和腾讯的应用平台是该案的相关市场，但是它强调，“互联网行业是一个动态市场，行业内成功的产品、服务及商业模式很容易被其他企业模仿，市场进入门槛极低，因此除以需求替代来界定相关市场外，亦应从供给替代的因素出发，将其他企业的潜在产能考虑在相关市场范围内”。①

（三）SSNIP 测试分析

相关市场界定中常常使用 SSNIP 测试法来确定相关产品是否具有可替代性。即便产品的价格是零，或者说免费提供，这也并不妨碍 SSNIP 测试法的适用。因为 SSNIP 测试背后的理念是分析一个微小但显著的价格增长所带来的影响。当价格为零时，分析一个 10% 的价格增长也许没有什么意义，因为零的 10% 仍然为零。② 这种情况下，SSNIP 测试法的一个正确应用可以考虑一个微小的价格总量的增加，而不是一个百分比的增加。在北京奇虎诉腾讯的反垄断

① 北京奇虎科技有限公司诉深圳市腾讯计算机系统有限公司、腾讯科技（深圳）有限公司滥用市场支配地位案件，〔2011〕粤高法民三初字第 2 号民事判决书。

② 更普遍的情况是，当价格为零时，通常这种产品由多边平台来提供，这时候就要同时分析该平台所提供的“免费”产品和“收费”产品。See Evans, David S. , Antitrust Economics of Free, Competition Policy International, Spring 2011, 载 http://ssrn. com/abstract = 1813193，最后访问日期：2013 年 12 月 20 日。

案件中,广东省高级人民法院首次在反垄断诉讼中使用了 SNNIP 测试法,它也是使用了一个价格的微小总量的增加,而不是使用了一个价格的百分比增加。

另外,SSNIP 测试只是使用价格作为变量,但从经济学的角度说,产品质量的下降与价格的上升具有相关性,因为它们都会减少消费者的福利,从而都可能引起消费者寻求其他的产品或者服务作为替代。[①] 因此,在考虑替代行为是否会发生时,无论选择一个幅度微小但很重要而且是非临时性的涨价,或者选择一个幅度微小但很重要而且是非临时性的质量下降,这两种选择的结果不会有太大的差异。

在北京奇虎诉腾讯的反垄断案件中,进行 SSNIP 测试需要提出的问题是,如果一个即时通讯的垄断者提高其产品的价格,是否有足够多的消费者会转换到其他的替代品上,由此导致这个即时通讯的垄断者不能通过提价而获利。[②] 在评估一个幅度不大的提价能否使之获利的时候,有必要从供给和需求的角度考虑以下几个方面的因素:

1. 多大程度的提价将会导致用户流失。这里需要考虑两个问题:(1)因为人们每天都要进行一系列通信联系,这个假定垄断者的即时通讯服务的小幅度提价对一个消费者来说可能是一笔不小的费用;(2)很多消费者可能同时拥有多种通信方式,因此从一种通信方式转换到另一种通信方式可能不需要代价。

2. 用户流失将在多大程度导致假定垄断者会减少收入和利润。这里应当考虑到:(3)当消费者从一种特定的通讯服务平台退出后,该平台服务供应商会损失依靠这位用户所带来的其他产品和服务的收入,包括它提供高级会员服务的收入。

3. 这个提价将在多大程度导致供给替代的发生。这里应当考虑到:(4)为了其通信服务与假定垄断者提供的服务具有很强的可替代性,其他的通信服务供应商可能会对它们的服务内容或者技术进行修改,以便更好地吸引消费者;

---

① 在 SSNIP 测试的基本阐释上,经济学家通常假定质量保持不变,然后来测度价格变化时产生的影响。然而,消费者需求的变化通常取决于产品价格和产品质量两个因素。消费者为优质的产品愿意支付更高的价格,为劣质的产品只愿意支付更低的价格。因此,我们也可以保持价格不变而改变质量。只有当消费者没有什么替代的产品可以选择时,一家企业才能够显著地降低质量从而节省开支,但销售额并没有明显下降。See Jonathan B. Baker. Market Definition: an Analytical Overview, Antitrust Law Journal, Vol. 74, No. 1, 2007, pp. 129 – 174.

② 假定垄断者测试通常是通过一个假设的提价来看消费者是否转向具有紧密替代关系的其他商品,使假定垄断者的涨价行为无利可图。如果是,则将该替代品加入到相关商品市场中,直到出现某一个商品集合,假定垄断者可以通过涨价实现盈利,由此界定出相关商品市场。

(5)提供与提价的假定垄断者相同或相似通信服务的新的互联网公司会涌现出来。

如果从需求和供给两个方面考虑上述各种因素,一个像北京奇虎所声称的在即时通讯领域或在一个不包括即时通讯、微博、社交网站和电子邮件的通讯领域的垄断者是没有依据的。对于一个即时通讯服务(包括综合即时通讯,也包括单独的文字、语音和视频即时通讯)的假定垄断者来说,因素(1)和因素(2)再加上不同类别的通讯方式通常具有相似功能的事实,这些都意味着一个小幅度但是比较显著的提价将会导致其即时通讯服务用户的数量明显减少;因素(3)显示,用户数量的减少将会导致该垄断者利润的显著下降;因素(4)和因素(5)显示,用户数量减少而产生的损失可能会因供给替代的发生而进一步扩大。因此,对这一假定垄断者来说,小幅度但是显著的提价是无利可图的。这个 SSNIP 测试的结论就是,即时通讯本身不能构成一个相关市场,因为消费者可以转换到替代性的产品或者服务从而导致这个假定垄断者的提价变得无利可图。

同样,对于一个提供即时通讯和社交网站的假定垄断者来说,消费者几乎可以不花任何成本转换到具有高度相似性的微博和电子邮件。因此,该假定垄断者是无法显著地提高其产品的价格。对于一个提供即时通讯和微博的假定垄断者来说,由于消费者可以转换使用社交网站和电子邮件,这个即时通讯和微博的假定垄断者也是不可能显著提价的。因此,在北京奇虎诉腾讯的反垄断案件中,最小范围的相关市场界定也应当包括即时通讯、微博、社交网站和电子邮件在内。

四、结论

总体来看,相关市场界定的一般技术方法在互联网领域基本是适用的,只是因为互联网领域存在零价竞争、跨界竞争和平台竞争等几个特点,这些方法可能会导致忽视不同产品之间可能存在的竞争约束,进而导致相关市场的界定偏窄。针对这个问题,互联网领域界定相关市场应当注意如下两个问题:

第一,注重各种方法的综合适用。这即是说,相关市场界定的技术方法虽然可以用适用于不同的行业,但是因各个行业可能有其自身的特性,这些方法所起到的作用和权重可能就会有不同。在进入较为容易、生产力容易转移的互联网产业,仅仅将现有市场上生产同类产品或者服务的企业纳入竞争范围是不够的。跨界竞争、平台竞争使得不从事同一类细分业务的互联网企业之间,也可能存在竞争，或者可以及时和有效地进入市场形成竞争。因此，除了以需求替代来界定相关市场外，亦应从供给替代的角度出发，将其他企业的潜在产能考虑在相关市场范围内。

第二，需要衡量市场力量直接和间接证据的相互验证。相关市场界定不是反垄断分析的目的或终点，而只是一个中间步骤，旨在为竞争影响评估提供了一个初步的审查或筛选机制。当市场边界难以划清时，这表示市场集中度的数据可能没有多少实际意义。[①] 如果过于迷信存在争议的相关市场界定的结论，很可能高估了企业存在的市场力量，其后果可能导致反垄断执法过于严苛。

在原告、被告对相关市场界定存在严重分歧或市场份额并不适宜用作认定市场支配地位的主要证据时，应更多分析那些既不依赖于相关市场界定，又有助于证明是否存在市场支配地位的事实和证据。[②] 如果企业不具备左右价格的能力，那就说明其根本不具备市场力量。零价格市场的存在就是市场力量制约的结果。在零价格的市场上，要么这个市场的界定是不完整的，要么不存在一个市场支配地位者，或者这本身就表明相关市场是一个竞争激烈的市场。

总之，避免相关市场界定过于狭窄，就是避免在互联网领域过度执法的风险。在这样一个技术复杂、技术发展迅速的领域，反垄断执法当局无须执着于清晰的市场边界的划定，而应当更加关注对价格和创新竞争的可能影响。这与反垄断法本身促进动态效率的目标相符，更与我国促进创新的整体经济发展战略要求相适应。

第四节　电子支付的相关市场界定

一、行业简介

未来几年中国将进入互联网金融蓬勃发展的时代，其中第三方支付作为互联网金融最基础的部分，也是互联网金融最早发展的领域。在以淘宝和京东为代表的国内电子商务兴起过程中，互联网第三方支付功不可没。随着电子商务而生，第三方支付的发展如今已远远超越了电子商务的范畴。它的功能除了信用担保，更重要的是支付的便捷性以及综合性的金融服务，因此其应用的范围

---

① Jonathan B. Baker. Market Definition: an Analytical Overview, *Antitrust Law Journal*, Vol. 74, No. 1, 2007, pp. 129 – 174.

② ECJ, 14. 02. 1978, Case 27/76, United Brands.

和场合不断得到扩大。这说明,我国大力发展电子商务的同时,互联网第三方支付也得以迅速发展。

艾瑞咨询统计数据显示,2014 年中国第三方互联网支付交易规模达到 8 万亿元,同比增速 50.3%。随着我国电子商务环境的优化、智能手机的进一步普及以及金融创新的活跃,第三方支付机构发生的互联网支付业务将会有快速的发展。艾瑞咨询估计,2018 年我国的第三方互联网支付交易规模将会达到 22 万亿元。①

互联网第三方支付市场界定的关键词是"互联网"和"第三方"支付。其界定应从功能、现状和未来发展等因素综合分析,同时也应考虑金融行业的强监管属性以及互联网行业的快速创新属性,也即是在这个领域进行市场界定时,不可忽略金融行业的监管和互联网创新等因素对相关市场界定的影响。我们也要看到,第三方支付与传统行业相比尚处于发展初期,行业发展和变化的空间比较大,随着互联网金融对传统金融变革的影响以及银行业监管方向的变化,与第三方支付发生竞争的对象及相关市场都可能会发生较快的变化。因此,第三方支付的相关市场界定分析具有一定的阶段性。

二、涉及第三方支付的反垄断案件

欧美国家迄今在金融领域的反垄断调查有两大对象,一是信用卡系的 Visa 和 MasterCard,二是互联网系的 PAYPAL。

(一)美国司法部诉 Visa 和 MasterCard

Visa 和 MasterCard 是美国银行卡市场最大的两家卡组织。长期以来,发行 Visa 卡的银行可自主决定是否发行 MasterCard,发行 MasterCard 的银行也可自主发行 Visa 卡。在实践中,很多银行同时发行这两大品牌的信用卡,以扩大其市场占有率。然而,这两大卡组织却阻止其成员银行发行其他组织的信用卡,特别是阻止发行 American Express Cards(Amex)和 Discover Cards。这就引起了后者的强烈不满,它们遂向美国司法部等部门进行反垄断投诉。经过市场调查,1998 年 10 月,美国司法部反托拉斯局决定对 Visa 和 MasterCard 提起反托拉斯诉讼,这个指控主要包括以下两项内容:第一,这两大卡组织的会员规则妨碍 American Express(Amex)和 Discover 等卡组织参与市场竞争,从而实质性地排除和限制了银行卡市场的竞争。第二,由于大部分银行同时加入了 Visa 和

① 《2014 年中国第三方互联网支付交易规模突破 8 万亿》,载 http://www.iresearch.com.cn/view/247141.html,最后访问日期:2016 年 8 月 5 日。

MasterCard,这导致这两大卡组织由于人事方面的联合而对市场存在双重控制(Dual Governance),这种双重控制的后果就是减少了两大卡组织之间的竞争,从而违反了《谢尔曼法》第1条。这个案件的结果是,司法部在其第一项指控上获得成功,但是法院没有支持其关于双重控制影响市场竞争的指控。① 这个案件作为银行卡产业最为重要的判例,其中非常重要的问题就是银行卡相关市场的界定。②

根据审理这一案件的联邦地区法院的观点,本案涉及两个相关但是又相互独立的相关产品市场。第一个相关产品市场是一般目的卡的市场(general purpose card market),也即是一般信用卡所组成的市场。鉴于产品市场是由消费者认为与被告销售的产品具合理可替代性的产品所构成,地区法院认为,作为一个事实问题,其他的支付方法如现金、支票、借记卡以及专门的支付卡(如Sears卡或者Macy卡)均不被大多数消费者视为与信用卡具有合理的可替代性。其理由是,基于消费者的经验,即便信用卡的服务价格有一个很大幅度的提高,持卡人仍然愿意多付信用卡的费用而不愿意放弃信用卡去使用其他的支付方式。因此,一般信用卡构成一个有别于其他支付方式的独立的相关产品市场。

第二个相关产品市场是为一般信用卡提供网络服务的市场(the network services market for general purpose cards)。法院认为, Visa、Master、Amex和Discover四个支付卡的支付网络都是在同一个网络服务市场上开展竞争,即这个网络为一般信用卡的运作提供基础设施和设备,由此持卡人可以使用信用卡进行交易,包括其交易的授权、结算和放行(settlement, and clearance)。法院还进一步描述了这两个不同的相关产品市场,即在一般信用卡的市场上,卡的发行人是卖方,卡的持有人是买方;而在一般信用卡的网络服务市场上,四个网络本身是卖方,卡的发行人和商户是买方。发卡行从Master或者Visa购买网络服务,而这两个卡组织在银行交易方面和Amex和Discover开展竞争。这些网络相互间开展竞争的目的是争取商户,因为商户接受了信用卡支付的价格后会向卡组织支付一定的内部交换费,而这个交换费是由提供服务的网络确定的。

地区法院基于专家证言还认为,从信用卡的发行人或者收取信用卡的商户

① U. S. v. Visa U. S. A. Inc. ,163 F. Supp. 2d. 322,2001.

② United States of America, Plaintiff – appellee, v. Visa U. S. A. , Inc. , Visa International Corp. , and Mastercard International, Incorporated, Defendants – appellants,344 F. 3d 229(2d Cir. 2003).

看,没有其他任何产品与上述 Master、Visa、Amex 以及 Discover 提供的网络服务具有合理的可替代性,理由是:(1)这些网络的成本非常高,以至于银行或者商户都没有能力为自己提供这样的服务;(2)信用卡的发行和接受都有很高的收益,以至于信用卡发行人缴纳的网络服务费与其收益相比可以忽略不计。这说明即便网络服务费有一个比较大的提高,信用卡的发行银行或者接受信用卡的商户一般都不会产生一个放弃发行信用卡或者放弃接受信用卡交易的合理动机。

随着相关产品市场的认定和美国作为该案相关地域市场的认定,法院认定 Visa 和 MasterCard 两者共同而且也两者各自独立地在一般信用卡网络服务市场上拥有市场势力。法院的证据首先是商户们的证明,即商户们即便在信用卡网络服务费大幅度提高的情况下,他们也不能拒绝接受持卡人的 Visa 卡或者 Master 卡,理由就是客户们喜欢使用信用卡支付。此外,法院还提及被告的市场份额,即在 1999 年,Visa 卡的成员银行在信用卡的交易中大约占 47% 的份额,Master 卡的银行成员大约占 26% 的份额, Amex 大约占 20% ,Discover 大约占 6% 。

除了上述两个证据说明市场势力,法院还有一个说明市场势力的证据是,Amex 尽管做出过很多努力,但它没有能够说服任何一家美国银行使用它的信用卡网络服务,其理由就是被告的排他性行为。据悉,被告要求它们的发卡银行在与 Visa 或者 Master 的合作协议中宣布放弃它们与其他卡组织的交易关系,即不得具有其他信用卡组织的成员资格,即便是那些银行本来不愿意那样做。在这种情况下,法院认为,既然 Visa 和 Master 有效地排除了它们在信用卡服务网络中的最大竞争者,以至于这些竞争者不能与这个网络中任何银行进行联合,这两个卡组织就证明了自己在这个网络服务市场上的市场势力。

(二)INFOSTREAM 诉 PAYPAL

2012 年,INFOSTREAM 集团在美国圣克拉拉高级法院起诉了 PayPal(贝宝),该案后来被移至加利福尼亚州地区法院审理。[①] 原告起诉被告违反《谢尔曼法》,违反合同以及诚实信用原则和公平交易原则,此外还存在欺诈行为。

本案中的原告旗下有 SeekingArrangement. com 和 WhatsYourPrice. com 两个社交网站,它们为会员提供约会服务,但收取一定费用。原告在声明中规定,

① 2012 WL 3731517(N. D. Cal.),PayPal 是美国 eBay 公司的全资子公司,它提供个人在线购物、在线销售以及以企业或团体名义进行交易的服务。

严禁用户“商业或非法”使用旗下网站，网站经营实行无裸露、无淫秽的政策。2007 年，原告设立了 PayPal 账户，而且规定 PayPal 账户的用户必须首先接受 PayPal 的用户协议，协议中包含“如违反 PayPal 使用政策，PayPal 可以关闭、暂停或者限制您访问您的账户或服务”的内容，使用政策中包括“不得销售与性有关的内容或者服务”。

2011 年 3 月 29 日，原告推出了 WhatsYourPrice. com 网站，并设立了新的 PayPal 账户来处理该网站的付款。4 月 14 日，PayPal 永久停止了该新账户以及其他两个账户的使用，理由是原告网站提供的交友服务本质上是性服务，违反了用户协议。

原告不认可这一说法，并且认为被告仍然为其他同类网站提供服务。原告指责 PayPal 的行为是给其他的交友网站以不公平的竞争优势，认为 PayPal 是“为了自身的利益操纵下游市场”，“在下游市场选择赢家，意图增加收入、保持在‘保密支付服务’市场的市场支配地位”。

本案中使用 PayPal 支付的过程中，付款方的银行账户和信用卡信息并不为收款方知晓，从而保护了使用者的信息。因此，原告认为 PayPal 在“保密性支付服务”（confidential payment services）的市场具有支配地位。而被告通过在这一市场的垄断，损害了下游“约会服务专业网”市场的竞争，并且构成了拒绝交易。

这个案件的结果是，法院仅是简单分析了原告关于被告违反《谢尔曼法》的指控，即是否有足够的证据说明 PayPal 已经或意图垄断在线约会市场。法院认为 PayPal 垄断市场的构成要件没有满足后，它没有进一步界定 PayPal 所在的相关市场。

（三）Charlotte Smith 等人诉 eBay

2010 年 4 月，Charlotte Smith 等人集体起诉了 eBay 和 PayPal。[①] 9 月，原告修正了其诉讼请求，即除了指控被告违反《谢尔曼法》，还针对被告一系列行为提出了索赔，这些行为包括滥用网上支付系统的垄断地位来影响网络拍卖市场、试图将网络支付系统的垄断地位传导到网络拍卖市场、搭售、不当收取运费作为商品价值的一部分等。原告声称，eBay 是美国最大的在线拍卖和销售服务商，它占据了美国 90% 以上的网上拍卖市场。2002 年 10 月，eBay 收购了最大的在线支付系统 PayPal。原告声称，这个收购“消除了竞争，扩大了 eBay 的市

---

① 2012 WL 27718（N. D. Cal.）.

场主导地位”,其结果是 eBay 更有效地垄断了网上拍卖市场。

原告作为网上的卖家,声称自己被迫向 eBay 支付其商品的展示费和销售费,此外,还得为使用 PayPal 向 eBay 支付相关费用。原告还指出,尽管 eBay 提供了可以替代 PayPal 的支付方式,但是对卖家来说,向 eBay 支付其展示和销售费用时只能通过 PayPal 来付款。原告认为,eBay 的行为和 eBay 的付款政策严重限制了卖家的支付选择,而且 eBay 的网上销售和向 PayPal 的网上支付二者之间形成了一种不正当的捆绑,其后果就是原告为了在 eBay 展示和销售其商品而向 PayPal 支付了过高和超越竞争水平的费用。此外,原告还声称,eBay 在 2011 年 4 月还改变其“最终价值费用”结构,即将售卖的产品以及运费全部纳入其中,但是 eBay 并不提供运输服务,因为运输成本是由买家或者卖家来承担。

但是本案的被告则认为,原告对于相关市场的界定过于狭窄,且没有说明这个市场如何有别于 eBay 以及其他在线平台网上支付的这一更大市场。法院驳回了原告关于 eBay 网上销售和 PayPal 网上支付二者之间形成不正当捆绑的诉求,理由是原告未能提供关于相关市场界定的证据。在本案,原告认为捆绑产品是在线销售,被捆绑产品是支付服务。但是,法院在这个案件也未说明这个相关市场的界定的正确与否。

三、互联网第三方支付的基本问题

互联网第三方支付相关产品市场的界定,需要从需求替代与供给替代两个层面考虑。前者是从消费者的角度出发,后者则是关注竞争者之间的替代性。由于消费者的选择最终可以决定产品的市场占有率,因此相关市场界定应当以需求替代测试为主,供给替代为辅。

为了分析产品的需求替代,就必须要了解被界定产品的性质、功能以及其服务的对象,也即是了解了互联网第三方支付产品的性能、用途、消费群体,才能界定可能发生替代关系产品的范围。从关键词的角度看,互联网第三方支付产品需要重点考察与“互联网支付”和“第三方支付”有替代关系的其他产品。

(一)第三方支付

第三方支付是指独立于商户和银行,为商户和消费者提供支付结算服务的机构。典型的第三方支付产品如支付宝、财付通、银联电子支付、快钱。截至 2014 年年末,我国获得第三方支付牌照的企业共计 269 家,其中既包括 BAT 三家中国互联网公司巨头,也有电信运营商以及银行,甚至还包括安邦保险、用友软件、石基信息、链家地产这些其他行业的巨头。这些形形色色的第三方支付为我国第三方支付市场的竞争提供了多样化发展的可能性。

第三方支付的独特功能是为支付担保，但并不是所有的第三方支付均可以提供支付担保。多数情况下，第三方支付仅是一种支付方式。因此，从第三方能否介入商品或服务合同履行的角度，可以将互联网支付分为第三方担保支付和第三方代理支付。

第三方担保支付是指第三方作为支付服务的提供商，按照收付双方的委托，担保收付双方全面履行交易合同，并且根据收付双方的履行结果按照担保合同的约定进行货币支付。也就是说，担保支付不仅仅依据付款人的指令，还必须按照担保合同的约定。确切地说，第三方执行支付命令的最终依据不是付款人的指令，而是交易合同的履行结果。[①] 担保支付是第三方支付一个非常重要而且独特的功能，现在占据第三方支付市场最大份额的支付宝就是为淘宝购物提供担保和在支付服务的基础上发展而来的。

随着第三方支付的发展以及应用场景的扩大，第三方支付现在已不限于网络购物的担保功能，而是强调支付的便利性、安全性以及可提供网络金融服务的综合性。例如，2014 年第四季度中国第三方互联网支付交易的规模结构中，网络购物占比 31.4%，基金占比 14.7%，航空旅行占比 10.6%，电信缴费占比 4.3%，电商 B2B 占比 7.4%，网络游戏占比 2.4%，其他占比 29.2%。[②] 这些场景下的第三方支付并不是强调支付的担保功能，而主要是作为第三方代理支付，更多地体现了支付的便捷性。

所谓第三方代理支付，是指资金转移的发生与交易背景无关，第三方仅是按照付款人的单方面指示将资金转移至收款人的一种支付方式。该种支付方式下，第三方无须关注支付背后的交易是否完成。这种支付仍然是普通支付方式，只不过该支付利用了第三方的网络渠道，而不是像信用卡那样只能通过银行实现货币支付。[③] 这也即是说，第三方支付正在逐渐淡化信用担保功能，成为网络消费的重要支付手段。随着基础网络建设的完善以及网络接入的低廉化、便利化，未来互联网第三方支付也是线下消费的重要支付手段。

（二）互联网支付

互联网支付，是指客户通过互联网接入设备，依托互联网发起支付指令，实

---

① 丁明：《第三方支付相关基础法律问题探讨》，载《征信》2015 年第 2 期。

② 《2014 年中国第三方互联网支付交易规模突破 8 万亿》，载 http://www.iresearch.com.cn/view/247141.html，最后访问日期：2015 年 3 月 5 日。

③ 丁明：《第三方支付相关基础法律问题探讨》，载《征信》2015 年第 2 期。

现货币资金转移的行为。互联网支付是现代技术发展带来的支付体系创新。

互联网支付按照支付方式分类，可以分为：(1)网络银行直接支付，如招商银行、工商银行提供的网络支付服务。银行部分业务的互联网化大约在1997年、1998年就开始尝试。(2)第三方辅助支付，如ChinaPay、超级网银。这种支付方式除了用户、商户和银行外还有第三方的参与，但是与第三方支付平台的不同之处在于，这种支付方式不要求用户在第三方机构拥有独立的账户，这个第三方机构所起的作用仅是为了双方的交易更方便、更快捷。(3)第三方支付平台，即如前面提到的支付宝、财付通等非银行类支付平台。由此看出，第三方支付仅是互联网支付的表现形式之一。

根据2014年中国支付清算协会发布的《中国支付清算行业运行报告》，商业银行网上支付全年处理业务的金额为1376.02万亿元，第三方支付机构为17.05万亿元。这个数据虽然说明商业银行处理网上支付业务总额方面仍然居绝对优势，但也说明非银行的第三方支付在我国也得到了蓬勃发展。2012年，我国第三方支付机构的互联网支付交易规模达到6.89万亿元，交易笔数超过100亿笔，交易规模约占全球第三方互联网支付交易规模的53.9%。[①] 当然，商业银行的网上支付和第三方支付机构网上支付各有侧重，后者当前主要应用于网上小额支付。

四、互联网第三方支付的相关市场界定

从需求替代的角度来看，具有替代关系的第三方支付产品必须能够满足用户以支付为核心的相关金融需求。具体来说，应当能够体现作为第三方支付产品的功能性、便利性、安全性、价格低廉性、金融功能扩展性等方面的要求。与信用卡一样，第三方支付是一个双边市场的产品，即这个支付产品连接买卖双方，因此这个产品应当满足买方与卖方两个方面的需求，而且一边的市场占有率不仅会影响产品的发展，而且还会影响另一边市场的占有率，这些都是界定第三方支付市场应当考虑的因素。

相关商品市场的界定脱离不了具体案情与时空的背景。由于本书的分析不是建立在具体案件的基础上，本书关于相关市场界定的分析与未来相关案件中的市场界定可能会存在一定的差异。

(一)担保性第三方支付的相关产品市场

在需要进行交易担保的电子商务中，担保型第三方支付可以构成独立的相

① 马梅、朱晓明等：《支付革命——互联网时代的第三方支付》，中信出版社2014年版，第19页。

关市场。第三方支付的一个突出功能是交易的担保,这个功能是其他支付方式难以替代的。这里以国内网络购物有一个"七天无条件退货"的法律规定为例。虽然采取其他的支付手段也可以按照这个法律规定完成退货退款的手续,但是在无担保支付的情形下,这个退款手续相对复杂的多,消费者对此会有体验。另外,由于电子商务在中国市场上的集中度较高,因此担保型第三方支付这个相关产品市场就可能引发竞争法的关注。

这里提供担保的第三方账户属于虚拟账户型支付模式。在该模式下,第三方支付机构不仅为商户提供银行支付网关集成服务,①还为客户提供一个虚拟账户,该虚拟账户可绑定客户的银行账户,客户可在银行账户和虚拟账户之间进行资金转移,客户在网上的支付交易可在客户的虚拟账户之间完成,也可在虚拟账户与银行账户之间完成。虚拟账户型支付模式在加快资金清算速度和减少银行支付方面的服务成本具有很大的优势。它不仅具有支付网关模式集中银行支付接口的优点,还解决了交易中信息不对称的问题。另外,虚拟账户屏蔽了商户和消费者的银行账号和密码,而且电子商务交易中的买家和卖家也无须透露这方面的信息,由此就会减少用户账户机密信息泄露的问题并且由此可以为电子商务交易提供信用担保。这也是 INFOSTREAM 集团诉 PAYPAL 一案中,原告将相关市场界定为"保密支付市场"的缘由。

目前,我国主流的担保型第三方支付产品有支付宝与财付通。阿里巴巴集团的支付宝成立于 2004 年 12 月。根据艾瑞咨询的统计,2014 年第三季度中国第三方互联网支付交易规模份额中,支付宝占比 49.2%。② 支付宝最初推出的目的是解决淘宝购物的支付难题,而且它依托淘宝得到了迅速的发展和普及。如今支付宝提供的服务还包括手机充值、水电煤费缴纳、城市服务、爱心捐赠等便民服务,这些便民措施进一步提高和巩固了支付宝在第三方支付领域的领先优势。单就支付而言,目前支付宝支持 134 家金融机构,支付方式包括快捷支付、网上银行付款、支付宝余额付款、信用卡分期付款、支付宝卡付款、消费卡付款、找人代付、国际银行卡支付等。根据支付宝钱包 2015 年 4 月 24 日公布的数据,支付宝钱包活跃用户已经超过 2.7 亿元。目前,支付宝已经从线上交易的

① 支付网关(Payment Gateway)是银行金融网络系统和 Internet 网络之间的接口,是由银行操作的将 Internet 上传输的数据转换为金融机构内部数据的一组服务器设备,或由指派的第三方处理商家支付信息和顾客的支付指令。

② 李超:《2014Q3 中国第三方互联网支付市场稳定增长,格局微调》,载 http://report.iresearch.cn/html/20141107/241233.shtml,最后访问日期:2017 年 5 月 6 日。

支付渠道,变成各种应用场景的广泛吸纳者。支付宝现在还提供理财产品(余额宝、招财宝)、融资产品(蚂蚁小贷、网商银行)、数据(芝麻信用)产品,已经从最基础的支付金融产品开始尝试进入全面金融服务。

财付通是腾讯公司 2005 年 9 月推出的在线支付平台,其功能与支付宝接近。腾讯下属的电子商务网站在国内市场的份额不大,但是财付通凭借腾讯集团在社交领域的强大渗透力,以及随之建立起的全业务生态系统,目前占据第三方支付领域第二的市场份额。根据艾瑞咨询数据,2014 年第三季度中国第三方互联网支付交易规模份额中,财付通占比 19.4%。除了第三方支付,腾讯公司也在积极构建全面的金融服务产品,如理财平台理财通、微信财付通(类似余额宝)、移动支付方面的微信支付以及微众银行的设立,这些都为财付通对接的金融服务扩充了空间。

我国目前已经有 200 多家机构拥有第三方支付牌照,其中支付宝和财付通占据了第三方支付 90% 以上的份额,这主要因为它们分别依托淘宝电子商务平台和 QQ 社交平台获得了消费者较高的认可度。此外,快钱、汇付天下也在金融、航空、在线教育等领域获得了社会的认可。然而,应当注意的是,支付担保目前主要应用于电子商务。即电子商务网站的市场份额会极大地影响担保性第三方支付的市场份额。例如,淘宝的买家和卖家因为必须开通支付宝才能完成交易,尽管财付通或其他的第三方支付产品完全具有替代支付宝的功能,但是由于淘宝和天猫不支持支付宝之外的第三方支付产品,财付通和支付宝就没有相互替代的可能性。这种排除限制竞争的问题在某些情况下可能违反反垄断法,这需要具体情况下针对电商网站的具体差异,对这种具担保性的第三方支付市场进行进一步的分析。

(二)非担保性第三方代理支付产品

当第三方支付不具备担保功能的情形下,这种第三方支付就回归到了支付的初始功能,也即它的核心要素为支付,并且由此可能与其他所有的支付手段开展竞争,如传统的现金支付、信用卡、借记卡、预付卡支付。广义上说,金融机构以及非金融机构的支付都可能与互联网第三方支付发生一定层面的竞争关系。银行作为第三方支付的替代品,但是由于它的线上支付不能满足消费者便捷、灵活的支付需求,它无法完全替代第三方支付平台。这说明这种相关市场的界定不仅需要考虑第三方支付市场内的竞争,而且还应当考虑其他的传统支付方式。相对来说,因为很多金融产品可以起到非担保性第三方代理支付的功能，一家或者几家企业在这个支付市场难以取得较大的市场份额。但是，这不排除在具体的案情中，相关市场以具体消费者的类群为核心进行界定，这种情况可能会导致一家企业的产品市场份额大幅上升。

支付在金融产品中属于微利，且盈利模式单一，同质化程度高，因此只有规模够大的经营者才有可能盈利。如果没有其他高盈利的金融产品作支撑，仅从事第三方支付的企业就必须追求高市场份额。这就是说，第三方支付产品仅当其提供的支付具有便利性、安全性、资费合理或者提供差异性的服务等，它才能够具有竞争力。当然，即使仅就支付手段而言，第三方支付产品在支付的便利性与保密性等方面对比其他传统支付手段仍具有优势。第三方支付平台提供一系列应用接口程序，将多种银行卡支付方式整合到一个界面上，负责与银行对接和进行交易结算，这就使它提供的支付服务更加快捷和便利。例如，消费者和商家至少不需要在不同的银行开设账户，由此便可以帮助消费者和商家降低成本，帮助银行节省网关开发费用，也为银行带来一定的潜在利润。与这些第三方支付相比，现金、支票、邮汇、电汇等传统的支付方式就不能很好地适应经济全球化，特别在效率、安全、方便、跨时空等方面存在诸多局限性和弊端，尤其不能适应当前电子商务的发展。

如果不考虑第三方支付的担保功能，知名度较高的第三方支付产品除前面指出过的支付宝和财付通之外，还有微信支付、银联商务、快钱、拉卡拉、盛付通等产品。根据2014年中国第三方互联网支付交易规模市场份额的分析，银商占比11.4%，快钱占比6.8%，汇付天下占比5.2%，易宝支付占比3.2%，环迅支付占比2.7%，其他占比1.6%。①

微信支付建立在财付通的基础上，隶属腾讯集团。微信支付主攻移动支付，特别是提供了许多便民服务，如话费充值、打车、城市服务、网络购物、Q币充值、红包、AA收款、机票火车票预订。根据腾讯公司2014年的财务报告，2014年第四季度绑定银行账户的微信支付和QQ钱包账户共计超过了1亿元。② 但是在目前，微信支付在用户体量上与支付宝还有不小的差距。

银联商务有限公司是中国银联控股，专门从事银行卡受理市场建设和提供

---

① 《2014年中国第三方互联网支付交易规模突破8万亿》，载 http://www.iresearch.com.cn/view/247141.html，最后访问日期：2016年8月8日。

② 《腾讯发布2014年第四季度财报：净利同比增长49%》，载 http://tech.sina.com.cn/i/2015-03-18/doc-icczmvun6903718.shtml? sina-fr=bd.ala.cb，最后访问日期：2016年8月8日。

综合支付服务的机构。2014 年第三季度它在第三方支付市场的份额为11.6%。"银联在线支付"是银联商务的在线支付平台，也是中国银联为满足各方网上支付需求而建立的银行卡网上交易转接清算平台。作为银行金融机构的一项子业务，银联的优势是与网上支付的上游环节的联系非常紧密，而且支持国内绝大多数商业银行。它的劣势是运作相对保守。

快钱是一个独立第三方支付模式，这种模式下第三方支付平台完全独立于电子商务网站，不负有担保的功能，而仅仅为用户提供支付服务和支付系统解决方案。与支付宝、财付通等第三方支付产品一直对接 C 端客户不同，快钱此前主要服务于 B 端客户即企业。

除了上述几个第三方支付的主要产品外，各大通信运营商也推出了移动支付产品，如中国移动推出的"和包"、中国电信推出的"翼支付"以及中国联通的"沃支付"。但是这些产品在目前的市场占有率不高，但是它们在第三方支付相关市场界定中可以作为供给替代的因素予以考量。

（三）互联网第三方支付的地域市场界定

界定互联网产品的相关地域市场时，由于这些产品往往不存在地域上的限制，因此应当采取实证主义的角度，即注重消费者所在的地理位置。这即是说，主流消费者所在的区域应当作为该互联网产品的相关地域市场。就互联网第三方支付产品而言，无论支付宝、财付通还是银联在线，因为这些第三方支付的主要用户都在中国大陆，它们的相关地域市场应当界定为中国大陆地区。

（四）第三方支付市场界定的动态因素

界定互联网第三方支付市场时，除了分析现有市场上各种支付产品的市场份额，还应当考虑一些动态变化的因素，也即是互联网金融发展对市场的影响、科技创新的影响以及金融市场监管的影响等。

1. 互联网金融发展对市场界定影响

互联网支付是互联网金融最重要的部分，也是它的基础组成部分。互联网金融是随着新经济和新技术的发展而快速发展的一个行业，这个行业既包括通过互联网运作的金融业务，也包括互联网企业介入金融行业所开展的业务。因此，它是传统金融行业与互联网信息技术特别是与搜索引擎、移动支付、云计算、社交网络和数据挖掘等新技术相结合而产生的一个新兴领域，也即是借助网络技术而实现资金融通、支付和金融信息中介等业务的一个创新性金融模式。在搜索引擎、大数据、社交网络和云计算的推动下，互联网金融极大地降低了市场信息不对称程度、降低了交易双方的资金期限匹配和风险分担成本，实现了资金供需双方直接交易。根据性质不同，目前存在四种独立的互联网金融业态，这包括：(1)传统金融业务互联网化；(2)基于互联网的金融支付体系；(3)互联网信用业务；(4)网络虚拟货币。[①]

我国第三方支付的兴起解决了我国传统银行业支付服务不足的问题，而且互联网第三方支付现在已经逐渐渗透到银行各个核心业务。例如，互联网基金销售侵蚀银行的中间业务，P2P 和网络小贷开始进入贷款类的资产端业务，网络银行也在筹划的过程中，这说明传统金融的中心地位已经因为第三方支付的兴起正在被各种金融创新包围。[②] 一方面，电商、社交、搜索、物流、生活分类信息服务公司这些企业利用之前的用户积累，开发大量的第三方支付场景，这大大地促进了互联网金融的发展；另一方面，互联网金融的发展也为第三方支付拓展了新的业务空间。例如，汇付天下曾在 2014 年 10 月称接入其托管系统的 P2P 平台超过 300 家，在 P2P 未来发展越来越规范的情况下，资金量不可小觑。

第三方支付如果局限于单纯提供资金转移和结算的支付产品，这不仅利润率低，而且容易被复制和替代，也即是同质化竞争严重。也就是说，对第三方支付公司而言，单纯发展这类产品无法建立一种持久的竞争优势。因此，未来的电子支付产品将从资金通道型产品向用户服务型产品转变，即拥有高忠诚度的直接客户是电子支付产品及其企业的核心，也即是综合支付、移动支付和金融增值服务将会成为电子支付企业的三大主要发展趋势，未来的综合支付绝不仅仅限于单纯的支付功能的综合。这也说明，支付业务本身虽然不是企业盈利的来源，但它是汇聚流量和积累数据的重要手段，其流量和数据是这些企业开展其他金融业务的基础。

随着大数据与泛金融时代的到来，各类业务发展的边界趋向模糊。以支付宝为例，支付宝推出的余额宝、花呗、芝麻信用等产品均属于金融行业范畴，由此实现了阿里巴巴以支付宝为起点的全面金融布局。其他一些互联网公司也在积极探索互联网金融业务的开拓和发展，它们的想象力远超传统金融模式。例如，京东的房产众筹融和了京东的“白条”“白居易首付分期”“京东小金库”

---

① 《互联网金融，国外是如何监管的？》，载 https://www.frbao.com/news/detail/4028815645cbe63d0145cf2b37450be9_lm001003.html，最后访问日期：2016 年 8 月 8 日。

② 《七个公式教你搞懂互联网金融》，载 http://yd.sina.cn/article/detail-iawzuney0677014.d.html?vt=4&mid=awrnsfu1719273，最后访问日期：2016 年 8 月 8 日。

等产品。对用户来说,支付产品能够提供的综合性金融服务越多,其金融需求实现就更加便利,从而影响用户对支付产品的选择。因此,未来互联网金融市场发展的趋向会影响第三方支付市场的界定。

2. 科技创新对市场界定的影响

金融创新发展的历史显示,金融业的变革与先进的科学技术是紧密结合的,因此,金融在互联网时代必将会发生相应的变革。现有的互联网第三方支付市场份额已经相对固定,追随型产品难以突破现有的市场格局,只有颠覆性的创新产品才能够打破现有市场格局,但是颠覆性创新的关键是科技。

早先,智能手机的普及使得互联网支付从计算机支付向移动支付转移。移动支付是以移动终端包括手机、PDA(个人数字助理)、智能手机、平板电脑等移动工具,运用蓝牙、红外、NFC(近场通信)、RFID(射频识别)、短信等技术,通过移动通信网络,实现资金由支付方转移到收款方的一种支付方式。[①] 随着移动智能设备的普及,第三方移动支付会超越通过固定电子设备进行支付的规模。2014 年,"支付宝"在"双十一"全天成交金额为 571 亿元,其中移动支付占比 42.6%。随着科技的发展,未来移动支付可支持的设备将不断扩大,消费者甚至不需要携带任何设备,仅仅通过人体指纹、声音、脸部识别等方式就可以实现互联网移动支付。

目前,第三方支付的主流业务模式有互联网支付、手机支付、预付卡发行与受理以及 POS 收单。未来还可能采用多种交互模式的多种支付方式,如二维码、声波码、条形码等码支付;指纹、人脸、笔迹、声纹等生物特征支付;身份证、工牌、Key、车牌等物理介质支付以及 NFC、蓝牙、WIFI、GPS 等支付方式。尽管支付领域的创新不断,创新热点包括 NFC 近场通讯技术、可信服务管理 TSM、生物识别技术、令牌化 Token 技术、HCE 技术。支付技术创新使支付工具虚拟化、支付平台云端化、身份识别多样化,但是第三方支付的总趋势是愈加便捷和快速,而且支付也会越来越人性化。最终,当一个新技术带来的创新及优势是颠覆性的,它就可能会打破现有互联网支付的市场格局。

3. 政府监管对第三方支付市场的影响

现代支付服务组织包括中央银行、银行业金融机构、清算组织和非金融机

① 马梅、朱晓明等:《支付革命——互联网时代的第三方支付》,中信出版社 2014 年版,第 9 页。

构支付服务企业。[①] 随着国家不断进行的金融改革,特别是政府监管的力度以及第三方支付牌照的发放及其先后顺序,这些将决定第三方支付市场竞争者的数目以及它们竞争力的大小,由此可以这个行业的竞争格局和相关产品市场的界定。

由于受计划经济的影响,我国传统的金融体系保留了一定的制度性特征,它们在支付结算体系中具有不可替代的作用,受到现行法律制度的认可、保护和监管。这也说明,互联网金融能否有突破性的发展,这不仅取决于先进的网络技术,还取决于社会的认可度,更重要的是取决于监管当局的态度。[②] 监管的力度可以直接决定互联网金融发展的空间,包括具体产品的开发。例如,央行就曾暂停"二维码支付"和"虚拟信用卡"产品的运作。

金融服务具有客户需求和监管两个边界。当前的金融环境正处在互联网经济和传统金融业相互渗透的交叉点上,因此一些金融行为属性判断较模糊,相应的监管规则也不清晰。但是,这种状态是短期的。例如,《非银行支付机构网络支付业务管理办法》的出台,就会在很多方面规范和约束第三方支付的自由发展。但是,新技术的深入会逐步发展到一个临界点,突破这个临界点后,就不再是个可有可无的工具,而是成为人类生产生活行为的载体,成为"生活状态本身"。当临界点突破之后,金融行为转移到互联网上其实是一种必然,监管规则最终只能起到疏导而非阻拦的作用。[③]

同时,在技术发展与外部压力的影响下,银行业金融机构和非银行机构主导的新兴电子支付在全球发展都非常快,线上和线下模式愈加难以区分。越来越多的支付产品逐渐趋同,未来政府监管应当集中于产品本身的支付特征、风险特征、技术标准,而不是着眼于不同的支付服务提供主体。

传统金融的制度约束和行为规范难以满足创新驱动对股权资本、债务资本、产品匹配、征信体系、快捷支付、投资理财等巨额金融需求,这也为互联网金

---

① 中央银行向金融机构及社会经济活动提供资金清算服务的综合安排,包括清算机构、支付系统、支付结算制度及银行间清算制度与操作;银行业金融机构是企业和个人提供支付服务的主要供给主体,提供必要的清算账户和流动性来满足客户对支付的需求;清算组织负责金融机构以及金融机构和非金融机构间资金的清分和结算;非金融机构支付服务企业是在首付款人之间作为中介机构提供货币资金转移服务的非金融机构。参见林政主编:《电子支付》,中国人民大学出版社 2013 年版,第 9 页。

② 曾刚:《积极关注互联网金融的特点及发展——基于货币金融理论视角》,载《金融研究》2012 年第 11 期。

③ 曹彤:《互联网金融:主干与枝叶之辩》,载 http://blog.sina.com.cn/s/blog_66e6b7cd0102e4ti.html,最后访问日期:2016 年 8 月 8 日。

融的发展提供了巨大空间。当政府监管为互联网金融的发展打开足够的空间时，互联网金融就会与传统银行业金融发生全面竞争，互联网金融市场下辖的支付市场必然会发生界定上的变化。

五、结论

目前，我国还没有出现针对互联网第三方支付产品的反垄断调查。整体而言，这个相关市场的界定需要考虑第三方支付的交易担保功能、支付的便利性以及费率等几个方面。而且，随着互联网金融的发展、政府监管的严格或宽松以及科技的发展和变化，互联网第三方支付产品的相关市场界定还存在调整的可能。当前对第三方支付市场进行界定时，应主要从用户和功能着手，从现有的市场占有率分析相关市场。整体而言，随着金融市场改革的深入，第三方支付还有巨大的发展空间，竞争与垄断仍然处于一个动态的变化过程中。

第五节　免费模式下互联网行业产品的相关市场界定

一、导言

互联网不仅带来了更为丰富的信息、更为便捷的交流方式，也带来了“新”的商业模式。[①]在这些商业模式中，最为典型和最富争议的部分，是其所包含的“免费”形式。[②]例如，用户可以通过 Google、Baidu 进行信息搜索，可以利用 MSN、QQ 进行即时通讯，可以利用 Youtube、土豆网观看视频，可以利用 360 的杀毒软件确保个人电脑系统安全，还可以利用 Gmail、126 的邮件系统发送电子邮件，而这一切对于网络用户而言都不需要支付任何费用。当然，最基本的经济学原理和生活经验都表明，天下没有免费的午餐。互联网产业中的企业并不

① 互联网企业的很多商业模式并非全新，在传统产业中往往能够找到对应的模式。例如，经济学理论认为，门户网站、即时通讯、搜索引擎等互联网企业是双边市场，而传统的银行卡、大型超市、婚介所等同样也是双边市场，属于相同的模式。互联网企业所谓的“新”模式，更多地体现为商业运作载体的变化。

② 免费之所以在互联网产业中大行其道，还在于“免费”本身隐含了互联网产业最基本的特点。免费模式下更容易促成和利用网络效应，进而获得正反馈效应，以增加企业的价值。这些特点同时也与互联网经济下产品（服务）的边际成本接近于零有关。参见 Sungyeol Yu, Analysis of Pricing Strategies for E－business Companies Providing Information Goods and Services, 51（1）*Computers & Industrial Engineering*, 72－78（2006）；Joel I. Kein，Antitrust and The Information Age：Section 2 Monopolization Analysis in The New Economy, 114（5）*Harard Law Review*, 1623－1646（2001）；Katz Michael & Carl Shapiro, Network Externality, Competition and Compatibility, 75（3）*American Economic Review*, 424－440（1985）。

是活雷锋,完全免费无法支撑以营利为目的的企业的运转。[1]商业世界中所谓的"免费"无疑都包含了形式不一的内在补贴。按照一些学者的观点,免费模式至少包含了三类:一是用付费产品补贴免费产品,如用免费样品进行推销;二是用日后的付费补贴当前的免费,如接受赠送手机必须使用移动通讯商两年以上的服务,这种方式将手机服务某个时间节点的收入分摊到未来更长的时间段之中;三是付费人群给不付费人群提供补贴,如交友俱乐部对女士免票,而只对男士收费的方式。[2]互联网产业中的免费模式主要是第三种类型。[3]在这种"补贴"类型中,互联网企业在对网络用户免费的同时,通过其他群体获得了收入,如对广告商提供有偿的广告服务。[4]因此,互联网产业中的"免费"模式中的商业逻辑仍然有迹可循,争议不大。

但是,当反垄断法适用于该领域时,却产生了很大的分歧。而在相关产品市场界定问题上,则尤其典型地体现了理论认识上的困境。一般而言,反垄断案件中对于相关产品市场界定上的争议往往在于产品市场的范围是过大还是过小。例如,在杜邦公司的玻璃纸案件中,[5]原告认为玻璃纸单独构成一个相关产品市场;而杜邦公司则认为其他包装材料,如防油纸、透明纸、箔、氯化橡胶等在内的各种材料之间有替代性,共同构成"灵活包装材料"市场。双方虽然存在争议,但都是针对玻璃纸是否存在替代产品来展开分析,在这一点上并无不同。但是,在涉及互联网企业的反垄断法相关产品市场界定中,除了仍然存在上述争议外,最大的争议却在于如何在反垄断法理论框架下解决基本定性问题,即到底是从收费端来界定相关产品市场,还是从免费端界定,抑或其他角度?例

---

① 由于理解的角度不同,互联网产业其实比较难定义。通常认为,互联网产业是以互联网(Internet)为基础的,为用户(消费者、企业、组织)提供某项基于互联网服务的新兴产业群体,它包括互联网基础服务(如互联网接入、互联网通信)、互联网信息服务(如门户网站、博客网站)、互联网休闲服务(如网络游戏、网络视频)、电子商务(如网络购物、电子支付、网络银行)和其他互联网服务(如网络社交、网络求职),亦即包括互联网基础设施建设的相关产业和强调以互联网为基础的应用和服务产业两大部分。

② [美]克里斯·安德森:《免费》,蒋旭峰等译,中信出版社 2012 年版,第 19~25 页。

③ 虽然免费模式不是互联网所特有,但互联网产业中的反垄断法案件引起了广泛的关注与争议(特别是在中国),而与之相随的理论思考得以推动对相关问题的探究——尽管这些问题是早已存在的。正如后文的分析中将会看到,对互联网产业相关产品市场界定提出的各种理论模型中,都可以找到对应的传统行业,如最典型的双边市场就包括了银行卡、房产中介、婚介公司等。只是其模式在反垄断诉讼中被重视而引发争议。

④ 基于本书的写作目的,本书所称的互联网企业,特指在提供免费服务的同时,通过广告获得收益的企业类型。因为互联网企业类型非常多样,而不加区分地统一分析正是不少理论缺乏解释力的原因。

⑤ United States v. E. I. du Pont de Nemours & Co. ,351 U. S. 377(1956).

如,对Google公司而言,到底是从网络搜索服务这一角度来界定相关市场,还是从广告这一角度来确定相关市场?①

由于对于这一基本性的问题缺乏解决思路,也导致在涉及互联网的反垄断案件中,相关产品市场曾经被界定为"在线广告市场"②"在线搜索广告市场"③"互联网通信服务市场"(Internet Communications Services)④"基于互联网的社交网络"⑤"搜索引擎服务市场"⑥等。既有法院从免费产品(服务)端进行界定,也有法院从利润来源(广告)端进行界定。而目前案件中,反垄断法执法机构的决定和法院的判决对这一问题有意无意地忽略,使结论出现了跳跃并进而导致了逻辑上的不连贯。

以2009年12月18日北京市第一中级人民法院一审判决的唐山人人诉百度案⑦为例(以下简称百度案),这是我国人民法院首次分析相关市场界定的案件。法院在这个判决中的推理主要包含以下几个部分:

首先,法院分析了百度的商业模式。法官认为,"根据目前中国搜索引擎服务的现状,网络用户在借助关键词并通过搜索引擎寻找自己所关注的网站或者网页内容时,确实不需要向搜索引擎服务商支付相应的费用。但作为市场主体营销策略的一种方式,部分产品或者服务的免费提供常常与其他产品或服务的收费密切结合在一起。搜索引擎服务商向网络用户提供的免费搜索服务不能等同于公益性的免费服务,它仍然可以通过吸引网络用户并借助广告等营销方式来获得现实或者潜在的商业利益"。⑧

其次,法院认定相关产品市场为"搜索引擎服务市场"。法院认为,"搜索引

---

① 实际上,上述基本问题上存在的疑惑,必定进一步导致具体的定量分析失去意义。因为当还没有确定相关产品市场的界定应当从哪一边开始的时候,详尽地分析网络用户端,或者广告端的替代性根本就没有意义。由此,也需要反垄断法理论做出必要的回应。

② Federal Trade Commission, FTC File No. 071 - 0170, Statement of Federal Trade CommissionConcerning Google/DoubleClick, 3(2007), 载 http://www.ftc.gov/os/caselist/0710170/071220statement.pdf,最后访问日期:2013年9月4日。

③ Decision of the European Commission, Case No. COMP/M.5727Microsoft/Yahoo.

④ Case NO. COMP/M.6281 - MICROSOFT/ SKYPE.

⑤ LiveUniverse, Inc. v. MySpace, Inc., 2008 WL 5341843(9th Cir. Dec. 22, 2008).

⑥ 北京市第一中级人民法院民事判决书〔2009〕一中民初字第845号,北京市高级人民法院民事判决书〔2010〕高民终字第489号。

⑦ 北京市第一中级人民法院民事判决书〔2009〕一中民初字第845号,北京市高级人民法院民事判决书〔2010〕高民终字第489号。

⑧ 北京市第一中级人民法院民事判决书〔2009〕一中民初字第845号。

擎服务是指服务商根据网络用户的搜索请求，利用一种互联网应用软件系统，在对相关网页进行搜索和抓取后，经过一定的处理和组织，将查询到的结果反馈给网络用户的互联网信息查询服务。虽然随着互联网技术的快速发展，除了搜索引擎服务外，网络新闻服务、即时通讯服务、电子邮件服务、网络金融服务等互联网应用技术在广大网络用户中也具有较高的使用率，但搜索引擎服务所具有的快速查找、定位并在短时间内使网络用户获取海量信息的服务特点，是其他类型的互联网应用服务所无法取代的，即作为互联网信息查询服务的搜索引擎服务与网络新闻服务、即时通讯服务等其他互联网服务并不存在构成一个相关市场所必需的紧密的需求替代关系。因此，‘搜索引擎服务’本身可以构成一个独立的相关市场”。[①]

该案二审中北京市高级人民法院支持了一审法院对相关产品市场的认定。[②]从判决书来看，或许因为是第一个对相关市场进行界定的案件，相关的分析还比较粗略，说理不够充分。但是，无论是一审法院还是二审法院，在其两步推导中所没有处理的一个问题是：为什么相关产品市场的界定不从广告的角度来进行？法院尽管已经意识到，在百度公司提供的搜索服务时，进行竞价排名的经营者和进行信息搜索的网络用户二者之间存在关联性，但法院并没有分析应当在相关产品市场界定时如何处理这一问题。[③]

在同样引人注目的奇虎360诉腾讯案中（以下简称腾讯案），[④]法院也遇到了这一问题。[⑤]在分析互联网应用平台时，法院实际上也分析了典型的互联网商业运作模式。法院认为，“以免费的服务吸引大量用户，再利用巨大的用户资源

---

① 北京市第一中级人民法院民事判决书〔2009〕一中民初字第845号。

② 北京市高级人民法院民事判决书〔2010〕高民终字第489号。

③ 该判决中法院对同时存在的两个群体（互联网搜索用户和广告商）之间关联性的忽略，引发了国内法学界对双边市场的讨论。具体可参见李剑：《双边市场下的反垄断法相关市场界定——百度案中的法与经济学》，载《法商研究》2010年第5期；杨东：《互联网信息服务市场支配地位的认定及法律调整》，载《政法论坛》2012年第1期；蒋岩波：《互联网产业中相关市场界定的司法困境与出路——基于双边市场条件》，载《法学家》2012年第6期。

④ 广东省高级人民法院民事判决书〔2011〕民三初字第2号。

⑤ 相关讨论请参见吴韬：《互联网产业发展的阶段性及其对相关产品市场界定的影响》，载《中国物价》2013年第8期；孟雁北：《互联网行业相关市场界定的挑战——以奇虎诉腾讯反垄断案判决为例证》，载《电子知识产权》2013年第4期；姜奇平：《论互联网领域反垄断的特殊性——从“新垄断竞争”市场结构与二元产权结构看相关市场二重性》，载《中国工商管理研究》2013年第4期；刘旭：《奇虎诉腾讯滥用市场支配地位案中的市场支配地位认定——参考德国和欧盟经验简析广东省高级法院一审判决》，载《电了知识产权》2013年第4期。

经营增值业务和广告以实现盈利，然后以增值业务和广告的盈利支撑免费服务的生存和发展，已经成为互联网行业目前典型的经营模式。在这种经营模式下，各服务商之间真正竞争的是客户数量、点击量和客户有效使用时间，因为客户越多，点击量越大，客户的有效使用时间越长，广告和增值业务的盈利将越高”。[①]相比3年多之前的百度案，法院对腾讯案中所涉及的商业模式、反垄断法理论应用已经有了长足的进步。但是，该案与百度案一样，法院仍然没有解释，在“免费”模式下，为什么直接从互联网用户一边去界定相关产品市场，而不从广告和增值服务一方去界定。[②]

由于相关市场界定往往是进行市场支配地位分析的前提，[③]并在很大程度上决定案件最终的结果，因此，如何处理免费问题以更好地界定相关产品市场是非常重要的问题，但执法机构和法院对于如何定性地解决该问题似乎仍然缺少明确的思路。

二、双边市场理论：相关产品市场界定的意义及局限性

（一）双边市场理论对产品市场界定的意义

双边市场首先从理论上认识到网络用户与广告商之间的关联性，并在此基

---

① 广东省高级人民法院民事判决书〔2011〕民三初字第2号。

② 当然，从司法审判的角度来说，法院可以只针对原告的诉讼请求来进行分析，而不必引申到诉讼请求中没有涉及的部分。这种策略在不少涉及互联网相关产品市场界定的反垄断法案件中都有体现。例如，在Kinderstart. com诉Google案中，法院认为，原告对于搜索引擎市场（Search Engine Market）、搜索引擎广告市场（Search Ad Engine）以及网站排名市场（Website Ranking Market）的界定不清晰。在Carle E. Person诉Google案中，法院认为，原告将相关产品市场界定为“目标关键词互联网广告”（Keyword - targeted Internet Advertising）市场的理由不充分，法院没有找到从互联网广告中区分出搜索引擎广告市场的理由。

③ 从理论上来看，利用相关产品市场界定来判断市场支配地位只是众多方式中的一种。总体而言，通常有三种方法可以用来测试市场支配地位：绩效、行为和结构。结构方法主要是首先了解产业中有多少个企业，然后比较每个企业在市场中活动的份额（常常是销售额或产量）。市场份额被用作市场支配地位的替代物，然后拥有主要市场份额的企业被推定拥有市场支配地位。当市场进入很容易时，在位企业很难通过降低产量来提高价格；当消费者面对一系列差异化的产品时，企业很难为自己的产品提高价格。在以上两种情况下，这种推断方法很可能具有很大的误导性。正确的适用结构标准要求考虑市场状况的不同情况，包括进入壁垒的高低和产品的差异性。参见［美］欧内斯特·盖尔霍恩、威廉姆·科瓦契奇、斯蒂芬·卡尔金斯：《反垄断法与经济学》（第5版），任勇、邓志松、尹建平译，法律出版社2009年版，第92～93页。因此，在理论上可以越过相关市场界定而直接判断市场支配地位。

础上拓展其对相关产品市场界定的分析。[①]尽管双边市场理论本身发展时间不长,但该理论为理解众多商业行为提供了很好的理论分析视角和工具,从而也成为分析互联网产业最有影响力和广为接受的理论。尽管存在差异性,但通常认为,双边市场的成立需满足三个条件:(1)有两个或者两个以上相互区分的群体;(2)存在因为群体A、B相联系和一定方式合作而产生的外部性,即交叉网络外部性;(3)将一个群体为另一个群体创造的外部性内部化所必需的媒介(平台)。[②]据此,有学者认为,在描述互联网产业时,要关注这一以网页为基础的经济形态中非常普遍的三个特性:一是有两个相互需要的群体,通过平台来找到对方。二是两个群体之间有外部性:广告越多,则网络用户更有可能找到相关的广告。类似地,搜索引擎的流量越高,则广告商越有可能找到感兴趣的消费者。三是价格结构不均衡。[③]由于双边市场的理论分析框架能够很好地解释商业模式,因而其成为目前分析互联网相关产品市场界定的主流理论。

双边市场理论对于反垄断法的相关产品市场界定而言的确有其意义。从其中推导出的一个重要结论是,由于双边市场的两个群体相互之间的关联性,通常会产生比从单边市场角度考虑时更宽的相关产品市场。因为交叉网络外部性的存在会使不仅平台之间存在竞争,而且每一边市场的竞争也会产生反馈作用,进而形成竞争约束。在此情况下,会有更多的竞争限制因素需要纳入相关产品市场界定的考虑之中。图9－3表明了典型双边市场平台企业A所面临的各种竞争限制:[④]

(1)A面临其他的为同样顾客群体提供服务的、具有差异性双边市场平台

① 双边市场的重要论文可以参见Caillaud,Bernard,and Bruno Jullien,Chicken and Egg,Competition among Intermediation Service Providers,34(2)*RAND Journal of Economics*,309－328(2003);Armstrong,Mark,Competition in Two－Sided Markets,37(3)*RAND Journal of Economics*,668－691(2006);Rochet,Jean－Charles and Jean Tirole,Cooperation among Competitors:SomeEconomics of Payment Card Associations,33(4)*RAND Journal of Economics*,549－570(2002);Rochet,Jean－Charles and Jean Tirole,Two－Sided Markets:A Progress Report,37(3)*RAND Journal of Economics*,645－667(2006);Weyl,E. Glen,A Price Theory of Multi－Sided Platforms,100(4)*American EconomicReview*,1642－1672(2010)。

② David S. Evans,The Antitrust Economics of Multi－sided Platform Market,20*Yale Journal on Regulation*,325－381(2003);Roberto Roson,Two－sided Market:a Tentative Survey,4 *Review of Network Economics*,142(2005).

③ NicoloZingales,Product Market Definition in Online Search and Advertising,9(1)*The Competition Law Review*,29－47(2013).

④ David S. Evans and Richard Schmalensee,Markets with Two－sided Platforms,Issues in Competition Law and Policy(Volumes Ⅱ),*edited by ABA Section of Antitrust Law*,2008,pp. 667－695.

的一定程度的竞争，如图中 B、C。

(2)A 也面临只在一个单边市场中提供竞争性服务的公司的竞争，如图中 D、E。

(3)A 还面临其他只在单边市场中与自己相竞争的其他双边市场平台企业，如图中 F。这些不同的企业对双边市场平台企业所进行的竞争限制，都是相关市场界定中需要考虑的因素。

A 企业受到的竞争约束可以用图 9－4 表示。

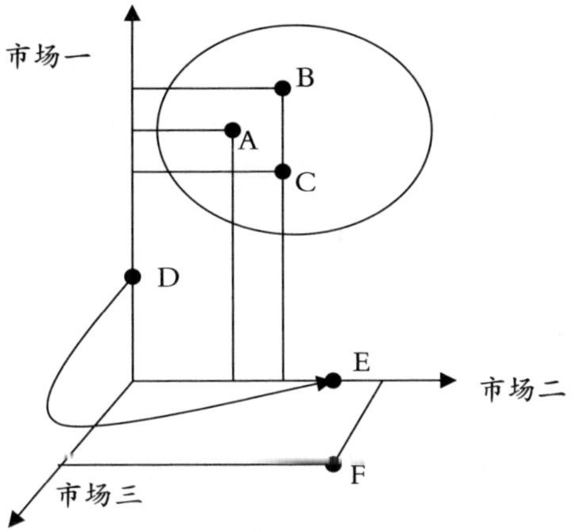

图 9－4 竞争约束图示

这一竞争约束关系还可以如表 9－17 所示。

表 9－17 竞争约束关系

	双边市场平台竞争			单边市场竞争		交叉竞争
	A	B	C	D	E	F
市场一	×	×	×	×	—	—
市场二	×	×	×	—	×	×
市场三	—	—	—	—	—	×

注："×"表明竞争关系。

以百度公司为例,按照这一双边市场理论的描述,百度搜索引擎服务面临的竞争则包括四个方面:①

(1)和其他同样具有双边市场特性的搜索引擎的竞争,如Google、BING;

(2)在吸引广告客户市场上,面临那些只经营广告牌业务的公司的竞争;

(3)在进行信息查询上,面临“114”等电话咨询方式的竞争;

(4)面临其他只在单边市场中与自己相竞争的其他双边市场平台企业,如也是双边市场平台企业,但只在广告市场和百度发生竞争的广告支持型电视台。

的确,相比单边市场而言,双边市场具有非常显著的差异,必须要改变简单地用单边市场思维去处理双边市场问题的思路,才能避免错误。②从定性的角度理解,双边市场理论下相关产品市场的范围通常需要界定得更宽,因为需要考虑的竞争性因素更多。在相关产品市场的界定上,这是双边市场理论最为突出的理论贡献。

(二)双边市场理论解释力的缺失

但是,从双边市场的一般理论出发,对于如何确定从哪一边市场开始进行相关市场界定,或者说需要界定的相关产品市场的数量问题上,并不能直接得出明确的结论。③特别是对于互联网这种类型的双边市场而言,更是如此。

---

① 李剑:《双边市场下的反垄断法相关市场界定——百度案中的法与经济学》,载《法商研究》2010年第5期。

② Julian Wright曾经总结了在双边市场中使用单边市场思维所可能带来的8大谬误:(1)有效率的价格结构应当确定在反映相关成本的基准上;(2)较高的价格—成本边际是市场力量的反映;(3)价格低于边际成本是掠夺性定价;(4)竞争的增加必然导致更有效率的价格结构;(5)竞争的增加必然导致更加平衡的价格结构;(6)在成熟市场(或者网络市场)中,不反映成本的结构不再是公平的;(7)双边市场中的一边低于边际成本接受服务时,它必定从另一边的使用者那里接受了交叉补贴;(8)对于双边市场平台设定的价格进行管制是竞争中性的。参见Julian Wright, One – sided Logic in Two – sided Markets, 3(1) *Review of Network Economics*, 1 – 21(2004)。

③ 考虑到本书的论题,除了下文论述外,双边市场理论的局限还有其他方面。例如,要对双边市场下相关市场进行精确地界定,则往往需要准确衡量交叉网络外部性的强度。而目前的结论都严重依赖模型的设定和前提假设,个案性的结论较多,规范性的结论还非常缺乏。参见Rysman, M., Competition Between Networks: A study of The Market For Yellow Pages, 71(2) *Review of Economic Studies*, 483 – 512(2004); Kaiser, U. and Wright, Price Structure in Two – Sided Markets: Evidence from The Magazine Industry, 24(1) *International Journal of Industrial Organization*, 1 – 28(2006); Ackerberg, D. A. and Gowrisankaran, Quantifying Equilibrium Network Externalities in The Ach Banking Industry, 37(3) *The RAND Journal of Economics*, 738 – 761(2006); Rysman, An Empirical Analysis of Payment Card Usage, 55(1) *The Journal of Industrial Economics*, 1 – 36(2007); Argentesi, E. and Filistrucchi, L., Estimating Market Power in a Two – Sided Market: The Case of Newspapers, 22(7) *Journal of Applied Econometrics*, 1247 – 1266(2007)。

在双边市场理论的范围内，有学者建议将双边市场进一步分为双边交易型市场和双边非交易型市场，并认为界定一个或两个相关市场取决于相关市场的类型。[①]两种市场的重要区别在于：在非交易性市场中，市场两边的群体之间没有交易，而即便双方之间有互动，但通常也是无法观察到，因此也没有交易前费用、合作前费用或者双方收费的可能。当然，在媒体市场或者互联网中市场两边的合作经常可以观察到，如读者或网络用户可以读到广告。但是，交易本身是延迟发生（delayed transaction is present），或者交易通常是无法区分的，因而平台也无法因此而收取费用。[②]

这种区分所得出的有意义的结论是：(1)在非交易的双边市场中，需要界定两个相关联的市场。而在交易型的双边市场中，则只需要界定一个相关市场。[③](2)双边市场中，竞争执法机构在界定相关市场时需要同时考虑市场两边的情况，即便是在非交易的双边市场中界定了两个相关的市场也是如此。而只有在仅有一个外部性的非交易市场中，才能只在市场的一边进行市场界定活动，该边没有需要考虑其他边情况的网络外部性问题。[④] (3)在双边市场中，竞争执法机构应当采用修改后的 SSNIP（或者临界损失法）。在非交易的双边市场中，应当考虑在每一边提高价格之后的获利可能性，而在交易型双边市场中，则要考虑两边同时支付的价格水平提高后的获利可能性。

这一理论从是否在平台上有直接的交易来判断界定的相关市场的个数，简单明了，也很具有可操作性。但是对于为何以是否具有交易来区分两种类型的双边市场，进而以此决定需要界定的相关市场的数量的说理不够充分。

---

① LapoFilistrucchi, Damien Geradin, Eric van Damme & Pauline Affeldt, Market Definition in Two – Sided Markets: Theory and Practice，载 http://papers. ssrn. com/sol3/papers. cfm? abstract_id = 2240850，最后访问日期：2013 年 8 月 20 日。这两种类型的双边市场最初被称为"媒体性的双边市场"和"支付卡型双边市场"，参见 LapoFilistrucchi, A SSNIP Test for Two – Sided Markets: The Case of Media, *NET institute working paper* No. 08 – 34(2008)。而后被进一步发展，参见 Damme, E. van, L. Filistrucchi, D. Geradin, S. Keunen, T. Klein, T. Michielsen and J. Wileur, Mergers in Two – Sided Markets – A Report to the NMa, *Netherlands Competition Authority*, 1 – 183(2010)。

② 也就是说，不能说一个人购买了产品是因为他看到了这些广告。但平台可以依据用户对广告的点击收费。

③ LapoFilistrucchi, Damien Geradin, Eric van Damme & Pauline Affeldt, Market Definition in Two – Sided Markets: Theory and Practice，载 http://papers. ssrn. com/sol3/papers. cfm? abstract_id = 2240850，最后访问日期：2013 年 8 月 20 日。

④ Wright, One – sided Logic in Two – Sided Markets, 3 (1) *Review of Network Economics*, 44 – 64 (2004).

此外，还有学者提出，在相关产品市场界定时，不应关注“免费”部分，而应直接考虑“收费”部分，从利润来源的角度进行市场界定。[①]这一理论虽然也起到了简化分析效果、避免在选择相关市场界定角度上的混淆，但是也并没有清晰地解释为什么对“免费”端完全不予考虑，在逻辑上存在一定的跳跃。按照这一理论，在最典型的双边市场，如银行卡中，当发卡银行对商户和信用卡用户都收费的时候，则需要同时在两边都界定相关产品市场，那么应当如何协调两个产品市场之间可能的冲突？[②]

尽管都存在一些不完善，但这些分析也非常清楚地表明，即便在双边市场理论范围内，不同类型的双边市场仍然存在差异，需要区别对待。双边市场理论存在以下不足。

1. 界定的市场范围可能过于宽泛

而按照主流理论的观点，双边市场的范围可能过于宽泛，以至于包含了过多类型的市场，引发内在的理论和实务冲突。例如，超市也被个别学者认为是双边市场，因为消费者享受到了超市供应的产品多样性和可获得性所带来的交叉外部性。[③]但是，对于生产商来讲，他们并没有享受到消费者数量增加所带来的交叉外部性，因为他们得到的收益是基于最终销售给消费者的数量。如果这样也被纳入双边市场的范围，则基本所有的零售商都可以成为双边市场。此外，这一界定还将包括诸如医院、酒店、美容院。和超市类似，这些类型的市场中消费者获得了经营者雇佣的服务人员数量上产生的正外部性，但服务人员却没有得到消费者数量增加的外部性。[④]

双边市场理论中，一个平台需要面对的“鸡与蛋困境”是其分析的“关键”因素。例如，信用卡的商户和消费者之间，没有消费者则商户不会接受信用卡；反过来，没有商户的话，消费者也不会接受信用卡。但媒体平台并不真正必须面对“鸡与蛋困境”：他们是明确需要“蛋”，也就是终端用户，来获得“鸡”，也就是广告商。这意味着媒体平台可以首先在没有广告商的情况下努力获取读者；

---

① 蒋岩波：《互联网产业中相关市场界定的司法困境与出路——基于双边市场条件》，载《法学家》2012 年第 6 期。

② 此外，这一理论和前述区分双边交易型市场和双边非交易型市场理论得出的结论在实务操作中完全不同。但由于二者都存在一定的说理不够充分的问题，因此难以断定合理性。

③ Mark Armstrong, Competition in Two - sided Markets, 37(3) *RAND Journal of Economics*, 668 - 691 (2006).

④ Luchetta, Giacomo, Is the Google Platform a Two - sided Market?, 23rd *European Regional Conference of the International Telecommunication Society*, Vienna, Austria, (2012).

然后,在第二阶段他们对广告商提出诉求,开拓营收来源。这个关键的区别,使媒体不同于需要两边都共同运作的双边市场。从这一角度反过来说,双边市场要符合以下条件:(1)两边有逻辑上和结构上的必要性来合作;(2)由平台连接的两个不同群体之间产生了单一交易;(3)每一群体用户的数量产生了交叉正外部性。而在对 Google 这样的搜索引擎的研究中,有学者认为,搜索引擎市场没有显示出有正交叉网络外部性。广告商享有来自搜索用户数量的正网络外部性,因为这会增加其广告的读者。但是,如果说搜索用户获得了广告商增加所带来的利益就不无疑问。[①]

2. 特殊类型的双边市场没能很好区分

即便不考虑基本理论上的分歧,至少在双边市场分类中有一类是比较特殊的,即媒体市场。媒体市场包括了报纸、电视、互联网门户以及其他在一边市场销售服务给用户,在另一边市场销售广告空间给广告商的经营者。在媒体市场中,广告商可以获得用户那里的交叉网络外部性,但反过来却不行。实际上,前述交易型和非交易型双边市场的划分也是缘于认识到在媒体市场(非交易型双边市场)的显著不同。[②]因为非交易型双边市场仅仅包含了媒体市场,而免费模式的互联网企业就是这种类型的市场。许多用户上网是为了其他的内容而不是为了看广告,他们之所以看广告往往是因为规避广告的成本太高的缘故。[③]

Wilbur 曾对电视广告产业做了相关的实证分析,[④]验证了此类产业中"负外部性"的存在。通过数据分析发现,电视节目中广告的播放时间与观众的福利水平明显负相关,若播放时间减少 10%,则观众的福利会增加 25%。同时作者发现,广告商比观众对媒体的影响力更大。广告商的偏好直接影响了电视媒体在节目播放上的选择,广告商偏好的真人秀和喜剧类节目的播放时间则占到了

---

① 基于这一理论,类似 Google 这样的平台被称为具有持续单向网络外部性的纵向单边价值链(one - sided value chain with Constant Unidirectional Network Externalities)。简单来说,也是回归到单边市场。参见 LapoFilistrucchi, Damien Geradin& Eric van Damme, Identifying Two - Sided Markets,载 http://ssrn. com/abstract = 2008661,最后访问日期:2013 年 8 月 18 日。

② LapoFilistrucchi, Damien Geradin& Eric van Damme, Identifying Two - Sided Markets,载 http://ssrn. com/abstract = 2008661,最后访问日期:2013 年 8 月 18 日。

③ David S. Evans, The Antitrust Economics of Multi - sided Platform Market, 20 *Yale Journal on Regulation*, 325 - 381(2003).

④ 免费电视和免费互联网服务企业一样,都属于双边市场理论中的媒体类型。

47% ,而观众喜爱的动作片和新闻类节目的播放时间仅占 16% 。[①]因此,总体而言,广告商的广告越多,观众的效用越少,许多观众不是为了看广告,而是为了其他的内容,他们之所以看广告是因为规避广告的成本太高了。[②]

类似的实证调查也证实了这一点。如艾瑞市场咨询 2006 年发布的五个门户发展趋势研究报告中显示,网民对从门户网站获取信息不满意的主要因素为广告过多、内容繁杂、真实性较低、推荐的头条很少有自己感兴趣的等(见图 9 - 5)。

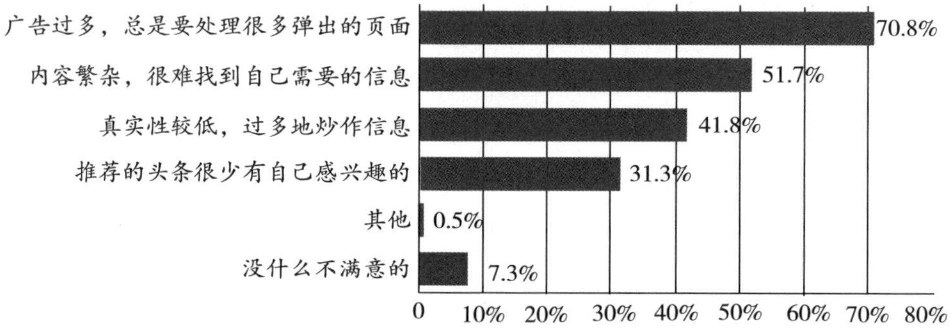

样本描述：N=2CCO； 2006年3月通过iUserSurver进行调研及北京和上海2个城市现场街访获得。

图 9 - 5　广告的页外部效应

从图 9 - 5 调查可以看出,广告对于网民而言是首要的负面因素。具有正交叉网络外部性的双边市场中,不仅应当考虑每一边市场的竞争影响,考虑反馈效应,而且要将相关产品市场界定得更宽一些。但是,在具有负网络外部性的双边市场中,则有显著差异。同时,网络用户并不总是点击关键词搜索时出现的广告。因此,很难评估当广告的价格上升之后,对于网络用户的影响。[③]这也是为什么在这一特定类型的双边市场中反馈效应是非直接的。[④]相关双边市场理论的研究目前没有能够很好地处理这一问题。

---

① Kenneth C. Wilbur, A Two - Sided, Empirical Model of Television Advertising and Viewing Markets, 27(3) *Marketing Science*, 356 - 378(2008).

② David S. Evans, The Antitrust Economics of Multi - sided Platform Market, 20 *Yale Journal on Regulation*, 325 - 381(2003).

③ 一般而言,网络用户对于广告有一个最大容忍程度和范围,超过这一范围,就会不愿意使用相关产品。在此情况下,广告商的竞争实际上是在特定的展示空间内的竞争,而这对于用户来说并没有太大的影响,影响的是广告价格的高度。

④ Nicolo Zingales, Product Market Definition in Online Search and Advertising, 9(1) *The Competition Law Review*, 29 - 47(2013).

三、单边市场:分析框架的构建与完善

对于反垄断法而言,提出双边市场理论的意义在于通过这一理论去更好地理解商业模式,从而更好地把握反垄断法处理相关问题的方式。而在理论面临困境时,则需要寻找新的角度,提供新的分析工具。但正如前所述,双边市场的一般理论对于相关产品市场界定而言,仍然有基本性的问题没有解决。由于这些问题,也导致实践中的做法各异。例如,在2008年韩国eBay-Gmarket合并案中,eBay曾根据双边市场理论,主张在通过网络销售特定商品的市场中包括购买商品的消费者与借助网络进行销售的销售者,这两个方面应属于同一相关产品市场,但韩国公平交易委员会则认定通过网络销售商品的这两个方面应分别属于不同的相关产品市场。[①]韩国公平交易委员会的态度与目前澳大利亚、[②]英国、[③]挪威[④]反垄断规制实践的态度一致,即分别认定为不同的相关产品市场。从结果上来看,目前的做法是既有界定一个相关市场的,也有界定两个相关市场的。但由于在这些案件中对于为何如此处理的说明往往并不够充分(通常是直接分析某一相关市场的界定过程),因此这一疑问并没有随着这些案件的出现、处理而结束。[⑤]也因此,需要再引入新的理论视角。

(一)单边市场的分析框架与问题

1.单边市场分析框架

双边市场理论是基于对单边市场认识不足的纠正而产生,但其理论可能涵盖过宽,导致将一些本可以用单边市场理论解释的问题不适当地转变为了双边市场理论,并用最为典型的双边市场的特性去理解所有其他类型市场,从而产生一些无法很好解决的问题。在此情况下,理解免费模式的互联网企业,所需要的可能是回归到单边市场,如果单边市场框架就能够很好地解决问题,那么就没有必要再运用比较复杂的双边市场理论框架理解问题。

实际上,双边市场和单边市场的确也容易发生混淆的问题。因为即便是普通的"单边市场"企业,也面临两个"边":上游和下游。只不过,单边市场下的两个边是纵向的关系,而双边市场的两个边是横向的关系。如果从单边市场的

---

① OECD. Two-sided Markets. DAF/COMP(2009)20:111.

② ACCC. MEDIA MERGERS(August 2006)[R].

③ OECD. Two-sided Markets. DAF/COMP(2009)20:139.

④ OECD. Two-sided Markets. DAF/COMP(2009)20:115.

⑤ 而就笔者目前所了解的范围内,还没有一个案件中法院直接适用了双边市场理论进行相关产品市场界定分析。这其中,确定相关产品市场数量的难题或许是一个非常重要的因素。

角度理解典型互联网企业的商业模式,则可以如此进行:

典型互联网企业是特殊的销售商,它在上游购买消费者的注意力(关注),并用包含了广告的产品(服务)作为支付的对价;同时,它将购买到的注意力(关注)向下游的广告商进行销售,并获得广告费收入以维持运作并从中获利。其运作模式可以用图9-6来表示。

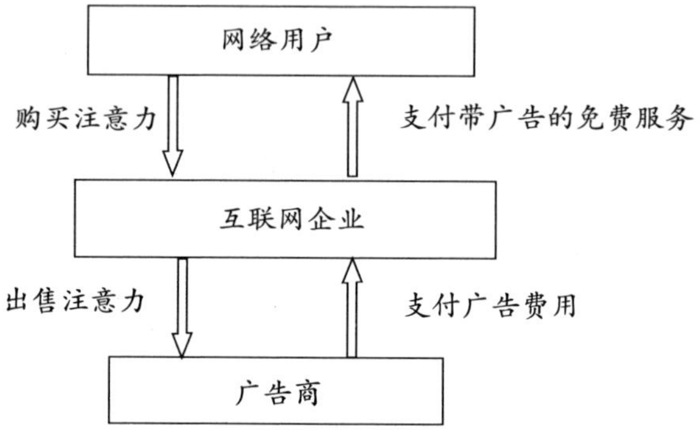

图9-6 互联网商企盈利模式

在这一理解方式下,有几个关键点需要特别说明:

首先,"免费"仅仅表现为"没有标示价格",但实质上仍然是以"以物易物"的方式在进行交易——向网络用户提供搜索、通信、视频等服务的同时,交换到对方的注意力。而注意力具有价值,可以向广告商销售。事实上,广告商之所以支付费用,也是因为有机会将产品(服务)信息传递给网络用户,进而有可能在其中找到交易的机会。

其次,在双边市场理论下呈现的"负交叉网络外部性",在此情况下可以从产品质量的角度理解。如果网络用户多,其总的关注多,则说明"销售商"提供的产品(服务)质量好,因此会吸引更多的购买者,卖出更好的价格。在另一端,如果广告商的广告过多,则说明"销售商"支付给网络用户的产品的质量下降,则网络用户就可能不愿意交易注意力来进行购买了。

之所以能够从以物易物的单边市场角度来理解互联网免费商业模式,首先在于互联网用户的关注本身的确具有商业价值。

互联网企业的收入来自广告商,而广告商则是希望有效地传递产品(服务)信息到有购买意向的消费者那里,从而可以获得商业上的收入。而用户对相关信息的关注往往是购买的前提。因为只有当关注本身发生之后,基于关注的广告销售、市场推广等活动才能得以进行。因此,从企业的角度看,吸引客户注意力成为网络经济中生存和发展的关键。为了让客户关注自己提供的新产品或服务,并产生购买欲望,厂商通常需要支出大量的“注意成本”,如广告费用、免费赠送、折扣、付费购买信息、付费吸引客户,免费只不过是其中的一种。换句话说,免费是为了吸引客户的注意,只是其更直接、更有针对性、更具震撼力而已。而从本质上说,免费本身就是一种最具渗透力的广告。当注意力被聚集之后,其具备的价值就体现出来。而 Facebook、Google、Yahoo、Baidu、Tencen 等一大批互联网企业的快速发展足以成为其注脚。

最后,网络用户的注意力具有稀缺性。在网络经济中之所以流行免费,是因为注意力的稀缺使传统的广告已不足以打动人心。[①]就互联网企业的状况而言,研究显示,美国的互联网用户在互联网上花费的时间从 2001 年的每周 9.4 小时持续增长到 2009 年的每周 19 小时,而在 2010 年下降到 18.3 小时。说明网络用户的注意力本身存在极限(见表 9 - 18)。[②]

表 9 - 18 网络用户的注意力极限

年份	每周花费小时数
2001	9.4
2002	9.8
2003	11.1
2004	12.5
2005	13.3
2006	14.3
2007	15.3
2008	17.0
2009	19.0
2010	18.3

① 迈克尔·戈德海伯在《注意力购买者》一文中指出,目前有关信息经济的提法是不妥当的。因为按传统经济学理论,其研究的主要课题应该是如何利用稀缺资源。但在信息社会中,信息非但不是稀缺资源,相反是过剩的。而相对于过剩的信息,只有一种资源是稀缺的,那就是人的注意力。注意力经济就是指如何配置企业现有的资源,以最小的成本去吸引客户的注意力,培养其潜在的消费群体,获得最大的未来无形资本,即经营消费者的注意力(参见李珊、黄妍:《注意力经济——网络营销的实质》,载《湘潭大学学报》(哲学社会科学版)2005 年第 5 期)。

② David S. Evans, Attention Rivalry Among OnlinePlatforms,载 http://papers.ssrn.com/sol3/papers.cfm?abstract_id=2195340,最后访问日期:2013 年 9 月 15 日。

因此,注意力的稀缺会引发对注意力的争夺。[①]购买和销售注意力,则也相应地能够成为商业模式。

对于相关产品市场界定来说,这样的理解方式尤为重要,因为它没有采用晦涩的双边市场理论,而是非常直观地解释了"免费"问题。在这一框架下,免费就不再是交叉补贴的问题。这对于通常意义上来理解互联网企业的运作方式也具有意义。更重要的是,由此可以很好地解决相关产品市场界定的难题。

首先,很好地解决了互联网企业反垄断争议中到底是从哪一边来界定相关产品市场的问题:如果争议在上游市场,则从这一边将相关产品市场界定为用户注意力或者其他;[②]如果争议在下游市场,则从这一边将相关产品市场界定为广告市场或者其他。[③]那么,回到之前提到的百度案中,由于案件的争议是基于竞价排名而产生,因此,相关产品市场界定为"搜索引擎服务市场"就不合适,而应当从广告市场的角度界定。至于具体界定为"广告市场"还是"在线广告市场"抑或"在线搜索广告市场",则可以用 SSNIP 测试等工具来确定。而在腾讯案中,奇虎 360 与腾讯的诉讼争议在于腾讯让消费者在二者中间进行选择,这一争议发生在上游市场,因此,去分析上游市场中相关产品的替代关系本身是合理的,不需要再考虑广告市场的问题。[④]

其次,SSNIP 测试等工具通过一定程度的改造之后仍然可以适用。如果单纯从免费的零价格角度来理解,那么 SSNIP 这种垄断者假定涨价的测试不可能适用。但是,在单边市场视角下,其内在的商业交易方式更为凸显,需要的只是确定易物交易中产品的价格。虽然会困难一些,但也并非不可解决。[⑤]

2. 单边市场分析的问题

因为对于互联网企业来说,上游市场就是购买消费者注意力的市场,那么,

---

① 实际上,在一定意义上可以认为网络用户也在承担因选择不同的互联网企业的机会成本。

② 具体是界定为注意力市场,还是其他市场更为合理,可以参见下文的分析。但不影响市场界定选择。

③ 基于对替代性上不同的思考,这一端的相关产品市场也有可能被界定为在线广告市场、在线搜索广告市场等,但这一差异对于定性问题本身没有影响。

④ 在这一案件中,需要说明的是,争议发生的最初原因,是奇虎 360 开发的软件屏蔽掉了腾讯的广告,影响了腾讯的下游市场。如果基于此,则相关产品市场的界定会有不同。但是,该诉讼的原告是奇虎 360,而其诉由则是基于腾讯后来的行为——要求用户二选一。

⑤ Luchetta, Giacomo, Is the Google Platform a Two - sided Market?, 23*rd European Regional Conference of the International Telecommunication Society*, Vienna, Austria, (2012).

相关产品市场是否应当界定为“注意力市场”?[1]如果按照这一方式进行界定，则相关产品市场会界定得非常宽，在这一市场中基本不可能产生符合推定市场支配地位标准的企业。[2]

表9－19是2010年11月中国主要的互联网平台以及其月覆盖的独立用户。[3]

表9－19　2010年11月主要互联网平台月覆盖的独立用户及份额

排名	平台类型	平台	月度覆盖人数（百万）	在前15名平台中的市场份额
1	即时通讯	腾讯QQ	340.13	11.16%
2	搜索引擎	百度	335.45	11.01%
3	综合门户	新浪	275.61	9.05%
4	安全软件	360安全卫士	275.33	9.04%
5	综合门户	网易	233.38	7.66%
6	网上购物	淘宝网	220.95	7.25%
7	综合门户	搜狐	212.85	6.99%
8	在线视频	优酷	203.56	6.68%
9	在线视频	土豆网	175.60	5.76%
10	搜索引擎	Google中文	175.21	5.75%

可见，即便是占据市场份额第一的腾讯QQ，也仅有11.16%的份额，距离通常推定市场支配地位50%的市场份额差距还非常远。但是，以注意力（流量）等指标来确认相关产品市场的确有过于宽泛理解竞争的问题。正如，对于所有商业企业来说，其目的都是争夺消费者手中的钱，同时钱本身无疑是稀缺的。但是，是否能够因此就将相关产品市场界定在“钱”上，以此来界定相关产品市场，同样会产生不可能有企业占据市场支配地位的问题，那么，反垄断法对市场支配地位滥用的规定也都将失去意义。[4]这显然存在问题。

① David S. Evans, Attention Rivalry Among OnlinePlatforms.

② 按照我国《反垄断法》的规定，单个企业市场份额超过50%时可以推定其具有市场支配地位。

③ David S. Evans, Attention Rivalry Among OnlinePlatforms.

④ 当然，这里的问题仍然是因为缺乏“价格”这一衡量标准，而导致的无法精确定量分析。

(二)单边市场分析框架的完善

从注意力竞争的角度很好地解决了互联网企业相关产品市场界定的定性问题。但是,完全以注意力争夺来界定互联网企业的"上游市场"会导致范围过于宽泛。此时,对产品(服务)功用的考虑就具有了意义。[①]

1. 商品功能的需求替代

虽然目前在反垄断法案件的处理中都比较青睐于采用更精确的 SSNIP 测试等来界定相关产品市场,但是 SSNIP 测试也有局限性。例如,SSNIP 测试是以历史价格作为分析的基础,当该企业的现行价格已经是垄断价格时,会导致市场界定过宽,形成玻璃纸谬误。[②] SSNIP 测试是假设竞争对手不改变价格或产出,这一测试前提会导致"单边 SSNIP 陷阱",即结合微观经济学的自由市场条件,所有企业都会把价格定在利润最大化水平上,因此任何企业都不具有提价能力,也就没有必要进行市场支配地位判断。[③]此外,SSNIP 测试中每增加一种替代产品,都要对利润最大化水平进行比较,这要求产品成本数据的准确性,但这十分困难,从而导致多数情况下利润水平的计算并不可信。[④]可见,即便目前最为流行的 SSNIP 测试,也并非完美。

或许正是基于上述原因,国务院反垄断法委员会颁布的《相关市场界定指南》中对于相关市场界定的方法非常包容。第 7 条规定:"界定相关市场的方法不是唯一的。在反垄断实践中,根据实际情况,可能使用不同的方法。一般来讲,在反垄断执法过程中,先主要基于商品的特征、用途、价格等事实进行需求替代分析,必要时再进行供给替代分析,就可以界定相关商品市场和相关地域市场。经营者竞争的市场范围不够清晰或存在争议时等复杂情况下,可以按照'假定垄断者测试'的分析思路(SSNIP 方法),借助经济学分析方法来界定相关市场。"因此,相关产品市场界定中,基于商品的特征、用途来进行需求替代分析本身并不被排斥。在不少案件中,竞争执法机构或法院也考虑了相关内容的特

---

① 传统上也使用产品功能界定法。产品功能界定法主要是依据产品功能上的替代性或用途上的合理互换性来完成对相关市场的界定。但由于产品具有多样化的物理特性和功能,判断两种产品是否合理的替代品就具有很强的主观性,得出的结论也就具有不确定性。相比之下,SSNIP 方法在理论上明显优于传统产品功能界定法中依据需求交叉弹性理论,而笼统地分析商品间合理互换可能性和需求替代性。

② United States v. E. I. du Pont de Nemours & Co. ,351 U. S. 377(1956).

③ Steven C. Salop, The First Principles Approach to Antitrust, Kodak, and Antitrust at the Millenium, 68 *Antitrust Law Journal*, 187 - 202(2000).

④ 李虹:《相关市场理论与实践——反垄断中相关市场界定的经济学分析》,商务印书馆 2011 年版,第 92 页。

性。例如，在 LiveUniverse 诉 MySpace 案中，原告主张 MySpace 所经营的相关产品市场是基于互联网的社交网络。被告则认为除了社交网络网站外，其他形式的商业模式也参与了相关市场的竞争，但是却无法说明实体市场中的哪项业务参与了相关市场竞争。因此，最后法院支持了原告对此案相关市场的界定。[①]

2. 需求的独立性

在一般意义上，网络用户对于不同网络产品的使用往往是基于对特定功能的需求。例如，要查询信息的时候，使用各种搜索引擎，包括百度、搜狗或者必应；如果要寻求网络安全，则使用 360 安全卫士、金山毒霸或者卡巴斯基；如果要即时通讯，则可以选择 QQ、MSN 或者微信。在这些不同的需求中，而对于安全的需求和对于信息搜索的需求、即时通讯的需求之间不可能有替代关系，因为功能上的差异使得这种替代不可能发生。

这在一些调查中可以得到实证的支持。以网络安全为例，根据艾瑞咨询调研显示，[②] 2012 年大部分网民对网络安全持不乐观态度：70.0% 网民对网络安全表示担心，其中 33.3% 持非常担心态度。相比 2011 年，网民对网络危险的担心首先为“金钱损失”，“金钱损失”相对 2011 年上涨 7.4%；其次为“隐私泄露”（见图9 7）。

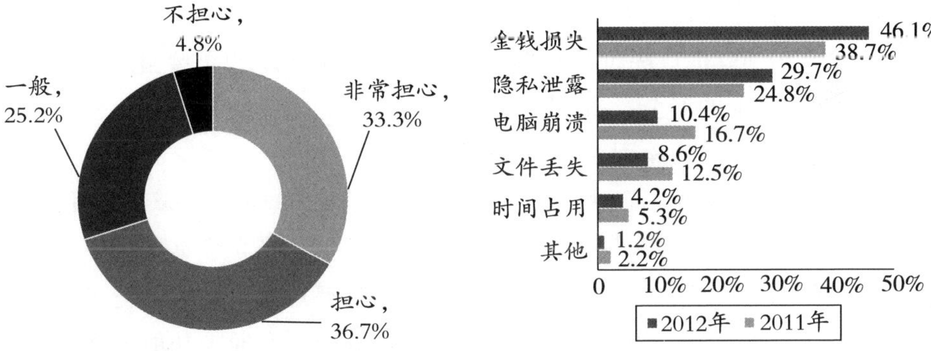

2012年网民对网络安全的担忧情况　　2012年网民担忧网络安全带来的损失类型

Source: 样本量N=3229。于2012年12月在艾瑞iClick和QQ平台联合回收。

图 9－7　网民对互联网安全的担忧

① LiveUniverse, Inc. v. MySpace, Inc. , 2008 WL 5341843(9th Cir. , Dec. 22, 2008).

② 艾瑞咨询集团：《个人网络安全年度报告》，2012 年年度报告。

此外，根据艾瑞咨询调研显示，[1]随着曝出多件隐私泄露事件后，网民对个人信息的隐私性持非常高的担忧度：81.8% 网民表示对个人信息的隐私表示担心，高于网民对整体网络安全的担心程度；在注册填写时，大部分网民选择填写自己真实个人信息，从不填写真实信息的只有 1.9%（见图 9－8）。

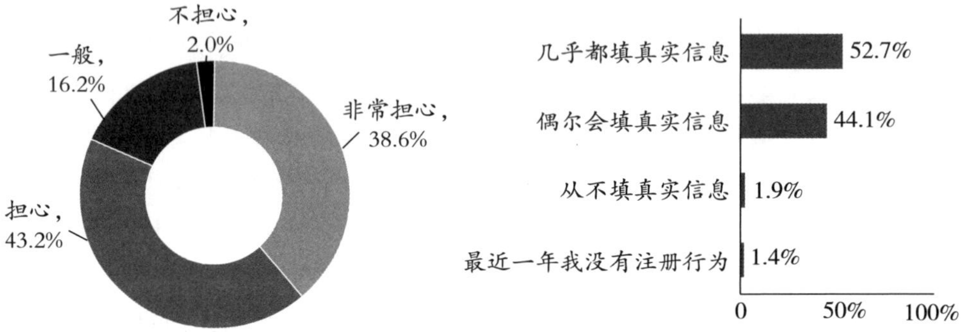

2012年网民对“在网上填写真实信息”的安全性担忧情况　　2012年网民注册填写真实个人信息的频率

Source: 样本量N=3229。于2012年12月在艾瑞iClick和QQ平台联合回收。

图 9－8　互联网用户信息的真实性

这些实证数据足以表明，网络用户对于网络安全有特别的需求。在这种需求下，如果奇虎 360 的产品价格发生变化——从零价格变为正价格——也只会导致用户转向其他的安全产品，或者认为无力支付而放弃这一服务。但并不会将这一需求转换为对搜索引擎、即时通讯的需求。因此，以宽泛的注意力竞争来界定相关产品市场并不合适。恰当的做法，则是基于这些考虑产品（服务）的功能来确定相关市场。

而实际上，在相当多的反垄断法案件中，法院都对功能比较进行了详细且相对合理的分析。例如，腾讯案中法院将 QQ 和其他具有通信功能的产品进行了比较。法院在判决中分析了与 QQ 软件可能形成竞争关系的四类产品：文字、音频及视频单一功能的即时通讯；SNS 社交网站及微博；传统电话、传真；电子邮箱。在进行了详细的功能比较后，法院认为，该三种类型的即时通讯产品及服务（综合性即时通讯服务、跨平台即时通讯服务和跨网络即时通讯服务）属于同一相关商品市场的商品集合；以 QQ 为代表的综合性的即时通讯与文字、

① 艾瑞咨询集团：《个人网络安全年度报告》，2012 年年度报告。

音频以及视频等单一的即时通讯之间具有紧密的可替代性，属于同一相关市场的商品集合；QQ 与社交网站、微博服务属于同一相关市场的商品集合；而固定电话、手机、短信电子邮箱与 QQ 不属于同一相关商品市场的商品集合。①

四、结语

相关产品市场界定一直都是反垄断法理论与实践中争议颇多的领域，而在涉及互联网产业的免费模式时，原有的争议不仅仍然存在，还产生了新的问题。免费模式下，企业在提供零价格产品的同时，又通过向广告商收费来获得利润。这一模式使相关产品市场界定产生了困难。在寻求新的理论框架上，双边市场理论的问题在于过于宽泛，将各种不同特点的市场类型按照最典型的方式来处理，使其无法解决前述问题。在此情况下，单边市场理论不仅能够很好地理解免费模式的运作逻辑，同时也可以确定究竟在免费端还是广告端进行市场界定。并且，通过对网络用户需求之间的替代关系来界定相关产品市场，相比单纯强调注意力要更为合理。这也得到了实证研究结果的支持。

第六节 软件产品的相关市场界定②

一、软件产品的特殊性

我国《反垄断法》第 17 条第 5 项将"无正当理由搭售商品"规定为滥用市场支配地位的行为之一。然而，软件的抽象化、非实体性使其明显有别于一般的有体物。因此，如何界定软件产品相关市场的边界，就成了一个棘手的问题。曾入选《最高人民法院公报》的"精雕雕刻软件"案，③回避了这一核心问题。判决书模糊地指出，雕刻软件开发者将其软件产品的"优势"扩展到雕刻机床市场。④ 审理该案的法官在指出雕刻软件和雕刻机器属两个不同市场的时候，还提及具"搭售"特点的技术创新，即为了适应市场需求，产品多功能的集合不应视为不同产品之间的"搭售"。例如，过去的计算机系统没有软驱、光驱、USB

① 法院认为固定电话、手机及短信均进行收费服务，而即时通讯则进行免费服务，因而相互之间不构成可替代商品。而电子邮箱与 QQ 则是功能和用途的差异较大。参见广东省高级人民法院民事判决书〔2011〕民三初字第 2 号。

② 本节主要参考 Andrew Chin, Antitrust Analysis in Software Product Markets: A First Principles Approach, 18 *Harv. J. L.* & Tech. 1(2014)。

③ 〔2006〕沪一中民五(知)初字第 134 号，〔2006〕沪高民三(知)终字第 128 号。

④ 丁文联：《知识产权案件中的反垄断思维——从技术型搭售展开的分析》，载《法律适用》2008 年第 8 期。

接口、随机软件包等设置,现在这些东西已经成为计算机不可缺少的部分。① 究竟什么情形下的软件和硬件、什么情况下的软件之间属同一市场或不同市场,这个案件没有给出有说服力的界定标准。

依照美国反托拉斯法,认定违法的搭售行为需要五个构成要件:(1)搭卖品与结卖品可分离;(2)强迫消费者购买搭卖品;(3)卖方在结卖品市场拥有市场支配地位;(4)这在结卖品市场会产生反竞争效果;(5)对结卖品的州际贸易产生不利的影响。但是,这些构成要件如果适用于软件业则会出现以下难题:其一,数字信息技术的网络效应、锁定效应很强,当卖方基于用户的依赖黏性提供某些兼容互补的软件乃至将它们的功能融为一体时,很难说明这些软件是两个可分离的产品;其二,软件市场发展日新月异,技术标准和行业惯例不断变化甚至最终被取代,即相关市场的范围不是静止的状态。② 如在 20 世纪六七十年代,IBM 将中央处理器、存储器、硬盘和其他控制软件整合为一个产品出售在当时被视为违反反垄断法,现在这却成为个人电脑的通行标准。2002 年,SUN 公司将十多款应用软件与其 Solaris 操作系统进行捆绑销售,由此重新划定了应用服务器的市场版图。③ 这些例子数不胜数。可见,将整合后的产品界定为一个产品,或者界定为各自独立的多个产品,这都非常困难。另外,软件产品的边际成本接近于零,其结果就是厂商可在增加产品功能的基础上不抬高产品的价格,即消费者可以以相同的价格享受更多的服务。这种情况下,如果按照传统反垄断大的判定准则,忽略软件产品的特殊秉性,这在一定程度上会阻碍创新,减损消费者的福利。有学者指出,软件的整合不但可以为消费者提供操作简单、功能强大、配置方便的产品,在产品升级换代方面提供了更完善的服务,减少用户的搜寻成本,而且可以因为消费者对整合性产品的需求而改变产品市场的边界,由此增加产量,增进社会福利。④ 但是,如果任由软件产品相互兼容扩张,又可能导致强者更强和弱者更弱的垄断格局,不利于市场的公平竞争。因此,如何能够合理和恰当地界定软件产品的相关市场边界,就变得很重要。

---

① 丁文联:《知识产权案件中的反垄断思维——从技术型搭售展开的分析》,载《法律适用》2008 年第 8 期。

② 臧旭恒、尹莉:《美国现行反垄断法对软件产业的适用性探析》,载《中国工业经济》2005 年第 5 期。

③ CNET 科技资讯网:载 http://www.cnetnews.com.cn/2002/0522/48823.shtml,最后访问日期:2015 年 2 月 24 日。

④ 臧旭恒、尹莉:《美国现行反垄断法对软件产业的适用性探析》,载《中国工业经济》2005 年第 5 期。

二、基于用户目标界定市场

众所周知，反垄断案件经常要判定经营者是否在相关市场具有支配地位。为了计算经营者的市场份额进而认定其是否拥有市场支配地位，恰当地界定相关市场在各类反垄断案件中都是必不可少的。[①] 但是，在软件业界定相关市场是比较困难的。在著名的微软案中，[②]美国联邦地区法院认定微软公司的行为构成《谢尔曼法》第 2 条意义上的搭售。联邦上诉法院虽然肯定了一审法院的事实判断，但却认为原告美国政府没有合理地解释什么是浏览器，为什么其他厂商不能合理替代微软公司的产品。[③] 考虑到这个问题的难度，原告美国政府撤回了关于搭售行为的指控。实际上，被告微软公司对软件产品的定义也是错误的。在这整个诉讼中，微软都是强调软件产品仅由代码组成，没有别的。[④] 然而，这个主张是站不住脚的，因为软件产品的购买者虽然可以获取该软件的所有代码，但却没能因此获得该软件之上的所有权利。这说明，购买软件产品不是购买代码，而是购买使用和运行该软件的法律权利和技术资格。也即是说，软件的产品市场不是软件代码的市场，而是使用软件权利和资格的市场。[⑤] 在该案的"法庭之友"讨论中，斯坦福大学的 Lawrence Lessig 教授指出，"软件产品应界定为就消费者而言有价值的软件功能"，[⑥]但是主审法官 Jackson 认为这个表述不够清晰，他依然凭借"软件产品即代码"的直觉来断案。[⑦] 因此，在界定软件产品及其相关市场方面，微软案没有给软件领域的反垄断执法提供有益的指引。有些学者指出，界定相关市场应当基于关键政策的选择视情况而定。[⑧] 这里讨论的目的不是提供判定合理替代之标准或探讨关键政策之选择，而是提供一种分析框架，即软件产品及其相关市场的界定需考虑构成软件产品的法律权利和技术资格，由此识别产品之间是否具有可替代性。

---

① Robert Pitofsky, New Definitions of Relevant Market and the Assault on Antitrust, 90 *COLUM. L. REV. 1805*, 1807 (1990).

② United States v. Microsoft Corp., 84 F. Supp. 2d 9 (D. D. C. 1999).

③ United States v. Microsoft Corp., 253 F. 3d 34, 81 – 82 (D. C. Cir. 2001).

④ United States v. Microsoft Corp., 84 F. Supp. 2d 9 (D. D. C. 1999) (No. 98 – 1232).

⑤ Andrew Chin, Antitrust Analysis In Software Product Markets: A First Principles Approach, 18 *Harv. J. L. & Tech.* 1. (2014). p. 5.

⑥ Brief of Professor Lawrence Lessig as Amicus Curiae at v. United States v. Microsoft Corp., 87 F. Supp. 2d 30 (D. D. C. 2000).

⑦ United States v. Microsoft Corp., 87 F. Supp. 2d 30, 50 (D. D. C. 2000).

⑧ A Phillip E. Areeda et al., Antitrust Law: An Analysis of Antitrust Princiles and Their Application ch. 5 (Vol. IIA 1995). ¶¶ 530b – c, at 152 – 54.

这里应当摒弃“软件产品仅由软件代码构成”的错误观念。软件即代码，指与计算机系统操作有关的计算机程序、规则以及可能有的文件、文档及数据。[①]但是，软件产品不等于软件，而是指附随特定软件的使用说明和许可协议中记载的安装和运行该软件的法律权利和技术资格，但是不包括代码。例如，获得微软 Office 软件许可使用权的购买者不享有 Office 软件代码的所有权。使用某软件产品不仅要求计算机系统运行该软件，更可能要求运行之前的系统已经安装其他软件。先前安装的软件被称为平台软件，一般存储在系统硬盘的收藏文件夹中。例如，微软视窗操作系统软件相对于微软 Word 应用软件是平台软件，需要事先安装，Word 文本以. DOC 格式保存并呈现，软件用户的目标旨在录入和编辑文本。这说明视窗和 Word 两个软件产品互为补充，而不是相互替代。用户购买软件产品中的法律权利和技术资格，旨在让计算机系统执行某项特定任务。本书将“用户目标”（consumer purpose）与“终端用途”（end use）两个术语交替使用，用于上述被执行的任务。因此，界定软件产品的相关市场时，将用户目标作为价格歧视理论下的终端用途细分（end – use segments）进行识别就变得非常重要。任何一个用户目标应当具有完整的、有意义的和边界清晰的特性，从而最终推导的终端用途可以表示一个有意义的用户组。一个用户目标应当具备简单、统一、抽象、与技术无关和可以单独进行操作等特点，目的是避免依不同的技术路径做出错误的市场界定线，导致难以从用户角度判断一个终端用途的特殊性。

在通过软件用途、运用模型和不同方法抽象描述软件行为的方面，计算机专家和软件工程师有相当多的经验。Larry Constantine 和 Lucy Lockwood 编写的《面向使用的软件设计》一书给出了一个关于“基本用例”（an essential use case）的定义：“一个基本用例是通过用户语言来描述软件在一个应用领域的结构化，它描述的任务或者交互操作可以通过简洁、通用、抽象、与技术无关且可以单独操作的程序来完成，即这个任务或交互操作对一个应用领域的用户是一个独立、有意义且感觉不错的进行过程，可以体现交互操作的意图。”[②]这里关于用例（use case）的概念是 Ivar Jacobson 在 20 世纪 60 年代末发明的，即是指某种

① 参见百度百科：http://baike. baidu. com/subview/37/6030295. htm，最后访问日期：2015 年 2 月 24 日。

② ［澳］Larry L. Constantine、Lucy A. D. Lockwood：《面向使用的软件设计》，刘正捷等译，机械工业出版社 2011 年版，第 76 页。

用户与某个系统之间交互操作的描述，即每个用例都可以通过叙述的方式描述一个独立且对用户有意义的交互过程。[①] 表 9 – 20 是用户从自动取款机（ATM）取现金的过程：

表 9 – 20　ATM 取现演示

用户操作	系统回应
插入银行卡	
	读取磁条 要求输入个人身份号码
输入个人身份号码	
	验证个人身份号码 显示交易选项菜单
按键	
	显示账目菜单
按键	
	提示数量
输入数量	
	显示数量
按键	
	退出银行卡
取回银行卡	
	“吐出”现金
取出现金	

对同一个交互操作来说，基本用例比具体用例简短许多，因为基本用例的基础是用户的意图，它仅包含用户基本上感兴趣的步骤，所以给用户界面的设计和使用目的留下了更多的发挥余地。[②] 在一个基本用例中，上述表栏的名称可能有所变化，以反映用例法侧重点不同。还是以“取现金”为例，这一交互过程的基本用例如表 9 – 21 所示：

① ［澳］Larry L. Constantine、Lucy A. D. Lockwood：《面向使用的软件设计》，刘正捷等译，机械工业出版社 2011 年版，第 74 页。

② 同上注，第 77 页。

表 9－21　基本用例取现演示

用户意图	系统职责
表明自己身份	
	验证身份 给出选择项
选择	
	“吐出”现金
取出现金	

由于交互过程是关注用户的基本用途，计算机专家和软件工程师一般通过一系列问题进行建模工作。例如，提出的问题是该用户试图做什么？为了支持该用户完成任务，他需要什么样的能力？该用户需要审视、创建或改变什么样的信息？这个系统需要告知该用户什么样的信息？该用户需要告知系统什么样的信息？这说明因为基本用例是考虑用户目标，具体模型的设计上就可能没有限制。这个分析可以为反垄断执法机关判断两个软件产品是否“可应用于同一目标”，[①]进而分析哪些产品在终端用途可与假定垄断的产品开展竞争提供一个适当的框架。当然，功能替代性和细分终端用途也是界定市场须考虑的重要因素，此外还应考虑可替代产品可能存在的品质和价格差异，潜在的市场进入者的供给替代等。软件工程学也可为这些因素的分析提供思路和框架。

三、基于终端用途界定市场

如果消费者群体不是基于品牌忠诚度或者个人口味购买产品，那往往就是基于产品的不同功效。这种情况下，产品的价格对市场界定就有着重要的意义。[②]因此，反垄断执法机构将相关产品市场往往界定为“由特定消费者群看重的一个或多个产品所组成”。[③] 鉴于消费者群与产品的终端用途相对应，法院往往通过识别一个或多个消费者群界定价格差异的市场。例如，在 Illinois ex rel. Hartigan v. Panhandle E. Pipe Line Co. 一案中，美国法院认为，天然气市场须根据天然气的不同终端用途（作为替代燃料、能源保护方法或两者兼具）进行细化，即与天然气工业用户相比，居民和商业用户以其他燃料替代天然气的能力

① United States v. Charles Pfizer & Co. ,246 F. Supp. 464,468(E. D. N. Y. 1965).

② See, e. g. ,James A. Keyte, Market Definition and Differentiated Products: The Need for a Workable Standard, 63 *Antitrust* L. J. 697,741(1995).

③ Horilontal Merger Guidelines,1992, § 1. 12.

非常有限,因此居民和商业用户的天然气使用应构成独立的相关产品市场。[①]可见,产品终端用途是界定价格差异性市场的基础,即有必要细分特定消费者的产品需求,即他们的终端用途是独立的,与其他群体的终端用途没有可替代性。在 Nobel Scientific Industries v. Beckman Instruments, Inc. 一案中,[②]被告 Beckman 是一个血液分析仪和配套试剂的生产商。原告 Nobel 指控被告企图垄断"一种可同时进行 7 个项目测试的血液分析仪"市场,包括配套的试剂市场。但是,法院的即决判决否定了原告的相关市场界定,理由是这种可进行七项血液测试对医院和实验室不是意义完整的终端用途。[③] 专家证言也指出,如果价格太高,这种可进行七项血液测试的仪器就可被进行单项或进行几项的血液分析仪所替代,而且它的血液试剂也可被其他厂商的产品所替代。法院最后判定,本案中仅将被告产品界定为相关产品市场,这个市场界定过于狭窄。[④] 这个案例说明,在一个产品有着多重用途的情况下,如果这些个别用途在市场上面临着竞争,那么这个有着多重用途的产品不应当被界定为一个独立的产品市场。[⑤]

在软件产品的基本用例范围内,一个终端任务可能会通过多种设计路径来完成,由此导致功能上可替代的软件产品之间存在着差异。但是,这些差异化的产品如果存在需求转化或者价格变动,它们也应该被视为合理的替代。这即是说,界定产品市场需要考虑产品的竞争变量(competitive variables),即考虑用户的选择或偏好的决定性因素。[⑥] 软件工程师在测算软件的品质方面具有丰富的经验,并且一般认为有的指标(metrics)在软件产品用户的评价中起着重要的作用。[⑦] 例如,《面向使用的软件设计》一书提出了评估软件产品功效的两个指标,一是偏好指标(preference metrics),即量化用户的主观评价和偏好;二是绩效指标(performance metrics),即量化软件的实际使用情况。[⑧] 偏好的指标包括

---

① 730 F. Supp. 826,900(C. D. Ⅲ. 1990).

② 670 F. Supp. 1313(D. Md. 1986).

③ Id. , at 1319.

④ Id. ,at 1320.

⑤ Andrew Chin,Antitrust Analysis In Software Product Markets:A First Principles Approach,18 *Harv. J. L. &Tech.* 1. (2014). p. 19.

⑥ Horizontal Merger Guidelines,1992, § 1.11.

⑦ See Tom Gilb, Software Metrics(1977); Stephen H. Kan, Metrics and Models in Software Quality Engineering(2002).

⑧ [澳]Larry L. Constantine、Lucy A. D. Lockwood:《面向使用的软件设计》,刘正捷等译,机械工业出版社 2011 年版,第 313 页。

喜好、效率、有助性、可控性和易入门等五个向度；绩效的指标包含完成性、准确度、有效性、效率、熟练、产量等六个向度，当然不是每个指标或者向度在界定市场时都必须予以考虑。执法机关应当通过证据确认哪些指标和向度实质性地影响了用户的选择和偏好，从而识别哪些软件产品在这些向度上可与假定垄断者的产品进行有效竞争。支持同一终端任务的软件产品也可能在先决条件（preconditions）上有差别。判断两个软件产品是否构成合理替代时，反垄断执法机构应审查两个软件产品先决条件的重叠范围是否足以支持它们之间的有效竞争。当两个软件产品的先决条件相互排斥时，如存在不兼容的系统硬件要求，它们应被认定为不存在功能上的合理替代，即使它们完成的任务是相同的。用于分析上述指标和先决条件的相关证据可从软件产品营销调查、公开出版的软件产品评测、用户体验描述、软件漏洞补丁报告、软件产品附属文件以及计算机科学、软件工程学的相关论著等文献材料中进行查找。

正如我们所见，基本用例之间的价格差异可用于界定软件产品终端用途的细分市场。如果特定终端用途是为满足消费者对软件产品的特定需要，且支持该终端用途软件产品的假定垄断者在法律和技术上有能力将其产品品质降低到该终端用途竞争水平之下，这个细分的终端用途就应被视为一个相关产品市场。综上所述，判定软件产品及其相关市场的步骤为：

1. 定义假定垄断者产品，即软件产品是由一个系统上安装和运行该软件的必要法律权利和技术资格构成。

2. 罗列相关消费者目标清单。这些消费者目标必须完整、有着良好的定义并且有意义。消费者目标可包括：（1）假定垄断软件产品可以支持的任务；（2）运行软件的先决条件之满意度。这个清单不必包括假定垄断软件所要服务的所有消费者目标，即不需要非常全面，但应包括该产品的主要终端用途。

3. 每个相关任务均应以基本用例的方式进行表述，即形成一个简单、通用、抽象、与技术无关和单独可以操作的“用户—系统”交互界面。

4. 考虑相关消费者的目标，识别功能上可替代的产品。如果一个软件产品服务于上述2的消费者目标清单和上述3的相关任务，这个软件与假定垄断者的软件产品在功能上具有可替代性。

5. 列出相关竞争变量。竞争变量包括每个相关任务实质性的偏好指标和绩效指标，以及使用假定垄断者软件产品实质性的先决条件。如果一个因素能够决定软件产品终端用途用户的选择或偏好，这个因素就是一个实质性的因素。

6. 识别可合理替代的软件产品。合理替代分析应当从假定垄断者软件产品构成的临时市场开始,然后扩展到可合理替代的其他软件产品。满足上述4即功能上具可替代性产品可被视为合理替代。如果存在上述5提出的竞争变量,如果假定垄断者将其产品的价格抬高到竞争水平之上,有相当数量的消费者转向功能上可替代的其他软件产品,最后导致这一涨价行为无利可图时,相关市场的范围应扩展到不再有可合理替代的产品进入临时市场为止。

7. 识别结构性的进入障碍。相关市场界定须考虑市场进入的结构性障碍,如替代性产品在设计和技术方面的困难、排他性的先决条件、预装软件的干扰及目标产品的可接受度。

四、基于著作权界定市场

著作权许可合同可能涉及排除限制竞争的问题,触及反垄断审查,其关键问题是许可人是否正当地行使其著作权。[①] 这个问题在软件产品市场尤为突出,因为厂商可通过软件许可扩张其著作权保护的范围。著作权法通过独创性、思想/表达二分法以及合理使用等规则界定了著作权的范围和限制。但很多学者指出,软件许可协议有可能破坏著作权法所维系的利益平衡,[②]如权利人可通过指控竞争者侵权的方式来限制竞争。例如,在微软案中,美国联邦上诉法院认可了被告微软公司的主张,即正当行使知识产权不违反反垄断法。笔者在这里讨论阐著作权在界定软件产品市场中的作用,分析软件产品市场上的限制竞争可能是否超过著作权的合法边界。

我国《著作权法》第3条规定,计算机软件乃受著作权保护的作品类型之一。2013年修订的《计算机软件保护条例》规定,计算机软件指计算机程序及其有关文档,其中:(1)计算机程序是指为得到某种结果而由计算机等具有信息处理能力的装置执行的代码化指令序列,或者可以被自动转换成代码化指令序列的符号化指令序列或者符号化语句序列;(2)文档是指用来描述程序的内容、组成、设计、功能规格、开发情况、测试结果及使用方法的文字资料和图表等,如程序设计说明书、流程图、用户手册。[③]《计算机软件保护条例》第24条还规定,

---

① See, e. g., United States v. Loew's, Inc., 371 U. S. 38, 47 – 48 (1962).

② See, for example, Maureen A. O' Rourke, Drawing the Boundary between Copyright and Contract: Copyright Preemption of Software License Terms, 45 *DUKE L. J.* 479 (1995).

③ 参见《计算机软件保护条例》第2~3条。

未经软件著作权人许可,复制或者部分复制该软件或向公众发行、出租、通过信息网络传播该软件的,应承担相应的侵权、违法乃至刑事责任。然而,在司法实践中,尽管软件代码的字面复制(literal copying)比较容易判断,但对软件中的非字面元素是否给予保护却不清晰。《计算机软件保护条例》第6条明确规定,软件著作权的保护不延及开发软件所用的思想、处理过程、操作方法或者数学概念等。这便是"思想/表达二分法"这个著作权法益平衡的经典原则在软件业的适用。在软件业,这个原则是指软件著作权人不得阻止他人运用与其不同的代码来表达和执行相同的功能。然而,因为"思想"或"表达"的内容存在不确定性,法院关于软件中的结构、顺序、组织、硬件界面、程序界面、用户界面等是否受到保护存在较大的分歧。

美国第二巡回法院1992年关于Altai一案①的判决是涉及软件产品的一个重要案例,法院在这个判决中提出了"抽象—过滤—比较"的分析路径,这个路径成为涉及软件著作权的侵权案件或者反垄断案件的一个重要分析方法。法院在这个案件中的想法是,设立一套实用性规则,以界定软件中的可版权部分。软件中有一个不受版权保护的部分,即计算机程序员进行设计的空间自由。本案通过移除法律障碍以提升软件产品市场的良性竞争,但同时也使软件中的独创性表达得到充分的法律保护。为使软件产品能够进行质量竞争,厂商应当在法律上有权利和在技术上有能力开发出功能上具可替代性的产品,以满足消费者各种不同的喜好。② 为了实现功能上的可替代性,竞争性的软件产品应当支持相同的任务,满足相同的先决条件,即竞争性产品如果有着相同的基本用例,也即是有着简化、通用、抽象、与技术无关和独自可进行"用户—系统"之间交互操作的描述,它们即可被视为有着相同的任务。Altai一案的判决是,这种软件产品的竞争者不会承担侵犯著作权的责任。基于这个"抽象—过滤—比较"的分析路径,如果被告的软件产品支持相同的基本用例,满足相同的先决条件,有着评价功能的相同指标,这不会被视为侵犯了原告的软件著作权。如果软件中受绩效指标支配的元素被认定为著作权中的"思想",软件中受偏好指标支配的元素某些情形下可被视为著作权中的"表达",这一方面是因为软件中"表达"的元素享有著作权仅仅是因为消费者主观认为它们具有吸引力,另一方面是因

---

① Computer Associates International, Inc. v. Altai, Inc., 982 F.2d 693(2d Cir. 1992).

② Jonathan Band & Masanobu Katoh, Interfaces on Trial: Intellectual Property & Interoperability in the Global Software Industry 130(1995) Part Ⅱ.C.3.

为著作权并不禁止软件开发者通过改善软件质量彼此开展竞争。简言之，Altai一案关于“思想”和“表达”制定了不同规则，这有助于软件业在保护创新和保护竞争两者之间实现了平衡。

用户使用软件产品的能力不仅基于软件的技术发展，而且更取决于软件许可协议中的法律权利。违反许可协议条款既可构成违约，也可构成侵权。协议中大部分条款是以著作权法的相关规定为准，但有些条款可能试图扩大著作权人的保护范围，应受到反垄断审查。[①] 此外，软件许可协议除设定了权利和义务，还包括担保、责任限制以及法律适用等条款，它们可被视为独立的合同条款，仅适用于合同法，不适用于著作权法。[②] 软件产品的消费者并不是要获得软件的复制权，而是要获得在系统中运行软件的权利，从而需要对著作权法的一系列复杂权利和不侵权的抗辩事由进行细致分析。

《计算机软件保护条例》第8条规定了软件著作权人的一系列权利，包括复制权、发行权、出租权、信息网络传播权等，但未单列改编权。正在修订的《著作权法》(征求意见稿)弥补了这一缺憾，将“改编权”界定为将作品改变成其计算机程序进行增补、删节，改变指令、语句顺序或者作其他变动的权利。复制权和改编权对于消费者使用软件产品具有突出意义。复制权是指产生一个复制品并固定在有体媒介(如计算机硬件、数字存储设备)之上的权利。计算机上安装软件意味着复制，即使存储在系统内存的临时复制也被视为复制。[③] 法院一般不需要明确表述何谓“固定”，而是直接认定系统中软件代码的记忆存储就是复制。计算机行业协会或者著作权领域的学者一般认可美国第九巡回法院在MAI一案关于“固定”要件的解释，即“比转瞬即逝多一点的时间即可”(for a period of more than transitory duration)。

我国《计算机软件保护条例》参照美国《著作权法》第117条，还规定了软件著作权人所受到的限制。根据《计算机软件保护条例》第16条的规定，软件的合法复制品所有人享有下列权利：(1)根据使用的需要把该软件装入计算机等具有信息处理能力的装置内；(2)为了防止复制品损坏而制作备份复制品，这些备份复制品不得通过任何方式提供给他人使用，并在所有人丧失该合法复制品的所有权时，负责将备份复制品销毁；(3)为了把该软件用于实际的计算机应用

---

① See, e. g., ProCD, Inc. v. Zeidenberg, 86 F. 3d 1447(7th Cir. 1996).

② See, e. g., Sun Microsystems, Inc. v. Microsoft Corp., 188 F. 3d 1115, 1121 - 23(9th Cir. 1999).

③ See MAI Sys. Corp. v. Peak Computer, Inc., 991 F. 2d 511, 518(9th Cir. 1993).

环境或者改进其功能、性能而进行必要的修改。但是,除合同另有约定外,未经该软件著作权人许可,不得向任何第三方提供修改后的软件。《计算机软件保护条例》第 17 条规定,为了学习和研究软件内含的设计思想和原理,通过安装、显示、传输或者存储软件等方式使用软件的,可以不经软件著作权人许可,不向其支付报酬。上述这两条规定的"安全港"实际上体现了"首次销售""改编权例外""合理使用"的原则,目的是平衡软件著作权人和软件复制品动产物权人之间的利益,即在保护和激励创新的同时,促进学习和研究之公共利益。当然,如果软件著作权人通过合同或技术措施阻止消费者制作备份复制品或改编计算机程序,排除用户享有的法定权利,则应当受到反垄断审查。

需要指出的是,上述这两条涉及"安全港"的条款也为界定软件产品的相关市场提供了法律基础,因为这有助于区分不同软件产品的终端用途和消费者目标。例如,假设一款软件产品同时具有 A、B 两个互不替代的终端用途,软件厂商可以通过许可协议限制用户只能获得终端用途 A。在许可协议条款和法定"安全港"规则的界定之下,消费者可通过链接、安装和运行该软件来享用终端用途 A,但能否同时享用终端用途 B,则面临法律上的不确定性,即便技术上毫无障碍。如果不能依据著作权法清晰地判断软件产品授权的边界,厂商一般督促消费者购买已经授权的软件复制品,而不会建议他们自行备份复制软件。

总之,软件产品是由必要的法律权利和技术资格构成,它不包括任何代码。消费者的法律权利主要包括软件产品的有限复制权和改编权,他们通过合同条款取得这些权利,或在成为软件复制品的所有人时,基于《著作权法》及《计算机软件保护条例》的相关规定享有法定权利。必要的技术资格是指对软件产品终端用途具有关键性影响的能力,也即是消费者基于软件许可协议和使用说明可以在其计算机系统安装运行软件的能力。

五、应用与启示

为了理解反垄断视域下界定软件产品市场的分析思路,下面通过美国新泽西联邦地区法院 1999 年关于 Syncsort 案的判决①予以说明。②

在这个案件中,原告 Syncsort 是美国一家提供大数据排序软件的知名厂商,它指控一个小企业 Sequential 侵犯其商业秘密。Sequential 反诉原告在

---

① Syncsort Inc. v. Sequential Software, Inc. ,50 F. Supp. 2d 318(D. N. J. 1999).

② Andrew Chin, Antitrust Analysis In Software Product Markets: A First Principles Approach, *18 Harv. J. L. & Tech.* 1(2014), pp. 73 -80.

UNIX 操作系统排序软件市场谋求垄断,违反《谢尔曼法》第 2 条。其理由是,UNIX 系统排序软件领域尽管有三个竞争者,包括 Syncsort、Innovative Routines 和 IBM,但因 Syncsort 有能力对其劣质产品收取高价,这是它凭借其市场地位在 UNIX 操作系统数据排序的软件市场创立了一个行业标准指令结构(industry standard command structure)。由于被告对其这个违反垄断法的指控负有界定相关市场的义务,审案法院认为界定的这个市场范围过窄,没能说明该案原告 Syncsort 如何在 UNIX 操作系统排除了其他排序程序如 Ahlsort、Aps Sort 的竞争,[①]因此援引了 Queen City Pizza 一案[②]的判决,即因为被告没能合理界定市场,从而驳回其提出的反诉。下面结合这个案例,分析法院为什么没有认可被告 Sequential 界定的相关产品市场。法院在这个案件界定相关产品市场的步骤是:

第一,界定被告的产品。本案被告的软件产品 Syncsort/UNIX 是一个可在 UNIX 系统安装和运行的软件产品以及用户由此获得安装和运行该软件法律权利和技术资格的相关文件。

第二,相关消费者的目标。原告 Syncsort 将其软件描述为可在 UNIX 系统进行全功能和高效率排序的产品,它服务于消费者使用该软件的各种目标。但被告挑战了原告以下两个消费者目标:一是 Syncsort/UNIX 可使每个用户完成其关于文件排序的任务;二是原告提出的行业标准指令结构(industry standard command structure)可使其软件应用于 COBOL、UNIX 以及其他的操作系统,Syncsort/UNIX 之所以可应用于不同的操作系统,是因为它的运行须预装一个平台软件。被告还指出,因为 Syncsort 在软件排序行业有能力创立一个排序指令结构,由此导致其产品可与 COBOL 标准和 UNIX 排序指令相兼容,这个行为有理由令人质疑是否存在依照产品质量而产生的价格歧视。然而法院的观点是,即便 Syncsort/UNIX 的终端用途须使用一个平台软件,但这不能证明这个软件存在因质量调整而产生的价格歧视。其实,Syncsort/UNIX 的终端用途也会因产品质量而在价格上受到影响,说明这个案件的产品市场界定应考虑所有的消费者目标,而不能仅仅考虑 Syncsort/UNIX 软件产品的消费者目标。

第三,将 Syncsort/UNIX 软件的相关任务表述为基本用例(Essential Use Cases),即这个排序软件的基本指令结构可以完成下列任务:

---

① Syncsort Inc. v. Sequential Software, Inc. ,50 F. Supp. 2d 318(D. N. J. 1999).

② Queen City Pizza, Inc. v. Domino's Pizza, Inc. ,124 F. 3d 430(3d Cir. 1997).

```
$ syncsort < < EOF
01 > /INFILE/temp/sorted_by_id. dat FIXED 30
02 > /FIELDS id 1 CHARACTER 5,
03 > val 5 CHARACTER 25
04 > /KEYS val
05 > /REFORMAT val,id
06 > /OUTFILE /temp/sorted_by_name. dat
07 > EOF
```

图 9－9　排序软件可基本完成的任务

图 9－9 指令结构中的指令 1 是要求用户输入文件；指令 2 和指令 3 要求用户输入文件宽度的要求；指令 4 要求用户通过“val”排序键选择排序的标准；指令 5 进入排序过程；指令 6 是输出文件。

由于上述指令结构比较抽象，不利于进行合理的替代分析，下面通过一个简化、通用、抽象、与技术无关和可独立操作的基本用例来描述上述用户使用的系统界面（见表 9－22）。

表 9－22　简化的操作用例

给文件排序 用户意图	系统职责
选择要排序的文件 选择排序标准 开始排序	
	输入排序的文件 根据排序标准进行排序 输出排序的文件
接受已排序的文件	

第四，基于消费者目标，识别功能上与被告产品具可替代性的产品。在这个案件中，根据软件产品 Nsort 的用户手册，Nsort 软件可将数据文件迅速排序，支持与 Syncsort/UNIX 相同的基本用例，因此在功能上可被视为 Syncsort/UNIX 的替代品。Nsort 用户手册虽未提及与 COBOL 系统的兼容性，但指出这个软件可在 UNIX 系统接受包括 POSIX 排序效用的大多数指令，也即是基于预装的同一个平台软件，Nsort 可在功能上替代 Syncsor 软件。

第五，列出的相关竞争变量。Syncsort 和 Nsort 两个软件的用户手册都指出，与其他同类软件产品相比，它们具有高速和高容量的绩效指标，这包括效率、处理各种数据和文档的能力以及选择、进入、组合和抽象化的数据操作能力等。这两款软件产品的其他竞争变量是兼容性方面的差异。与 Nsort 软件相比，Syncsort 软件为预装平台软件提供了更多的选择，Nsort 则仅支持 UNIX 程序。基于用户对不同指令结构的偏好，这个差异对排序软件的终端用途具有重要影响。最后，这两款软件产品的使用都是以预装 UNIX 操作系统作为先决条件，Nsort 进一步要求预装 UNIX 以支持 POSIX 排序效用。这个先决条件的差异性应作为相关竞争变量的重要因素予以考虑。

第六，基于消费者目标，识别与被告产品具合理替代的产品。即使关于上述各种竞争变量需求替代的信息不可获得，但联邦地区法院在该案的正确做法是，它要求被告 Sequential 提供证据，说明 Nsort 软件为什么要从它与 Syncsort/UNIX 开展竞争的相关市场上排除出去。法院认为，除了价格和质量，这两款软件的运行速度和兼容性是决定它们是否属同一相关市场的核心因素。鉴于这两款产品在消费者就价格/质量可选择的范围内，它们处理各种文档和数据均有相当大的灵活性，没有任何一个可被视为特殊的方面，因此它们的消费群体是一致的。此外，这两个软件在预装 UNIX 系统的前提条件方面虽然有差异，但这个差异性很小，而且这个差异性还在进一步缩小。这方面的结论是，因为将软件的使用从一个系统用于另一个系统很困难，UNIX 和非 UNIX 操作系统对消费者的偏好就有很大的影响。这即是说，即便出现了提高产品价格的情况，习惯 UNIX 操作系统的用户也不太可能转向非 UNIX 操作系统。

第七，识别进入的结构性障碍。本案被告 Sequential 的唯一指控是原告 Syncsort 在排序软件行业有能力创立了一个排序指令结构，因此违反了《谢尔曼法》第 2 条。法院的结论是这个指控没有正当理由，所以驳回了被告的反诉。

这个案件的分析说明，Sequential 从其界定的相关市场排除了应用于非 UNIX 操作系统的排序软件是正确的，因为这符合社会流行的观点，即操作系统分割了市场。然而，Sequential 还从相关市场排除了 UNIX 操作系统应用其他排序软件，至少排除了 UNIX 操作系统运行的排序软件 Nsort，因此法院驳回其反诉是正确的。

附录一

国务院反垄断委员会
关于相关市场界定的指南

（2009 年 5 月 24 日）

第一章　总　　则

第一条　指南的目的和依据

为了给相关市场界定提供指导，提高国务院反垄断执法机构执法工作的透明度，根据《中华人民共和国反垄断法》（以下称《反垄断法》），制定本指南。

第二条　界定相关市场的作用

任何竞争行为（包括具有或可能具有排除、限制竞争效果的行为）均发生在一定的市场范围内。界定相关市场就是明确经营者竞争的市场范围。在禁止经营者达成垄断协议、禁止经营者滥用市场支配地位、控制具有或者可能具有排除、限制竞争效果的经营者集中等反垄断执法工作中，均可能涉及相关市场的界定问题。

科学合理地界定相关市场，对识别竞争者和潜在竞争者、判定经营者市场份额和市场集中度、认定经营者的市场地位、分析经营者的行为对市场竞争的影响、判断经营者行为是否违法以及在违法情况下需承担的法律责任等关键问题，具有重要的作用。因此，相关市场的界定通常是对竞争行为进行分析的起点，是反垄断执法工作的重要步骤。

第三条　相关市场的含义

相关市场是指经营者在一定时期内就特定商品或者服务（以下统称商品）进行竞争的商品范围和地域范围。在反垄断执法实践中，通常需要界定相关商品市场和相关地域市场。

相关商品市场，是根据商品的特性、用途及价格等因素，由需求者认为具有较为紧密替代关系的一组或一类商品所构成的市场。这些商品表现出较强的竞争关系，在反垄断执法中可以作为经营者进行竞争的商品范围。

相关地域市场，是指需求者获取具有较为紧密替代关系的商品的地理区域。这些地域表现出较强的竞争关系，在反垄断执法中可以作为经营者进行竞争的地域范围。

当生产周期、使用期限、季节性、流行时尚性或知识产权保护期限等已构成商品不可忽视的特征时,界定相关市场还应考虑时间性。

在技术贸易、许可协议等涉及知识产权的反垄断执法工作中,可能还需要界定相关技术市场,考虑知识产权、创新等因素的影响。

第二章　界定相关市场的基本依据

第四条　替代性分析

在反垄断执法实践中,相关市场范围的大小主要取决于商品(地域)的可替代程度。

在市场竞争中对经营者行为构成直接和有效竞争约束的,是市场里存在需求者认为具有较强替代关系的商品或能够提供这些商品的地域,因此,界定相关市场主要从需求者角度进行需求替代分析。当供给替代对经营者行为产生的竞争约束类似于需求替代时,也应考虑供给替代。

第五条　需求替代

需求替代是根据需求者对商品功能用途的需求、质量的认可、价格的接受以及获取的难易程度等因素,从需求者的角度确定不同商品之间的替代程度。

原则上,从需求者角度来看,商品之间的替代程度越高,竞争关系就越强,就越可能属于同一相关市场。

第六条　供给替代

供给替代是根据其他经营者改造生产设施的投入、承担的风险、进入目标市场的时间等因素,从经营者的角度确定不同商品之间的替代程度。

原则上,其他经营者生产设施改造的投入越少,承担的额外风险越小,提供紧密替代商品越迅速,则供给替代程度就越高,界定相关市场尤其在识别相关市场参与者时就应考虑供给替代。

第三章　界定相关市场的一般方法

第七条　界定相关市场的方法概述

界定相关市场的方法不是唯一的。在反垄断执法实践中,根据实际情况,可能使用不同的方法。界定相关市场时,可以基于商品的特征、用途、价格等因素进行需求替代分析,必要时进行供给替代分析。在经营者竞争的市场范围不够清晰或不易确定时,可以按照"假定垄断者测试"的分析思路(具体见第十条)来界定相关市场。

反垄断执法机构鼓励经营者根据案件具体情况运用客观、真实的数据,借助经济学分析方法来界定相关市场。

无论采用何种方法界定相关市场,都要始终把握商品满足消费者需求的基本属性,并以此作为对相关市场界定中出现明显偏差时进行校正的依据。

第八条　界定相关商品市场考虑的主要因素

从需求替代角度界定相关商品市场,可以考虑的因素包括但不限于以下各方面:

(一)需求者因商品价格或其他竞争因素变化,转向或考虑转向购买其他商品的证据。

(二)商品的外形、特性、质量和技术特点等总体特征和用途。商品可能在特征上表现出某些差异,但需求者仍可以基于商品相同或相似的用途将其视为紧密替代品。

(三)商品之间的价格差异。通常情况下,替代性较强的商品价格比较接近,而且在价格变化时表现出同向变化趋势。在分析价格时,应排除与竞争无关的因素引起价格变化的情况。

(四)商品的销售渠道。销售渠道不同的商品面对的需求者可能不同,相互之间难以构成竞争关系,则成为相关商品的可能性较小。

(五)其他重要因素。例如,需求者偏好或需求者对商品的依赖程度;可能阻碍大量需求者转向某些紧密替代商品的障碍、风险和成本;是否存在区别定价等。

从供给角度界定相关商品市场,一般考虑的因素包括:其他经营者对商品价格等竞争因素的变化做出反应的证据;其他经营者的生产流程和工艺,转产的难易程度,转产需要的时间,转产的额外费用和风险,转产后所提供商品的市场竞争力,营销渠道等。

任何因素在界定相关商品市场时的作用都不是绝对的,可以根据案件的不同情况有所侧重。

第九条　界定相关地域市场考虑的主要因素

从需求替代角度界定相关地域市场,可以考虑的因素包括但不限于以下各方面:

(一)需求者因商品价格或其他竞争因素变化,转向或考虑转向其他地域购买商品的证据。

(二)商品的运输成本和运输特征。相对于商品价格来说,运输成本越高,相关地域市场的范围越小,如水泥等商品;商品的运输特征也决定了商品的销售地域,如需要管道运输的工业气体等商品。

(三)多数需求者选择商品的实际区域和主要经营者商品的销售分布。

(四)地域间的贸易壁垒,包括关税、地方性法规、环保因素、技术因素等。如关税相对商品的价格来说比较高时,则相关地域市场很可能是一个区域性市场。

(五)其他重要因素。例如,特定区域需求者偏好;商品运进和运出该地域的数量。

从供给角度界定相关地域市场时,一般考虑的因素包括:其他地域的经营者对商品价格等竞争因素的变化做出反应的证据;其他地域的经营者供应或销售相关商品的即时性和可行性,如将订单转向其他地域经营者的转换成本等。

第四章　关于假定垄断者测试分析思路的说明

第十条　假定垄断者测试的基本思路

假定垄断者测试是界定相关市场的一种分析思路,可以帮助解决相关市场界定中可能出现的不确定性,目前为各国和地区制定反垄断指南时普遍采用。依据这种思路,人们可以借助经济学工具分析所获取的相关数据,确定假定垄断者可以将价格维持在高于竞争价格水平的最小商品集合和地域范围,从而界定相关市场。

假定垄断者测试一般先界定相关商品市场。首先从反垄断审查关注的经营者提供的商品(目标商品)开始考虑,假设该经营者是以利润最大化为经营目标的垄断者(假定垄断者),那么要分析的问题是,在其他商品的销售条件保持不变的情况下,假定垄断者能否持久地(一般为1年)小幅(一般为5%~10%)提高目标商品的价格。目标商品涨价会导致需求者转向购买具有紧密替代关系的其他商品,从而引起假定垄断者销售量下降。如果目标商品涨价后,即使假定垄断者销售量下降,但其仍然有利可图,则目标商品就构成相关商品市场。

如果涨价引起需求者转向具有紧密替代关系的其他商品,使假定垄断者的涨价行为无利可图,则需要把该替代商品增加到相关商品市场中,该替代商品与目标商品形成商品集合。接下来分析如果该商品集合涨价,假定垄断者是否仍有利可图。如果答案是肯定的,那么该商品集合就构成相关商品市场;否则还需要继续进行上述分析过程。

随着商品集合越来越大,集合内商品与集合外商品的替代性越来越小,最终会出现某一商品集合,假定垄断者可以通过涨价实现盈利,由此便界定出相关商品市场。

界定相关地域市场与界定相关商品市场的思路相同。首先从反垄断审查关注的经营者经营活动的地域(目标地域)开始,要分析的问题是,在其他地域的销售条件不变的情况下,假定垄断者对目标地域内的相关商品进行持久(一般为1年)小幅涨价(一般为5%~10%)是否有利可图。如果答案是肯定的,目标地域就构成相关地域市场;如果其他地域市场的强烈替代使涨价无利可图,就需要扩大地域范围,直到涨价最终有利可图,该地域就是相关地域市场。

第十一条　假定垄断者测试的几个实际问题

原则上,在使用假定垄断者测试界定相关市场时,选取的基准价格应为充分竞争的当前市场价格。但在滥用市场支配地位、共谋行为和已经存在共谋行为的经营者集中案件中,当前价格明显偏离竞争价格,选择当前价格作为基准价格会使相关市场界定的结果不合理。在此情况下,应该对当前价格进行调整,使用更具有竞争性的价格。

此外,一般情况下,价格上涨幅度为5%~10%,但在执法实践中,可以根据案件涉及行业的不同情况,对价格小幅上涨的幅度进行分析确定。

在经营者小幅提价时,并不是所有需求者(或地域)的替代反应都是相同的。在替代反应不同的情况下,可以对不同需求者群体(或地域)进行不同幅度的测试。此时,相关市场界定还需要考虑需求者群体和特定地域的情况。

附录二

美国司法部与联邦贸易委员会
2010 年《横向合并指南》中的"市场界定"*

目　录

4. 市场界定

执法部门在考察横向合并的潜在竞争关注时,市场界定扮演着两种角色。首先,市场界定帮助具体确认产生竞争关注的商业及地域边界。在任何合并反垄断审查中,执法部门一般都会确定一个或者多个可能实质减少竞争的相关市场。其次,市场界定使执法部门能够去确定市场参与者,并测量市场份额以及市场集中度。见本指南第 5 部分。市场份额以及市场集中度的测量本身不是目的,但它们对于阐明合并可能的竞争效果非常有用。

执法部门的分析不需要从市场界定开始。尽管评估客户可获得的竞争性替代产品在分析中的某些时刻总是必需的,执法部门使用的一些评估竞争效果的分析工具并不依赖市场界定。

---

* 译文依据为 Horizontal Merger Guidelines, U. S. Department of Justice and the Federal Trade Commission, Issued on August 19, 2010,译者:韩伟。

正如市场界定能够给判断竞争效果提供信息一样，有关竞争效果的证据也能够给市场界定提供信息。例如，如果能够证明提供某组产品的重要竞争者数量的减少，导致这些产品价格明显上升，这一证据本身就能证明这些产品构成一个相关市场。这样的证据可能更为直接地预测一项合并的竞争效果，而减轻了通过市场界定及市场份额进行推断的作用。

如果分析得出不止一个有关的产品市场，且均具有合理的可信度，而相关市场的市场份额对竞争效果的判断又非常不同，则更有必要考察效果更为直接的证据形式。

市场界定仅强调需求替代因素，即作为对价格上涨或者非价格变化（如减少产品质量或降低服务）的回应，客户从一种产品转换到另一种产品的能力及意愿。在竞争分析中，供应商的反应行为也非常重要。本指南将在确定市场参与者、测量市场份额、分析竞争效果以及市场进入的部分考虑这一因素。

客户经常面临一系列的有关合并企业产品的可能替代品。在地域或产品属性与认知方面，一些替代品可能非常接近，而其他一些则可能更为疏远。此外，客户对于不同产品接近度的判断也可能有所区别。当不同地域的产品或者供应者在不同程度上互相替代时，界定市场时包括一些替代品，同时排除其他产品，就不可避免地过于简化，而不能概括那些互相竞争的产品的完全范围。下面总结的市场界定原则试图使这种不可避免的简化尽可能地运用的更为有用，能带来更多信息。相关市场不需要精确的界限。

如果宽泛地界定市场从而包括相对较远的产品或者地域替代，会得出误导性的市场份额。这是因为在一个界定过宽的市场中，疏远替代品的竞争意义不可能与它们的市场份额相匹配。和包括这些疏远替代品，并过高判断它们在更宽的市场中的与份额相称的竞争意义相比，尽管排除更疏远的替代品将不可避免地导致在一定程度上削弱了它们的竞争意义，但这样做经常可以对合并竞争效果提供了更为精确的指示。

例4：企业A和企业B，合并前出售两种主流的摩托车品牌。如果品牌A摩托车的价格上涨，一些买家将选择品牌B，一些买家将选择买汽车。然而，摩托车买家将品牌B视为较之汽车与品牌A更具有相似性。汽车比摩托车销量高很多。评估市场份额时如果包括汽车，则将很大程度上低估品牌B摩托车在约束品牌A价格方面的竞争意义，并将很大程度上高估汽车的意义。

在界定的更窄的市场上不同产品的市场份额更可能涵盖产品的相对竞争意义，也通常能更为精确地反映密切替代品间的竞争。因此，界定恰当的反垄断市场，经常排除一些客户在面临价格上涨时可能选择的替代品，即使这些替代者能为那些客户提供另外的选择。然而，如果这组产品外的产品市场竞争非常充足，以至于即使完全排除这组产品内的竞争也不会明显地损害直接客户或者下游消费者利益时，这组产品就过窄而不能构成一个相关市场。假定垄断者测试（见本指南第4.1.1部分）就是用于确保市场界定不会过窄。

执法部门在评估不同的可能的侯选市场时，灵活运用这些市场界定的原则。依据假定垄断者测试界定的相关反垄断市场并不总是符合大家的直觉，且可能与行业内对“市场”的认识不同。

本指南第4.1部分描述了运用于产品市场界定的原则,并就执法部门最为常用的使用这些原则的方式提供指引。第4.2部分描述同样的原则如何适用于地域市场界定。尽管为了表述简便而分开讨论,第4.1部分与第4.2部分描述的原则合并起来界定一个相关市场,既包括产品也包括地域的维度。特别是,假定垄断者测试应用于一组产品以及一个地域范围,去决定一项相关市场。

4.1　产品市场界定

当合并一方企业的一种产品(产品A)与合并另一方的一种或者多种产品竞争时,执法部门围绕产品A去界定一个相关产品市场,从而去评估竞争的重要性。这样的一个相关产品市场由包括产品A在内的一组替代产品组成。因此,也可能界定出多个相关产品市场。

4.1.1　假定垄断者测试

执法部门运用假定垄断者测试去评估候选市场中的产品群,是否足够宽到可以构成相关的反垄断市场。执法部门运用假定垄断者测试去确定与合并一方出售的一种产品具有合理可替代性的产品群。

假定垄断者测试要求一个产品市场中包含足够多的替代品,使比合并前要大得多的市场势力能够去实施。具体而言,该测试要求设定一个假定的利润最大化的企业,且其不受价格规制,是那些产品现在与未来唯一的出售人("假定的垄断者"),并可能至少在市场上的一种产品上附加一个小的但有意义且非临时的涨价("SSNIP"),包括至少一种被合并企业一方出售的产品。① 为了分析问题,被测验市场外的产品销售条件假定不变。SSNIP只是被用作一种去实施假定垄断者测试的方法工具,它不代表对于一项合并导致的涨价的可容忍水平。

一个产品群可能不包括客户会选择的所有替代品,但能满足假定垄断者测试的要求。假定垄断者测试可能确定一组产品作为一个相关市场,即使面临涨价时,客户将大量利用该组合产品范围外的其他产品替代。

例5:产品A与产品B作为一个候选市场被测试。产品售价均为100美元,增量成本60美元,销售量为1200个单位。如产品B价格维持不变,产品A每涨价1美元,其销量将损失20个销售单位给候选市场外的产品,以及10个销售单位转向产品B,产品B也面临同样情况。这种情况下,经济分析显示,同时控制产品A与产品B的假定利润最大化的垄断者,会

① 如果在被测试市场上供应产品的企业的定价激励与假定垄断者的激励具有实质性区别,由于后来控制更大的替代品集合外的其他原因,执法部门可能转而利用在被测试市场上出售产品的包含这些企业(以及他们的产品)在内的一个假定利润最大化卡特尔的概念。如果合并企业在被测试市场外出售产品,明显影响了他们在被测试市场中对产品的定价激励,这种方法最可能适当的。这种情况是可能发生的,比如,如果被测试市场是一个耐用性装备市场,出售这些装备的企业的实质性净收入是源自出售那些剩余部分以及为那些装备提供的服务。

将产品 A 和产品 B 的价格均提高 10% 到 110 美元。因此，产品 A 与产品 B 符合利用一个 5% 的 SSNIP 的假定垄断者测试，对于任何 10% 的 SSNIP 也是这样。尽管涨价时，一种产品损失销量中的 2/3 转向了相关市场外的产品，这种情况也是真实的。

当运用假定垄断者测试去界定合并一方企业提供的产品的相关市场时，如果市场包含第二种产品，则执法部门一般也会包括第三种产品，如果第三种产品较之第二种产品是第一种产品更密切的替代品。如果对于第一种产品的一项 SSNIP 的反应，较之第二种产品，更多收入流向第三种产品，则第三种产品是一种更为密切的替代品。

例 6：例 5 中，假定当产品 A 提高其价格时，产品 A 损失的一半销售额转向产品 C，它也具有 100 美元的价格，而 1/3 转向产品 B。则产品 C 较之产品 B 是产品 A 更密切的替代者。因此，产品 C 一般将被考虑进相关市场，即使产品 A 与产品 B 共同能够满足假定垄断者测试。

假定垄断者测试确保市场不会被界定的太窄，但也不会形成唯一的相关市场。界定市场以及测量市场份额均是为评估竞争效果服务的，基于此全局性原则，执法部门可能在通过这种测试的任何相关市场中评估一项合并。而更疏远的替代品的相对竞争意义容易被它们的销售份额而高估，因此，执法部门依赖市场份额以及市场集中度时，一般在满足假定垄断者测试的最小的相关市场中进行这样的分析。

例 7：在例 4 中，相关市场中包括汽车将导致摩托车生产商的市场份额减小，而具有误导性。除非摩托车市场不符合假定垄断者测试，执法部门将不会在分析摩托车企业合并时在相关市场中包括汽车。

4.1.2　基准价格及 SSNIP 规模

执法部门运用 SSNIP 的起点是确定如果不发生该项合并，市场可能的主导价格。如果不发生合并，市场价格不会改变，则该基准价格就可能合理地被视为合并前的主导价格。① 而如果不发生合并价格也可能改变，例如，由于创新或者市场进入导致价格变化，则执法部门可能利用预期的未来价格作为测试的基准价格。如果由于合并前企业间协同行为的瓦解，在不发生合并的情况下，价格可能下降，则执法部门可能利用更低的价格作为测试的基准价格。有时，执法部门开展假定垄断者测试运用的技术主要关注合并前企业与假定垄断者在激励方面的区别，而不需要确定明确的基准价格。

为评估企业对于消费者使用的产品或者服务的贡献，SSNIP 试图在侯选市场中去表现一项企业采取的“数额不大但很重要”的涨价。这适当地将注意力引向一项合并可能导致的竞争的显著减少的相应价格变化效果。这种方法被运用，不是因为价格效果比非价格效果更重要，而是因为去量化对于消费者的“数额不大但很重要”的反价格效果并分析他们可能

① 如果被关注的行为的影响已经在评估时发生，则为评估非合并类反垄断关注（如垄断化或者促进行为/跟随性平行行为）进行的市场界定将有所不同。

的反应,一般是可能的。

执法部门最常利用的是一项消费者为合并企业贡献价值的产品或者服务所支付的5%的SSNIP。然而,“数额不大但很重要”的涨价的构成要与合并导致的一项竞争的明显损失相一致,要基于产业性质以及合并企业在产业中的地位,因此,执法部门也可能相应利用一个大于或者小于5%的涨价。当反映企业对于价值的特定贡献的明确或暗示价格能够通过合理明晰地确定时,执法部门可能基于那些价格进行SSNIP。

例8:在两个石油管道运输商合并中,SSNIP将基于运输石油的价格,而不是石油本身的价格。如果管道运输商向一方买石油,将石油又卖给其他人,则对运输石油所附加的价格就是隐晦的,价格等于在输入端为石油支付的价格与在输出端向石油索取的价格的差额。被管道运输商出售的相关产品表述为“从A点到B点的石油的管道运输”比“B点的石油”要更好。

例9:在两个从第三方购买后安装电脑的企业合并中,将基于他们的酬金而非被安装的电脑的价格进行SSNIP。如果这些企业购买电脑并向消费者索取一个打包价格,隐含的安装酬金就等于向消费者索取的打包价格与电脑价格的差额。

例10:例9中,假定合并企业为购买电脑支付的价格是不透明的,但是说明至少他们为安装电脑索取的价格的95%是有利润的,或者隐含的酬金最多占那些价格的5%。在一项对于消费者支付的总价格的5%的SSNIP中,将至少使这些酬金或者利润翻倍。即使这对于一个假定垄断者将不具有营利性,酬金的一项明显的增长可能是有利润的。如果基于消费者支付的总价格进行SSNIP,将运用一个更低的百分比。

4.1.3　实施假定垄断者测试

假定垄断者涨价的动机不仅依赖于客户从侯选市场离开去寻求其他替代品的程度,还依赖于在那些产品上赚取的利润。新增单位的利润是新增单位的价格与新增成本的差额。执法部门经常使用合并企业作出商业决定所利用的那些文件或者数据去评估增量成本。增量成本是通过对考虑中的涨价所导致的产量变化进行测量来获得。

在考虑客户对更高价格的可能反应时,执法部门会考虑任何可合理获得的可靠证据,包括但不限于以下证据:

面对价格或者其他条件的变化,客户过去如何转换其购买;

来自买方的信息,包括他们对价格变化如何反应的调查;

业内主体的行为,特别是能够说明面对相对价格变化,客户如何替换产品的那些卖家的经营决策或者商务文件;对于部门或所有竞争对手的价格变化,业内主体的跟踪行为以及回应行为。

有关产品特性以及转换产品的成本和延误方面的客观信息,特别是将候选市场的产品与候选市场外的产品相转换。

当候选市场中的某种产品价格单独上升时,其损失的销售百分比流向候选市场中的其他产品,这种转移百分比越高,一项价格上涨对于假定垄断者就会产生更多的利润。

从其他业内主体,比如互补品卖家那里获得的信息;

法律或者规章制度;

在产出市场中,客户所面临的下游竞争的影响。

当所需数据可以获取时,执法部门也会考虑进行一项“临界损失分析”(critical loss analysis),去评估这些数据在多大程度上支持上述证据得出的结论。临界损失分析要去判断,在候选市场上给一种或者多种产品附加至少一项 SSNIP 后,是否会提高或者降低假定垄断者的利润。由于这种“盈亏平衡”分析(breakeven analysis)不同于第 4.1.1 部分提到的假定垄断者测试中要求的利润最大化分析,合并当事人有时会向执法部门提供这类分析。一项价格上涨,使在更高的价格上提高了销售方面的利润,但是这会被客户寻求候选市场之外的替代品所抵消。临界损失分析就是去比较这两种源于价格上涨的抵消作用的数量。“临界损失”被界定为使利润不变的损失掉的单位销售额的数量。“预期损失”(predicted loss)被界定为假定垄断者预计由于价格上涨而损失掉的单位销售额的数量。如果预期损失小于临界损失,则涨价会提高假定垄断者的利润。

在评估预期损失时,执法部门会考虑上面提到的所有消费者替代方面的证据。执法部门要求对预期损失的评估应与这些证据一致,包括用于评估临界损失的合并前候选市场中的产品利润。除非企业实施协同行为(见第 7 部分),合并前的利润越高,一般意味着每个企业的产品各自面临的需求价格弹性都很低。① 合并前的利润较高可以说明预期损失和临界损失都较低。合并前的利润越高,候选市场中满足假定垄断者测试要求的转移百分比也就越低。

即使在假定垄断者测试进行定量分析所需的证据无法获得时,该测试方法的概念性框架也提供了一种对于收集和分析与消费者替代及市场界定相关的证据的方法论工具。执法部门尽量结合可利用的证据去实施假定垄断者测试,同时铭记市场界定的最终目的,是去帮助判断合并是否实质性地减少竞争。

4.1.4　针对目标用户界定产品市场

如果假定垄断者能够针对部分用户涨价而获利,执法部门可能围绕这些目标用户来确定相关市场,如果假定垄断者可以有利可图地对这些目标用户实施至少一项 SSNIP。针对目标用户而界定的市场也被称为价格歧视市场。实践中,只有在执法部门认为存在针对于一组目标用户产生反竞争效果的现实可能性时,才会去确定价格歧视市场。

例 11:玻璃容器具有很多用途。如玻璃容器价格上涨,部分用户将大量使用塑料或金属容器来替代玻璃容器,但婴儿食品生产商却不会这么做。如果一个假定垄断者能分别定价并限制套利,则婴儿食品生产商就将很容易为针对其的玻璃容器价格上涨所损害。执法部

① 虽然利润对于实施假定垄断者测试非常重要,但较高的利润本身不属于反垄断的关注范围。

门可以将存放婴儿食品的玻璃容器界定为一个独立的相关市场。

当价格单独协商，且供应者拥有用户信息，使假定垄断者能够确认哪些用户愿意为相关产品支付更高的价格时，执法部门也经常会考虑针对目标用户界定市场。如果定价机制是由供应商与单个用户分别协商，确定价格，则假定垄断者测试得出的相关市场可能窄至仅包括个体用户（见本指南第6.2部分有关议价与拍卖部分）。尽管如此，执法部门经常在界定市场时针对目标用户群，即基于某一类型的用户而非个体用户来界定相关市场。这样，执法部门能依赖集中的市场份额，这对于预测合并的竞争效果更有帮助。

4.2 地域市场界定

如果地理条件限制了部分用户替代某些产品的意愿或能力，或限制了部分供应商向某些用户提供产品的意愿或能力，则合并的竞争效果可能仅产生在某特定的地理范围内。供应商与用户所处的地理位置均能够对该等地域市场产生影响。执法部门运用此处以及第4.1部分描述的市场界定原则来界定相关市场中的地域市场以及产品市场。

地域市场的范围经常取决于运输成本。诸如语言、规制、关税及非关税贸易壁垒、习俗及熟悉度、信誉、服务可用性等其他因素也可能阻止远距离或国际贸易。外国企业的竞争意义可能基于不同的汇率来评估，特别当汇率在最近不断波动时。

如果不存在基于用户位置实施的价格歧视，则执法部门一般基于供应商的位置来界定地域市场，详见第4.2.1部分的说明。在其他情况下，特别是在可能基于用户位置实施价格歧视的情况下（如适用发货定价法的产业），执法部门可能基于用户的位置界定地域市场，详见第4.2.2部分的说明。

4.2.1 基于供应商位置界定地域市场

基于供应商位置界定的地域市场涵盖产品的发售地，通常适用于当客户在供应商所在的地理位置接受产品或者服务的情况。这一市场中的竞争者包括在该区域具有相关生产、销售、或服务设备的企业。从这些企业购买产品或服务的部分客户可能位于该地域市场边界之外。

假定垄断者测试要求一个假定的利润最大化企业是该区域内相关产品目前及将来唯一的生产者，将至少在一个区域内（至少包括合并一方所在区域）造成至少一项SSNIP。在该测试过程中，假定其他地域生产的所有产品的销售条件维持不变。即使对单一产品而言，单一企业可能在很多不同的地域市场运营。

例12：合并双方均在城市X有生产工厂。相关产品运输非常昂贵，供应商基于在供应商处交货来定价。竞争者的工厂位于一定距离外的城市Y。假定垄断者控制了城市X的所有工厂，其能够在这些工厂中实施一项SSNIP而盈利。由于运输昂贵，外地工厂的竞争无法阻止这种价格上涨。相关地域市场就围绕城市X中的工厂而界定。

当地域市场基于供应商所处位置来确定时，将计算供应商在该地域市场中的所有销售量，而不考虑购买的客户所处的位置。

在考虑客户对于一个候选地域市场中相关产品涨价可能采取的反应时，执法部门会考虑任何合理可获且可靠的证据，包括在价格或者其他交易条件发生变化时，客户过去是如何在不同地域市场间转换的；与产品价格相比，运输产品的成本与难度（或客户到达卖方所在地的成本或者难度）；供应商是否需要在用户附近建立场所，以提供服务或支持；是否有证据显示，供应商在作出商业决策时，会考虑用户可能基于价格或其他竞争因素的变化而选择地理位置不同的供应商；从候选地域市场中的供应商转向候选地域市场之外的供应商的成本及时间；客户在产出市场面临的下游竞争影响。

4.2.2　基于客户位置界定地域市场

当假定垄断者能够基于用户位置实施价格歧视时，执法部门可能基于目标消费者的位置来确定地域市场。① 这种地域市场界定方法通常适用于供应商负责运送产品或者服务到用户所在地的情形。这类地域市场涵盖产品的销售地。该市场中的竞争者包括向该地域市场内用户出售商品或服务的企业，其中部分供应商可能位于该地域市场的边界之外。

假定垄断者测试要求一个假定的利润最大化企业是该区域内相关产品目前及将来唯一的生产者，将至少对该区域中的部分用户造成一项 SSNIP。如用户无法通过选择替代产品或套利克服该等涨价，例如，去区域外购买相关产品，则该区域形成一个相关地域市场。在该测试中，假定向该区域外用户销售产品的销售条件维持不变。

例 13：用户需要当地的销售与支持。供应商在多个地理区域内销售并提供服务，且能够基于消费者的位置实施歧视。地域市场可基于消费者的位置进行界定。

例 14：参与合并的各企业均拥有一个生产厂，并将相关产品送货至城市 X 及城市 Y 的用户。相关产品运费昂贵。与其他为数众多的竞争者相比，合并各方的工厂离城市 X 最近，但离城市 Y 较远。这一事实表明该合并可能损害城市 X 的用户，而不会损害城市 Y 的用户。因此，执法部门会考虑围绕城市 X 的用户界定相关地域市场。而如果采用基于卖方地理位置的方式界定相关地域市场，合并企业工厂所在区域将无法构成相关地域市场，因为一个假定控制该区域所有工厂的垄断者，将发现针对所有用户实施一项 SSNIP 是不会赢利的，因为它将损失对城市 Y 的用户的销售。

当地域市场基于用户的位置而确定，执法部门将计算针对这些用户的所有销售量，而无论供应商所处的位置。

例 15：美国的用户必须使用符合美国法规要求的产品。外国用户使用无须符合美国法规要求的产品。相关产品市场为符合美国法规要求的产品。相关地域市场为美国用户。所有国外供应商对于美国用户的销售均包含该市场内，即使地理位置位于美国市场之外，该等国外供应商也是美国市场的参与者。

① 如用户在多个地理位置运营，仅有位于目标地区内的地区会被纳入相关地域市场。

附录三

欧共体委员会
《关于欧共体竞争法界定相关市场的通告》*

一、导言

本通告的目的是为欧盟委员会如何应用相关产品和地域市场概念提供指导，欧盟委员会在继续执行共同体竞争法过程中，特别是在适用理事会第17/62号和第4064/89号条例及其在其他诸如运输、煤炭和钢铁、农业部门的相关条例过程中，以及在适用欧洲经济区（EEA）协议中的相关规定的过程中，都要对相关产品和地域市场进行界定。① 在整个通告中，对条约第85条和第86条以及合并控制条例的引用均应理解为是对欧洲经济区（EEA）协议和欧洲煤钢共同体（ECSC）条约的相应规定的引用。

市场界定是确认和界定企业间竞争界限的一种工具。它允许建立一个框架，以供委员会在这个框架范围内适用竞争政策。市场界定的主要目的是以系统的方式确定相关企业②面临的竞争限制。界定相关产品市场和相关地域市场的目标是确定相关企业的实际竞争者，以便限制相关企业的行为，并防止其独立实施有效的竞争压制行为。正是从这一角度出发，市场界定使计算市场份额成为可能，从而为评估支配地位或适用《欧共体条约》第85条提供有关市场势力的有益信息。

由此可见，相关市场的概念与在其他场合中应用的市场概念是不同的。后者中如公司经常使用市场一词来指它销售产品的区域或在广义上指它所属的行业和领域。

产品和地域范围的相关市场界定通常对竞争个案的评估有着决定性的影响。通过向公众公布委员会在考虑市场界定时所遵循的程序，并说明得出结论所依据的标准和证据，委员

---

* 译文源于“Commission Notice on the definition of relevant market for the purposes of Community competition law”，OJ C 372，9.11.1997，引自《欧盟竞争法主要文本汇编》，中国—欧盟世贸项目二期。

① 在国家补贴案件中，评估的重点是相关的受援者和行业/领域，而不是找出受援者所面临的竞争限制。当在特别个案中提出考虑市场力量进而考虑相关市场时，这里概括的方法要素就可以作为评估国家补贴案件的基础。

② 在本通告中，相关企业是集中案件中参加集中的当事人。在针对《欧共体条约》第86条进行的调查中，相关企业就是正被调查的企业或投诉人。对于第85条中的调查，相关企业就是协议当事人。

会希望提高其在竞争政策领域的政策和决策的透明度。

透明度的增加将会使公司和它们的顾问人员能够更好地预见委员会在具体个案中提出竞争问题的可能性。这样,当公司打算实施收购、创建合营企业或订立某些协议时,就可以考虑以上可能性。透明度增加也旨在使公司能够更好地理解委员会进行市场界定时考虑哪种信息。

委员会对相关市场概念的解释并不影响欧洲法院或欧洲初审法院所进行的法律解释。

二、相关市场的界定相关产品和相关地域市场的界定

基于《欧共体条约》第85条和第86条的条例,特别是关于第17号条例的表格A/B的第6部分,以及有关对共同体规模的集中控制的第4064/89号条例的表格CO的第6部分已经规定了以下定义。相关产品市场定义如下:

"一个相关产品市场是指根据产品的特性、价格及其用途,被消费者认为它们是可以相互交换或者相互替代的所有产品和/或服务。"

相关地域市场定义如下:

"相关地域市场是指这样一个地域,即相关企业在这里参与供应和购买产品或者服务,且它们在这个地域内的竞争条件基本是一致的,由于与相邻地域市场的竞争条件明显不同,从而可将其与相邻区域区别开来。"

因此,在其中评估给定竞争问题的相关市场就是由相关产品和相关地域市场合并而成的。根据本《通告》中确定的方针,委员会在第7段和第8段解释了界定问题(这也反映欧洲法院和欧洲初审法院的看法,以及委员会自己作决定的实践)。

三、相关市场的概念与共同体竞争政策的目标

相关市场的概念与共同体竞争政策所追求的目标密切相关。例如,在共同体的合并控制政策中,控制某种产品/服务供应的结构变化的目的是防止产生或加强支配地位,从而防止其严重阻碍共同市场内相当一部分区域的有效竞争。在共同体的竞争政策中,支配地位就是一个企业或一个企业集团处于这样的地位:它能够在相当程度上采取独立行动而无须考虑其竞争对手、顾客和最终消费者的反应。① 在一个企业或一个企业集团在某特定市场中拥有较大的供应份额的情况下通常会产生这种地位,只要评估中分析的其他因素(如进入障碍、顾客的反应能力)都指向同一方向。

委员会在对拥有单一或集体支配地位的企业适用《欧共体条约》第86条时遵循同样的方针。根据第17号条例,委员会有权调查这种支配地位并终止滥用这种支配性地位的行

---

① 由欧洲法院在霍夫曼—拉罗赫(Hoffman La Roche)一案(欧共体法院1979年2月13日的裁决,第85/76号案)中作出的并且在后来的判决中得到确认的定义。

为，界定支配地位时就必须涉及相关市场。在适用《欧共体条约》第 85 条时可能也需要界定市场，特别是在断定是否存在明显的竞争限制，或判断是否满足第 85 条第 3 款中有关免于适用第 85 条第 1 款的条件的时候。

界定相关市场的标准一般用于分析市场上的某些行为和产品供应的结构变化。当然，这种方法可能会因调查的竞争问题的性质不同而产生不同的结果。例如，当分析一个集中案件的时候，由于分析主要是预期性的，所以与分析过去的行为相比，相关地域市场的范围可能会有所不同。在每一个案件中考虑不同的时间范围则可能会导致这样的结果，即对于同样的产品界定了不同的地域市场，这取决于委员会是正在调查诸如集中或合作型合营企业之类的供应结构变化，还是在调查与某种过去行为相关的问题。

四、市场界定的基本原则

（一）竞争限制

企业间的竞争都要受制于三个因素：需求可替代性、供应可替代性和潜在竞争。从经济角度来看，对于相关市场界定来说，需求替代可以对特定产品供应商构成最直接、最有效的制约，特别是能够对他们的定价决策产生很大的影响。如果一个企业或一个企业集团的顾客能够轻易地转向其他可获得的替代产品或者转向其他地域的供应商，这个企业或这个企业集团就不可能对市场上现在的销售条件如价格方面产生重大的影响。基本上，实施市场界定就在于为相关企业的顾客寻找有效的替代产品/服务来源，这既包括产品/服务方面，也包括供应商的地理位置方面。

与第 20～23 段所述的竞争限制和来自潜在竞争的竞争限制不同，来自供应方可替代性的竞争限制在一般情况下都不太直接，无论如何都需要对其他因素进行分析。在竞争分析的评估阶段都要考虑到这些竞争限制。

（二）需求替代

评估需求替代需要确定被消费者视为替代品的产品的范围。确定产品范围的其中一种方式（可以视其为一种实验观点）是假设对相关的价格进行小幅的、持久的涨价，然后评估顾客对这种价格提高的可能反应。出于实际操作的目的，我们在实施市场界定的时候以价格为中心点，更准确地说，是关注由小幅但持久的相对价格提高引起的需求替代。这一概念可以为相关市场界定的证据提供明确的指示。

从概念上讲，这种方式就是从相关企业出售的产品类型和它们销售产品的区域出发，至于其他的产品和区域将会被纳入到市场界定范围之内或被排除在外，这取决于来自这些其他产品和区域的竞争是否会在短期内充分地影响或制约各当事方的产品定价。

需要回答的问题是，在被考虑的产品和地域内，假设一个小幅（幅度为 5%～10%）但是持久的价格上涨，当事方的顾客是否会转向购买可以得到的替代品，或者转向其他地区的供应商。由于涨价会减少销售数量，在替代程度足以大到使涨价无利可图的情况下，这些替代品或者扩大了的区域就应当包括在相关市场之中。扩大相关产品市场或者相关地域市场的这个过程会持续下去，直至这个小幅但持久的涨价可以使当事方有利可图为止。相同的分析可以用在相关购买力集中的案例中，只不过这种案件中的出发点是供应商，而价格测试可以帮助确定供应商产品的替代性销售渠道。在应用这些原则时，应该仔细考虑第56段和第58段中描述的某些特定情况。

这里以一次软饮料企业的合并作为这种测试的一个实例。在这样一个案件中要研究的问题是确定是否不同口味的软饮料属于同一个市场。实际上，要解决的一个问题就是：当A口味饮料的顾客面对A饮料5% ~10%的长期性涨价，他们是否会转向购买其他口味的饮料。如果有足够数量的顾客转向购买B饮料，A饮料的涨价因销售数量减少而无利可图，那么这个市场就至少包含A饮料和B饮料。这个过程将一直延伸到其他口味的饮料，直到找到一套涨价也不能导致充分的需求替代的产品。

一般来说，特别是在分析合并案件的时候，要考虑的价格就是市场现价。但如果现价是在没有充分竞争的情况下确定时，情况就不是这样。特别地，当调查滥用市场支配地位时，要将现价可能已经大幅度提高这一事实考虑进去。

（三）供应替代

在供应可替代性的影响从效果和即时性方面与需求替代影响相同的情况下界定市场时，也可能考虑供应方的可替代性。这就需要供应商在面对相关价格数目不大和一个长期性的变化时，能够在短期内①转而生产相关产品，并把它们销售出去，而不会引起大量的附加成本或风险。当满足这些条件时，推向市场的更多的产品就将对相关企业的竞争行为产生制约性的影响。这种影响在效果和时效方面都与需求替代的影响相同。

这种情况主要是在公司销售不同质量等级的一种产品时出现。即使对于某个特定的最终顾客或消费者群体，不同质量的产品也是不可替代的，如果绝大多数供应商能够在迅速和不会引起上述大量附加成本的情况下提供和销售不同质量的产品，则不同质量的产品将会被归入一种产品市场。在这种情况下，相关产品市场就将包含所有在供求中可替代的产品，将会把这些产品目前的销售额加起来，以计算市场总值或总销售量。同样的推理可以导致把不同的地理区域集合在一起。

在纸张业个案中可以找到一个在界定产品市场时使用供应方可替代性原则的实例。纸张供应的质量范围通常很广泛，从标准的书写纸到高质量的纸张，如用于出版艺术书籍的纸张。从需求角度来看，不能将不同质量等级的纸张用于同一种特定的用途，即艺术书籍或高质量出版刊物不能使用低质量的纸张。然而，造纸厂通常准备生产不同质量的纸张，生产也可以在短期内调整，而调整生产的成本几乎可以忽略不计。因此如果在销售中没有特定的困难，造纸商就能够竞争不同质量纸张的订单，特别是当订单下达有足够的提前期从而可以

---

① 即并不需要对现有有形和无形资产进行重大调整的时期（参见第23段）。

调整生产计划的时候。在这种情况下,委员会不会把每一种质量和适应个别用途的纸张界定为一个独立的市场,而是会把各种质量的纸张都包括在相关市场中,要把它们的销售额累加起来,估计市场销售总量和总值。

当供应方可替代性意味着有必要大幅度调整现有的有形和无形资产、附加投资、战略决定或时间延迟时,则在市场界定阶段就不会认为其具有可替代性。消费产品领域,特别是品牌饮料业就有现成的例子。尽管饮料生产企业原则上可以生产不同的饮料,但在产品实际售出之前需要成本投入和预备期(在广告、产品试验和推销方面进行投入)。在这些案件中,需要更深入地进行调查,以确定供应可替代性和其他形式的潜在竞争的影响。

(四)潜在竞争

在界定市场时不会考虑竞争限制的第三个因素——潜在竞争,因为潜在竞争是否实际上意味着一种有效竞争限制,而这取决于对与市场进入条件有关的特定因素和情况的分析。如果需要,这一分析仅在后面的阶段中进行,一般的前提是相关企业在相关市场的地位已经确认,并且这种地位从竞争分析的角度来看就足够了。

五、界定相关市场的证据

1. 产品范围

在评估替代程度方面存在一个证据范围。在个案中,某些类型的证据将是决定性的,这在很大程度上取决于正被调查的行业以及产品或服务的特征和特殊性。同种类型的证据在其他案件中则可能无足轻重。在绝大多数情况下,作出决定时必须考虑许多标准和不同的证据。委员会对经验式的证据持开放的态度,目的是有效地利用所有与个案相关的可得信息。委员会不会对来源不同的信息或不同类型的证据进行生硬的等级划分。

界定相关市场的程序可以概括如下:基于可得的初步信息或相关企业提供的信息,委员会通常将能够大体上确定可能的相关市场,集中或竞争限制的评估须在这个相关市场内进行。在一般情况下,出于在处理个案时的实际目的,问题通常存在于如何在几个可供选择的可能相关市场做出选择。比如在涉及产品市场时,问题通常是确定产品 A 和产品 B 属于还是不属于同一产品市场。如果把产品 B 纳入到相关市场中,往往就不会有任何竞争问题。在这种情况下,通常不必考虑市场是否包括更多的产品,也不必就确切的产品市场做出明确的结论。如果在这些可以想到的选择性市场界定中所涉及的经营方式不会带来竞争忧虑,我们就不必界定市场,这就可以减少公司提供信息的负担。

2. 地域范围

委员会界定相关地域市场的方法可以概括如下:以下述内容为基础对地域市场的范围形成初步的看法,即有关当事方及其竞争者的市场份额的分配,和对成员国、欧盟或欧洲经济区级别的定价和价格差异进行的初步分析。这种初步看法主要用作一种工作假设(有待论证的假设),来确定委员会的调查重点,以准确地界定地域市场。

价格和市场份额的任何特定结构背后的原因都需要去探讨。公司可能只是因为历史原因而在国内市场中拥有高的市场份额。相反,在整个欧洲经济区的同质性公司的存在可能与成员国或地区的地域市场一致。因此将会对照需求特性(成员国或地区偏好的重要性、顾客当前的购物方式、产品差异/品牌,及其他)的分析来验证最初的工作假设,从而确定不同区域的公司是否真正能成为消费者的一种实际的替代产品来源。理论标准仍然是基于由相对价格变化引起的替代,要回答的问题仍然是当事人的顾客是否会在短期内,以几乎可以忽略不计的成本将他们的订单转向其他地域的公司。

在必要时,将会进一步查看供应因素,以确保处于特定区域的那些公司不会在整个地域市场上遭遇发展它们销售的障碍。这一分析将包括调查以下方面:为在该区域销售产品而建立地区存在的要求,进入销售渠道的条件、与建立销售网络相关的成本,以及由公共采购、价格管制、限制贸易或生产的配额和关税、技术标准、垄断、开业自由、行政批准的要求、包装管制等引起的管理障碍是否存在……总而言之,委员会将找出那些使位于特定区域的公司摆脱来自该区域以外的其他公司的竞争压力的可能障碍和壁垒,以便确定在成员国、欧洲或全球级别上市场相互渗透的精确程度。

贸易流通的实际形式和逐步发展对于上述每种需求或供应因素的经济重要性,以及它们是否可能形成创建不同地域市场的实际障碍的程度,都是有用的补充指标。贸易流通的分析通常在考虑厂址、产品成本和相对价格水平的情况下,解决运输成本以及它们可能阻碍不同区域间贸易的程度问题。

六、欧盟内部的市场一体化

委员会在界定地域市场时也特别考虑到欧盟内部市场一体化的持续过程,特别是在集中和结构性合营企业领域尤其要考虑这一过程。当评估集中或结构性合营对竞争的影响时,不能忽略在内部市场计划中为消除贸易障碍和进一步实现共同体市场一体化而采取和落实的措施。由于分隔成员国市场的法律障碍现在已被清除,这种情况通常会导致对有关价格、市场份额或贸易方式的过去证据的谨慎的分析。因此在为了评估集中和合营而界定地域市场时,就可能要考虑在短期内将会导致更广阔的地域市场的市场一体化过程。

七、收集证据过程

在委员会认为有必要进行准确的市场界定时,委员会通常会与该行业主要的顾客和主要的公司联系,询问他们对产品市场和地域市场界限的看法,并获取必需的事实证据,以得出结论。委员会可能也会联络相关的企业协会,在适当的时候也会与活跃在上游市场的企业联系,以便在必要的时候能够为所涉及的不同层次的产品或产品/服务的销售划分产品和地域市场。这可能也需要相关企业提供更多的信息。

在适当的时候,委员会机构将会向上述市场参与者提出书面信息要求。这些要求通常包括一些与以下内容相关的问题,即公司对假设性涨价有何反应以及他们对相关市场界限的看法。它们也将包括要求提供委员会认为在就相关市场范围得出结论时所需的事实信息。委员会机构也可以会与那些公司的销售主管或其他官员进行讨论,以更好地了解供应商和顾客之间的谈判情况及那些与相关市场界定有关的问题。在适当的时候,他们也可以对当事方的工作场所进行实地视察和检查,拜访他们的顾客和/或竞争对手,以更好地了解产品的生产和销售情况。

八、关系产品市场界定结论的证据的分类

(一)界定相关产品市场的证据

对产品特性和用途的分析使委员会首先可以限定可能替代品的调查范围。然而,产品特性和用途不足以推断到两种产品是否为需求替代品。产品特性方面的功能互换性或相似性本身可能无法提供充分的标准,因为顾客对相对价格变动的敏感程度也可能是由其他考虑因素决定的。比如,在汽车原装组件和零件市场中就存在不同的竞争限制,从而把两个相关市场区分开来。相反,产品特性的不同之处本身也不足以排除需求可替代性,因为这将在很大程度上取决于顾客如何看待不同的特性。

委员会认为与评估两个产品是否是需求替代品相关的证据可以划分为以下几种类型:

前不久在市场上出现的替代品证据。在某些案件中,可以分析与市场上前不久发生的事或突发事件相关的证据,这些事件将提供两种产品替代的实例。在可得的情况下,这种信息通常可以作为市场界定的基础。如果过去曾经出现相对价格的变动(其他条件不变),需求量方面的反应对确定替代性就有着决定性的意义。如果可以精确地分析,随着新产品的上市,哪些产品的销售量减少了,那么过去新产品的上市也可以提供有用的信息。

为了划定市场的界限,已经专门设计了一些数量试验。这些试验包含各种计量经济研究法和统计法:产品需求价格弹性和交叉价格弹性的测算、基于一定时期内价格变动相似性的试验、分析价格系列之间的因果关系、分析价格水平的相似性和/或趋同性。为了确定过去的替代方式,委员会将考虑可得到的、能够经得起严格审查的数量证据。

顾客和竞争者的看法。委员会经常与相关公司的主要顾客和竞争对手联络,以了解他们对产品市场界限的看法以及收集大量它需要的实际信息,以就市场范围做出认定。如果候选地域市场的候选产品的相对价格有了数目不大的提高(如5%~10%),那么将会发生什么事?顾客和竞争者们对此的答案只要有事实证据的充分支持,委员会就将会予以考虑。

顾客的喜好。在消费品的案件中,委员会可能很难收集到最终消费者有关替代产品的直接看法。公司们在过去委托进行的并用于自身的产品定价和/或销售行动决策的市场分析资料可以成为委员会划定相关市场时有用的信息。关于使用方式和使用态度的消费者调查、消费者购买方式的数据、零售商和更广泛群体的看法,以及由当事方和他们的竞争者提交的市场分析资料都会予以考虑,以确定是否在经济上占重大比例的消费者认为两个产品

是可替代产品,同时还会考虑品牌对所涉及产品的重要性。出于合并程序或第17号条例规定的一种程序,相关企业或其竞争者特别要实施消费者调查,在这种调查中遵循的方法通常会受到①最仔细的检查。和其他研究不一样,它们不是为了进行商业决策而是在正常的商业过程中所实施的调查。

转向潜在替代品的需求所涉及的障碍和开支。对于两个初看起来是需求替代品从而应当属于同一市场的产品,由于有一些障碍和开支的存在,委员会可能会改变看法。开列一个包括所有可能的替代障碍和转换开支的完全清单是不可能的。这些障碍或壁垒可能来源广泛,委员会在自身的决定曾遇到的问题包括管制障碍或其他形式的国家干涉、来自下游市场的限制、为了转向其他原材料而需要进行特别资本投资或导致当前产量的减少,顾客的所在位置、生产过程中的特别投资、知识和人力资本投资、更换设备开支或其他投资、对不知名供应商的质量和声誉的不确定性,以及其他问题。

不同类型的顾客和价格歧视。在存在不同顾客群体时,产品市场的范围也会被缩小。当对相关产品的某个独立顾客群体存在价格歧视时,这一群体就可以成为一个更狭小的独立市场。这种情况通常会在满足以下两个条件时出现:(1)在向某个顾客出售相关产品时可以明确区分出他属于哪个群体;(2)顾客之间的交易或第三方的对冲交易不可行。

(二)界定相关地域市场的证据

委员会所考虑的关系到就地域市场界定结论的证据可分为以下几种类型;

订单转移到其他地区的过去证据。在某些案件中,可以得到有关不同区域间价格变化和顾客后续反应的证据。一般来说,在界定地域市场时也可以使用与界定产品市场相同的数量试验,同时要牢记,由于诸如汇率变动、税收和产品差异之类的一些因素,国际价格对比可能更复杂。

基本需求特性。相关产品的需求性质本身也许可以决定地域市场的范围。诸如国家喜好或对国家品牌、语言、文化和生活方式的喜好以及地区存在的必要性之类的因素都有着很强的限定竞争地域范围的潜力。

顾客和竞争者的看法。在适当的时候,委员会将会在他们的调查中联络当事方主要的顾客和竞争者,以收集他们对地域市场界限的看法以及大量在界定市场范围中需要的并且得到事实证据的充分支持的实际信息。

当前的购买地域类型。调查顾客的当前地域购买方式对于确定地域市场的可能范围,将会提供有用的证据。当顾客以相似的条件从欧盟或欧洲经济区其他区域的公司购买产品,或通过有效的招标程序(的确有欧盟或欧洲经济区其他区域的公司来投标)来购买产品时,地域市场通常就将被认为是共同体范围。

---

① 产品X本身的需求价格弹性用于测度产品X的需求对其自身价格的百分比变化的敏感性。产品X和产品Y之间的交叉价格弹性则是指产品X的需求对产品Y价格的百分比变化的敏感性。

贸易流通情况/运输方式。当顾客的数量非常庞大,以致不可能通过他们得到地域购买方式的明确描述时,则可以替代使用贸易流通信息,不过,前提是能够得到相关市场的足够详细的贸易统计数据。贸易流通,首先是贸易流通背后的合理数据为确定地域市场范围提供了有用的分析资料和信息,但它们本身并不具备决定性的意义。

把订单转移到位于其他区域的公司所涉及的障碍和转换开支。不存在跨境购买或跨境贸易流通不一定就意味着市场局限在成员国范围的。在认定在这一个案中的相关地域市场为成员国级别之前还要找到隔离这一成员国市场的障碍。某顾客将订单转移到其他区域的最明显的障碍就是运输成本和来自法律或相关产品性质对运输限制的影响。运输成本的影响通常会限制体积大、价值低产品的地域市场范围,但同时也要牢记运输方面的不足之处也可能通过其他费用的比较优势(如劳务费用或原材料)得到弥补。在特定区域的销售权、在某些领域依然存在的管制障碍、配额和关税,也有可能成为使某一区域免受来自其他区域公司的竞争压力的障碍。从位于其他成员国的公司购买产品的高额转换开支则又是一种障碍。

根据收集到的信息,委员会将界定出一个从地区到全球范围的地域市场,委员会过去的决定中既有地区性市场的例子,也有全球性市场的例子。

以上段落描述了与界定市场相关的不同因素。这并不意味着在所有案件中都需要获取证据并评估所有这些因素。正如在委员会过去的实践中所显示的一样,实际上借助于其中的一部分因素提供的证据就足以得出结论。

(三)计算市场份额

通过界定相关地域和相关产品市场可以区分出活跃在那个市场上的供应商和顾客/消费者。在此基础之上,就可以根据每一个供应商在相关市场上的相关产品销售量来计算出他们的市场总规模和市场总份额。实际上市场总规模和市场总份额通常可以从市场信息提供者(公司估算数据、委托行业顾问和/或贸易协会进行的研究数据)那里获取。如果情况不是这样,或者可获得的估算数据不可信,委员会通常会要求相关市场上的每一个供应商提供其自己的销售额资料,以计算总体市场规模和市场总份额。

销售额通常可以作为计算市场份额的参考数据,但在涉及特定产品或行业时,也还是有其他的指标可以提供有用的信息,特别是生产能力、投标市场参与者的数量、在航空领域的机群分队数,或在采矿业之类领域的储藏量。

按以往的经验,销售量和销售价值两者都可以提供有用的信息。在涉及有差别的产品时,通常要考虑销售价值和它们相关的市场份额,以更好地反映每个供应商的相对地位和实力。

(四)其他考虑

在某些领域中应用上述原则要更加谨慎。在考虑主要产品和配套产品市场时就是这种情况,特别是当企业在某一时间点的行为必须根据《欧共体条约》第86条来分析的时候。在这些案件中界定相关市场的方法相同，即根据顾客面对相对价格变动而作出的购买决定来评估他们的反应，但同时也要考虑与此相关的市场条件对替代的限制。当配套产品（如零部件）与主要产品的兼容性比较重要的时候，就会导致对配套产品市场的界定范围比较狭小。寻求兼容的配套产品所产生的问题，以及主要产品价格高、寿命长，都可能使配套产品的涨价有利可图。如果配套产品之间的有效替代是可能的话，或如果主要产品的特性使消费者很容易对配套产品的相对价格提高做出反应的话，那么就可能导致不同的市场界定。

在某些情况下，替代链的存在可能导致对以下相关市场的界定，即使产品或区域因处于市场的极端而不能直接替代。运输费用较高的产品的地域范围就是一个例子。在这种情况下，由于运费的影响，特定的工厂仅能向工厂周围的某个区域送货。原则上讲，这个区域就可以构成相关地域市场。然而，如果工厂的销售情况在不同工厂周边的区域之间存在较大的重叠，那些产品的定价就有可能受到替代链效应的限制，从而导致界定一个更广泛的地域市场。如果产品 B 是产品 A 和 C 的需求替代品，就可以使用同样的推理。即使产品 A 和产品 C 不是直接需求替代品，也可以认定它们位于同样的相关市场，因为它们各自的定价可能受到 B 产品替代性的制约。

从实际的角度来看，为了使个案中相关市场得到延伸，替代链的概念必须得有实际证据的支持，比如在涉及替代链两端的价格相互依赖性时。在替代链两端的价格水平也必须位于同样的高度。

1. 在国家补贴案件中，评估的重点是相关的受援者和行业/领域，而不是找出受援者所面临的竞争限制。当在特别个案中提出考虑市场力量进而考虑相关市场时，这里概括的方法要素就可以作为评估国家补贴案件的基础。

2. 在本通告中，相关企业是集中案件中参加集中的当事人。在针对《欧共体条约》第 86 条进行的调查中，相关企业就是正被调查的企业或投诉人。对于第 85 条中的调查，相关企业就是协议当事人。

3. 定义是欧共体法院（欧洲法院）在霍夫曼—拉罗赫（Hoffman La Roche）一案（欧共体法院 1979 年 2 月 13 日的裁决，第 85/76 号案）中做出的，并且在后来的判决中得到确认。

4. 并不需要对现有有形和无形资产进行重大调整的时期（参见第 23 段）。

5. 产品 X 本身的需求价格弹性用于测度产品 X 的需求对其自身价格的百分比变化的敏感性。产品 X 和产品 Y 之间的交叉价格弹性则是指产品 X 的需求对产品 Y 价格的百分比变化的敏感性。

附录四

欧盟委员会竞争总司适用《欧盟运行条约》第101、102条以及并购相关案件经济证据提交与数据收集最佳操作指引*

目　录

* 本译文依据为 DG Competition：Best Practices for the Submission of Economic Evidence and Date Collection in Cases Concerning the Application of Articles 101 and 102 TFEU and in Merger Cases（Staff Working Paper）issued on October 17，2011。译者：于杨、纪正旭，审校：韩伟。

3. 数据要求文书草案与数据样本的商谈

4. 数据采集、格式及提交的透明度

5. 数据的直接获取

附件:一份理想的实证分析报告的结构及其基本要素

一、适用范围及目的

经济分析在竞争执法过程中发挥着核心作用。经济学为每个特定市场的运作方式和企业的相互竞争关系提供了分析的框架。通过该框架可以判断竞争执法中涉及的并购、企业之间达成协议或者单一企业行为可能产生的影响。如果经济分析框架适当,并且与案件紧密相关,分析框架在特定情况下也可提供分析工具,从实证角度确定涉案行为所产生影响的程度。很多案件中,经济分析不仅包括对大量定量数据的收集、处理和评估,同时也包括在适当的条件下对计量经济模型的拓展。①

经济分析应以委员会和欧盟法院可以了解和评估其相关性和重要性的方式去开展。委员会作为行政机关须在适当或法定时限内做出决定。因此,委员会有必要注意以下几点:(1)确保经济分析开始时就已符合某些最低限度的技术标准;(2)促进事实和证据的高效收集和交换,尤其是对基础性定量数据的收集和交换;(3)在行政执法中使用有效的方式获得可靠的相关定量证据或定性证据。

在特定案件中,为确定经济分析的相关性和重要性,首先有必要从技术角度评估经济分析方法的自身质量,也即是说,分析的构建和提出是否已满足相应的专业技术要求。尤其是,这涉及去评价设定的待检验假设是否清晰,是否与事实有明显的联系,模型假设是否与行业特征或行业的其他实际情况一致,相关经济文献是否已存有完善的经济模型,实证方法与数据是否相匹配,分析结果是否被适当地说明,结果是否具有稳健性,以及是否已充分考虑了与分析结果相冲突的因素。

其次,必须评估经济分析与定量证据以及定性证据(如消费者反馈、书面证据)的协调性与一致性。②

---

① 通过“效应”去评估并购及其潜在危害,委员会经常需要进行复杂的经济评估,适用统计或计量经济分析。

② 如果其他类型的可获取证据很少,可以利用经济模型或计量分析本身证明结论的正确性。委员会可以随时考虑使用不同形式的证据。欧盟普通法院已判决:“委员会的职责是对那些用以评估竞争情况的指示性要素所表示的内容做一个全面的评价。对此,有些证据可能会被优先考虑,其他证据则可能被认为是次要证据。对检验和相关推理,根据法院对委员会有关并购案件决定的意见进行合法性审查。”参见 Case T－342/07,Ryanair v. Commission,〔2010〕第 136 段。

本文件对实施《欧盟运行条约》①第101、102条或并购相关案件②中涉及的经济证据或实证证据的收集与提交的最佳操作方法进行了阐述。这些最佳操作指引主要由以下两方面构成:

(1)本指引提供了经济分析或计量经济分析的内容以及说明方式的建议。这有利于委员会和其他主体去评估和复制任何实证分析结果。

(2)本指引对于如何应对委员会的定量数据资料③提供要求给予指导,确保当事人能够及时提供审查所需的相关资料。

为保证审查工作的透明度,明确各方职责,本最佳操作指引适用于实施《欧盟运行条约》第101、102条以及并购相关案件中所涉及的当事人。也即是说,本指引除适用于委员会外,也同样适用于案件各方以及第三方利益人(包括投诉者)。

本操作指引不会规定任何新的权利或义务,也不会改变《欧盟运行条约》、欧盟二级法和欧盟法院判例所确定的权利和义务。同时,本操作指引也不会改变委员会的解释性声明和决定。

基于未来发展的需要,委员会可能会结合具体案例,进一步完善本指引文件所包含的各项原则。为适应具体案件或特定环境的要求,可能需要对本操作指引的内容进行调整甚至偏离本指引。对本指引文件所建议内容的解释,应考虑程序以及资源方面的约束。

二、经济材料与计量经济材料的内容及陈述的最佳操作指引

反垄断案件中使用经济分析经常是为了确保所采用方法的一致性,或者是对那些特定案件中使用的具有不一致性的经济证据及主张予以驳斥。

即使经济模型或明或暗地支持某种理论主张,模型仍需要依赖于与所涉行业实际情形相符的假设条件。模型建立者设定这些假设时应慎重,同时也应明确说明预测结果对假设变动的敏感性。虽然提交的经济报告中的文字表达内容并非一定需要用数理模型的方式正式化,但这样做有时会使论据的假设被更为清楚地阐明,以便检查其逻辑一致性,评估其高度复杂性带来的影响,或将模型作为实证估计的理论基础。④

经济分析可以为评估并购交易导致的反竞争效果或促进竞争效果提供支持。这种分析

---

① 在《欧盟运行条约》第101、102条之前,欧盟委员会根据2002年12月16日理事会发布的《欧共体条约》第81、82条实施条例(1/2003号)执法。

② 2004年1月20日理事会《并购控制条例》(139/2004号)。

③ 一般来说,定量数据是指用数字表示的观测值或测量值。考虑到最佳操作指引的目的,本文件中此概念主要指,为实施一项经济(经常是计量经济性质)评估而收集和提交的大量的定量数据。

④ 如果经济报告的理由充分,那么一项具体主张属于"理论性"或"一般性"这一事实往往会成为报告的优势而非弱点。如果分析者从与案件事实相一致的一组假设中推导出一般性结论(不考虑所分析参数的精确程度),这种情况就会发生。例如,经济报告可以尝试证明,无论效率是否存在或效率的大小,一个特定行为不可能对消费者造成损害。

通常会模拟不存在拟议交易时相关市场的情况,并将该情况与实际或未来可能出现的情形进行对比。

就其本质而言,经济模型及其论点是对现实情形的简化。因此,指出特定的论点或模型“基于看似不切实际的假设”,通常还不足以去反驳相关论点或模型。同时,我们有必要明确实际情形的哪些方面需要更为清晰地反映在模型或论点中,也有必要指出它们为什么会改变结论。

在许多情形下,经济理论会被用以设定一个可检验的假设。随后,分析者会使用数据验证该假设。在这种情况下,经济分析可以对实际情形做出预测,预测可以通过观测值去验证或否定。因此,只要条件允许,经济模型应该附带适当的实证模型。也即是说,在给定数据条件下,模型应能够检验相关假设。

经济变量(如价格、成本、利润、产能、研发强度)的测量虽然非常简单,但这些变量的测量对特定要素的重要性能够提供重要信息。有时候,更高级的统计技术和计量经济技术可提供更多有用的证据。[①] 即使有效的经济分析适用于反垄断案件,有时并不会产生明确的结果。数据的差异、经济建模方法的差异、为解释数据所设定的假设的差异,以及实证技术和方法的差异,都可能造成结论的矛盾。

本指引文件以下部分提供了经济分析和计量经济分析的形成以及沟通方面的实际建议。这些建议的目的是确保相关当事人所采用的经济分析或计量经济分析能够尽可能地说明其经济推理和观测值,并解释其调查发现的相关性和分析结果的稳健性。为此,委员会和所有利害关系人应被允许仔细审核当事人所提交的经济证据,以免不稳定的实证结果被误认为是稳定的结果,也避免理论推理中的关键假设被认为是无关轻重的假设。没有严格按照本操作指引中的标准实施的经济分析或计量经济分析,其证明价值一般不会很高,并且可能不被执法部门考虑。

(一)阐述相关问题

无论是理论性的经济分析还是实证性的经济分析,都需要首先对当前案件涉及的相关问题进行阐述。

相关问题的阐述应注意以下方面:

(1)准确地提出问题,以便问题能被清楚地回答;

(2)适当有针对性地考虑案件的本质、所涉市场的行业特征以及相关经济学理论。[②]

---

① 例如,对观测到的某市场进入者的进入行为对某在位企业价格产生的影响进行计量经济分析,能够提供有关进入者带来的竞争约束的证据。反之,如果在位支配地位企业实施的行为对现有或相邻市场带来反竞争封锁效应,计量经济分析也能对其可能对市场造成的损害程度进行说明。

② 当事人偶尔会提交与案件相关的经济问题的文献调查或综述。如果文献综述说明了现有研究的优缺点,并解释当事人的推理或分析与以前的研究、学术资源或其他材料的相关性,文献综述也是非常有用的。

经济报告或计量经济报告不仅应明确指出待检验的假设["原假设"(null hypothesis)①],而且也须考虑备择假设(或多个备择假设),以便于可以合理解释拒绝原假设的原因。②

有时采用的实证分析可能只会部分地验证竞争效果理论或有关的经济模型。此类证据尽管有用,但须符合相关条件才能使用。③

(二)数据的相关性和可靠性

经济理论的内在价值在于其理论假设与经济现实的契合度。类似地,实证分析则依赖于基础数据的相关性和可靠性。

首先,需要确认相关的实际情况去证实理论性假设,而且也需要使用适当的数据去应对调查中遇到的实证问题。④

其次,并不是所有的实际情况都能够被高度精确地观测或测量。而且,大部分数据集并不是完整数据集或完美数据集。所以,当事人及委员会应熟悉实际情况和数据,清楚地了解其局限性。例如,对于定量数据资料,应符合以下要求:(1)数据的全面审查,包括概括性统计数据和图表;(2)充分了解数据的采集方法、样本筛选过程、变量的测量,以及是否与其相应的理论部分存有紧密的联系。定量数据资料可能因解码错误或其他错误而含有异常值。此时,分析者需要与数据提供者磋商,确定数据调整的最佳方式,以解决这些问题。

尽管在使用分析结论前,分析者须持有谨慎的态度。但是,无法观测或证实所有关键假设的问题以及数据缺失问题,并不会降低经济分析的重要性。⑤ 此外,统计技术已经在处理测量误差、观测值缺失和样本选择等问题上有了进一步发展。尽管这些技术并不能够提高数据的完整性,但它们可以帮助处理一些现有数据的不完整性问题。

(三)实证方法的选择

对所设定假设进行实证检验的方法的选择,或对经济模型预测结果的确认方法的选择,都应当有合理的针对性。经济报告须同时明确列出其优缺点,包括潜在的识别问题(identifi-

---

① 原假设通常是被默认为成立的假设。分析者首先设立原假设,随后证明原假设无效或将其推翻,以支持备择假设。

② 例如,假定一项实证分析旨在检验某种行为是否会造成价格提升。分析人可以设原假设为价格不会升高。这种情形中,如果原假设被证明错误,这意味着达成协议的行为对价格产生正面影响。或者,分析人也可以设定原假设为协议达成后价格不会变动。这一情形中,如果原假设被证明错误,则很难解释卖家和买家的特定关系是导致价格上涨还是下降?

③ 例如,生产快速消费品的企业合并时,尽管交易仅对批发层面而非终端消费者层面产生直接影响,对扫描数据(零售价格和数量)的分析仍可以为审查提供有价值的证据。

④ 例如,如果打折会对分析产生重要影响,在分析企业并购、协议等行为对价格的影响时,应使用消费者实际支付的价格,而非明细单的价格。

⑤ 例如,通过分析公司首次宣布的未来价格,可以间接地推断假设,即公司期望获得市场领导地位,是否成立。

cation problems)。①

识别问题可以理解为用于阐明为何某种理论比另一种理论更为适用。类似地,该术语可用于这样的情形,即一个经济计量模型总是能用不止一组参数来得出同样的观测值分布。

报告需要解释所选择的方法如何利用数据的变化达到至少部分地对所检验假设(或原假设)和备择假设进行区分的目的。一个经济模型或论点至少应产生与大量相关事实一致的预测结果。

实证方法的选择应充分考虑到以下几点:(1)数据集以及其潜在限制因素;(2)所涉市场的特征;(3)须考虑的有关经济问题,也即是说,所选择的实证方法应能够检验相关假设。

如果分析采用了统计方法或计量经济方法,强烈建议分析报告应对重要方法的选择做出明确解释。解释时,应注意以下几点:(1)设定(待评估数据关系合理的一般形式的范围是什么,包括相关变量,其可能相互影响的途径,以及误差或不确定性的性质);(2)观测值(测量值表示相应变量的准确程度如何);(3)估计量(对于变量间可能存在的关系,根据样本数据所估算的范围是多少)。

此外,如果采用的统计技术与那些评估有关问题而经常被采用的方法不一致,则报告需要对该技术的采用做出翔实的解释。特别是,需要说明这种非常规处理的意图,对改进后的技术或模型以及基础性文件进行说明,必要时还应对提出的新的或修正的方法进行介绍。

一般情况下,建议分析应遵循"自下而上"的方法。在采用多元回归分析时,该方法意味着首先应进行简单的模型估计。如果有必要,分析者再进行更细致的估计,以避免出现偏差。② 大规模最终消费者调查能够从市场参与者那里获取有针对性的信息,这些信息可以有效地为分析提供定性证据或其他书面证据。市场参与者的反馈信息作为证据的价值在于,该信息包含了对行业或市场的基本了解,大规模最终消费者调查的具体目的是为了获得相关统计数据,以小规模的调查样本判断大规模消费者群体的特征、行为和观点。一个高质量的抽样调查应具有一个具体的、明确的和不模糊的目标。此外,对相关消费者群体(以及相关的样本框架)的界定也同样非常重要,因为不同的消费者群体可能会存在系统性的差异。对调查群体的认定必须以所选样本能真实地代表总体情况为原则。在大规模的最终消费者调查中,可以对某些方面的受访者进行概率抽样,从而降低出现偏置性选择的可能性。③

在大规模的最终消费者调查中,概率抽样法的使用不仅增强了调查结果的可靠性和代

---

① 推论问题可以分为统计问题和识别问题。识别问题是指,在无限数量观测值的基础上寻求相应结论。统计问题是指,在有限数量观测值的基础上获取相对较弱的结论。

② 例如,在进行回归分析时,适当的做法是,首先采用普通最小二乘法(OLS)进行回归分析,如果认为分析存在内生性的问题,则使用工具变量法(IV)分析。

③ 概率抽样不仅包括简单的随机抽样,也包括复杂的多阶段抽样。多阶段抽样会将样本分层,或将总体要素聚集于不同的群体。简单随机抽样是最基本的概率抽样,抽样时样本总体的每个要素都有相同的被抽到的已知概率,同时所有给定大小的样本也都具有同样的被抽到的概率。在所有形式的概率抽样中,相关总体的每个要素都会在样本中,有一个已知的非零概率。

表性,而且增强了对从相关消费者群体调查中获得的定量估计进行准确评估的能力。相比于其他抽样方式,在大规模的最终消费者调查中,概率抽样具有两个优势。首先,调查所选样本时,该抽样方法可以对相关消费者的反馈实现无偏的定量估计。也即是说,样本估计量的期望值能代表总体估计量的期望值。其次,研究者可以通过估算出置信区间的方式,清晰地说明总体样本估计的可靠性。

在给定的时间及数据限制内,如果条件允许,采用多种基于不同方法的实证分析将有助于去确定,在运用不同的检验或模型分析时,实证检测结果是否仍具有稳健性。

(四)分析结果的报告和说明

分析报告必须详细解释经济分析和计量经济分析的结果,以使读者清楚每个论证步骤。① 除了对一些先验数据的管理方法进行明确说明外,所有实证分析,甚至是相关变量的描述性统计值(如价格序列)都应附带所有应该可即时复制的相关文件。对于不可复制的文件,特别是不包含电子代码和电子数据的计量经济分析报告,将会得到较少的关注,最终可能发挥不了多大作用。

实证分析报告不应仅仅论证分析结果的统计显著性,也同样需要说明结果的实际相关性。一般来说,即使变量系数并不重要,较大的样本容量也可能使其具有统计显著性。② 这会导致潜在的误导性认识,即某些特定变量是非常重要的。因此,变量系数应不断地被检验和商讨。这就需要解释那些与所检验假设相联系的结果,从而为案件的调查提供指引。

一般情形下,由经济分析或统计信息所获得的结果都会以图表的形式提交。尽管并没有必要对图表所包含的信息进行评论或重申,但仍须提交对数据的解释。

实证分析的结果应按照学术论文的标准格式提交。例如,报告多元回归分析结果时,报告人应通过报告系数的设定、P 值、标准差和样本容量等内容,说明参数估计量的统计显著性。③ 如果所分析的重要系数值已在经济方面具有明显的显著性,报告则应重点说明分析结果在统计方面的显著性。例如,概率值低于 5% 或 10%(p 值 <0.05 或 0.1)。但是,统计分析中存在一些不能避免的假设,并不必然意味着实证分析结果不具有证据价值。

一份具体的分析报告可能因其精确性而遭受批评。但是,报告的非精确程度往往可以通过一些方法进行评估,如计算估计量的置信区间。而且,就所需要考察的问题来说,如果

① 报告人既可以使用一般文献中使用的标准数字标注方法,也可以自行设定标注方法。

② 数据集中的观测值的数量,部分地决定了变量系数的统计显著性。计算回归系数的观测值越多,每个系数的标准差则越小。标准差的减小反映了所估系数(或估计量)离散程度的降低。在其他条件相同时,回归系数的统计显著性水平随着样本容量的增加而提高。如果数据集足够大,在经济方面显著的结果往往同样在统计方面也具有显著性。但是,即使样本容量较小,分析结果也常常会既具有经济方面的显著性,也同时具有统计方面的显著性。

③ 一个统计显著的结果不可能是偶然得出的。在假设检验中,结果的显著性水平是否定原假设的重要依据。P 值是指在原假设为真的前提下,至少在实际观测到的极端情况下获得所检验的统计样本的概率。如果所得概率值(P 值)小于或等于显著性水平,那么应否定原假设,分析结果具有统计显著性。

我们重点关注的是影响的方向而非程度,那么一个近似的经济结果或计量经济结果可能就够了。相似地,一个具体的估计值也可能因其方法的偏置而受到批评。但是,数据分析经常会存在估计量有偏的情形。在这种情形下,估计量往往会过大,或者过小。但在具体的案件调查中,估计量的误差可能并没有多大关系。如果估计量过大,它可能因在容量方面没有达到临界值,从而不会导致分析结论无效。除此之外,其他设定检验和统计诊断的详细信息也同样应被说明。

所有统计分析或计量经济分析的结果都应符合相关经济理论。① 当对多元回归分析结果进行商讨时,磋商的内容不仅应包括对直接相关系数的评定,还需要包括对其他解释变量系数的评定。因为这些变量通常能够表示分析的效度。例如,一个与相关经济理论相悖的系数②可能表明,分析过程存在变量遗漏问题、③数据选择偏见问题④或者一些其他的识别问题。⑤

在一些大规模的最终消费者调查中,调查应如何开展以确保调查结果的信度和效度?所提交的报告应公布此类问题的相关关键信息。所有的数据必须被完整记录,并确保其可获得性(可能受到隐私性和保密性要求的安全措施影响)。分析中,非抽样误差,特别是调查无回应的概率和存有偏见的回应,⑥也同样应该被考虑在内。报告人应谨慎地将由大规模消费者调查所得的结论和实际发现区分开来。

(五)稳健性(非实施建议:在报告前阐述稳健性)

除非能够合理解释不进行稳健性分析的原因,经济分析和计量经济分析应尽可能地实施全面的稳健性分析。实际上,标准的经济模型或计量经济模型一般都应具有一致性,并且能够合理地预测先前已观测的结果和行为。

其他普遍采用的稳健性测试也会适当地包括检验实证结果是否对数据的变动、实证方法的更改或其他更为精确的模型假设的更换,⑦具有敏感性。相似地,如果附加了对关键变量的敏感性检验,经济模型的相关性和可靠性会显著加强。

---

① 例如,除部分商品(价格的上涨反而引起更多人购买)外,在多数情形下,如果对需求弹性的计量估计显示需求曲线向上倾斜,该估计量应被舍弃。

② 例如,在其他条件相同的情形下,如果产品边际成本的增加伴有产品价格的降低,那么相关的分析研究结论应被放弃。

③ 也即是说,在分析时,如果一个与自变量相关的解释变量被删除,其他部分或所有解释变量的系数可能因此存在一个在先验的未知迹象或量度方面的偏差。

④ 如果筛选程序影响了与自变量相关的数据的可得性,偏差就会出现。

⑤ 例如,通过分析公司首次宣布的未来价格,可以间接地推断假设,即公司期望获得市场领导地位,是否成立。

⑥ 存有偏见的回应是指这样的情形:由于多方原因,应答者没有真实、全面地回答问题,或应答者受到采访者的影响。

⑦ 例如,在多元回归分析中,分析报告应说明,分析结果是否受到变量的定义、函数形式,以及一些与分析相关的解释变量等因素的严重影响。

强烈建议认真地去考察分析的结果是否与以前使用类似方法所得结果相一致，分析结果能否被普遍化适用。[①] 报告应明确说明这些问题。运用学术界和实务界普遍认同的方法得出一致、趋同的结论可能比明显不一致的结论具有更重要的价值。

（六）进一步建议

基础数据和方法的准确性和解释能力往往受到不同程度的限制。对于这些限制的明确说明可以提高经济分析报告的可靠性。对此，适当的做法是处理其中的不确定性，而非最小化不确定性。

一些情况下，当事人可能无法对其所需数据的准确性进行审核。因而，当事人应该注意，不要将经济观点表述为实际情形，以致对读者产生误导。信息来源应被谨慎地确认，实际情况也应被适当地存档和明确地记录。这就依赖于经济分析和计量经济分析是一个单独的报告，还是作为涵盖内容广泛的报告的一部分。

当事人可就其认为可以用于测试反竞争效果或效率的各种实证分析方法，与欧盟委员会竞争总司进行商谈。特别是，在第三方数据的帮助下，当事人可能会向委员会提供更为简易的分析方法。相应地，欧盟委员会竞争总司也可能向当事人建议其认为有效的分析方法。类似地，当事人也可以就其认为最合适的稳健性检测方法与欧盟委员会竞争总司进行商谈。实践证明，当事人提前公布一些相关的初步结果，可以使此种商谈更为高效。

当经济分析报告依赖于定量数据时，当事人应依照上文第三部分所列的标准，按照适当格式及时提供经济报告所需的定量数据和代码。特别是，如果缺乏对经济报告进行复制以及评论所需的所有必要要素，会约束报告的进一步使用。

当授权他人接触文件时，委员会可以应请求，向其提供最终经济分析所依据的数据和代码，或者在委员会已经获得的范围内，提供委员会拟采用或拟考虑的第三方数据和代码。当有必要对其他主体的数据保密时，委员会只会基于所谓的数据屋（data room）程序，[②]遵循严格的保密义务与安全程序，[③]在委员会的场所向其他主体提供数据与代码。委员会也同样要求第三方主体或投诉人提供其所提供的分析背后所用到的数据。适当情形下，第三方主体或投诉人也被要求授权委员会能够应当事人请求，允许当事人进入数据屋。

当需要对最终消费者实施大规模调查以解决具体案件问题时，当事人可能希望委员会

---

① 例如，在指定某国中，如果数据容易获得，可估算该国区域内产品的需求弹性。但是，如果现有案件需要估算多个国家的需求弹性，审查者则应该考虑，其中某个国家的估算结果是否也同样适应于其他国家。类似地，如果一个经济模型假设企业对特定中间商的出价为“一口价”（take – it – or leave – it），模型建立者可能需要考虑，该假设是否适应于所有类型的中间商。

② 参见《〈欧盟运行条约〉第 101、102 条相关行为最佳操作指引的委员会通告》第 97、98 段。

③ 类似地，一般情形下，如果有必要保证当事人的抗辩权受到充分重视，委员会将尽量授予当事人的经济顾问和外部法律顾问访问数据屋的权限。

也同样参与问卷的编制和设计。① 考虑到时间和资源的限制，当事人采用前期测试法或试点调查法②通常更为恰当。

三、回应定量数据要求的最佳操作指引

根据《1/2003 号条例》第 18 条以及《并购控制条例》第 11 条的规定，为能够履行其职责，委员会可以要求企业与行业协会为其提供所需信息。委员会确定所要求信息的范围和格式。

大部分反垄断案件的审查包括以下内容：(1)数据采集；(2)数据分析；(3)结论提取。在大部分反垄断案件中，依据《并购控制条例》第 11 条规定和《1/2003 号条例》第 18 条的规定，委员会可以通过向主要市场参与者(如竞争对手、直接消费者、了解市场情况的其他主体)发放信息要求文件的方式获取证据。本指引为当事人按要求提交定量数据③资料提供了具体指导。本指引在此提出的许多原则也同样适用于其他经济信息的获取，无论是定量信息还是定性信息。

定量数据可以帮助委员会进行统计分析，以界定相关市场，模拟与实际不同的情形，评估企业并购的潜在反竞争效果，证实效率提升，或者预测救济措施带来的影响。为此，委员会需要获得精确的数据，并花费足够的时间进行分析。

委员会可能会意识到审查程序给企业所带来的成本负担。因而，在确保和加强委员会实质审查效果的同时，本部分内容的一个重要目标就是提供一些建议，以减轻相关当事人的负担。鉴于定量数据的收集和处理也同样增加了委员会的负担，该部分所提供的建议也可能使委员会的负担减轻。

本最佳操作指引仅提供一般性指导，并不能替代执法部门发出的含有具体数据要求的文书。

(一)数据要求的一般目的

数据要求文书的主要目的是获取价格、销售额、产能，以及合理时期内进入或退出相关市场的决策等方面的定量变量的精确信息。定量数据是了解现有市场条件和竞争态势的必要信息。在一定条件下，根据可靠定量数据做出的统计分析或计量经济分析可以在反垄断案件中作为证据提交。

---

① 有时委员会可能会主动发起一项大规模的消费者调查活动。此时，在考虑到保密问题后，如果咨询内容不会延迟或危害案件调查，委员会通常会向当事人和第三方利害关系人询问问卷设计和数据采集方法等方面的问题。

② 在进行统计调查时，所有相关问题都必须被提前检验，以确保：(1)被调查人能够理解相关问题；(2)调查人能够恰当地掌控相关问题；(3)不会损害调查人与被调查人之间的合作。

③ 案件统计分析所需的定量数据往往是由一系列数字表示的观测值或测量值。统计量则是指对数据进行分析后获取的特定数值。例如，HHI 指数和相关系数等都为统计量。

委员会会尽力获取分析所需的适量数据，但委员会同时也应注意时间限制。委员会需要协调每项信息要求的效用与剩余期限的关系。这类剩余期限是指，至法定截止日或程序终止日所剩的时间。在适当条件下，欧盟委员会竞争总司可以提前与提供数据的当事人或其他相关当事人商谈所需数据的范围和格式。为提高数据采集的效率，确保所需的数据质量，欧盟委员会竞争总司也同样可以向当事人解释其计划利用相关数据进行分析的方法。尤其是在审查程序后期，通过这类解释，当事人能够提供标准更为一致的所需数据，并且对被调查市场的运作也有更为深入的了解。

委员会应慎重选择适合代表总体特征的样本数据。只有分析的数据样本具有代表性时，据此得出的可代表总体情形的结论才具有合理性。①

可能影响数据请求范围的其他问题是否有必要获取第三方数据、第三方数据是否适合进行有意义的分析。

（二）数据要求文书的共同要素

竞争调查所需的数据样本主要包括成本、产出、销售额、价格、产能、产品特征、交易量、消费者特征、投标信息、进入壁垒、商业策略，以及相关市场中涉案当事人和其他相关市场参与者的市场份额等。

信息来源主要包括案件当事人、第三方主体、行业协会、行业媒体、独立顾问、调查信息或政府资源。

在相关的时间框架内，数据采集工作可能需要花费较大的成本，数据的获取也可能较为困难。但是，当事人的现有数据也常常包含符合审查程序要求的定量数据。这类数据主要是指，作为正常业务操作，企业定期收集并在一定时期内保存的数据，如制定商业策略所需的数据、企业内部报告的数据。此外，这类数据也同样可以从第三方购买，如扫描数据、调查数据。② 实际上，委员会在审查时并不会仅局限于获取当事人现有的数据（请参见第77条之后的部分）。对于获取困难或成本较高的数据，委员会可针对个案具体情况确定提交数据的截止时间。

数据要求文书通常包括以下内容（每份文书的内容会依据案件的具体信息需求和具体情况做出适当调整）：

（1）术语索引，特别是关键变量的索引；

（2）变量列表；

（3）每个变量的计量单位、数据整合的时间跨度（如每月）、时间范围（如过去三个财政年度）和地理范围（如国家、地区或城市）；

---

① 例如，数据的采集范围可能仅局限于一部分具有代表性的相关消费者，或者因某些合理的原因只选取一个特定的地域市场。

② 为获取有意义的结论，报告采用计量经济分析法时，选取的样本容量必须足够大。例如，不考虑数据截面的变化，一般情形下按要求提交的数据资料应至少是为期三年的月度观测值。

(4)首选电子数据格式(如stata文件、excel文件);

(5)关于数据格式编排、变量分类,以及检验数据不一致性的建议或具体要求;

(6)数据资料提交的截止期限。

在一些情形下,特别是当数据需要从多方当事人处获取时,欧盟委员会竞争总司可以为当事人提供一份数据样本模板,以保证所提交数据资料的一致性和数据融合的低错误风险。

(三)应对数据要求时的主要考量标准

当事人按要求提交的数据文件应具有完整性、准确性和及时性。

如果因当事人故意或疏忽,使所提供的信息不准确、不完整、存在误导性,或不能在有效时期①内提供相关信息,委员会可以对企业或行业协会处以罚金。此外,在并购案件中,如果因当事人一方的责任而导致审查程序中止,委员会则必须通过作出决定或发布实施检查的命令去获取有效信息。②

1. 完整性

当事人应该按照规定的格式提交全部所需数据。并且,数据说明和一致性检验也应按要求提交。除委员会已充分论证或预先确认的数据外,其他对相关变量的构建或理解所必须的辅助数据也同样应被提交。

提交期限截止前,当事人应向委员会明确说明数据的缺失问题,以便采取其他方式获得有效信息。在适当条件下,可以变更数据要求、延长截止期限等。任何无法按要求文书提交的数据缺失问题都应该被充分地说明。实际上,根据数据要求文书提交的资料可能并不被认为是完整的,除非附有以下内容:

(1)数据收集过程的说明。该过程主要指,原始数据经过收集和整合处理最终形成可提交的数据集的过程。当事人应说明样本数据的筛选步骤和减少一些观测数据类型的必要性。

(2)所有相关信息来源的确认。

(3)所有变量应加以标注和详细说明。

(4)对产生潜在测量误差原因的报告,如数据缺失、数据采集程序的更改。

(5)为解决数据缺失问题,所提出的假设和估计量。

(6)数据一致性检验和数据清理操作程序的报告。

2. 准确性

利害关系人决定着所提交数据的准确性。所有变量的准确性检验应该一直被贯彻实施和报告。③

---

① 《1/2003号条例》第23条(1)(a)和(b),《并购控制条例》第14条(1)(a)(b)和(c)。

② 《并购控制条例》第10条(4)和第8条(6)。

③ 例如,在现实中,销售量不可能为负值,成交价格也不会为零。负销售量或零成交价格的出现只能说明,报告在数据析取、系统测量、或者对折扣和税收的考虑等方面存在问题。

为提高数据资料的准确性，在数据提交之前，当事人应对所提交的数据进行一致性检验，并记录相关结果。检验过程中，应注意以下几个方面：

(1)当事人按照数据要求文书提交的数据应与按照其他文件要求提交的信息相一致(如销售额、市场份额)；

(2)每一个变量的值应与实际经济情况相一致；①

(3)如果分析需要对原始数据进行整合处理，当事人应确保所采用整合运算方法的合理性以及所有整合处理都使用相同的方法；

(4)不同变量之间应具有一致性；②

(5)应确保变量间和变量自身的跨期一致性。

3. 及时性

当事人必须严格遵守数据资料提交的截止日期要求。如果当事人所提交的数据与其自行实施的实证分析相关，当事人应提前将数据资料所计划覆盖的时期和范围报告给欧盟委员会竞争总司。在与委员会的商谈中，当事人计划使用或商讨的分析结果应在会议开始前至少两个工作日提交(包括数据和易于复制的代码)。

(四)其他建议

本部分针对如何回应执法部门的数据要求，提供了进一步的最佳操作建议。

1. 真诚合作

在数据生成过程中，当事人与委员会的合作至关重要。对于委员会认为非常容易获取的数据，如果实际上很难获取，当事人须清楚地解释数据获取的复杂性。③ 委员会应尽可能具体、迅速地解释对所需数据的相关要求，以使当事人明确所应提交的数据内容。这种对话能够帮助双方更为高效地处理数据问题。实际上，委员会有权决定所要求数据的范围、格式和时限。

需要强调的是，在以下几种情形下，审查程序的完整性和效率会被削弱，具体包括：

(1)当事人说明现有数据内容时，没有合理地确认数据的准确性；

(2)当事人不考虑数据要求文书的内容，不按照所要求的数据格式、数据范围或数据处理方式处理数据，仅提交大量数据点；

(3)当事人在回应数据要求时，对相关概念理解模糊；

---

① 例如，一般情形下，成交价格(通常指已扣除折扣的价格)应为正值，遗漏数值或异常数值(如销售额与原有销售水平不一致)都应该被核实。

② 例如，一种产品的产量必然与其副产品的产量相关联。同样地，一般情形下，产品销售价格也应高于其交通成本(例如，产品的出厂价格为负值，那么关于产品销售价格和交通成本的数据则可能存在错误)。

③ 例如，为何数据库的简单处理是不可能的、困难的或无效的，或者解释按照委员会的要求去提交数据所产生的负担或成本。

(4)当事人单方面、私下推断委员会实际上所需要的数据内容。

2. 尽早就可获得的数据类型与委员会进行商谈

在一些案例中,如果当事人及早地将定量数据的可得性告知委员会,当事人的负担会明显地减轻。双方早期的磋商不仅可以决定具有可得性和适用性的数据的内容,也同样可以决定数据提交的格式,以使当事人更为容易、迅速地提交数据。然而,委员会对数据的要求往往不只局限于当事人已经获得的数据。

为使前期的磋商更为有效,当事人必须详细地解释其信息管理系统。并且,当事人也应该准备对某些问题进行商讨,如所获信息的各个领域、基础数据的采集方法和格式化方式、数据采集的频率、相关软件的选取、数据集的容量、数据库的日常报告内容。在此建议,相关企业应在磋商前向委员会提交有关书面文件或培训材料。当事人制作图表展示数据在机构中的分布情况也通常能提高双方磋商的效率。作为一般原则,当事人实际上通常应提供相关文件,以支持报告数据的可得性、范围和采集时间等内容。

通过召开准备会议或以电话交谈的方式与企业有关负责人进行交流,有利于数据采集分析工作的高效完成。当事人应尽早确定相关责任人。双方磋商的内容应包含对当事人所持有的电子数据(或其他数据)类型的说明(包括正常商业运作中企业所持有的电子数据和其他相关数据、企业存档的数据,以及数据的存储格式)。

在并购案件中,申报前商谈一般能够处理有关数据问题。尽管委员会将尽快确定数据要求文书中会确定的所有问题,但特定问题仍只有在程序进行的后期才能被确定。

3. 数据要求文书草案与数据样本的商谈

如果条件合适,并且行为有效,为能够更好地确认数据格式和实施一致性检验,欧盟委员会竞争总司应向当事人提供数据要求文件的拟稿。委员会发布拟稿的目的是,邀请当事人对数据要求文件提出合适的修改建议,以减少其在提供所需数据过程中的负担。仅当其不存在损害调查程序,或不会引发其他事件时,数据要求文书的范围才允许被缩小。特别是,在并购案件中,最初要求的文献提交时限的缩短,应符合上述要求。

当事人可以首先向委员会提交有关数据样本。样本的提交通常可以帮助委员会选择可得的、有用的数据。根据所提交的数据样本,委员会能够提出更为精确的数据要求,当事人的最终负担也会因此减少。

4. 数据采集、格式及提交的透明度

程序的透明化使所有当事人能够发现数据采集过程中所出现的问题,当事人也因而能够更为迅速、有效地做出调整。

当事人应按照规定格式提交计量数据资料,以最大化地减少分析所用的时间和操作步骤。当事人在数据收集和提交过程中,应清楚以下问题:

(1)数据对将要进行的分析是否适用;

(2)数据是否可靠和适当处理;

(3)所采集的数据是否足以进行一次有意义的分析;

(4)哪些行业或企业的特征可能影响数据的合理解释。

当事人应尽早向委员会说明其在数据采集方面的局限性。在此,他们应该明确说明原始数据的收集方法和为确保数据信度所采取的措施。①

在当事人向委员会提交数据之前,委员会也同样鼓励当事人自行对数据进行描述性分析,以发现其中的问题。在一些情形下,委员会也欢迎当事人各方采用统计分析处理一些数据缺陷。在一些案例中,统计分析允许采取多种方法,获取测量误差的平均值,从而获得更为精确的统计估计量。所有这样的统计分析都应被适当地报告。在任何情形下,分析者都应尽可能地获取原始数据,因为数据的收集和整理过程对于统计分析或经济分析结果会产生重要的影响。当事人也应该向委员会提供关于运算操作程序的相关文件。并且,在进行分析准备工作时,当事人应对有关原始数据进行整理和完善。

5. 数据的直接获取

在某些情形下,委员会可能会接受当事人直接提供的原始电子数据,作为数据资料的一部分。相对而言,这种数据收集方式成本低,并且能很快获得大量数据。这种有条件限制的直接数据获取方式也成为对某些企业信息进行价值评估的方法。

双方可提前协商可直接获取的数据内容和条件,如技术支持的可得性、数据打印或恢复能力、企业应提供的信息登录号、不监控委员会行为的保证、未经委员会同意基础数据不会被移除的保证,更为重要的是审查过程中持续提供数据的保证。在一些特殊情况下,如果不能直接获取企业信息,委员会可以通过问卷向企业进行询问,以获取相关信息。

附件:一份理想的实证分析报告的结构及其基本要素

该附件简要地论述了在反垄断案件中,当事人应如何根据前面部分提出的原则(特别是第 2 部分),撰写实证分析报告。一份理想的经济报告或计量经济报告应包含以下内容和要素。

一、相关问题

1. 研究的问题必须符合以下要求:

(1)研究问题明确;

(2)所研究的问题具有适当的针对性,须考虑竞争问题的本质、所审查市场和行业的具体特征,以及相关经济理论等。

2. 除备择假设或所考虑的假设外,待检验假设(或原假设)也应被明确提出。

---

① 例如,如果原始数据的获取是以包含多个消费者信息的样本为基础,那么报告应解释消费者信息筛选的方法、所选消费者可代表所有消费者的原因等问题。

二、数据

1. 当事人不仅需要提供数据库的硬件副本，而且也需要提供一份数据来源的详细介绍资料。一般情形下，分析者除需要用软件代码生成最终数据集外，也同样需要一份附件备忘录，以说明先前的中间数据集或程序成为最终数据集的步骤。所有对异常数据的纠正工作也同样需要解释清楚。

2. 当事人也同样应该说明数据的收集过程、样本的筛选过程、数据变量的测量，以及它们是否符合相关理论等。

3. 除此之外，当事人应对数据进行详细的说明。说明包括所选样本的时间区间和统计总体的报告、观测单位、每个变量的明确定义、一些数据清理程序等。这些信息应与所有相关变量的描述性统计量（具体包括平均值、标准差、最大值、最小值、相关性、直方图、残差图等）一起提交。

三、方法

1. 实证方法的选择应具有适当的针对性。当事人应针对以下几点内容说明所选择的分析方法：

（1）数据的局限性；

（2）所审查市场的特征；

（3）需要考虑的经济问题（相关问题）。

2. 备选分析方法也同样需要商讨。在给定的时间内，如果条件允许，当事人可以使用其他备选分析方法分析获取的有限数据，以检测所得结果的稳健性。根据经济模型或论点得出的预测结果需与大部分实际相关情形相符合。

四、分析结果及启示

1. 当事人应负责解释模型的细节，并提供可即时复制的有关文件（如分析程序的代码）。

2. 实证分析结果的报告应参考学术文献的标准形式。例如，当报告多元回归分析结果时，当事人应同时报告估计系数和所有相关变量的标准差。报告内容也应包含所有其他设定检验和统计诊断的详细信息。

3. 当事人不仅应商讨结果的统计显著性，也同样应说明结果的实际相关性。对此，当事人应结合相关假设检验，解释相应分析结果，以指出该分析对所审查案件的启示与意义。统计分析结果与计量经济分析结果也同样应与有关经济理论相符合。

五、稳健性检验

1. 对所有的实证工作都需要采取全面的稳健性分析。具体包括：

（1）在变动数据、更改实证方法，或更换其他精确的模型假设等条件下，对实证结果进行敏感性检验；

（2）对实证结果的可普遍适用性的审查；

（3）实证分析结果与早前相关文献结果的对比。

2. 一般来说,报告的经济模型部分应附加关键变量的敏感性检验,包括那些合理但不精确的变量。并且,报告人应提交所有敏感性检验的分析结果,而不是只提交那些支持其论点的结果。

参 考 文 献

一、中文资料

[1]丁茂中:《反垄断法实施中的相关市场界定研究》,复旦大学出版社 2011 年版。

[2]郭建安:《微软讼案》,法律出版社 2000 年版。

[3]黄勇、董灵:《反垄断法经典判例解析》,人民法院出版社 2002 年版。

[4]刘强:《交易成本视野下的专利强制许可》,知识产权出版社 2010 年版。

[5]李虹:《相关市场理论与实践》,商务印书馆 2011 年版。

[6]李晓蓉:《市场界定与反托拉斯政策研究》,南京大学出版社 2010 年版。

[7]王晓晔:《企业合并中的反垄断问题》,法律出版社 1996 年版。

[8]王晓晔:《欧共体竞争法》,中国法制出版社 2001 年版。

[9]王晓晔:《竞争法学》,社会科学文献出版社 2007 年版。

[10]王晓晔主编:《中华人民共和国反垄断法详解》,知识产权出版社 2007 年版。

[11]王晓晔主编:《反垄断实施中的重大问题》,社会科学文献出版社 2010 年版。

[12]王晓晔:《反垄断法》,法律出版社 2011 年版。

[13]王晓晔主编:《反垄断法中的相关市场界定》,社会科学文献出版社 2014 年版。

[14]王先林:《知识产权与反垄断法——知识产权滥用的反垄断问题研究》(修订版),法律出版社 2008 年版。

[15]王先林主编:《中国反垄断法实施热点问题研究》,法律出版社 2011 年版。

[16]商务部条法司编:《中华人民共和国反垄断法理解与适用》,法律出版社 2007 年版。

[17]商务部条法司编:《中国企业并购反垄断审查相关法律制度研究》,北京大学出版社 2008 年版。

[18]尚明主编:《企业并购反垄断控制》,法律出版社 2008 年版。

[19]尚明主编:《主要国家(地区)反垄断法律汇编》,法律出版社 2004 年版。

[20]卫新江:《欧盟、美国企业合并反垄断规制比较研究》,北京大学出版社 2005 年版。

[21]董红霞:《美国欧盟横向并购指南研究》,中国经济出版社 2007 年版。

[22]吴汉洪:《西方寡头市场理论与中国市场竞争立法》,经济科学出版社 1998 年版。

[23]王俊豪主编:《反垄断与政府管制》,经济管理出版社 2009 年版。
[24]许光耀:《欧共体竞争法通论》,武汉大学出版社 2006 年版。
[25]郑鹏程:《反垄断法专题研究》,法律出版社 2008 年版。
[26]张伟君:《规制知识产权滥用法律制度研究》,知识产权出版社 2008 年版。
[27][美]马西莫·莫塔:《竞争政策——理论与实践》,沈国华译,上海财经大学出版社 2006 年版。
[28][美]赫伯特·霍温坎普:《联邦反托拉斯政策》(第 3 版),许光耀、江山、王晨译,法律出版社 2009 年版。
[29][美]赫伯特·霍温坎普:《反垄断事业》,吴绪亮、张兴、刘慷等译,东北财经大学出版社 2011 年版。
[30][西]安德雷斯·冯特·葛拉雷兹等:《欧盟企业合并控制制度》,解琳、叶军译,法律出版社 2009 年版。
[31][美]杰伊·皮尔·乔伊主编:《反垄断研究新进展》,张嫚、崔文杰等译,东北财经大学出版社 2008 年版。
[32][美]格伯尔:《20 世纪欧洲的竞争与法律》,冯克利、魏志梅译,中国社会科学出版社 2004 年版。
[33][美]E. 吉尔霍恩、W. E. 科瓦西克:《反垄断法律与经济》(第 4 版),王晓晔注,中国人民大学出版社 2001 年版。
[34][美]沃尔特·亚当斯、詹姆斯·W. 布罗克主编:《美国产业结构》,封建新、费毓玲等译,中国人民大学出版社 2003 年版。
[35][美]J. E. 克伍卡、L. J. 怀特主编:《反托拉斯革命》(第 4 版),林平、臧旭恒等译,经济科学出版社 2007 年版。
[36][美]F. M. 谢勒:《产业结构、战略与公共政策》,张东辉等译,经济科学出版社 2010 年版。
[37][美]乔治·J. 施蒂格勒:《产业组织和政府管制》,潘振民译,上海三联书店 1989 年版。.
[38][美]史蒂芬·布雷耶:《规制及其改革》,李洪雷等译,北京大学出版社 2008 年版。
[39][美]奥利佛·E. 威廉姆森:《反托拉斯经济学》,张群群、黄涛译,经济科学出版社 1999 年版。
[40][美]伯南斯:《管制和反垄断经济学》,冯金华译,上海财经大学出版社 2003 年版。
[41][美]温斯顿:《反垄断经济学前沿》,张嫚、吴绪亮、章爱民译,东北财经大学出版社 2007 年版。
[42][美]菲利普·阿瑞达、路易斯·卡普洛:《反垄断法精析》,中信出版社 2003 年版。
[43][德]曼弗里德·诺伊曼:《竞争政策——历史、理论及实践》,北京大学出版社 2003 年版。

[44][美]理查德·A.波斯纳:《法律的经济分析》(上、下),蒋兆康译,中国大百科全书出版社1997年版。
[45][美]理查德·A.波斯纳:《反托拉斯法》(第2版),孙秋宁译,中国政法大学出版社2003年版。
[46][美]罗伯特·考特、托马斯·尤伦:《法和经济学》(第5版),史晋川等译,格致出版社、上海三联书店、上海人民出版社2010年版。
[47]程然然:《论银行业反垄断的相关市场界定》,载《安徽工业大学学报》(社会科学版)2010年第2期。
[48]曹虹:《论反垄断法中的相关市场界定》,载《现代管理科学》2007年第11期。
[49]蔡峻峰:《试论反垄断法中相关市场的界定标准》,载《南京人口管理干部学院学报》2005年第4期。
[50]董红霞、单向前:《企业并购规制中的市场界定问题研究》,载《郑州大学学报》(哲学社会科学版)2006年第3期。
[51]韩伟:《美国横向合并指南的最新修订及启示》,载《现代法学》2011年第3期。
[52]金朝武:《论相关市场的界定原则和方法》,载《中国法学》2001年第4期。
[53]丁建安:《相关市场的界定——判断垄断力存在与否的核心》,载《行政与法》2005年第3期。
[54]李虹、张昕竹:《相关市场的认定与发展及对中国反垄断执法的借鉴》,载《经济理论与经济管理》2009年第5期。
[55]李剑:《双边市场下的反垄断法相关市场界定:百度案中的法与经济学》,载《法商研究》2010年第5期。
[56]李剑:《反垄断法中核心设施的界定标准:相关市场的视角》,载《现代法学》2009年第3期。
[57]饶粤红:《论反垄断视野下美国银行业相关市场的界定——兼评美国的经验、反思及启示》,载《国际经贸探索》2005年第6期。
[58]时建中、王伟炜:《反垄断法中相关市场的含义及其界定》,载《重庆社会科学》2009年第4期。
[59]唐绍均:《反垄断法中与新经济行业相关市场的界定》,载《现代经济探讨》2008年第11期。
[60]王先林:《论反垄断法实施中的相关市场界定》,载《法律科学》2008年第1期。
[61]王晓晔:《举足轻重的前提——反垄断法中的相关市场界定》,载《国际贸易》2004年第2期。
[62]王为农:《企业集中规制中的关联市场的划定标准》,载《经济法研究》(第2卷),北京大学出版社2001年版。

[63]王国红:《论美国银行并购反垄断的相关市场界定》,载《湖北经济学院学报》2009 年第 3 期。

[64]杨东、郑双十:《新经济条件下相关市场界定的法律问题》,载《中国工商管理研究》2011 年第 7 期。

[65]姚保松:《论公用企业反垄断相关市场的界定》,载《北京科技大学学报》(社会科学版) 2008 年第 2 期。

[66]吴玉岭、胡甲庆:《价格相关关系与反垄断相关市场的界定》,载《中国社会科学院研究生院学报》2011 年第 1 期。

[67]余东华:《反垄断法实施中相关市场界定的 SSNIP 方法研究:局限性其及改进》,载《经济评论》2010 年第 2 期。

[68]张俊文:《反垄断法中的市场界定》,载《现代法学》2001 年第 6 期。

[69]张昕竹:《非横向并购中的相关市场界定》,载《西部金融》2008 年第 5 期。

[70]仲春:《互联网行业反垄断执法中相关市场界定》,载《法律科学》2012 年第 4 期。

二、英文资料

(一)专著

[1]Alison Jones and Brenda Sufrin, *EC Competition Law*, Oxford University Press, 2008.

[2]Ariel Ezrachi, *EC competition law: an analytical guide to the leading cases*, Hart Publishing, 2008.

[3]Antonio Cucinotta and Roberto Pardolesi and Roger Van den Bergh, *Post – Chicago developments in antitrust law*, Edward Elgar, 2002.

[4]Barnes and Stout, *Economic Foundations of Regulations and Antitrust law*, West publishing, 1992.

[5]Blum, F. and Logue, A., *State Monopolies under EC Law*, John Wiley and Sons, 1998.

[6]Bellamy, *European Community Law of Competition*, Oxford University Press, 2008.

[7]Bishop, S. and Walker, M., *Economics of EC Competition Law*, Sweet and Maxwell, 1999.

[8]Bruno Zanettin, *Cooperation Between Antitrust Agencies at the International Level*, Hart Publishing, 2002.

[9]Dermot Cahill and John D. Cooke and Wouter Wils, *The modernization of EU competition law enforcement in the European Union*, FIDE 2004 National Reports, Cambridge University Press, 2005.

[10]D. Geradin, *Remedies in Network Industries: EC Competition Law vs. Sector – specific Regulation*, Intersentia Publishing, 2004.

[11]Eleanor M. Fox and Daniel A. Crane, *Global Issues in Antitrust and Competition Law*,

Thomson Reuters, 2010.

[12] Elhaoge E. and Geradin D. , *Global Competition Law and Economics*, Hart Publishing, 2007.

[13] Gormley, L. , *Current and Future Perspectives on EC Competition Law*, Kluwer Law International, 1997.

[14] Franz Jurgen Sacker, *The Concept of The Relevant Product Market*, Peter Lang, 2008.

[15] Gustavo Ghidini, *Intellectual Property and Competition Law: The Innovation Nexus*, Edward Elgar, 2006.

[16] Joe S. Bain, *Barriers to New Competition*, Harvard University Press, 1956.

[17] Mario Baldassarri and Luca Lambertini, *Antitrust, regulation and competition*, Palgrave Macmillan, 2003.

[18] Morgan T. D. , *Modern Antitrust Law and Its Origins*, West Group, 2005.

[19] O' Donoghue, R. and J. Padilla, *The Law and Economics of Article 82 EC*, Hart Publishing, 2006.

[20] Phillip E. Areeda and Herbert Hovenkamp, *Antitrust Law*, Aspen Publishers, 2009.

[21] Peter Roth and Vivien Rose, *European Community Law of Competition*, Oxford University Press 2008.

[22] Philip Marsden, *Handbook of research in trans – Atlantic antitrust*, Cheltenham: Edward Elgar Publishing Limited, 2006.

[23] Robert Pitofsky and Harvey J. Goldschmid and Diane P. Wood, *Trade Regulation*, Foundation Press, 2003.

[24] Rein Wesseling, *The Modernization of E. C. competition law*, Hart Publishing, 2000.

[25] Richard A. Epstein and Michael S. Greve, *Competition Laws in Conflict*, AEI Press, 2004.

[26] Richard Whish and David Bailey, *Competition Law*, Oxford, 2011.

[27] Schwalbe U. and Zimmer D. , *Law and Economics in European Merger Control*, Oxford, 2009.

[28] Simon Bishop and Mike Walker, *The Economics of EC Competition Law: Concepts, Application and Measurement*, Sweet & Maxwell, 2010.

[29] Simon J. Evenett and Alexander Lehmann and Benn Steil, *Antitrust Goes Global*, Brookings Institution Press, 2000.

[30] Stephen Davies and Bruce Lyons, *Mergers and merger remedies in the EU: assessing the consequences for competition*, Cheltenham, UK; Horthampton, MA: Edward Elgar Publishing, 2007.

[31] Steven D. Anerman, John Kallaugher, *Technology Transfer and the New EU Competition Rules: Intellectual Property Licensing*, Oxford University Press 2006.

[32] Steven D. Anderman(ed.), *The Interface Between Intellectual Property Rights and Competition Policy*, Cambridge University Press, 2007.

[33] Thomas Karier, *Beyond Competition: the Economics of Mergers and Monopoly Power*, M. E. Sharpe, 1993.

[34] Vinod Dhall: Competition law today: concepts, issues, and the law in practice, Oxford University Press, 2007.

[35] Wouter and Wils, P., *Efficiency and justice in European antitrust enforcement*, Hart Publishing, 2008.

(二)论文

[1] Ackerberg, D. A. and Gowrisankaran, Quantifying Equilibrium Network Externalities in the Ach Banking Industry, *the RAND Journal of Economics*, 37(3): 738 – 761, 2006.

[2] Amel, F. and T. H. Hannan, Establishing Banking Market Definitions through Estimation of Residual Deposit Supply Equations, *Journal of Banking & Finance* 23: 1667 – 1690, 1999.

[3] Amel, F. and T. H. Hannan, Defining Banking Markets According to Principles Recommended in the Merger Guidelines, *the Antitrust Bulletin* Fall: 615 – 639, 2000.

[4] Amy Jo Coffey and Amy Kristin Sanders, Defining A Product Market for Spanish – Language Broadcast Media: Lessons from United States v. Univision Communications, Inc. and Hispanic Broadcasting, *Communication Law and Policy* 15: 55 – 89, 2010.

[5] Antitrust Modernization Commission, Report and Recommendations, Washington, DC. 2007.

[6] Andrew Chin, Antitrust Analysis in Software Product Markets: A First Principles Approach, 18 *Harv. J. Law & Tec* 1, Fall, 2004.

[7] Anna F. Kingsbury, Market Definiion in Intellectual Property Law: Should Intellectual; Property Courts Use an Antitrust Approach to Market Defingiton? 8 *Marq. Intell. Prop. L. Rev.* 63, Winter, 2004.

[8] Arthur, T. C., Formalistic Drawing Exclusion of Unauthorized Servicers Form Single Brand Aftermarkets Under Kodak and Sylvania, *Journal of Corporation Law* 24: 603 – 640, 1999.

[9] Argentesi, E. and Filistrucchi, L, Estimating Market Power in a Two – Sided Market: The Case of Newspapers, *Journal of Applied Econometrics*, 22(7): 1247 – 1266, 2007.

[10] Aziz, A. H., Defining Technology and Innovation Markets: The DOJ's Antitrust Guidelines for the Licensing of Intellectual Property, *Hofstra L. Rev* 24: 477 – 485, 1996.

[11] B. A. K., The Role of Supply Substitutability in Defining the Relevant Product Marker, *Virginia Law Review* 65: 129 – 151, 1979.

[12] Baker, J. B. and T. F. Bresnahan, The Gains from Merger or Collusion in Product – Differen-

tiated Industries, *The Journal of Industrial Economics* 33:427 – 444, 1985.

[13] Baker, J. B., Stepping out an Old Brown Shoe in Qualified Praise of Submarkets, *Antitrust Law* 68:203. 2001.

[14] Barry Harris and Joseph Simons, Focusing Market Definition: How Much Substitution is Necessary?, *Research in Law and Economics* 12, 1989.

[15] Baumann, M. G. and P. E. Godek, A New Look at Critical Elasticity, *Antitrust Bulletin* 52:31 – 52. 2006.

[16] Bauer J. P., Antitrust Implications of Aftermarkets, *Antitrust Bulletin* 52:31 – 52, 2007.

[17] Baynes, L. M., Race, Media Consolidation, and Online Contant the Lack of Substitutes, *University of Michigan Journal of Law Review* 39:100 – 107, 2005.

[18] Benson, R. L., Spatial Competition: Implications for Market Area Delineation in Anti – Merger Cases, *Antitrust Bulletin* 25:729 – 749, 1980.

[19] Bishop, S. and M. Walker, Price Correlation Analysis: Still a Useful Tool for Relevant Market Definition, *Lexecon mimeo*, 1996.

[20] Bresnahan, Timothy F., and Shane Greenstein, Technological Competition and the Structure of the Computer Industry, *Journal of Industrial Economics* 47:1 – 40, 1999.

[21] Borenstein, S. and J. K. MacKieMason, Antitrust Policy in Aftermarkets, *Antitrust Law Journal*:1 – 17, 1995.

[22] Boshoff, W., Stationarity Tests in Geographic Markets: an Application to South African Milk Markets, *South African Journal of Economics* 75:52 – 65, 2007.

[23] Brooks, G., Defining Market Boundaries, *Strategic Management Journal* 16:535 – 549, 1995.

[24] Bruce M. Steen, Economically Meaningful Markets: an Alternative Approach to Defining "Like Product" and "Domestic Industry" under the Trade Agreements Act of 1979, 73 *Va. L. Rev.* 1459, 1987.

[25] Cartwright, P. A., D. R. Kamerschen and M. Y. Huang, Price Correlation and Granger Causality Tests for Market Definition, *Review of Industrial Organization* 4:79 – 98, 1989.

[26] Coate, M. B. and J. H. Fischer, Practical Guide to the Hypothetical Monopolist Test for Market Definition, *Journal of Competition Law and Economics* 4:1031 – 1063, 2008.

[27] Christian Ahlborn et al., Competition Policy in the New Economy: Is European Competition Law Up to the Challenge, *European Competition Law Review* 156, 2001.

[28] Charles Carson Eblen, Defining the Geographic Market in Modern Commerce: the Effect of Globalization and E – Commerce on Tampa Electric and its Progeny, *Baylor Law Review*, 50 – 88, 2004.

[29] Christine A. Varney, The 2010 Horizontal Merger Guidelines: Evolution, Not Revolution, *Antitrust Law Journal* 77:651 - 660, 2011.

[30] Crocioni, P., The Hypothetical Monopolist Test: What IT Can and Cannot Tell You, *European Competition Law Review* 23:354 - 362, 2002.

[31] Daljord, O., an Exact Arithmetic SSNIP Test for Asymmetric Products, *Journal of Competition Law and Economics* 5:563 - 569, 2009.

[32] Daljord, O., L. Sorgard and O. Thomassen, the SSNIP Test and Market Definition with the Aggregate Diversion Ratio: a Reply to Katz & Shapiro, *Journal of Competition & Economics* 4:263, 2008.

[33] Davis, R. W., Innovation Markets and Merger Enforcement: Current Practice in Perspective, *Antitrust Law Journal* 2:677 - 704, 2003.

[34] David S. Evans & Richard Schmalensee, Some Economic Aspects of Antitrust Analysis in Dynamically Competitive Industries, *Nat' l Bureau of Econ. Research*, *Working Paper* No. 8268, 2001.

[35] Daniel C. Fundakowski, Health Care Reform & Antitrust Enofrcement—a Cure for Health Plan Merger Market Definition Under a Post - Health Care Reform Regime, 55 *St. Louis L. J.* 1501, 2011.

[36] Dranove, D. and White, W., Immerging Issues in the Antitrust Definition of Healthcare Markets, *Health Economics* 7, 1998.

[37] Elzinga, K. G. and T. F. Hogarty, the Problem of Geographic Market Delineation Revisited: the Case of Coal, *Antitrust Bulletin* 23:45 - 55, 1978.

[38] F. William McElroy, Alternatives to the US Antitrust Agency Approach to Market Definition, *Review of Industrial Organization* 11:511 - 532, 1996.

[39] Fallon, M. Antitrust Implications of Casino Mergers: the Gamble of Defining a Relevant Market, *Hastings Law Journal* 57:235 - 254, 2005.

[40] Forni, M., Using Stationarity Tests in Antitrust Market Definition, *American Law and Economics Review* 6:441 - 464, 2004.

[41] Frank M. Hellemans, Substantive Appraisal of Horizontal Mergers under EEC Regulation 4064/89: An Inquiry into the Commission's First Year Decisions, 13 *NW. J. INT' L L. & BUS.* 613, Spring, 1993.

[42] Froeb,. M. and Werden, G. J., The Reverse Cellophane Fallacy in Market Delineation, *Review of Industrial Organization* 7:241 - 247, 1992.

[43] Genesove D., Comment on Forni's Using Sationarity Tests in Antitrust Market Definition, *American Law and Economics Review* 6:476 - 478, 2004.

[44]Geoffrey A. Manne & E. Marcellus Williamson, Hot Docs vs. Cold Economics: The Use and Misuse of Business Documents in Antitrust Enforcement and Adjudication, 47 *Ariz. L. Rev.* 609, Fall, 2005.

[45]Glick, M. A. and D. Campbell, Market Definition and Concentration: One Size Does not Fit All, *Antitrust Bulletin* 53:229 – 237, 2007.

[46]Granger, C. W. J., Investigating Causal Relations by Econometric Models and Cross – Spectral Methods, *Ecomometrica* 37:424 – 438.

[47]Gregory J. W., Market Delineation and the Justice Department's Merger Guidelines, *Duke Law Journal*: 531 – 533, 1983.

[48]Gual, J., Market Definition in the Telecoms Industry, *IESE Working Paper No. D/517 Center for Economic Policy Research*: 1 – 57, 2003.

[49]Gopal Das Varma, Will Use of the Upward Pricing Pressure Test Lead to an Increase in the Level of Merger Enforcement? 24 *Antitrust* 27, Fall, 2009.

[50]Harris, R. G. and T. M. Jorde, Market Definition in the Merger Guidelines: Implications for Antitrust Enforcement, *California Law Review* 71:3, 1993.

[51]Hausman, Leonard and Vellturo, Market Definition under Price Discrimination, *Antitrust Law Journal* 64, 1996

[52]Higgins, R. S. and W. F, Shughart, Input Market Definition under Department of Justice Merger Guidelines, *Review of Industrial Organization* 4:99 – 114, 1989.

[53] Horowitz, I., Market Definition in Antitrust Analysis: a Regression – Based Approach, *Southern Economic Journal* 48:1 – 16, 1981.

[54]Howard Morse, Product Market Definition in the Pharmaceutical Industry, 71 *Antitrust L. J.* 633, 2003.

[55]Hosken D. and C. T. Taylor, Discussion of Using Stationarity Tests in Antitrust Market Definition, *American Law and Economic Review* 6:465 – 475, 2004.

[56]Hruska, Andrew C., A Broad Market Approach to Antitrust Product Market Definition in Innovative Industries, *the Yale Law Journal* 102:305 – 331, 1992.

[57]Huetiner, D. A., Product Market Definition in Antitrust Cases When Products are Close Substitutes or Close Complements, *The Antitrust Bulletin* 17:133 – 142, 2002.

[58]Ivaldi M., S. Lorincz, Implementing Relevant Market Tests in Antitrust Policy: Application to Computer Servers, *Review of Law and Economics*: 342 – 356, 2005.

[59]James A. Keyte; Kneenth B. Schwartz, "Tally – Ho!": Upp and the 2010 Horizontal Merger Guidelines, 77 *Antitrust L. J.* 587, 2011.

[60]James D. Ratliff and Daniel L. Rubinfeld, Online Advertising: Defining Relevant Markets,

Journal of Competition Law and Economics 7:241,2011.

[61] James L. Seal, Market Definition in Antitrust Ligigation in the Sports and Entertainment Industries, 61 *Antitrust L. J.* 737, Spring, 1993.

[62] James A. K., Market Definition and Definition Products: the Need for a Worktable Standard. *Antitrust Law Journal* 27:39 – 43, 1995.

[63] J. Gregory Sidak and David J. Teece, Dynamic Competition in Antitrust Law, 5(4) *Journal of Competition law & Economics* 581, 2009.

[64] J. N. D., Product Market Definition under the Sherman and Clayton Acts, *University of Pennsylvania Law Review* 110:861 – 878, 1962.

[65] Jacob Westin, Defining relevant market in the pharmaceutical sector in the light of the Losec case—just how different in the pharmaceutical market?, *European Competition Law Review* 32:57 – 63, 2011.

[66] Joseph E. Stiglitz, Technological Change, Sunk Costs and Competition, 3*Brookings Papers On Economic Activity* 884, 1987.

[67] Jonathan M. Jacobson, Do We Need A "New Economy" Exception For Antitrust?, 16*Antitrust* 89 Fall, 2001 .

[68] Jonathan B. Baker, Market Definition: an Analytical Overview, 74 *Antitrust L. J.* 129, 2007.

[69] Joshua A. Newberg, Antitrust for the Economy of Ideas: The Logic of Technology Markets, 14 *Harv. J. Law & Tec* 83, Fall, 2000.

[70] Joshua Wright, Does Antitrust Enforcement In High Tech Markets Benefit Consumers? Stock Price Evidence from FTC v. Intel, 38*Review of Industrial Organization*, 87, 2011.

[71] John W. Daugherty, Jr., Market Definition and International Trade, 11 *Currents Int'l Trade L. J.* 10, Summer, 2002.

[72] Jorde, H. and Harris, R. G. Market Definition in the Merger Guidelines: Implication for Antitrust Enforcement, 77*California Law Review*:471 – 472, 1983.

[73] Jonathan B. Baker, Product Differentiation through Space and Time: Some Antitrust Policy Issuses, *Antitrust Bulletin* 42, 1997.

[74] Justin B. Nelsen, Antitrust: Relevant Market Analysis of Health Care Providers, *Health Law* 9:6, 1996.

[75] Kaserman, D. L. and H. Zeisel, Market Definition: Implementing the Department of Justice Merger Guidelines, *the Antitrust Bulletin* Fall:665 – 690, 1996.

[76] Katz, M. and C. Shapiro, Critical Loss: Let's Tell the Whole Story, *Antitrust Bulletin*:49 – 56.

[77] Langenfeld J. and Wenqing Li, 2001, Critical Loss Analysis in Evaluating Mergers, 46 *Anti-*

trust: *Bulletin* :299 - 338,2003.

[78] Louis Kaplow, Why Define Market?, *Harvard Law Review* 124:437 - 515,2010.

[79] Kaiser, U. and Wright, Price Structure in Two - Sided Markets: Evidence from the Magazine Industry, *International Journal of Industrial Organization*, 24(1): 1 - 28, 2006.

[80] Keke Feng, Patent - Related Mergers and Market Definition Uuder the 2010 Horizontal Merger Guiderlins: the Need to Consider Technology and Innovation Markets, 34 T. *Jefferson L. Rev.* 197,2011.

[81] Massey, P., Market Definition and Market Power in Competition Analysis: Some Practical Issues, *The Economic and Social Review* 31:309 - 328,2000.

[82] Mathis, A. Stephen, Harris, G. Duane G., Boehlje, Michael, An Approach to the Delineation of Rural Banking Markets, *American Journal of Agricultural Economics* 60: 601 - 608, 1978.

[83] McCarthy, T., Refining Product Market Definition in the Antitrust Analysis of Bank Mergers, *Duke Law Journal* 46:865 - 902,1997.

[84] Michael A. Greenspan, Geographic Markets in Bank Mergers: A Potpourri of Issues, *North Carolina Banking Institute* 2:1 - 25,1998.

[85] Milne, G. R., A Marketing Approach for Measuring Product Market Differentiation and Concentration in Antitrust Cases, *Journal of Public Policy & Marketing* 11:90 - 100,1992.

[86] Michael L. Katz & Howard A. Shelanski, Mergers And Innovation, 74*Antitrust law Journal* 1:4,2007.

[87] Mncube L., J. Khumalo, R. Mokolo and Y. Njisane, Use of Price Correlation and Stationarity Analysis in Market Definition - Lessons from a Recent Merger, *Working Paper*, 2008.

[88] Morrisey, M. A. Defining Geographic Markets for Hospital Merger, *Law & Centemp. Probs* 51:165 - 194,1988.

[89] Noel D. U. and E. J. Rifkin, Geographic Markets, Causality and Railroad Deregulation, *The Review of Economics and Statistics* 67:422 - 428,1985.

[90] O' Brien, D. P. and A. L. Wickelgren, A Critical Analysis of Critical Loss Analysis, *Antitrust Law Journal* 71:1 - 31,2003.

[91] O' Brien, D. P. and A. L. Wickelgren, The State of Critical Loss Analysis: Reply to Scheffman and Simons, *Antitrust Souce*: 1 - 6,2004.

[92] Pamela Jones Harbour and Tara Isa Koslov, Section 2 in A Web 2.0 World: An Expaned Vision of Relevant Product Markets, *Antirust Law Journal* 76:769 - 797,2010.

[93] Pitofsky, R., New Definition of Relevant Market and the Assault on Antitrust, *Columbia Law Review* 90:1805 - 1864,1990.

[94] Pleatsikas, Christopher and Teece, David, The Analysis of Market Definition and Market Power in the Context of Rapid Innovation, *International Journal of Industrial Organization* 19:665 - 693, 2001.

[95] Porter, M. E., Competition and Antitrust: Toward a Productivity - Based Approach to Evaluating Mergers and Joint Ventures, *Antitrust Bulletin* 46:919 - 958, 2001.

[96] RE Shrieves, Geographic Market Areas and Market Structure in the Bituminous Coal Industry, *the Antitrust Bulletin* 23:589 - 625, 1978.

[97] Richard S. Markovits, Symposium on Antitrust Law and the Interantionalization of Markets: a years on "Markovits and Markets": a Reply, 64 *Chi. - Kent L. Rev.* 873, 1988.

[98] Richard Gilbert, Looking for Mr. Schumpeter: Where Are We in the Competition—Innovation Debate? 6*Innovation Policy and the Economy* 159, 2006.

[99] Robert M. Solow, Technical Change and the Aggregate Production Function, 39 *REV. ECON. & STAT.* 312, 1957.

[100] Rysman, M., Competition between Networks: A study of The Market for Yellow Pages. *Review of Economic Studies*, 71(2):483 - 512, 2004.

[101] Rysman, an Empirical Analysis of Payment Card Usage, *the Journal of Industrial Economics*, 55(1):1 - 36, 2007.

[102] Sacher Seth and Louis Silvia, Antitrust Issues in Defining the Product Market for Hospital Services, *International Journal of Economics of Business* 5:181 - 201, 1998.

[103] S. Kumar, Parts and Service Include: an Information Centered Approach to Kodak and the Problem of Aftermarket Monopolies, *University of Chicago Law Review*: 1521, 1995.

[104] Salop, the First Principles Approach to Antitrust, Kodak, and Antitrust at the Millennium, *Antitrust law Journal* 68:18, 2000.

[105] Scheffman, D., Coate, M. and Silvia, L., 20 Years of Merger Guidelines Enforcements at the FTC: An Economic Perspective, *Antitrust Law Journal* 71:277 - 282, 2003.

[106] Scheffman, D. T. and P. Spiller, Econometric Market Delineation, *Managerial and Decision Economics* 16:165 - 178, 1996.

[107] Shapiro, C. Aftermarkets and Consumer Welfare: Marketing Sense of Kodak, *Antitrust Law Journal* 1995:483 - 512, 1995.

[108] Shaprio, C., Mergers with Differentiated Products, *Antirust* 23:29 - 30, 1996.

[109] Shiff, D., H, Ergas and M. Landrigan, Telecommunications Issues in Market Definition, *Competition and Consumer Law Journal* 6:32 - 38, 1998.

[110] Simmons, J. and Williams, M., The Renaissance of Market Definition, *Antitrust Bulletin* 38:799 - 857, 1993.

[111] Steiner, R. L. , The Third Relevant Market, *Antitrust Bulletin*, Fall:719 – 759, 2000.

[112] Slade, M. E. , Exogeneity Tests of Market Boundaries Applied to Petroleum Products, *Journal of Industrial Economics* 34:291 – 303, 1986.

[113] Stigler, G. J. and R. A. Sherwin, the Extent of the Market, *Journal of Law and Economics* 28:555 – 585, 1985.

[114] Thomas E. Kauper, The Problem of Market Definition Under EC Competition Law, 20 *Fordham Int' l L. J.* 1682, June, 1997.

[115] Thomas J. Burton, Unilateral effects Aanlysis in Assessing Anti – Competitive Mergers: the Judicially Approved New Approach to Challenging Mergers, 43 *St. Louis L. J.* 1481, Fall, 1999.

[116] Veljanovski, C. , Banking Mergers: Transactions Costs and Market Definition, *European Competition Law Review* 21:195 – 198, 2000.

[117] Vita, M. G. , J. Langenfeld, P. Pautler and L. Miller , Economic Analysis in Health Care, *Health Law and Policy* 1991:73 – 116, 1991.

[118] Walls, W. D. , A Cointegration Rank Test of Market Linkages with an Application to the U. S. Natural Gas Industry, *Review of Industrial Organization* 9:181 – 191, 1994.

[119] Werden, G. J. and L. M. Froeb, The Inherent Shortcomings of Price Tests for Antitrust Market Delineation, *Review of Industrial Organization* 8:329 – 353, 1993.

[120] Werden, G. J. , Four Suggestions on Market Delineation, *the Antitrust Bulletin* Spring: 108 – 112, 1992.

[121] Werden, G. J. , the History of Antitrust Market Delineation, *Marquette Law Review* 76:123 – 216, 1992.

[122] Werden, G. J. , Demand Elasticity in Antitrust Analysis, *Antitrust Law Journal* 66:363 – 414, 1998.

[123] Werden, G. J. , the 1982 Merger Guidelines and the Ascent of the Hypothetical Monopolist Paradigm, *Antitrust Law Review* 71:253 – 269, 2003.

[124] Warell, Linda, Defining Geographic Coal Markets Using Price Date and Shiments Date, *Energy Policy* 33:2216 – 2230, 2004.

[125] White, Lawrence, J. Wanted, A Market Definition Paradigm for Monopolization Cases, *Computer Industry* 1, 1999.

[126] White, L. L. Market Power and Market Definition in Monopolization Cases: A Paradigm Is Missing, In *Collins W. D. and J. Angland(eds.) : Issues in competition law and policy*, Chicago: American Bar Association Section of Antitrust Law, 2008.

[127] William A. Baerand David A. Balto, Antitrust Enforcement and High Technology Markets,

5 *Mich. Telecomm. L. Rev.* 73,75,1998.

[128] William F. Jung, Banking Mergers and "Line of Commerce" After the Monetary Control Act: A Submarket Approach, *U. Ill. L. Rev.* 731,1982.

[129] Willis, P. R., When is a Market not a Market Secondary Markets in the IT and Telecommunications Sectors, *Computer and Telecommunications Law Review* 8:170 – 172,2002.

[130] Wills, H., Market Definition: How Stationarity Tests can Improve Accuracy, *European Competition Law Review* 23:123 – 145,2002.

[131] Zwanziger, J., Melnick, G. and Eyre, K. M., Hospital and Antitrust: Defining Markets, Setting Standards, *Journal of Health Politica, Policy and Law*, Summer:423 – 446,1994.

本课题阶段性成果

序号	成果名称	成果形式	作者	发表的刊物和时间
1	反垄断法中的相关市场界定	论文集	王晓晔主编	社会科学文献出版社 2014 年版
2	相关市场界定在滥用行为案件的地位与作用	论文	王晓晔	《现代法学》2018 年第 3 期
3	市场界定在反垄断并购审查中的地位和作用	论文	王晓晔	《中外法学》2018 年第 5 期
4	Reflections on the Antitrust Case against China Telecom and China Unicom	论文	王晓晔	The Chinese Anti – Monopoly Law: The First Five Years, edited by Emch & Stallibrass, Kluwer Law International, 2013
5	Chinese Antitrust-a Snapshot	论文	王晓晔/Adrian Emch	Journal of Antitrust Enforcement, Supplement 2015
6	Chinese Merger Control Eight Years on	论文	王晓晔/Adrian Emch	European Competition Law Review, 2/2017
7	Why SEPs have been involved in Antitrust Cases – From a Chinese Scholar's Perspective	论文	王晓晔	Zeitschrift fuer Wettbewerbsrecht(ZweR)1/2007
8	中国电信中国联通涉嫌垄断案的再思考	论文	王晓晔	《交大法学》2013 年第 2 期
9	SSNIP 测试法运用于互联网行业的思考	论文	王晓晔/张素伦	《法制日报》2013 年 9 月 18 日版

续表

序号	成果名称	成果形式	作者	发表的刊物和时间
10	高通专利许可费违背公平合理承诺	论文	王晓晔	《经济参考报》2014 年 7 月 31 日版
11	标准必要专利反垄断诉讼问题研究	论文	王晓晔	《中国法学》2015 年第 6 期
12	论标准必要专利的特殊性	论文	王晓晔	《中国价格监管与反垄断》2015 年第 10 期
13	论滥用“相对优势地位”的法律规制	论文	王晓晔	《现代法学》2016 年第 5 期
14	我国反垄断法中的经营者集中控制:成就与挑战	论文	王晓晔	《法学评论》2017 年第 2 期
15	标准必要专利为什么会卷入反垄断	论文	王晓晔/丁亚琦	《法学杂志》2017 年第 6 期
16	反垄断诉讼相关市场界定证据规则研究	论文	郑鹏程	《湖南社会科学》2016 年第 1 期
17	反垄断相关市场界定的结果导向及其法律规制	论文	郑鹏程	《政治与法律》2016 年第 4 期
18	论反垄断诉讼中的专家证人资格与专家证据之可采信标准	论文	郑鹏程第一作者	《湖南大学学报》(社会科学版)2016 年第 4 期
19	论相关市场界定在反垄断中的地位和作用	论文	郑鹏程第一作者	《财经理论与实践》2016 年第 5 期
20	我国反垄断相关市场界定执法实践检讨与反思——兼论《关于相关市场界定的指南》的不足与完善	论文	郑鹏程第一作者	《中南大学学报》(社会科学版)2016 年第 5 期
21	知识产权滥用反垄断相关市场界定制度变迁研究	论文	郑鹏程第一作者	《湖湘论坛》2017 年第 3 期
22	价格检验在相关市场界定中的实证运用——对茅台、五粮液垄断案的再思考	论文	唐明哲/刘丰波/林平	《中国工业经济》2015 年第 4 期
23	双边市场中相关市场界定研究最新进展与判例评析	论文	林平/刘丰波	《财经问题研究》2015 年第 6 期

续表

序号	成果名称	成果形式	作者	发表的刊物和时间
24	价格歧视情形下的反垄断相关市场界定	论文	林平 第一作者	《中国物价》2015 年第 4 期
25	反垄断执法中相关市场界定的若干基础性问题	论文	李青/ 韩伟	《价格理论与实践》2013 年第 7 期
26	互联网行业反垄断相关商品市场界定的新尝试——3Q 垄断案一审法院判决相关部分简析	论文	王先林	《中国版权》2013 年第 3 期
27	3Q 垄断纠纷案终审判决的行业意义与法律影响	论文	王先林	《中国审判》2014 年第 11 期
28	互联网行业的竞争与反垄断——以中国大陆地区近期的相关垄断案件为例	论文	王先林	《通讯传播法研究（第一卷）》，刘孔中主编，新学林出版股份有限公司 2015 年版
29	知识产权领域反垄断中相关市场界定的特殊问题	论文	王先林	《价格理论与实践》2016 年第 2 期
30	并购反垄断执法中相关市场界定——基于商务部反垄断局审查案例的研究	论文	乔岳 第一作者	《财经问题研究》2016 年第 5 期，《人大复印资料》全文转载
31	饮料行业的相关市场界定	论文	韩伟	载《反垄断法中的相关市场》，王晓晔主编，社会科学文献出版社 2014 年版
32	航空运输业市场界定	论文	金美蓉/ 韩伟	《中国物价》2015 年第 2 期
33	标准必要专利许可费的反垄断规制	论文	韩伟	《中国社会科学院研究生院学报》2015 年第 3 期
34	标准必要专利持有人的市场地位认定	论文	韩伟 第一作者	《电子知识产权》2014 年第 3 期
35	企业合并反垄断审查中的行为救济	论文	韩伟	《东方法学》2013 年第 5 期
36	企业合并反垄断审查中的效率抗辩	论文	韩伟	《竞争政策研究》2015 年第 1 期
37	技术革新与可持续竞争	论文	韩伟	《中国物价》2013 年第 8 期

续表

序号	成果名称	成果形式	作者	发表的刊物和时间
38	论纵向垄断协议规制的完善路径	论文	韩伟	《价格理论与实践》2013 年第 4 期
39	反垄断规制中的知识产权强制许可	论文	韩伟	《价格理论与实践》2013 年第 6 期
40	《汽车品牌销售管理实施办法》的反垄断分析	论文	苏华/韩伟	《中国物价》2014 年第 1 期
41	欧盟滥用市场支配地位反垄断指南析评	论文	韩伟	《中国价格监督检查》2013 年第 9 期
42	药业反向支付协议反垄断规制的最新发展	论文	苏华/韩伟	《工商行政管理》2013 年第 16 期
43	标准必要专利禁令行为的反垄断规制探析	论文	韩伟 第一作者	《知识产权》2016 年第 1 期
44	专利主张实体(PAE)的反垄断应对	论文	韩伟 第二作者	《电子知识产权》2015 年第 12 期
45	技术信息可获得性与汽车售后市场有效竞争	论文	苏华	《中国物价》2013 年第 8 期
46	多边平台的相关市场界定与反垄断执法发展	论文	苏华	《价格理论与实践》2013 年第 8 期,被引 9 次,下载 495 次
47	不公平定价反垄断规制的核心问题——以高通案为视角	论文	苏华	《中国价格监管与反垄断》2014 年第 8 期
48	汽车业相关市场界定:欧盟经验与借鉴	论文	苏华	《中国物价》2015 年第 2 期
49	标准必要专利反垄断案件管辖权分析	论文	苏华	《中国价格监管与反垄断》2016 年第 5 期
50	欧盟糖果业并购案中的相关市场界定及其启示	论文	张素伦	载《反垄断法中的相关市场》,王晓晔主编,社会科学文献出版社 2014 年版
51	互联网背景下对搭售行为的再认识及规制建议	论文	张素伦	《价格理论与实践》2016 年第 6 期

续表

序号	成果名称	成果形式	作者	发表的刊物和时间
52	欧盟畜禽加工业并购案中的相关市场界定	论文	张素伦	《中国物价》2015 年第 3 期
53	互联网背景下反垄断法实施理念研究	论文	张素伦	《河南师范大学学报》2016 年第 4 期
54	零售业相关市场界定研究	论文	胡铁	《中国物价》2015 年第 2 期
55	欧美医药行业的相关市场界定	论文	薛颖	《中国物价》2015 年第 3 期
56	我国新电改方案下电力行业相关市场界定研究	论文	黄晓锦	《中国物价》2015 年第 3 期
57	免费模式下的互联网产业相关产品市场界定	论文	侯利阳/李剑	《现代法学》2014 年第 6 期；人大报刊复印资料《经济法学、劳动法学》2015 年第 4 期全文转载
58	Is Online Media a Two - sided Market?	论文	李剑	Computer Law & Security Review, Vol. 31, 1/2015
59	互联网领域相关市场界定研究——从互联网领域竞争特性切入	论文	徐炎	《知识产权》2014 年第 1 期
60	奇虎诉腾讯垄断案件中相关商品市场的界定	论文	仲春	《电子知识产权》2013 年第 10 期
61	标准必要专利禁令滥用的规制安全港原则及其他	论文	仲春	《电子知识产权》2014 年第 9 期
62	互联网支付第三方市场界定	论文	仲春	《中国物价》2015 年第 12 期
63	标准必要专利相关市场界定与市场支配地位认定研究	论文	仲春	《知识产权》2017 年第 7 期

后　记

“垄断认定过程中的相关市场边界划分原则与技术研究”是全国哲学社会科学规划办在反垄断领域设立的第一个国家社科基金重大招标项目（批准号12&2D200），涉及法学和经济学等多个领域。记得2012年11月我作为首席专家参加课题入围的答辩会上，5位评审专家中有4位是经济学家。我的团队通过公平竞争得到了本课题研究任务，有机会参与这项对中国反垄断事业具有重要理论价值和实践意义的招标课题，课题组全体成员都非常高兴并深感责任重大。作为课题主持人，我在兴奋之余尤其感到任务艰巨和责无旁贷。

本课题研究分为四个子课题，包括相关市场界定的基本法律问题、相关市场界定的经济学原理和技术方法、传统行业的相关市场界定和创新行业的相关市场界定。湖南大学郑鹏程教授、香港岭南大学林平教授、国家发展和改革委员会李青副局长和上海交通大学王先林教授分别担任这四个子课题的负责人，并在项目论证、课题申报和课题研究工作中付出了艰辛的劳动。正是由于他们的加盟和鼎力相助，这个课题组发挥了反垄断法学、反垄断经济学和反垄断执法等各方面的优势，高水平地完成了这个跨法学和经济学的重大项目。我对课题组全体成员的辛勤劳动和奉献精神深表感谢。这里尤其要向李青女士表示谢意。她作为学者型官员，在异常繁忙的反垄断执法间隙时间，指导她负责的子课题组的撰写和调研工作，及时研究和解决课题进行中的各种问题，圆满完成了子课题组的研究任务。

相关市场界定在反垄断领域是一个基础理论问题，也是一个与执法实践密切相关的实务问题。为了更好地进行学术交流，汲取国内外最新研究成果，课题组于2013年3月在湖南大学召开过“开题论证暨专家研讨会”，对课题的研究计划和内容进行过全面论证。2013年9月，课题组以“反垄断法中的相关市场界定”为题，在湖南大学举办了国际研讨会，邀请国内外反垄断领域的专家学者80多名，对相关市场界定进行了全方位的讨论。德国垄断委员会主席 Daniel

Zimmer 教授、美国联邦贸易委员会 Kenneth Heyer 先生、德国联邦卡特尔局 Andreas Bardong 先生、美国芝加哥—肯特法学院 David Gerber 教授、韩国公平交易委员会前主席和首尔大学的权五乘教授、CRA 公司的经济师王晓茹博士和特别顾问 David Stallibrass 先生等国外知名专家学者应邀参加了研讨,并向大会提交了相关研究成果,Daniel Zimmer 教授还向会议提交了两篇学术论文,Kenneth Heyer 先生还请人审查过其论文的中文翻译,其治学精神令人感动。这些论文 2014 年由社会科学文献出版社结集出版了《反垄断法中的相关市场界定》。2014 年 11 月和 2015 年 8 月,课题组分别在上海和北京举行了全体成员会议,汇报、交流和讨论了课题进展情况。

相关市场界定在反垄断执法中具有普适性,但在具体案件中的市场界定则取决于案件所涉行业和市场竞争状况。因此,课题组非常重视考察和研究国内外反垄断执法机构在具体案件中界定相关市场的技术方法,并为此进行了大量的调研工作。这里,我想提及 2012 年我和苏华博士共同主持完成的商务部重点招标课题《重点行业相关产品市场和地域市场界定研究》。在这个课题的研究过程中,课题组成员对中国汽车工业协会、中国汽车流通协会、中国化学制药工业协会、中国连锁经营协会、中国电器工业协会、中国半导体行业协会、中国饮料工业协会、中国乳制品工业协会、中国互联网协会等十多个行业协会进行过深入调研,高质量地完成了这个研究报告。商务部反垄断局在课题成果的评审意见中指出,“本课题研究及其报告对经营者集中反垄断审查工作具有积极的参考价值,达到了预期目的”。毫无疑问,商务部这个重点课题的完成不仅提升了我们团队申报这个国家社科基金重大课题的信心,而且也对圆满完成这个重大课题起到了基础性作用。

本书写作的分工如下:

第一编　相关市场界定的基本法律问题

第一章　相关市场界定规则的产生与发展(郑鹏程、王晓晔)

第二章　界定市场在反垄断执法中的地位和作用(王晓晔、郑鹏程)

第三章　相关市场界定中的证据规则(郑鹏程)

第二编　市场界定的经济学原理和技术方法

第四章　界定市场的经济学原理和维度

第一节　界定相关市场的经济学原理(乔岳)

第二节　界定相关市场的维度(乔岳、王先林)

第五章 SSNIP为基础的市场界定(乔岳、唐明哲)
第六章 基于套利理论的市场界定(唐明哲、乔岳、刘丰波)
第七章 几种特殊市场条件下的市场界定法
第一节 自然实验法(唐明哲、乔岳、刘丰波)
第二节 价格歧视条件下的相关市场界定(林平)
第三节 假冒/盗版情况下的市场界定(林平)
第四节 双边市场条件下的市场界定(林平、刘丰波)

第三编 相关市场界定在具体行业的应用

第八章 传统行业的相关市场界定
第一节 航空运输业的相关市场界定(韩伟、金美蓉)
第二节 汽车业的相关市场界定(苏华)
第三节 零售业的相关市场界定(胡铁)
第四节 饮料业的相关市场界定(韩伟、苏华)
第五节 乳制品业的相关市场界定(苏华)
第六节 造纸业的相关市场界定(张素伦)
第七节 饲料业和畜禽加工业的相关市场界定(张素伦)
第八节 我国新电改方案下供电业的相关市场界定(黄晓锦)
第九节 化学医药行业的相关市场界定(薛颖)
第九章 创新行业的相关市场界定
第一节 创新行业的特点及其对市场界定的影响(王先林)
第二节 电信业的相关市场界定——以上海市场为例(侯利阳)
第三节 互联网行业的相关市场界定(徐炎)
第四节 电子支付的相关市场界定(仲春)
第五节 免费模式下互联网行业产品的相关市场界定(李剑)
第六节 软件产品的相关市场界定(熊文聪)

我本人对全书内容进行了通读和反复修改,很多章节进行过较大幅度的修改与增补,并且删掉一些与课题主题关系不够密切或者存在问题较大的部分。

这个课题之所以能够顺利完成,全仰仗课题组全体成员的努力奋斗和精诚合作,我在这里再次向他们表示衷心感谢。课题组除了完成这个约50万字的最终研究成果,还发表了60多篇学术论文,其中多篇论文发表在国内外法学和经济学核心期刊,很多成果提交给了国内外学术会议以及反垄断执法机关。课题组不仅在国内外学术交流中推广了本课题的研究成果，而且还应用课题成果参与国内相关立法。例如，国家工商总局发布的《工商行政管理机关禁止滥用知识产权排除、限制竞争行为的规定》和国务院反垄断委员会主持起草的《知识产权反垄断指南（征求意见稿）》等法律文件，其中都包含了课题组成员的智慧和奉献。课题组经济学团队还为商务部审理的经营者集中案件提供过关于市场界定的咨询意见。我在这里还想感谢韩伟博士，因为 2012 年课题申报的关键时刻，我正在国外访问，韩伟博士为课题申报做了大量的准备工作。

本课题的申报和研究工作还得到了相关学校、政府机构、社会团体以及学界同仁们的鼓励、支持和帮助，我在此表示衷心的感谢。我尤其感谢湖南大学和湖南大学法学院对本课题的大力支持。如果不是湖南大学邀请我加盟法学院并且鼓励我申报国家社科基金重大项目，我可能没有动力去申报这个课题。为了集中精力进行成果定稿和进行这方面学术交流，我利用 2016 年和 2017 年两个夏季，在我国台湾地区“中央研究院法律学研究所”和德国马普学会外国法与国际私法研究所各进行过三个月的学术访问，在此谨向支持和资助我这两次学术交流的林子仪所长和 Jürgen Basedow 所长表示最衷心的感谢。

2018 年 6 月 8 日于北京潘家园

图书在版编目(CIP)数据

反垄断法的相关市场界定及其技术方法 / 王晓晔主编. -- 北京 : 法律出版社, 2019(2022.12 重印)
ISBN 978 -7 -5197 -3707 -8

Ⅰ. ①反… Ⅱ. ①王… Ⅲ. ①反垄断法 – 研究 – 中国
Ⅳ. ①D922.294.4

中国版本图书馆 CIP 数据核字(2019)第 160334 号

反垄断法的相关市场界定及其技术方法
FANLONGDUANFA DE XIANGGUAN SHICHANG JIEDING JIQI JISHU FANGFA

王晓晔 主编

策划编辑 谢清平
责任编辑 谢清平
装帧设计 李 瞻

出版发行 法律出版社
编辑统筹 法律应用出版分社
责任校对 邢艳萍
责任印制 刘晓伟
经　　销 新华书店

开本 710 毫米×1000 毫米 1/16
印张 39.5 **字数** 590 千
版本 2019 年 10 月第 1 版
印次 2022 年 12 月第 2 次印刷
印刷 北京金康利印刷有限公司

地址:北京市丰台区莲花池西里 7 号(100073)
网址:www.lawpress.com.cn
投稿邮箱:info@lawpress.com.cn
举报盗版邮箱:jbwq@lawpress.com.cn

销售电话:010 – 83938349
客服电话:010 – 83938350
咨询电话:010 – 63939796

书号:ISBN 978 –7 –5197 –3707 –8 **定价**:168.00 元